安宁安全管控体系

国家能源集团宁夏煤业有限责任公司　组织编写

中国矿业大学出版社
·徐州·

内 容 提 要

宁夏煤业公司深入学习贯彻党的二十大精神,坚持以习近平新时代中国特色社会主义思想为指导,围绕"安全第一、预防为主、综合治理"安全生产方针,着力建设符合能源行业安全管理特点、具有宁夏煤业公司特色的安全管控体系。体系命名为"安宁"安全管控体系,配套开发安全管控信息系统。

"安宁"安全管控体系依据安全生产法律法规和《煤矿安全规程》《煤矿安全生产标准化管理体系基本要求及评分方法(试行)》《危险化学品从业单位安全生产标准化评审标准》等规定,参考国内外安全管理大量著述、文献,基于企业安全发展战略理论模型的七个研究方向,结合宁夏煤业公司安全发展需要,以思想、责任、制度、双防、智能、素能、人文"七项建设"为基本框架组织编写。

"安宁"安全管控体系的"七项建设"是一个有机整体。从内容和功能上看,"思想"是引领,"责任"作用于组织和员工,"制度"作用于系统和管理,"双防"作用于预防和预控,"智能"作用于预警和应用,"素能"作用于意识和技能,"人文"作用于健康和环境。从层次结构上看,思想建设处于顶层,统领和指导整个体系建设;责任建设、双防建设和制度建设处于中间层,其中双防建设是核心,责任建设和制度建设是保障;智能建设、素能建设和人文建设是基础,为上一层提供信息技术支撑、人员素能支撑和人文环境支撑。

本书可作为企业开展安全管理、推行安全管理体系建设等工作的参考书籍,同时也可作为企业管理人员、技术人员及操作人员安全培训的学习用书和参考资料。

图书在版编目(CIP)数据

安宁安全管控体系 / 国家能源集团宁夏煤业有限责任公司组织编写. —徐州:中国矿业大学出版社,2023.5
　　ISBN 978-7-5646-5699-7

Ⅰ.①安… Ⅱ.①国… Ⅲ.①煤炭企业－安全生产－生产管理－研究－宁夏 Ⅳ.①F426.21

中国版本图书馆 CIP 数据核字(2022)第 254266 号

书　　　名	安宁安全管控体系
组织编写	国家能源集团宁夏煤业有限责任公司
责任编辑	马晓彦
出版发行	中国矿业大学出版社有限责任公司
	(江苏省徐州市解放南路　邮编 221008)
营销热线	(0516)83884103　83885105
出版服务	(0516)83995789　83884920
网　　址	http://www.cumtp.com　E-mail:cumtpvip@cumtp.com
印　　刷	苏州市古得堡数码印刷有限公司
开　　本	787 mm×1092 mm　1/16　印张 24.5　字数 612 千字
版次印次	2023 年 5 月第 1 版　2023 年 5 月第 1 次印刷
定　　价	96.00 元

(图书出现印装质量问题,本社负责调换)

《安宁安全管控体系》编委会

主　任：张胜利
副主任：陈　艾　翟　文
委　员：康占平　吴汉宝　马金明　宋弘阳　吴清亮
　　　　焦洪桥　杨加义　王占银　李立新　岳鹏超
　　　　李刚健　汤卫林　刘成仁　赵　华　顾怀红
　　　　乃国星　陈　铎　朱长勇　李克庆　冯　军
　　　　张　杰　赵建国　马永河　郭中山　鱼智浩
　　　　曹文钧　何庆永　王林吉　马顺达　贾芳海
　　　　李桐来　徐建伏　何风强　何志强　王正中
主　编：翟　文
副主编：岳鹏超　赵　华
参　编：马彦廷　杨海军　马　祥　宋　康　李耀威
　　　　赵新宇　杨　伟　牛智星　陈凑喜　闵　磊

董事长安全寄语

为深入贯彻党的二十大精神和习近平总书记关于安全生产重要论述，在集团公司上下的共同关注和努力下，宁夏煤业公司"安宁"安全管控体系建设完成并成功运行。这是公司的一件大事，是落实党的二十大报告提出的"坚持安全第一、预防为主，建立大安全大应急框架，推动公共安全治理模式向事前预防转型"的具体行动，是公司强化安全管理、实现安全发展的一项重要举措，不仅标志着公司的安全管理进入新阶段、迈上新台阶，同时也表明公司在安全管理上建立了一套符合实际、适应创建世界一流煤化企业需要，抓源头、治根本、管长远的工作体系。

宁夏煤业公司"安宁"安全管控体系注重系统性、全方位、标准化建设，在践行上彰显了"人民至上、生命至上"的安全发展理念，在目标上落实了"安全稳定清洁运行"的最高要求，在机制上突出了源头治理、系统管理的管控方式，在措施上强化了"体系手册"与"信息系统"相互支撑的作用。这个体系，深入践行"社会主义是干出来的"伟大号召，坚持守正创新，体现传承发展，兼顾当下与长远，着力解决企业安全管理中存在的"粗放式、碎片化"等问题，是公司安全管理的纲领性、强制性体系，是各级管理者和全体员工在安全生产经营活动中必须遵循的准则，各项安全生产经营工作和管理制度都要围绕体系进行规范完善。

实施"安宁"安全管控体系，是一项复杂的系统工程，涉及面广，任务繁重，需要公司上下共同参与、齐心协力推进。从公司机关到各矿（厂），全体干部员工都要高度重视，认真谋划，精心组织，严格实施，确保到位。要广泛宣传实施"安宁"安全管控体系的目的、意义和要求，全面普及有关知识，使"安宁"管理深入人心。要加强组织领导，明确各级人员在实施"安宁"安全管控体系中的责任，把推行"安宁"系统化管理纳入主要领导的工作日程，切实做好人财物的保障。要高度重视人员培训，抓好相关技能培训和行为规范，特别是培训好各级安全管理人员。要强化检查考核，做到严细化、精准化、常态化，通过持续改进、扩容提质，不断提升体系运行实效。

公司安全生产经营覆盖煤炭、煤制油化工、基本建设、铁路运输等领域，水火瓦斯煤尘顶板、高温高压、易燃易爆、有毒有害等安全风险特征，以及产业点多、链长、面广的生产经营特点，决定了安全生产永远是我们管理的主题，永远是需要加强的最重要环节。我们要深入学习贯彻党的二十大精神和习近平总书记关于安全生产重要论述，永远把安全摆在首位，警钟长鸣，常抓不懈。通过实施"安宁"安全管控体系，加快推进公司安全生产治理体系和治理能力现代化，不断开创安全生产工作新局面。

最后，祝愿宁煤事业基业长青、安全常在！祝全体员工幸福安康！

党委书记、董事长 张胜利

2023年5月1日

前　言

以习近平新时代中国特色社会主义思想为指导，全面贯彻落实"安全第一、预防为主、综合治理"安全生产方针，建设符合能源行业安全管理特点、具有宁夏煤业公司特色的安全管控体系，是企业强化安全管理、实现安全发展的重要举措，是全面推进安全生产治理体系和治理能力现代化的重要保障。

宁夏煤业公司通过安全生产实践，对安全管理工作进行系统研究和总结，融入新时期先进安全管理理念，运用风险管理、不安全行为管理、事故预防和应急管理等理论，采用系统化研究方法，以思想、责任、制度、双防、智能、素能、人文"七项建设"为基本框架建立安全管控体系，指导和管理企业安全生产工作。体系命名为"安宁"安全管控体系（以下简称"安宁"体系）。"安"为安全，"宁"为宁煤，寓意宁夏煤业公司安全发展、员工平安幸福。"安宁"体系配套开发安全管控信息系统（以下简称"安宁"系统），Logo 设计为"安宁"首字母和安全帽组成的警钟图形，主色调为安全绿色和警示黄色，寓意以人为本、安全第一、警钟长鸣。"安宁"系统侧重实操应用，保障体系落地，促进安全管理更加精准高效，实现"一套体系高效统管，一部手机直通宁煤"。

本书在编写过程中，查阅和参考了国内外安全管理相关著述、文献，得到了上级单位和专业院校大力支持，借鉴先进经验丰富了体系内容。在此，向国家应急管理部、国家能源集团、宁夏回族自治区应急管理厅、国家矿山安全监察局宁夏局、中国矿业大学、兄弟单位，以及为能源行业发展作出贡献的前辈、专家表示衷心感谢！

本书难免存在不足之处，敬请各位读者不吝指正，提出宝贵意见。

作　者

2023 年 5 月

用户可通过手机扫码下载"安宁"安全管控信息系统

目 录

概述 1
　第一节　建设背景 1
　　一、研究背景 1
　　二、探索历程 2
　　三、新时期对体系建设的新要求 3
　第二节　建设思路 4
　　一、理论基础 4
　　二、体系结构 5
　　三、"安宁"体系与行业管理标准的关系 7
　第三节　体系特点 8
　　一、五项升级 8
　　二、六大特性 8
　　三、七项优势 9

第一章　思想建设 11
　第一节　学习习近平总书记关于安全生产重要论述 12
　　一、重要论述 12
　　二、学习要求 16
　　三、贯彻落实 17
　第二节　安全文化 19
　　一、文化理念 20
　　二、宣传教育 24
　　三、理论研究 27
　第三节　安全目标 29
　　一、目标制定 29
　　二、目标内容 30
　　三、目标实施 32
　　四、目标考核 35

第二章　责任建设 ·· 36

第一节　责任体系 ·· 37
一、组织机构 ·· 37
二、安全生产责任制 ·· 42
三、安全生产责任清单 ··· 49
四、岗位责任制 ·· 52
五、安全承诺 ··· 53

第二节　责任考核 ·· 55
一、公司层面考核 ·· 55
二、基层班子考核 ·· 60
三、基层内部考核 ·· 63
四、安全绩效工资 ·· 65

第三节　积分管理 ·· 65
一、矿领导记分 ·· 66
二、全员积分 ··· 67

第四节　事故追责 ·· 69
一、事故分级 ··· 70
二、事故报告 ··· 74
三、事故调查 ··· 77
四、问责处理 ··· 80

第五节　统筹督办 ·· 82
一、安全筹划 ··· 82
二、工作督办 ··· 86
三、安全会议 ··· 87

第三章　制度建设 ·· 90

第一节　法律法规 ·· 91
一、法律法规清单 ·· 91
二、行业规范清单 ·· 94
三、法律法规管理 ·· 96

第二节　重要文件 ·· 98
一、国家重要文件 ·· 98
二、自治区重要文件 ··· 99
三、集团重要文件 ·· 99
四、公司重要文件 ·· 100

第三节　管理制度 ·· 100
一、制度管理 ··· 101

二、制度清单	103
第四节　作业标准	108
一、标准作业流程库	108
二、作业流程管理	113
第五节　安全生产档案及印章管理	115
一、安全生产档案	115
二、印章管理	117

第四章　双防建设　　118

第一节　标准化管理	119
一、组织机构	120
二、规划目标	121
三、保障措施	124
四、达标考评	124
五、精品创建	128
第二节　双防业务	132
一、风险管控	133
二、隐患治理	144
三、高风险作业	153
四、作业票证	157
第三节　技术管理	161
一、职责分工	162
二、设计审查	165
三、接续管理	169
四、灾害防治	170
第四节　行为管控	185
一、违章类型	186
二、违章查处	186
三、违章录入	189
四、矫正帮教	190
五、违章分析	191
六、安全伙伴	193
第五节　基本建设	194
一、矿井建设	194
二、项目管理	198
三、承包商管理	205
第六节　应急管理	208

　　　　一、组织机构 ………………………………………………………… 209
　　　　二、应急预案 ………………………………………………………… 209
　　　　三、应急资源 ………………………………………………………… 211
　　　　四、应急值守 ………………………………………………………… 213
　　　　五、应急响应 ………………………………………………………… 214
　　　　六、应急演练 ………………………………………………………… 217
　　第七节　监督检查 …………………………………………………………… 218
　　　　一、安全生产检查 …………………………………………………… 218
　　　　二、监察管理 ………………………………………………………… 220
　　第八节　科技保安 …………………………………………………………… 223
　　　　一、安全投入 ………………………………………………………… 223
　　　　二、科技攻关 ………………………………………………………… 225
　　第九节　综合保障 …………………………………………………………… 228
　　　　一、消防安全 ………………………………………………………… 228
　　　　二、交通安全 ………………………………………………………… 233
　　　　三、雨季"三防" ……………………………………………………… 237
　　　　四、冬季"四防" ……………………………………………………… 239
　　　　五、治安保卫 ………………………………………………………… 241
　　　　六、民用爆炸物品管理 ……………………………………………… 243

第五章　智能建设 ………………………………………………………………… 247
　　第一节　建设规划 …………………………………………………………… 248
　　　　一、顶层设计 ………………………………………………………… 248
　　　　二、规划方案 ………………………………………………………… 249
　　　　三、重点项目 ………………………………………………………… 253
　　第二节　动态管理 …………………………………………………………… 255
　　　　一、管理职责 ………………………………………………………… 255
　　　　二、管理办法 ………………………………………………………… 256
　　　　三、建设成果 ………………………………………………………… 258
　　第三节　系统平台 …………………………………………………………… 260
　　　　一、煤矿智能化平台 ………………………………………………… 261
　　　　二、煤制油化工智能化平台 ………………………………………… 263
　　第四节　智能预警 …………………………………………………………… 264
　　　　一、实时预警 ………………………………………………………… 265
　　　　二、视频监控 ………………………………………………………… 266
　　　　三、智能识别 ………………………………………………………… 270
　　　　四、重要数据 ………………………………………………………… 272

目　录

第五节　机电运输 …………………………………………… 273
　　一、设备管理 …………………………………………… 274
　　二、供用电管理 ………………………………………… 277
　　三、矿井运输 …………………………………………… 279
　　四、铁路运输 …………………………………………… 288
　　五、智慧水务 …………………………………………… 292

第六节　技术前瞻 …………………………………………… 294
　　一、行业动态 …………………………………………… 295
　　二、先进装备 …………………………………………… 296
　　三、前沿技术 …………………………………………… 296

第六章　素能建设 …………………………………………… 298

第一节　人员准入 …………………………………………… 299
　　一、安全生产管理人员 ………………………………… 299
　　二、专业技术人员 ……………………………………… 300
　　三、特种作业人员 ……………………………………… 300
　　四、其他从业人员 ……………………………………… 301

第二节　安全培训 …………………………………………… 302
　　一、培训计划 …………………………………………… 302
　　二、培训实施 …………………………………………… 305
　　三、培训档案 …………………………………………… 311
　　四、警示教育 …………………………………………… 313
　　五、安全抽考 …………………………………………… 315

第三节　网络学习 …………………………………………… 316
　　一、"平安宁煤"网络学习平台 ………………………… 316
　　二、"安宁"系统 ………………………………………… 317

第四节　班组建设 …………………………………………… 318
　　一、"四五六"模式 ……………………………………… 319
　　二、日常管理 …………………………………………… 320
　　三、任务管理 …………………………………………… 323
　　四、民主管理 …………………………………………… 323

第七章　人文建设 …………………………………………… 327

第一节　人力资源 …………………………………………… 328
　　一、员工管理 …………………………………………… 328
　　二、公休管理 …………………………………………… 329
　　三、文明规范 …………………………………………… 331

第二节　民生工程 ……………………………………………… 333
　　一、民生实事 …………………………………………… 333
　　二、提案落实 …………………………………………… 335
　　三、人文关怀 …………………………………………… 337
第三节　安康工程 ……………………………………………… 340
　　一、职业病危害防治 …………………………………… 340
　　二、健康监护 …………………………………………… 345
　　三、职业卫生档案 ……………………………………… 349
　　四、公共安全 …………………………………………… 350
第四节　生态文明 ……………………………………………… 359
　　一、习近平生态文明思想 ……………………………… 359
　　二、环保法律法规 ……………………………………… 361
　　三、管理机制 …………………………………………… 362
　　四、环保监测 …………………………………………… 364
　　五、环境治理 …………………………………………… 367
　　六、节能减排 …………………………………………… 371

参考文献 ……………………………………………………… 376

后记 …………………………………………………………… 377

概 述

　　安全生产是国家的一项长期基本国策,是保护劳动者安全、健康和国家财产,促进社会生产力发展的基本保证,是企业赖以生存的根本,关系发展稳定大局。党和政府历来高度重视安全生产工作,采取了一系列重大举措加强安全生产工作。

　　国家能源集团宁夏煤业有限责任公司(以下简称宁夏煤业公司)面对产业类型多、自然灾害严重、地质条件复杂、生产任务繁重、作业点多面广线长等现实情况,把"安全第一"放在首位,把"预防为主"落到实处,把"综合治理"贯穿始终,全面贯彻落实上级安全生产部署要求,积极构建宁夏煤业公司特色安全管理模式,不断巩固和强化安全基础工作,推动安全生产长治久安。

第一节　建 设 背 景

一、研究背景

　　自21世纪以来,随着我国安全生产监管新机制的拓展完善和企业安全投入的不断加大,以及信息化、智能化在企业安全生产领域的实践应用,我国高危行业(煤炭、化工行业等)安全形势总体上实现稳定好转。然而与发达国家相比,我国高危行业特别是煤矿事故的发生数量、伤亡人数、财产损失依然较大,安全工作仍然有很大提升空间。研究发达国家高危行业伤亡率变化情况,不难发现其事故率变化也是经历了从高发到持续降低的过程。虽然我国煤矿开采地质条件复杂、化工行业安全管理难度大,但只要掌握事故致因机理,采用科学方法系统管控,依然可以实现安全生产目标。

　　煤矿及化工生产均为复杂的技术系统,系统各要素呈现动态性、非线性、随机性、耦合性的特点,导致事故的发生具有偶然性、条件性和不确定性,其中不确定性是导致安全管理复杂性的重要原因。以往高危行业事故多发主要是由于安全投入不足而带来的生产技术条件落后、人员安全素质不高、机器设备可靠性不强等问题。随着政府监管力量的加强以及企业安全投入的增加,单个不安全因素导致事故发生概率显著降低,致灾因素更加趋向于隐蔽化、随机化,传统安全管控模式难以进一步遏制事故的发生。如何科学有效地提高高危行业安全管理体系的针对性和有效性,是当前企业安全管理领域研究的一个重要课题。

　　面对复杂的安全管理问题,企业应积极落实主体责任,多方寻求安全管理之道。有的企业总结自己的安全管理经验,形成自己的安全管理模式;有的企业采用国外成熟的安全管理模式。相对而言,前者多数缺乏理论指导,管理模式在科学性、系统性、先进性和持续性方面存在不足;后者则面临与国家安全监管要求不统一的问题,需要经常调整、补充,无形中增加了管理成本。作为国有企业,结合自己的安全管理现状,依据国家新时期安全管理工作要求,将理论与实践、继承与创新相结合,探索研究符合自身特色和行业特点的安全管理体系,往往是最为可行和有效的途径。

二、探索历程

（一）企业概况

宁夏煤业公司历经两次重大重组。2002年12月,宁夏政府整合亘元、太西、灵州、宁煤集团及宁煤基建公司,成立宁夏煤业集团;2006年1月,宁夏政府和神华集团合资组建了神华宁夏煤业集团。2017年11月,国家能源集团成立后,企业名称变更为国家能源集团宁夏煤业有限责任公司。

宁夏煤业公司本部设办公室（党委办公室）、规划发展部、生产技术部等18个部门,安全监察中心、核算中心等5个直属机构。煤炭生产建设单位16家,煤制油化工单位16家,专业化公司、生产辅助及其他单位20家。截至2022年末,在册员工4.58万人（含劳务工）,其中煤炭生产单位2.07万人、煤制油化工单位0.96万人、生产辅助及其他单位1.55万人。

公司主营业务为煤炭和煤制油化工,经营范围涉及煤炭生产及销售、煤制油化工生产及销售、煤炭深加工及综合利用、机械加工制造与维修、能源工程建设等。其中,煤矿板块矿井自然灾害严重,宁东各矿井主要受水、火灾害威胁,羊场湾煤矿、枣泉煤矿、麦垛山煤矿等还存在冲击地压威胁;银北高突矿井主要受瓦斯、火灾并存威胁。鸳鸯湖矿区矿井水文地质条件复杂,清水营煤矿属于典型"三软"煤层,顶板治理难度较大。马家滩矿区矿井地质构造复杂,煤层倾角大（40°以上）。灵武矿区煤层自然发火期短、易自燃,矿井高温热害严重。煤制油化工板块现有煤制油、煤基甲醇、煤基烯烃、甲醇制烯烃、聚甲醛等8个现代煤制油化工项目,均属于危险化学品行业,生产工序复杂,涉及高温高压、有毒有害、易燃易爆等诸多风险,存在泄漏、火灾、爆炸等威胁。

（二）安全管理探索

自宁夏煤炭工业发展以来,一代又一代煤炭人在安全管理方面不懈探索,实现了安全管理由粗放式向标准化持续迈进,积累了大量行之有效的做法,"安全第一"思想不断深化。宁夏煤业公司整合成立20年以来,在安全管理规范化、专业化、体系化的道路上积极研究实践,实现了安全管理体系由分散到集中、由建立到初具雏形、由块状管理到系统化集成。总体可分为三个阶段:

整合规范阶段（2002—2006年）:企业经过整合重组,安全管理的重点是统一思想、整合规范,实现由分散式、经验式、碎片化安全管理向统一化、正规化、制度化过渡和转变,为后期安全管理持续规范化、科学化创造了条件。

积淀固本阶段（2007—2019年）:2007年起,神华集团在内部推行以风险预控为核心的煤矿本质安全管理体系。2012年,全国煤矿安全生产经验交流现场会在宁夏煤业公司召开,全面推行风险预控管理,逐步形成了较为科学合理的风险预控管理体系。宁夏煤业公司在体系运行过程中,相继形成了"六个一"、煤矿"19110"、煤制油化工"11311"等特色安全管理模式和"五好"原则(好听、好记、好理解、好执行、好总结)等典型做法,促进了安全管理水平的持续提升。此阶段为公司上下树立风险意识、注重体系建设、强化安全标准、科学管理安全生产奠定了基础。

开拓创新阶段(2020年至今):全国推行煤矿安全生产标准化管理体系建设,危险化学品企业安全标准化建设同时稳步推进,风险分级管控和隐患排查治理双重预防机制建设全面铺开。以此为契机,宁夏煤业公司紧紧围绕国家安全发展新要求和企业战略发展需要,认真研究分析安全管理现状,全面总结安全管理经验与不足,持续部署加强安全管理工作,探索创新安全管理方式方法,研究创建新的安全管理体系。

三、新时期对体系建设的新要求

体系建设是安全发展的时代要求和安全管理变革的大势所趋,是宁夏煤业公司创新安全管理、提升安全水平的最佳路径和必然要求。新时期对体系建设的新要求主要体现在三个方面:

(一)体系建设是学习贯彻习近平总书记关于安全生产重要论述的实践要求

习近平总书记关于安全生产重要论述从历史与现实相贯通、治标与治本相关联、当前与长远相统筹的宽广视角,深刻回答了新形势下安全生产工作一系列方向性、全局性、战略性重大问题,是做好新时期安全生产工作的根本遵循和行动指南。

学习贯彻习近平总书记关于安全生产重要论述,必须统筹好发展和安全两件大事,从把握新发展阶段、贯彻新发展理念、构建新发展格局的高度,科学谋划推动安全生产工作。建立安全管控体系,有助于深入学习贯彻习近平总书记关于安全生产重要论述,毫不动摇坚持安全发展理念,增强全员忧患意识、风险观念和底线思维;有助于全面规范安全管理工作,科学系统管控安全生产,提高安全生产规范化、科学化、标准化水平;有助于企业上下紧盯问题短板和薄弱环节,采取有力措施,认真加以解决;有助于企业改进安全监督监察,抓严、抓细、抓实安全生产工作,提升安全防范水平,实现安全发展、科学发展、高质量发展。

(二)体系建设是落实企业安全生产主体责任的本质要求

企业是安全生产的责任主体。所有企业都必须认真履行安全生产主体责任,做到安全责任到位、安全投入到位、安全培训到位、安全管理到位、应急救援到位。应明确安全生产工作目标,建设符合自身特点的安全文化,建立全员安全生产责任制,严格实施考核奖惩;应加大安全投入,推进信息化、智能化建设,提升安全生产装备水平和保障能力;应认真组织开展安全教育培训,提升全员安全意识和技能水平,有效规范管理与作业行为;应强化安全管理,制定符合安全生产法律法规的管理制度及作业标准,推进安全风险分级管控和隐患排查治理,防范化解各类风险;应加强应急救援能力建设,强化应急处置和科学防范,提高防灾减灾救灾能力。

企业安全生产是一个复杂的系统工程,通过体系建设管理安全,已经成为国内外诸多大型企业实践检验过的科学方法。宁夏煤业公司作为宁夏回族自治区骨干企业和地区安全发展排头兵,更要深入贯彻国家安全生产方针,落实主体责任,积极实践创新,建设符合自身特点并具有一定普适性、符合时代要求的安全管控体系。

（三）体系建设是贯彻落实"安全、稳定、清洁运行"重要指示的内在要求

2016年12月28日，习近平总书记对宁夏煤业公司煤制油示范项目建成投产作出重要指示，强调要再接再厉、精益求精，保证项目安全、稳定、清洁运行。

宁夏煤业公司将"安全、稳定、清洁运行"作为安全生产总目标，要求必须坚持依法合规，做到依法治企、合规运营、规范管理、守法诚信，充分发挥法治固根本、稳预期、利长远的作用，为安全发展提供法律支撑和保障；要求必须在符合客观规律、强化科学管理的基础上，以科学理论和方法为指导，充分利用现代化技术，建立一套超前、系统、精准、可操作的管理体系；要求必须坚持规范运行，形成统一规范和相对稳定的管理模式，增强抗风险能力，确保企业健康稳定可持续发展；要求必须以精准严细的管理、均衡有序的生产、良性运转的经营来保障安全发展，通过精细管理和科学调度，确保安全稳定、生产稳定、效益稳定、队伍稳定、发展稳定；必须坚决扛起防范化解重大安全环保风险的政治责任，牢固树立"绿水青山就是金山银山"发展理念，把安全生产、生态环保贯穿于企业生产经营全过程，对环境负责，对社会负责，对人民负责；必须坚持"以人为本"，关注关心员工职业发展、身心健康和切身利益，增强员工对企业的认同感、归属感，激励员工爱岗敬业、履职尽责，减少违规违纪违章现象，营造长期稳定的安全生产环境。

第二节 建设思路

一、理论基础

安全发展战略管理是指通过一定的程序和技术，制定、实施和评价指导安全生产全局性和规划性的工作，并决定安全发展的原则、方式和工具，追求获得最优安全效率和效果的过程。任何一个企业都有必要构建基于战略管理思维的安全管理体系，使其应用在安全生产的管理实践中。企业安全发展战略理论模型需要研究的七个维度如图0-2-1所示。

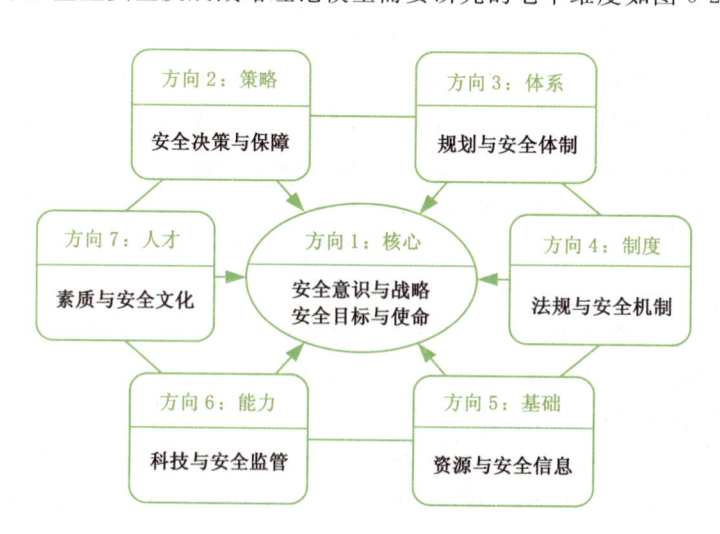

图 0-2-1 安全发展战略理论模型

基于上述理论模型,企业安全发展与战略布局的顶层设计可从以下七个方向进行研究与探索:

方向1:核心理论研究命题是"基于安全意识的安全发展战略理论研究"和"安全生产的目标使命理论研究"。基于安全意识的安全发展战略理论研究主要是从思想政治、文化等角度研究企业安全发展的基础性理论问题;安全生产的目标使命理论研究主要是研究安全价值理性、安全工具理性、安全领导力、安全目标体系等安全发展的根本性理论问题。

方向2:围绕国家安全生产方针政策研究企业各个时期安全决策,围绕安全决策落实安全保障,包括人文保障、生态保障等。

方向3:针对安全生产保障体系构建的理论研究,解决安全规划与安全体制的顶层设计问题。

方向4:针对安全生产制度创新的理论研究,解决安全管理制度体系的改进提升问题。

方向5:针对安全生产基础保障的理论研究,解决安全投入与资源配置、信息化建设等问题。

方向6:针对安全生产技术管理和监察方式的理论研究,解决生产技术与安全监管的优化问题。

方向7:针对安全生产人才队伍建设的理论研究,解决人员素质提升与安全文化建设问题。

二、体系结构

(一)体系框架

宁夏煤业公司结合企业安全发展战略理论模型的七个研究方向,通过深入研究分析,确定安全管控体系框架由思想建设、责任建设、制度建设、双防建设、智能建设、素能建设、人文建设等"七项建设"构成。"七项建设"框架如图0-2-2所示。

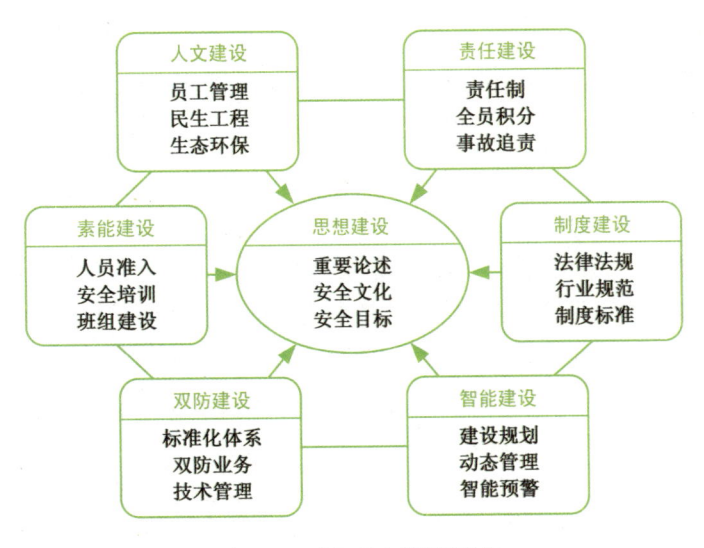

图0-2-2 "七项建设"框架图

"七项建设"的具体内容和要素包括：

(1) 思想建设。搭建全员学习贯彻习近平总书记关于安全生产重要论述的信息平台，明确各级党组织和员工学习要求与规范；推进安全文化建设，发布统一的安全理念、安全誓词、安全标语、宣教计划等；明确安全工作总目标、长期规划与阶段目标，规范目标制定、控制、监督、考核机制。

(2) 责任建设。完善制定安全生产责任制、安全生产责任清单、岗位责任制、安全承诺编制标准，明确安全包保、安全网格化管理等责任；细化矿领导记分、全员安全积分实施流程，实现"安宁"系统录入、分析与提示；规范事故报告、调查、问责程序和各类事故问责处理标准；建立安全工作统筹督办机制，规范安全会议管理机制。

(3) 制度建设。汇编公司各板块适用的法律法规、行业规范、重要文件、管理制度、作业标准等，在"安宁"系统中分类建立资料库和制度库；建立安全制度管理办法，明确安全制度的制定、分级、发布、修订、废止、监督、考核流程，规范档案、印章管理。

(4) 双防建设。基于煤矿、化工两个安全生产标准化执行规范，细化公司达标建设规划、保障措施和内部管理规定；融合双重预防管理信息系统，一体化推进风险分级管控和隐患排查治理；规范技术管理、行为管控、基本建设、应急管理、监督检查、科技保安、综合保障等管理流程，细化执行标准。

(5) 智能建设。实时发布智能化建设进展，建立智能化项目管理、考核机制；融合各类安全监测监控系统，实现"安宁"系统数据分析和智能预警；集成设备管理、供用电管理、运输管理、工器具管理、吊装作业管理等规定，链接设备管理、设备诊断、物资管理系统，实现数据共享和预警提示；融合智慧水务管理系统，细化用水、排水、水处理"自平衡"管控流程。

(6) 素能建设。明确四类人员准入条件和持证要求，指导招聘选拔和队伍建设；规范安全培训机制、安全培训档案，依托"安宁"系统实现全流程线上办理；融合各类网络学习平台，丰富网络学习资源；落实班组建设总体要求，规范班前会、民主管理等工作流程。

(7) 人文建设。建立员工信息库，公司对员工公休管理全覆盖监管，确保应休尽休；明确民生工程实施流程，跟踪提案落实；汇总福利费、疗休养、金秋助学、节日慰问、劳动模范及特殊贡献人员慰问、津贴补贴、职工福利等最新标准；细化职业病防治职责，统一个体防护、健康监护、公共安全、职业卫生档案等管理要求；规范生态环境保护工作，进一步明确管理规定。

(二) "七项建设"支撑关系

"安宁"体系是一个有机整体，"七项建设"紧密相连、环环相扣，任何一个建设脱节都将影响管理效果。在实施过程中，应理清每项建设的地位和作用，并有针对性地将各项建设有效整合，使之相得益彰，充分发挥体系整体作用。

从内容和功能上看，"思想"是引领，"责任"作用于组织和员工，"制度"作用于系统和管理，"双防"作用于预防和预控，"智能"作用于预警和应用，"素能"作用于意识和技能，"人文"作用于健康和环境。

从层次结构上看，思想建设处于顶层，统领和指导整个体系建设；责任建设、双防建设和制度建设处于中间层，其中双防建设是核心，责任建设和制度建设是保障；智能建设、素能建设和人文建设是基础，为上一层提供信息技术支撑、员工素能支撑和人文环境支撑。

"七项建设"支撑关系如图 0-2-3 所示。

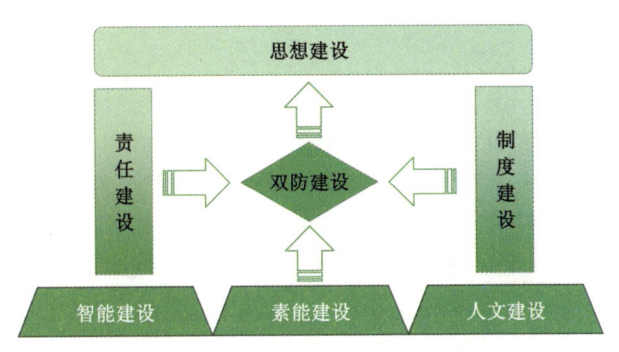

图 0-2-3 "七项建设"支撑关系图

三、"安宁"体系与行业管理标准的关系

《煤矿安全规程》在煤矿安全生产领域居于主体规章地位,是规范煤矿安全生产行为的重要准绳。《煤矿安全生产标准化管理体系基本要求及评分方法(试行)》旨在构建一套具有我国煤炭行业特色的安全生产标准化管理体系,实现静态达标和动态达标、硬件达标和软件达标、内容达标和形式达标、过程达标和结果达标、制度设计和现场管理、考核检查和信息化的有机统一。《危险化学品从业单位安全生产标准化评审标准》结合安全生产法律法规和安全管理要求,细化为企业达标标准,对煤制油化工企业安全生产具有较强的指导性、实用性和可操作性。"安宁"体系与行业管理标准的关系如图 0-2-4 所示。

安宁	思想建设	责任建设	制度建设	素能建设	双防建设	智能建设	人文建设
《危险化学品从业单位安全生产标准化评审标准》		机构和职责	法律法规和标准 / 管理制度	培训教育	风险管理 / 作业安全 / 事故与应急 / 检查与自评 / 生产设施及工艺安全 / 危险化学品管理		职业健康
《煤矿安全生产标准化管理体系基本要求及评分方法(试行)》	理念目标和矿长安全承诺	组织机构	安全生产责任及安全管理制度	从业人员素质	安全风险分级管控 / 事故隐患排查治理 / 质量控制 / 持续改进		
《煤矿安全规程》		总则			地质保障 / 井工煤矿 露天煤矿 / 应急救援		职业病危害防治

图 0-2-4 "安宁"体系与行业管理标准关系图

通过对照可以发现,"安宁"体系符合行业管理标准要求,包括法律法规、机构和职责、风险管理、管理制度、教育培训、生产和作业安全、职业健康、事故与应急、安全检查等主要内容。

对照《煤矿安全规程》,"安宁"体系在严格遵循《煤矿安全规程》相关规定的基础上,从责任建设、制度建设、素能建设、人文建设等方面进行了深化和扩展,进一步完善了安全生产责任制度、管理规范,形成了符合宁夏煤业公司实际的安全管控体系,防范煤矿事故与职业病危害,保障从业人员人身安全与健康。

对照《煤矿安全生产标准化管理体系基本要求及评分方法(试行)》,"安宁"体系能够全面涵盖前者管理要求,并增加了智能化建设、危险化学品标准化管理等内容,融合双重预防管理信息系统,在安全管理中实现超前预控。

对照《危险化学品从业单位安全生产标准化评审标准》,"安宁"体系将危险化学品列入通用管理部分,涵盖了全部要素。此外,还增加了智能建设全部内容和素能建设、人文建设部分内容,对推行智慧化工进行规范,对煤制油化工企业员工素能建设和人文建设提出要求。

第三节 体系特点

"安宁"体系按照"明确一个定位,传承一种文化,编制一本手册,搭建一个平台,建成一套体系"思路,融合安全管理有效方法和经验,梳理规范安全管理各项工作程序,力求责任明确、程序清晰、精准执行、务实高效;融合智能建设,实现安全管理智能分析预警功能;融合双重预防、安全生产标准化、"基石"项目(监测监控)、教育培训等系统,最终达到"查、学、测、控、管"一体化。"安宁"体系具有以下特点。

一、五项升级

"安宁"体系突出传承与发展,推动"五项升级"。

推动文化升级。在公司现有安全文化理念基础上,进一步凝练与拓展,建立一套高度传承,更具引领力、感染力、凝聚力的安全文化体系。

推动机制升级。梳理公司安全管理全部要素,提炼公司和基层单位现行安全管理成果及成熟经验,结合现代安全管理理论和方法,建立一套高度融合、更加符合行业特点、具有宁夏煤业公司特色的一体化安全管理机制。

推动标准升级。制定完善统一的责任、制度、双防、培训、人文等管理流程和标准,建立一套涵盖国家法律法规、行业规范和内部管理规定的制度运行标准。

推动系统升级。链接国家、行业、集团安全管理系统与平台,融合公司各项安全管理系统,建立一套高度集成、操作快捷的安全管理系统。

推动管理升级。以"安宁"体系为指导,形成配套的"安宁"系统,将"工业互联网+"融入安全管理,建立一套全员参与、深度应用、具有辅助决策功能的安全管理体系。

二、六大特性

"安宁"体系立足高效与实用,凸显"六大特性"。

体系完整性。对安全管理有关制度、措施、流程、系统等进行详细分类,按模块编制成册,形成一部手册、一本指南、一套系统。这体现体系建设的实用与完整。

高度融合性。融合公司多年安全管理有效经验,对标国内能源企业典型做法,对公司安全文化、风险管控、隐患治理、视频监控、安全伙伴、标准化建设、网格化管理等进行深入拓展,规范细则,优化流程。这体现体系的传承与发展。

系统集成性。手机App与电脑端信息系统链接宁夏煤业公司现有的双防平台、平安宁煤、教育培训、生产指挥、监测监控等系统,以及国家能源集团班组建设、承包商管理、环保等统建系统,自主开发相应的浏览模块与操作平台。这体现体系的集成与创新。

管理规范性。建立安全管理资料模板,统一安全生产责任制、责任清单、安全誓词、安全承诺、教育培训等标准,规范技术管理、行为管控、承包商管理、应急管理、安全监察等业务管理要求。这体现体系的严谨与规范。

业务实操性。"安宁"体系全面规范安全管理关键业务操作流程、管理标准;"安宁"系统设计各类浏览模块、操作模块、链接模块、分析模块等,包涵体系建设全要素,覆盖安全管理全过程。这体现体系的实操与应用。

普遍适用性。体系建设既考虑煤矿生产建设单位,又考虑煤制油化工和其他单位;既考虑执行层、操作层,又考虑决策层、管理层;既考虑当前目标,又考虑远景规划。这体现体系的适用与包容。

三、七项优势

"安宁"体系集成预警与预控,拓展"七项优势"。

学习资源更加丰富。整合重要论述、重要文件、重要制度等学习资源,便于全体员工查阅应用,将重要论述、安全文化和理论知识"快递"给员工。

文化体系规范统一。建立具有宁煤特色的安全文化体系,规范安全理念、安全目标、安全誓词、安全标语等内容,引领公司上下遵循一个理念、保持一个声音、实现一个目标。

安全责任界定清晰。建立安全生产责任制、安全生产责任清单、岗位责任制信息库,便于全员实时查阅。"安宁"系统设置督办、考核自动统计提示功能,推动责任落实。

双防建设更加高效。链接双重预防管理信息系统,实现风险分级管控与隐患排查治理信息化管理。"安宁"系统设置预警提示功能,可实时查询高风险作业清单、作业点视频监控、灾害防治、承包商管理等信息,支持精品工程线上申报、不安全行为分析提示、设计审查等操作功能。

智能应用更加突出。通过智能视频分析系统,识别人员、设备、环境安全状态,对人员不戴安全帽、脱岗等违章行为进行智能识别抓拍、弹屏报警。实时显示公司生产数据、人员定位、安全监测、设备运行和自动化系统运行状态,统计分析相关数据,实现预警提示。

培训管理精准务实。建立培训情况"一站式"查询模块,为准确制订培训计划提供数据支撑。开发App电子签到软件,实现培训"考勤监督＋现场监督＋视频监督"全程闭环管理。开发安全应知应会抽考模块,分专业、工种现场抽考,提升培训实效。

安全管理更有温度。体现员工是第一牵挂,实现员工管理信息化,建立员工健康电子档案和休假提示模块,围绕职业发展、安全行为、精神状态等要素,清晰掌握员工基本情况。创新民主管理方式,落实惠民举措,真正把民生工程办好办实。

总体来看,"安宁"体系既涵盖了宁夏煤业公司近 20 年来的安全生产理论与实践,又结合了现代管理理论与方法,综合考虑了企业安全管理的各个方面,是具有时代特点与企业特色、符合"安全、稳定、清洁运行"总目标的体系。体系基于企业现状和未来发展,融合了前沿技术,适应企业安全管理需要。同时,体系建设也是持续完善的过程,需要通过 PDCA 循环来不断改进、提升,促进企业安全发展、高质量发展。

第一章 思想建设

思想是行动的先导。只有从思想上重视安全,从讲政治的高度提高对安全生产工作重要性的认识,才能更好地付诸实践、见诸行动,把安全工作抓实抓好。

宁夏煤业公司深入学习贯彻习近平总书记关于安全生产重要论述和指示批示精神,围绕"安全、稳定、清洁运行"总目标,在安全生产领域积极践行"社会主义是干出来的"伟大号召,树立安全发展理念,建立安全文化体系,提升全员安全意识,为企业长治久安提供坚实的思想保障。

第一节　学习习近平总书记关于安全生产重要论述

党的十八大以来,以习近平同志为核心的党中央高度重视安全生产工作,始终把人民生命安全放在首位。习近平总书记多次对安全生产工作发表重要讲话,作出重要批示,深刻论述安全生产红线、安全发展战略、安全生产责任制等重大理论和实践问题,对安全生产提出了明确要求。

一、重要论述

习近平总书记关于安全生产重要论述,是习近平新时代中国特色社会主义思想的重要组成部分,确立了新形势下安全生产重要地位,揭示了现阶段安全生产规律特点,体现了对人的尊重、对生命的敬畏,传递了"人民至上、生命至上"理念,对于完善我国安全生产理论体系、加快实施安全发展战略、促进安全生产形势根本好转具有重大理论和实践意义。

(一)安全生产重要论述

1. 六大要点

(1)强化红线意识,实施安全发展战略。

始终把人民群众的生命安全放在首位,发展决不能以牺牲人的生命为代价,这要作为一条不可逾越的红线。大力实施安全发展战略,绝不要带血的GDP。把安全生产与转方式、调结构、促发展紧密结合起来,从根本上提高安全发展水平。

(2)抓紧建立健全安全生产责任体系。

安全生产工作不仅政府要抓,党委也要抓。党委要管大事,发展是大事,安全生产也是大事,没有安全发展就不能实现科学发展。要抓紧建立健全"党政同责、一岗双责、齐抓共管、失职追责"的安全生产责任体系,切实做到管行业必须管安全、管业务必须管安全、管生产经营必须管安全。

(3)强化企业主体责任落实。

所有企业都必须认真履行安全生产主体责任,善于发现问题、及时解决问题,采取有力措施,做到安全责任到位、安全投入到位、安全培训到位、安全管理到位、应急救援到位。特别是中央企业一定要提高管理水平,给全国企业作表率。

(4)加快安全监管方面改革创新。

要加大安全生产指标考核权重,实行安全生产和重大事故风险"一票否决"。加快安全生产法治化进程,严肃事故调查处理和责任追究。采用"四不两直"(不发通知、不打招呼、不听汇报、不用陪同和接待,直奔基层、直插现场)方式暗查暗访,建立安全生产检查工作责任制,实行谁检查、谁签字、谁负责。

(5)全面构建长效机制。

安全生产要坚持标本兼治、重在治本,建立长效机制,坚持"常、长"二字,经常、长期抓下去。要做到警钟长鸣,用事故教训推动安全生产工作,做到"一厂出事故、万厂受教育,一地有隐患、全国受警示"。要建立隐患排查治理、风险预防控制体系,做到防患于未然。

(6)领导干部要敢于担当。

安全生产责任重于泰山。领导干部不要幻想当太平官,要居安思危,临事而惧,有睡不着觉、半夜惊醒的压力。坚持命字在心、严字当头,敢抓敢管、勇于负责,不可有丝毫懈怠、半点疏忽。

2. 十句"硬话"

(1)人命关天,发展决不能以牺牲人的生命为代价。这必须作为一条不可逾越的红线。

——针对全国接连发生多起重特大安全生产事故,习近平就做好安全生产工作作出重要指示。(《人民日报》2013年6月8日)

(2)落实安全生产责任制,要落实行业主管部门直接监管、安全监管部门综合监管、地方政府属地监管,坚持管行业必须管安全、管业务必须管安全、管生产必须管安全,而且要党政同责、一岗双责、齐抓共管。

——在中央政治局第28次常委会就做好安全生产工作作出重要指示。(2013年7月18日)

(3)当干部不要当得那么潇洒,要经常临事而惧,这是一种负责任的态度,要经常有睡不着觉、半夜惊醒的情况,当官当得太潇洒准要出事。

——在中央政治局第28次常委会就做好安全生产工作作出重要指示。(2013年7月18日)

(4)对责任单位和责任人要打到疼处、痛处,让他们真正痛定思痛、痛改前非,有效防止悲剧重演。造成重大损失,如果责任人照样拿高薪,拿高额奖金,还分红,那是不合理的。

——在中央政治局第28次常委会就做好安全生产工作作出重要指示。(2013年7月18日)

(5)安全生产必须警钟长鸣、常抓不懈,丝毫放松不得,否则就会给国家和人民带来不可挽回的损失。

——在山东考察贯彻落实党的十八届三中全会精神时指出。(2013年11月24日)

(6)要做到"一厂出事故,万厂受教育,一地有隐患,全国受警示"。

——在山东省青岛市"11·22"中石化东黄输油管道泄漏爆炸特别重大事故现场考察时重要讲话。(2013年11月24日)

(7)必须建立健全安全生产责任体系,强化企业主体责任,深化安全生产大检查,认真吸取教训,注重举一反三,全面加强安全生产工作。

——在山东考察贯彻落实党的十八届三中全会精神时指出。(2013年11月24日)

(8)所有企业都必须认真履行安全生产主体责任,做到安全投入到位、安全培训到位、基础管理到位、应急救援到位,确保安全生产。

——在山东考察贯彻落实党的十八届三中全会精神时指出。(2013年11月24日)

(9)安全生产,要坚持防患于未然。要继续开展安全生产大检查,做到"全覆盖、零容忍、严执法、重实效"。要采用不发通知、不打招呼、不听汇报、不用陪同和接待,直奔基层、直插现场,暗查暗访,特别是要深查地下油气管网这样的隐蔽致灾隐患。要加大隐患整改治理力度,建立安全生产检查工作责任制,实行谁检查、谁签字、谁负责,做到不打折扣、不留死角、不走过场,务必见到成效。

——在山东考察贯彻落实党的十八届三中全会精神时指出。(2013年11月24日)

(10) 血的教训极其深刻,必须牢牢记取。各生产单位要强化安全生产第一意识,落实安全生产主体责任,加强安全生产基础能力建设,坚决遏制重特大安全生产事故发生。

——天津港"8·12"事故后就切实做好安全生产工作作出重要指示。(《人民日报》2015年8月16日)

3. 安全发展理念

习近平总书记指出:"各级党委和政府、各级领导干部要牢固树立安全发展理念,始终把人民群众生命安全放在第一位"。

安全生产事关人民群众生命财产安全,事关改革发展稳定大局,事关党和政府形象声誉。党的十八大以来,习近平总书记针对安全生产问题作了一系列重要论述。这些重要论述充分体现了科学发展观的核心立场,解释了现阶段安全生产的规律特点,体现了深远的战略眼光,具有很强的针对性和指导性。

4. 责任担当落实

习近平总书记指出:"坚持最严格的安全生产制度,什么是最严格？就是要落实责任。要把安全责任落实到岗位、落实到人头"。

责任重于泰山。严格落实安全生产责任制,这是我们党维护人民群众生命财产安全的政治使命和责任担当,是中国特色社会主义优越性的充分体现,也是促进安全生产工作最直接、最有效的制度力量。

5. 防范化解风险

习近平总书记指出:"要坚持标本兼治,坚持关口前移,加强日常防范,加强源头治理、前端处理","安全生产是民生大事,一丝一毫不能放松,要以对人民极端负责的精神抓好安全生产工作,站在人民群众的角度想问题,把重大风险隐患当成事故来对待"。

现阶段,安全生产仍处于爬坡过坎期,各类事故隐患和安全风险交织叠加。要清醒认识当前安全生产形势的严峻复杂性,更加积极主动防范化解重大安全风险,扎实开展安全生产整治活动,为全面维护好人民群众生命财产安全、经济高质量发展、社会和谐稳定提供有力的安全生产保障。

6. 公共安全管理

习近平总书记指出:"要高度重视公共安全工作,牢记公共安全是最基本的民生的道理,着力堵塞漏洞、消除隐患,着力抓重点、抓关键、抓薄弱环节,不断提高公共安全水平。"

血的教训警示我们,公共安全绝非小事,必须坚持安全发展。扎实落实安全生产责任制,堵塞各类安全漏洞。坚决遏制重特大事故频发势头,确保人民生命财产安全。

7. 应急管理体系

习近平总书记指出:"应急管理是国家治理体系和治理能力的重要组成部分,承担防范化解重大安全风险、及时应对处置各类灾害事故的重要职责,担负保护人民群众生命财产安全和维护社会稳定的重要使命。""应急管理部门全年365天、每天24小时都应急值守,随时可能面对极端情况和生死考验。应急救援队伍全体指战员要做到对党忠诚、纪律严明、赴汤蹈火、竭诚为民,成为党和人民信得过的力量。"

要不断调整和完善应急管理体系,提高应对自然灾害和生产事故灾害能力,科学应对各类重大突发事件,有效化解各类重大安全风险,发挥好应急管理体制机制在实践中的特色和优势。

8. 防灾减灾救灾

习近平总书记强调:"推进防灾减灾救灾体制机制改革,必须牢固树立灾害风险管理和综合减灾理念,坚持以防为主、防抗救相结合,坚持常态减灾和非常态救灾相统一,努力实现从注重灾后救助向注重灾前预防转变,从减少灾害损失向减轻灾害风险转变,从应对单一灾种向综合减灾转变。要强化灾害风险防范措施,加强灾害风险隐患排查和治理,健全统筹协调体制,落实责任、完善体系、整合资源、统筹力量,全面提高国家综合防灾减灾救灾能力。"

9. 事故调查救援

习近平总书记强调:"要认真组织研究应急救援规律","提高应急处置能力,强化处突力量建设,确保一旦有事,能够拉得出、用得上、控得住","最大限度减少人员伤亡和财产损失"。

(二)"社会主义是干出来的"伟大号召

2016年7月19日下午,习近平总书记来到宁东能源化工基地考察,详细了解了全球单体规模最大的宁夏煤业公司煤制油工程项目建设的进展情况,肯定了我国在煤制油化工领域取得的创新成就。在现场数百名员工热情的欢呼声中,习近平总书记即兴讲话:"我的心情也很激动,看到了社会主义的大厦在一砖一瓦地建起来。在场的工人兄弟姐妹们,我对你们充满了敬意。社会主义是干出来的。正是靠着我们工人阶级的拼搏精神,埋头苦干、真抓实干,我们才能够实现一个又一个的伟大目标,取得一个又一个的丰硕成果。""中华民族的事业不能停顿,要接续前行。中华民族积蓄的能量太久了,要爆发出来去实现伟大的中国梦。这是我们这一代人的历史使命,我们每一个人都在自己的岗位上为实现这个目标而奋斗。"

(三)"安全、稳定、清洁运行"重要指示

2016年12月28日,习近平总书记对宁夏煤业公司煤制油示范项目建成投产作出重要指示:在煤制油示范项目建成投产之际,我代表党中央,对此表示热烈的祝贺!向参与工程建设、生产运行、技术研发的广大科技人员、干部职工表示诚挚的问候!这一重大项目建成投产,对我国增强能源自主保障能力、推动煤炭清洁高效利用、促进民族地区发展具有重大意义,是对能源安全高效清洁低碳发展方式的有益探索,是实施创新驱动发展战略的重要成果。这充分说明,转变经济发展方式、调整经济结构,推进供给侧结构性改革、构建现代产业体系,必须大力推进科技创新,加快推动科技成果向现实生产力转化。希望同志们再接再厉、精益求精,保证项目安全、稳定、清洁运行,不断扩大我国在煤炭加工转化领域的技术和产业优势,加快推进能源生产和消费革命,为实现"两个一百年"奋斗目标、实现中华民族伟大复兴的中国梦作出新的更大的贡献。

> **"安宁"系统功能**
>
> 实时查询学习习近平总书记关于安全生产重要论述和指示批示精神。

二、学习要求

宁夏煤业公司认真梳理汇总上级组织对学习贯彻习近平总书记关于安全生产重要论述的各类会议及文件要求,制定习近平总书记关于安全生产重要论述学习宣传方案,规范各层级学习方式和具体要求,全方位、立体式、多角度引导员工深刻理解重要论述的核心要义、精神实质、丰富内涵,提高政治站位,强化底线思维,推进综合治理,提升安全工作实效。

(1) 公司及所属单位将学习贯彻习近平总书记关于安全生产重要论述作为安全工作"第一要务"、党委会会议和安委会会议"第一议题"、安全培训"第一课",并作为各级党委理论学习中心组学习常设议题,要求领导干部主动带头学,形成"头雁效应"。各级中心组成员要坚持重点发言和集体研讨、专题学习和系统学习、集中学习和个人自学相结合,结合自身主管专业领域和分管范围谈体会、谈认识,自觉强化"人民至上、生命至上"理念,准确研判安全工作面临的形势、风险、任务,坚决抓好风险防控,确保安全生产平稳有序。

(2) 各党支部结合工作实际,分阶段明确学习内容,突出学习重点,确保全员接受学习教育。利用"三会一课"、主题党日、班前会、员工学习日等,集中开展专题教育,组织全体员工观看《生命重于泰山——习近平总书记关于安全生产重要论述》等电视专题片,结合岗位实际组织集中讨论,促使全体员工牢固树立"生命高于一切、责任重于泰山"思想,切实把学习成果转化为推动公司安全发展的动力。

(3) 充分利用公司网站、电视台、"安宁"系统、"宁夏煤业之声"公众号等平台,开设学习贯彻习近平总书记关于安全生产重要论述专栏,丰富学习形式和内容。

(4) 举办学习习近平总书记关于安全生产重要论述、《中华人民共和国安全生产法》等专题培训班,邀请专家对相关知识进行权威讲解,提升全员安全生产思想认识和履职能力。

(5) 各级领导班子成员应到联系点党支部进行专题授课,结合主管专业领域和分管范围把相关问题讲深讲透,推动习近平总书记关于安全生产重要论述深入基层、深入人心。

(6) 各单位在"安全生产月""安全万里行"中积极开展专题宣讲、主题征文、有奖问答等活动,营造人人讲安全、重安全、守安全的浓厚氛围。

◎ 示例　　**习近平总书记关于安全生产重要论述学习计划(2022年)**

时间安排	学习内容
1月	1.《中华人民共和国安全生产法》相关内容 2. 习近平生态文明思想内部学习资料第一篇发展历程相关内容
2月	1.《中华人民共和国安全生产法》相关内容 2. 习近平生态文明思想内部学习资料第一篇发展历程相关内容
3月	1. 习近平总书记关于安全生产重要论述"责任担当"相关内容 2. 习近平总书记在中共中央政治局第三十六次集体学习时的重要讲话精神
4月	1. 习近平总书记关于安全生产重要论述"六大要点"相关内容 2. 习近平生态文明思想内部学习资料第二篇理论要义相关内容
5月	1. 习近平总书记关于安全生产重要论述"十句硬话"相关内容 2. 习近平生态文明思想内部学习资料第二篇理论要义相关内容

续表

时间安排	学习内容
6月	1. 国务院安委会办公室、应急管理部关于开展2022年全国"安全生产月"活动的通知 2. 习近平生态文明思想内部学习资料第二篇理论要义相关内容
7月	1. 习近平总书记关于安全生产重要论述"安全发展理念"相关内容 2. 习近平生态文明思想内部学习资料第三篇考察批示相关内容
8月	1. 习近平总书记关于安全生产重要论述"防范化解风险"相关内容 2. 习近平生态文明思想内部学习资料第三篇考察批示相关内容
9月	1. 习近平总书记关于安全生产重要论述"公共安全管理"相关内容 2. 习近平生态文明思想内部学习资料第三篇考察批示相关内容
10月	1. 习近平总书记关于安全生产重要论述"应急管理工作"相关内容 2. 习近平生态文明思想内部学习资料第四篇会议综述相关内容
11月	1. 习近平总书记关于安全生产重要论述"事故调查救援"相关内容 2. 习近平生态文明思想内部学习资料第五篇实践部署相关内容
12月	1. 习近平总书记关于安全生产重要论述"防灾减灾工作"相关内容 2. 习近平生态文明思想内部学习资料第六篇热点词汇相关内容

"安宁"系统功能

实时查阅国家、自治区、国家能源集团、宁夏煤业公司对学习贯彻习近平总书记关于安全生产重要论述的要求和有关文件。

三、贯彻落实

深入贯彻落实习近平总书记关于安全生产重要论述，持续深化"社会主义是干出来的"岗位建功行动，是坚定不移沿着习近平总书记指引方向前进的必然要求，是扎实推动习近平总书记殷切嘱托变为现实的重要举措。

宁夏煤业公司把学习好、宣传好、贯彻好习近平总书记关于安全生产重要论述和指示批示精神作为首要政治任务和重大政治责任，坚持把科学思想方法和工作方法转化为抓好安全工作的具体思路，以"社会主义是干出来的"岗位建功行动为大舞台和主战场，引领带动全体干部员工从政治上把握和落实精神实质，深刻领会"两个确立"的决定性意义，进一步增强"四个意识"、坚定"四个自信"、做到"两个维护"，确保企业改革发展、安全发展始终沿着习近平总书记指引的方向前进，切实把总书记亲切关怀转化为加快建设世界一流煤化企业的生动实践，以高水平安全工作服务高质量发展。

◎ 示例　**宁夏煤业公司深入贯彻落实习近平总书记重要指示精神进一步加强安全生产工作实施方案（节录）**

总体要求：坚持以深入学习贯彻习近平总书记关于安全生产重要论述和指示批示精神为指导，牢固树立"人民至上、生命至上"理念，统筹发展和安全，严守安全"红线"，全面压紧压实安全生产责任，扎实落实国务院安委会安全生产"十五条硬措施"、自治区加强安全生产工作"二十项硬措施"、国家能源集团加强安全生产"六十条措施"，从系统上健全优化安全管理体系,从根本上解决制约安全生产的突出问题,有效防范化解重大安全风险,防范遏制生产安全事故,确保安全形势持续稳定。

重点措施:

1. 学习贯彻习近平总书记关于安全生产重要论述和指示批示精神。
2. 严格落实党委安全生产责任。
3. 严格落实各单位安全生产主体责任。
4. 企业主要负责人必须严格履行第一责任人责任。
5. 严格落实部门安全监督管理责任。
6. 严肃追究领导责任和监管责任。
7. 严肃查处瞒报、谎报、迟报、漏报事故的行为。
8. 深入扎实开展安全生产大检查。
9. 牢牢守住项目审批安全红线。
10. 严厉查处违法分包转包和挂靠资质行为。
11. 切实加强劳务派遣和灵活用工人员安全管理。
12. 重拳出击开展"打非治违"。
13. 坚决整治安全监督监察"宽、松、软"问题。
14. 着力加强安全监管队伍建设。
15. 重奖激励安全生产隐患举报。
16. 统筹做好经济发展、疫情防控和安全生产工作。
17. 加强安全管理制度建设。
18. 加强安全生产标准化管理体系建设。
19. 加大安全投入。
20. 提升人员素质。

◎ 示例　　宁夏煤业公司党委关于深入贯彻落实习近平总书记重要讲话和重要指示精神深入深化"社会主义是干出来的"岗位建功行动的指导意见(节录)

指导思想:坚持以习近平新时代中国特色社会主义思想为指导,认真学习宣传贯彻党的二十大精神,深入贯彻落实习近平总书记重要讲话和重要指示批示精神,大力践行"社会主义是干出来的"伟大号召,立足新发展阶段,完整准确全面贯彻新发展理念,主动服务和融入新发展格局,认真贯彻落实自治区第十三次党代会、公司第一次党代会精神,统筹发展和安全,以"社会主义是干出来的"岗位建功行动为大舞台和主战场,加强政治建设,强化党建引领,在推动安全环保、高质量发展、管理提升、科技创新、干部人才队伍建设上建新功,加快建设世界一流煤化企业,为推动集团"一个目标、三型五化、七个一流"发展战略落地,奋力谱写全面建设经济繁荣、民族团结、环境优美、人民富裕的社会主义现代化美丽新宁夏壮丽篇章作出新的更大贡献。

基本原则:

坚持党的领导,在融合发展上干出新业绩。坚决贯彻"两个一以贯之",总结固化"社会主义是干出来的"岗位建功行动的好经验、好做法,推动党建工作与生产经营深度融合,以一流党建引领一流企业建设。

坚持强基固本,在安全发展上干出新业绩。坚持"人民至上、生命至上",强化红线意识,加强源头治理,坚持发展决不能以牺牲安全为代价,正确处理好安全与发展、安全与生产、安全与效益的关系,坚决防范化解各领域重大安全风险,坚守安全底线。

坚持绿色低碳,在协调发展上干出新业绩。立足公司改革发展实际,统筹推进煤炭规模化发展与清洁高效利用、新兴能源与特色优势产业一体发展,优化调整产业结构,加快发展方式转变,促进生态文明建设。

坚持改革驱动,在创新发展上干出新业绩。深入实施创新驱动战略,大力推动煤炭、煤制油化工领域技术创新,全面提升创新驱动发展水平。以三项制度改革为突破口,系统推进经营管理体制改革,着力解决制约企业发展的深层次问题,激发发展活力、增强管理效力、提升创效能力。

坚持以人为本,在共享发展上干出新业绩。坚守为民情怀,强化责任担当,巩固拓展脱贫攻坚成果,助力乡村振兴,着力增强能源安全保供能力,不断改善员工工作生活条件,为地方经济社会发展作出积极贡献,让广大员工的获得感成色更足、幸福感更可持续、安全感更有保障。

总体目标:到2025年,"社会主义是干出来的"岗位建功行动取得更加丰硕、更高质量的理论成果、制度成果和实践成果,公司党建责任制考核连续保持国家能源集团公司A级。煤炭产量达到7 100万t,销量稳定在1亿t以上,建成世界一流矿井2座、国家级和集团公司级智能化示范矿井3座,选煤厂全部实现智能化,煤矿全部达到绿色矿山标准。煤制油化工产品产量稳定在1 100万t,每年开发2~5个专用料牌号投放市场,聚烯烃专用料占比力争未来五年每年再提高5个百分点,最终达到40%以上;延伸α-烯烃、油蜡、烯烃产业链,促进煤制油化工产业向高端化、多元化、低碳化发展。

重点任务:

(一)唱响主旋律,奋进新征程,在加强政治建设上建新功。

(二)唱响主旋律,奋进新征程,在推动安全环保上建新功。

(三)唱响主旋律,奋进新征程,在推动高质量发展上建新功。

(四)唱响主旋律,奋进新征程,在推动管理提升上建新功。

(五)唱响主旋律,奋进新征程,在推动科技创新上建新功。

(六)唱响主旋律,奋进新征程,在推动干部人才队伍建设上建新功。

(七)唱响主旋律,奋进新征程,在强化党建引领上建新功。

> **"安宁"系统功能**
>
> 实时发布公司各级安委会阶段学习任务、贯彻意见、影像资料等,展示学习进程。

第二节 安全文化

安全文化是安全理念、安全意识以及在其指导下各项行为的总称,通过对人的观念、道德、态度、情感、品行等深层次人文因素的强化,利用领导、教育、宣传、奖惩、创建群体氛围等手段,提高人的安全素质,使人们从被动服从安全管理制度,转变为自觉按安全要求行动。安全文化主要适用于高技术含量、高风险操作型企业,在能源、电力、化工等行业的重要性尤为突出。

宁夏煤业公司自 2002 年组建成立以来,经过 20 年的艰苦奋斗、励精图治,在安全管理方面积累了丰富的文化营养。20 年来,公司安全文化薪火相传、兼收并蓄,从"五特精神"引领到"一个目标、七个理念"落地,从"海因里希法则"研究到杜绝零打碎敲事故指导意见实施,既依托自身丰富的管理实践与文化积淀,又融会贯通国内外先进经验与科学理念,安全文化建设得到了传承性、包容性拓展。宁夏煤业公司的安全文化核心是以人为本,将安全责任落实到全体员工的具体工作中,通过培育员工共同认可的安全价值观和安全行为规范,在企业内部营造自我约束、自主管理和团队管理的安全文化氛围,持续改进安全管理,建立长效机制。宁夏煤业公司安全文化实施流程如图 1-2-1 所示。

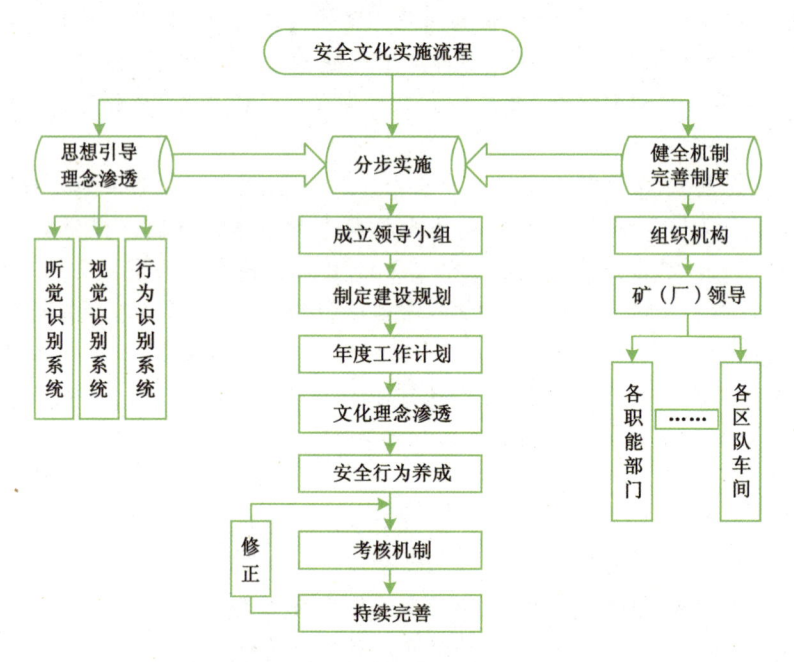

图 1-2-1 安全文化实施流程图

一、文化理念

(一)安全理念

安全理念也称为安全价值观,主要指积淀于企业及员工心中的安全意识形态,包括企业在长期安全生产中逐步形成的、为全体员工所接受遵循的、具有自身特色的安全思想意识、安全思维方式与安全行为养成等。宁夏煤业公司通过多年积累与探索,总结提炼出更具行业特点、更贴近员工思想实际、更具有引领性和代表性的"一个目标、七个理念"安全文化,成为凝聚员工期盼与追求、感召员工意识与行为的重要力量。

- 安全目标:安全、稳定、清洁运行。

释义:2016 年 12 月 28 日,习近平总书记对宁夏煤业公司煤制油示范项目建成投产作出重要指示,强调要再接再厉、精益求精,保证项目安全、稳定、清洁运行。宁夏煤业公司将"安全、稳定、清洁运行"作为安全生产主旨和总目标,是忠诚拥护"两个确立"、坚决做到"两个维护"的具体体现,也是公司安全环保健康发展的不懈追求和动力源泉。

安全运行:坚持"两个至上"理念,统筹发展和安全,坚守"发展决不能以牺牲安全为代价"红线,采取一切务实有效措施,保障安全可靠运行,坚定不移建设安全一流企业。

稳定运行:坚持深化企业改革,提升效率效能,推进多元发展,保障生产稳定、效益稳定、队伍稳定、发展稳定,坚定不移建设世界一流煤化企业。

清洁运行:坚持绿色发展,积极践行"绿水青山就是金山银山"理念,全面推行清洁生产,统筹谋划节能降碳,推动产业结构绿色转型,坚定不移建设清洁能源企业。

- 风险理念:安全风险皆可防控。

释义:始终保持如履薄冰、如临深渊的风险意识,居安思危、警钟长鸣、常抓不懈;坚持源头严防、过程严管、风险严控,及时辨识风险、科学应对风险、有效管控风险;坚定安全风险皆可防控的信心和决心,千方百计防风险、除隐患、保安全。

- 责任理念:做对安全负责任的事,做对企业负责任的人。

释义:传承发扬宁夏煤业公司企业文化,着力加强安全责任体系建设;人人都是安全生产责任人,始终将安全责任记在心上、扛在肩上、抓在手上,主动担当、恪尽职守;我的岗位我负责、我的安全请放心,对生命负责、对家庭负责、对企业负责、对社会负责。

- 作风理念:干字为先,实字托底。

释义:实干是践行习近平总书记"社会主义是干出来的"伟大号召的集中体现;始终不渝埋头苦干,真抓实干,发扬"特别能吃苦、特别能战斗、特别能奉献、特别守规矩、特别重安全"的光荣传统和优良作风;深入实际、融入实践、落到实处、发挥实效,用"干"和"实"筑牢安全根基。

- 管理理念:严管就是厚爱。

释义:严字当头讲安全,严字当头管安全,严字当头抓安全;严要求、严落实、严检查、严考核、严纪律、严处理,管好每个单位、每个岗位、每个员工、每个流程、每个节点、每个细节;保护员工安全、呵护生命健康、守护家庭幸福。

- 行为理念:干部要到位,员工要干对。

释义:树牢安全一荣俱荣、一损俱损共识,干部组织到位、执行到位、履职到位、到岗到位,员工遵章守纪、行为规范、标准作业。

- 培训理念:安全培训不到位是最大的安全隐患。

释义:安全培训是企业安全发展的基础工作、根本保障,坚持适用实用好用管用,持之以恒强化安全培训,树牢安全意识、增强安全技能、提升安全素养,用培训规范行为,用行为养成习惯,用习惯保障安全。

- 人文理念:企业安全发展,员工和谐幸福。

释义:实现安全生产,保障员工健康生存权益,保障企业可持续发展、高质量发展;打造和谐企业,实现企业与员工成果共享、发展共享,持续提升员工获得感、幸福感、安全感。

(二)安全誓词

安全誓词是宁夏煤业公司安全文化的重要组成部分,能够促使全体员工通过郑重仪式表明自己对安全的承诺和决心,在安全工作中发挥感召和引领作用。

宁夏煤业公司安全誓词

为了生命健康、家庭幸福、企业发展,我宣誓:

践行"社会主义是干出来的"伟大号召,牢记安全使命,履行安全责任;树牢红线意识,遵守安全规定。消除隐患,抵制"三违";安全生产,从我做起,为宁煤安全、稳定、清洁运行而奋斗!

安全誓词诠释:宁夏煤业公司安全誓词郑重庄严,字字铿锵,突出引导全体员工牢固树立使命意识,履行安全承诺;树立责任意识,强化履职担当;树立遵章意识,严守红线底线;树立风险意识,提高防控能力;树立行为意识,增强安全自律;树立目标意识,凝聚保安合力。展现上下同心抓好安全生产工作的信心和决心,彰显每一名员工对自身、家庭、企业、社会高度负责的态度。

安全誓词使用规范:员工在重要安全活动、班前会等特定环境下使用安全誓词。宣誓时,宣誓人持立正姿势,面向安全旗(不含班前会),领誓人逐句领读誓词,宣誓人高声跟读誓词,领誓人发出"宣誓完毕"口令后,宣誓结束。

(三) 建设规划

安全文化建设是一项长期性、战略性的系统工程。在规划过程中,每一项流程都要考虑启动以后的推进策略,使设计与实施相吻合、理念与管理相融合。

宁夏煤业公司立足安全生产长远发展和阶段性工作要求,深入研究制定安全文化建设规划,坚持党的领导、融合发展,为推动安全生产发挥引领作用;坚持"人民至上、生命至上",实现员工幸福、企业发展、社会稳定的高度统一;坚持以人为本、服务员工,做到既尊重人、理解人、关心人,又培育人、规范人、约束人;坚持继承创新、适用管用,既持续探索创新内部理念方法,又不断吸纳融合外部先进做法;坚持问题导向、结果导向,增强风险意识,减少不安全行为,防范事故发生;坚持言简意赅、突出特色,做到既接地气、立得住、行得远,又保持连续性、时代性、先进性。

宁夏煤业公司实施安全文化建设规划,旨在形成一套符合宁煤实际、富有宁煤特色、员工广泛认同、好用管用的安全文化体系,创建一批与安全文化体系相映衬、具有代表性的安全文化建设示范工程、先进单位、示范基地,打造一批与安全文化体系相呼应、具有一定影响力的安全文化精品,推动全面实施安全发展战略的主动性明显提高,依法依规从事生产经营活动的自觉性明显增强,安全理念内化于心、外化于行、固化于制明显见效,全员安全素质和防控能力明显提升,自我约束、持续改进的安全文化建设机制和安全保障基础明显加强。

(四) 宣传贯彻

宁夏煤业公司按照整体启动、分步推进的方式,推动安全文化理念渗透、行为养成和视觉听觉系统开发,形成共同愿景。

(1) 根据安全文化建设规划,制订公司安全文化建设年度工作计划,分解工作目标,明确工作任务,保障安全文化建设的统一性、延续性、实效性。

(2) 推进安全文化理念宣传贯彻。理念宣传贯彻是一个认知认可的过程,目的是让每一名员工能够熟记熟知每一条理念及内涵，形成能够指导安全行为的意识。公司安全理念宣传贯彻方式具有规范性和多样性，包含但不限于以下方式：

① 公司编制统一规范的安全文化手册，全员学习熟知。
② 班前会及其他会议诵读或提问安全理念。
③ 将安全文化理念纳入安全月考、安全抽考等范围。
④ 按照统一规范，制作安全文化理念牌板、灯箱等宣传品，在矿（厂）区域建筑物、工业广场、办公区、作业现场等地点布置。设置安全文化长廊、文化墙，开辟安全文化宣传阵地。
⑤ 运用电视、网站、公众号、"安宁"系统等平台宣传贯彻安全文化理念。

(3) 推进安全文化理念渗透，包含但不限于以下方式：

① 利用"三会一课"、专题讲座、安全学习日、主题演讲、漫画展等，诠释理念内涵。
② 选树宣传先进典型，发挥引领作用。
③ 提炼各单位安全文化典型案例，召开现场观摩会、交流会等。
④ 开展安全文化文艺活动，将安全理念寓教于乐、寓教于文，增强理念感染力、影响力。
⑤ 深化安全理念在管理实践中的延伸与拓展，总结宣传文化实践成果。

◎ 示例　　　　　　　　　　灵新煤矿"19110"安全管控模式

"19110"安全管控模式，即树立一种理念，实施九个覆盖，推行一套机制，打造一个样板，实现"零"的目标。

树立一种理念：坚守红线，防控到位，安全、稳定、清洁运行。

实施九个覆盖：文化全覆盖、制度全覆盖、责任全覆盖、科技全覆盖、标准全覆盖、体系全覆盖、检查全覆盖、培训全覆盖、党建全覆盖。

推行一套机制：正激励＋负激励。

打造一个样板：打造全国安全生产样板矿井。

实现"零"的目标：零干扰、零事故、零伤害、零事件、零发病。

◎ 示例　　　　　　　　甲醇分公司聚甲醛车间"360"安全文化

甲醇分公司聚甲醛车间推行"360"安全文化，在安全管理过程中做到人员、技术、隐患排查全覆盖，确保安全管理360度无死角。以"360"安全文化为引领，开展"360"安全环保责任网格化，其中的"360"即三级管理、六步走、实现零目标。

"三级管理"就是将安全网格化管理划分为管理层、技术层、操作层。管理层负责网格化管理工作的统筹协调，组织推进；技术层主要发挥上传下达的作用，做到通力协作，提供技术指导；操作层主要负责对上级下达的各项指令执行到位，发现问题及时反馈。

"六步走"就是通过划分网格、明确职责、执行标准、履职检查、细化考核和评比提升六步，将网格化管理落实到位。聚甲醛装置按照装置区域划分了11个网格进行管理，每个网格都有明确的管理员，同时根据网格工艺、设备特点，建立网格责任人的履职标准，制作网格员专属责任牌，公开网格责任人的详细信息，每月对网格员履职情况进行检查。在具体执行标准过程中，严格按照管理层"六掌握"、技术层"六清楚"、操作层"六到位"的要求执行，即：

管理层"六掌握"：要掌握装置中高度风险、隐患整改进度、重点检修项目、装置运行状态、关键设备状态和重点工艺指标。

技术层"六清楚"：要清楚工艺运行状态、指标控制情况、工艺控制难点、设备运维情况、设备检修情况和文明生产情况。

操作层"六到位"：要做到指标控制到位、接受指令到位、应急准备到位、隐患排查到位、设备维保到位和维修措施落实到位。

通过三级排查（班组每班、技术员每日、管理人员每周）查找不足，持续改进，稳步提升，最终实现网格管理零死角、安全零事故、环保零事件、文明生产零杂乱。

> **"安宁"系统功能**
>
> 浏览学习公司安全理念、安全誓词、建设规划。更新安全文化创建亮点、特色活动信息和有关报道。

二、宣传教育

安全宣传教育是推进安全文化建设的重要保证。宁夏煤业公司注重安全宣传教育在理念引领、文化传播、氛围营造、行为规范等方面的重要作用，坚持正确舆论导向和正面宣传，促进全员牢固树立安全发展理念，提升安全文明素养，规范安全作业行为。

（一）宣传教育内容

宁夏煤业公司根据安全文化建设规划，详细编制各阶段安全宣传教育工作计划、实施方案，明确具体内容、要求和规范，利用各类载体持续推进安全宣传教育进矿（厂）、进区队（车间）、进班组。

（1）习近平总书记关于安全生产重要论述宣传教育。在网站、公众号、"安宁"系统等平台开设专栏，深入学习宣传贯彻习近平总书记关于安全生产重要论述和指示批示精神，大力宣传党和国家安全生产方针、政策，做到宣传贯彻全覆盖。

（2）安全形势任务宣传教育。定期开展安全"大讲堂""大家谈""公开课"等活动，宣讲安全发展理念，分析安全生产形势，认识安全工作的长期性、艰巨性、复杂性。

（3）安全目标与文化理念宣传教育。强化安全目标与理念认同宣传教育，利用丰富的宣传载体、阵地阐释安全理念，开展安全文化活动，营造浓厚的安全文化氛围。

（4）安全工作部署宣传教育。通过安委会（扩大）会议、安全办公会、调度会、班前会、党支部"三会一课"等，常态化学习贯彻自治区政府、国家能源集团和宁夏煤业公司安全生产重要文件、制度及会议精神，牢牢把握安全生产工作主线，明确工作导向。

（5）安全生产法治宣传教育。常态化开展安全生产普法活动，深入宣传《中华人民共和国安全生产法》《中华人民共和国刑法修正案（十一）》《国务院关于预防煤矿生产安全事故的特别规定》等法律法规和重要文件，解读法律法规条文，集中学习典型案例，增强全员依法合规意识。

（6）重大灾害防治和安全生产技能宣传教育。结合煤矿与煤制油化工单位灾害、风险特点，邀请行业专家针对重大灾害防治、重大风险管控开展专题讲座和现场指导，宣传贯彻重大灾害超前治理、区域治理、综合治理的理念和方法。开展安全技能实操竞赛等活动，提高员工风险辨识、隐患排查治理、事故应急处置和自救互救能力。

(7)安全警示宣传教育。开展事故案例警示教育,收集、梳理行业典型和内部事故案例,编制《生产安全事故案例汇编》,典型生产安全事故单位严格按照"一事故一视频"原则制作警示教育片。各单位通过观看警示教育片、组织大讨论、现身说法等方式开展警示教育,剖析典型事故和重大隐患原因,举一反三,严防类似事故和重大隐患重复发生。

(二)宣传教育形式

广泛开展安全宣传教育活动,深入贯彻落实党中央、国务院关于安全生产重大决策部署,以及自治区、国家能源集团安全生产有关制度和工作要求,进一步强化安全发展共识,为安全生产创造更加有利的条件和氛围。

1. 宣传教育载体

(1)打造安全宣传教育阵地。利用国家能源集团大学堂"安全分院",畅通培训学习渠道,实现安全生产宣传、教育、培训工作全面、全员、全过程覆盖。充分发挥内部媒体优势,积极开展"记者走一线""安全在现场"等专题专访宣传报道,全方位、立体式加大安全宣传教育力度。

(2)搭建安全宣传教育载体。各单位应用中安传媒·国家安全生产宣传教育培训平台,与内部安全宣传教育培训资源进行有效整合,开展安全宣传教育工作。把安全宣传和安全培训相结合,采取浸入式、情景式、互动式宣讲模式,引入 VR/AR/MR 等新技术,以更为直观、更为生动的方式开展安全宣传教育工作。

(3)组建安全宣传教育队伍。借助知识竞赛、宣讲比赛等方式推选安全宣传教育优秀人才,通过定期培训、实践锻炼等方式加强宣传教育人才培养,组建志愿宣传队伍,成立安全宣传教育团,深入矿(厂)、区队(车间)、班组进行安全宣传教育,推动安全宣传教育进一线。

2. 主题活动

宁夏煤业公司深入开展"社会主义是干出来的"岗位建功行动、"安康杯"竞赛、"先锋杯"劳动竞赛、"学法规、学规程、学标准、学制度"等活动,推进责任落实,强化素能提升,夯实安全基础。开展"首季开门红""安全生产月""安全生产万里行""警示教育周"等活动,组织事故案例巡展、事故案例反思,引导员工铭记安全红线、行为准则、操作标准,提升安全意识。

◎ 示例　关于开展2022年"安全生产月"和"安全生产万里行"活动的通知(节录)

活动主题:遵守安全生产法,当好第一责任人。

安全生产月活动时间:6月1日至30日。

安全生产万里行活动时间:6月1日至12月31日。

活动内容:

深入学习贯彻习近平总书记关于安全生产重要论述,推动安全生产措施落实。

1. 常态化开展学习宣传贯彻。

2. 深化安全生产专项整治三年行动。

3. 推动各级安全生产措施落实落地。各单位要认真学习全国安全生产电视电话会议、中央企业安全生产工作视频会议精神,全面贯彻落实国务院安委会安全生产15条措施和自治区20条、国家能源集团60条、宁夏煤业公司77项重点措施等要求,通过研讨、座谈等方式,将国家能源集团和公司要求传达到每位员工。

4. 营造良好安全生产氛围。5月31日,公司及各单位举行安全生产月启动仪式,进行动员讲话、安全宣誓、安全签名、升安全旗等。新闻中心充分利用各类媒体栏目,集中宣传报道"安全生产月"活动意义及动态信息,为活动开展营造浓厚氛围。各单位要围绕安全生产月主题,利用橱窗、板报、广播、视频、局域网、微信、手机短信、户外LED屏等有效形式,全方位、多角度、立体化宣传党中央、国务院、自治区、国家能源集团安全生产决策部署及公司工作安排。组织开展安全生产"公开课""大家谈""班组会"等学习活动,党政负责人带头讲安全,第一责任人专题讲安全,一线员工互动讲安全,突出责任落实、源头治理、督查检查,推动各项任务措施有效执行,坚决抓好安全防范工作,稳控安全形势。

3. 安全标语

安全标语是安全宣传教育的重要内容,可以起到提示、警示、引导作用,在安全文化建设中具有特殊意义。安全标语既能反映行业安全生产特点,又能反映安全生产普遍规律,用规范简练的文字表达通俗易懂的内容,得到员工普遍认同,凝聚强烈的思想共鸣。宁夏煤业公司以管理型、情感型、教育型、提示型、警示型五类划分,发布统一规范的安全标语,凝聚员工思想,提升安全意识,规范作业行为,保障安全生产。

◎ 示例　　　　　　　　　　　　宁夏煤业公司安全标语

管理型	情感型
1. 生命至上,安全发展	1. 生命无价,事故无情
2. 落实安全责任,推动安全发展	2. 安全为天,平安是福
3. 发展决不能以牺牲安全为代价	3. 安全人人抓,幸福千万家
4. 党政同责,一岗双责,齐抓共管,失职追责	4. 幸福是棵树,安全是沃土
5. 遵守安全生产法,当好第一责任人	5. 与生命相约,与安全同行
6. 居安思危除隐患,预防为主保安全	6. 人生路漫漫,安全记心间
7. 人民利益高于一切,安全责任重于泰山	7. 生命只有一次,安全从我做起
8. 树牢安全发展理念,守住安全生产底线	8. 你对违章讲人情,事故对你不留情
9. 事故是最大的成本,安全是最大的效益	9. 安全守则不可违,父母妻儿盼你归
10. 广泛开展安全月活动,深入贯彻安全生产法	10. 百善之中孝字为先,万福之中安字为天
教育型	提示型
1. 安全要讲,事故要防	1. 关爱生命,安全莫忘
2. 安不忘危,乐不忘忧	2. 三违不反,事故难免
3. 违章生险,遵纪则安	3. 不愁千日紧,只怕一时松
4. 法规记心中,三思而后行	4. 生命无返程,危险可预防
5. 心中有规程,行动有准绳	5. 事故不留情,预防要先行
6. 经验有优劣,规程作鉴别	6. 气泄于针孔,祸始于违章
7. 落实一项措施,胜过十句口号	7. 守规才能平安,平安才能回家
8. 掌握安全技能,提高安全素养	8. 安全来于警惕,事故出于麻痹
9. 按照标准作业,安全莫当儿戏	9. 作业时戴安全帽,流汗总比流血好
10. 熟读规程千百遍,恰如卫士身边站	10. 登高作业要小心,事故多自麻痹心
警示型	
1. 违反规程,祸不单行	6. 安全生产勿侥幸,违章违规要人命
2. 心存侥幸,必遭不幸	7. 反违章铁面无私,查隐患寻根究底
3. 小虫蛀大梁,隐患酿事端	8. 简化作业省一时,贪小失大苦一世
4. 回避事故隐患,等于放虎归山	9. 放过一次违章作业,就为事故开一次绿灯
5. 绳子断在细处,事故出在松处	10. 愚者用鲜血换取教训,智者用教训避免事故

> ⚠ "安宁"系统功能
>
> 发布公司和所属单位各阶段安全生产宣传教育工作计划、实施方案、活动文件等,宣传公司和所属单位安全生产主题活动,发布统一规范的安全标语。

三、理论研究

安全生产理论是人们在安全生产实践中对事故防范的长期观察与总结、对安全生产保障过程中关键因素的提取而形成的概念、模型或方法论。研究和应用安全生产理论,对指导安全生产实践具有重要的导向作用,对建立安全生产长效机制,促进安全文化发展,推动安全生产具有重要意义。宁夏煤业公司应用安全生产理论指导实践,基于海因里希法则研究制定杜绝零打碎敲事故具体措施,基于瑞士奶酪理论研究制定公司防范员工各类伤害事故(事件)指导意见,基于安全领导力理论与安全生产方法论探索建立矿领导安全记分、全员安全积分管理模式,基于不安全行为事故致因机理探索制定"安全伙伴"管理制度,基于事故超前防控原理研究推行"隐患计价回购"管理办法,形成了多项具有较强指导和实操意义的研究成果,有力促进安全管理重心向"事前预防"集中,防范遏制事故发生。

(一)海因里希因果连锁理论研究与运用

海因里希因果连锁理论认为事故的发生不是一个孤立的事件,尽管事故可能在某瞬间突然发生,但事故是互为因果的原因事件相继发生的结果,中断连锁进程可以避免事故发生。海因里希把工业伤害事故的发生、发展过程描述为具有一定因果关系事件的连锁发生过程,即:

(1)人员伤亡的发生是事故的结果。
(2)事故的发生是人的不安全行为、物的不安全状态导致的。
(3)人的不安全行为或物的不安全状态是由人的缺点造成的。
(4)人的缺点是由不良环境诱发的,或者是由先天的遗传因素造成的。

海因里希因果连锁模型如图1-2-2所示。

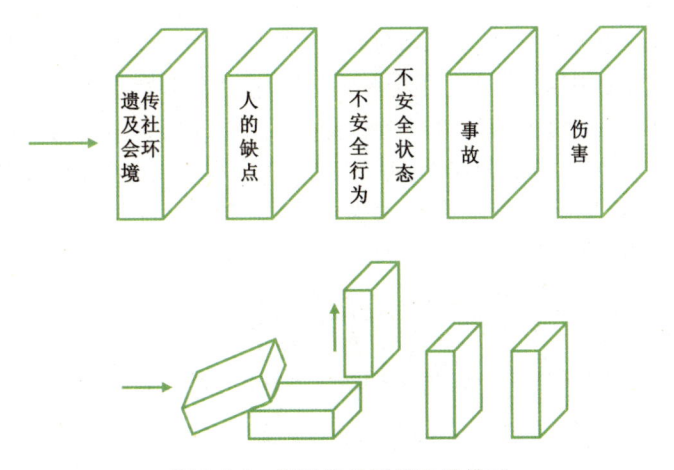

图1-2-2 海因里希因果连锁模型

在海因里希因果连锁模型中,事故是具有一定因果关系的事件连锁发生的结果,如果移去连锁中的一个事件,则连锁被破坏,事故的发生过程被中止。

宁夏煤业公司结合海因里希因果连锁理论,围绕近年来发生的零打碎敲事故、未遂事故、典型不安全行为等,开展"如何杜绝零打碎敲事故大讨论"活动,面向公司广大员工征集杜绝零打碎敲事故的意见、建议和有效做法,通过深入分析总结,制定公司杜绝零打碎敲事故指导意见,从地点、时间、工序环节、人员人群四个方面梳理易发生零打碎敲事故的主要环节,从人、机、环、管四个角度分析易发生零打碎敲事故的主要原因,围绕纠正违章行为、堵塞管理漏洞、规范机电管理、打造安全环境重点工作,有针对性地提出 21 项 93 条杜绝零打碎敲事故的具体措施,进而规范人的不安全行为,消除机械或物质的不安全状态,中断事故连锁的进程,避免事故发生。

(二)瑞士奶酪理论研究与运用

英国教授瑞森提出瑞士奶酪理论,也叫作 Reason 模型,是指放在一起的若干片奶酪,光线很难穿透,但每一片奶酪上都有若干个洞,代表每一个作业环节所可能产生的失误或技术上存在的短板,当失误发生或技术短板暴露时,光线即可穿过该片奶酪,如果这道光线与第二片奶酪洞孔的位置正好吻合,光线就叠穿过第二片奶酪,当许多片奶酪的洞刚好形成串联关系时,光线就会完全穿过,也就代表着发生了安全事故或质量事故。瑞士奶酪模型如图 1-2-3 所示。

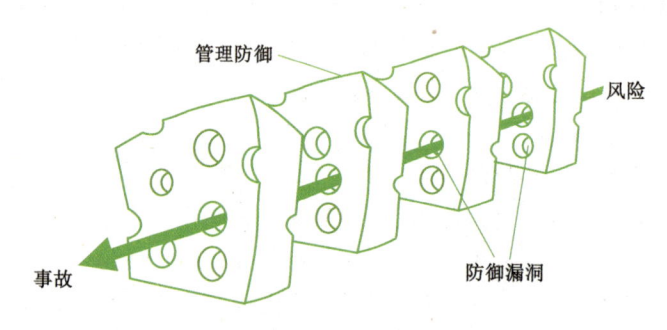

图 1-2-3　瑞士奶酪模型

根据瑞士奶酪理论的定义,重大事故是多个环节失效、存在缺陷和漏洞的结果。宁夏煤业公司结合瑞士奶酪理论,编制公司防范员工各类伤害事故(事件)指导意见。通过汇总梳理多年来发生的轻伤及以上的生产安全事故,全面统计分析每起事故发生的类型、地点、致因、作业环节、时间分布、人员分布等因素,深入剖析事故发生的深层次原因和各环节存在的安全隐患,总结了 15 个方面的事故发生规律,制定针对性防范措施,防范各类伤害事故,夯实安全生产基础。

> **"安宁"系统功能**
>
> 查询学习国内外安全生产理论知识,包括安全公理、安全定理、安全定律、事故致因理论、事故预防理论、应急管理理论等。

第三节 安 全 目 标

安全目标管理是企业目标管理在安全生产领域的应用,是企业内部各个部门、所属单位以至每个员工,从上到下围绕安全生产总目标,层层制定各级安全工作目标,明确工作措施,安排工作进度,并对安全成果进行严格考核的管理机制。宁夏煤业公司实施安全目标管理,动员和组织全员参与安全管理工作,推动安全管理更趋科学、务实、民主、有效。安全目标管理流程如图1-3-1所示。

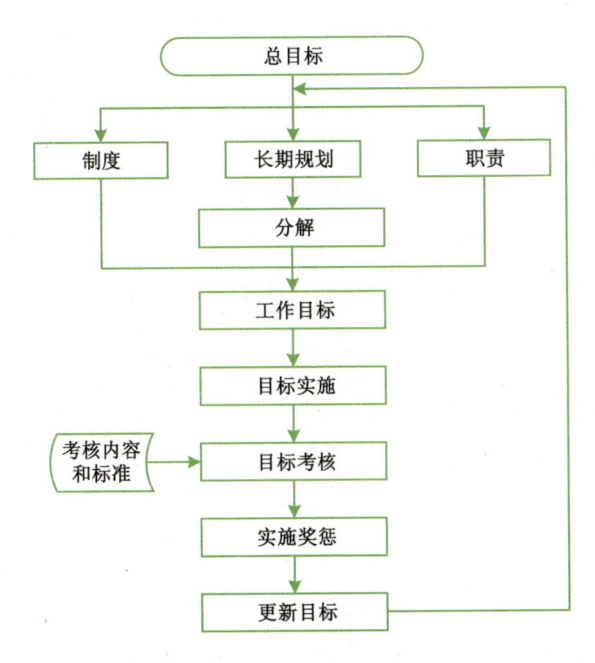

图1-3-1 安全目标管理流程图

一、目标制定

宁夏煤业公司安全工作目标是根据宁夏回族自治区、国家能源集团安全生产工作部署,围绕"安全、稳定、清洁运行"总目标,确定的安全生产中长期奋斗目标和年度目标任务。安全工作目标主要包括伤亡事故控制指标、非伤亡事故控制指标、职业危害因素控制指标、安全生产标准化达标率,以及完成阶段性目标的工作任务和保障措施。

公司安委会是安全工作目标管理的领导机构,负责研究确定公司层面安全工作目标,明确职责分工。安全工作目标管理职责分工与机关各部门承担的业务保安及事故调查职责相对应。安委会办公室负责日常组织实施,根据上级安全生产中长期规划和年度工作安排,牵头编制公司安全生产中长期、年度目标任务,将相关内容融入安全环保1号文、安全生产标准化管理体系建设达标计划、安全生产规划、阶段性专项整治等文件,明确安全生产重点工作任务、责任分工、考核细则等,报公司安委会会议审定后下发执行,并定期通报安全工作目标及重点工作完成情况。

宁夏煤业公司安全工作目标体现以下特点：

目的性：使全体员工明确当前一个时期内实现安全生产的任务，并使其具体化为全员一致的目标，具体工作目标是明确的、量化的。

分权性：围绕安全生产总目标在内部逐层分解安全工作指标，逐层下放目标管理的相应权力，授予各单位、区队（车间）、班组相应权力，使其拥有完成相应目标的措施。

民主性：强调全过程民主，目标的制定、检查、评价、总结、考核等各环节均由上下级组织共同研究、参与。

激励性：安全目标管理是员工价值目标与安全目标的统一体，促使员工把预想的价值目标内化为实现安全目标的动力，把实现安全目标作为实现价值目标的途径，调动主观能动性。

实际性：安全工作目标经过认真研究分析制定，能够被执行人所接受，并通过积极努力完全实现。

综合性：无论长期目标还是短期目标，无论整体目标还是分项目标，均以综合指标反映管理范围内安全工作实际进展和管理水平。

> **"安宁"系统功能**
>
> 查阅宁夏回族自治区、国家能源集团及宁夏煤业公司安全生产工作安排部署，查询公司安全工作总目标、安全目标管理制度。

二、目标内容

（一）长期规划

为全面落实"四个革命、一个合作"能源安全新战略和国家能源集团"一个目标、三型五化、七个一流"发展战略，推动企业高质量发展，根据国家、自治区、国家能源集团安全生产环保领域"十四五"规划，宁夏煤业公司编制了"十四五"安全生产环保专项规划（以下简称"规划"）。

"规划"阐述"十三五"期间安全生产现状和存在的问题，分析安全生产面临的形势与挑战，提出"十四五"期间安全生产工作的指导思想、基本原则、规划目标，明确安全生产主要任务和重点工程，制定保障措施。"规划"是指导宁夏煤业公司安全生产工作的纲领性文件，对进一步完善安全生产制度标准，强化先进技术应用，抓实抓细风险分级管控和隐患排查治理，构建标本兼治长效机制，稳步提升公司安全管理水平具有重要指导意义。

"规划"明确安全生产五年工作目标及远景规划，提出煤矿及煤制油化工生产建设单位实现零死亡，努力追求零伤害；地面其他生产单位力争实现零伤害；非伤亡事故发生率逐年降低；职业病发病数量逐年减少；煤矿生产建设单位、煤制油化工及地面非煤单位安全生产标准化全部达到规划目标，杜绝对社会影响较大的环保事件发生。宁夏煤业公司安全环保规划指标（2021—2025年）如表1-3-1所示。

表 1-3-1　宁夏煤业公司安全环保规划指标（2021—2025 年）

序号	指标	单位	2021	2022	2023	2024	2025	备注
1	隐患按期整改率	%	100	100	100	100	100	
2	百万吨死亡率	%	0	0	0	0	0	
3	万吨煤故障停机时间	h	0.2	0.19	0.18	0.18	0.18	
4	机电设备完好率	%	90	90	90	90	90	
5	危化品不可控泄漏事故	起	0	0	0	0	0	
6	煤制油化工仪表完好率	%	98	98	98	98	98	
7	煤制油化工仪表自控率	%	96	97	97.5	98	98	
8	煤制油化工一级联锁投用率	%	100	100	100	100	100	
9	煤制油化工二级联锁投用率	%	97	97	97	97	97	
10	煤制油化工静密封点泄漏率	%	0.03	0.03	0.03	0.03	0.03	
11	煤制油化工动密封点泄漏率	%	0.2	0.2	0.2	0.2	0.2	
12	工作环境危险、危害检测合格率	%	100	100	100	100	100	
13	职业病发病比例	%	0.16	0.15	0.14	0.13	0.12	
14	接触职业病危害员工在岗期间职业健康检查率	%	100	100	100	100	100	
15	工作场所职业病危害因素定期检测率	%	100	100	100	100	100	
16	采煤沉陷区土地复垦率	%	100	100	100	100	100	
17	大气主要污染物排放达标率	%	98.1	98.5	98.5	98.5	98.5	
18	矿井水排放达标率	%	100	100	100	100	100	
19	一级安全生产标准化矿井	个	5	5	7	8	9	累加
20	二级及以上安全生产标准化化工企业	个	2	3	4	5	5	累加

（二）阶段目标

宁夏煤业公司以时间节点制定年度或阶段性安全工作目标，机关各部门、各单位明确本单位安全工作目标、具体工作任务及措施，分层级、分专业、分部门（区队）落实工作职责，及时开展监督检查，检查结果纳入本单位经营考核。阶段性安全工作目标主要由安全管理水平提高目标、伤亡事故控制目标、安全生产标准化达标提升目标，以及工作场所职业病危害因素定期检测率、接害人员职业健康体检率、职业病发病率、安全培训率、从业人员持证率和其他安全工作目标构成。通过阶段目标的编制和落实，推动"安全、稳定、清洁运行"总目标实现。

◎ 示例　　　　　　　　宁夏煤业公司2023年度安全工作目标

1. 煤矿生产建设单位、煤制油化工单位力争"零死亡"，地面其他生产单位力争"零伤害"；杜绝一般A类及以上非伤亡事故和重大涉险事件。

2. 煤矿单位力争达到国家一级标准化矿井5对，其余保持或达到二级；煤制油化工单位力争达到国家一级标准化2个、二级2个；其他单位达到规划等级。

3. 职业病发病率同比持续下降。工作场所职业病危害因素定期检测率、接害人员职业健康体检率、监护档案建档率均达到100%。

◎ 示例　　　　　　宁夏煤业公司××高瓦斯煤矿年度安全工作目标

1. 实现零死亡、零重伤，瓦斯零超限。
2. 轻伤事故率同比下降10%，杜绝一般B类以上非伤亡事故，非伤亡事故起数和经济损失同比下降20%。
3. 重大风险管控方案100%落实。
4. 零重大隐患，一般隐患按期整改率不低于98%。
5. 安全培训合格率达100%，岗位操作人员持证率达100%。
6. 设备完好率不低于95%，特种设备定期检验率达100%。
7. 工作场所职业病危害因素定期检测率达100%；接害人员职业健康体检率达100%，职业病发病率同比下降。
8. 全年内部自查和外部检查中，安全生产标准化管理体系各要素均达到一级标准化要求，各专业平均分不低于上一年度。

◎ 示例　　　　　宁夏煤业公司2023年"首季开门红"专项安全活动工作目标

1. 煤矿及煤制油化工单位实现"零死亡"，其他单位力争"零伤害"。
2. 杜绝一般A类及以上非伤亡事故。
3. 实现季度安全生产标准化建设规划目标。

"安宁"系统功能

查阅国家安全生产规划、宁夏回族自治区安全生产专项规划、国家能源集团安全生产专项规划、宁夏煤业公司安全生产专项规划。

三、目标实施

宁夏煤业公司制定安全生产环保工作目标管理办法，以"权限下放、自主管理、有效控制、综合考评"为原则，细化分解年度安全生产环保工作目标任务，实施安全生产环保工作目标任务"清单式"管理，掌握实现目标的方向和进度。

（一）建立目标责任机制

（1）明确目标责任。根据安全生产责任制，公司决策层负责安全生产全面管理与安全工作目标中各项指标的完成，包括预测决策、组织指挥、监督控制、统筹协调等；公司各部门明确业务范围内具体指标；各单位制定本单位安全工作目标；部门、区队（车间）明确业务范围内具体指标；班组执行区队工作计划，完成班组安全工作任务。

（2）建立目标网格。公司安全工作目标，在纵向上由各单位、区队（车间）、班组分解，建立层次目标，全员签订年度安全目标责任书，一级抓一级，一级向一级负责。在横向上由公司分解到机关部门，各单位分解到职能部室，以网格化、责任区等方式推进工作落实，形成纵向到底、横向到边的目标责任网格。

（二）建立目标控制机制

实施安全目标管理,应有效进行目标控制,建立规范完整、行之有效的安全管理制度与管理标准,使安全目标实施与控制全过程有章可循、有制可依。通过反馈调节,纠正指标偏差,保证实现安全工作目标。实施过程控制,重点解决人、机、环、管之间的问题。人的问题,即提高员工安全意识和业务技术水平,落实岗位标准作业流程,规范员工作业行为;机的问题,即落实工艺质量标准,提高设备安全稳定性;环的问题,即注重现场环境管控,全方位推进安全生产标准化建设,突出系统性风险辨识管控与隐蔽致灾因素排查治理,提高作业空间与安全设施可靠性;管的问题,即突出文化引领,强化基础管理,落实安全责任,消除事故隐患。

（三）建立运行监督机制

宁夏煤业公司通过调度会随机听取各部门、各单位阶段性安全目标与重点工作完成情况,协调解决目标实施过程中存在的问题,安排当日安全生产重点工作;通过安委会会议、安全办公会、安全生产月度例会和专题会议,定期听取阶段性安全生产工作汇报,研究解决有关问题,安排阶段性安全工作目标和重点工作。落实监督检查考核制度,对月度、季度、年度安全工作目标进行考核兑现。各单位参照公司有关规定和流程执行。

◎ 示例　　宁夏煤业公司副总经理年度安全生产环保工作目标任务清单

序号	重点任务	工作目标	完成时限	完成情况
1	履行安全生产环保责任	煤矿生产建设单位、煤制油化工单位力争"零死亡",地面其他生产单位力争"零伤害";杜绝一般A类及以上非伤亡事故和重大涉险事件	全年	
2		杜绝较大及以上生态环境事件,遏制一般生态环境事件	全年	
3		严格控制污染物达标排放。主要污染物正常工况下达标排放率达100%,危险废物合规处置率达100%	全年	
4		完成年度能耗总量和能耗强度双控任务,碳排放强度持续下降	全年	
5		持续推进绿色矿山建设工作。4对矿井达到国家级绿色矿山建设标准,2对矿井达到自治区级绿色矿山建设标准	全年	
6		工作场所职业病危害因素定期检测率、接害人员职业健康体检率、监护档案建档率均达到100%	全年	
7	高效组织煤炭生产	完成年度煤炭生产任务	全年	
8		完成年度生产进尺、基建技改进尺任务	全年	
9		完成块煤生产任务	全年	
10	压实各级安全生产责任	按照"三管三必须"要求和"专业人管专业事"原则,完善机关各部门、基层各单位全员安全生产责任制,明确各级干部员工安全生产责任	2月	
11		监督指导各部门、各单位制定全员安全责任清单,实现"一岗一清单"	2月	
12		全面实施矿（厂）领导班子成员记分管理,将生产安全事故、管理缺陷、标准化达标、重大隐患整改等纳入考评	全年	
13		全面推行全员安全积分管理,结合监督、矫正、处罚、激励等措施,实现全员安全责任量化考核	全年	

续表

序号	重点任务	工作目标	完成时限	完成情况
14	全面推进安全生产标准化建设	双马、灵新煤矿保持国家一级，麦垛山、金家渠、任家庄煤矿达标国家一级，红柳、石槽村煤矿力争达标国家一级，其余矿井保持或达标国家二级	全年	
15		甲醇分公司、烯烃一分公司力争达标国家一级，煤制油分公司、烯烃二分公司分别达标和保持国家二级，培育国家一级	全年	
16		地面其他单位实现内部达标	全年	
17	全面推进"安宁"体系运行	对照法律法规、行业规范和"安宁"体系相关要素，推进安全生产领域制度"立改废"，修订完善公司及各单位安全生产制度、标准、规程	10月	
18		完善和运行"安宁"系统监督监察功能模块，利用视频监控、安全监测、精准人员定位、煤矿电子封条等信息化手段，线上线下结合，采取"四不两直""双随机一公开"和远程监察等方式，提升监察监管效能	10月	
19		健全"安宁"系统安全生产法律法规及标准规范数据库，引导各单位和全员知法守法用法	6月	
20	强化高风险作业管理	健全完善公司化工、地面板块高风险作业管理规定	10月	
21		全面建设应用高风险作业管控系统，健全管理制度，发挥监管实效，奖优罚劣，实现高风险作业视频监控全覆盖	6月	
22	持续完善双重预防机制建设	落实"清单制＋责任制＋时限制"要求，修订隐患排查治理管理办法，严格落实隐患分级排查、治理、督办、验收、提级管理和举报奖励规定	6月	
23		开展重大安全风险再辨识再评估，实现"一业一清单，一企一清单"。完善重大风险管控制度，健全监控预警和现场动态管控机制，分板块制定落实重大风险管控方案	2月	
24	常态化开展安全生产专项整治	重点攻坚整改"两个清单"中未完成重大问题	全年	
25	持续提升全员安全素质	落实国家矿山安全培训专项检查要求和国家能源集团"五懂五会五能"专项行动安排，完成相关人员培训考试任务	9月	
26		持续打造安全培训信息平台，完善电子培训档案信息，制定和执行员工在线学习管理办法	6月	
27	加强职业健康管理	全面落实健康企业建设规划，按期完成石槽村煤矿、烯烃二分公司等自治区（市）级健康企业创建任务	11月	
28		监督完成羊场湾煤矿"粉尘防治示范矿井"建设	全年	
29	全面落实生态环保管理标准	监督完成国家能源集团挂牌重大环保隐患整改销号	12月	
30	加快实施生态环保重点工程	监督完成红柳矿井水深度处理及金凤、双马矿井水复用管路铺设	9月	
31		监督开展羊场湾等5对矿井沉陷区生态修复	12月	

"安宁"系统功能

查阅安全生产目标管理办法，查询目标责任机制、控制机制、运行监督机制。

四、目标考核

目标考核指组织按照指标衡量员工完成目标的程度，根据衡量结果实施相应奖惩。通过对安全工作目标完成情况的考核评价，总结成果和经验，分析问题和差距，推动安全目标管理良性循环、持续提升。

宁夏煤业公司每年年初与各部门、各单位签订年度安全生产目标管理责任书，明确安全生产目标任务，结合各阶段安全检查，对目标任务完成情况进行考评，考评结果纳入公司生产经营考核。未完成目标任务的单位，按照规定对其领导班子成员安全责任期金及单位安全绩效工资进行考核。各单位参照执行。

目标实施结束后，公司及所属单位应积极开展内部评价，总结成绩和不足，明确改进措施，完善目标管理机制。

> **"安宁"系统功能**
>
> 查阅公司安全工作总目标、阶段性工作目标和各单位安全工作目标。

第二章 责任建设

　　安全生产责任制是根据"安全第一、预防为主、综合治理"安全生产方针和安全生产法律法规建立的各级管理人员、工程技术人员、岗位操作人员在劳动生产过程中对安全生产层层负责的制度，是企业最基本的一项安全制度，是企业岗位责任制的组成部分，也是企业安全生产、劳动保护管理制度的核心，对预防事故和减少损失等具有重要作用。宁夏煤业公司在党委统一领导下落实安全生产主体责任，依据国家安全生产法律法规，建立自上而下、覆盖全员的安全生产责任体系，为企业长治久安提供坚强责任保障。

责任体系 → 履职监督（统筹督办、积分管理、事故追责）→ 责任考核 → 责任建设

巩固

第一节 责任体系

《中华人民共和国安全生产法》第三条明确规定,安全生产工作实行"管行业必须管安全、管业务必须管安全、管生产经营必须管安全"。宁夏煤业公司强化和落实各板块子(分)公司及生产经营单位主体责任,建立各板块子(分)公司管理、生产经营单位负责、全体员工参与的安全生产管理机制。

管行业必须管安全,就是体现"专业人管专业事"原则,明确了除企业主要负责人是第一责任人以外,领导班子其他成员都要根据所主管的专业领域,对安全生产工作负有一定的职责、承担一定的责任,不能用监督、监管、分管、包保等责任替代或模糊主管责任,全方位压实专业主管领导的主管责任。管业务必须管安全,明确了业务主管部门要在所负责的专业领域,对安全生产工作负有一定的职责、承担一定的责任。管生产经营必须管安全,明确了安全生产工作是在党的统一领导下,党政工团齐抓共管,安全工作没有旁观者,都是责任人。企业领导班子、所有部门及单位围绕生产经营开展工作必须管安全,所有领导班子成员、部门及单位人员对安全生产工作负有一定的职责、承担一定的责任。

宁夏煤业公司落实"三管三必须",坚持"党政同责、一岗双责、齐抓共管、失职追责",进一步明确和规范企业主要领导、主管领导、分管领导的定义与安全管理职责。其中:

主要领导(主要负责人)是指公司及所属单位的董事长、总经理、矿长(厂长、经理)或实际控制人,对本单位的所有工作负全面责任。

主管领导(主管负责人)是指公司及所属单位主管专业领域的领导,体现的是专业属性,对该专业领域的安全生产及其他工作负责。

分管领导(分管负责人)是指公司及所属单位按领导班子分工需要,划定分管范围的领导,落实管生产经营必须管安全的责任,对分管范围的安全生产及其他工作负责。

宁夏煤业公司以责任主体明晰化、责任内容具体化、考核指标定量化、监督检查常态化、追责问责制度化为原则,构建"层层负责、人人有责、各司其责"的安全生产责任体系,明确各层级安全生产责任,实行责任清单管理,层层签订安全环保目标责任书,推行安全责任网格化管理,确保安全管理全覆盖。宁夏煤业公司安全生产责任体系如图2-1-1所示。

图 2-1-1 宁夏煤业公司安全生产责任体系图

一、组织机构

(一)安全生产组织机构

宁夏煤业公司依据《中华人民共和国安全生产法》和有关规定成立安全生产委员会(以

下简称安委会),各板块子(分)公司、生产经营单位成立本单位安委会,承担安全生产主体责任,全面负责本单位安全生产工作。

安委会贯彻落实党和国家安全生产方针政策、安全生产法律法规、行业标准、技术规范及自治区、国家能源集团安全生产规章制度,研究协调安全生产工作,组织制定安全生产工作方针、目标、规划等,审定重大安全投入计划、重大安全技术措施,健全完善安全生产监督管理体系,建立全员安全生产责任制,制定安全生产管理制度,组织安全生产工作调研与检查,研究重大安全隐患整改方案,确定各阶段重大安全活动,指挥协调生产安全事故抢险救援,组织开展事故调查和责任追究,强化安全管理工作。宁夏煤业公司安全生产组织机构如图 2-1-2 所示。

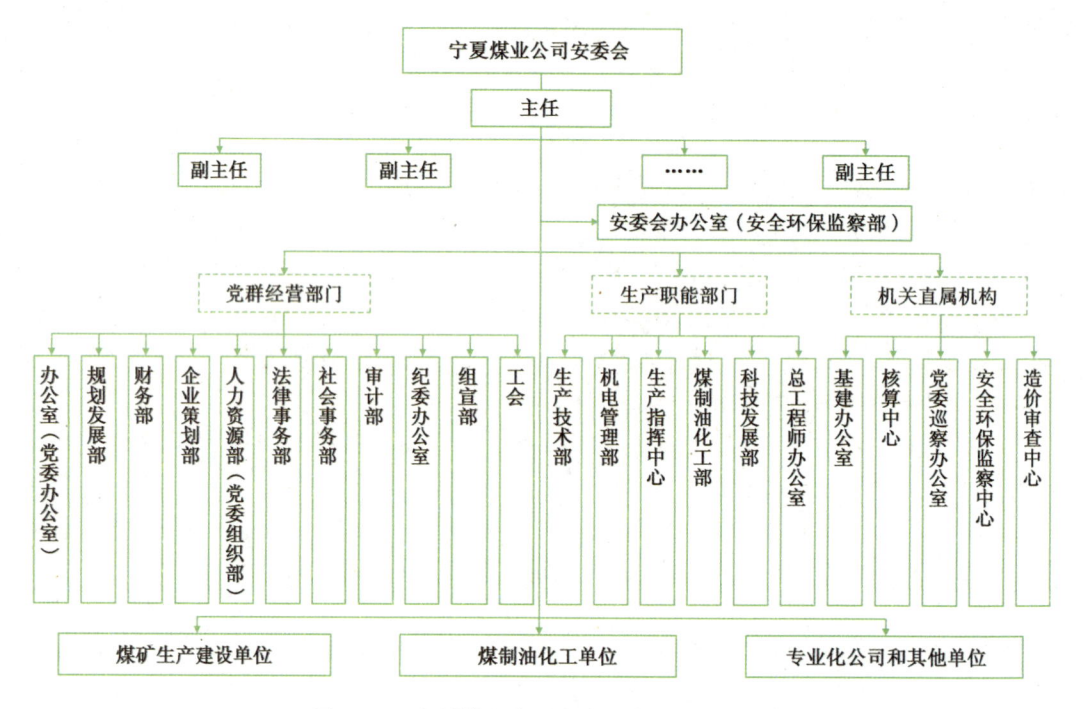

图 2-1-2　宁夏煤业公司安全生产组织机构图

(二) 安全包保

宁夏煤业公司制定安委会成员联系点包保制度,安委会成员负责联系点以及在该单位作业的专业化服务单位、委外单位的安全包保工作,经常深入联系点指导、督促、检查,帮助解决工作中出现的突出问题和实际困难,监督指导安全整治。包保人员工作效果纳入年度绩效考核。各单位应根据公司有关规定,制定本单位安委会成员联系点包保制度,结合网格化管理,细化包保责任,促进安全生产工作有序开展。

1. 包保责任

(1) 安委会成员监督联系点单位的安全生产工作,具有对联系点单位安全生产工作监督、指导、检查和要求整改的权力。凡是联系点单位发生生产安全责任事故的,对包保人员比照公司业务监管部门相关人员的责任进行追责。

(2) 包保人员每月到联系点单位检查指导工作不少于 1 次,全国"两会"、安全生产月、节假日、岁末年初及联系点单位安全管理任务繁重等重要时期,应增加督导频次,加大监督指导力度。

(3) 包保人员负责到联系点单位调研了解安全管理实际情况,监督检查安全生产工作落实情况,掌握干部履职、工作作风、选人用人以及其他影响安全生产工作的问题,协调解决实际问题与困难。

(4) 包保人员负责监督指导联系点单位做好风险管控、灾害治理、隐患查治等工作,及时提出整改意见。

(5) 包保人员负责监督联系点单位按期完成重大安全隐患整改工作,确保整改措施落实到位。

(6) 包保人员负责监督联系点单位按计划开展安全培训、警示教育,组织深刻吸取内外部事故教训,监督做好事故预防、专项整治、员工安全素质提升等工作。

(7) 包保人员同时做好在联系点单位作业的专业化服务及委外单位的安全包保工作,按照统一标准开展安全督导检查。

(8) 包保人员之间应加强督导协作和信息沟通,及时反馈联系点单位安全生产突出问题及苗头性倾向性问题,报公司安委会及时研究解决。

2. 定期反馈

(1) 公司包保组严格按照职责和分组安排做好联系点单位的安全包保工作。联系点单位应主动对接包保人员,如实反映安全生产情况,按要求加强管理。

(2) 联系点单位应建立包保人员督导检查工作台账,每月定期将包保组督导检查情况汇总整理后反馈至包保组各成员和公司安全环保监察部,如有主要问题或急需公司协调解决的问题,可随时上报。

(3) 包保人员负责督促联系点单位落实整改隐患(问题),公司安全环保监察部负责对公司安委会成员包保工作落实及联系点单位隐患(问题)整改情况进行定期检查、督办、通报。

◎ 示例　　　　宁夏煤业公司安委会成员对_____联系点单位督导检查情况的报告(模板)

一、总体情况

示例:____月份,公司第____安全包保组____等人员共深入____煤矿检查指导工作____次,检查发现____项隐患(问题),已整改完成____项,剩余____项正在整改中;____煤矿反馈需公司协调解决的问题____项,已解决____项,剩余____项正在协调解决中。

二、包保人员检查隐患(问题)整改落实情况

序号	检查人员及检查时间	隐患(问题)	整改措施	整改期限	责任单位	是否整改完成
1	第____包保组_____ (姓名)____月____日检查					已整改完成
2	第____包保组_____ (姓名)____月____日检查					未整改完成 (说明整改进度)
……	……					……

备注:督导检查内容要与联系点单位的安全生产工作落实情况密切相关。

三、_____联系点单位需公司协调解决的问题

问题反馈单位	序号	需协调解决的问题	整改措施	解决落实情况
____矿（厂）	1		问题反馈单位根据包保人员对该问题提出的整改要求及解决建议，结合本单位实际填写，如： 1. 经包保人员协调安排，由公司××部门牵头办理。 2. 起草关于××的请示/报告，报请公司××会议研究决策。 ……	如： 1. 经包保人员协调，由公司____部门牵头落实解决，已完成（若未完成，请说明进展情况、完成时限等）。 2. 按照包保人员整改建议，已起草关于××的请示/报告，报请公司××会议研究。 ……
	……	……	……	……

备注：所反馈问题要紧密围绕安全生产工作。

填报人：_____（电话：_____）

（三）网格化管理

宁夏煤业公司进一步细化落实各单位管理人员安全责任，优化完善安全管理、监督、考核、问责机制，推行安全责任网格化管理。

1. 工作内容

安全责任网格化管理是安全风险管理的组成部分，是对安全风险分级管控责任的补充完善，将各单位安全生产管理人员的安全业务分工区域和安全责任落实区域进行划分和补充。安全责任网格化管理执行以下规范与流程：

（1）明确网格化管理范围。各单位组织将本单位辖区内所有工作、生产、生活区域（包括煤矿采掘、巷修、安装、回撤等工作面和化工罐区、生产装置区、建设工地、委外承包商队伍作业区、外来队伍人员作业区、边远区等）、作业线路（包括煤矿运输、进回风等巷道和煤制油化工及其他板块生产线、机电运输线、供给线等）、全部岗点（包括固定、流动、临时、边远等岗位）进行汇总分析，根据内部业务分工和专业属性，划分为若干个安全责任管理网格区域。

（2）明确网格化管理职责。各单位针对划分出的安全责任管理网格，明确每个网格的责任领导（副总及以上管理人员），对划分的网格进行细化分解，落实至相关业务部门；业务部门根据所划分的管理网格进行内部细化分解。每个网格形成"责任领导→责任部门→履责人员"三级责任落实管控机制。各单位汇总绘制本单位安全责任网格化管理图表，每季度更新1次。

（3）落实网格化工作责任。各单位主要负责人对本单位安全生产网格化工作总体负责，定期研究解决存在的问题。每个网格的责任领导承担该网格安全管理的主要责任，组织和参与网格区域内的事故风险防控、重大灾害治理、安全隐患整改、不安全行为查处等工作，定期研究分析并协调解决存在的问题，及时督办落实，每周到所管辖网格区域巡检不少于1次。责任部门承担所管辖网格区域安全生产监管责任，对网格区域内人员的风险辨识、规程措施落实、隐患（问题）整改、标准作业流程执行等工作进行监督检查指导，及时查处不安全行为，每周到责任区域巡检不少于2次。各网格的责任领导、责任部门对所管辖网格区

域内发生的事故、重大安全隐患、严重违章承担相应管理责任。

2. 工作要求

（1）各单位根据生产区域、作业任务、人员队伍等变化情况，及时更新调整安全责任网格化管理图表。具体实施过程中可结合实际对网格化管理的方式方法进行调整完善，确保全面覆盖、严细考核、精准问责。

（2）各单位监督基层区队（车间）、委外承包商及后勤、生产服务等单位同步细化并落实安全责任网格化管理工作，经常性组织听取部门、区队（车间）意见建议并及时调整完善。

（3）公司在日常检查和安全生产标准化季度检查中对网格化管理工作进行考核。

◎ 示例　　　　　　　宁夏煤业公司＿＿＿＿矿网格化管理安全责任分工表

序号	安全管理网格	责任单位	单位责任人	网格责任人	主要职责	网格责任领导	备注
1	综采工作面及回风巷、运输巷	综采一队			负责工作面风机两巷顶板管理、采场管理，初采初放、过地质构造、回撤铺网等重点工作任务的落实		
					负责工作面机电、运输管理，大型设备检修，增减支架、溜槽，拉移设备列车等重点工作任务的落实		
					负责工作面通风、综合防尘、防灭火、安全监测系统管理，以及工作面重点工作任务的落实		
……	……	……			……		

◎ 示例　　　　　　　烯烃二分公司网格化管理区域示意图（节录）

○ 电气车间 负责人：田** 139****8054 总变电所	预留空地	○ 储运车间 负责人：张*波 173****4879 石脑油罐组	○ 储运车间 负责人：张*波 173****4879 酸碱站　汽车装车站台	○ 车间办公楼 负责人：祝* 136****4509 南区热水站　消防聚站
○ 裂解车间 负责人：智* 189****0380 裂解炉装置　原料区 急冷单元　压缩单元 反应单元　精制单元		○ 分离车间 负责人：陈* 189****4913 芳烃抽提　OCU单元 丁二烯装置　汽油加氢 　　　　　纯碱氧化	○ 储运车间 负责人：张*波 173****4879 压力罐组　常压罐组 液氮储罐罐组	○ 聚合车间 聚乙烯装置 负责人：王*杰 189****2404 PE精制　PE挤压线 PE反应
○ 供水车间 负责人：祝* 136****4509 循环水装置		○ 合成氢装置 负责人：张*波 173****4879 压缩机厂房　氢合成单元	○ 物业公司包装车间 负责人：姚* 136****2820 聚丙烯包装仓库　聚乙烯包装仓库1　聚乙烯包装仓库2	

◎ 示例　烯烃二分公司关键装置、重点部位及安全网格检查表

关键装置/重点部位名称		责任部门	联系点领导	活动时间
序号	活动内容		活动情况	存在问题
1	组织员工学习法律法规及公司安全生产目标、理念、制度等			
2	参加或点评联系点事故应急预案的演练			
3	参加联系点安全例会或班前会			
4	参加联系点其他安全活动			
5	检查上级文件的传达学习及安全教育情况			
6	检查安全生产标准化开展情况			
7	检查安全设施、联锁报警等设施运行情况			
8	检查关键装置、重点部位消气防和应急物资完好情况			
9	检查关键装置、重点部位生产设备运行情况			
10	检查关键装置、重点部位工艺指标控制情况			
11	检查安全生产隐患(问题)整改落实情况			
12	督促事故按"四不放过"原则调查处理			
13	解决影响安全生产的突出问题			

（序号2～12 第二列标注"参加安全活动或安全生产检查"）

⚠ "安宁"系统功能

查询宁夏煤业公司安全生产组织机构与煤矿、煤制油化工板块安全生产网格化管理模板。

二、安全生产责任制

（一）责任制的建立

宁夏煤业公司建立健全决策管理层、技术指导层、组织保障层、现场实施层在劳动生产过程中的安全生产责任制。注重安全责任链条的全员性，明确全体员工应承担安全生产责任，建立"层层负责、人人有责、各负其责"的安全生产责任体系。注重全员责任链条的严密性，在形成"横向到边、纵向到底"责任网络的基础上，建立包含责任人员、责任范围、具体职责等内容的责任清单。推行各级领导班子成员安全履职公开述职制度，每年组织逐级签订安全生产责任书，明确责任目标并开展责任制教育培训，纳入各层级绩效考核。宁夏煤业公司安全生产责任体系如图2-1-3所示。

（二）责任制的编制

《中华人民共和国安全生产法》规定，生产经营单位必须加强安全生产管理，建立健全全员安全生产责任制和安全生产规章制度。生产经营单位的全员安全生产责任制应当明确各岗位的责任人员、责任范围和考核标准等内容。

宁夏煤业公司严格遵守《中华人民共和国安全生产法》和其他安全生产法律法规，编制或修订安全生产责任制和责任清单后，安委会办公室及时公示，各部门在内部公示并组织

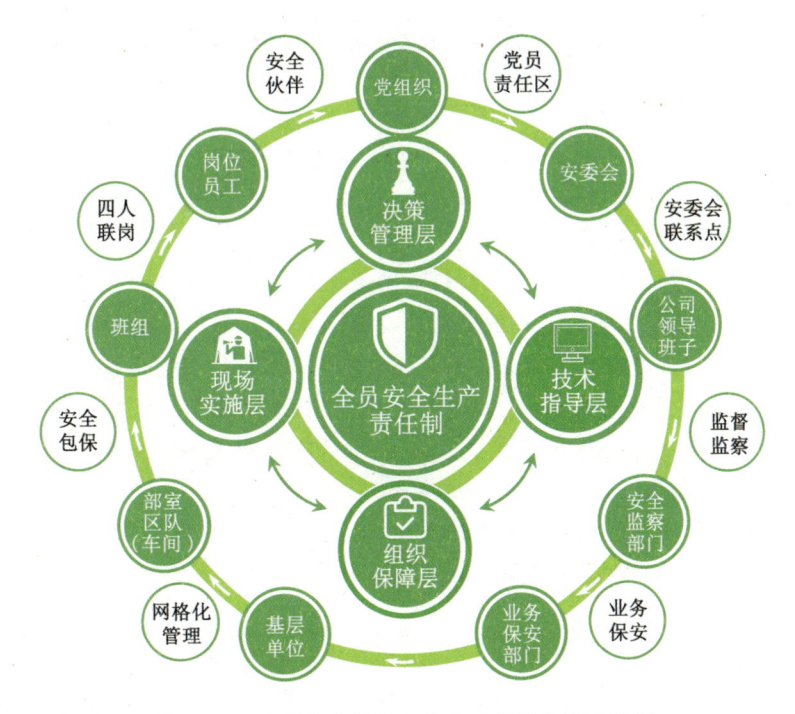

图 2-1-3　宁夏煤业公司安全生产责任体系示意图

培训学习,各单位在本单位公示并组织培训学习,确保全体员工熟知安全生产职责。在实施过程中,当国家修订安全生产相关法律法规时,公司安委会办公室及时提请安委会对安全生产责任制进行完善,确保依法合规。公司出现机构整合、人员调整、业务划转等情况时,相应的安全生产责任制同时调整、划转或由安委会指定人员临时承担。

◎ 示例	宁夏煤业公司安委会安全生产责任制

1. 贯彻落实党和国家有关安全生产的方针政策、法律法规及自治区、国家能源集团有关安全生产工作的要求、规定,安排部署、指导协调全公司安全生产工作。

2. 研究制定公司安全生产考核标准,建立完善安全生产管理制度,健全安全生产管理体系,明确公司机关各部门、各单位的安全生产职责,加强监督考核。

3. 研究部署、指导协调公司安全生产工作,审议安全生产工作目标、安全生产发展规划、重大安全技术措施、技术改造工程计划等。

4. 研究决策安全生产重大问题,审批重大安全设施设备投入。

5. 组织安全生产工作调研和安全检查,研究重大安全隐患整改方案和重大安全风险管控措施,确定各阶段重大安全活动。

6. 协调指挥生产安全事故抢险救援工作,按照"四不放过"原则组织开展事故调查、分析和处理。

7. 研究和审定公司年度安全生产各类先进的表彰和奖励。

8. 安委会成员除履行规定的安全生产职责外,还应履行法律法规规定的其他职责。

◎ 示例　宁夏煤业公司总工程师（技术管理负责人）安全生产责任制

1. 组织拟定公司科技创新、信息化建设等业务，以及矿井"一通三防"、地测防治水、顶板与矿压、工程项目设计、智能矿山建设等专业的安全生产规章制度、操作规程和生产安全事故应急救援预案。参与拟定公司其他业务的安全生产规章制度、操作规程和生产安全事故应急救援预案。

2. 组织拟订公司科技创新、信息化建设等业务，以及矿井"一通三防"、地测防治水、顶板与矿压、工程项目设计、智能矿山建设等专业的安全生产教育培训计划，参加上述业务和专业的安全生产教育培训，监督检查上述业务和专业安全生产教育培训落实情况，如实记录。

3. 组织开展公司科技创新、信息化建设等业务，以及矿井"一通三防"、地测防治水、顶板与矿压、工程项目设计、智能矿山建设等专业的风险辨识及评估，督促落实安全管理措施。参与公司其他业务和专业风险辨识及评估。

4. 组织公司科技创新、信息化建设等业务，以及矿井"一通三防"、地测防治水、顶板与矿压、工程项目设计、智能矿山建设等专业应急救援演练，参与公司其他业务和专业应急救援演练。

5. 组织公司科技创新、信息化建设等业务，以及矿井"一通三防"、地测防治水、顶板与矿压、工程项目设计、智能矿山建设等专业的安全生产专题会议或专项检查，参加公司煤矿安全生产大检查，制止和纠正违章指挥、强令冒险作业、违反操作规程的行为，督促检查查出问题的整改落实情况。

6. 组织拟定公司科技创新、信息化建设等业务，以及矿井"一通三防"、地测防治水、顶板与矿压、工程项目设计、智能矿山建设等专业的安全生产标准化建设规划和实施计划，督促检查落实情况。参加拟定公司其他业务和专业的安全生产标准化建设规划及实施计划。

7. 组织辨识评价公司科技创新、信息化建设等业务，以及矿井"一通三防"、地测防治水、顶板与矿压、工程项目设计、智能矿山建设等专业的重大安全风险，制定并督促检查落实管控措施。参加公司其他业务和专业的重大安全风险辨识评价以及管控措施制定。

8. 组织排查公司科技创新、信息化建设等业务，以及矿井"一通三防"、地测防治水、顶板与矿压、工程项目设计、智能矿山建设等专业的重大安全隐患，制定并督促检查落实治理方案和管控措施。参加公司其他业务和专业的重大安全隐患排查治理。

9. 组织开展煤矿隐蔽致灾因素排查，拟定隐蔽致灾因素的探查、评估、治理、管控以及效果评价技术方案和措施，督促检查落实情况。

10. 组织拟定公司煤矿重大灾害防治规划及年度实施计划，督促检查落实情况。

11. 组织制订公司煤矿灾害预防与处理计划，督促检查落实情况。

12. 组织拟定公司煤矿智能矿山建设规划，组织制订智能矿山设计和实施计划，督促检查落实情况。

13. 组织制定公司煤矿"一优三减"实施方案，督促检查落实情况。

14. 参加公司安委会会议、安全办公会议、安全生产例会，向公司党委、行政报告安全生产责任落实情况及主管专业领域和分管范围的安全生产管理意见和建议。

15. 按照"谁主管谁负责"的原则，组织对主管专业领域生产安全事故进行调查。参与其他事故调查。

◎ 示例　　　　　　　　　　生产技术部安全生产责任制

1. 贯彻落实国家安全生产法律法规、政策、标准，以及国家能源集团、公司相关规定、会议决定、体系标准、工作部署等。

2. 负责制定生产技术业务保安管理制度，制定基建、技改项目相关业务安全监督管理制度。

3. 根据公司下达的目标和管理方案，制定涉及本部门业务的实施方案或措施，制定、完善、落实本部门全员安全生产责任制、全员安全生产责任清单、员工岗位责任制。

4. 负责采掘设计、采掘接续方案、巷道维修工程的审核，从源头控制安全风险。

5. 负责主管专业领域内安全风险分级管控和事故隐患排查治理工作。组织开展新技术、新工艺的安全风险辨识、评估、管控工作。

6. 负责生产技术管理和基建技改项目中重大隐患的查处和整改跟踪。定期梳理顶板、"一通三防"、防治水、巷道维修工程等安全管控重点项目，做到提前预控。

7. 负责采掘、"一通三防"、地测防治水、巷道维修工程安全技术管理和主管专业领域的作业许可管理工作。

8. 组织开展业务范围内的安全专项检查。负责监督检查安全技术措施的制定和落实，参与公司组织的安全检查。

9. 负责公司顶板、"一通三防"、井下水灾事故专项应急预案编制修订。参与业务范围内的事故应急救援、事故调查、分析和处理。

10. 负责煤矿岗位标准作业流程组织、协调工作，负责采掘、地测、通风专业岗位标准作业流程的审核、检查、考核工作，促进标准作业流程现场落实。

11. 参加公司或组织专业领域内安全生产标准化管理体系检查、评分、考核。

12. 依据规程规范参加和组织公司项目预可行性研究、安全专篇、初步设计、施工图设计等审查。

13. 负责识别业务范围内适用的安全生产法规，并对合规性进行评价。

14. 对体系审核涉及本部门的不符合项进行处置，制定预防与纠正措施并整改落实。

15. 承担主管专业领域生产安全事故（事件）相应责任。

◎ 示例　　　　　　　　　　机电管理部安全生产责任制

1. 贯彻落实国家安全生产法律法规、政策、标准，以及国家能源集团、公司相关规定、会议决定、体系标准、工作部署等。

2. 是煤矿板块机电、运输、管道、洗选加工、信息化、供电、供水、供气、供暖、压力容器、物资管理等专业主管部门，负责主管专业领域内业务保安工作，组织制定有关管理制度并督促实施。

3. 制定、完善、落实本部门全员安全生产责任制、全员安全生产责任清单、员工岗位责任制。

4. 负责公司煤矿板块机电、运输、信息化系统中长期规划。

5. 负责组织煤矿板块机电、运输、管道、洗选加工、信息化、供电、供水、供气、供暖、压力容器、物资管理等专业技术文件审核。

6. 负责煤矿板块机电、运输、管道、洗选加工、信息化、供电、供水、供气、供暖、压力容器、物资管理等专业安全风险分级管控及隐患排查治理，编审重大安全风险及隐患管控方案和措施，并督促落实。

7. 负责组织公司煤矿板块机电、运输、管道、洗选加工、信息化、供电、供水、供气、供暖、压力容器、物资管理等专业新技术、新工艺、新装备、新材料的推广应用。

8. 负责煤矿板块机电、运输、管道、洗选加工、信息化、供电、供水、供气、供暖、压力容器、物资管理等专业安全生产标准化管理，参加公司或组织专业领域内安全生产标准化管理体系检查、评分、考核，督促落实主管专业领域内岗位标准作业流程。

9. 负责公司煤矿板块B类及以上非伤亡机电运输事故的追查处理，参加有关应急救援。

10. 协助有关部门开展煤矿板块机电、运输、管道、洗选加工、信息化、供电、供水、供气、供暖、压力容器、物资管理等专业安全教育培训。

11. 负责审核建设项目机电设备的选型设计，参与审查建设项目设计（变更）文件。

12. 负责识别业务范围内适用的安全生产法规，并对合规性进行评价。

13. 协助公司相关部门做好节能降耗、环境保护有关工作。

14. 对体系审核涉及本部门的不符合项进行处置，制定预防与纠正措施并整改落实。

15. 承担主管领域生产安全事故（事件）相应责任。

◎ 示例　　　　　　　　　　　煤矿矿长安全生产责任制

矿长是本矿安全生产第一责任人，是矿安委会主任，对矿安全生产工作全面负责。

1. 贯彻执行党和国家安全生产方针政策、法律法规、标准规范和企业规章制度、体系标准，依法参加安全教育培训，持证上岗。

2. 负责建立健全并落实本矿全员安全生产责任制。

3. 组织制定并实施本矿安全生产规章制度和操作规程。

4. 依法建立健全安全生产管理机构，配备安全生产管理人员。

5. 按照规定足额提取和使用安全生产费用，保证本矿安全生产投入的有效实施。

6. 组织制订并实施本矿安全生产教育和培训计划。

7. 加强矿井安全生产标准化建设工作，建立完善本矿安全生产标准化管理体系，组织制定配套的安全生产标准化管理制度和考核标准。

8. 建立健全并落实风险分级管控、隐患排查治理双重预防工作机制，履行安全风险管控、隐患排查治理职责，防范化解生产安全风险，督促、检查本矿的安全生产工作，及时消除事故隐患。

9. 建立健全本矿入井带（跟）班制度，履行入井带（跟）班职责，监督考核本矿安全生产目标、安全生产责任制落实情况。

10. 主持召开安委会会议、安全办公会议，听取本矿安全生产工作汇报，审定本矿安全生产、职业健康、环境保护等重大事项。

11. 定期向职工大会或职工代表大会报告安全生产情况，认真听取和积极采纳工会、职工代表关于安全生产的合理化建议和要求。

12. 建立完善职业病防治体系,落实职业病危害防治工作,依法为从业人员进行健康体检和办理工伤保险。

13. 组织制定并实施本矿生产安全事故应急救援预案。

14. 发生生产安全事故后,及时、如实向上级单位及政府监管机构报告生产安全事故,并第一时间组织事故救援和处置工作。

15. 履行法律法规规定的其他安全生产职责。

◎ 示例　　　　　　　　　　综采队队长安全生产责任制

1. 贯彻执行党和国家安全生产方针政策、法律法规、标准规范和企业规章制度、体系标准。

2. 按要求组织员工进行"三大规程"的学习、考试,严格抓好现场落实。

3. 建立健全区队安全生产责任制、责任清单和安全管理措施。

4. 研究制定本队安全生产目标分解措施,编制落实安全生产标准化、班组建设等工作计划,定期检查总结、整改提升。

5. 加强员工思想教育、安全教育,组织员工接受业务技能和安全知识培训,监督员工持证上岗,提高员工政治素养和业务素质。

6. 优化劳动组织,合理组织生产,提高工时利用率和劳动效率,完成安全、生产、成本等任务。

7. 抓好风险分级管控和隐患排查治理双重预防机制现场落实,开展本队年度安全风险评估及日常风险辨识工作,消除隐患,杜绝"三违",保障安全生产。

8. 根据工作面设计,编制初采初放、搬家倒面、过断层、过老空等作业规程和安全技术措施,抓好现场落实。

9. 加强工作面工程质量管理,推进安全生产标准化达标,创建"精品工程"。

10. 强化设备管理,严格执行"四检"制度,确保设备完好并正常运行。

11. 参与矿井应急演练和应急救援,督促员工熟练掌握应急处置卡内容,提高逃生互救能力。

12. 发生事故时,立即采取措施防止事故进一步扩大,及时报告矿调度室,参加事故救援和事故原因调查分析,提出事故防范措施和建议。

13. 负责员工职业危害防治工作,配备并监督使用劳动防护用品,减少职业危害。

14. 严格执行环保和交通安全管理制度,杜绝环保事件和交通事故。

15. 落实矿井跟值班制度。

◎ 示例　　　　　　　　　　采煤机司机安全生产责任制

1. 遵守安全生产和职业病防治方针政策、法律法规,执行标准规范和企业规章制度、体系标准,对本岗位安全生产环保、职业病工作负直接责任。

2. 参加安全教育和技能培训,熟练掌握采煤机结构、性能和原理,取得相应资格证书,持证上岗。

3. 正确佩戴和使用劳动防护用品,预防职业危害,做好自身安全防护;履行环境保护义务,做好废旧物分类回收。

4. 作业前进行现场风险辨识,采取措施实施安全管控,严格按章操作,执行岗位标准作业流程,杜绝违章作业和冒险作业。

5. 负责采煤机操作过程中的安全管理,发现问题及时处理并报告,做好自保、互保、联保。

6. 负责排查处理本岗位责任范围内的安全隐患,本岗位无法处理的,及时向当班管理人员或区队负责人汇报。

7. 集中精力操作,注意观察工作面前方及顶底板的变化。顶底板要割平,为推移刮板输送机、拉移支架创造条件。精心维护保养设备,实行包机到人,注意检查更换截齿、喷嘴,保持机器完好与清洁。

8. 熟知本岗位应急处置卡内容,参与应急救援演练和事故应急救援。

◎ 示例　　　　　　　　党员责任区及群团组织安全责任

党员责任区安全责任

1. 树牢安全发展理念,坚持"安全第一、预防为主、综合治理"方针,从源头上防范化解重大安全风险。上标准岗,干安全活,做到党员身边无违章、无事故,确保安全生产。

2. 做好员工的思想政治工作,宣传党的路线、方针、政策,宣传公司及本单位的工作任务和目标,凝心聚力,调动责任区内员工工作积极性和创造性。

3. 组织和带领责任区内员工认真学习安全理念、作业标准和新技术、新工艺等知识,制止不安全行为,提高责任区员工安全意识、工作技能。

4. 主动联系员工,积极开展谈心谈话,了解掌握责任区内员工思想、身体状况和家庭情况等,及时反映并帮助解决实际困难,从源头上防范化解安全风险。

5. 发挥示范带头作用,在安全生产、经营管理、科技创新等工作中勇于承担急、难、险、重任务,带动责任区内员工安全高效完成工作任务。

群众安全监督员安全责任

1. 工作认真负责,遵章守纪,以身作则,做好自主保安。

2. 协助班组长开展安全工作,对作业现场的安全工作进行检查,发现隐患(问题)及时处理,确保安全后方可作业。

3. 督促和协助班组长对本班组员工进行安全教育培训,提高员工安全意识和工作技能,组织和鼓励员工提出安全生产合理化建议。

4. 作业过程中随时注意观察现场情况,坚决制止违章指挥、违章作业和违反劳动纪律行为。

5. 对生产设备、设施、工作环境进行监督检查,发现隐患(问题)及时报告,督促整改。

6. 作业时发现明显危及员工生命安全的紧急情况,及时组织员工采取必要的避险措施撤离危险区域,有权停止作业并向相关部门反映。

7. 定时填写群众安全监督员工作记录,记录安全隐患(问题),督促整改落实。

青年安全监督岗岗员安全责任

1. 学习安全生产和职业病防治方针政策、法律法规,不断提高安全意识、技术水平和工作技能。
2. 协助区队(车间)、班组做好现场安全工作,协助各级安监部门抓好安全监督管理。
3. 制止违章指挥、违章作业和违反劳动纪律行为,及时反映和督查整改隐患(问题)。
4. 定时填写监督检查记录、隐患整改记录,对隐患(问题)整改情况进行跟踪落实。
5. 发现重大安全隐患或可能危及员工生命安全的问题时,及时要求现场所有人员停止作业并撤离,协助做好疏导工作。

> ⚠ "安宁"系统功能
>
> 规范公司安全生产责任制编制流程,查询全员安全生产责任制。

三、安全生产责任清单

安全生产责任清单是对安全生产责任制规定职责的进一步细化、量化,是在明责、履责、考核和追责等规章制度保障下,落实全员安全生产责任制的执行层文件,根据安全生产责任制编制,并随着安全生产责任制的修订及时补充完善,以"对单领责、照单履职、按单考核"推进责任落实。

宁夏煤业公司对安全生产责任清单的编制范围、编制方法、相关要求等进行明确规范。公司及所属单位按照"党政同责、一岗双责、齐抓共管、失职追责"和"三管三必须"要求,依照主要职责在前、参与职责在后的顺序编制各层级安全生产责任清单。清单编制执行统一规范模板,将编制和落实列入公司安全检查内容,纳入月度、季度安全生产标准化考核。公司机关各部门安全生产责任清单经本部门主要负责人审定,作为本部门绩效考核依据。各矿(厂)安全生产责任清单经本单位主要负责人审定,报公司安全环保监察部备案;其他单位安全生产责任清单经本单位主要负责人审定,作为本单位绩效考核依据。安全生产责任清单编制要求关系图如图 2-1-4 所示。

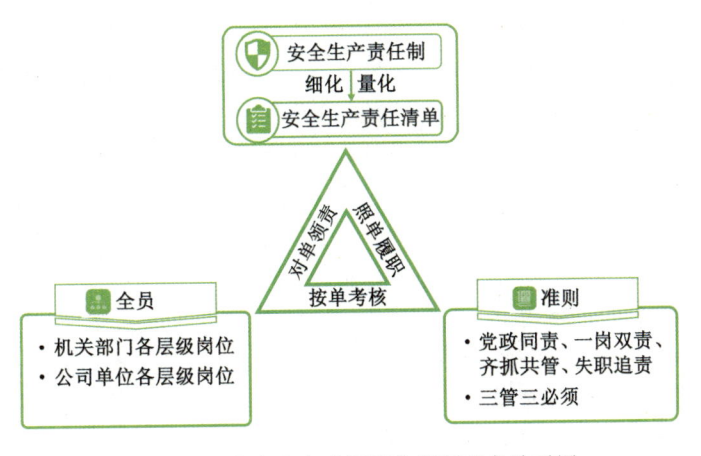

图 2-1-4 安全生产责任清单编制要求关系图

◎ 示例　　　　安全环保监察部总经理(安全监察中心主任)安全生产责任清单

安全环保监察部是公司安全生产工作的监督管理部门。安全环保监察部总经理在公司分管安全副总经理的领导下,履行安全生产监督管理职责。

1. 组织或参与制定安全生产规章制度、操作规程和生产安全事故应急救援预案

(1) 负责组织编制企业安全生产责任制,负责制定本部门安全生产责任制,督促各单位编制安全生产责任制和操作规程。

(2) 组织或参与制定公司安全生产、环境保护、职业健康等监督检查相关规章制度,指导各单位编制生产安全事故应急救援预案。

2. 督促落实企业重大风险安全管理措施

(1) 负责组织制定公司安全生产规划,提出安全目标,组织制订年度安全工作计划。督促各单位落实年度灾害预防和处理计划。

(2) 负责建立重大事故隐患台账,督促重大事故隐患整改,落实重大事故隐患上报工作。

(3) 负责制定安全生产大检查和隐患排查治理制度,并组织实施。

3. 组织或参与应急救援演练

(1) 督导各单位做好应急救援预案编制和完善、应急队伍建设、应急装备配备、应急演练、救护比武等工作。

(2) 监督检查应急救援演练开展情况。

4. 检查安全生产状况、排查事故隐患

(1) 全面负责公司安全生产监督检查工作,做好安委会会议、安全办公会的筹备工作。定期召开会议,分析安全生产形势,查找问题,研究解决办法和措施,监督整改落实。

(2) 不定期进行安全督察,及时向主管领导、分管领导汇报各单位安全现状及存在的重大安全问题,提出改进建议。督促各单位整改重大安全隐患。

5. 履行职责,严格监察

(1) 负责组织公司层面安全生产管理体系的评审、审核和考核。

(2) 组织开展公司安全生产管理体系和考核标准的制定并监督实施。提出表彰奖励安全生产先进单位、先进集体和先进个人的建议。

(3) 监督检查各单位贯彻执行国家安全生产方针政策、法律法规、标准规范以及国家能源集团安全生产规章制度情况。监督检查领导干部带(跟)班等安全生产责任制落实情况。

(4) 深入现场监督监察各项安全管理制度的执行和作业场所、重点部位安全管理情况,督促并协调解决有关安全问题,纠正不安全行为。遇有威胁安全生产的紧急情况,责令停产,督促采取安全措施,并及时报告公司有关领导。

6. 落实事故隐患整改措施

(1) 负责事故调查分析工作,按照"四不放过"原则,会同有关单位和部门提出处理意见,督促制定防范措施并监督落实。

(2) 监督落实安全生产监管监察指令并及时反馈。

(3) 受理、查处安全生产举报事项。

7. 其他

（1）总结、交流和推广先进的安全生产管理经验，促进公司安全管理水平整体提升。

（2）负责安全生产有关文件与信息处理、数据统计分析等工作。

（3）履行法律法规等规定的其他安全生产职责。

◎ 示例	煤矿矿长安全生产责任清单

矿长是煤矿安全生产工作第一责任人，是矿安全生产委员会主任，全面负责矿安全生产工作。安全职责如下：

1. 建立健全本矿安全生产责任制

（1）组织制定和审定全员安全生产责任制。

（2）组织制定和审定全员安全生产责任清单。

（3）落实矿长安全生产承诺制度，每年向全体员工公开承诺。

2. 组织制定安全生产规章制度和操作规程，审查安全生产规划

（1）组织制定本矿各项安全生产规章制度。

（2）组织制定本矿操作规程。

（3）组织制定和审查本矿安全生产中长期规划。

（4）组织制定环境保护体系，依法开展环境保护工作。

（5）组织制定本矿安全生产"红线"，并组织实施"红线"管理工作。

（6）落实安全生产法律法规及上级安全生产规章制度、规划等。

3. 保证安全生产投入

（1）按照规定足额提取和使用安全生产费用，保证本矿安全生产投入的有效实施。

（2）组织建立完善本矿职业病防治体系，落实职业病危害防治工作，依法为从业人员进行健康体检和办理工伤保险。

（3）落实矿井重大灾害防治和重大隐患治理计划，组织实施重大安全技术措施工程。

（4）依法履行建设项目安全设施和职业病防护设施与主体工程同时设计、同时施工、同时投入生产和使用规定。

4. 督促、检查安全生产工作，及时消除生产安全事故隐患

（1）贯彻落实党和国家安全生产及环境保护方针政策，严格执行国家、地方、行业有关安全生产及环境保护的法律法规、标准规范和企业管理制度。依法参加安全教育培训，持证上岗。

（2）坚持"管理、装备、素质、系统"并重原则，监督、检查安全生产目标、安全生产责任制、安全管理制度及"三大规程"落实情况。

（3）履行风险分级管控、隐患排查治理职责，监督检查双重预防机制运行情况。

（4）主持召开安全生产会议，听取本矿安全生产工作汇报，审定安全生产、职业健康、环境保护等重大事项。

（5）按照矿井核定生产能力组织生产。

5. 组织审定并实施生产安全事故应急救援预案

（1）组织审定矿井年度灾害预防和处理计划、生产安全事故应急救援预案；每年组织开

展矿井综合或专项应急救援演练。

(2) 组织指挥事故抢险救援。发生事故或重大灾害时,负责启动事故应急响应。

6. 及时、如实报告生产安全事故

(1) 定期向职工大会或职工代表大会报告安全生产情况,认真听取采纳工会、职工代表关于安全生产的合理化建议。

(2) 发生生产安全事故后,负责组织事故救援和处置工作,及时、如实向上级单位及政府监管机构报告生产安全事故。

7. 坚持依法合规管理

(1) 依法办理采矿许可证、工商营业执照、安全生产许可证等,保证证照齐全、合法有效。督促安全生产管理人员参加安全生产知识和管理能力培训并取得相关证件。

(2) 依法依规组织生产建设,杜绝超层越界开采和超能力、超强度、超定员组织生产行为。落实井下探放水规定,严禁开采防隔水煤柱。

(3) 依法办理煤矿建设项目相关手续,确保煤矿建设项目依法合规施工。

8. 组织保障

依法建立健全安全生产管理机构,配备足够的安全生产管理人员。

9. 安全生产职责落实与考核

(1) 落实安全生产目标、安全生产责任制考核。

(2) 落实事故责任人及事故责任单位处理意见。

(3) 落实安全生产监管监察指令。

10. 其他

(1) 开展安全生产标准化建设、安全文化建设和班组建设工作。

(2) 组织实施职业病防治工作,保障从业人员职业健康。

(3) 组织审定安全培训计划,组织全员培训、新员工岗前培训等,组织安全管理人员参加安全资格证培(复)训。

(4) 履行法律法规规定的其他安全生产职责。

⚠ "安宁"系统功能

规范公司安全生产责任清单编制流程,查询全员安全生产责任清单。

四、岗位责任制

岗位责任制是企业根据各工作岗位的性质和特点,明确规定其职责、权限,并按照规定的工作标准进行考核及奖惩而建立的制度。岗位责任制包含安全生产责任、业务责任、党建责任(含党风廉政)以及其他责任。

宁夏煤业公司建立健全岗位责任制,以任务定岗位,以岗位定人员,推动安全管理、生产管理、技术管理、业务管理、现场操作等各项活动有序进行。岗位责任制的建立,为工作落实和员工考核提供了基本依据。

◎ 示例　　　　　　　　　　宁夏煤业公司员工岗位责任制

单位：

一、基本资料

姓名		工号	
部门（专业）		岗位名称	

二、职责描述

序号	岗位责任	履行职责任务
1	安全生产责任	
2		
3		
4		
5		
6	业务责任	
7		
8		
9		
10	党建责任（党风廉政）	
11		
12		
13		
14	其他责任	
15		
16		

"安宁"系统功能

规范公司岗位责任制编制内容，查询各级岗位责任制。

五、安全承诺

安全承诺是企业为强化全员安全意识、落实安全责任、提高遵章守纪自觉性、确保安全生产，建立推行的一种自主性安全管理机制。

（一）公司及矿（厂）安全生产第一责任人安全承诺

宁夏煤业公司根据《中华人民共和国安全生产法》和《煤矿安全生产标准化管理体系基本要求及评分方法（试行）》，由公司安全生产第一责任人、矿（厂）安全生产第一责任人每年向全体员工作出安全承诺，保障安全生产条件，维护员工权益。安全承诺在显著位置进行公示，接受员工监督，每年由职工代表大会评议，评议结果纳入绩效管理。

安全生产第一责任人的安全承诺应包含但不限于以下内容：保证落实安全生产主体责

任;保证建立健全安全生产管理体系;保证杜绝超能力组织生产;保证生产接续正常;保证安全费用提足用好;保证领导带班;保证本人和领导班子成员不违章指挥;保证严格管控安全风险;保证如实报告重大安全风险;保证及时消除事故隐患;保证安全培训到位;保证员工福利待遇;保证员工合法权益;保证不加班延点;保证不迟报、漏报、谎报和瞒报事故。

◎ 示例　　　　　　　　　宁夏煤业公司矿长安全承诺

　　我是＿＿＿＿＿煤矿矿长＿＿＿＿＿,是本矿安全生产的第一责任人,对安全生产工作全面负责。为保障员工生命安全和身体健康,防止生产安全事故发生,现郑重承诺如下:

　　1. 认真贯彻落实"安全第一、预防为主、综合治理"方针,牢固树立"人民至上、生命至上"理念,严格遵守《中华人民共和国安全生产法》《煤矿安全规程》等法律法规、标准规范。

　　2. 保证落实安全生产主体责任。按照国家、自治区、国家能源集团和宁夏煤业公司部署,建立健全并全面落实全员安全生产责任制,坚决防范杜绝各类安全事故。

　　3. 保证建立健全安全生产管理体系。加强安全生产标准化建设,健全安全生产管理机构,配齐配足专职安全生产管理人员,制定矿井安全生产规章制度和操作规程、安全规程、作业规程。

　　4. 保证不超能力、不超强度、不超定员组织生产,矿井生产能力按规定运行。

　　5. 保证生产接续正常,合理安排、科学规划生产布局。

　　6. 保证安全生产费用按规定足额提取,专款专用,确保安全投入到位。

　　7. 保证严格执行领导带(跟)班制度,加强重点部位、重点环节现场指导和监督。

　　8. 保证本人和领导班子成员不违章指挥,不强令员工违章冒险作业,及时纠正、制止生产中的失职和违章行为,遇到险情在第一时间组织人员撤离。

　　9. 保证严格管控安全风险,如实报告重大风险,对重大风险实施有效监测、监控。

　　10. 保证及时消除事故隐患,督促、检查矿井安全生产工作,及时治理和排除各类事故隐患。

　　11. 保证安全培训到位。组织制订并实施安全教育和培训计划,严格落实安全教育培训主体责任。

　　12. 保证员工福利待遇。依法为从业人员缴纳工伤保险费,为从业人员提供符合国家标准的劳动防护用品。

　　13. 保证员工合法权益。尊重员工在安全生产方面应有的权益,引导员工履行安全生产义务,鼓励员工对安全生产违法、违章行为提出批评、举报。

　　14. 保证不加班延点。按照国家有关规定制定员工工作制度,做到不加班、不延点。

　　15. 保证不迟报、漏报、谎报和瞒报事故。矿井发生各类事故,必须按规定在第一时间及时准确上报。

　　16. 保证应急救援。组织制定并实施生产安全事故应急救援预案,负责指挥事故应急救援工作,确保事故应急救援预案有效实施。

　　17. 履行法律法规规定的其他安全生产职责。

承诺人:＿＿＿＿＿＿

＿＿＿＿年＿＿月＿＿日

（二）不安全行为人员安全承诺

人的不安全行为是构成事故隐患乃至引发生产安全事故的重要因素,纠正人的不安全行为也是消除事故隐患实现安全生产的重要途径。为进一步强化不安全行为人员思想教育,宁夏煤业公司推行不安全行为人员安全承诺制,帮助其迅速吸取教训,分析违章原因,转变思想认识,提升安全意识,及时纠正不安全行为并养成良好的行为习惯,杜绝事故发生。

◎ 示例　　　　　　　　**宁夏煤业公司不安全行为人员安全承诺书**

本人_____,在_____（单位、部门或区队、班组）从事_____（岗位）工作,于_____年____月____日在_____（地点）发生_____类不安全行为,违反《不安全行为管理办法》_____类_____条之规定。

针对此次不安全行为事实,我深刻认识到自己的错误:

1. _____
2. _____
3. _____
4. _____

为深刻吸取教训,坚决纠正不安全行为,我自愿作出如下承诺:

1. _____
2. _____
3. _____
4. _____

承诺人:_____

_____年____月____日

"安宁"系统功能

规范公司及矿（厂）安全生产第一责任人安全承诺、不安全行为人员安全承诺,查询下载承诺书范本。

第二节　责任考核

安全生产责任考核机制是一种绩效动力机制,以安全生产目标为导向,以安全生产责任制为基础,通过检测组织或人员的工作行为,以奖惩制度激励组织和个人改进自身行为,努力创造安全工作实绩。宁夏煤业公司在安全生产责任考核机制建设上力求严格、精准、务实,制定和执行安全生产责任制管理考核办法,对安全生产责任落实情况进行严格考核,形成事事有人管、人人有考核的安全生产责任考核管理机制。

一、公司层面考核

宁夏煤业公司领导层和机关部门根据岗位责任制、安全生产责任制、安全生产责任清单履行安全管理与业务保安职责,突出安全风险管控和隐患排查治理,防控各类生产安全事故。公司安委会办公室依据安全生产责任制管理考核办法,实施安全履职能力考评,定期对公司领导层与机关部门实施安全生产责任制考核。宁夏煤业公司领导层和机关部门安全生产责任制考核流程如图 2-2-1 所示。

```
安委会 ----→ 统筹安全生产监督与考核工作
分管领导、总经理助理 ----→ 督导并考核分管范围内安全生产责任落实情况
机关部门 ----→ 检查指导考核业务范围内安全生产责任落实情况
基层单位 ----→ 落实安全生产责任 开展内部审核
```

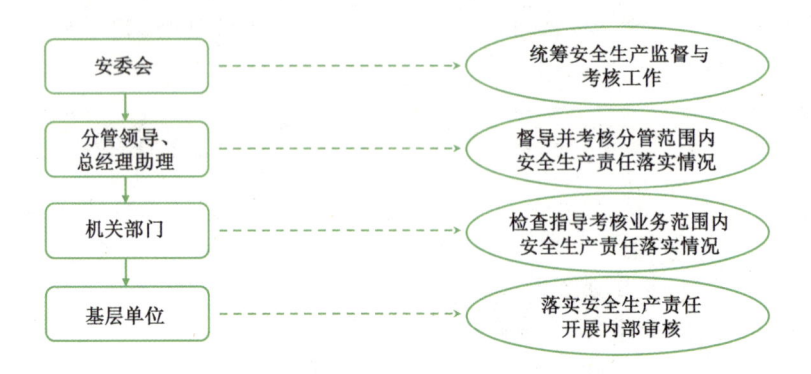

图 2-2-1　宁夏煤业公司领导层和机关部门安全生产责任制考核流程图

宁夏煤业公司安全生产责任制考核方式主要为分级约谈、经济处罚、行政处分。

公司安委会主任督促总经理助理以上领导落实安全生产责任,必要时可进行约谈;分管领导督促分管范围内各部门负责人、各单位领导班子成员落实安全生产责任,必要时可进行约谈。

公司安委会每月依据公司领导及部门负责人安全生产责任制考核表,组织对公司总经理助理以上领导、各部门负责人安全生产责任制落实情况进行考核。

各部门负责人未落实包保责任,由公司分管领导对其约谈,可同时予以经济处罚。

各单位发生责任事故,根据事故等级扣减机关部门当月全员安全风险抵押金。对机关部门及其负责人、相关责任人追责,按照公司安委会会议、党委会会议审定的事故调查处理报告执行。对责任人的经济处罚按照"就高"原则,不重复处罚。

各单位未发生生产安全事故,安委会办公室当月依据公司机关部门安全生产责任制考核表对机关部门考核评分。机关部门安全生产责任制考核分为两部分,安全生产责任制落实情况得分为基础得分,专项活动开展情况考核得分为专项活动得分。根据考核得分,兑现月度安全风险抵押金。

◎ 示例　　　宁夏煤业公司领导层和机关部门负责人安全生产责任制考核表

序号	职责	考核要素	考核标准
1	建立健全并落实全员安全生产责任制,加强安全生产标准化建设	1. 未建立公司层面安全生产责任制;未定期组织安全生产责任制考核	未按要求建立公司级安全生产责任制及相应考核办法,给予董事长、总经理相应罚款。部门内部未建立安全生产责任制及相应考核办法,给予分管领导相应罚款,扣减责任部门负责人相应安全风险抵押金。未定期组织考核,给予分管领导相应罚款,扣减责任部门负责人当月相应安全风险抵押金
		2. 公司未制定安全生产标准化达标规划	给予董事长、总经理相应罚款,给予其他主管领导、分管领导相应罚款,扣减责任部门负责人当月相应安全风险抵押金

第二章 责任建设

续表

序号	职责	考核要素	考核标准
2	组织制定并实施本单位安全生产规章制度和操作规程	1. 未组织制定公司层面安全检查办法、隐患排查治理办法、风险分级管控办法、事故调查处理办法等制度及安全操作规程	给予董事长、总经理相应罚款,给予其他主管领导、分管领导相应罚款,扣减责任部门负责人当月相应安全风险抵押金
		2. 未按照制度要求组织实施	
3	必须具备相应的安全生产知识和管理能力	未取得法律规定的培训合格证。没有具体持证要求的分管领导、部门负责人未及时参加相关安全生产培训	董事长、总经理、生产口分管领导及部门负责人未取得相应培训合格证,给予相应罚款或扣减当月相应安全风险抵押金,并督促及时取证。其他分管领导、部门负责人未及时参加相关安全生产培训,给予相应罚款或扣减当月相应安全风险抵押金
4	组织制订并实施本单位安全生产教育培训计划	1. 未制订公司年度安全生产教育培训计划	给予董事长、总经理相应罚款,给予其他分管领导相应罚款,扣减责任部门负责人当月相应安全风险抵押金
		2. 公司年度安全生产教育培训计划未逐月落实	
5	保证本单位安全投入的有效实施	未按规定提取和使用安全生产费用或未做到专款专用	给予董事长、总经理罚款,给予其他主管领导、分管领导相应罚款,扣减责任部门负责人当月相应安全风险抵押金
6	落实其他安全生产职责	未落实以上8项考核要素外的其他安全生产职责	给予责任人相应罚款或扣减当月相应安全风险抵押金
7	安全环保1号文等重点工作落实	未按照公司安全环保1号文时间节点落实相关工作。未按要求落实其他重点工作	给予主管领导、分管领导相应罚款,扣减责任部门负责人当月相应安全风险抵押金
8	组织建立并落实安全风险分级管控和隐患排查治理双重预防机制,督促、检查安全生产工作,及时消除生产安全事故隐患	1. 总经理助理以上领导、机关部门负责人每月未到包保单位开展工作	给予责任领导相应罚款,扣减责任部门负责人当月相应安全风险抵押金
		2. 未及时审定或更新公司年度重大安全风险清单	给予董事长、总经理相应罚款,给予其他分管领导相应罚款,扣减责任部门负责人当月相应安全风险抵押金
		3. 未督促包保单位落实年度重大安全风险清单管控措施	
		4. 未及时组织审定公司重大隐患整改方案	
		5. 未定期督促矿(厂)落实重大隐患整改措施	未定期召开会议听取矿(厂)重大隐患治理进展,给予董事长、总经理相应罚款;矿(厂)重大隐患治理滞后,给予主管领导、分管领导相应罚款,扣减责任部门负责人当月相应安全风险抵押金
9	组织制定并实施本单位生产安全事故应急救援预案	1. 未组织建立公司级生产安全事故应急救援预案	给予董事长、总经理相应罚款
		2. 未组织公司级生产安全事故应急救援演练	给予董事长、总经理相应罚款,给予其他主管领导、分管领导相应罚款,扣减责任部门负责人当月相应安全风险抵押金

续表

序号	职责	考核要素	考核标准
10	及时、如实报告生产安全事故	1. 发生生产安全责任死亡事故	按照公司安全生产责任制管理考核办法及公司事故调查处理规定执行
		2. 迟报、瞒报事故	依据公司事故调查处理规定对相关责任人追责

◎ 示例　　宁夏煤业公司机关部门安全生产责任制考核表(节录)

部门	基础考核得分(70%)					专项活动得分(30%)	综合得分
	安全生产职责	分值	评分标准	得分	失分项目		
煤制油化工部	1. 贯彻落实国家安全生产法律、法规、政策、标准以及国家能源集团、公司相关规定、会议决定、工作部署	20	有1项工作未落实的,扣1分				
	2. 建立健全内部安全生产责任制考核办法,明确各岗位的责任人员、责任范围和考核标准,并定期组织考核	20	未建立部门全员安全生产责任制及相应考核办法的,扣2分;未每月组织考核的,扣1分				
	3. 建立健全公司煤制油化工板块生产技术制度、标准体系	10	制度、标准不符合上级规定的,扣4分;条款内容不齐全或不准确的,扣2分;制度、标准更新不及时的,扣2分				
	4. 组织对业务范围内规程、设计、技术方案等进行审查	10	未按照要求及时开展审查的,扣2分;出现问题失察情况的,扣4分				
	5. 落实安全专项整治三年行动计划等专项活动安排,对煤制油化工板块生产、检维修、基本建设、承包商、信息化、设备、电气、仪表等进行业务管理	10	三年行动有关任务未按期推进的,扣3分;未按照规定开展业务管理的,扣2分;出现重大隐患失察失管的,扣3分				
	6. 开展业务范围内重大安全风险辨识评估工作,对重大安全风险进行管控	10	未及时开展重大安全风险辨识评估工作的,扣2分;出现重大安全风险失察失管的,扣2分;未按照要求对各厂重大安全风险管控措施进行审核的,扣1分;重大安全风险管控措施未有效落实的,扣1分				
	7. 开展业务范围内隐患排查和监督整改工作,对基层单位编制的重大隐患治理方案进行审核,并监督按期落实销号	10	未及时开展隐患排查和监督整改工作的,扣2分;未按照要求对各厂重大隐患治理方案进行审核的,扣1分;重大隐患整改未按期推进的,扣2分;每月未按期反馈重大隐患整改实际进展的,扣1分				

第二章 责任建设

续表

部门	基础考核得分(70%)					专项活动得分(30%)	综合得分
	安全生产职责	分值	评分标准	得分	失分项目		
煤制油化工部	8. 落实其他安全生产职责及有关工作	10	未按期推进公司安全环保1号文中属部门职责范围内的有关工作的,扣2分;未按照要求落实阶段活动、会议决议、领导交办的有关工作的,扣2分;未按要求参加相关检查、会议、培训、应急演练、事故调查等工作的,扣2分;未按照要求及时准确反馈部门职责范围内的有关信息数据的,扣2分				
机电管理部	1. 贯彻落实国家安全生产法律、法规、政策、标准以及国家能源集团、公司相关规定、会议决定、工作部署	20	有1项工作未落实的,扣1分				
	2. 建立健全内部安全生产责任制考核办法,明确各岗位的责任人员、责任范围和考核标准,并定期组织考核	20	未建立部门全员安全生产责任制及相应考核办法的,扣2分;未每月组织考核的,扣1分				
	3. 建立健全公司机电管理相关制度和标准体系	10	制度、标准不符合上级规定的,扣1分;条款内容不齐全不准确的,扣0.5分;制度、标准更新不及时的,扣0.5分				
	4. 落实安全专项整治三年行动计划等专项活动安排,推进煤矿、选煤厂智能化建设工作	10	未及时编制智能化建设方案的,扣2分;未对方案中工期节点、责任人员进行明确的,扣1分;项目未按计划节点推进的,扣1.5分;未持续对项目推进开展跟踪监督的,扣1.5分				
	5. 开展业务范围内重大安全风险辨识评估工作,对重大安全风险进行管控	10	未及时开展重大安全风险辨识评估工作的,扣2分;出现重大安全风险失察失管的,扣2分;未按照要求对矿(厂)重大安全风险管控措施进行审核的,扣1分;重大安全风险管控措施未有效落实的,扣1分				
	6. 开展业务范围内隐患排查和监督整改工作,审核矿(厂)编制的重大隐患治理方案,并监督按期落实销号	10	未及时开展隐患排查和监督整改工作的,扣1分;出现重大隐患失察失管的,扣2分;未按照要求对矿(厂)重大隐患治理方案进行审核的,扣1分;重大隐患整改未按期推进的,扣1分;每月未按期反馈重大隐患整改实际进展的,扣1分				

续表

部门	基础考核得分(70%)					专项活动得分(30%)	综合得分
	安全生产职责	分值	评分标准	得分	失分项目		
机电管理部	7.对煤矿安全生产标准化中机电、运输等要素进行业务管理	5	未按期对相关要素进行检查的,扣3分;在政府部门标准化矿井验收中,出现部门负责要素得分低于申报等级要求分值的,扣3分				
	8.负责煤矿、选煤厂安全监控系统运行维护业务管理工作,组织开展矿(厂)安全监控系统建设(改造)项目竣工验收,对煤矿无计划停电停风、系统故障及选煤厂安全监控报警开展原因分析、处置、整改措施落实及追查处理等工作	5	未按照要求开展系统运行维护业务管理工作的,扣1.5分;未组织对矿(厂)安全监控系统建设(改造)项目进行竣工验收的,扣1分;未及时消除部门职责层面安全监控系统硬件缺陷或故障的,扣1分;未及时消除煤矿无计划停风的,扣0.5分				
	9.落实其他安全生产职责及有关工作	10	未按期推进公司安全环保1号文中属部门职责范围内的有关工作的,扣2分;未按照要求落实阶段活动、会议决议、领导交办的有关工作的,扣2分;未按照要求参加相关检查、会议、培训、应急演练、事故调查等工作的,扣2分;未按要求及时准确反馈部门职责范围内的有关信息数据的,扣2分				

▲ "安宁"系统功能

公司指定部门按表考核,定期录入,系统自动生成汇总表,实时推送至公司领导及部门全体人员"安宁"系统"待办事项"栏。

二、基层班子考核

《中华人民共和国安全生产法》第五条规定:生产经营单位的主要负责人是本单位安全生产第一责任人,对本单位的安全生产工作全面负责。其他负责人对职责范围内的安全生产工作负责。

基层领导班子整体功能发挥如何,直接决定本单位安全管理质量与效能,同时也影响着基层单位的执行能力、创新能力和发展能力。抓紧抓实各单位领导班子安全生产责任制考核,推进安全责任落实,是强化公司安全生产基础工作的关键。

宁夏煤业公司安委会办公室依据安全生产责任制管理考核办法,对矿(厂)领导班子实施安全履职能力考评并定期考核。宁夏煤业公司矿(厂)领导班子安全生产责任制考核流程如图2-2-2所示。

```
公司安委会办公室  →考核→  每月    →  煤矿、煤制油化工单位领导班子  →  安全生产责任落实情况  →  分管副总经理审核  →  人力资源部兑现
                →考核→  季度    →  地面单位领导班子           ↗
```

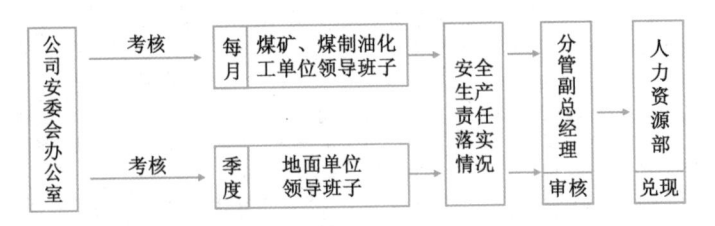

图 2-2-2　宁夏煤业公司矿(厂)领导班子安全生产责任制考核流程图

公司安委会办公室依据煤矿、煤制油化工、地面单位领导班子成员安全生产责任制考核表,每月对煤矿、煤制油化工单位领导班子成员安全生产责任制落实情况进行考核,每季度对地面单位领导班子成员安全生产责任制落实情况进行考核,经分管安全副总经理审核后报人力资源部兑现。

◎ 示例　　　　　　　　**宁夏煤业公司矿(厂)安全生产责任制考核表**

煤矿单位领导班子成员安全生产责任制考核表(节录)

序号	职责	考核要素	考核标准	考核结果
1	建立健全并落实本矿全员安全生产责任制,加强安全生产标准化建设	1. 全员安全生产责任制出现漏项、漏岗;未定期组织安全生产责任制考核	未按要求建立全员安全生产责任制,扣除党政负责人当月安全责任期金。未健全完善安全生产责任制考核办法,扣除党政负责人当月安全责任期金。未组织安全生产责任制定期考核,扣减党政负责人、分管领导当月安全责任期金50%	
		2. 煤矿单位在公司内部检查中出现安全生产标准化降级或采掘工作面被停产整顿	扣减降级专业、被停产专业主管领导当月安全责任期金的20%,扣减其他领导班子成员当月安全责任期金的10%	
		3. 在自治区应急管理厅、国家矿山安全监察局宁夏局、国家能源集团等上级单位检查中出现安全生产标准化降级或矿井、采掘工作面被停产整顿	取消降级专业、被停产专业主管领导当月安全责任期金,扣减其他领导班子成员当月安全责任期金的50%	
2	组织制定实施本矿安全生产规章制度、操作规程	未组织制定安全检查办法、隐患排查治理办法、风险分级管控办法、事故调查处理办法等制度及安全操作规程,或未按照制度要求组织实施	未按要求健全完善安全生产规章制度,扣除党政负责人当月安全责任期金的50%。未组织实施相关制度,扣除党政负责人、主管领导、分管领导当月安全责任期金的30%	
3	具备相应安全生产知识和管理能力	未取得相应培训合格证。其他分管领导未及时参加相关安全生产培训	主要负责人、生产口分管领导未取得相应合格证,取消当月安全责任期金并督促及时取证。其他分管领导未及时参加相关安全生产培训,扣除当月安全责任期金	
4	组织制订并实施本矿安全生产教育培训计划	1. 月度内培训工作弄虚造假	出现第1~4项情形之一的,扣减党政负责人、分管领导当月相应安全责任期金;被政府相关部门或上级单位在行业范围内通报的,扣减党政负责人、分管领导当月相应安全责任期金	
		2. "三项岗位人员"及其他从业人员发现1人以上未经培训合格上岗		
		3. 安全培训责任未落实导致月度安全培训计划或安全培训任务未完成		
		4. 抽考合格率未达到80%以上		
……	……	……	……	

煤制油化工单位领导班子成员安全生产责任制考核表(节录)

序号	职责	考核要素	考核标准	考核结果
1	建立健全并落实本厂全员安全生产责任制，加强安全生产标准化建设	1. 全员安全生产责任制出现漏项、漏岗	未按要求建立全员安全生产责任制，扣除党政负责人当月安全责任期金；未健全完善安全生产责任制考核办法，扣除党政负责人当月安全责任期金	
		2. 未建立安全责任网格化		
		3. 被查出网格责任不落实	扣减党政负责人、主管领导、分管领导、分管安全领导当月安全责任期金的20%	
		4. 未定期对网格化履职履责进行检查、考评、追责		
		5. 公司内部检查出现安全生产标准化管理体系未达到规划等级	扣减领导班子成员当月安全责任期金的10%	
		6. 在国家能源集团年度审核中未达到规划等级	扣减领导班子成员年度全部安全责任期金的10%	
		7. 政府认证安全生产标准化等级未实现年度达标目标		
		8. 政府认证的安全生产标准化降级		
2	组织制定并实施本厂安全生产规章制度和操作规程	1. 未组织制定安全检查、隐患排查治理、风险分级管控、事故调查处理等管理制度、安全操作规程，或未按照制度要求组织实施	未按要求健全完善安全生产规章制度，扣除党政负责人当月安全责任期金。未组织实施相关制度，扣除党政负责人、主管领导、分管领导当月安全责任期金	
		2. 未按照要求查处不安全行为，同一单位当月被上级查出2次及以上A类不安全行为，或各类不安全行为总数达到10次及以上	扣减党政负责人、主管领导、分管领导、分管安全领导当月安全责任期金的10%	
		3. 未按要求对不安全行为责任人进行处罚、警示、教育、培训	分别扣减网格责任人当月安全责任期金的10%	
		4. 承包商"三一行动""九个一样""二十个抓"未按要求落实	每发现一项，扣减党政负责人、主管领导、分管领导、分管安全领导当月安全责任期金的5%	
3	必须具备安全生产知识和管理能力	1. 未取得相应的培训合格证	主要负责人、生产口分管领导未取得相应培训合格证，取消当月安全责任期金	
		2. 其他分管领导未及时参加相关安全生产培训	其他分管领导未及时参加相关安全生产培训，扣除当月安全责任期金	
……	……	……	……	

地面单位领导班子成员安全生产责任制考核表(节录)

序号	职责	考核要素	考核标准	考核结果
1	建立健全并落实本单位全员安全生产责任制，加强安全生产标准化建设	1. 全员安全生产责任制出现漏项、漏岗；未定期组织安全生产责任制考核	未按要求建立全员安全生产责任制，扣除党政负责人当季安全责任期金的10%。未健全完善安全生产责任制考核办法，扣除党政负责人当季安全责任期金的10%。未组织安全生产责任制定期考核，扣减党政负责人、分管领导当季安全责任期金的5%	

续表

序号	职责	考核要素	考核标准	考核结果
1	建立健全并落实本单位全员安全生产责任制,加强安全生产标准化建设	2. 地面单位在公司内部检查中出现安全环保考核降级	一、二类单位扣减领导班子成员当季安全责任期金的10%	
		3. 在自治区应急管理厅、国家能源集团等上级单位检查中出现考核降级	一、二类单位扣减领导班子成员当季安全责任期金的30%	
2	组织制定并实施本单位安全生产规章制度和操作规程	未组织制定安全检查办法、隐患排查治理办法、风险分级管控办法、事故调查处理办法等制度及安全操作规程,或未按照制度要求组织实施	未按要求健全完善安全生产规章制度,扣除党政负责人当季安全责任期金的10%。未组织实施相关制度,扣除党政负责人、主管领导、分管领导当季安全责任期金的10%	
3	必须具备相应的安全生产知识和管理能力	未取得相应培训合格证。其他分管领导未及时参加相关安全生产培训	主要负责人、分管领导未取得相应培训合格证,扣除当季安全责任期金的10%。其他分管领导未及时参加相关安全生产培训,扣除当季安全责任期金的10%	
4	组织制订并实施本单位安全生产教育培训计划	1. 月度内出现培训工作弄虚造假	出现第1~4项情形之一的,扣减党政负责人、分管领导当季安全责任期金。被政府相关部门或上级单位在行业范围内通报的,扣减党政负责人、分管领导当季安全责任期金	
		2. "三项岗位人员"及其他从业人员发现1人以上未经培训合格上岗		
		3. 安全培训责任未落实导致月度安全培训计划或安全培训任务未完成		
		4. 抽考合格率未达到80%以上		
……	……	……	……	

"安宁"系统功能

公司指定部门按表考核,定期录入,系统自动生成汇总表,实时推送至公司领导及矿(厂)领导班子成员"安宁"系统"待办事项"栏。

三、基层内部考核

基层生产经营单位是企业安全生产责任制的直接承担者和具体落实者。根据《中华人民共和国安全生产法》规定:其主要负责人是安全生产的第一责任人,对安全生产负全面责任;其他负责人和生产管理人员,在管理生产经营的同时,必须管理安全工作,在计划、布置、检查、总结、评比生产经营时,必须同时计划、布置、检查、总结、评比安全工作;有关职能部门和人员必须在自己的业务工作范围内对安全生产负责;员工必须严格遵守安全生产法律法规、制度规范和工作标准,不违章作业,并有权拒绝违章指挥,发现直接危及人身安全的紧急情况时,有权停止作业或者在采取可能的应急措施后撤离作业场所。

宁夏煤业公司各生产经营单位依据公司安全生产责任制管理考核办法,实施符合本单位工作实际与特点的安全生产责任考核办法,由本单位安委会办公室定期组织考核。

◎ 示例　　　　　　　　　　　　　　甲醇分公司考核细则

序号	考评项目	考评内容	考评标准	加扣分数	责任单位	考评周期	考核部门
1	总要求	车间各级人员掌握本人安全生产职责	一人次不清楚本人职责，扣0.2分		各车间	季度	安健环保部
		了解安全风险预控管理体系理念、原理,熟知体系运行规范	一人次不熟知体系运行规范,扣0.2分		各车间	季度	安健环保部
		严格履行安全承诺内容	员工未履行安全承诺内容,扣0.5分		各车间	季度	安健环保部
		每周召开一次车间例会,传达公司会议精神,安排安全生产工作	少召开一次,扣0.5分		各车间	月度	安健环保部
		制订年度安全风险预控管理体系达标计划,并按计划组织实施	未制订计划,扣0.2分		各车间	季度	安健环保部
			未按计划组织实施,扣0.2分/项		各车间	季度	安健环保部
		完成公司年度安全风险预控管理体系规划内容	未按规划节点完成工作,扣0.2分/项		各车间	月度	安健环保部
		完成创建危险化学品安全生产标准化达标单位所规划的工作内容	未按规划节点完成工作,扣0.2分/项		各车间	月度	安健环保部
		按危险化学品安全生产标准化评分标准划分职责,落实相关工作	未按职责划分完成工作,扣0.2分/项		各车间	月度	安健环保部
		按要求按时参加会议	未参加,扣0.2分		各车间	月度	安健环保部
			迟到,扣0.1分		各车间	月度	安健环保部
2	安全生产方针	有学习传达记录	未提供学习传达记录,扣0.2分		各车间	季度	安健环保部
		完成制定的目标	未完成制定的目标指标,扣0.2分		各车间	季度	安健环保部
3	贯彻安全生产法律法规,健全全员安全生产环保责任制	严格执行国家方针政策、法律法规,贯彻落实上级及本公司安全、消防、职业卫生及环保规章制度	未严格执行,扣2分		各车间	月度	安健环保部
		及时传达上级和有关部门的安全、健康、环保文件及会议精神,保证信息畅通	未及时传达贯彻,扣0.2分		各车间	月度	安健环保部
		编制全员安全生产环保责任制	未编制,扣3分		各车间	月度	安健环保部
			责任制中缺项、低标准,扣0.2分		各车间	月度	安健环保部
	安全生产宣传教育培训	制订安全生产教育和培训计划,通过宣传教育提高员工法律意识和安全、消防、职业卫生、环保意识及业务技能,按照计划开展安全经验分享活动	未制订计划,扣0.2分		各车间	月度	安健环保部
			未按照计划开展安全培训,扣0.5分		各车间	月度	安健环保部
			未按照计划开展安全经验分享,扣0.2分		各车间	月度	安健环保部
		每月按照安全活动计划组织开展安全活动	未按要求开展安全活动,扣0.5分		各车间	月度	安健环保部

续表

序号	考评项目	考评内容	考评标准	加扣分数	责任单位	考评周期	考核部门
3	安全生产环保目标	达到安全、消防、职业卫生及环保目标	未达到安全、消防、职业卫生及环保目标,扣0.5分		各车间	月度	安健环保部
	全员安全生产环保职责	落实全员安全生产环保责任制	未落实职责,扣0.5分		各车间	月度	安健环保部

> "安宁"系统功能
>
> 基层单位指定部门定期录入考核汇总表,员工可实时查询考核结果。

四、安全绩效工资

宁夏煤业公司各生产经营单位效益工资占单位预算工资的60%,分为安全绩效工资和经营绩效工资两部分,根据单位业务性质及承担安全责任不同,安全、经营绩效考核挂钩比例如下:

(1) 生产单位:各煤矿、生产安装分公司、综掘服务分公司、煤制油分公司、烯烃一分公司、烯烃二分公司、甲醇分公司、精蜡化工公司,挂钩比例为50%∶50%。

(2) 生产辅助单位:洗选中心、矿山机械制造维修分公司、水电分公司、水务公司、物资公司、设备管理中心、质检计量中心、环境监测中心、应急救援中心、煤制油化工安装检修分公司、煤制油化工质检计量中心、煤制油化工公用设施管理分公司、煤制油化工工程建设指挥部、信息技术中心、宁夏煤炭基本建设有限公司、能源工程公司,挂钩比例为40%∶60%。

(3) 其他单位:亘元房地产公司、物业服务分公司、宁夏工业职业学院、新闻中心、治安保卫总队、运销公司、煤制油化工销售分公司、煤炭化学工业技术研究院、车辆管理中心、银北矿区管理办公室、阳光艺术团,挂钩比例为30%∶70%。

安全绩效工资与安全环保监察部考核结果挂钩,经营绩效工资与企业策划部经营业绩考核结果挂钩。公司人力资源部将安全绩效工资按月单独核算、单独审批、单独发放,严格审核安全绩效工资列支项目,严禁在安全绩效工资中列支非安全类奖励,确保生产单位安全绩效工资比例不低于工资总量的30%,并将此项指标纳入经营业绩考核体系。

第三节 积分管理

宁夏煤业公司依据国家矿山安全监察局(原国家煤矿安全监察局,下同)制定的《关于落实煤矿企业安全生产主体责任的指导意见》、国家能源集团制定的《关于全面推广煤矿矿长安全生产记分和全员积分有关事宜的通知》,对标学习借鉴外部先进经验,结合安全管理实际,研究制定矿领导安全生产记分管理办法和全员安全积分管理指导意见,进一步压紧压实各级安全生产责任,构建自我约束、持续改进的安全生产内生机制。宁夏煤业公司记分、积分管理推广实施步骤如图2-3-1所示。

学习贯彻阶段 2022年6月
- 领会实质与内涵
- 组织调研
- 制订推广实施计划

组织准备阶段 2022年7月至8月
- 建立完善考核制度
- 制定标准和清单
- 公司开展培训指导

全面运行阶段 2022年9月至12月
- 全面推广运行
- 加强结果应用
- 强化监督检查
- 建立信息化平台
- 抓好督导落实

图 2-3-1 宁夏煤业公司记分、积分管理推广实施步骤图

一、矿领导记分

煤矿矿领导是直接领导、组织、管理安全生产工作的关键群体。矿领导安全生产记分是将个人岗位履职、生产安全事故、重大事故隐患、违法违规行为、恶劣影响事件、安全生产标准化达标建设等作为重点考核项目,采用记分制的方式考核,考核结果与职务调整、绩效收入等挂钩。宁夏煤业公司矿领导安全生产记分实施流程如图 2-3-2 所示。

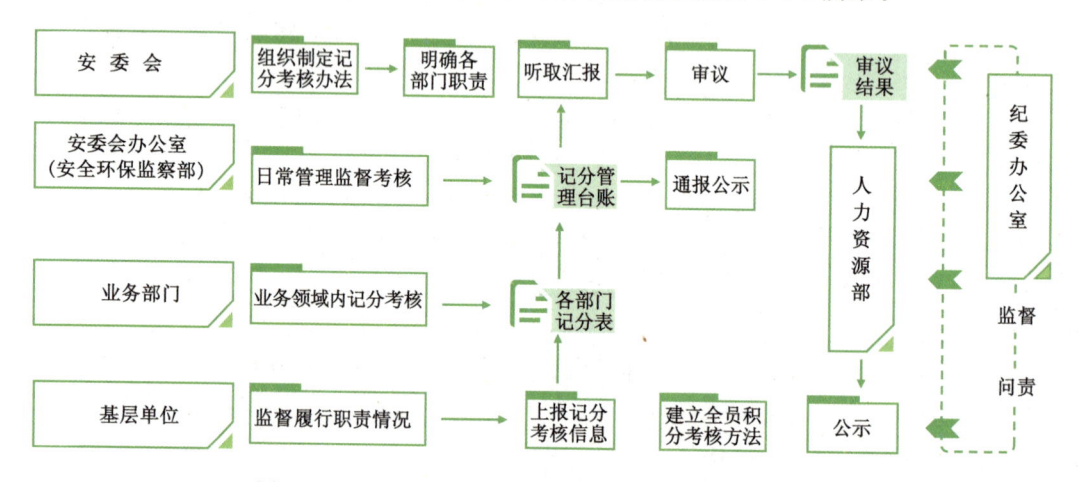

图 2-3-2 宁夏煤业公司矿领导安全生产记分实施流程图

宁夏煤业公司安委会组织制定矿领导安全生产记分管理办法,明确机关各部门在矿领导安全生产记分管理中的职责,听取矿领导记分管理工作汇报,落实考核结果。相关业务部门按照"谁检查、谁记分"原则,依据制度规定的记分标准,负责本业务领域内记分考核工作,发现记分情形,5个工作日内将记分考核表反馈至安委会办公室(安全环保监察部)。安委会办公室(安全环保监察部)负责记分日常管理、监督考核等工作,依据记分标准开展业务领域内记分考核,汇总业务部门记分考核情况,建立记分管理台账并实时通报,在记分周期内形成记分考核结果提报公司安委会会议审议。人力资源部根据安委会会议审议结果提出处理意见,报公司党委会会议研究审定。纪委办公室负责对记分管理工作落实情况进行监督,对考核不严、记分不实、弄虚作假等行为,依据公司相关管理制度对相关单位及责任人进行问责。各煤矿建立矿领导履职尽责监督管理机制,及时将矿领导记分情况上报、公开。

矿领导安全生产记分管理制度明确记分周期、总分、标准和考核主体。每年为矿领导安全赋分12分,记分考核按照记负分的方式进行,记完为止。根据制度规定的记分标准(情形)和事件严重程度,分为记－12分、记－9分、记－6分、记－3分和记－1分五个等级。同时明确加分奖励的情形,合理进行加分激励。年度内未被记分考核的矿领导,在个人安全评先选优时优先考虑。矿领导记分年末清零,次年重新记分。

宁夏煤业公司矿领导记分考核表和记分管理台账示例分别如表2-3-1和表2-3-2所示。

表2-3-1　宁夏煤业公司煤矿矿领导记分考核表

序号	考核标准	记分标准	被考核人			记分原因	记分分值	考核时间
			姓名	所在单位	职务			
1	季度安全生产标准化未达到规划等级	－1				季度安全生产标准化未达到规划等级	－1	年月日
……	……	……				……	……	……

表2-3-2　宁夏煤业公司煤矿矿领导记分管理台账

序号	单位	姓名	职务	起始日期	截止日期	记分情形	记分标准	记分分值	剩余分值
1				1月1日	12月31日	季度安全生产标准化未达到规划等级	1	－1	11
……				……	……	……	……	……	……

> ⚠ **"安宁"系统功能**
>
> 安委会办公室(安全环保监察部)按次汇总业务部门反馈的记分考核情况,经安委会会议审定后录入系统,系统自动统计、显示记分情况,并自动记入本人记分台账,本人可实时查询单次记分、累计记分。出现记分情形时,在系统个人"待办事项"栏目自动预警和提示,分数实时自动关联至个人信息中的"记分栏",记分结果公开。

二、全员积分

宁夏煤业公司在各矿(厂)推行全员安全积分管理,对落实全员安全生产责任制、员工不安全行为等进行量化积分。安全积分作为人事任免、绩效考评、评先选优、安全奖励及委外承包商考核评价的重要依据。

在考核组织方面,公司成立以党委书记、董事长为组长的全员安全积分管理工作领导小组,日常工作由全员安全积分管理办公室(设在公司安全环保监察部)负责组织,相关业务部门配合实施。各矿(厂)按照公司全员安全积分管理指导意见,由主要负责人组织成立全员安全积分工作领导小组和管理办公室,负责积分工作的组织领导和具体实施,并建立奖惩机制。

全员安全积分以年度为考核周期,基准分为12分,每年1月1日开始至12月31日结束,次年重新赋分统计。内容包括扣分项目和加分项目,宁夏煤业公司全员安全积分构成如图 2-3-3 所示。各矿(厂)制定扣分标准时参照但不限于公司全员安全积分管理指导意见,制定加分项时突出正向激励引导,明确对安全生产工作作出贡献人员的加分标准。

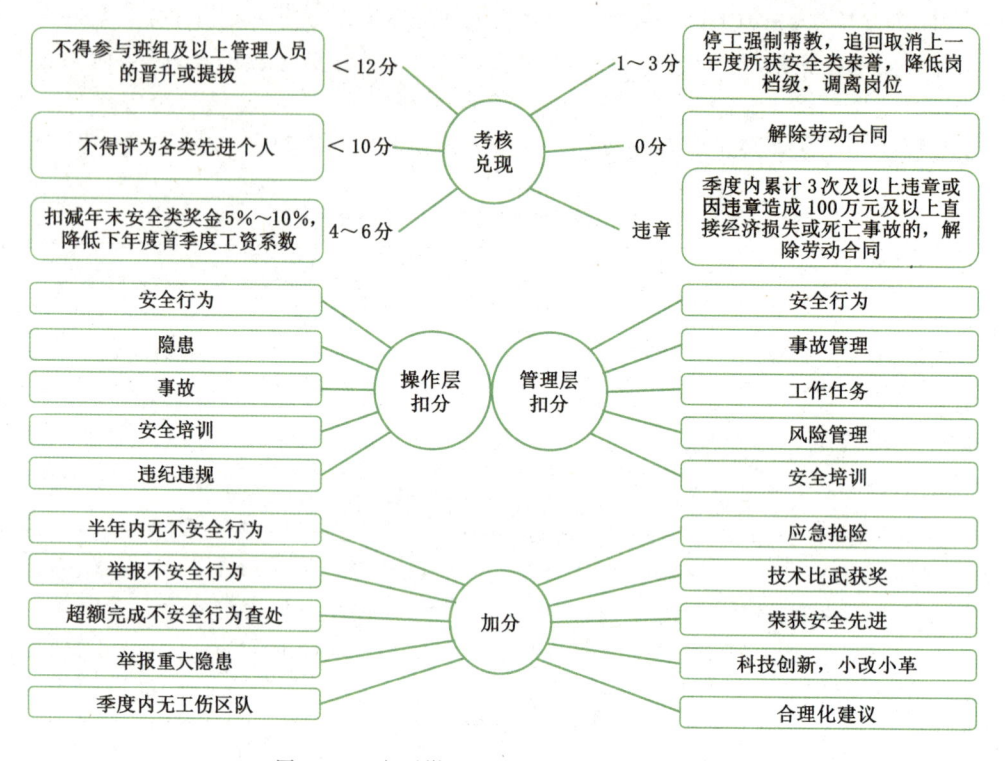

考核兑现
- <12分:不得参与班组及以上管理人员的晋升或提拔
- <10分:不得评为各类先进个人
- 4~6分:扣减年末安全类奖金5%~10%,降低下年度首季度工资系数
- 1~3分:停工强制帮教,追回取消上一年度所获安全类荣誉,降低岗档级,调离岗位
- 0分:解除劳动合同
- 违章:季度内累计3次及以上违章或因违章造成100万元及以上直接经济损失或死亡事故的,解除劳动合同

操作层扣分
- 安全行为
- 隐患
- 事故
- 安全培训
- 违纪违规

管理层扣分
- 安全行为
- 事故管理
- 工作任务
- 风险管理
- 安全培训

加分
- 半年内无不安全行为
- 举报不安全行为
- 超额完成不安全行为查处
- 举报重大隐患
- 季度内无工伤区队
- 应急抢险
- 技术比武获奖
- 荣获安全先进
- 科技创新,小改小革
- 合理化建议

图 2-3-3 宁夏煤业公司全员安全积分构成图

各矿(厂)在全员安全积分考核过程中,对积分发生变化的员工应及时告知、确认,建立员工安全积分档案,每月对全员安全积分情况进行统计、公示。宁夏煤业公司全员安全积分考核表和管理台账示例如表 2-3-3 和表 2-3-4 所示。

表 2-3-3 宁夏煤业公司全员安全积分考核表

所属单位:_____

单位名称	姓名	职务(岗位)	积分情况			检查日期	检查人员
			积分情形	积分标准	积分分值		
综采一队			破坏安全设施	5分	-5	年 月 日	
……			……	……	……	……	

表 2-3-4 宁夏煤业公司全员安全积分管理台账

所属单位:_____

序号	单位名称	工号	姓名	职务(岗位)	起始日期	截止日期	积分情形	积分标准	积分分值	剩余分值
1	综采一队				月 日	月 日	破坏安全设施	5分	-5	7
……	……				……	……	……	……	……	……

> ⚠ "安宁"系统功能
>
> 各矿(厂)安委会办公室定期录入全员积分内容,系统模块中自动统计、显示积分情况,员工可实时查询本人扣分、加分原因。总分达到特定分值时,在系统个人"待办事项"栏目自动预警和提示,分数实时自动关联至员工个人信息中的"积分栏"。

第四节 事故追责

生产安全事故的报告、调查和处理是一项极其严肃的工作,必须依法依规从制度上明确组织、流程、时限、规范,保证客观、公正、严谨、高效。

宁夏煤业公司依据《中华人民共和国安全生产法》及国家、国家能源集团关于生产安全事故报告和调查处理有关规定,制定公司生产安全事故报告和调查处理规定,细化事故分类,规范事故管理,严明事故报告与调查处理程序,从严追责问责,公开事故通报,接受员工监督。宁夏煤业公司事故报告和调查处理流程如图2-4-1所示。

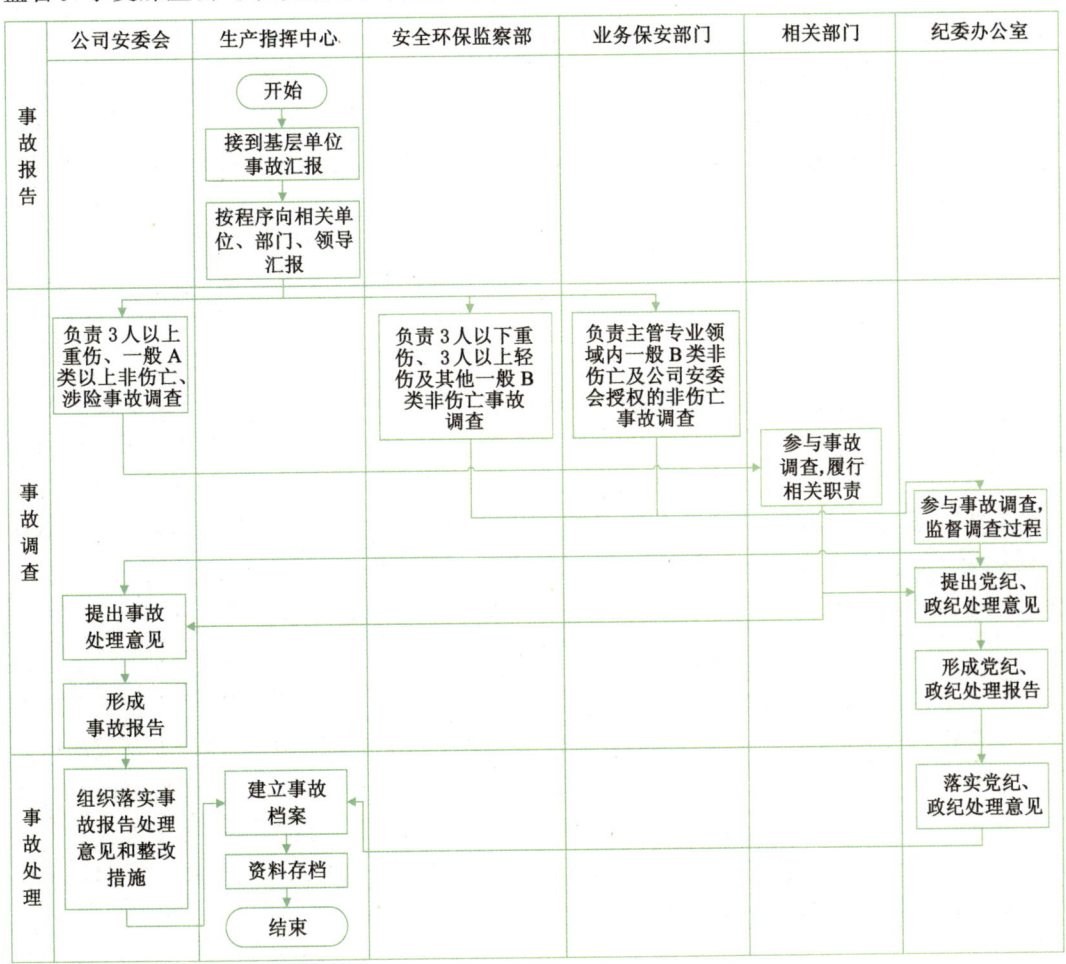

	公司安委会	生产指挥中心	安全环保监察部	业务保安部门	相关部门	纪委办公室
事故报告		开始 → 接到基层单位事故汇报 → 按程序向相关单位、部门、领导汇报				
事故调查	负责3人以上重伤、一般A类以上非伤亡、涉险事故调查 → 提出事故处理意见 → 形成事故报告		负责3人以下重伤、3人以上轻伤及其他一般B类非伤亡事故调查	负责主管专业领域内一般B类非伤亡及公司安委会授权的非伤亡事故调查	参与事故调查,履行相关职责	参与事故调查,监督调查过程 → 提出党纪、政纪处理意见 → 形成党纪、政纪处理报告
事故处理	组织落实事故报告处理意见和整改措施	建立事故档案 → 资料存档 → 结束				落实党纪、政纪处理意见

图2-4-1 宁夏煤业公司事故报告和调查处理流程图

一、事故分级

根据国务院制定的《生产安全事故报告和调查处理条例》,事故划分为特别重大事故、重大事故、较大事故和一般事故4个等级。

特别重大事故:造成30人以上死亡,或者100人以上重伤(包括急性工业中毒,下同),或者1亿元以上直接经济损失的事故。

重大事故:造成10人以上30人以下死亡,或者50人以上100人以下重伤,或者5 000万元以上1亿元以下直接经济损失的事故。

较大事故:造成3人以上10人以下死亡,或者10人以上50人以下重伤,或者1 000万元以上5 000万元以下直接经济损失的事故。

一般事故:造成3人以下死亡,或者10人以下重伤,或者1 000万元以下直接经济损失的事故。

轻重伤的认定执行最高人民法院、最高人民检察院、公安部、国家安全部、司法部联合发布的《人体损伤程度鉴定标准》。

重伤:使人肢体残废、毁人容貌、丧失听觉、丧失视觉、丧失其他器官功能或者其他对于人身健康有重大伤害的损伤,包括重伤一级和重伤二级。

轻伤:使人肢体或者容貌损害,听觉、视觉或者其他器官功能部分障碍或者其他对于人身健康有中度伤害的损伤,包括轻伤一级和轻伤二级。

轻微伤:各种致伤因素所致的原发性损伤,造成组织器官结构轻微损害或者轻微功能障碍。

宁夏煤业公司将一般以下非伤亡事故分为四级。

(一)一般A类

1. 煤矿单位

透水、冲击地压、冒顶等事故,造成人员被困或影响生产72 h以上;矿井无计划条件下瓦斯浓度超过3%,影响时间超过5 min;主运输系统胶带断带事故影响生产72 h以上;井下电缆、胶带、车辆、设备设施以及和进风井口相连的建筑物等发生着火事故;立井提升发生坠罐事故;因自身原因造成全矿井停电30 min以上;因本企业原因造成高瓦斯矿井主要通风机无计划连续停风30 min以上、低瓦斯矿井主要通风机无计划连续停风60 min以上;主排水泵房被淹;其他情况造成直接经济损失价值600万元以上1 000万元以下。

2. 煤制油化工单位

直接经济损失500万元以上1 000万元以下的火灾、爆炸、生产、设备、电力及工程建设(质量)事故;一次造成全厂或单系列非计划停车7天以上的责任事故;可能引发事故的严重"三违"行为。

符合下列情况之一的,视同一般A类事故:因泄漏导致1次火灾爆炸事故致1套以上装置停工;因泄漏导致2次1套以上装置停工但未发生火灾爆炸及人员伤害;因泄漏导致举报、严重社会影响;因泄漏导致周边企业40人以上50人以下疏散;发生1次危险化学品和易燃油品不可控泄漏或真空设备严重泄漏和介质互串;正常生产状态下,联锁投用率低于90%。

符合下列条件之一的,均属于一般 A 类工程建设(质量)事故:主要建(构)筑物、设备框架发生垮塌、严重变形、严重沉降等;安装过程中主要工艺设备发生严重损坏,或出现影响安全使用的质量缺陷;高度超过 30 m、质量超过 60 t 的设备在吊装和运输过程中发生倾覆;支撑高度不小于 8 m 或搭设跨度不小于 18 m 的模板支撑体系失稳坍塌;50 m 以上落地式或 20 m 以上悬挑式高大脚手架发生严重变形、坍塌,需拆除或重新搭设;施工吊篮、施工用提升机坠落;开挖深度 5 m 以上的深基坑大面积坍塌;试压或吹扫不当造成重要设备或永久性设施损坏;高空坠物,砸坏永久性设施或重要设备。

3. 地面单位

造成 300 万元以上 1 000 万元以下直接经济损失;发生煤仓、工业锅炉或工业炉等爆炸事故。

4. 铁路企业

造成 500 万元以上 1 000 万元以下直接经济损失。

列车及调车作业中发生冲突、脱轨、火灾、爆炸、相撞,造成下列后果之一的:其他线路双线之一线或单线行车中断 6 h 以上 10 h 以下,双线行车中断 3 h 以上 10 h 以下;机车大破 1 台以上;货运列车脱轨 4 辆以上 6 辆以下。

(二)一般 B 类

1. 煤矿单位

透水、冲击地压、冒顶等事故影响生产 24 h 以上 72 h 以下;矿井无计划条件下瓦斯浓度超过 3%,影响时间 5 min 以下;矿井无计划条件下瓦斯浓度达到 1%~3%,影响时间超过 5 min;矿井采空区、回风隅角煤炭自燃标志性气体超过临界指标值或工作面一氧化碳浓度超限造成工作面封闭;主运输系统胶带断带事故影响生产 24 h 以上 72 h 以下;辅助运输系统发生跑车事故;因自身原因造成全矿井停电 10 min 以上 30 min 以下;井下中央变电所全所停电 30 min 以上;压风机风缸、风包及风管爆炸;因本企业原因造成高瓦斯矿井主要通风机无计划连续停风 10 min 以上 30 min 以下,低瓦斯矿井主要通风机无计划连续停风 30 min 以上 60 min 以下;高瓦斯矿井局部通风机无计划连续停风 30 min 以上;其他情况造成直接经济损失价值 200 万元以上 600 万元以下。

2. 煤制油化工单位

直接经济损失 100 万元以上 500 万元以下的火灾、爆炸、生产、设备、电力及工程建设(质量)各类事故;一次造成 20 万元以下经济损失的生产技术事故;一次造成全厂或单系列非计划停车 24 h 以上 7 天以下,或 1 套以上主要生产装置非计划停车超过 7 天的责任事故。

符合下列情况之一的,视同一般 B 类事故:因泄漏导致一次 1 套以上装置停工但未发生火灾爆炸及人员伤害;液体危险化学品和易燃易爆油品的严重泄漏率达到 0.03‰以上;因泄漏导致周边企业 30 人以上 40 人以下疏散;正常生产状态下,联锁投用率低于 93%。

符合下列条件之一的,均属于一般 B 类工程建设(质量)事故:施工气瓶使用不当发生爆燃;损坏施工用高压电缆,造成在役装置停电或永久性电缆损坏;高度小于 30 m、质量小于 60 t 的设备在吊装和运输过程中发生倾覆,或吊车、桩机等大型施工设备发生倾覆;支撑高度小于 8 m 或搭设跨度小于 18 m 的模板支撑体系失稳坍塌;脚手架发生严重变形、坍塌,需拆除或重新搭设的;安装、试压、吹扫不当,高空坠物等因素造成普通设备、设施损坏,影响正常使用。

重大未遂事件:已发生但未造成严重损害后果的事件;经过风险评估、危害识别发现的事故苗头;造成一定后果,但不属于等级事故范围内的事件;可能造成重大社会影响的事件;超出制度、规程等文件规定的方法、程序进行操作和管理的事件。

3. 地面单位

造成100万元以上300万元以下直接经济损失;发生易燃易爆气体爆炸、爆燃事故;地面胶带栈桥、电缆桥架、车辆、设备设施、建筑物、煤仓等火灾事故;发生塔吊、龙门吊或起重机倾翻、折臂事故;发生电梯冲顶、蹾底事故;发生钢丝绳芯带式输送机断带、纵撕事故。

4. 铁路企业

有下列情况之一,未构成一般A类以上事故的,为一般B类事故:造成100万元以上500万元以下直接经济损失。列车及调车作业中发生冲突、脱轨、火灾、爆炸、相撞,造成下列后果之一:其他干线行车中断2h以上;机车中破1台;货运列车脱轨2辆以上4辆以下。

(三) 一般C类

1. 煤矿单位

透水、冲击地压、冒顶等事故影响生产8h以上24h以下;矿井无计划条件下瓦斯浓度达到1%～3%,影响时间5 min以下;工作面回风隅角一氧化碳浓度超过80 ppm (1 ppm=10^{-6})且连续时间24 h以上;因本企业原因造成低瓦斯矿井无计划连续停风10 min以上30 min以下;低瓦斯矿井局部通风机无计划连续停风60 min以上;提升绞车事故、采区集中运输胶带或顺槽胶带发生断带事故影响生产8h以上;矿井安全监测系统上传数据中断8h以上;其他情况造成直接经济损失200万元以下。

2. 煤制油化工单位

直接经济损失100万元以下的火灾、爆炸、生产、设备、电力及工程建设(质量)各类事故;一次造成1套以上主要生产装置非计划停车超过24 h的责任事故。

符合下列情况之一的,视同一般C类事故:发生1次因泄漏导致的举报、社会舆论事件且未造成装置停工等其他严重后果;因泄漏导致周边企业20人以上30人以下疏散;正常生产状态下,联锁投用率低于95%。

符合下列条件之一的,均属于一般C类工程建设(质量)事故:损坏施工用高压电缆,造成施工用变压器及其他电气设备损坏、大范围停电;一般基坑边坡大面积坍塌。

一般未遂事件:可能造成事故发生但未采取防范措施的各类隐患;超出工艺卡片、主要工艺参数、运行指标等数据进行操作和运行的行为。

3. 地面单位

造成直接经济损失价值100万元以下;地面煤仓发生自燃。

4. 铁路企业

有下列情况之一,未构成一般B类以上事故的,为一般C类事故:列车冲突;货运列车脱轨;列车火灾;列车爆炸;列车相撞;列车中机车车辆断轴,车轮崩裂,制动梁、下拉杆、交叉杆等部件脱落;列车运行中碰撞轻型车辆、小车、施工机械、机具、防护栅栏等设备设施或路料、坍体、落石;接触网线接触线断线、倒杆或塌网;列车运行剐坏行车设备设施;列车运行中设备设施、装载货物(包括行包、邮件)、装载加固材料(或装置)超限(含按超限货物办理超过电报批准尺寸的)或坠落;装载超限货物的车辆按装载普通货物的车辆编入列车;电力机车、动车组带电进入停电区;错误向停电区段的接触网供电;电气化区段攀爬车顶耽误列车;发生冲突、脱轨的机车车辆未按规定检查鉴定编入列车。

(四)一般 D 类

铁路企业有下列情形之一,未构成一般 C 类以上事故的,为一般 D 类事故:调车冲突;调车脱轨;挤道岔;调车相撞;错办或未及时办理信号致使列车停车;错办行车凭证发车或耽误列车;调车作业碰轧脱轨器、防护信号,或未撤防护信号动车;货运列车分离;列车拉铁鞋开车;电力机车、动车组错误进入无接触网线路。

(五)未遂事件

重大未遂事件是指员工在工作过程中,由于作业方法不当或者违反规章制度,虽然未造成人员伤害、财产损失及环境影响,但其潜在性已经存在并实际上已经发生的事件。重大未遂事件包括:未办好试运转手续进行送电操作,险些造成人身或设备事故;误入带电间隔,企图进行检修或其他带电作业;人身或工具误碰带电设备,产生弧光或发生触电,未造成严重后果;非电气工作人员擅自拆装带电设备,情节严重的;设备设施使用过程中未采取防范措施,险些造成人身伤亡;在停用的设备上发现带电现象;高处作业未按规定使用安全带,险些造成高空坠落;安全带在使用中发生断裂,险些造成高空坠落;脚手架等设备、工器具未经验收合格擅自使用,险些造成严重后果;脚手架搭设存在隐患,险些造成脚手架坍塌事故;脚手架、梯子等设施在使用时发生断裂、倒塌,险些造成严重后果;脚手架等设施严重超载,险些造成严重后果;工作人员在 2 m 及以上高空坠落,未造成伤害;高空坠落物件险些造成人身或设备事故;使用不合格的起重工具和安全用具,险些造成人身伤害;起吊物体坠落或搬运重物翻倒,险些造成人身和设备事故;私开车辆(包括厂内各种机动车辆)或无证驾驶,险些造成人身和设备事故;物体从转动的机器中飞出,险些造成人身伤害事故;未办理工作票手续开始工作,险些造成人身伤害事故;工作任务交代不清或发出错误命令,在执行中发现而未造成影响;操作票程序错误有可能导致异常、障碍、事故,但在操作中发现尚未执行的;运行操作中走错间隔,准备进行操作,被发现及时制止,或检修人员走错间隔误动运行设备被发现制止,未造成后果;向检修设备误送电,未造成后果;在高压电气设备上工作未办停电手续及工作票手续,有可能触及带电体的;顶板、煤尘、水害、有毒有害气体等作业环境及安全防护等作业条件不符合安全施工要求,擅自作业险些酿成事故;地面煤仓煤炭因发热自燃造成煤仓及煤仓入料口、出料口一氧化碳浓度超过标准,存在隐患,险些造成严重后果;地面煤仓、水仓发生溃仓,险些造成人员伤亡;铁路专用线存在隐患,险些造成火车脱轨事故;超出主要工艺参数、运行指标等数据进行操作和运行的行为;铁路专用线进行翻车作业,因操作不当或存在隐患,险些造成火车车厢脱落;其他经上级认定为重大未遂事件的情形。

一般未遂事件是指发生人身不安全情况未构成重大未遂事件的事件。

上述所称的"以上"包括本数,所称的"以下"不包括本数。

二、事故报告

宁夏煤业公司对生产安全事故报告流程进行明确规定,事故单位应在规定时限、按规定程序逐级报告人身伤亡事故、非人身伤亡事故,以及因安全隐患等原因被政府通报、处罚、停产情况和其他需要报告的情况。

煤炭生产建设单位其他需要报告的情况主要包括矿井火灾、突水、冒顶、冲击地压、瓦斯超限、主要通风机无计划停风、露天煤矿滑坡事故、采空区、回风隅角煤炭自燃标志性气体超过临界指标值等情况。化工企业和涉及危险化学品、民用爆炸物品的生产、使用、运输单位其他需要报告的情况主要包括危险化学品泄漏并可能引发火灾、爆炸、中毒和其他社会影响的情况,装置或全厂非计划停车,民用爆炸物品丢失等。铁路运输生产建设单位其他需要报告的情况主要包括重载列车运行过程中事故、铁路行车设备故障耽误本列货运车运行、固定设备故障延时影响正线行车等情况。

(一)事故报告流程

(1)发生轻伤、一般C类或D类非人身伤亡事故,现场有关人员应立即向本单位调度室(中心)汇报,调度室(中心)应向总值班领导、主管领导、分管领导、分管安全领导、单位主要负责人汇报。

(2)发生1人次重伤事故、一般A类或B类非人身伤亡事故、国家能源集团制度规定的其他需要报告的情况,现场有关人员应立即向本单位调度室(中心)汇报,调度室(中心)立即向总值班领导、主管领导、分管领导、分管安全领导、单位主要负责人汇报,同时立即报告公司生产指挥中心。

(3)发生其他一般以上人身伤亡事故、较大以上非人身伤亡事故、人员涉险事故后,事故单位现场有关人员应立即向本单位调度室(中心)汇报,调度室(中心)立即向总值班领导、主管领导、分管领导、分管安全领导、单位主要负责人汇报,并立即报告公司生产指挥中心,同时向属地县级以上人民政府安全生产监督管理部门报告,其中煤矿事故还应向国家矿山安全监察局宁夏局报告。

(4)公司生产指挥中心接到人身伤亡事故、较大以上非人身伤亡事故、人员涉险事故以及其他应报告事故的报告后,根据事故性质、伤亡及损失情况,立即向总值班、生产指挥中心主任、安全环保监察部负责人、业务主管部门负责人、公司安全总监、主管领导、分管领导、分管安全领导、主要领导报告。按照事故汇报相关规定,在1h之内向国家能源集团、自治区应急管理厅及其他负有安全生产监督管理职责的部门报告事故情况,其中煤矿事故还应向国家矿山安全监察局宁夏局报告。事故快报执行上级部门有关规定。

(5)报告事故可采取书面或电话、传真、网络传递等形式,确认接收方收到后,视为当次报告完毕。

(6)事故报告分为初报、续报和结果报告,均需填报生产安全事故报告表。

(7)事故初报应包括:事故发生单位详细信息(单位全称、隶属关系、现场负责人、单位负责人等);事故发生的时间、地点及现场情况;事故的简要经过;事故已经造成或者可能造成的伤亡人数(包括下落不明人数);事故原因初步分析、初步估计的直接经济损失和事故等级;已采取的措施;报告地方政府及行业监管部门的情况;舆情及其他应当报告的情况。

(8) 完成初报后,如果伤亡人数、事态发展未出现新情况,从事故发生直至应急救援结束,每 8 h 进行一次续报。续报应包括事故发展、处置进展、进一步原因分析和损失情况,以及有助于分析事故原因、现场处置的支撑材料,如事故单位证照情况、现场照片、示意图和系统图等。

(9) 结果报告应包括应急处置措施、事故救援过程、初步调查情况、潜在或间接危害、善后处理、社会影响、遗留问题等情况及相关支撑材料。

(10) 自事故发生之日起 30 日内,如果伤亡人数、事态发展出现新的变化,事故单位应及时补报。发生道路交通事故、火灾事故 7 日内,如事故造成的伤亡人数发生变化,应及时补报。补报应执行初报流程和时限要求。

(11) 在本单位生产建设区域内,或对外承接的工程建设、生产服务项目发生事故时,必须履行事故报告程序。

(12) 事故报告应当及时、准确、完整,任何单位和个人不得迟报、漏报、谎报、瞒报。

宁夏煤业公司事故报告流程如图 2-4-2 所示。

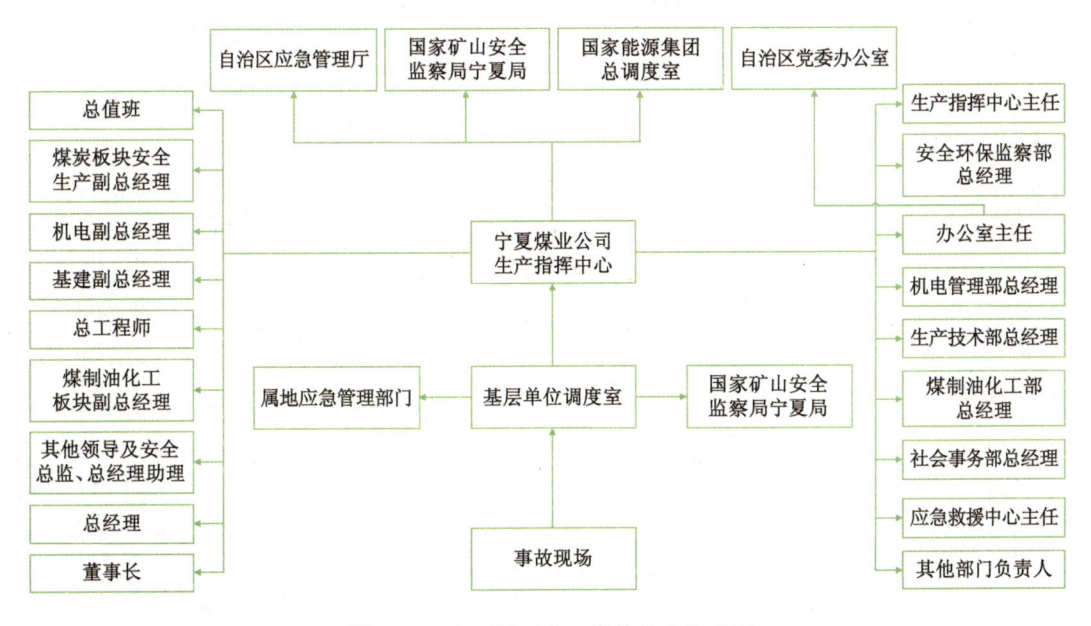

图 2-4-2 宁夏煤业公司事故报告流程图

宁夏煤业公司生产安全事故报告表如表 2-4-1 所示。

表 2-4-1 宁夏煤业公司生产安全事故报告表

序号	报 告 内 容		
1	报告类型	□伤亡事故报告	□非伤亡事故报告
2	填报时间及方式	□初报　　　　□第　次续报　　　□结果报告		
		初报时间	年　月　日　时　分

表 2-4-1（续）

序号	报告内容			
3	事故单位详细信息	详细名称		
		详细地址		
		值班电话		
		上级主管单位名称		
		单位负责人姓名		电话
		现场负责人姓名		电话
		在建项目	建设单位名称	
			施工单位名称	
			设计单位名称	
			监理单位名称	
4	事故(事件)简要情况	发生时间	年 月 日 时 分	
		地点(区域)		
		事故(事件)类型		
		初判事故等级		
		简要经过		
5	损失情况	人身伤亡情况	死亡人数	
			失踪人数	
			重伤人数	
			中毒人数	
		设备、设施损坏情况,经济损失		
		停产、停机、停运等范围		
		其他不良影响		
6	原因及处置恢复情况	原因初步判断		
		采取的救援、处置措施及恢复情况		
7	其他情况			
8	相关基础材料			
9	填报单位		填报人	联系方式

说明：1. 初报无法获取或不清楚的情况,均在续报或结果报告中补充。
　　　2. 续报和结果报告可根据实际情况调整本表格式。

（二）事故救援

事故发生后,事故单位主要负责人应立即组织应急救援工作,第一时间核实现场情况,按照事故及突发事件应急救援流程或应急预案组织开展救援与抢险工作,控制事故(事件)发展,严格按照事故(事件)报告流程逐级报告。

公司应急救援指挥部根据事故单位报告情况作出判断,决定是否启动应急响应和响应级别,并按照响应级别协调应急救援队伍组织救援。

事故救援与应急管理规定详见第四章"第六节　应急管理"部分。

(三) 事故现场保护

事故发生后,有关单位和人员应妥善保护事故现场、生产运行数据、人员定位、录音、监控视频等相关证据。任何单位和个人不得破坏事故现场、毁灭事故证据。

因抢救人员、防止事故扩大以及疏通交通等原因,需要移动事故现场物件的,应及时报告并对事故现场进行摄影摄像、作出标记、绘制现场简图,详细记录说明,妥善保存现场重要痕迹、物证。

> **"安宁"系统功能**
>
> 查询事故报告流程,电脑端下载事故报告表,系统显示各级应急电话。

三、事故调查

事故调查是在事故发生后通过认真检查确定起因并明确责任,并采取措施避免事故再次发生的过程。开展事故调查必须坚持"实事求是、尊重科学"的原则。宁夏煤业公司明确规定,事故发生后,事故单位必须认真配合并接受国家能源集团、政府主管部门的调查及处理工作。同时,公司及事故单位按照专业属性,依据事故性质、级别、调查处理权限进行内部调查。必要时,公司也可调查由基层单位负责调查处理的事故。事故调查需依照"谁操作谁负责、谁违章谁负责,谁指挥谁负责、谁主管谁负责,谁分管谁负责、谁监管谁负责"的原则,对事故所涉及的责任人员分别进行责任认定。

(一) 事故调查组织

宁夏煤业公司安委会依据国家能源集团生产安全事故内部调查处理规定,属于国家能源集团组织调查的事故,报请国家能源集团组织调查处理,或接受国家能源集团及上级有关部门委托组织调查,调查报告及时提交国家能源集团及上级有关部门审定。同时,公司依据有关规定进行内部调查,事故调查报告应履行审批程序。

1. 公司安委会调查范围

发生3人以上重伤事故、一般A类以上非人身伤亡事故、人员涉险事故,按照"谁主管谁负责"原则,由公司主管领导、业务主管部门、安全监管部门及其他相关部门人员组成公司内部事故调查组,由主管领导任组长,特殊情况则由公司主要领导指定组长。事故调查组成员应具备事故调查所需知识和专长,可聘请有关专家参与调查。事故调查报告提交公司安委会会议或党委会会议审定后执行。涉及公司党委管理干部追责并给予处分的,应经公司党委会会议审定。

2. 公司机关部门调查范围

安全环保监察部负责牵头对3人以下重伤事故、3人以上轻伤事故进行调查;负责牵头对除业务部门组织调查外的一般B类非人身伤亡事故进行调查;参与其他事故调查。公司业务部门负责对主管专业领域内一般B类及公司安委会授权的非伤亡事故进行调查。事故调查报告提交公司总经理办公会议或安全办公会议审定后执行。涉及公司党委管理干部追责并给予处分的,应经公司党委会会议审定。

3. 基层单位调查范围

事故单位负责对本单位发生的 3 人以下轻伤事故、一般 C 类及以下非人身伤亡事故，以及上级部门授权或委托调查的事故进行调查。事故调查报告和处理意见参照公司事故调查报告审批流程，提交相应层级会议审定，报公司相关业务部门、安全环保监察部审核备案。

上述所称的"以上"包括本数，所称的"以下"不包括本数。

（二）事故调查流程

事故发生后，应根据事故性质、级别和调查权限成立事故调查组，调查组可设立技术组、管理组、综合组等，各组负责人由调查组组长指定。

事故调查组应第一时间勘查事故现场，查明事故单位及事故现场基本情况；查明事故发生的经过、原因、类别、人员伤亡情况及直接经济损失；认定事故性质和事故责任；隐瞒事故的，应查明隐瞒过程和事故真相。事故调查组应根据国家法律法规、国家能源集团管理制度，以及事故性质、事故情节和相关人员安全生产责任履行情况，提出对事故责任人和事故单位的处理建议，总结事故教训，提出防范和整改措施，在规定期限内提交事故调查报告。

事故调查组成员在事故调查中应严格公正、恪尽职守，遵守事故调查纪律，保守事故调查秘密。事故单位负责人和有关人员在事故调查期间不得擅离职守，应随时接受事故调查组询问，如实提供有关情况。事故调查组有权向与事故有关的单位、个人了解情况和索取资料，任何单位和个人不得拒绝。

事故调查中需要进行技术鉴定的，事故调查组可委托有资质的单位开展技术鉴定。必要时，调查组可直接委托外部专家进行技术鉴定。技术鉴定时间不计入事故调查时限。事故调查流程如图 2-4-3 所示。

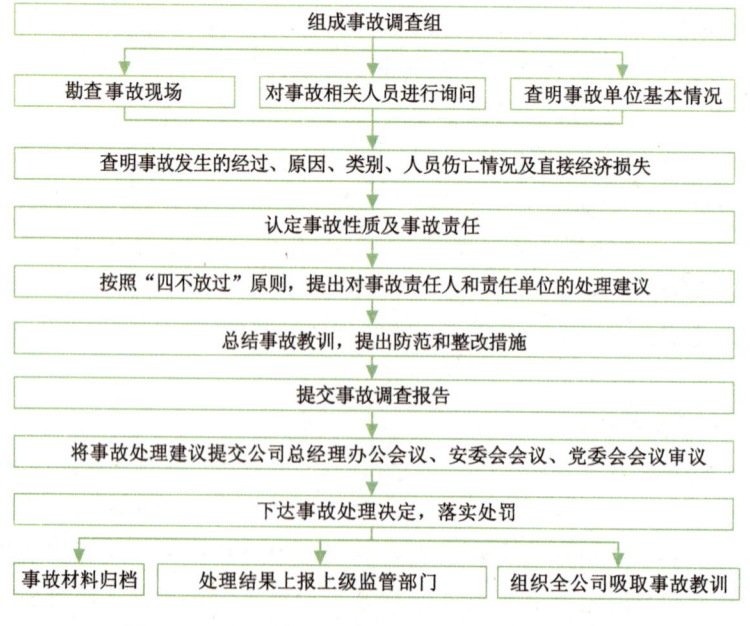

图 2-4-3　宁夏煤业公司生产安全事故调查流程图

（三）事故调查报告

宁夏煤业公司事故调查原则上应在事故发生之日起 30 日内提交调查报告。特殊情况下，延长不超过 15 日。由行业安全监管部门组织调查的事故，应在行业安全监管部门事故调查报告获得批复后 15 日内，提交内部事故调查报告。

事故调查报告需包括事故单位概况、事故发生经过、事故报告情况和事故救援情况、事故造成的人员伤亡和直接经济损失、事故发生的原因和事故性质、事故责任的认定及对事故责任人和事故单位的处理建议、事故防范和整改措施建议，并附具有关证据材料。事故调查组所有成员应在事故调查报告上签名。根据事故调查权限，公司内部事故调查报告经相应会议审定后，事故调查工作即告结束。内部事故调查报告审批后，以事故通报形式正式下发。事故单位属地行业监管部门发布事故结案通知或事故调查报告后，事故单位应在 3 日内将事故结案通知或事故调查报告上报公司安全环保监察部。

宁夏煤业公司及各矿（厂）应建立事故（未遂事件）统计分析台账，详尽、准确记录和统计各类事故及伤亡人员情况。各矿（厂）每月汇总、分析 1 次，业务部门每季度汇总、分析 1 次，提出管控措施，报安全环保监察部备案。

公司及各矿（厂）应建立事故档案。事故档案实行分级管理，执行国家应急管理部（原国家安全生产监督管理总局，下同）、国家档案局印发的《生产安全事故档案管理办法》。事故调查的所有笔录、照片、音像、视频、图纸、相关规程措施等资料必须及时归档、妥善保存。事故档案的保管期限根据事故等级分为永久、30 年两种，凡是造成人员死亡或重伤，或 1 000 万元以上直接经济损失的事故档案，列为永久保管；未造成人员死亡或重伤，且直接经济损失在 1 000 万元以下的事故档案中，结案批复（通知）或处理决定以及事故责任追究落实情况等材料列为永久保管，其他材料列为 30 年保管。事故档案的移交、借阅、到期销毁应严格办理有关手续，并满足档案保管保护条件，确保事故档案安全。

◎ 示例　　　　　宁夏煤业公司生产安全事故调查报告（模板）

（事故概述）：……

一、事故单位基本情况

（一）矿（厂）基本情况（附图纸）

1．矿（厂）概况

2．证照情况

3．管理机构及人员配备情况

4．资源赋存与生产工艺

5．主要系统情况

（二）事故发生区域情况（附图纸）

（三）相邻区域情况

二、事故发生经过及应急处置情况

（一）事故发生经过（附照片）

（二）事故报告情况

（三）事故应急处置情况

1. 事故单位应急处置情况
2. 国家和地方政府应急处置情况
3. 应急救援成效

三、事故发生后存在的问题

四、现场勘查情况(附图纸或照片)

五、事故类别

六、事故造成的人员伤亡和直接经济损失

七、事故发生前安全管理情况

(一) 安全管理机构

(二) 安全检查、隐患排查情况

八、事故原因和性质

(一) 事故直接原因

(二) 事故间接原因

(三) 事故性质

九、责任划分与处理建议

(正文中需附法律依据的段落,在段末右上角标注数字,并在页脚处附法律依据条文)

十、防范和整改措施及建议

附件:＿＿＿＿＿＿矿(厂)＿＿＿＿＿＿事故调查组成员名单及签字表

序号	姓名	单位	意见	签字	日期
1					年 月 日
2					年 月 日
……					

＿＿＿＿＿＿事故调查组

＿＿＿＿年＿＿月＿＿日

"安宁"系统功能

实时查询事故调查流程、调查组职责、事故调查报告模板等内容。

四、问责处理

宁夏煤业公司按照"事故原因未查清不放过,责任人员未处理不放过,整改措施未落实不放过,有关人员未受到教育不放过"原则,对各类生产安全事故按照专业属性、事故类型、事故性质等进行问责处理。

(一) 责任认定

宁夏煤业公司将事故责任人员划分如下:

(1) 直接责任人:其行为与事故的发生有直接关系的人员。

(2) 主要责任人:对事故的发生起主要作用的人员。

(3) 主管领导：按照"三管三必须"原则，依据事故原因、责任分析、安全生产责任制及岗位职责分工，对事故应负专业主管责任的公司和单位领导班子成员。

(4) 分管领导：按照"三管三必须"原则，依据事故原因、责任分析、安全生产责任制及岗位职责分工，对事故应负业务分管责任的公司和单位领导班子成员。

(5) 分管安全领导：按照"三管三必须"原则，依据事故原因、责任分析、安全生产责任制及岗位职责分工，对事故应负安全监管责任的公司和单位领导班子成员。

(6) 主要领导：公司主要领导指党委书记、董事长、总经理，单位主要领导指各单位党政负责人。

(7) 其他领导：公司和单位除主要领导、主管领导、分管领导、分管安全领导外的其他领导班子成员。

(8) 其他责任人：按照"三管三必须"和"党政同责、一岗双责、齐抓共管、失职追责"原则，依据事故原因、责任分析、安全生产责任制及岗位职责分工，对事故应负技术管理、业务保安、教育培训、监督管理、安全包保等责任的人员。

（二）处理规定

根据事故调查结果，对相关责任人的处理分为党纪处分、政务处分或处分、组织处理和经济处罚，既可单独使用，又可合并使用。需要处理的管理人员，根据管理权限，由公司纪委或任免单位依法依规处理，其他责任人员由公司有关部门或单位依据相关规定处理。

事故内部调查处理，应按照政府监管部门处理建议、内部处理规定，遵循"就高"原则进行处理。存在下列情形之一，经查属实的，从重或加重处理：

(1) 对参与瞒报、谎报、迟报、漏报事故的责任人员，依法依规给予处分，并处上一年年收入60%～100%的罚款，其中瞒报事故按照罚款上限进行处罚。

(2) 伪造、故意破坏事故现场的，或者销毁有关证据、资料的；拒绝接受调查或者拒绝提供有关情况和资料的；指使他人作伪证的。

(3) 因对查出的隐患不及时整改或整改不到位导致事故发生的。

(4) 因违章指挥、强令冒险作业或者不听劝阻而造成事故的。

(5) 因忽视劳动条件、未严格执行劳动保护技术措施而造成事故的。

(6) 因设备长期失修、带病运转，又不采取紧急措施而造成事故的。

(7) 发生事故后，不按"四不放过"原则处理、不认真吸取教训、不采取整改措施而造成事故重复发生的。

(8) 善后处置不当造成社会不良影响的。

(9) 其他应当从重、加重处罚的。

受到处分的人员，在处分期内取消评先授奖资格，不得列为后备干部，不得晋升职务、职称，不得提高级别和薪酬待遇。处分期满后自动解除。

"安宁"系统功能

查询事故分类表、追责标准表、事故调查流程图、事故问责流程图；浏览上级有关事故通报，以及公司典型事故、违章、隐患等通报。

第五节 统筹督办

按照"三管三必须"要求,企业管理者在计划、部署、检查、督办、总结生产经营工作的时候,要同时计划、部署、检查、督办、总结安全工作。宁夏煤业公司围绕安全工作"有计划、有落实、有督办、有考核"要求,认真组织开展各阶段安全统筹、计划、督办、考评工作,充分体现安全工作超前性、精准性、整体性。

一、安全筹划

宁夏煤业公司历来重视安全工作筹划与计划管理。通过深入分析各个时期安全形势任务,细致梳理各阶段安全管理重点、要点、难点,超前研判风险、谋划部署、下达任务,督促管理者全过程落实安全责任,保障安全闭环管理,促进安全责任全过程落实。公司岁末年初结合安全环保1号文等,重点规划好未来一年的安全工作,实施过程中根据实际变化进行调整和优化。宁夏煤业公司年度安全工作统筹计划如表2-5-1所示。

表2-5-1　宁夏煤业公司年度安全工作统筹计划表

月份	重点任务计划	责任单位
1月	1. 下发安全环保1号文	安全环保监察部
	2. 分解下达两级公司安全环保1号文具体工作任务	安全环保监察部
	3. 制订下发年度安全生产标准化管理体系建设达标计划及工作要点	安全环保监察部
	4. 编制下发年度培训计划	人力资源部
	5. 编制下发年度制度建设计划	企业策划部
	6. 编制下发煤矿板块年度重大灾害防治规划	生产技术部
	7. 制订下发年度职业病防治工作计划与实施方案	安全环保监察部
	8. 编制下发年度安全警示教育计划	安全环保监察部
	9. 安排部署年度班组建设工作	工会及相关部门
	10. 根据审定的年度全面预算方案,下达年度预算指标	财务部
	11. 统筹研究是否开展"首季开门红"安全活动	安全环保监察部
	12. 组织元旦、春节期间安全检查	安全环保监察部
	13. 召开年度安全工作会议(或与其他会议合并召开)	办公室
2月	1. 制定下发全国"两会"期间安全工作保障方案	安全环保监察部
	2. 组织全国"两会"期间安全检查	安全环保监察部
	3. 开展节日期间安全查岗及慰问活动	相关部门
	4. 组织迎接国家能源集团或上级部门春季安全检查	生产职能部门
	5. 检查评估各部门、各单位分解落实安全环保1号文、签订安全责任制情况	安全环保监察部
	6. 根据一年来人事变化情况研究是否调整安委会、包保联系点、党建联系点、网格化管理区域等	相关部门
	7. 制定下发年度零点行动、青年安全监督岗等工作要点	组宣部

表 2-5-1（续）

月份	重点任务计划	责任单位
3月	1. 开展一季度安全环保大检查及验收	安全环保监察部
	2. 召开季度安全生产视频会	生产指挥中心
	3. 根据需要筹划二季度安全专项活动或保障措施	安全环保监察部
	4. 部署安排"警示教育月"活动	安全环保监察部
	5. 组织开展年度"世界水日""中国水周"宣传活动	机电管理部
	6. 安排部署"安康杯"竞赛活动	工会
	7. 安排部署年度电气预防性检修工作	机电管理部
	8. 根据需要修订应急管理预案	安全环保监察部
	9. 组织开展承包商安全检查，把好准入关、进场关	生产技术部
4月	1. 开展清明节期间专项安全检查	安全环保监察部
	2. 针对一季度安全环保检查查出隐患开展"回头看"	安全环保监察部
	3. 筹备上半年公司级应急演练	安全环保监察部
	4. 筹划研究开展年度承包商专项整治工作	生产技术部
	5. 开展年度《中华人民共和国职业病防治法》宣传周活动	安全环保监察部
5月	1. 制定下发雨季"三防"工作文件	生产指挥中心
	2. 组织雨季"三防"专项安全检查	生产指挥中心
	3. 筹备安排"安全生产月"活动	安全环保监察部
	4. 根据需要筹划安全月期间安全演讲、知识竞赛、安全征文等活动	安全环保监察部
	5. 筹划在5至7月间开展一次夏季消防工作检查	社会事务部
6月	1. 开展上半年安全环保检查验收	安全环保监察部
	2. 组织开展"安全生产月""安全生产万里行"活动	安全环保监察部
	3. 组织召开上半年煤矿板块生产技术例会	生产技术部
	4. 开展应急演练周活动	安全环保监察部
	5. 组织开展上半年公司级应急演练	安全环保监察部
	6. 根据需要开展上半年安全文化建设、安全培训工作的专项检查	组宣部及安全环保监察部
	7. 开展"世界环境日"主题宣传活动	安全环保监察部
7月	1. 分别组织召开上半年安委会会议、煤矿板块及煤制油化工板块安全生产视频会，总结上半年安全生产工作，安排下半年工作	相关部门
	2. 根据工作需要组织供用电系统和机电、运输（设备）系统专项检查	机电管理部及煤制油化工部
	3. 组织对上半年生态环保问题整改情况进行专项督查	安全环保监察部
	4. 组织向上级监管部门申报年度国家级安全生产标准化管理体系达标计划	安全环保监察部
	5. 根据上半年不安全行为统计分析情况，统筹考虑开展不安全行为集中整治活动	安全环保监察部
	6. 梳理上半年各类安全检查查出隐患，制定和落实督办整改方案	安全环保监察部
	7. 检查上半年重大灾害防治计划落实情况，督办下半年灾害治理重点工作任务	生产技术部
	8. 部署和组织"迎峰度夏"保供工作	生产指挥中心

表 2-5-1（续）

月份	重点任务计划	责任单位
8月	1. 安排高温、大风、沙尘等灾害天气应急防范工作	生产指挥中心
	2. 统筹考虑开展煤矿机电运输、选煤厂等专项整治活动	机电管理部
	3. 适时开展智能化矿山、选煤厂建设情况专项检查	机电管理部
	4. 集中开展煤质对标管理活动	生产技术部
	5. 组织煤场、煤堆、煤仓专项检查	生产指挥中心
	6. 选点选主题召开一次安全管理、标准化建设、"安宁"体系建设、标准作业流程执行、安全培训等方面的现场会	相关部门
	7. 组织井口、工广、地面塌陷裂隙、井上下排水系统等关键场所及要害部位安全度汛专项检查	生产指挥中心
9月	1. 开展三季度安全环保检查验收	安全环保监察部
	2. 组织中秋节期间安全检查	安全环保监察部
	3. 组织供暖设备、管路检查和检修工作	机电管理部及煤制油化工部
	4. 对电气设备预防性检修试验工作完成情况进行检查验收	机电管理部
	5. 组织下年度生产接续、灾害防治、生产技术等工作调研	生产技术部
	6. 启动下一年全面预算编制工作	财务部及规划发展部等
	7. 审批隐蔽致灾因素普查结果、防治水"三区"划分报告	生产技术部
	8. 制定国庆节期间安全生产专项工作方案	安全环保监察部
10月	1. 组织开展冬季防冻保温安全专项检查	煤制油化工部
	2. 组织国庆节期间安全检查	安全环保监察部
	3. 组织冬季"四防"专项安全检查	生产指挥中心
	4. 开展年度作业规程和地质"三书"检查评比表彰工作	生产技术部
	5. 会审基层单位报送的年度矿井瓦斯等级和CO_2涌出量鉴定结果	生产技术部
	6. 筹划在10至11月间开展一次冬季消防工作检查	社会事务部
	7. 筹备下半年公司级应急演练	安全环保监察部
	8. 组织开展冬季地面煤炭储装运、装卸车集中检查	生产指挥中心
11月	1. 筹备公司安全环保工作会议	安全环保监察部
	2. 组织年度改扩建项目、安全设施竣工验收	生产技术部
	3. 组织开展下半年公司级应急演练	安全环保监察部
	4. 启动下年度涉及安全生产的工程、服务及科研采购或招标工作	相关部门
	5. 制订和会审下年度公司生态环保工作计划	安全环保监察部
	6. 组织审核煤矿板块、煤制油化工板块下年度检修、技术改造、工艺优化、消缺改造等方案	相关部门
12月	1. 组织开展年度安全风险评估工作	安全环保监察部
	2. 会审下发煤矿板块生产接续计划	生产技术部
	3. 开展年度安全环保检查验收	安全环保监察部

表 2-5-1（续）

月份	重点任务计划	责任单位
12 月	4. 组织会审各类安全环保、技术创新、科技成果等表彰方案，按程序开展评审表彰工作	相关部门
	5. 汇总分析全年安全环保 1 号文任务完成、重大隐患整改、不安全行为查处、专项整治进展等情况，向公司安委会汇报	安全环保监察部
	6. 组织编制和会审下年度煤矿、煤制油化工板块安全生产经营计划	企业策划部等
	7. 组织审查下年度煤矿、煤制油化工板块基本建设和技改项目发展建设计划、可行性研究报告、初步设计等	生产技术部及煤制油化工部
	8. 组织审查下年度机电运输、信息化建设、智能化项目建设计划和方案等	机电管理部及规划发展部
	9. 梳理全年安全生产、生态环保方面风险管控、隐患查治情况，制定下年度风险管控、隐患查治任务及措施	安全环保监察部及煤制油化工部
	10. 起草审核下年度安全环保 1 号文	安全环保监察部
	11. 梳理总结全年安全生产环保工作亮点经验	相关部门
	12. 汇总编制和会审下年度培训计划	人力资源部及安全环保监察部
其他常规工作	1. 公司每季度至少召开一次安委会会议，遇重大事务或特殊情况可临时召开，会议由安委会主任主持或委托常务副主任主持，安委会全体成员参加	办公室及安全环保监察部
	2. 公司原则上每月召开一次安全办公会议，根据需要可临时召开，会议由总经理主持	办公室及安全环保监察部
	3. 每月组织召开煤矿板块安全生产例会（可以视频形式召开），会议由煤矿板块分管安全生产领导主持	生产指挥中心
	4. 每月组织召开煤制油化工板块安全生产例会（可以视频形式召开），会议由煤制油化工板块分管安全生产领导主持	煤制油化工部
	5. 公司（或生产职能部门）根据风险变化情况以及阶段安全生产重点工作，适时召开安全生产专题会议	相关生产职能部门
	6. 每月适时组织召开煤矿板块机电例会	机电管理部
	7. 各阶段党委会会议、安委会会议将学习习近平总书记关于安全生产重要论述作为"第一议题"	组宣部
	8. 适时开展内外部各类事故通报、事故案例警示教育大会或现场会等	安全环保监察部及煤制油化工部
	9. 适时举办"安全生产大讲堂"、安全管理人员专题培训讲座等	相关部门
	10. 及时传达贯彻落实上级及公司安全类重要文件、会议精神等	相关部门
	11. 适时组织开展安全"四不两直"检查、专项安全监察等	安全环保监察部
	12. 落实上级监管部门下发的监察建议书，按要求上报安全生产信息资料	安全环保监察部
	13. 根据培训计划，适时安排注册安全工程师、安全管理人员、机关其他从业人员等的培训、复训等	安全环保监察部
	14. 组织开展科技项目立项、论证、验收和科研成果申报、评选等工作	科技发展部
	15. 适时开展公司信息化建设、智能矿山建设的检查考核工作	机电管理部

备注：以上 110 项工作安排属于建议性计划，具体实施中以各部门实际任务和时间安排为准，基层单位参照执行。

二、工作督办

工作督办是贯彻落实上级精神、保证决策实施、推动工作落实的重要手段,是提高工作执行力的有效途径。宁夏煤业公司建立安全管理工作督办机制,推动工作计划、执行、评估、反馈闭环管理。

(一)督办内容

督办内容主要包括安全生产重大决策、全年安全生产工作目标及节点目标、全年安全生产重点工作任务、重大安全活动目标任务、安全整改工作任务、灾害治理工作任务、安全生产重要文件、阶段性工作任务的进展和完成情况,以及其他需要督办的安全生产工作任务。

(二)督办流程

公司在"安宁"系统中建立安全生产工作任务督办流程,分为拟办、录入、执行、反馈、考核五个环节。各单位参照实施。宁夏煤业公司安全生产工作任务督办流程如图 2-5-1 所示。

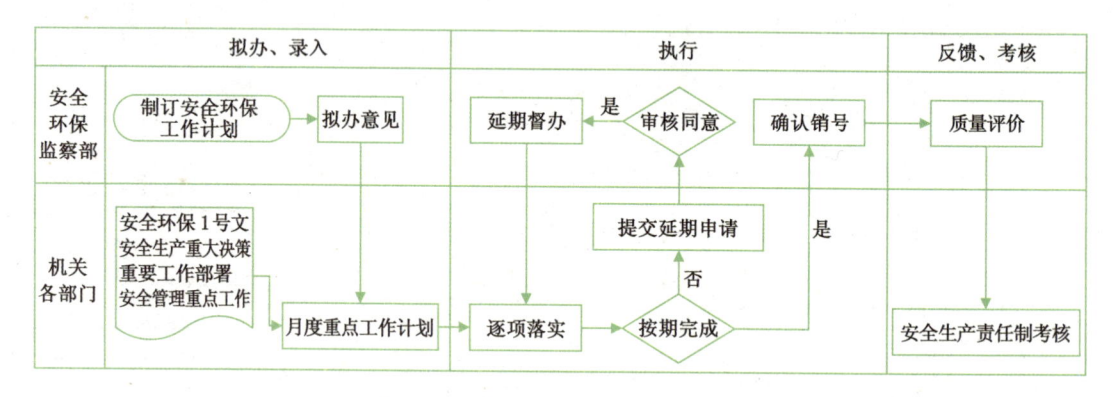

环节	拟办、录入	执行	反馈、考核
安全环保监察部	制订安全环保工作计划 → 拟办意见	延期督办 ← 是 — 审核同意 → 确认销号	质量评价
机关各部门	安全环保1号文 安全生产重大决策 重要工作部署 安全管理重点工作 → 月度重点工作计划	提交延期申请 ↑是 逐项落实 → 按期完成 否↓	安全生产责任制考核

图 2-5-1 宁夏煤业公司安全生产工作任务督办流程图

(1)拟办。公司根据安全生产重点工作部署及各阶段安全工作任务制订计划,按照工作项目(任务来源)、任务内容、责任部门、完成时间形成"拟办意见"。机关各部门根据公司阶段性或临时性安全管理工作,制订本部门月度或临时性工作计划,按照工作项目(任务来源)、任务内容、责任部门、完成时间形成"拟办意见","拟办意见"报安全环保监察部审核。

(2)录入。安全环保监察部按年度、月度录入公司下达和各部门报送的工作计划"拟办意见",临时性工作实时录入,录入方式坚持一事一项。

(3)执行。机关各部门及各单位根据工作计划逐项落实,已完成的工作报安全环保监察部进行确认销号,未完成的工作需向安全环保监察部提交延期申请,经审核同意后予以延期督办。

(4)反馈。安全环保监察部根据工作计划完成情况,在"完成情况"项进行评价,评价内容为已完成、未完成、同意延期;对完成质量进行评价。

(5)考核。安全环保监察部根据工作计划完成情况与完成质量,对照安全生产责任制考核办法进行考核并通报。

> ⚠ "安宁"系统功能
>
> 系统内录入需督办的安全生产工作任务,按流程实施督办,安全生产工作任务进展和完成情况提示信息共享至相关人员系统"待办事项"栏。

三、安全会议

宁夏煤业公司根据《中华人民共和国安全生产法》等法律法规及相关规定,制定安全生产会议管理制度,明确会议类型、周期、内容、范围、组织、记录及贯彻落实会议决议等要求,落实国家能源集团及上级部门安全生产工作部署,及时研究分析各阶段安全生产形势,协调解决安全生产有关问题,推进落实阶段性安全生产重点工作与活动。公司安全生产会议包括安全生产工作会议、安委会会议、安全办公会议、安全生产月度例会、安全生产专题会议等;各单位安全生产会议包括安委会会议、安全办公会议、安全生产月度例会、安全生产专题会议、安全生产技术类会议等。各类会议议题按照专业属性由主管部门负责提交。安全会议目录如表 2-5-2 所示。

表 2-5-2 安全会议目录

序号	会议名称	召开周期	会议主持 公司	会议主持 矿(厂)
1	安全生产工作会议	年度	公司领导	
2	安委会会议	季度	安委会主任	安委会主任
3	安全办公会议	月度	总经理	矿长(厂长、经理)
4	安全生产月度例会	月度	分管安全生产副总经理	分管安全领导
5	安全生产专题会议	随机	分管副总经理或总工程师(技术管理负责人)	分管安全领导
6	安全生产调度会议	每日	生产指挥中心主任	调度室主任
7	事故隐患治理会议	月度		矿长(厂长、经理)
8	技术例会	月度		总工程师
9	"一通三防"例会	月度		总工程师
10	地测例会	月度		总工程师
11	防冲分析会(冲击地压矿井)	月度		总工程师
12	归纳分析会(安全生产标准化)	季度		分管安全领导
13	机电例会	月度		分管机电领导
14	重大风险情况分析会	年度		矿长(厂长、经理)
15	标准化体系运行分析会	年度		矿长(厂长、经理)

1. 安全生产工作会议

公司每年年初召开一次安全生产工作会议(可与年度工作会议合并召开),会议由公司办公室组织、相关部门配合,公司相关领导主持,公司领导班子成员、总经理助理、机关各部门负责人、各单位领导班子成员及相关部门(区队、车间)负责人、有关人员参加。会议主要内容包括:传达贯彻上级年度各类安全生产重要会议精神;总结公司上年度安全生产工作情况,安排部署本年度安全生产工作;表彰安全生产先进单位和个人;签订安全生产责任书;安排其他安全生产相关事宜。会议由公司办公室负责记录,印发公司安全生产工作报告。公司办公室负责对会议决议的执行情况以及会议安排事项的落实情况进行督办、检查、考核,形成记录。

2. 安委会会议

公司及所属单位每季度至少召开一次安委会会议,遇重大事务或特殊情况可临时召开。会议由安委会主任主持或委托常务副主任主持,安委会全体成员参加,安委会办公室组织。会议主要内容包括:学习贯彻习近平总书记关于安全生产重要论述和指示批示精神;传达学习安全生产法律法规、行业规范、重要文件;研究安全管理体制机制建设方案;审定安全生产管理制度;研究审核安全生产工作目标、考核奖惩、安全投入、重大项目、整改方案、事故处理等安全生产各类事宜。会后形成会议纪要,安委会办公室负责对会议决议的执行情况以及会议安排事项的落实情况进行督办、检查、考核,形成记录。

3. 安全办公会议

公司原则上每月召开一次安全办公会议,根据需要可临时召开。会议由总经理主持,公司办公室组织,公司相关领导、机关相关部门负责人及业务人员、相关单位负责人及业务人员参加。会议主要内容包括:学习贯彻习近平总书记关于安全生产重要论述和指示批示精神、上级有关部门安全生产相关文件、会议要求等;研究分析公司安全生产形势及存在的问题,提出解决问题的措施和方法并落实到有关部门和人员;安排部署安全生产重点工作;研究审定安全生产工作计划、活动方案、检查安排等;研究协调重大灾害治理、重大风险管控、重大安全隐患整改等工作;讨论研究二级非伤亡事故及其他相关事故的调查处理报告;审议各职能部门提交的安全生产事项等。会议由公司办公室印发会议通知、做好记录并形成会议纪要,印发公司相关领导、部门及相关单位。公司办公室负责对会议决议的执行情况以及会议安排事项的落实情况进行督办、检查、考核并形成记录。各单位根据公司有关规定制定本单位安全办公会议管理办法,原则上每月召开一次安全办公会议,根据需要可临时召开,会议由各矿长(厂长、经理)主持召开,严格执行相关议事规定,做好会议记录、纪要和任务督办等工作。

4. 安全生产月度例会

公司煤矿板块、煤制油化工板块每月分别召开一次安全生产月度例会(可以视频形式召开),会议由板块分管安全生产的领导主持,公司相关领导、相关总经理助理、机关相关部门副职及以上管理人员、相关专业化公司及直属单位负责人、矿(厂)主要负责人及分管安全领导、相关生产部门(区队、车间)负责人参加,公司生产指挥中心组织。会议主要内容包括:矿(厂)汇报相关工作情况;通报公司月度安全生产工作完成情况及存在问题;研究部署公司次月安全生产工作;安排节假日、特殊时期的安全生产工作以及安全生产重点任务推进工作等。会议由公司办公室负责记录并形成会议纪要,印发参会公司相关领导、部门及单位。公司生产指挥中心负责印发会议通知,对会议决议的执行情况以及会议安排事项的落实情况进行督办、检查、考核并形成记录。各单位根据公司有关规定,结合自身工作实际,召开本单位安全生产月度例会,会议由分管安全领导主持。

5. 安全生产专题会议

公司(或生产职能部门)根据风险变化情况以及阶段安全生产重点工作,适时召开安全生产专题会议。会议组织部门负责议题确定、参会通知下发等工作,并根据需要形成会议纪要。会议组织部门负责对会议决议的执行情况以及会议安排事项的落实情况进行督办、检查、考核,形成记录。

6. 安全技术类会议

各单位根据自身安全生产工作内容和有关规定,组织召开其他各类安全技术相关会议。

> **"安宁"系统功能**
>
> 系统内录入会议信息,会议提示信息共享至参会人员系统"待办事项"栏。

第三章 制度建设

制度建设对于企业安全生产具有全局性、根本性、规范性和稳定性作用,是加强安全生产工作的重要保障。安全生产管理制度是以安全生产法律法规、国家和行业标准、地方政府法规和标准为依据制定的。宁夏煤业公司遵循国家安全生产法律法规、行业规范,在生产实践中建立较为完备的安全生产管理制度体系,从人员素质、设备状态、作业环境、综合管理、生产保障等方面规范约束,建立全生命周期的管理制度,通过不断完善和持续改进,为企业长治久安提供制度保障。

作业标准 / 煤矿类 化工类 洗选类 其他类 / 现场实施层

管理制度 / 人、机、环、管、保 / 重要文件 统筹管理层

法律法规 / 综合类、煤矿类、化工类 / 行业规范 理论约束层

第一节　法　律　法　规

宁夏煤业公司坚持依法治企,注重用法治思维研究解决安全生产领域问题,促进安全生产。成立法律事务机构,对照国家法律法规适用条款,修订完善内部安全管理制度,规范指导日常安全生产。梳理公司事务、劳动用工、资源管理、招标投标、工程建设、产品质量、安全生产、环境保护、职业健康、网络与信息安全等多个领域的法律法规底线、红线,识别法律法规中涉及安全生产运营活动的禁止性、强制性要求,确保依法合规生产经营,保障公司持续健康发展。法律法规分类与管理如图3-1-1所示。

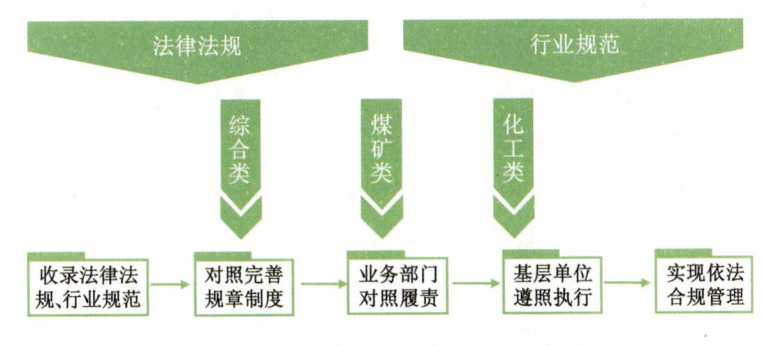

图 3-1-1　法律法规分类与管理示意图

一、法律法规清单

（一）综合类

宁夏煤业公司严格执行国家安全生产法律法规,把《中华人民共和国安全生产法》《安全生产事故隐患排查治理暂行规定》《生产安全事故应急条例》《宁夏回族自治区安全生产条例》等法律法规作为统筹发展和安全两件大事、从源头防范化解重大安全风险、推动安全生产工作的法治保障。综合类法律法规目录（部分）如表3-1-1所示。

表 3-1-1　综合类法律法规目录（部分）

序号	名称
1	中华人民共和国安全生产法
2	中华人民共和国环境保护法
3	中华人民共和国刑法
4	中华人民共和国行政处罚法
5	中华人民共和国行政复议法
6	中华人民共和国劳动法
7	中华人民共和国消防法
8	中华人民共和国职业病防治法
9	中华人民共和国道路交通安全法

表 3-1-1（续）

序号	名称
10	中华人民共和国建筑法
11	生产安全事故报告和调查处理条例
12	安全生产违法行为行政处罚办法
13	安全生产事故隐患排查治理暂行规定
14	生产安全事故应急条例
15	安全生产许可证条例
16	安全生产培训管理办法
17	国务院关于特大安全事故行政责任追究的规定
18	生产安全事故罚款处罚规定（试行）
19	安全生产领域违法违纪行为政纪处分暂行规定
20	对安全生产领域失信行为开展联合惩戒的实施办法
21	安全生产监管监察职责和行政执法责任追究的暂行规定
22	宁夏回族自治区安全生产条例
23	企业安全生产标准化评审工作管理办法（试行）
24	用人单位职业病危害告知与警示标识管理规范
……	……

（二）煤矿类

国家先后颁布《中华人民共和国煤炭法》《中华人民共和国矿山安全法》等法律法规，确立煤矿安全生产领域的监督管理制度、生产经营单位安全保障制度、生产经营单位责任人安全负责制度、从业人员安全生产权利义务制度、事故应急和处理制度、安全生产违法行为责任追究制度等。宁夏煤业公司把煤矿安全生产法律法规作为煤矿安全工作的基本红线和底线，指导依法合规生产。煤矿类法律法规目录（部分）如表 3-1-2 所示。

表 3-1-2　煤矿类法律法规目录（部分）

序号	名称
1	中华人民共和国矿山安全法
2	中华人民共和国煤炭法
3	中华人民共和国特种设备安全法
4	国务院关于预防煤矿生产安全事故的特别规定
5	煤矿安全监察条例
6	煤矿重大生产安全事故隐患判定标准
7	煤矿安全监察行政处罚办法
8	国务院办公厅关于进一步加强煤矿安全生产工作的意见

表 3-1-2（续）

序号	名称
9	煤矿安全培训规定
10	煤矿安全规程
11	关于加强企业安全生产诚信体系建设的指导意见
12	关于深入开展企业安全生产标准化岗位达标工作的指导意见
13	煤矿安全生产标准化管理体系考核定级办法（试行）
14	煤矿企业安全生产许可证实施办法
15	对安全生产领域失信行为开展联合惩戒的实施办法
16	煤矿井下单班作业人数限员规定（试行）
17	关于推进安全生产领域改革发展的意见
18	煤矿企业安全生产管理制度规定
19	关于全面加强企业全员安全生产责任制工作的通知
20	企业安全生产责任体系五落实五到位规定
21	标本兼治遏制重大事故工作指南
22	国务院安委会办公室关于实施遏制重特大事故工作指南构建双重预防机制的意见
23	关于实施遏制重特大事故工作指南全面加强安全生产源头管控和安全准入工作的指导意见
24	煤矿重大事故隐患治理督办制度建设指南
25	煤矿生产安全事故隐患排查治理制度建设指南（试行）
26	煤矿瓦斯等级鉴定办法
27	防治煤与瓦斯突出细则
28	煤矿防治水细则
29	防治煤矿冲击地压细则
30	煤矿防灭火细则
31	矿山储量动态管理要求
32	煤矿复工复产验收管理办法
33	关于加强煤矿井下生产布局管理控制超强度生产的意见
34	禁止井工煤矿使用的设备及工艺目录
35	煤矿在用安全设备检测检验目录
36	生产安全事故应急预案管理办法
37	职业健康检查管理办法
38	煤矿地质测量图技术管理规定
……	……

（三）化工类

宁夏煤业公司严格遵守《危险化学品安全管理条例》《易制毒化学品管理条例》等化工行业安全生产法律法规，规范化学品生产、运输、储存等环节管理标准，保障员工生命安全和身体健康。化工类法律法规目录（部分）如表 3-1-3 所示。

表 3-1-3 化工类法律法规目录(部分)

序号	名称
1	危险化学品生产企业安全生产许可证实施办法
2	危险化学品安全使用许可证实施办法
3	化工(危险化学品)企业保障生产安全十条规定
4	油气罐区防火防爆十条规定
5	危险化学品安全管理条例
6	易制毒化学品管理条例
7	危险化学品企业安全风险隐患排查治理导则
8	危险化学品重大危险源监督管理暂行规定
9	道路危险货物运输管理规定
10	危险化学品企业安全分类整治目录
11	使用有毒物品作业场所劳动保护条例
12	危险化学品输送管道安全管理规定
13	危险化学品建设项目安全监督管理办法
14	危险化学品登记管理办法
15	化学品物理危险性鉴定与分类管理办法
16	危险化学品目录
17	化学工业环境保护管理规定
18	爆炸危险场所安全规定
19	工作场所安全使用化学品规定
……	……

二、行业规范清单

行业规范是指针对某个行业范围内需要统一的技术要求所制定的标准。《中华人民共和国标准化法》将中国标准分为国家标准、行业标准、地方标准、企业标准四级,重点是规范和指导各个行业的作业行为和操作标准。

宁夏煤业公司将与主业相关的行业规范分为综合、煤矿、化工三类。综合类包括与主业相关的行业规范、行业标准等,煤矿类包括煤矿作业规程、煤矿安全技术操作规程以及相关行业标准、规范等,化工类包括化工行业技术标准、规范等。通过组织全员对以上行业规范学习、掌握和运用,持续规范强化安全生产与技术管理工作。综合类、煤矿类、化工类行业规范目录(部分)分别如表 3-1-4～表 3-1-6 所示。

第三章 制度建设

表 3-1-4 综合类行业规范目录(部分)

序号	名称
1	企业安全生产标准化评审工作管理办法(试行)
2	企业安全生产标准化基本规范(GB/T 33000—2016)
3	企业安全文化建设导则(AQ/T 9004—2008)
4	安全培训机构基本条件(AQ/T 8011—2016)
5	生产安全事故应急演练基本规范(AQ/T 9007—2019)
6	职业健康监护技术规范(GBZ 188—2014)
7	职业健康安全管理体系 要求及使用指南(GB/T 45001—2020)
8	质量管理体系 要求(GB/T 19001—2016)
9	工业企业设计卫生标准(GBZ 1—2010)
10	厂矿道路设计规范(GBJ 22—1987)
……	……

表 3-1-5 煤矿类行业规范目录(部分)

序号	名称
1	煤矿作业规程
2	煤矿安全技术操作规程
3	煤矿建设安全规范(AQ 1083—2011)
4	煤矿瓦斯抽放规范(AQ 1027—2006)
5	煤矿安全风险预控管理体系规范(AQ/T 1093—2011)
6	煤矿用带式输送机 安全规范(GB 22340—2008)
7	智慧矿山信息系统通用技术规范(GB/T 34679—2017)
8	煤矿井下作业人员管理系统使用与管理规范(AQ 1048—2007)
9	煤矿安全监控系统及检测仪器使用管理规范(AQ 1029—2019)
10	煤炭清洁高效利用重点领域标杆水平和基准水平(2022年版)
11	矿井通风阻力测定方法(MT/T 440—2008)
12	煤矿机电设备检修技术规范(MT/T 1097—2008)
13	煤矿安全文化建设导则(AQ/T 1099—2014)
14	煤矿在用主通风机系统安全检测检验规范(AQ 1011—2005)
15	煤炭矿井设计防火规范(GB 51078—2015)
16	煤炭工业矿井设计规范(GB 50215—2015)
17	建筑物、水体、铁路及主要井巷煤柱留设与压煤开采规范
18	煤矿井巷工程质量验收规范(GB 50213—2010)
19	煤矿巷道锚杆支护技术规范(GB/T 35056—2018)
20	采掘管理其他技术标准
21	煤矿矿井机电设备完好标准
22	环境管理体系 要求及使用指南(GB/T 24001—2016)

表 3-1-5（续）

序号	名称
23	矿山救护规程（AQ 1008—2007）
24	煤矿井下粉尘综合防治技术规范（AQ 1020—2006）
25	煤矿职业安全卫生个体防护用品配备标准（AQ 1051—2008）
26	煤矿安全监控系统通用技术要求（AQ 6201—2019）
27	质量管理体系 要求（GB/T 19001—2016）
……	……

表 3-1-6　化工类行业规范目录（部分）

序号	名称
1	化工行业操作规程
2	工艺系统设计管理规定（HG 20557—93）
3	工艺系统专业设计成品文件内容的规定（HG 20558.3—1993）
4	管道仪表流程图设计规定（HG 20559—1993）
5	化工装置工艺系统工程设计规定（二）（HG/T 20570.1～20570.24—1995）
6	工艺系统工程设计技术规定（HT/G 20570—95）
7	化工粉粒产品包装计量准确度规定（HG/T 20547—2000）
8	化工装置管道布置设计规定（HG/T 20549—1998）
9	化工厂电力设计常用计算规定（HG 20551—1993）
10	化工企业化学水处理设计计算标准（HG/T 20552—2016）
11	化工厂控制室建筑设计规定（HG/T 20556—1993）
12	化学工业炉砌筑技术条件（HG/T 20543—2006）
13	化学工业炉结构安装技术条件（HG/T 20544—2006）
14	化学工业炉受压元件制造技术规范（HG/T 20545—2018）
15	化工装置设备布置设计规定（HG/T 20546—2009）
16	化工粉体工程设计通用规范（HG/T 20518—2008）
17	化工工艺设计施工图内容和深度统一规定（HG/T 20519—2009）
18	化工企业工艺安全管理实施导则（AQ/T 3034—2010）
19	化学品安全技术说明书编写指南（GB/T 17519—2013）
20	职业性接触毒物危害程度分级（GBZ 230—2010）
……	……

三、法律法规管理

宁夏煤业公司建立法律法规管理制度，规范法律法规获取、宣传培训、贯彻执行及评价更新，保证法律法规与行业规范及时更新、宣传到位、理解准确、有效执行。

（一）法律法规获取

公司各部门应经常与政府部门、上级主管部门、行业协会等保持联系，主动获取相关法律法规，也可通过权威出版机构、图书馆、官方网站等渠道进行补充，确保及时获取最新最全的法律法规。公司各部门获取与安全生产管理有关的法律法规后，应确认其适用性，制定相关法律法规清单目录，建立业务管理适用法律法规文档库。

（二）法律法规宣传培训

相关部门采取发放文本、会议宣传、集中讲解等形式，按需组织法律法规培训，将法律法规要点简明、清晰、准确地传达给执行人员，落实到公司各部门、各单位。宁夏煤业公司法律法规培训规范如表3-1-7所示。

表 3-1-7 宁夏煤业公司法律法规培训规范

序号	培训周期	培训内容	培训方式	教育目的	培训对象	培训部门	考核方式
1	每年一次	中华人民共和国安全生产法	授课	提高管理人员安全生产意识	管理人员	法律事务部	试卷
2	每年一次	中华人民共和国消防法	授课	提高全体员工消防安全意识	全体员工	社会事务部	试卷
3	每年一次	生产安全事故报告和调查处理条例	授课	规范事故报告调查处理程序	安全生产管理人员	安全环保监察部	试卷
4	每年一次	中华人民共和国劳动法	授课	提升员工法律意识	全体员工	人力资源部	试卷
5	每年一次	中华人民共和国职业病防治法	授课	增强员工职业病预防意识	全体员工	安全环保监察部	试卷
……	……	……	……	……	……	……	……

（三）贯彻执行及评价更新

相关部门应关注公司现有制度与法律法规的差异，及时修订完善，确保安全生产管理合法合规。主管部门定期组织法律法规监督检查和符合性评审，对不符合法律法规的立即组织整改。当国家法律法规更新时，主管部门应及时收集并完善法律法规清单，印发至相关部门和各单位，并对原有涉及法律法规的旧文件做相关处理。宁夏煤业公司适用法律法规更新记录表如表3-1-8所示。

表 3-1-8 宁夏煤业公司适用法律法规更新记录表

序号	法律法规名称	更新日期	更新原因	实施日期
1				
2				
3				

编制：　　　　　　审核：　　　　　　时间：　　年　月　日

> **"安宁"系统功能**
>
> 查询公司适用法律法规、行业规范，便于全员学习和下载。

第二节 重要文件

安全生产重要文件是指导安全生产具体工作的行动依据,是落实安全生产责任、推进安全生产工作、完成阶段目标的重要保障。宁夏煤业公司认真落实国家、自治区、国家能源集团安全生产工作要求,将各类安全生产重要文件与法律法规、行业规范共同列为安全管理的重要依据,深入学习贯彻并严格遵照执行。

一、国家重要文件

党中央、国务院为加强安全生产工作,推动安全发展,出台了一系列指导安全、保障安全的重要文件,对企业落实安全生产工作方针、完善责任体系、强化综合治理、堵塞管理漏洞、解决突出问题、健全体制机制、实现齐抓共管、提升安全管理能力和水平,具有重要指导意义。国家及有关部委重要文件目录(部分)如表 3-2-1 所示。

表 3-2-1 国家及有关部委重要文件目录(部分)

序号	名称
1	"十四五"国家安全生产规划
2	石油和化学工业"十四五"发展指南
3	关于加快煤矿智能化发展的指导意见
4	关于深入开展企业安全生产标准化建设的指导意见
5	关于深入开展企业安全生产标准化岗位达标工作的指导意见
6	关于进一步加强煤矿安全生产工作的意见
7	关于加强企业安全生产诚信体系建设的指导意见
8	关于对安全生产领域失信生产经营单位及其有关人员开展联合惩戒的合作备忘录
9	关于推进安全生产领域改革发展的意见
10	关于全面加强企业全员安全生产责任制工作的通知
11	防范煤矿采掘接续紧张暂行办法
12	煤矿复工复产验收管理办法
13	关于进一步加强安全培训工作的决定
14	关于企业职工教育经费提取与使用管理的意见
15	关于高危行业领域安全技能提升行动计划的实施意见
16	关于实施遏制重特大事故工作指南构建双重预防机制的意见
17	关于实施遏制重特大事故工作指南全面加强安全生产源头管控和安全准入工作的指导意见
18	关于加强煤矿井下生产布局管理控制超强度生产的意见
19	关于加强企业安全生产诚信体系建设的指导意见
20	关于严厉打击盗采矿产资源违法活动和矿山严重违法违规生产建设行为的通知
……	……

二、自治区重要文件

宁夏回族自治区高度重视安全生产工作,把保护人民群众生命财产安全与少数民族地区持续稳定发展紧密结合,统筹规划推动区域经济社会发展,出台了一系列保障安全、促进生产的法规、制度与文件,为指导企业进一步落实安全生产责任,强化源头治理、综合治理、精准治理,系统抓好安全生产工作提供了重要保障。自治区重要文件目录(部分)如表 3-2-2 所列。

表 3-2-2　自治区重要文件目录(部分)

序号	名称
1	关于进一步加强全区安全生产工作的若干措施
2	全区危险化学品安全风险集中治理有关专项工作方案
3	关于深化三年行动攻坚扎实推进"巩固提升年"工作的通知
4	宁夏煤矿采掘接续专项监察工作方案
5	全区危险化学品安全风险集中治理实施方案
6	宁夏回族自治区防灾减灾救灾责任规定
7	宁夏回族自治区应急体系建设"十四五"规划
8	宁夏回族自治区行政执法三项制度规定
9	关于做好生产安全事故调查处理和评估及统计工作的通知
10	生产安全事故整改和防范措施落实情况评估实施办法
……	……

三、集团重要文件

国家能源集团为贯彻落实国家安全生产方针政策,研究制定了一系列科学、规范、严谨的安全管理制度和流程,形成了一批具有指导性、实用性的安全生产管理文件,为规范全集团及子(分)公司安全生产管理工作发挥了重要作用。国家能源集团重要文件目录(部分)如表 3-2-3 所示。

表 3-2-3　国家能源集团重要文件目录(部分)

序号	名称
1	"十四五"安全生产专项规划 "十四五"职业病防治专项规划 "十四五"能源节约与生态环保专项规划
2	关于推进安全生产标准化管理体系建设的指导意见
3	煤炭产业高风险作业安全管理指导意见
4	煤矿重大灾害防治实施计划
5	关于转发《中央企业进一步落实安全生产责任防范遏制重特大事故》的通知
6	关于开展重点煤矿安全监察的通知
7	安全生产专项整治"巩固提升年"工作方案
8	关于全面推广煤矿矿长安全生产记分和全员安全积分有关事宜的通知

表 3-2-3（续）

序号	名称
9	关于深入贯彻习近平总书记重要指示精神迅速开展安全隐患大排查大整治的通知
10	危险化学品安全风险集中治理实施方案
……	……

四、公司重要文件

宁夏煤业公司认真学习贯彻国家相关法律法规和行业规范，贯彻落实自治区和国家能源集团安全生产重要文件，深入研究安全生产理论，总结安全管理经验，探索安全管理方法，制定印发了一系列具有针对性、可操作性的安全生产管理文件，有效规范和促进了安全生产工作。宁夏煤业公司重要文件目录（部分）如表 3-2-4 所示。

表 3-2-4　宁夏煤业公司重要文件目录（部分）

序号	名称
1	关于加强安全管理工作的通知
2	关于落实《国家能源集团煤矿重大灾害防治 2022 年实施计划》的通知
3	关于开展"不安全行为集中整治坚决遏制零打碎敲事故"专项活动的通知
4	关于进一步吸取事故教训切实做好薄弱环节整治工作的通知
5	深入贯彻落实习近平总书记重要指示精神进一步加强安全生产工作实施方案
6	2023 年安全生产标准化、绿色矿山和风险预控管理体系建设达标计划及工作要点
7	安全整改整治整顿工作方案
8	关于推行全员"安全伙伴"星级管理的指导意见
9	关于做好 2023 年安全环保工作的决定
10	关于严守安全工作底线坚决打好年末安全决战的通知

> **"安宁"系统功能**
>
> 查询国家、自治区、国家能源集团、宁夏煤业公司安全生产重要文件，便于全员学习和下载。

第三节　管理制度

安全生产管理制度是企业为完成安全生产目标、规范安全生产活动而制定施行的各类规定、规则、办法、细则等，以及具有实质性管理要求且在较长期限稳定施行的指导性、规范性文件。抓好企业安全生产管理制度建设，是落实安全生产法治建设和主体责任的一项基础性工作。

宁夏煤业公司大力推进安全生产管理制度建设，突出制度的权威性、针对性、可执行性和相对稳定性，经过不断探索与实践，建立和形成了较为完备的现代企业安全生产管理制度体系。宁夏煤业公司安全生产管理制度分类如图 3-3-1 所示。

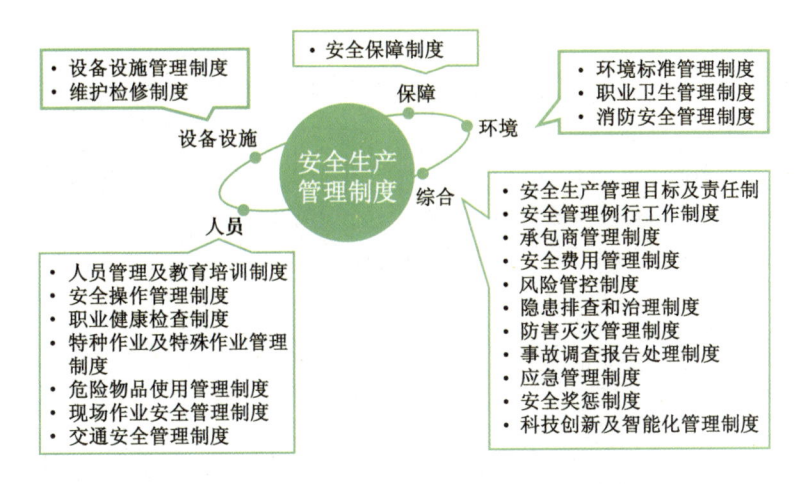

图 3-3-1　宁夏煤业公司安全生产管理制度分类图

一、制度管理

宁夏煤业公司构建科学合理的制度管理机制,规范制度分级、制定、发布、执行、修订、废止等流程,加强过程监督,实行闭环管理。

（一）制度分级

宁夏煤业公司管理制度分为三级。一级制度是指公司治理、战略管理、改革发展等方面和某业务领域的根本性、全面性、基础性管理制度,名称一般为"规定""规则""办法"等;二级制度是指根据一级制度和管理需要,对某一业务领域的管理规则、程序进行规范而制定的重要管理制度,名称一般为"办法""制度"等;三级制度是指根据一级、二级制度配套制定的细化程序、方法、步骤和措施,或对执行中有关问题的解释,名称一般为"细则""实施办法"等。

（1）制定一级制度、二级制度时,要经总经理、董事长审核,并提交公司党委会会议审议。一级制度中战略规划、综合计划、投资管理、预算担保等领域的基本管理制度,还应提交董事会批准。

（2）制定三级制度时,需经分管领导、总经理审核,并提交总经理办公会议审议。

（3）各单位参照执行。

制度审批权限和程序如图 3-3-2 所示。

图 3-3-2　制度审批权限和程序图

（二）制度制定

管理制度的制定程序主要包括起草文稿、主办部门会审、征求意见、提请会签、报送审批、发布施行等。

宁夏煤业公司各部门、各单位应全面分析论证制度所规范业务事项的管理目标、管理重点、管理模式与监督手段。管理制度文本应明确所规范业务各环节、各主体的职责边界，科学设计管理流程，一般应配套制作流程图，并与制度文本一并发布施行，明确制定依据与宗旨、适用范围、具体制度规范、监督与考核、发布与执行、解释与修订等事项。

制定管理制度，主办部门应在起草过程中充分征求本部门、其他各相关部门及管理对象的意见，并提交相关部门审核合法合规性、规范性、风险性和专业性，形成报审稿，按程序报送审批。

（三）制度发布

管理制度发布时应注明版本。制度具有暂行、试行、正式三种版本，在存续期内具有同等效力。

（1）"暂行"意为暂且施行，强调时效性，是在某一阶段内施行的管理制度。暂行版本的施行期限原则上不得超过 1 年，具体期限由制度编制部门根据实际业务需要确定。暂行时间到期后如无特殊说明，该制度则自动废止。

（2）"试行"意为尝试施行，强调试验性，通常在某一项制度正式发布之前，使用试行版本作为一种过渡状态，并根据施行过程中收集的意见进行修订，为正式施行做准备。制度在"正式"版本发布前，原则上须试行 1~2 年，具体期限由制度编制部门根据业务管理需要以及制度执行情况确定。

（3）"正式"意为正式施行的版本，可以是从"试行"版本优化修订的制度，也可以是直接发布的纲领类制度。

管理制度由归口部门实行统一编码，标记于制度正文首页页眉左上角。每一项制度对应一个制度编码，且全生命周期不变。制度编码应在制度管理信息系统中完成。

制度编码由四个要素构成：

NXMY － Z － 1 － 001
宁夏煤业　　　制度　　　制度层级　　　流水号

经会议审议批准的管理制度，发布时应在制度版本标识下方注明批准该管理制度的会议名称与次数。对于新制定的制度，应注明"《＿＿＿＿＿办法》经＿＿年＿月＿日公司第＿次＿＿＿＿会议审议通过"。对修订的制度，应注明"《＿＿＿＿办法》经＿＿年＿月＿日公司第＿次＿＿＿＿会议审议通过，经＿＿年＿月＿日公司第＿次＿＿＿＿会议批准修订"。

管理制度发布后，主办部门应及时将管理制度电子文档(含正文及附件)按要求转入制度管理信息系统。已发布的管理制度应在 3 个月内组织培训，采取必要措施确保培训实效。

（四）制度监督与检查

公司各部门、各单位应对管理制度的执行进行监督检查，对违反制度的行为进行制止或作出处理。公司企业策划部、各单位制度管理部门对制度计划、起草、培训、自查、修订和废止等环节进行评价，并将评价结果纳入季度、年度经营业绩考核。

（五）制度修订与废止

1. 评审与修订

制度发布后，制度编制部门必须定期对制度进行评审，根据制度执行及检查过程中出现的问题，以及业务发展情况、风险变化情况，梳理制度需修订的内容。制度评审周期应至少一年一次。发生以下任何一种情况，制度编制部门必须对制度进行修订：

（1）因有关法律法规的制定、修正或者废止而引起制度合法合规性问题的。
（2）相关业务的管理模式、管理职能等发生变化涉及制度变化的。
（3）相关风险发生重大变化涉及制度变化的。
（4）制度本身存在缺陷或制度相互间存在冲突的。
（5）其他需要修订的。

2. 制度废止

发生以下任何一种情况，制度编制部门必须启动制度废止流程：

（1）相关法律法规发生重大变更。
（2）相关外部监管要求发生重大变更。
（3）公司及所属单位的体制、机制、机构或相关业务的管理模式、管理职能等发生重大变更的。
（4）其他触发制度废止的情况。

制度废止流程：制度编制部门或企业策划部（制度管理部门）提出制度废止的书面申请，由部门负责人签审后报企业策划部（制度管理部门）审核，提交公司有关会议审定，决定是否废止。废止申请应包含制度废止时间、废止原因等信息。

宁夏煤业公司管理制度全生命周期管理流程如图 3-3-3 所示。

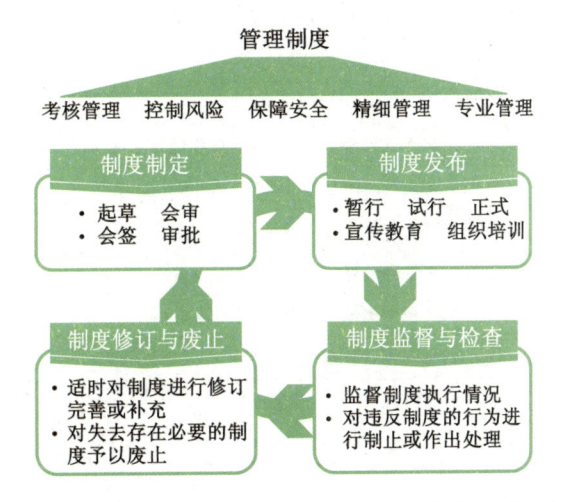

图 3-3-3　宁夏煤业公司管理制度全生命周期管理流程图

二、制度清单

宁夏煤业公司安全管理制度根据管理类型划分为"人、机、环、管、保"五类。"人、机、环、管"为综合安全管理四要素："人"即人员的不安全因素，包括指挥不当、操作不当等；

"机"即机器设备的不安全因素,包括设备不符合要求、检修保养不到位等;"环"即环境的不安全因素,包括自然地质条件因素和工作环境因素;"管"即管理的不安全因素,包括机构职责不明确、制度不健全等;"保"即为"人、机、环、管"四要素提供坚实保障。

(一)综合安全管理制度

综合安全管理制度包含安全生产管理目标及责任制、安全管理例行工作制度、承包商管理制度等,覆盖安全管控体系的各个方面,是安全管理的基础。综合安全管理制度目录(部分)如表3-3-1所示。

表3-3-1 综合安全管理制度目录(部分)

类别	名称
安全生产管理目标及责任制	安全生产责任制管理考核办法
	安全生产目标管理规定
	生态环境保护责任制
	安全承诺办法
	煤制油化工板块安全生产禁令(红线)
安全管理例行工作制度	安全生产检查管理办法
	煤矿复工复产验收管理办法
	技术标准管理办法
	煤矿板块技术管理规定
	生产矿井采掘接续计划编制规定
	煤炭洗选生产技术管理规定
安全管理例行工作制度	地质测量技术管理规定
	煤制油化工文明生产管理办法
	煤制油化工工艺指标管理办法
	煤制油化工生产装置停车检修工艺交出管理办法
承包商管理制度	承包商安全管理办法
	煤矿井巷工程承包商安全环保考核办法
	业务外包管理办法
安全费用管理制度	安全生产费用提取和使用管理实施细则
风险管控制度	煤矿高风险作业管理规定
	煤矿顶板管理规定
	矿井防灭火管理规定
	煤矿防治水实施细则
	矿井瓦斯等级鉴定实施办法
	煤制油化工危险化学品重大危险源安全管理规定
	煤制油化工生产装置防泄漏安全管理办法
	煤制油化工生产准备及试车管理办法
	煤制油化工断路作业安全管理规定

表 3-3-1（续）

类别	名称
风险管控制度	煤制油化工易制毒品、剧毒品管理规定
	煤制油化工放射性同位素、射线装置与放射防护管理规定
隐患排查和治理制度	安全生产事故隐患排查治理管理办法
	煤矿板块安全风险分级管控管理办法
	隐蔽致灾地质因素普查制度
防害灭灾管理制度	煤矿重大灾害防治管理办法
	危险化学品安全管理规定
	煤制油化工可燃和有毒气体报警安全管理规定
	煤制油化工工业控制系统信息安全管理办法
	煤制油化工防尘、防毒安全管理规定
	煤制油化工防火防爆管理规定
事故调查报告处理制度	生产安全事故报告和调查处理规定
	调度汇报管理规定
应急管理制度	安全生产应急管理办法
	生产安全事故应急演练管理实施细则
	现场紧急撤人避险规定
	兼职矿山救护队管理规定
安全奖惩制度	安全生产标准化绩效工资考核办法
	表彰奖励管理办法
	安全环保考核办法
科技创新及智能化管理制度	智能化矿山建设总体规划
	煤矿智能化建设管理办法
	自动化采煤工作面、智能化选煤厂、无人化岗位运行管理考评办法
	科技项目管理办法
	职工经济技术创新管理办法
	机电新技术新产品推广应用管理办法

（二）人员安全管理制度

人员安全管理制度包含人员管理及教育培训制度、安全操作管理制度、职业健康检查制度等。此类制度通过约束和管控人的不安全行为预防事故发生，保护员工人身安全与健康。人员安全管理制度目录（部分）如表 3-3-2 所示。

表 3-3-2 人员安全管理制度目录（部分）

类别	名称
人员管理及教育培训制度	煤矿全员安全积分管理指导意见
	煤矿矿领导记分管理办法

表 3-3-2（续）

类别	名称
人员管理及教育培训制度	关于推行全员"安全伙伴"星级管理的指导意见
	煤矿出入井人员清点管理办法
	安全培训管理办法
	技能操作人才职业发展实施细则
	"师带徒"管理办法
安全操作管理制度	员工不安全行为管理规则
	煤矿岗位标准作业流程管理办法
职业健康检查制度（含劳动防护用品发放使用和管理制度）	劳动者职业健康监护管理办法
	个体防护用品管理办法
特种作业及特殊作业管理制度	煤矿井下动火作业实施办法
	煤制油化工动火作业安全管理规定
	煤制油化工受限空间作业安全管理规定
	煤制油化工高处作业安全管理规定
	煤制油化工盲板抽堵作业安全管理办法
危险物品使用管理制度	氮气使用安全管理规定
	民用爆炸物品安全管理办法
现场作业安全管理制度	吊装业务管理办法
	煤制油化工起重吊装作业管理办法
交通安全管理制度	机动车辆交通安全管理办法

（三）设备设施安全管理制度

设备设施安全管理制度包含设备设施管理制度和维护检修制度。此类制度是保证各种机器设备安全使用，提高设备与生产全过程兼容性的系统管理要求，是加强设备管理、维护正常运转、提高生产效率的基本规范。设备设施安全管理制度目录（部分）如表3-3-3所示。

表 3-3-3　设备设施安全管理制度目录（部分）

类别	名称
设备设施管理制度	煤矿板块设备管理办法
	煤矿防爆设备管理规定
	煤矿板块特种设备管理规定
	井下无轨胶轮车使用及安全管理办法
	煤制油化工安全设施管理办法
	矿井轨道运输管理办法
	带式输送机管理规定
维护检修制度	煤制油化工设备检修管理办法
	煤制油化工检维修安全管理规定

(四)环境安全管理制度

环境安全管理制度包含环境标准管理制度、职业卫生管理制度和消防安全管理制度。此类制度旨在提高全员个体防护意识和环境保护意识。环境安全管理制度目录(部分)如表 3-3-4 所示。

表 3-3-4 环境安全管理制度目录(部分)

类别	名称
环境标准管理制度	生态环境保护管理办法
	煤场安全管理规定
	供水用水管理办法
职业卫生管理制度	职业病危害防治管理办法
	矿井综合防尘管理规定
消防安全管理制度	要害部位防火重点部位安全管理办法

(五)安全保障制度

安全保障制度是保障安全生产、强化经营管理、规范企业运行的配套制度,有利于促进安全生产,同时对各项日常工作进行监督管理与分析总结,推进工作落实,保证工作效率。安全保障制度目录(部分)如表 3-3-5 所示。

表 3-3-5 安全保障制度目录(部分)

类别	名称
安全保障制度	组织机构管理规定
	薪酬管理办法
	员工考勤管理办法
	班组建设工作管理办法
	全员绩效管理办法
	经营业绩考核管理办法
	全面风险管理办法
	化工产业技术监督管理办法
	网络安全和信息化管理办法
	合同管理办法
	职工福利费管理办法
	证照管理办法

"安宁"系统功能

链接宁夏煤业公司制度库,查阅各类管理制度。

第四节 作业标准

作业标准是对安全操作规程、岗位责任制、安全技术操作规程等安全生产规章制度的具体化,解决了"怎么干、干什么,正常情况下怎么做、特殊情况下怎么做"等问题,其内容包括作业过程、人的行为、作业环境、作业设备、作业管理等多方面要素。通过作业标准化,可以有效规范作业行为、提高工作效率、防范安全事故。

宁夏煤业公司结合国家能源集团岗位标准作业流程,完善符合自身实际、适应各板块安全管理工作要求的作业标准,并根据操作环境变化、操作设备更新等因素不断优化,为规范岗位操作行为、保障安全生产发挥了重要作用。

一、标准作业流程库

(一)煤矿类

宁夏煤业公司依据国家能源集团要求,制定煤矿岗位标准作业流程管理办法,从严从细规范生产作业。煤矿类岗位作业标准主要包括采煤、掘进、机电、运输、通风、地测、防治水、矿压防治、安全检查、瓦斯检查、煤质检查等方面,为操作人员提供详细、连续、安全高效的作业标准,指导操作者在作业中识别并消除或规避危险因素,实现安全、质量、生产效率与绩效目标。煤矿类岗位标准作业流程目录(部分)如表 3-4-1 所示。

表 3-4-1 煤矿类岗位标准作业流程目录(部分)

分类	名称	分类	名称
采煤专业	采煤辅助作业标准作业流程	运输专业	带式输送机司机标准作业流程
	采煤设备操作标准作业流程		胶轮车运输岗位标准作业流程
	采煤工作面设备检修标准作业流程		斜井把钩工标准作业流程
	采煤机运行标准作业流程		副斜井提升机运行标准作业流程
掘进专业	巷道掘砌工标准作业流程	通风防治水专业	通风设施维护标准作业流程
	综掘机司机标准作业流程		瓦斯检查及测风标准作业流程
	爆破工标准作业流程		综合防尘标准作业流程
	电钳工标准作业流程		安全监测监控标准作业流程
	刮板输送机司机标准作业流程		风筒维护标准作业流程
	带式输送机司机标准作业流程		监测工标准作业流程
	通风工标准作业流程		防治水岗位标准作业流程
	其他岗位标准作业流程		防尘班常用岗位标准作业流程
机电专业	井下变电工停电标准作业流程	其他专业	瓦斯检查工标准作业流程
	井下变电工送电标准作业流程		地测测量工标准作业流程
	地面高压柜维修标准作业流程		煤炭管理标准作业流程
	立井维修工标准作业流程		原煤仓下原煤采制样标准作业流程
	通用电工标准作业流程		采掘工作面煤质检查标准作业流程

第三章 制度建设

◎ 示例　　　　　　　　**更换采煤机截割电机柔性轴标准作业流程**

序号	下一步	图形类型	节点序号	流程步骤	作业内容	作业标准	风险	不安全行为	安全措施
1	2	事件		作业开始					
2	3	功能	1	停机	1. 生产过程中截割电机扭矩轴断裂，选择停机位置，滚筒可转动，停机、闭锁、上锁；2. 严格按照措施要求支护煤壁	1. 停机位置顶板完好，无片帮、无淋水，支护符合措施要求；2. 采煤机、刮板输送机停机、闭锁、上锁，作业范围内支架闭锁	1. 片帮、漏矸；2. 未严格执行停送电制度	作业人员在有片帮、漏矸处作业	严格执行敲帮问顶制度，支架顶梁接顶严实，护帮板打到位，贴紧煤壁，作业范围内支架闭锁
3	4	功能	2	准备作业	1. 准备扳手、螺丝刀、钳子、卡簧钳、手锤、棉纱等；2. 准备扭矩轴；3. 准备齿轮油；4. 检查作业环境；5. 清理截割电机上的浮煤矸	1. 工具材料齐全完好；2. 扭矩轴合格；3. 齿轮油足量、合格；4. 液压支架升紧，护帮板伸出并紧贴煤壁，作业范围内液压支架闭锁，架间无煤矸；5. 截割电机上无浮煤矸	工具或材料不完好，存在缺陷		作业前认真检查使用工器具材料，不完好工器具严禁使用
4	5	功能	3	取扭矩轴	1. 卸套杯固定螺栓；2. 取卡簧；3. 取铜套；4. 取出扭矩轴	1. 套杯卸下；2. 卡簧取出；3. 铜套取出；4. 扭矩轴全部取出	1. 截割电机未停止转动；2. 扭矩轴高温	截割电机未停止转动时拆卸端盖	1. 煤机断电后待截割电机停止转动，人员站在侧方拆卸扭矩轴；2. 作业人员佩戴防护手套，并用专用工具取轴，作业范围内严禁有人
5	6	功能	4	安装扭矩轴	1. 安装扭矩轴；2. 安装套杯；3. 安装卡簧；4. 安装固定螺栓	1. 方向正确，安装到位；2. 卡簧安装全部入槽；3. 螺栓齐全紧固	牵引采煤机安装扭矩轴	牵引采煤机安装扭矩轴	停机时选择合适位置，刮板输送机水平、采煤机摇臂在水平及水平面稍微向下位置时滚筒能自由转动
6	7	功能	5	检查油位	检查摇臂油位	油位符合规定			
7	8	功能	6	清理作业现场	1. 清点、回收工具；2. 回收断扭矩轴	1. 工具全部回收，放回原处，码放整齐；2. 断扭矩轴放到指定地点			
8	9	功能	7	试机	1. 解锁、送电；2. 开机、试机	1. 液压支架解锁，刮板输送机、采煤机解锁送电；2. 截割电机电流值符合规定，截割部无异响			
9		事件		作业结束					

(二) 化工类

宁夏煤业公司依据煤制油化工生产实际,制定煤制油化工岗位标准作业流程,从严从细规范煤制油化工板块生产作业。煤制油化工单位作业车间主要包括原料车间、气化车间、空分车间、聚甲醛车间、合成车间、动力车间等,严谨规范的岗位标准作业流程能够有效指导人员的操作行为,消除风险隐患,保障人身安全。甲醇分公司岗位标准作业流程目录(部分)如表3-4-2所示。

表3-4-2 甲醇分公司岗位标准作业流程目录(部分)

分类	名称	分类	名称
原料车间	输煤岗位操作法	空分车间	空分岗位操作法
	输煤装置工艺技术规程		空分车间工艺流程图
气化车间	60万t/a气化及变换岗位操作法	动力车间	锅炉岗位操作法
	60万t/a气化及变换装置工艺技术规程		锅炉装置工艺技术规程
	气化二车间工艺流程图		管网岗位操作法
聚甲醛车间	聚甲醛岗位操作法(上册)	合成车间	60万t/a净化合成岗位操作法
	聚甲醛岗位操作法(下册)		60万t/a净化合成工艺技术规程
	聚甲醛装置工艺技术规程(上册)		60万t/a硫回收岗位操作法
	聚甲醛装置工艺技术规程(下册)		60万t/a硫回收工艺技术规程
	聚甲醛车间工艺流程图		合成二车间工艺流程图

◎ 示例　　　　　　　　　输煤装置工艺技术指标控制过程

1. 一套装置每个筒仓设置一条充氮管线,应满足6 000 t容量的备煤仓需要,抑制和延缓备煤仓内原煤自燃,307C中控室上位机上设置筒仓温度监测,班组配备红外线测温仪和CO检测仪,每班在筒仓顶部实测两次筒仓内部储煤温度和CO浓度,若出现筒仓内CO浓度报警时,打开位于仓顶工作面脉冲除尘器氮气阀门,开始向报警筒仓内部注入氮气,直至上位机显示筒仓无温度报警,此时关闭向筒仓注入氮气阀门,煤管员每天实地查看入厂煤质情况,发现异常及时汇报,控制煤质指标。

2. 二套装置每个筒仓设置一套惰化、置换系统,从空分装置引入低压氮气,采用高纯度的氮气作为惰化气源,抑制和延缓备煤仓内煤炭自燃,对煤层上方凝集的可燃可爆气体进行置换。

(1) 锁气层:每个给煤机的出口处安装1根锁气管道。

(2) 充气层:在筒体和锥体的交接处附近,沿筒仓安装1圈充气管道。

(3) 换气层:在筒体和锥体的交接处以上,沿筒仓安装3圈换气管道。

(4) 充氮系统根据煤层高度使氮气最大限度均匀地充入煤层,同时不造成扬尘。氮气压力为0.45 MPa,通过减压后注入煤层的氮气压力为0.02~0.06 MPa,根据不同的煤位选择不同的注气层和注气压力,每个筒仓设有3个换气环、1个充气环,充气环为环向多点均匀充气。

(5) 筒仓正常储存过程中,筒仓惰化系统处于待机状态,当筒仓内CO浓度平均值达到40 ppm,温度平均值达到40 ℃,CH_4浓度平均值达到25 ppm时,按筒仓煤自燃应急处置卡投用惰化系统。

第三章　制度建设

(三) 洗选装车类

洗选、装车作业是煤炭洗选、装运、销售的重要环节，涉及分选、运输、筛分、破碎、脱水、装车、生产辅助、选煤技术检查等多个工序。在洗选、装车等领域推行岗位标准作业流程，对提高洗选装运工效、提升煤炭产品质量、减少地面生产安全事故具有重要作用。洗选装车岗位标准作业流程目录(部分)如表3-4-3所示。

表3-4-3　洗选装车岗位标准作业流程目录(部分)

分类	名称	分类	名称
分选	分选设备操作	筛分、破碎	筛分、破碎设备操作
	分选设备检修		筛分、破碎设备检修
运输	机电运输设备操作	脱水	脱水设备操作
	机电运输设备检修		脱水设备检修
装车	装车设备操作	选煤技术检查	采样
	装车设备检修		制样
生产辅助	生产辅助设备操作		化验
	生产辅助设备检修		筛分浮沉试验

◎ 示例　　　　　　刮刀卸料离心机运行巡检标准作业流程

序号	流程步骤	作业内容	作业标准	相关制度	作业表单	作业人员	风险
1	班前准备	1. 辨识、评估风险； 2. 穿戴劳动保护用品	1. 准确辨识、评估风险； 2. 穿戴劳动保护用品符合规定要求； 3. 持证上岗			离心脱水工	掌握现场存在的风险，并采取防范措施
2	准备工具	准备手电筒、扳手等工器具	工器具齐全、适用、完好			离心脱水工	
3	查看记录	查看交接班和指标参数记录	掌握设备运行状况及工艺指标		交接班记录	离心脱水工	
4	检查入料	检查离心机入料	入料均匀、适量			离心脱水工	
5	检查离心机	1. 检查防护栏、网、罩等安全防护设施； 2. 检查接地保护等安全保护装置； 3. 检查附属溜槽、管道； 4. 检查传动装置及润滑情况； 5. 检测电动机及各轴承温度； 6. 检查油管、接头密封状况； 7. 检查油压	1. 安全防护设施齐全、可靠、完好； 2. 安全保护装置齐全、可靠、完好； 3. 溜槽、管道畅通； 4. 三角带齐全、完好，张紧适宜，油位适宜，油质符合要求； 5. 轴承温度小于或等于75℃，电动机温度符合要求； 6. 油管、接头不漏油； 7. 油压表完好，压力值符合要求			离心脱水工	工作人员不得在离心机上作业

续表

序号	流程步骤	作业内容	作业标准	相关制度	作业表单	作业人员	风险
6	检查出料	1. 检查产品水分情况；2. 检查离心液中颗粒状况，判断筛篮破损情况	1. 产品水分符合要求；2. 颗粒无明显超限，筛篮完好			离心脱水工	采样时严禁身体或者采样器具触碰转动部位
7	汇报填写记录	1. 向相关人员汇报设备运行巡检情况；2. 填写记录	1. 汇报及时、准确；2. 记录真实、准确、无遗漏		交接班记录	离心脱水工	

（四）其他类

宁夏煤业公司根据业务工作实际，制定其他类岗位标准作业流程并推行应用，整体提升安全管理质量。其他类岗位标准作业流程目录（部分）如表3-4-4所示。

表3-4-4　其他类岗位标准作业流程目录（部分）

分类	名称	分类	名称
信息技术中心	应用系统开发标准作业流程	生产安装分公司	铲板车检修标准作业流程
	数据库安装配置和日常维护标准作业流程		支架搬运车检修标准作业流程
	视频会议操作标准作业流程		多功能叉车检修标准作业流程
	华为SDH传输设备配置及日常运行维护标准作业流程		更换特种车轮胎标准作业流程
	服务器安装配置和日常维护标准作业流程		支架搬运车分解、组装标准作业流程
	数字程控交换机维护标准作业流程		铲板车更换铲板L梁标准作业流程
	网络交换机安全标准作业流程		安装采煤机机身标准作业流程
	通信电源标准作业流程		安装采煤机摇臂标准作业流程

◎ 示例　　　　　　　　　　**软件开发标准作业流程**

序号	流程步骤	作业内容	作业标准	相关制度	作业表单	作业人员	风险
1	项目立项	明确项目要解决的问题，确认问题性质、工程目标和规模。从技术、经济、工程等角度对项目进行调查研究和分析比较，并对项目建成后可能取得的经济效益及社会效益进行科学预测	包括项目目标、阶段划分、组织结构、管理流程等关键事项。用户对软件的期望和要实现的基本功能作出准确定位，要求用户方提出详细和清晰的需求描述，并提供相应的业务信息和资料，提交"项目立项建议书"	应用系统研发规范		关键用户项目经理	
2	需求分析	明确系统必须做什么，准确确定系统功能、系统逻辑模型	用户对软件的期望和要实现的基本功能作出准确定位，系统分析师梳理业务需求框架，形成"系统需求说明书"，并由业务负责人审定	应用系统研发规范		系统分析师	

续表

序号	流程步骤	作业内容	作业标准	相关制度	作业表单	作业人员	风险
3	概要设计	系统实现的目的、总体框架、功能模块、界面设计等模块划分及软件结构设计	系统架构师根据用户已验收审核的"系统需求说明书"描述出软件系统的总体蓝图,包括设计系统组织结构图、业务流程图、系统功能模块结构、数据流程图设计、数据库的E-R图设计、数据库表、数据字典以及相应数据逻辑设计等	应用系统研发规范		系统架构师	
4	详细设计	设计每个模块的流程图(程序的详细规格说明),实现具体的系统功能	遵照"概要设计",对整个系统各功能模块进行详细设计,对后续软件编码规范约束的要求加以描述,生成软件界面原型,最后将软件界面原型交由用户方进行评估审定,形成系统数据库、软件设计规格说明书,最终形成"系统详细设计"	应用系统研发规范		系统架构师	
5	程序开发	按照需求分析功能文档和详细设计说明书内容,组织程序开发工程师进行源程序代码编写,根据业务需求翻译软件产品功能	遵照"系统详细设计",写出正确、易理解维护的程序模块	应用系统研发规范		程序开发/数据库工程师	
6	系统测试	软件产品开发完成后,先组织技术开发人员进行软件产品逻辑功能内部测试。测试通过后,提交并组织业务人员进行软件产品功能、性能的单元测试和集成测试	通过各种类型的测试,使软件达到预定要求。在本阶段形成软件测试分析报告	应用系统研发规范		关键用户及程序开发/数据库工程师	
7	系统培训	组织各层级业务人员及系统管理员针对系统功能进行培训	确保各级人员能够独立进行系统操作及维护。本阶段形成用户手册、维护手册			关键用户项目经理	
8	上线运行	功能满足业务后交付使用单位上线使用	保证上线后系统稳定,功能满足用户需要			关键用户	

二、作业流程管理

岗位标准作业流程在制定实施过程中,要充分依据国家有关法律法规、标准规范和管理要求,立足岗位操作实际,紧扣岗位安全责任,充分考虑风险管控、隐患排查治理、岗位技能、行为安全、作业现场以及应急处置等要求,不断改进、完善和提升,确保岗位标准作业流程科学实用。

宁夏煤业公司制定岗位标准作业流程管理办法,设立组织机构。公司生产技术部负责煤矿及地面板块岗位标准作业流程管理,煤制油化工部负责煤制油化工板块岗位标准作业流程管理。严格编制、审核、发布、实施流程,明确学习、培训、检查、考核及奖罚规定,推动岗位标准作业流程贯彻执行到位。

编制、修订岗位标准作业流程应紧密结合各单位现场作业实际,由区队(车间)技术人员和作业人员充分讨论,编制初始作业标准,提交各单位业务部门审核、修订,经公司业务部门审核通过后,报国家能源集团业务部门编制形成作业标准。

宁夏煤业公司作业标准编、审、发管理流程如图3-4-1所示。

（一）组织机构

公司成立岗位标准作业流程工作领导小组,各部门按职责划分对岗位标准作业流程进行管理。各单位是岗位标准作业流程应用的主体单位,负责本单位岗位标准作业流程应用、管理,制定流程应用管理办法。

（二）考核监督

公司对各单位岗位标准作业流程考核纳入公司季度安全生产标准化达标检查,考核实行百分制,占安全生产标准化岗位规范5分。各单位岗位标准作业流程制度不健全、岗位责任不明确,责令限期整改,并对岗位标准作业流程业务负责人进行相应考核。

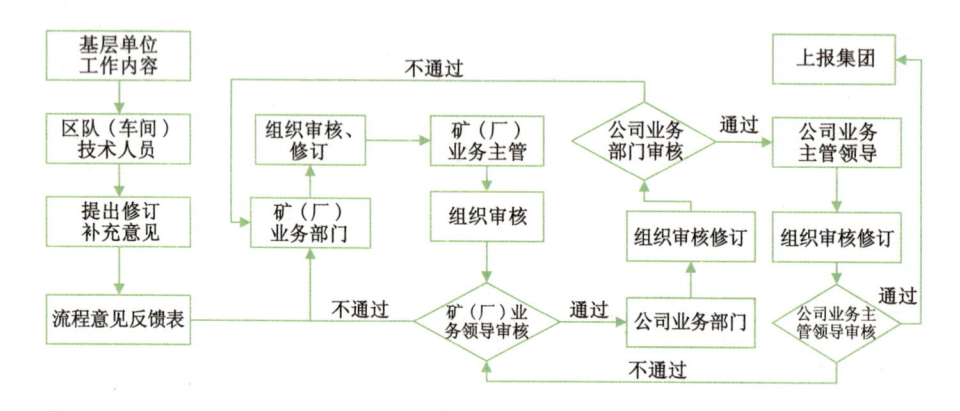

图3-4-1　宁夏煤业公司作业标准编、审、发管理流程图

各单位按照公司岗位标准作业流程应用工作要求,制定流程修订、检查、考核机制,对区队(车间)落实及员工现场执行情况进行监督考核。宁夏煤业公司岗位标准作业流程检查如表3-4-5所示。

表3-4-5　宁夏煤业公司岗位标准作业流程检查表

序号	考核内容	考核标准	标准分值	得分
1	建立健全本单位岗位标准作业流程管理机制	1. 有完善的流程应用管理组织机构、岗位职责、管理制度,缺少一项扣2分	5	
		2. 流程应用管理办法中应明确流程应用的培训学习时间、检查、考核、奖罚制度,缺少一项扣1分	5	
		3. 流程的考核、奖罚要与区队、班组明确挂钩,缺少一项扣1分,没有考核不得分	5	
2	工作计划及执行情况	1. 制订明确的年度、季度工作计划,计划无实质内容的不得分	5	
		2. 年度、季度工作计划不落实一项扣1分,扣完为止	5	

表 3-4-5（续）

序号	考核内容	考核标准	标准分值	得分
3	流程管理办法落实情况	1. 以流程管理系统为依据，查看流程匹配及关联信息填报情况，流程不匹配扣 0.5 分/人，填报不及时扣 0.5 分/条，扣完为止	10	
		2. 有专人定期维护流程系统，确保系统使用正常，无专人维护不得分	5	
		3. 流程培训学习情况（学习人数不全扣 1 分/人，学习时长不达要求扣 1 分/人），扣完为止	15	
		4. 建立健全岗位标准作业流程库，根据设备、生产工艺变化情况及时修订、完善流程。未及时修订流程不得分，流程库不健全、与实际情况不符扣 2 分	10	
4	流程应用情况	检查、考核流程执行情况，每查出 1 人不熟悉 1 条流程扣 1 分，不执行流程扣 2 分，扣完为止（未检查的不得分，未考核的不得分，检查不合格未落实考核的不得分）	25	
5	工作总结（季/年度）	定期完成季度、年度工作总结，总结要分析存在问题，制定措施并按要求及时报送公司生产技术部。工作总结不全面、内容千篇一律或报送不及时的，视情况扣 1~10 分；没有总结不得分	10	
	合计		100	

检查单位负责人：　　　　　　　　　　　　　　检查人：

⚠ "安宁"系统功能

查询各板块岗位标准作业流程库。

第五节　安全生产档案及印章管理

依据国家有关规定和《宁夏回族自治区安全生产条例》，生产经营单位应当建立健全并执行安全生产档案制度。宁夏煤业公司遵照上级规定和国家能源集团档案管理、印章管理要求，制定统一的安全生产档案管理制度和印章管理办法，促进安全生产档案及印章规范管理。

一、安全生产档案

安全生产档案是企业在安全生产工作中形成的文件和各种文字材料，既是安全生产状况的真实反映，又是总结安全生产工作、提高安全管控能力的参考依据。建立安全生产档案可以使安全工作有据可查、有章可循，促进安全管理规范化。宁夏煤业公司将安全生产档案作为企业档案管理的重要组成部分，规范建档、归档、利用、保管等流程，严防流失、泄密、伪造等风险。

（一）档案范围

安全生产档案包括安全台账、资料档案和安全活动记录等，具体为：安全会议台账、安全组织台账、安全教育台账、安全检查台账、隐患治理台账、事故台账、安全工作考核与奖惩台账、消防台账、职业卫生台账、安全防护用品台账、事故应急预案台账、关键装置及重点部位台账、安全评价台账、安技装备台账、特殊工种人员档案、安全学习资料档案、动火作业票证档案和安全活动记录等。

各类台账应填写规范、字迹清晰、保存完好,安全管理部门定期检查、考核。

(二)档案规范

(1)安全会议台账:主要记录公司及各单位关于安全生产的会议(如安全月度例会等)及安全生产文件的传达、学习和贯彻情况。

(2)安全组织台账:各矿(厂)安全组织台账应记录安委会、安全网格化小组、安全监督部门成员等。区队(车间)安全组织台账应记录安全网格化管理等,并记录本单位兼职救护队员、义务消防员组成情况。

(3)安全教育台账:各矿(厂)级安全教育台账应包括管理人员安全教育培训情况。区队(车间)级安全教育台账应包括区队(车间)管理人员及员工安全培训情况、新入职员工三级安全教育情况、特殊工种安全教育及培训考核情况、转岗及离岗半年以上复工人员安全教育情况、从事"四新"技术人员的安全教育情况、事故责任人安全教育情况,以及岗位技术练兵、应急预案演练、外来施工人员安全教育情况等。

(4)安全检查台账:主要记录安全检查时间、检查内容、检查人、检查出的问题、整改措施、完成时间、完成情况等。

(5)隐患治理台账:事故隐患治理应按公司、矿(厂)、区队(车间)实行分级管理,隐患治理台账中应填写隐患名称、隐患级别、隐患所在单位、隐患存在部位、整改费用、整改前临时防范措施、整改方案、整改完成进度、负责人、计划完成时间、实际完成时间、隐患治理后的评估情况等。

(6)事故台账:事故台账实行归口和分级管理。矿(厂)、区队(车间)事故台账应记录所辖范围内发生的各类事故,准确记录事故发生所在单位、事故发生时间、事故类别、事故经过、事故原因、处理决定、防范措施、伤亡人员详细信息等。

(7)安全工作考核与奖惩台账:安全工作考核与奖惩台账记录对各部门、各岗位安全生产责任制的考核情况,包括各级安全工作和安全生产考核细则,对事故单位、个人及不安全行为人员的处罚情况,对防止和避免事故发生人员的奖励情况,以及对在安全管理工作中作出突出贡献单位和个人的表彰奖励情况等。

(8)消防台账:主要记录消防检查情况、消防演练情况、消防设施台账、消防工作会议情况等。

(9)职业卫生台账:主要记录员工体检时间、人数、姓名、性别等,尘、毒、噪声、射线分布情况及定期检测数据。

(10)安全防护用品台账:主要记录防护用品明细、发放和使用检查等情况。

(11)事故应急预案台账:主要记录应急预案类型、应急预案演练等情况。

(12)关键装置、重点部位台账:主要记录关键装置及重点部位承包人员情况、巡检情况、危险点分布平面图等。

(13)安技装备台账:建立安全阀、可燃气体、有毒有害气体报警器、烟雾报警器等台账,记录安技设施变更情况。

(14)安全评价档案:主要记录动态安全评价情况,包括安全评价报告。

(15)安全学习资料:主要包括上级安全类文件、安全会议材料及安全试题库、安全考试卷等学习资料。

(16) 特殊工种人员档案：主要记录特殊工种人员姓名、工种、年龄、本岗位工龄、性别、取证时间、参加培训及复审考试情况等。

(17) 安全活动记录

① 安全活动记录应内容齐全，填写参加人数、参加领导、活动内容、发言情况、领导签字等。

② 安全活动内容：学习安全文件、通报、安全规章制度；学习安全技术知识、劳动卫生知识；结合事故案例，讨论分析典型事故，总结和吸取事故教训；开展岗位练兵和技术比武；检查安全规章制度执行情况和消除事故隐患；开展安全技术座谈、攻关和其他安全活动。

③ 班组安全活动记录应将班组安全会议、安全教育、安全检查、安全活动内容记录清楚。

二、印章管理

涉及安全生产管理的印章使用、管控极为重要。宁夏煤业公司建立印章管理办法，要求公司及各单位指定政治素质好、工作认真负责、责任心强的员工作为印章管理人员，专人领取、保管和用印，维护印章的合法性、权威性、严肃性和安全性。

为确保印章保管安全和使用安全，各类印章应锁入防火防盗保险柜，用印后及时将印章放入保险柜并上锁，不得放置于办公桌等地点。印章应由印章管理人员盖章，禁止交由他人盖章。印章管理人员每天上班后检查保险柜是否完好、有无异样，下班前检查印章是否齐全、保险柜是否上锁，如发现意外或异样情况应立即报告。

实行印章管理人员登记备案制，明确责任，落实到人。印章管理人员因事、因病或休假等原因不在岗，印章管理部门负责人应接管印章，办理交接手续；印章管理人员岗位调整，单位应重新确定印章管理人员并报公司办公室备案；印章交接时应办理交接手续，登记交接起止日期、管理印章类别及数量等，交接双方人员签名，印章管理部门负责人签名认可后备存。

行政印章、党委印章、合同专用印章、法定代表人名章等重要印章原则上不允许带出本单位，确因工作需要带出使用的，按照授权管理办法批准，由印章管理人员及承办业务人员同时外出，保障印章安全。印章管理人员将印章带出期间，应本人随身携带印章，且只可在申请事项材料上盖章。用印完毕后，即刻将印章带回单位保存。禁止在申请事项以外材料上盖章。禁止携带印章在外过夜。

"安宁"系统功能

查阅安全生产档案及印章管理规范与标准。

第四章　双防建设

习近平总书记强调，对易发重特大事故的行业领域要采取风险分级管控、隐患排查治理双重预防性工作机制，推动安全生产关口前移。

宁夏煤业公司自成立以来，始终致力于安全风险管控及隐患排查治理实践与探索。2007年，按照神华集团统一部署，公司全面推广煤矿安全风险预控管理体系，先后开展"管理体系实施年""制度贯彻落实年""管理体系达标年""管理体系提升年"等活动。2011年，该体系作为一项国家安全生产行业标准予以发布。同年8月，国家安全生产监督管理总局和国家煤矿安全监察局发文在全国推行煤矿安全风险预控管理体系。2012年7月，全国煤矿安全生产经验交流现场会在宁夏煤业公司召开，公司安全管理有效做法和煤矿安全风险预控管理实践经验在全国煤矿企业中推广。2013—2019年，公司通过组织开展"本安体系提升年""安全生产责任落实年""找问题、抓整改、促提升"等安全专项活动，构建基层单位、机关部门、公司安委会三个层级风险隐患排查治理机制，推行安全风险和隐患排查治理信息化管理，实施安全管理内审，使安全风险管理和隐患排查治理基础工作得到完善与加强。

近年来，宁夏煤业公司认真贯彻落实习近平总书记关于安全生产重要论述和指示批示精神，依据《中华人民共和国安全生产法》《"十四五"国家安全生产规划》《国务院安委会办公室关于实施遏制重特大安全事故工作指南构建双重预防机制的意见》和自治区、国家能源集团有关规定，传承多年来在安全生产标准化、安全风险预控管理和隐患排查治理等方面的经验与做法，本着"关口前移、源头管控、预防为主、综合治理"原则，按照"严把细节、严格标准、严守流程、严惩违章、严抓现场、严控风险"要求，进一步完善安全生产管理体系，健全安全风险分级管控和隐患排查治理双重预防工作机制，为企业长治久安提供机制保障。

第一节　标准化管理

安全生产标准化管理基于 PDCA 管理模式,针对安全生产涉及的人、机、环、管等要素,以目标、问题、结果为导向,通过落实企业主体责任和全员安全生产责任制,健全安全制度,完善规程标准,建立预防机制,规范生产行为,实现安全健康管理系统化、岗位操作行为规范化、设备设施本质安全化、作业环境器具定置化,保障生产系统中的条件、行为、环节和过程处于安全、健康、合理、有序的状态。

宁夏煤业公司煤矿板块执行国家矿山安全监察局制定的《煤矿安全生产标准化管理体系基本要求及评分方法(试行)》,包括理念目标和矿长安全承诺、组织机构、安全生产责任制及安全管理制度、从业人员素质、安全风险分级管控、事故隐患排查治理、质量控制(通风、地质灾害防治与测量、采煤、掘进、机电、运输、调度和应急管理、职业病危害防治和地面设施等)、持续改进等 8 个方面评分细则和考评办法。煤矿安全生产标准化建设 PDCA 模式如图 4-1-1 所示。

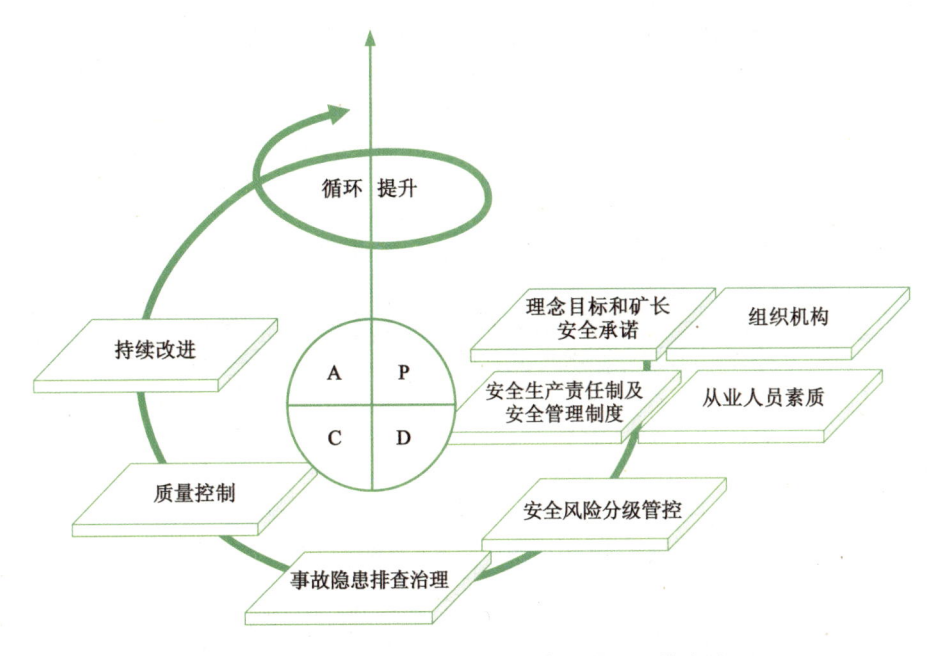

图 4-1-1　煤矿安全生产标准化建设 PDCA 模式图

煤制油化工板块执行国家应急管理部印发的《危险化学品从业单位安全生产标准化评审工作管理办法》,包括法律法规和标准、管理制度、作业安全、机构和职责、职业健康、风险管理、生产设施及工艺安全、危险化学品管理、事故与应急、培训教育、检查与自评、本地区的要求等 12 个方面的评分细则和考评办法。

生产辅助和专业化服务单位执行国家能源集团制定的《选煤厂安全生产标准化管理体系基本要求及评分方法》《井下搬家倒面专业化服务单位安全生产标准化管理体系基本要求及评分方法》《煤矿设备维修单位安全生产标准化管理体系基本要求及评分方法》《三供

单位安全生产标准化管理体系基本要求及评分方法》，主要包括安全管理标准化（理念目标、组织机构、安全风险分级管控、隐患排查治理、从业人员素质等）和生产标准化（工艺管理、质量控制、特种设备管理、危险化学品管理、消防管理、事故与应急管理等）两方面评分细则和考评办法。

一、组织机构

推进安全生产标准化管理体系建设，是落实企业安全生产主体责任的重要途径，是实施安全生产分类指导、分级管理的重要依据，是有效防范企业生产安全事故发生的重要手段。以煤矿板块为例，宁夏煤业公司根据国家安全生产标准化管理体系建设相关规范和要求，依据国家能源集团制定的《关于推进安全生产标准化管理体系建设的指导意见》，按照"标准到位、责任到位、执行到位、考核到位"原则，成立安全生产标准化管理体系建设领导小组，研究制定公司体系建设工作内容、目标、计划，组织开展体系建设考核、评审和持续改进工作。宁夏煤业公司安全生产标准化管理体系建设领导小组组织架构如图 4-1-2 所示。

图 4-1-2　宁夏煤业公司安全生产标准化管理体系建设领导小组组织架构图

宁夏煤业公司根据煤矿板块管理和专业属性，明确公司相关部门在煤矿安全生产标准化管理体系 15 个要素（专业）的服务、指导、检查、考核职责与权限，具体为：

（1）理念目标和矿长安全承诺：安全环保监察部为主责部门，负责全部项目。

（2）组织机构：安全环保监察部为主责部门，负责安全管理组织机构与安全办公会议管理。

（3）安全生产责任制及安全管理制度：安全环保监察部为主责部门，负责全部项目的建立、运行及更新监督。

（4）从业人员素质：人力资源部为主责部门，负责人员准入及从业能力的培训、提升；安全环保监察部负责安全培训、不安全行为管理；工会负责班组安全建设。

（5）安全风险分级管控：安全环保监察部为主责部门，负责全部项目。

（6）事故隐患排查治理：安全环保监察部为主责部门，负责全部项目。

（7）通风：生产技术部为主责部门，负责通风系统、局部通风、通风设施、瓦斯管理、突出防治、瓦斯抽采、安全监控（部分），以及防灭火、粉尘防治、爆破管理和基础工作；机电管理部负责安全监控；社会事务部参与爆破管理。

（8）地质灾害防治与测量：生产技术部为主责部门，负责全部项目。

（9）采煤：生产技术部为主责部门，负责基础管理、质量与安全、员工素质及岗位规范、文明生产、附加项（技术进步）；机电管理部负责机电设备。

（10）掘进：生产技术部为主责部门，负责生产组织、技术保障、工程质量与安全、员工素质及岗位规范、文明生产、附加项（无损检测和智能化）；机电管理部负责设备管理。

（11）机电：机电管理部为主责部门，负责全部项目。

（12）运输：机电管理部为主责部门，负责运输线路、运输设备、运输安全设施、运输管理、员工素质及岗位规范、文明生产；生产技术部负责巷道硐室；安全环保监察部负责无轨胶轮车安全运行监管。

（13）调度和应急管理：生产指挥中心为主责部门，负责调度基础工作，调度管理，调度信息化中的监控系统、人员（车辆）位置监测和信息管理系统，员工素质及岗位规范；机电管理部负责调度信息化中的通信装备、图像监视系统维护保养和升级；安全环保监察部负责应急管理。

（14）职业病危害防治和地面设施：安全环保监察部为主责部门，负责职业病危害防治管理、职业病危害、职业健康监护、职业病病人保护；社会事务部负责办公场所、两堂一舍、员工生活服务、工业广场；机电管理部负责地面设备材料库。

（15）持续改进：安全环保监察部为主责部门，负责推进整个体系的持续改进。

各煤矿成立以主要负责人为组长、分管领导为副组长、各相关业务部门和区队负责人为成员的安全生产标准化管理体系建设工作领导小组，分级落实体系建设工作责任，明确15个要素（专业）的归口责任部门和职责权限，推进安全生产标准化管理体系建设工作的现场落实。

二、规划目标

宁夏煤业公司根据各单位安全生产标准化管理体系建设实际进行现状梳理，客观分析创建条件，合理编制年度达标计划和工作要点，制定工作措施，落实建设责任，明确任务分工，强化动态考评，注重巩固提升，确保年度目标顺利完成。

◎ 示例　　宁夏煤业公司2023年安全生产标准化管理体系建设达标计划（节录）

（一）煤矿板块

1. 公司级达标计划

一级单位12个:白芨沟煤矿、红柳煤矿、石槽村煤矿、金凤煤矿、任家庄煤矿、灵新煤矿、麦垛山煤矿、双马一矿、金家渠煤矿、红石湾煤矿、生产安装分公司、综掘服务分公司。

二级单位5个:羊场湾一号井、羊场湾二号井、枣泉煤矿、梅花井煤矿、清水营煤矿。

2. 国家级达标计划

双马一矿、灵新煤矿保持国家一级。

麦垛山煤矿、金家渠煤矿、任家庄煤矿达标国家一级。

红柳煤矿、石槽村煤矿保持国家二级,力争达标国家一级。

白芨沟煤矿、红石湾煤矿、羊场湾一号井、梅花井煤矿保持国家二级。

羊场湾二号井、枣泉煤矿、金凤煤矿达标国家二级。

清水营煤矿保持国家三级,力争达标国家二级。

3. 绿色矿山建设达标计划

双马一矿、羊场湾煤矿、任家庄煤矿、枣泉煤矿达到国家级绿色矿山建设标准。

灵新煤矿、白芨沟煤矿达到自治区级绿色矿山建设标准。

(二)煤制油化工板块

1. 公司级达标计划

一级单位12个:烯烃一分公司、烯烃二分公司、甲醇分公司、煤制油合成油厂、煤制油空分厂、煤制油电气管理中心、煤制油仪表管理中心、煤制油化工安装检修分公司、煤制油化工公用设施管理分公司、煤制油化工质检计量中心、应急救援中心、煤炭化学工业技术研究院。

二级单位7个:煤制油分公司、煤制油气化一厂、煤制油气化二厂、煤制油动力厂、煤制油公用工程管理中心、煤制油化工工程建设指挥部、煤制油化工销售分公司。

三级单位1个:精蜡化工有限公司。

2. 国家级达标计划

烯烃一分公司和甲醇分公司力争达标国家一级。

煤制油分公司达标国家二级,烯烃二分公司保持国家二级。

煤制油化工公用设施管理分公司保持国家三级。

(三)地面各单位

一级单位8个:洗选中心、物业服务分公司、信息技术中心、质检计量中心、环境监测中心、矿山机械制造维修分公司、水电分公司、能源工程有限公司(环安分公司)。

二级单位5个:物资公司、宁夏煤炭基本建设有限公司、宁夏亘元房地产开发有限公司、水务公司、银北矿区管理办公室。

三级单位7个:能源工程有限公司、运销公司、宁夏工业职业学院、新闻中心、治安保卫总队、车辆管理中心、阳光艺术团。

(四)工作要点

(1)提高思想认识,加强组织领导。公司各单位、机关各部门要充分认识开展安全生产标准化管理体系建设和绿色矿山达标创建工作的重要性、紧迫性和必要性,深入宣传、广泛发动,列为安全生产目标考核的重要内容,做精、做细、做实、做出成效。

(2)细化创建目标,制定达标方案。各单位围绕创建工作目标,细化本单位年度、季度、月度达标计划,分级确立目标指标,制定工作方案和保障措施,并将目标指标分解到本单位领导班子成员、部门、区队(车间),贯彻落实到各层级各岗位。

(3) 注重过程管控,实现动态达标。各单位坚持生态优先、绿色发展,持续完善并落实安全环保管理制度,强化内部考核,定期开展达标创建检查总结分析,实施过程管控。机关各部门应加强对安全生产标准化、绿色矿山达标创建工作的日常监督检查,督促工作方案落实,及时掌握创建工作进展,着力提高动态达标质量。

(4) 加强培训指导,持续总结提升。各单位应组织安全生产标准化管理体系相关培训,提高全员达标创建工作能力。及时总结好的经验和做法,巩固和提升动态达标成果,全面推进安全生产标准化创建工作深入开展。

◎ 示例　　**金凤煤矿2023年安全生产标准化管理体系建设达标计划**

为进一步推进安全生产标准化管理体系建设,夯实安全管理基础,保障从业人员安全健康,确保年内达到安全生产标准化一级矿井,特制订金凤煤矿2023年安全生产标准化管理体系建设达标计划。具体见下表。

金凤煤矿2023年安全生产标准化管理体系建设达标计划表

序号	专业名称		分值	权重	1月	2月	3月	4月	5月	6月	7月	8月	9月	10月	11月	12月
1	理念目标和矿长安全承诺		100	0.03	90	90	90	90	90	90	91	91	91	91	91	91
2	组织机构		100	0.03	90	90	90	91	91	91	92	92	92	92	92	92
3	安全生产责任制及安全管理制度		100	0.03	92	92	92	92	93	93	91	91	91	92	92	92
4	从业人员素质		100	0.06	89	89	89	90	90	90	91	91	91	93	93	93
5	安全风险分级管控		100	0.15	89	89	89	90	90	90	91	91	91	92	92	92
6	事故隐患排查治理		100	0.15	90	90	90	91	91	91	92	92	92	92	92	92
7	质量控制	通风	100	0.10	90	90	90	90	90	90	90	90	90	90	90	90
		地质灾害防治与测量	100	0.08	90	90	90	90	90	90	90	90	90	90	90	90
		采煤	100	0.07	92	92	92	92	92	93	93	93	93	93	93	93
		掘进	100	0.07	91	91	91	91	91	91	92	92	92	92	92	92
		机电	100	0.06	92	92	92	92	92	93	93	93	93	93	93	93
		运输	100	0.05	91	91	91	91	91	92	92	92	93	93	93	93
		调度和应急管理	100	0.04	89	89	89	90	90	90	91	91	91	91	91	91
		职业病危害防治和地面设施	100	0.03	89	89	89	90	90	90	91	91	91	92	92	92
8	持续改进		100	0.05	89	89	89	90	90	91	91	91	91	92	92	92
	矿井总得分				90	90	90	91	91	91	91	91	91	92	92	92

"安宁"系统功能

查阅公司及所属单位年度安全生产标准化管理体系建设达标计划。

三、保障措施

（一）明确职责

宁夏煤业公司明确各部门在安全生产标准化管理体系建设中的职责权限，建立指导考核机制，推动业务保安责任落实。各单位明确主管领导、分管领导、业务部门、区队（车间）安全生产标准化达标创建职责。

（二）科学规划

公司每年年初下达年度安全生产标准化管理体系建设达标计划，建立"责任全覆盖、区域全覆盖、专业全覆盖、时段全覆盖、检查全覆盖、考核全覆盖"的标准化内部考核机制，对年度达标单位进行奖励，对未达标单位领导班子成员进行约谈、问责。

（三）培训指导

公司及各单位利用集中培训、专题讲座等形式，对安全生产标准化管理体系各要素进行培训，确保全员对体系标准理解认识执行到位。各单位建立主要负责人、主管领导、分管领导、总工程师和工程技术人员兼职授课机制，分专业建立兼职教师师资库，分层级开展安全生产标准化相关培训。

（四）考核评比

安全生产标准化管理体系考核采用日常动态检查和专业检查相结合、专项检查与集中检查相结合、公司验收与上级验收及政府部门监察相结合的方式进行。机关各部门按照业务保安职责严格考核，人力资源部按照公司安全生产标准化绩效工资考核办法兑现绩效工资。公司安全环保监察部、生产技术部、机电管理部等部门按照专业质量控制要素，每季度对精品工程（系统）进行考核评比。各单位应加强标杆区队、标杆班组评选，公司适时组织召开安全生产标准化管理体系建设经验交流会议，树立标杆，推广经验，全面推进安全生产标准化建设。

> **"安宁"系统功能**
>
> 查阅宁夏煤业公司安全生产标准化管理体系建设组织机构、创建目标、考核标准及达标情况。

四、达标考评

宁夏煤业公司制定安全生产标准化管理体系建设考核定级标准、考核定级流程和内部考核规定，组织开展日常检查、评分、考评等工作。

（一）考核定级标准

煤矿安全生产标准化管理体系等级分为一级、二级、三级。

1. 一级

煤矿安全生产标准化管理体系考核加权得分及各部分得分均不低于90分，且不存在下列情形：

（1）井工煤矿井下单班作业人数超过有关限员规定的。

(2) 发生生产安全死亡事故,自事故发生之日起,一般事故未满 1 年、较大及重大事故未满 2 年、特别重大事故未满 3 年的。

(3) 安全生产标准化管理体系一级检查考核未通过,自考核定级部门检查之日起未满 1 年的。

(4) 因管理滑坡或存在重大事故隐患且组织生产被降级或撤销等级未满 1 年的。

(5) 露天煤矿采煤对外承包的,或将剥离工程承包给 2 家(不含)以上施工单位的。

(6) 被列入安全生产"黑名单"或在安全生产联合惩戒期内的。

(7) 井下违规使用劳务派遣工的。

2. 二级

煤矿安全生产标准化管理体系考核加权得分及各部分得分均不低于 80 分,且不存在下列情形:

(1) 井工煤矿井下单班作业人数超过有关限员规定的。

(2) 发生生产安全死亡事故,自事故发生之日起,一般事故未满半年、较大及重大事故未满 1 年、特别重大事故未满 3 年的。

(3) 因存在重大事故隐患且组织生产被撤销等级未满半年的。

(4) 被列入安全生产"黑名单"或在安全生产联合惩戒期内的。

3. 三级

煤矿安全生产标准化管理体系考核加权得分及各部分得分均不低于 70 分。

(二) 考核定级流程

煤矿安全生产标准化管理体系考核定级流程严格按照《煤矿安全生产标准化管理体系考核定级办法(试行)》执行。

(1) 煤矿安全生产标准化管理体系等级实行分级考核定级。申报一级的煤矿由省级煤矿安全生产标准化工作主管部门组织初审,国家矿山安全监察局组织考核定级。申报二级、三级煤矿的初审和考核定级部门由省级煤矿安全生产标准化工作主管部门确定。

(2) 煤矿安全生产标准化管理体系考核定级按照企业自评申报、初审、考核、公示、公告的程序进行。煤矿企业和各级煤矿安全生产标准化工作主管部门,应通过全国"煤矿安全生产标准化管理体系信息管理系统"(以下简称"信息系统")完成申报、初审、考核、公示、公告等各环节工作。未按照规定的程序和信息化方式开展考核定级等工作的,不予公告确认。对考核未达到一、二级等级要求的申报煤矿,初审部门组织按下一个等级进行考核定级。

(3) 煤矿取得安全生产标准化管理体系相应等级后,考核定级部门每 3 年进行一次复查复核。由煤矿 3 年期满前 3 个月重新自评申报,各级安全生产标准化工作主管部门按上述规定进行考核定级。

(4) 经考核确定为安全生产标准化管理体系一级的煤矿,作出符合一级体系要求的承诺,且同时满足以下条件的,可在 3 年期满时直接办理延期:

① 煤矿一级等级 3 年期限内保持瓦斯"零超限"和井下"零突出""零透水""零自燃""零冲击"(无冲击地压事故)。

② 井工煤矿采用"一井一面"或"一井两面"生产模式。

③ 井工煤矿采煤机械化程度达到 100%;露天煤矿采剥机械化程度达到 100%。

(5) 办理直接延期的安全生产标准化管理体系一级煤矿,应在3年期满前3个月通过信息系统自评申报,由省级煤矿安全生产标准化工作主管部门组织对其条件进行审核,并就该矿是否在3年期限内发生生产安全死亡事故、存在重大事故隐患且组织生产的情况征求当地煤矿安全监管监察部门意见,审核合格后通过"信息系统"报送国家矿山安全监察局备案并予以公告。未达到安全生产标准化管理体系一级的煤矿不执行延期制度。

(6) 达标煤矿的监管。

① 煤矿安全生产标准化工作主管部门结合属地监管原则,每年根据检查计划按一定比例对达标煤矿进行抽查。其中,对不具备原有标准化管理体系达标水平的煤矿,降低或撤销取得的安全生产标准化管理体系等级;对存在重大事故隐患且组织生产的煤矿,撤销其取得的安全生产标准化管理体系等级;对停产超过6个月的煤矿,撤销其原有安全生产标准化管理体系等级,待复产时重新申报。

② 对发生生产安全死亡事故的煤矿,自事故发生之日起降低或撤销其取得的安全生产标准化管理体系等级。一级、二级煤矿发生一般事故时降为三级,发生较大及以上事故时撤销其等级;三级煤矿发生一般及以上事故时撤销其等级。

③ 降低或撤销煤矿所取得的安全生产标准化管理体系等级后,应及时通过"信息系统"将相关情况报送原等级考核定级部门。

④ 对安全生产标准化管理体系等级被撤销的煤矿,实施撤销决定的标准化工作主管部门将依法责令其立即停止生产,进行整改,待整改合格后重新提出申请。

⑤ 各级煤矿安全生产标准化工作主管部门每年组织对直接延期的安全生产标准化管理体系一级煤矿开展重点抽查。对达不到一级等级要求的煤矿,予以降级或撤销等级。被降级的煤矿1年内不受理一级等级申请,被撤销等级的煤矿2年内不受理一级等级申请。

⑥ 安全生产标准化管理体系达标煤矿应加强日常检查,每季度至少组织开展1次全面自查,并将自查结果录入信息系统,煤矿上级企业每半年至少组织开展1次全面自查,形成自查报告,并依据自身的安全生产标准化管理体系等级,通过信息系统向相应的考核定级部门报送自查结果。安全生产标准化管理体系一级煤矿的自评结果应报送省级煤矿安全生产标准化工作主管部门。

(三) 内部考核规定

为强化授权管理和分级管控,宁夏煤业公司在严格执行《煤矿安全生产标准化管理体系考核定级办法(试行)》《煤矿安全生产标准化管理体系基本要求及评分方法(试行)》的基础上,参照以上规定推行公司内部煤矿板块考核定级管理,将煤矿安全生产标准化管理体系的15个要素(专业)划分为主要素和常规要素两类。

主要素包括通风、地质灾害防治与测量、采煤、掘进、机电、运输等6个要素。

常规要素分为综合管理要素和其他常规要素两类。其中,综合管理要素将煤矿安全生产标准化管理体系中的理念目标和矿长安全承诺、组织机构、安全生产责任制及安全管理制度、从业人员素质、持续改进等5个要素整合,作为一个要素项目,综合其子要素权重,最终以百分制形式打分。其他常规要素包括安全风险分级管控、事故隐患排查治理、调度和应急管理、职业病危害防治和地面设施等4个要素。

1. 考核方式

(1) 主要素考核

通风、地质灾害防治与测量、采煤、掘进等4个主要素由生产技术部牵头负责,安全环保监察部、机电管理部、社会事务部(参与爆破管理检查)配合,对各煤矿单位每季度考核排名一次。

机电、运输2个主要素由机电管理部牵头负责,安全环保监察部、生产技术部配合,对各煤矿单位每季度考核排名一次。

(2) 常规要素考核

常规要素由安全环保监察部牵头负责,人力资源部、生产指挥中心、社会事务部、工会等部门配合,对煤矿单位每半年考核排名一次。

2. 考核周期

(1) 月度考核

每季度前2个月的安全生产标准化管理体系建设检查由矿自行组织,并将各要素检查结果上报至公司主责及牵头部门。

公司各主责部门根据分工分别审核,结合日常动态检查情况打分后报主管领导、分管领导审核,审核结果报公司安全环保监察部。

主要素主责部门加强日常动态监督检查,将采煤、掘进、主运输、主井、主排水、主通风机、辅助运输等设备现场运行质量作为月度标准考核的重点内容,创新加分,严格执行各要素标准评分表附加项相关评分规定。

安全环保监察部汇总审核结果,结合日常安全情况打分后,于每月月底前报公司分管领导审核。

公司分管领导在每月月底前审核评定煤矿单位安全生产标准化管理体系建设最终考核得分及达标结果。

(2) 季度考核

每季度最后一个月,各主要素由公司安全环保监察部牵头组织,生产技术部、机电管理部等部门根据分工选派人员检查考核,结合日常动态考核情况打分,并将考核打分情况报安全环保监察部汇总。生产技术部、机电管理部可以根据实际需要,对本部门主责的主要素自行组织开展季度专项检查考核,结合日常动态检查情况打分,并将考核打分情况报安全环保监察部汇总。每季度最后一个月,常规要素由公司主责及牵头部门根据日常动态检查情况考核打分,并将考核打分情况报安全环保监察部汇总。

每年6月,由公司集中组织进行年中煤矿安全生产标准化管理体系考核验收。各主责部门根据分工参与检查考核,结合日常动态检查情况打分,各检查组将考核打分情况报安全环保监察部汇总。

每年12月,各要素主责部门根据公司安全环保检查结果,结合国家能源集团年度安全环保考核和日常动态检查情况打分,并将考核打分情况报安全环保监察部汇总。

各要素主责部门应将政府部门检查出的问题一并纳入煤矿月度、季度安全生产标准化管理体系建设考核。

安全环保监察部汇总最终考核结果,报公司主管领导、分管领导审核,主要领导审定。

3. 奖惩措施

(1) 月度安全生产标准化管理体系建设考核奖惩。

根据月度考核最终得分,煤矿单位达到规划等级及以上,全额兑现当月安全生产标准化工资;未达到规划等级或不达标的,扣减每人当月安全生产标准化工资相应额度。

(2)季度安全生产标准化管理体系建设考核奖惩。

根据季度考核最终得分,煤矿单位达到规划等级及以上,全额兑现当月安全生产标准化工资;等级下降的,扣减每人当月安全生产标准化工资相应额度,逐级累进。

所有煤矿单位,季度考核专业得分排名最后一名的,扣减专业主管领导当月相应安全责任期金。

季度考核综合得分排名第一名的单位,分别奖励单位党政负责人相应额度;专业排名第一名的单位,奖励专业主管领导相应额度,分别奖励单位党政负责人相应额度;专业排名第二名的单位,奖励专业主管领导相应额度,分别奖励单位党政负责人相应额度。

对个人考核的处罚奖励,按照"就高"和"不重复"原则执行。

(3)煤矿单位月度发生死亡事故,季度考核时根据评比结果降低一个级别兑现当月安全生产标准化工资。

(4)执行"先进重奖制"。

季度奖励:每季度对达标一级单位的第一名加奖相应额度;对达标二级单位的第一名加奖相应额度。此项奖励资金来源为日常安全生产标准化工资考核后的结余部分,不足部分由公司补充,重奖后的剩余部分在年度内滚动使用。

国家一级、二级奖励:各生产煤矿应积极推进安全生产标准化管理体系国家一级、二级达标创建工作,通过验收达到国家一级、二级的,对矿井给予一次性奖励相应额度。奖励资金由公司单列。

(5)公司机关各相关部门严格考核,避免"人情分""无差别""轮流坐庄"等打分失真现象,杜绝考核流于形式。季度考核时,专业得分如出现分值相同,主责部门应结合日常动态检查等情况评出最终得分并确定名次;综合得分排名相同时,安全环保监察部应结合考核结果及隐患(问题)、轻重伤和非伤亡事故数量等指标评出最终名次。

> **"安宁"系统功能**
>
> 查阅安全生产标准化管理体系考核定级(含内部考核)标准、流程、结果等。

五、精品创建

宁夏煤业公司致力于为安全生产标准化管理体系建设营造良好的内外部环境,持续加强文明生产管理,在公司各作业现场和地点开展安全生产标准化提升工程、放心工程、优质工程等"精品工程"创建活动,并及时总结、推广经验。

(一)文明生产

文明生产包括生产区域保持整理、整顿、清扫、清洁、素养、安全"6S"管理标准,生产现场保持管线、工具、设备、材料、工件等定置管理,光线照明符合作业需要,设备仪器保持良好运行状态等。在现场管理中,文明生产按照安全生产标准化具体要求,为生产现场保持良好的环境和秩序。主要内容为:

(1)员工文明操作,执行岗位标准作业流程等规定,无不安全行为。

(2) 严格执行各项规章制度及工艺操作规程。

(3) 保持生产环境干净整洁,职业健康防护到位。

(4) 工艺流程标准化,班组生产规范化。

(5) 工器具齐全,设备、仪器、工具及现场各类物品定置化管理。

(6) 管路、缆线等安装、吊挂整齐有序,分类标识清晰准确。

(7) 各类标识、牌板等齐全完整并整齐悬挂,内容符合安全生产标准化规定。

(8) 高质量、高标准、高要求服务好下一班和下一工序。

(9) 制定标准规范与相应的检查考核规定,建立定期评比评选制度。

(10) 区队(车间)、班组文明生产由专人分工负责,矿(厂)设服务、指导、监督、考核部门,公司纳入安全生产标准化达标考核与精品工程评选。

◎ 示例　　　　　　　　　**灵新煤矿文明生产管理规定(节录)**

1. 采煤工作面管线、电缆管理

(1) 两巷管线吊挂位置及高度统一,管线吊挂平顺,垂度一致,严格按标准执行。

(2) 电缆按监测、通信、信号、低压、高压顺序分档吊挂,垂度一致,电缆钩固定上下平直,距离一致,高度不超过 30 mm。

(3) 管路吊挂间距均匀,与巷道坡度一致,杜绝跑、冒、滴、漏现象。

(4) 各类管线、电缆及时进行日常卫生清扫。

(5) 以两巷超前向外 20 m 为界,20 m 以外为永久吊挂,超前 20 m 至工作面为临时吊挂,临时吊挂的各类电缆管线吊挂合理可靠,不落地,不使用时按规定盘好存放。

(6) 风、水、注浆管路按标准编号管理。

2. 采煤工作面图牌板管理

(1) 图牌板统一制作管理,生产技术科负责图牌板内容审查确定。

(2) 图牌板制作应规格统一、摆放整齐,吊挂地点选择顶板条件好、顶板无淋水、底板无积水、有照明的地方。

(3) 图牌板应保持清洁,发现有明显积尘及时清理,内容应根据工作面情况及时进行更换。

(4) 施工图牌板挪移、日常保护等由区队安排专人负责。

3. 掘进工作面管线、电缆管理

(1) 管路吊挂高度统一,管托钩间距均匀。

(2) 电缆按监测、通信、信号、低压、高压顺序分档吊挂,电缆钩固定上下平直,距离一致。

(3) 以掘进工作面迎头向外 20 m 为界,20 m 以外为永久吊挂,20 m 至工作面为临时吊挂,临时吊挂的各类电缆管线吊挂合理可靠,不落地,不使用时按规定盘好存放。

4. 掘进工作面文明卫生

(1) 巷道底板必须保持平整干净,无浮煤、无淤泥、无积水、无台阶、无任何杂物,沿途杜绝浮矸、浮煤,定期安排人员清理。

(2) 有水沟的巷道,水沟应保持畅通,不得有杂物。

(3) 设备工具必须放在专用工具架上或工具箱内,不得随意落地。各类钻机设备贴帮放置在指定地点,严禁倒地。

(4) 带式输送机下方及内侧不得有积煤(矸),掉落的大块矸石要当班运出,带式输送机司机负责前后 10 m 范围内的文明卫生。

◎ 示例　　　　　　　　　　煤制油分公司文明生产管理规定

1. 人

(1) 遵章守纪,严格执行各项规章制度,做到令行禁止。

(2) 遵守社会公德和职业道德,尊师爱徒、团结友爱、说话客气、礼貌待人。

(3) 讲究卫生、养成良好习惯,不随地吐痰,不随地乱扔果壳、纸屑等杂物垃圾。

(4) 工作认真,坐姿端正,精神饱满,思想集中,不谈笑嬉闹,不做与工作无关的事。

(5) 出入生产场所及厂区必须戴安全帽、着工装、佩戴出入证件(工作证佩戴在左胸位置)。

2. 生产厂区环境

(1) 厂区内禁止吸烟及带烟火等物品。

(2) 厂区道路平整畅通、路标齐全,场地保持清洁,不随意堆放物资器材,工业垃圾、废物按指定地点堆放,定时清理。

(3) 厂区内沟道、窨井、孔洞盖板齐全,下水道无阻塞,电缆沟、管沟内整洁无杂物。

(4) 厂区内路灯照明齐全、良好,各类标识符合要求。

(5) 厂区内运输灰、渣、土等散料的车辆经过厂区道路时应有防止装载物散落措施。

(6) 厂区内各类建筑物外观整洁,内外装饰保持完好,室内壁白地清,门窗玻璃齐全、洁净明亮,无不规则悬挂物。

(7) 厂区内不准随意停放自行车、摩托车,应整齐停放在车棚或指定区域。

(8) 厂区内绿化区域无杂草、垃圾、杂物,养护良好。

3. 生产(工作)场所、厂房

(1) 生产场所地面、墙壁整洁,通道畅通,栏杆完好;沟道盖板整齐完好,无垃圾杂物,无明显积灰、油渍、污迹。

(2) 厂房整洁明亮,照明良好,金属框架完好;温度、噪声、粉尘应符合劳动保护规定标准;一般不堆放备品备件、材料,确需堆放时,应按指定地点堆放整齐,并有保护措施及时间限定。

(3) 安全防护设置齐全,平台、楼梯、扶手、护板完整,消防器材、检修用具及其他工器具应摆放整齐、清洁完好。

(4) 现场控制室内,清静、整洁、明亮、壁白地净、窗帘完好、干净,室内禁止吃零食;无闲散人员休息闲聊。

(5) 操作人员坚守岗位,监护到位、精心操作,严守劳动纪律,坐立姿势端正;操作日志记录和台账齐全、完整,记录准确,文字工整,清晰无涂改和缺页。

(6) 生产区域内,除化验产品检验、固定动火区外,其他任何地点严禁使用明火,必要时办理动火证。

(二) 精品申报

1. 精品工程(系统)评选奖励

公司安全环保监察部、生产技术部和机电管理部针对通风、采煤、掘进、机电、运输、地质灾害防治与测量等6个主要素,制定精品采掘工作面、精品系统、精品机房硐室等精品工程的评选细则,每季度对各类精品工程(系统)进行评选奖励:

(1) 安全环保监察部负责"精品综采(放)面"的组织评选工作,每季度评选不超过8个,每个奖励相应额度。

(2) 安全环保监察部负责"精品掘进面"的组织评选工作,每季度评选不超过8个,每个奖励相应额度。

(3) 生产技术部负责"一通三防精品工程(系统)"的组织评选工作,每季度评选不超过4个,每个奖励相应额度。

(4) 生产技术部负责"防治水精品工程""矿压治理精品工程"的组织评选工作,每季度每类评选不超过3个,每个奖励相应额度。

(5) 机电管理部负责"精品供电系统""精品安全监控(信息化)系统""精品机房硐室"的组织评选工作。其中,"精品供电系统""精品安全监控(信息化)系统"每季度每类评选不超过3个,每个奖励相应额度;"精品机房硐室"每季度评选不超过4个,每个奖励相应额度。

(6) 机电管理部负责"精品主提升运输系统""精品辅助运输系统"的组织评选工作,每季度每类评选不超过3个,每个奖励相应额度。

2. 精品工程(系统)评比流程

宁夏煤业公司精品工程(系统)评比流程为:

(1) 区队(车间)申报精品项目。

(2) 矿(厂)专业部门自查自评,形成申报材料。

(3) 矿(厂)主管领导、分管领导、主要负责人审批。

(4) 公司组织相关部门现场核验评比。

(5) 评比结束后,安全环保监察部汇总结果并上报分管领导、总经理审批。

(6) 人力资源部根据最终审批结果兑现奖励。

宁夏煤业公司精品工程(系统)申报评比流程如图4-1-3所示。

图 4-1-3 宁夏煤业公司精品工程(系统)申报评比流程图

公司对已评选的精品工程进行跟踪督导检查,评比部门负责对评定的精品工程开展"回头看"复验,提出改进要求。对低于精品工程(系统)标准,出现安全、质量等方面严重问题的,给予经济处罚或取消资格。其中,安全环保监察部负责采掘工作面精品工程(系统)评选及"回头看"复验;生产技术部负责"一通三防"、防治水、矿压治理精品工程(系统)评选及"回头看"复验;机电管理部负责供电系统、安全监控系统、机房硐室、主提升运输系统、辅助运输系统精品工程(系统)评选及"回头看"复验。

> **"安宁"系统功能**
>
> 查询精品工程(系统)申报评比流程,完成精品工程(系统)线上申报并查询评比结果。

第二节 双防业务

双重预防机制是指安全风险分级管控机制和事故隐患排查治理机制。安全风险分级管控是指企业通过识别生产经营活动中存在的危险、有害因素,并运用定性或定量的统计分析方法确定其风险严重程度,进而确定风险控制的优先顺序和风险控制措施,以达到改善安全生产环境、防范和杜绝生产安全事故目标而采取的措施、规定。事故隐患排查治理是生产经营单位安全生产管理过程中的一项法定工作,根据《中华人民共和国安全生产法》第三十八条规定,生产经营单位应当建立健全生产安全事故隐患排查治理制度,采取技术、管理措施,及时发现并消除事故隐患。

宁夏煤业公司推进双重预防机制建设,通过双闭环管理构筑安全生产双重"防火墙"。第一重为风险预控,通过加强风险辨识、风险评估、责任分级、完善措施等,保障风险可控在控;第二重为隐患治理,通过加强隐患排查、整改、验收、销号闭环管理,保障隐患尽查尽改。同时,配套建设煤矿双重预防管理信息系统,实现风险记录、管控、分析、上报,以及隐患排查治理录入、跟踪、预警、考核等全流程信息化管理,及时发现风险控制过程中可能出现的缺失、漏洞及失效环节,把隐患消灭在事故发生之前。宁夏煤业公司双重预防机制流程如图 4-2-1 所示。

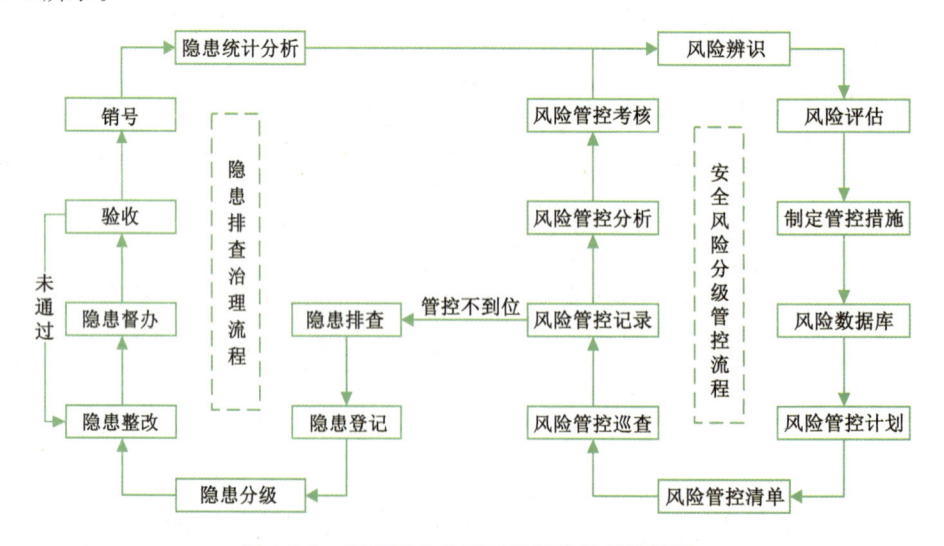

图 4-2-1 宁夏煤业公司双重预防机制流程图

一、风险管控

实施风险分级管控,对生产活动范围内的危害因素及安全风险进行识别、评价、分级和管控,采取合理可行的风险控制措施,可以有效防范和减少事故发生,降低事故造成的损失。

宁夏煤业公司建立以主要负责人为第一责任人的安全风险分级管控责任体系,明确职责流程,通过年度风险辨识和专项风险辨识来划分风险等级,落实风险管控责任,建立责任清单,制定防控措施,形成闭环管理。公司风险分级管控程序分为五个阶段,即风险辨识、风险评估、风险清单、风险控制、风险分析,五个阶段循序渐进、缺一不可,均为风险分级管控程序的重要组成部分。宁夏煤业公司安全风险分级管控流程如图 4-2-2 所示。

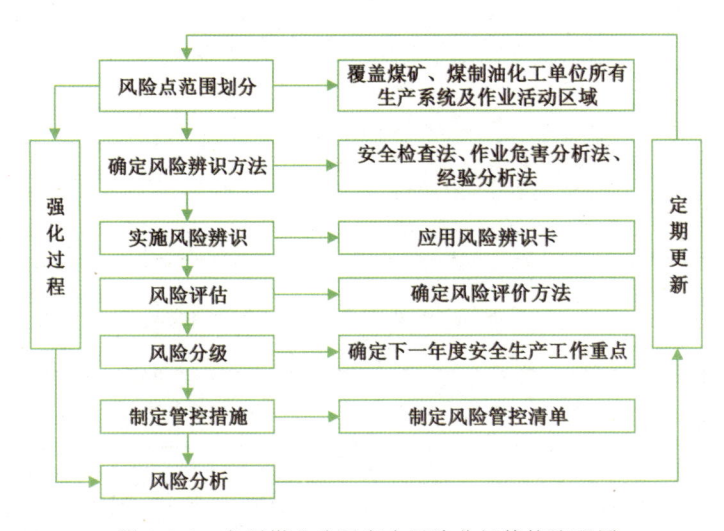

图 4-2-2 宁夏煤业公司安全风险分级管控流程图

(一)风险辨识

宁夏煤业公司风险辨识范围覆盖煤矿、煤制油化工及地面单位所有生产系统、作业环境,以及作业活动、设备设施和材料物资等。通过详细准确分析,确定危险有害因素存在的部位、方式、时间,以及事故发生的途径及变化规律等。各单位依据"功能独立、易于管理、大小适中、责任明确"的原则对全区域、全系统、全流程进行全覆盖风险点划分。

安全检查表法适用于设备设施类危险因素辨识。其做法是依据相关标准、规范,对系统以及设备、机器装置和操作管理、工艺、组织措施中已知的危险类别、设计缺陷和潜在的危险性、有害性进行判别检查,运用安全系统工程的方法发现不安全因素,列出作业活动清单,为风险辨识和风险预控提供依据。在实行作业活动清单管理的基础上,按照风险辨识的方法,确定工作任务、工序存在的主要风险、风险的原因和后果描述,形成风险辨识卡、风险控制卡。

◎ 示例 煤矿综掘队井下电钳工"一单两卡"

例表_____煤矿综掘队检修工作任务(作业活动)清单

单位:综掘队　　　　　　　　　　　　　　　　　　　　　　　　　　　　　班次:早班

序号	工作任务	工序	涉及岗位
1	带式输送机检修	断电、闭锁	井下电钳工
		检查减速器、油位	井下电钳工
		检查紧固件	井下电钳工
		检查托辊	井下电钳工
		检查保护	井下电钳工
		检查胶带接头	井下电钳工
		试运转	井下电钳工
		收尾	井下电钳工
2	带式输送机延伸	断电、闭锁	井下电钳工
		断开胶带	井下电钳工
		加带、打扣	井下电钳工

例表_____煤矿综掘队检修工作任务(作业活动)风险辨识卡

单位:综掘队　　　　　　　　　　　　　　　　　　　　　　　　　　　　　班次:早班

序号	工作任务		主要风险	风险等级	防范措施及注意事项	常发生的不规范操作
1	带式输送机检修	带式输送机日常检修	带式输送机停电未及时闭锁	中等	带式输送机停机后带式输送机司机及时进行闭锁,并将带式输送机电机控制开关停电闭锁、上锁、悬挂停电牌	未对控制开关进行停电闭锁、上锁、悬挂停电牌
			没有检查减速箱的油位	一般	带式输送机司机每天必须检查减速箱的油位,油位符合要求后方可开机	未对减速箱油位进行检查
			未对主要部位的紧固装置进行检查和维修	一般	带式输送机启动前对主要部位的紧固装置进行检查	未对主要部位的紧固装置进行检查和维修

例表_____煤矿综掘队检修工作任务(作业活动)风险控制卡

单位:综掘队　　　　　　　　　　　　　　　　　　　　　　　　　　　　　班次:早班

序号	工作任务		防范措施及注意事项	常发生的不规范操作	作业人员	完成情况	班组长	安全检查工
1	带式输送机检修	带式输送机日常检修	带式输送机停机后带式输送机司机及时进行闭锁,并将带式输送机电机控制开关停电闭锁、上锁、悬挂停电牌	未对控制开关进行停电闭锁、上锁、悬挂停电牌				
			带式输送机司机每天必须检查减速箱油位,油位符合要求后方可开机	未对减速箱油脂进行检查				
			带式输送机启动前对主要部位的紧固装置进行检查	未对主要部位的紧固装置进行检查和维修				

第四章 双防建设

例表 TK-0603 调甲醇风险辨识卡

日期： 负责人：

工作环节	序号	危险危害因素	风险后果	风险等级	风险防控措施与工作标准
TK-0603 调甲醇	1	调液前未汇报车间	消耗异常	低度	LISA-0622 液位低于 20% 时，联系车间申请调液操作并得到允许
	2	调液前未汇报调度	产量减少	低度	调液前联系调度并得到调度同意
	3	储罐憋压	损坏设备	低度	确认 PCV-0611A/B 调节阀前后切断阀均处于全开状态，PICA-0611A/B 调节阀处于自动状态，压力设定≤200 kPa
	4	流程不通	损坏设备	低度	启泵前确认 P-1007 至 TK-0603 流程通畅
	5	冒罐	损坏设备	低度	中控观察 LISA-0622 液位上涨至 60%～65% 时，停止调液，关闭进液阀
	6	记录不及时	产量减少	低度	汇报调度调液结束，并做好记录

例表 TK-0603 调甲醇风险控制卡

日期： 年 月 日 时 分 低度风险 负责人：

工作环节	序号	工序步骤	风险防控措施与工作标准	执行对象	操作结果 是√否×	确认结果 是√否×	风险提示
TK-0603 调甲醇	1	液位确认	LISA-0622 液位低于 20% 时，联系车间申请调液操作并得到允许				1. 调液与启动 P-0611 泵不能同时进行，防止静电异常； 2. TK-0603 压力低于 200 kPa，防止憋压损坏设备； 3. TK-0603 液位低于 75%，防止过高冒罐
	2	联系调度	调液前联系调度并得到调度同意				
	3	压力确认	确认 PCV-0611A/B 调节阀前后切断阀均处于全开状态，PICA-0611A/B 调节阀处于自动状态，压力设定≤200 kPa				
	4	流程确认	启泵前确认 P-1007 至 TK-0603 流程通畅				
	5	液位确认	中控观察 LISA-0622 液位上涨至 60%～65% 时，停止调液，关闭进液阀				
	6	记录数据	汇报调度调液结束，并做好记录				
补充措施：					备注：（操作结果为否时需备注说明）		
操作人：					班长：		

隐蔽致灾因素普查法适用于开展采空区、废弃老窑（井筒）、地质构造、瓦斯富集区、导水裂缝带，以及地下含水体、井下火区、古河床冲刷带等地质普查。

◎ 示例	隐蔽致灾因素普查治理工作落实表

序号	隐蔽致灾因素	治理措施	治理时限	责任人	备注
1	水文地质致灾因素				
2	瓦斯地质致灾因素				
3	火灾致灾因素				
……	……				

危险化学品排查法适用于煤制油化工等单位,主要危险化学品有氨气、液化石油气、汽油(石脑油)、氢气、苯、一氧化碳、乙烯、丙烯等。按照其理化性质及危险特性,不同的危险化学品采取不同的管理要求和方法,做好泄漏、运输、使用防护措施,加强设备设施日常检测和定期检测,防止设备、管道、阀门等区域发生泄漏,制定对应的应急处置方案,提升员工应急处置能力。

◎ 示例　　　　　　　　　　　　氢气的理化性质及危险特性表

物质名称:氢气			
物化特性			
沸点/℃	−252.8	比重(水=1)	0.07
饱和蒸气压/kPa	13.33(−257.9 ℃)	熔点/℃	−259.2
蒸气密度(空气=1)	0.6	溶解性	不溶于水,不溶于乙醇、乙醚
外观与气味	无色无臭气体		
火灾爆炸危险数据			
闪点/℃	无意义	爆炸极限	4.1%~74.1%
灭火剂	雾状水、泡沫、二氧化碳、干粉		
灭火方法	切断气源;若不能立即切断气源,则不允许熄灭泄漏处的火焰喷水冷却容器;将容器从火场移至空旷处。灭火剂:雾状水、泡沫、二氧化碳、干粉		
危险特性	与空气混合能形成爆炸性混合物,遇热或明火即爆炸;气体比空气轻,在室内使用和储存时,漏气上升滞留屋顶不易排出,遇火星会引起爆炸;氢气与氟、氯、溴等卤素会发生剧烈反应		
反应活性数据			
禁忌物	强氧化剂、卤素		
健康危害数据			
侵入途径	吸入　√	皮肤	口
健康危害:本品在生理学上是惰性气体,仅在高浓度时,由于空气中氧分压降低才引起窒息;在很高的分压下,氢气可呈现出麻醉作用			
泄漏紧急处理:迅速撤离泄漏污染区人员至上风处并进行隔离,严格限制出入,切断火源;建议应急处理人员戴自给正压式呼吸器,穿防静电工作服;切断泄漏源,合理通风,加速扩散;将漏出气用排风机送至空旷地方或装设喷头烧掉;漏气容器要妥善处理,修复、检验后再用			
储运注意事项:储存于阴凉、通风的库房;远离火种、热源,库温不超过30 ℃,相对湿度不超过80%;应与氧化剂、卤素分开存放,切忌混储;采用防爆型照明、通风设施;禁止使用易产生火花的机械设备和工具;储区应备有泄漏应急处理设备			
呼吸系统防护	一般不需要特殊防护,高浓度接触时可佩戴空气呼吸器	身体防护	穿防静电工作服
手防护	戴一般作业防护手套	眼防护	一般不需要特殊防护
其他	工作现场严禁吸烟;避免高浓度吸入;进入储罐、限制性空间或其他高浓度区作业,须有人监护		

作业危害分析法适用于作业活动类危险因素辨识,即将作业活动分解为若干个连续的工作步骤,识别每个工作步骤的潜在风险。该方法的主要步骤包含确定(或选择)待分析的

作业、将作业划分为一系列的步骤、辨识每一步骤的潜在危害。

经验分析法适用于作业环境类危险因素辨识。该方法注重发挥集体智慧作用,依靠安全、技术人员的实际工作经验分析风险点存在的危险因素。

(二)风险评估

风险评估是风险分级管控的基础,也是安全管理资源优化配置的依据。宁夏煤业公司在风险评估过程中,按照依规分级、分级管控有序实施,建立静态和动态相结合的常态化风险评估分级工作运行机制。

宁夏煤业公司采用风险矩阵分析法对辨识的风险进行评估,该方法通过危险事件发生可能性与危险事件可能造成的损失相乘,计算出风险值。对照风险矩阵图,结合实际情况,确定排查出的危险因素风险等级:1~8 为低风险,9~16 为一般风险,18~25 为较大风险,30~36 为重大风险,如图 4-2-3 所示。

风险矩阵		不可能 L	很少 K	低可能 J	可能发生 I	能发生 H	有时发生 G
有效类别	赋值	1	2	3	4	5	6
灾难性 A	6	6×1=6	6×2=12	6×3=18	6×4=24	6×5=30	6×6=36
极严重 B	5	5×1=5	5×2=10	5×3=15	5×4=20	5×5=25	5×6=30
严重 C	4	4×1=4	4×2=8	4×3=12	4×4=16	4×5=20	4×6=24
一般 D	3	3×1=3	3×2=6	3×3=9	3×4=12	3×5=15	3×6=18
较轻微 E	2	2×1=2	2×2=4	2×3=6	2×4=8	2×5=10	2×6=12
轻微 F	1	1×1=1	1×2=2	1×3=3	1×4=4	1×5=5	1×6=6

风险值	风险等级	说明
30~36	I 级	重大风险
18~25	II 级	较大风险
9~16	III 级	一般风险
1~8	IV 级	低风险

图 4-2-3 风险矩阵图

公司风险辨识评估分为年度安全风险辨识评估和专项安全风险辨识评估。

1. 年度安全风险辨识评估

公司于每年年底前由董事长组织开展公司层级的安全风险辨识评估,编制下发年度安全风险辨识评估报告,确定重大安全风险清单。各矿(厂)于每年年底前,由本单位负责人组织开展安全风险辨识评估,编制下发本单位年度安全风险辨识评估报告,确定重大安全风险清单。年度安全风险辨识评估结果用于确定下一年度安全生产重点工作,并指导和完善下一年度生产计划、灾害预防和处理计划、应急预案、安全培训计划、安全费用提取和使用计划等。

2. 专项安全风险辨识评估

专项安全风险辨识评估结果应用于完善设计方案,作为指导生产计划、工艺选择、生产系统布置、设备选型、劳动组织、编制或补充完善作业规程和安全技术措施的依据等。出现以下情况,公司分管副总经理、总工程师(技术管理负责人)须组织有关部门开展专项安全风险辨识评估:

(1)新水平、新采区、新工作面设计前。

(2)生产系统、生产工艺、主要设施设备、重大灾害因素等发生重大变化时。

(3)启封密闭、排放瓦斯、反风演习、工作面通过空巷(采空区)、更换大型设备、采煤工作面初采和收尾、安装回撤、掘进工作面贯通前；突出矿井过构造带及石门揭煤等高危作业实施前；新技术、新工艺、新设备、新材料试验或推广应用前；连续停工停产1个月以上的煤矿复工复产前。

（4）公司煤矿发生死亡事故或涉险事故、出现重大事故隐患，全国煤矿发生重特大事故，或者所在省份、所属集团煤矿发生较大事故后。

（三）风险清单

通过制定风险辨识评估及管控措施，建立公司、矿（厂）、部门、区队（车间）风险管控责任清单，以及班组长以上管理人员和关键岗位人员风险管控责任清单。单位风险数据库编制完成后，制定各部门（职能部门和生产单位）、区队（车间）风险管控清单。

◎ 示例　　　　　　　　煤矿两人及以上人员作业安全风险管控清单

日期：　年　月　日

单位（名称）			所属班组（名称）	
班次			当班作业地点	
当班作业任务			区队（班组）指定现场安全负责人（签字）	
作业人员（签字）				
序号	管控内容	管控标准	执行情况	落实结果
1	班前会	按时参加班前会，班组长进行明确分工，责任到人；作业人员分组时必须将安全伙伴分在同一组，若安全伙伴休息或其他原因不在同组的，要指定安全伙伴	是否按时参加班前会且明确分工、责任到人，是否指定安全伙伴	
		作业人员清楚当班工作任务，知晓当班工作任务的安全技术措施	是否清楚当班工作任务，是否知晓安全技术措施	
2	岗前风险辨识	作业人员在班前会上根据当班工作任务进行风险辨识	是否进行风险辨识	
		作业人员具备上岗条件，无身体不适、饮酒、情绪不稳定现象	是否具备上岗作业条件	
		入井人员必须具备入井条件	是否具备入井条件	
		岗证匹配，从事与工作岗位匹配的工作	安排的工作是否与本人岗位工作一致	
		辨识出的风险必须制定预防控制措施	是否制定预防措施	
3	作业现场安全自检	作业人员到达作业现场后对作业场所环境（瓦斯浓度及顶、底板支护）、设备设施完好状况进行自查，对存在的问题或隐患进行处理，无问题、无隐患后方可作业	是否对作业场所环境、设备设施进行自查，是否存在的问题或隐患进行处理	
		作业前双方对各自的工作任务进行交底，明确注意事项	作业前是否知晓对方的工作任务，互相进行交底	
		作业现场发生变化后，第一时间向区队值班人员、跟班队长、班组长进行汇报	是否将作业现场的变化情况按规定进行汇报	
4	岗位标准作业流程	作业人员必须严格按照岗位标准作业流程进行操作	是否严格按照作业流程进行操作	

第四章 双防建设

续表

序号	管控内容	管控标准	执行情况	落实结果
5	作业人员自保互保	两人及以上人员作业过程中,必须相互提醒、相互监督,确保岗位标准作业流程、安全技术措施落实到位,确保安全生产	作业过程中作业人员是否做到相互提醒、相互监督	
		作业结束后,现场进行安全确认,不在同一地点的,应电话联系确认安全	作业结束后是否互相确认对方安全完成工作	

◎ 示例　宁夏煤业公司煤矿板块年度重大安全风险管控责任清单(部分)

序号	单位名称	危险因素	重点场所	风险描述	管控措施	管控情况	子(分)公司主管负责人	子(分)公司管控责任人	三级单位主要负责人	三级单位主管负责人
1	白芨沟煤矿	瓦斯	××采掘工作面	工作面掘进及回采期间,可能存在瓦斯积聚、超限、爆炸风险	严格执行《煤矿安全规程》,落实公司"一通三防"管理规定和煤矿瓦斯抽采标准,编制瓦斯治理方案及措施		总工程师(技术管理负责人)	生产技术部负责人	矿长	总工程师
2	各煤矿	地面火灾	××煤矿××高温区域	工作面开采时可能存在高温区域有毒有害气体通过采空区及煤体裂隙侵入造成人员中毒的风险	按照公司批复方案,落实火区高温区域覆盖黄土、洒水降温、蓄水渗灌等措施,做好预测预报		总工程师(技术管理负责人)	生产技术部负责人	矿长	总工程师
3	各煤矿	内因火灾	××煤矿××采煤工作面	开采过程中可能存在自然发火风险	严格落实矿井防灭火管理规定、采煤工作面采空区自然发火风险评估及预防治理技术规范等规定		总工程师(技术管理负责人)	生产技术部负责人	矿长	总工程师
4	各煤矿	水害	××煤矿××掘进工作面	××煤矿××采区开拓巷道施工期间可能揭露煤底板宝塔山砂岩含水层,存在突水风险	编制掘进期间工作面探放水设计,按照《煤矿防治水细则》实施"双探",做好预测预报及超前物探探测工作		总工程师(技术管理负责人)	生产技术部负责人	矿长	总工程师
5	各煤矿	顶板	××煤矿××掘进工作面	××煤矿巷道顶板及围岩以粉砂岩、泥岩和粗粒砂岩为主,掘进过程中可能存在软岩巷道顶板漏冒和片帮风险	严格落实顶板管理规定,掘进作业规程编制前必须进行巷道支护设计,巷道支护坚持"一巷多策""一变化一措施",提高锚杆锚索支护强度		总工程师(技术管理负责人)	生产技术部负责人	矿长	总工程师
6	羊场湾、枣泉、麦垛山煤矿	强矿压	××煤矿××采掘工作面	工作面埋深超过600 m,在回采初次来压、见方及受构造应力或采掘扰动因素影响时,存在强矿压显现风险	严格按照公司深部矿压规范治理方案要求,落实危险性预测、监测预警、防范治理、效果检验和安全防护综合性防治措施,加强现场管理		总工程师(技术管理负责人)	矿压管理办公室负责人	矿长	总工程师

续表

序号	单位名称	危险因素	重点场所	风险描述	管控措施	管控情况	子(分)公司主管负责人	子(分)公司管控责任人	三级单位主要负责人	三级单位主管负责人
7	水电分公司	供电	35/110 kV供电线路	为矿井生产服务的供电线路遭受恶劣气候环境影响,可能存在煤矿大面积停电风险	加强防雷预试和日常巡检,确保防雷设施完好。编制专项应急预案和地质灾害专项应急预案,做好处理应急故障的相关准备工作		主管副总经理	机电管理部负责人	经理	主管副经理
8	各使用单位	爆破	爆破作业点	民用爆炸物品在井下使用过程中可能存在爆炸伤人的风险	严格执行民用爆炸物品使用管理规定,爆破作业必须编制爆破说明书,制定作业流程和安全技术措施并严格落实。加强培训,爆破作业人员持证上岗		主管副总经理	生产技术部负责人	矿长	总工程师
9	各煤矿	副立井提升	副立井提升机	副立井提升机主提升钢丝绳检查不到位,钢丝绳断丝超限,存在坠罐风险	定期检查主提升钢丝绳、连接装置和保护装置,确保齐全完好。严格执行煤矿钢丝绳检验相关技术规范,按规范选用、检验、维护、更换钢丝绳,按要求对关键部位进行探伤检测		主管副总经理	机电管理部负责人	矿长	机电副矿长
10	各煤矿	主提升带式输送机	主提升带式输送机	带式输送机接头制作质量差,铁器杂物清除不到位割伤胶带,存在胶带断裂、跑带的风险	定期检查试验各项保护装置,合理设置除铁器、破碎机和缓冲装置,避免铁器、杂物、矸石划伤胶带		主管副总经理	机电管理部负责人	矿长	机电副矿长
11	各煤矿	无轨胶轮车	使用无轨胶轮车矿井的胶轮车运输道路及巷道	无轨胶轮车保护检查不到位,保护不灵敏或失效,司机误操作,存在失控伤人的风险	定期检查试验无轨胶轮车保护装置,确保齐全完好。车辆严禁超速行驶。加强斜巷车辆运行安全管控,完善矿井无轨胶轮车监控系统,确保监控系统全覆盖		主管副总经理	机电管理部负责人	矿长	机电副矿长
12	各煤矿及洗选中心	煤仓溃仓	各选煤厂产品仓、煤矿原煤仓及需要储存原煤的各煤仓和溜煤眼	入仓原煤含水量大,或使用高压冲洗水、乳化液泵处理蓬仓时导致仓内积水,发生溃仓,大量煤泥、煤渣、煤块瞬间涌出,造成人员被埋或压垮给煤机及作业平台,可能发生人员伤亡风险	保证井下煤仓和地面原煤仓壁、仓上箅子完好,严格落实煤仓管理制度,煤矿处理堵仓、蓬仓时,必须查明原因,制定落实安全技术措施		主管副总经理	机电管理部负责人	各煤矿矿长、洗选中心主任	主管负责人
13	各煤矿	压力容器	压力容器存储及作业点	压力容器本体、管路腐蚀,安全附件缺失或失效,未按要求检验检查,放置位置不当,岗位人员操作不当,压力容器存在爆炸风险	压力容器使用单位必须建立压力容器技术与管理档案,严格执行作业票证审批制度,制定专项安全技术措施,定期开展检验检查,落实现场监护责任		主管副总经理	机电管理部负责人	矿长	机电副矿长

◎ 示例　　　宁夏煤业公司煤制油化工板块年度重大安全风险管控责任清单(部分)

序号	单位名称	危险因素	重点场所	风险描述	管控措施	管控情况	子(分)公司主管负责人	子(分)公司管控责任人	三级单位主要负责人	三级单位主管负责人
1	各单位	煤粉	锅炉、煤储运装置、备煤、气化装置、煤粉制备及输送系统	煤粉系统在生产、检修过程中易发生泄漏，存在火灾爆炸、人员伤亡风险	编制工程技术措施，开展煤粉系统专项检查，严抓过程质量管控，加强防泄漏培训，强化应急管理		主管副总经理	煤制油化工部负责人	厂长(经理)	主管负责人
2	烯烃二分公司	丁二烯	丁二烯单元	极端易燃气体泄漏后与空气混合会形成爆炸性混合物，接触热、火星、火焰或氧化剂存在燃烧、爆炸风险。易自聚，遇高热可发生聚合反应，释放大量热量，存在容器破裂、爆炸风险。对人体伤害大	装置区内设置安全警示标识，对输送丁二烯物料的管道、设备采取可靠的静电接地措施，加强氧含量在线检测，设置可燃气体检测报警系统，落实耐火保护与消防措施		主管副总经理	煤制油化工部负责人	厂长(经理)	主管负责人
3	各单位	除尘脱硫	锅炉、脱硫装置	生产运行过程产生粉尘，存在粉尘伤害及爆炸风险。脱硫系统检修，存在火灾风险	编制工程技术措施，定期对管道、设备、安全附件进行检查，落实包保责任，开展防泄漏培训，巡检和检修人员必须正确穿戴防静电工作服等，随身携带四合一气体检测仪		主管副总经理	煤制油化工部负责人	厂长(经理)	主管负责人
4	各单位	罐区	化学原料及产品罐区、化工产品罐区	储罐区储罐本体及连接管线的法兰、阀门等处泄漏，存在火灾、爆炸风险	定期对管道、设备、安全附件进行检查，确保安全控制设施完好，落实包保责任，依据实际情况编制开停车方案，严格确认开车条件，巡检和检修人员必须正确穿戴防静电工作服等，开展防泄漏培训，加强应急管理		主管副总经理	煤制油化工部负责人	厂长(经理)	主管负责人
5	各单位	火灾爆炸	气化装置，煤粉制备装置，变换装置，低温甲醇洗、硫回收、甲醇合成、甲醇精馏装置，综合罐区，空分后备系统，MTP装置	装置运行过程存在易燃易爆介质，存在泄漏、着火爆炸风险	加强巡检，确认管线密封性能良好、无泄漏；加强现场管理，严格执行生产过程十四不准、防火防爆十大禁令等措施；定期对特殊设备进行测温，开展业务技能培训		主管副总经理	煤制油化工部负责人	厂长(经理)	主管负责人

续表

序号	单位名称	危险因素	重点场所	风险描述	管控措施	管控情况	子(分)公司主管负责人	子(分)公司管控责任人	三级单位主要负责人	三级单位主管负责人
6	各单位	大检修	解吸冷冻制冷系统、火炬	检修过程涉及特殊作业(动火、受限、吊装、射线等),作业过程在人员伤害、着火等风险	按规定办理相关票证,严格执行受限空间作业"八必须八严禁"要求,制定落实高空作业安全技术措施。重大作业期间,安排消防救援人员及车辆现场全程监护	主管副总经理	煤制油化工部负责人	厂长(经理)	主管负责人
7	各单位	中毒窒息	气化装置	装置运行过程存在有毒有害介质,可能存在泄漏、人员中毒风险;受限空间作业隔离不彻底、介质置换不合格,可能存在中毒窒息风险	加强巡检,建立隐患治理台账,及时消除漏点;开展设备、阀门、管线气密性试验;作业及采样人员佩戴防中毒、窒息防护用品,严格执行岗位标准作业流程	主管副总经理	煤制油化工部负责人	厂长(经理)	主管负责人
8	各单位	危化品泄漏	综合罐区、空分后备系统、低温甲醇洗装置、硫回收装置、甲醇合成装置和甲醇精馏装置	装置运行过程存在易燃易爆、有毒有害、腐蚀类介质,存在泄漏、着火爆炸、人员伤害、环境污染等风险	加强巡检,确认管线密封性能良好,无泄漏;划定警戒区域,严格按照风险控制卡要求操作,落实安全技术措施。定期更换储罐阀门,防止老化泄漏	主管副总经理	煤制油化工部负责人	厂长(经理)	主管负责人

(四)风险控制

宁夏煤业公司按照安全生产法律法规、标准规范及规程要求,结合安全管理实际,从工程技术、安全管理、教育培训、应急处置及个体防护等方面对评估出的各类风险逐项制定管控措施。

1. 安全风险分级管控

(1)公司领导及各部门安全风险分级管控。董事长、总经理负责公司重大安全风险管控,副总经理、总工程师(技术管理负责人)、业务部门负责主管专业领域和分管范围内重大安全风险管控,各矿(厂)明确各层级风险管控责任人员。上一级负责管控的风险,下一级必须同时负责管控。

(2)各矿(厂)安全风险分级管控。主要负责人负责本单位重大安全风险管控,主管领导负责专业领域内重大安全风险管控,分管领导负责分管范围内重大安全风险管控;各部门负责主管业务范围内较大及以上安全风险管控;各区队(车间)负责本区队(车间)涉及业务的一般及以上安全风险管控;各班组负责本班组所有安全风险管控;各岗位员工负责本岗位所有安全风险管控。

(3)安全风险分专业、分区域、分系统管控。

分专业管控:各专业的较大及以上风险由该专业主管领导和主管部门管控。

分区域管控:各生产(服务)区域(场所)的风险由该风险点的责任单位管控。

分系统管控:各系统存在的风险由该系统主管领导和主管部门管控。

2. 重大安全风险管控方案制定

(1) 公司重大安全风险管控方案由董事长组织制定并实施。

(2) 各矿(厂)由主要负责人组织制定、实施本单位重大安全风险管控方案,并与公司重大安全风险管控方案保持衔接。

(3) 重大安全风险管控方案中须明确重大安全风险管控所需的人员、技术、资金等,并以正式文件下发执行。

(4) 各矿(厂)主要负责人须掌握并落实本单位重大安全风险及主要管控措施,主管领导、分管领导、副总工程师、部门负责人、专业技术人员掌握专业领域及相关范围内重大安全风险及管控措施,区队(车间)负责人、班组长和关键岗位人员掌握并落实作业区域和本岗位的安全风险及管控措施。

(5) 专项辨识评估或再辨识再评估后,公司及各矿(厂)依据新增的重大安全风险或需调整的措施,对重大安全风险管控方案进行补充完善。

3. 重大安全风险管控措施落实

(1) 公司级

每年由董事长组织对重大安全风险管控措施落实情况和管控效果进行总结分析,指导下一年度安全风险管控工作。

各主责部门负责组织编制主管领域的重大安全风险管控季度分析报告,报领导小组办公室备案。

(2) 矿(厂)级

主管领导、分管领导每半月组织相关人员对专业领域、分管范围的重大安全风险管控措施落实情况、管控效果至少开展1次检查分析。

主要负责人每月组织主管领导、分管领导及相关部门、区队(车间)对重大安全风险管控措施落实情况、管控效果至少开展1次检查分析,编制月度统计分析报告,布置月度安全风险管控重点。

主要负责人每年组织对重大安全风险管控措施落实情况和管控效果进行总结分析,指导下一年度安全风险管控工作。

矿(厂)领导带班过程中应跟踪并记录带班区域重大安全风险管控措施落实情况。

在重大安全风险区域作业的区队(车间)负责人、班组长应掌握并落实该区域重大安全风险及相应的管控措施,区队(车间)负责人、班组长组织作业时对管控措施落实情况进行现场确认。

(五)风险分析

各矿(厂)每年初将年度辨识评估后的重大安全风险清单与管控措施报送属地安全监管部门和驻地煤监机构。公司及各矿(厂)采用信息化管理手段实现安全风险记录、跟踪、统计、分析、上报等全过程信息化管理。

安全风险分析是针对各单位上传的安全风险数据进行多维度分析,包含公司所属单位每天的风险变化信息,如重大风险及较大风险数量、各风险类型占比情况等,通过数据采集形成分析报表和图表,如图 4-2-4 所示。

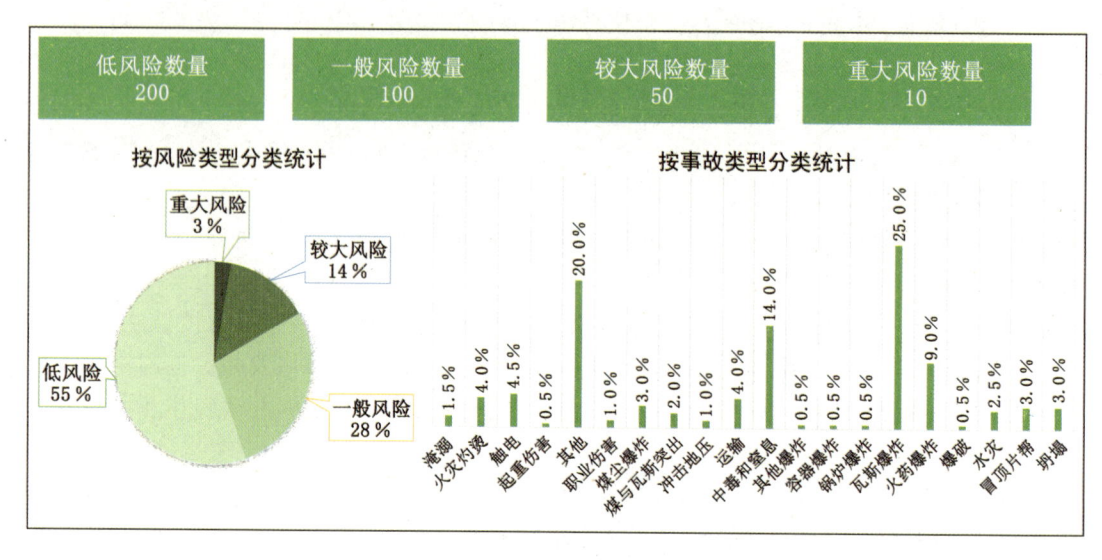

图 4-2-4　煤矿××年度安全风险分析统计表

> ⚠ "安宁"系统功能
>
> 查询风险数据库及风险分析数据,自动生成风险清单。

二、隐患治理

生产安全事故隐患是指违反安全生产法律、法规、规章、标准、规程和安全生产管理制度的规定,或者因其他因素在生产经营活动中存在可能导致事故发生的物的危险状态、人的不安全行为和管理上的缺陷。宁夏煤业公司隐患排查治理流程如图 4-2-5 所示。

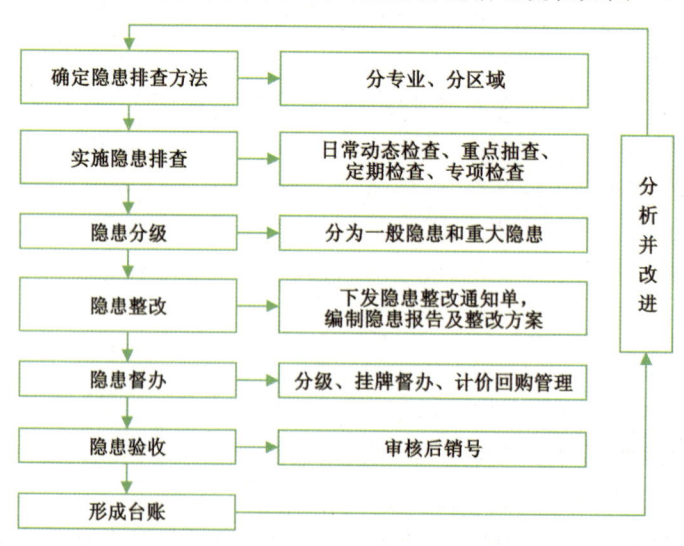

图 4-2-5　宁夏煤业公司隐患排查治理流程图

宁夏煤业公司依据国家、自治区和国家能源集团安全生产管理规定,遵循"分级治理,分类实施"原则,对生产经营活动中可能导致生产安全事故的隐患进行全面排查治理。在隐患排查治理过程中,落实全员安全生产责任制,明确分级排查责任,下达分级治理任务,实施督办与考核,跟踪隐患闭环治理全过程,动态管控隐患整改进度,消除事故苗头,确保安全生产。

(一)隐患排查

1. 排查周期及范围

宁夏煤业公司根据隐患排查周期确定不同的排查方式,公司隐患排查周期及分工示意如图 4-2-6 所示。一般包括半月、月度定期排查和日常排查,具体如下:

(1)矿长(厂长、经理)每月组织主管领导、分管领导及相关部门、区队(车间)对重大安全风险管控措施落实情况、管控效果及覆盖生产各系统、各岗位的隐患至少开展 1 次排查;排查前制定工作方案,明确排查时间、方式、范围、内容和参加人员。

(2)主管领导、分管领导每半月组织相关人员对专业领域、分管范围内的月度安全风险管控重点工作完成情况和隐患至少开展 1 次排查。

(3)矿(厂)领导带班过程中跟踪带班区域重大安全风险管控措施落实情况,排查隐患,记录重大安全风险管控措施落实和隐患排查情况。

(4)区队(车间)每天安排管理、技术、安检人员进行巡查,对作业区域开展隐患排查,对本单位负责的安全风险管控重点进行检查。

(5)在重大安全风险区域组织作业时,区队(车间)负责人、班组长对重大安全风险管控措施落实情况进行现场确认。

(6)岗位作业人员应掌握本岗位存在的安全风险及管控措施,在作业过程中关注和岗位相关安全风险的变化情况,随时排查隐患。

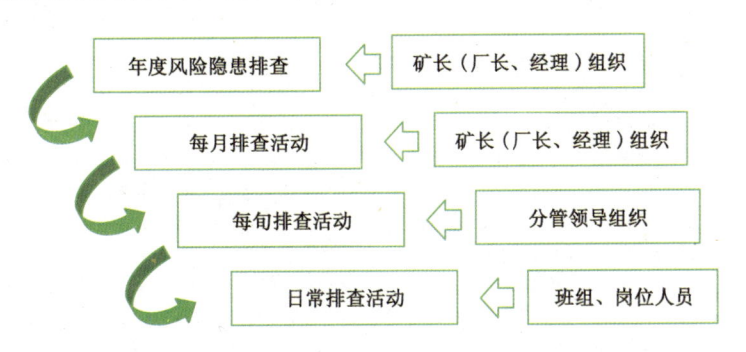

图 4-2-6　宁夏煤业公司隐患排查周期及分工示意图

2. 隐患等级划分

宁夏煤业公司将排查出的隐患分为一般隐患和重大隐患。一般隐患是指危险和整改难度较小,发现后能够立刻整改排除的隐患。重大隐患是指危害和整改难度较大,应当全部或局部停产停工,并经过一定时间整改治理方能排除的隐患,或者因外部因素影响致使各单位自身难以解决的隐患,分为Ⅰ类重大隐患和Ⅱ类重大隐患。宁夏煤业公司重大事故隐患分类如表 4-2-1 所示。

表 4-2-1　宁夏煤业公司重大事故隐患分类表

企业类型	隐患描述	隐患等级
煤炭企业	1. 煤矿井下同时生产的水平超过2个,或者一个采(盘)区内同时作业的采煤、煤(半煤岩)巷掘进工作面个数超过《煤矿安全规程》规定的; 2. 未建立地面永久瓦斯抽采系统或者系统不能正常运行的; 3. 未按照国家规定采取防治突出措施的; 4. 按照《煤矿安全规程》规定应建立而未建立瓦斯抽采系统或系统不正常使用的; 5. 使用架线式电机车的; 6. 高瓦斯、煤与瓦斯突出矿井的任一采(盘)区,开采容易自燃煤层、低瓦斯矿井开采煤层群和分层开采采用联合布置的采(盘)区,未设置专用回风巷,或者突出煤层工作面没有独立的回风系统的; 7. 采区进、回风巷未贯穿整个采区,或者虽贯穿整个采区但一段进风、一段回风,或者采用倾斜长壁布置,大巷未超前至少2个区段构成通风系统即开掘其他巷道的; 8. 高瓦斯、煤(岩)与瓦斯(CO_2)突出建设矿井进入二期工程前,其他建设矿井进入三期工程前,没有形成地面主要通风机供风的全风压通风系统的; 9. 未查明矿井水文地质条件和井田范围内采空区、废弃老窑积水等情况而组织生产建设的; 10. 建设矿井进入三期工程前,未按照设计建成永久排水系统,或者生产矿井延深到设计水平时,未建成防、排水系统而违规开拓掘进的; 11. 超出采矿许可证载明的开采煤层层位或者标高进行开采的; 12. 擅自开采(破坏)安全煤柱的; 13. 未按照国家规定进行煤层(岩层)冲击倾向性鉴定,或者开采有冲击倾向性煤层未进行冲击危险性评价,或者开采冲击地压煤层未进行采区、采掘工作面冲击危险性评价的; 14. 未进行冲击地压危险性预测,或者未进行防冲措施效果检验以及防冲措施效果检验不达标仍组织生产建设的; 15. 高瓦斯矿井、煤与瓦斯突出矿井、开采容易自燃和自燃煤层(薄煤层除外)矿井,采煤工作面采用前进式采煤方法的; 16. 井下使用非防爆无轨胶轮车的; 17. 单回路供电的; 18. 进入二期工程的高瓦斯、煤与瓦斯突出、水文地质类型为复杂和极复杂的建设矿井,以及进入三期工程的其他建设矿井,未形成双回路供电的; 19. 煤矿未采取整体承包形式进行发包,或者将煤矿整体发包给不具有法人资格或者未取得合法有效营业执照的单位或者个人的; 20. 实行整体承包的煤矿,承包方再次将煤矿转包给其他单位或者个人的; 21. 井工煤矿将井下采掘作业或者井巷维修作业(井筒及井下新水平延深的井底车场、主运输、主通风、主排水、主要机电硐室开拓工程除外),以及转包井下新水平延深开拓工程的; 22. 未分别配备专职的矿长、总工程师和分管安全、生产、机电的副矿长,以及专职负责采煤、掘进、机电运输、通风、地测、防治水工作的专业技术人员的; 23. 出现瓦斯动力现象,或者相邻矿井开采的同一煤层发生了突出事故,或者被鉴定、认定为突出煤层,以及煤层瓦斯压力达到或者超过0.74 MPa的非突出矿井,未立即按照突出煤层管理并在国家规定期限内进行突出危险性鉴定的(直接认定为突出矿井的除外),或者防突措施效果检验和验证数据造假的。	Ⅰ类重大隐患
	1. "超能力、超强度或超定员组织生产"重大事故隐患,是指有下列情形之一的: (1) 煤矿全年原煤产量超过核定(设计)生产能力幅度在10%以上,或者月原煤产量大于核定(设计)生产能力10%的; (2) 煤矿或其上级公司超过煤矿核定(设计)生产能力下达生产计划或经营指标的; (3) 煤矿开拓、准备、回采煤量可采期小于国家规定的最短时间,未主动采取限产或者停产措施,仍然组织生产的(衰老煤矿和地方人民政府计划停产关闭煤矿除外); (4) 瓦斯抽采不达标组织生产的; (5) 煤矿未制定或者未严格执行井下劳动定员制度,或者采掘作业地点单班作业人数超过国家有关限	Ⅱ类重大隐患

第四章 双防建设

表 4-2-1（续）

企业类型	隐患描述	隐患等级
煤炭企业	员规定20%以上的。 2."瓦斯超限作业"重大事故隐患,是指有下列情形之一的: (1) 瓦斯检查存在漏检、假检情况且进行作业的; (2) 井下瓦斯超限后继续作业或者未按照国家规定处置继续进行作业的; (3) 井下排放积聚瓦斯未按照国家规定制定并实施安全技术措施进行作业的。 3."煤与瓦斯突出矿井,未依照规定实施防突出措施"重大事故隐患,是指有下列情形之一的: (1) 未设立防突机构并配备相应专业人员的; (2) 未按照国家规定进行区域或者工作面突出危险性预测的(直接认定为突出危险区域或者突出危险工作面的除外); (3) 未按照国家规定采取安全防护措施的。 4."高瓦斯矿井未建立瓦斯抽采系统和监控系统,或者系统不能正常运行"重大事故隐患,是指有下列情形之一的: (1) 按照《煤矿安全规程》规定应建立而未建立瓦斯抽采系统或系统不正常使用的; (2) 未按照国家规定安设、调校甲烷传感器,人为造成甲烷传感器失效,或者瓦斯超限后不能报警、断电或者断电范围不符合国家规定的。 5."通风系统不完善、不可靠"重大事故隐患,是指有下列情形之一的: (1) 矿井总风量不足或者采掘工作面等主要用风地点风量不足的; (2) 没有备用主要通风机,或者两台主要通风机不具有同等能力的; (3) 违反《煤矿安全规程》规定采用串联通风的; (4) 未按照设计形成通风系统,或者生产水平和采(盘)区未实现分区通风的; (5) 进、回风井之间和主要进、回风巷之间联络巷中的风墙、风门不符合《煤矿安全规程》规定,造成风流短路的; (6) 煤巷、半煤岩巷和有瓦斯涌出的岩巷掘进未按照国家规定装备甲烷电、风电闭锁装置或者有关装置不能正常使用的; (7) 高瓦斯、煤(岩)与瓦斯(CO_2)突出矿井的煤巷、半煤岩巷和有瓦斯涌出的岩巷掘进工作面采用局部通风时,不能实现双风机、双电源且自动切换的。 6."有严重水患,未采取有效措施"重大事故隐患,是指有下列情形之一的: (1) 水文地质类型复杂、极复杂的矿井未设置专门的防治水机构、未配备专门的探放水作业队伍,或者未配齐专用探放水设备的; (2) 在需要探放水的区域进行采掘作业未按照国家规定进行探放水的; (3) 未按照国家规定留设或者擅自开采(破坏)各种防隔水煤(岩)柱的; (4) 有突(透、溃)水征兆未撤出井下所有受水患威胁地点人员的; (5) 受地表水倒灌威胁的矿井在强降雨天气或其来水上游发生洪水期间未实施停产撤人的; (6) 矿井主要排水系统水泵排水能力、管路和水仓容量不符合《煤矿安全规程》规定的; (7) 开采地表水体、老空水淹区域或者强含水层下急倾斜煤层,未按照国家规定消除水患威胁的。 7."超层越界开采"重大事故隐患,是指超出采矿许可证载明的坐标控制范围进行开采的。 8."有冲击地压危险,未采取有效措施"重大事故隐患,是指有下列情形之一的: (1) 有冲击地压危险的矿井未设置专门的防冲机构、未配备专业人员或者未编制专门设计的; (2) 开采冲击地压煤层时,违规开采孤岛煤柱,采掘工作面位置、间距不符合国家规定,或者开采顺序不合理、采掘速度不符合国家规定、违反国家规定布置巷道或者留设煤(岩)柱造成应力集中的; (3) 未制定或者未严格执行冲击地压危险区域人员准入制度的。 9."自然发火严重,未采取有效措施"重大事故隐患,是指有下列情形之一的: (1) 开采容易自燃和自燃煤层的矿井,未编制防灭火专项设计或者未采取综合防灭火措施的; (2) 高瓦斯矿井采用放顶煤采煤法不能有效防治煤层自然发火的; (3) 有自然发火征兆没有采取相应的安全防范措施继续生产建设的; (4) 违反《煤矿安全规程》规定启封火区的。	Ⅱ类重大隐患

表 4-2-1（续）

企业类型	隐患描述	隐患等级
煤炭企业	10."使用明令禁止使用或者淘汰的设备、工艺"重大事故隐患，是指有下列情形之一的： （1）使用被列入国家禁止井工煤矿使用的设备及工艺目录的产品或者工艺的； （2）井下电气设备、电缆未取得煤矿矿用产品安全标志的； （3）井下电气设备选型与矿井瓦斯等级不符，或者采（盘）区内防爆型电气设备存在失爆的； （4）未按照矿井瓦斯等级选用相应的煤矿许用炸药和雷管，未使用专用发爆器，或者裸露爆破的； （5）采煤工作面不能保证 2 个畅通的安全出口的。 11."煤矿没有双回路供电系统"重大事故隐患，是指有双回路电源线路但取自一个区域变电所同一母线段的。 12."新建煤矿边建设边生产，煤矿改扩建期间在改扩建的区域生产，或者在其他区域的生产超出安全设施设计规定的范围和规模"重大事故隐患，是指有下列情形之一的： （1）建设项目安全设施设计未经审查批准，或者审查批准后作出重大变更未经再次审查批准擅自组织施工的； （2）新建煤矿在建设期间组织采煤的（经批准联合试运转除外）； （3）改扩建矿井在改扩建区域生产的； （4）改扩建矿井在非改扩建区域超出设计规定范围和规模生产的。 13."煤矿实行整体承包生产经营后，未重新取得或者及时变更安全生产许可证而从事生产，或者承包方再次转包，以及将井下采掘工作面和井巷维修作业进行劳务承包"重大事故隐患，是指有下列情形之一的： （1）实行整体承包的煤矿，未签订安全生产管理协议，或者未按照国家规定约定双方安全生产管理职责而进行生产的； （2）实行整体承包的煤矿，未重新取得或者变更安全生产许可证进行生产的。 14."煤矿改制期间，未明确安全生产责任人和安全管理机构，或者在完成改制后，未重新取得或者变更采矿许可证、安全生产许可证和营业执照"重大事故隐患，是指有下列情形之一的： （1）改制期间，未明确安全生产责任人进行生产建设的； （2）改制期间，未健全安全生产管理机构和配备安全管理人员进行生产建设的； （3）完成改制后，未重新取得或者变更采矿许可证、安全生产许可证、营业执照而进行生产建设的。 15."其他重大事故隐患"，是指有下列情形之一的： （1）未按照国家规定足额提取或者未按照国家规定范围使用安全生产费用的； （2）未按照国家规定进行瓦斯等级鉴定，或者瓦斯等级鉴定弄虚作假的； （3）图纸作假、隐瞒采掘工作面，提供虚假信息、隐瞒下井人数，或者矿长、总工程师（技术负责人）履行安全生产岗位责任制及管理制度时伪造记录、弄虚作假的； （4）矿井未安装安全监控系统、人员位置监测系统或者系统不能正常运行，以及对系统数据进行修改、删除及屏蔽，或者煤与瓦斯突出矿井存在第七条情形的； （5）提升（运送）人员的提升机未按照《煤矿安全规程》规定安装保护装置，或者保护装置失效，或者超员运行的； （6）带式输送机的输送带入井前未经过第三方阻燃和抗静电性能试验，或者试验不合格入井，输送带防打滑、跑偏、堆煤等保护装置或温度、烟雾监测装置失效的； （7）掘进工作面后部巷道或者独头巷道维修（着火点、高温点处理）时，维修（处理）点以里继续掘进或者有人员进入，或者采掘工作面未按照国家规定安设压风、供水、通信线路及装置的； （8）露天煤矿边坡角大于设计最大值，或者边坡发生严重变形未及时采取措施进行治理的； （9）国家矿山安全监察机构认定的其他重大事故隐患。	Ⅱ 类重大隐患
煤制油化工企业	1. 危险化学品生产、经营单位主要负责人和安全生产管理人员未依法经考核合格； 2. 特种作业人员未持证上岗； 3. 涉及"两重点一重大"的生产装置、储存设施外部安全防护距离不符合国家标准要求； 4. 涉及重点监管危险化工工艺的装置未实现自动化控制，系统未实现紧急停车功能，装备的自动化控制系统、紧急停车系统未投入使用；	重大隐患

第四章 双防建设

表 4-2-1（续）

企业类型	隐患描述	隐患等级
煤制油化工企业	5. 构成一级、二级重大风险的危险化学品罐区未实现紧急切断功能，涉及毒性气体、液化气体、剧毒液态的一级、二级重大风险的危险化学品罐区未配备独立的安全仪表系统； 6. 全压力式液化烃储罐未按国家标准设置注水措施； 7. 液化烃、液氨、液氯等易燃易爆、有毒有害液化气体的充装未使用万向管道充装系统； 8. 光气、氯气等剧毒气体及硫化氢气体管道穿越除厂区（包括化工园区、工业园区）外的公共区域； 9. 地区架空电力线路穿越生产区且不符合国家标准要求； 10. 在役化工装置未经正规设计且未进行安全设计诊断； 11. 使用淘汰落后安全技术工艺、设备目录列出的工艺、设备； 12. 涉及可燃和有毒有害气体泄漏的场所未按国家标准设置检测报警装置，爆炸危险场所未按国家标准安装使用防爆电气设备； 13. 控制室或机柜间面向具有火灾、爆炸危险性装置一侧不满足国家标准关于防火防爆的要求； 14. 化工生产装置未按国家标准要求设置双重电源供电，自动化控制系统未设置不间断电源； 15. 安全阀、爆破片等安全附件未正常投用； 16. 未建立与岗位匹配的全员安全生产责任制或者未制定实施生产安全事故隐患排查治理制度； 17. 未制定操作规程和工艺控制指标； 18. 未按照国标制定动火、受限空间等特殊作业管理制度，或制度未有效执行； 19. 新开发的危险化学品生产工艺未经小试、中试、工业化试验直接进行工业化生产，国内首次使用的化工工艺未经省级政府有关部门组织安全可靠性论证，新建装置未制定试生产方案投料开车，精细化工企业未按规范性文件要求开展反应安全风险评估； 20. 未按国家标准分区分类储存危险化学品，超量、超品种储存危险化学品，相互禁配物质混放混存。	重大隐患

（二）隐患治理

各单位对本单位及公司、国家能源集团、政府安全监管部门等排查出的隐患按照等级实施分类分级治理。对于一般隐患，由各单位主要负责人或指定责任人按照"立查立改"的原则，在采取有效措施确保安全的前提下及时治理。对于难以立即治理的重大隐患，由各单位主要负责人组织制定隐患治理方案，限期完成治理。隐患治理完成前制定并落实相应的防范措施和应急预案。

1. 治理方案内容

制定的隐患治理方案必须做到责任、措施、资金、时限和预案"五落实"。重大隐患治理方案应包括以下内容：

（1）治理的目标和任务；

（2）采取的方法和措施；

（3）经费和物资的落实；

（4）负责治理的机构和人员；

（5）治理的时限和要求；

（6）采取的安全防范措施和制定的应急预案。

2. 督办流程

各单位执行隐患督办流程，包括：

（1）在隐患治理过程中实施分级督办，明确安全管理部门督办职责及督办责任人。

（2）制定、执行隐患提级督办制度，对未按规定时限完成治理或验收未通过的隐患提级督办。

(3) 重大隐患由属地监管监察机构予以挂牌督办,指定责任单位、责任人,隐患治理完成、经验收合格后予以销号,解除挂牌督办。

◎ 示例　　　　　　　　　宁夏煤业公司隐患计价回购管理

宁夏煤业公司探索创新实施隐患计价回购管理,充分发挥安全奖励的正向引导作用,激发全员参与安全管理的主动性,激励员工提升业务水平、自觉排查安全隐患,促进区队(车间)强化隐患自主排查,积极落实整改措施,实现隐患排查治理由"结果管理"向"过程管理"转变,有效预防各类生产安全事故。

1. 回购标准。各矿(厂)在广泛征求部门、区队(车间)意见和建议的基础上,制定隐患价格标准,量化指标,逐条定级定价。对于查出隐患的检查人给予适当奖励,奖励金额为该项隐患回购价格的10%~15%。

煤矿隐患价格标准表

序号	编码	隐患内容	回购对象	回购价格/元	奖励价格/元
1	1001	采掘工作面煤壁片帮严重,没有采取有效措施处理	责任单位		
2	1002	采掘工作面情况变化时未及时修改和补充措施	责任单位		
3	1003	采掘工作面锚杆、锚索、单体液压支柱等检测工具不齐全	责任单位		
4	1004	零星工程不执行"一工程一措施、一变化一措施"	责任单位		
5	1005	采掘作业规程未组织施工人员贯彻学习	责任单位		
6	1006	采煤机、综掘机没有使用内外喷雾装置	责任单位		
7	1007	采掘工作面设备、物料码放不整齐,巷道积水超规定	责任单位		
……	……	……	……		
265	7007	未按标准配置消防器材,现场配置与标准不符	责任单位		
266	7008	地面要害场所无安全警示牌	责任单位		

2. 回购底金。所谓"双向回购",是指各矿(厂)对于区队(车间)采取花钱买隐患的方式,每月向区队(车间)先行支付一定数额的隐患底金。各矿(厂)计价回购区队(车间)当月被查出的隐患,即从先行支付的隐患底金中扣减对应金额,如隐患多而被回购超过底金的,由区队(车间)从安全生产标准化绩效工资中补充,如隐患较少,被回购的金额不超过底金的,剩余部分作为安全生产标准化绩效工资发放。各矿(厂)根据区队(车间)的安全生产管理难易程度、工作量、员工人数、设备数量及新旧程度等因素,合理确定、动态调整区队(车间)的月度隐患底金基数。

3. 回购奖励。对查出隐患的安全生产管理人员、安全检查工、设备检查员、举报隐患的作业人员填写"安全隐患计价回购单",当日交安全管理部门调度台统计汇总,按照隐患回购价格标准给予奖励,矿(厂)领导班子成员查出的隐患属回购范围,但不予奖励。

煤矿安全隐患计价回购通知单

责任单位				检查时间	
序号	查出隐患		编码	隐患价格（罚）	隐患价格（奖）
1					
2					
……					
检查人		跟班干部		班组长	

4. 个人举报。各矿（厂）的安全生产管理人员均有权利和义务随时、随地排查事故隐患，鼓励所有作业人员个人举报隐患，推动隐患排查的全员参与。作业人员个人举报的隐患回购由举报人及时电话汇报至24 h值班的安全管理部门调度台，当班调度员接到举报后立即安排安全检查工在现场予以核实，核实无误后做好记录予以回购。为确保隐患回购不重复、合理公正，规定作业人员个人举报本单位隐患时必须先向本单位现场班组长或跟班干部汇报，如果没有及时安排处理的，再进行举报，核实后予以回购奖励。对于不按质量标准施工、人为"偷工减料"制造隐患的隐蔽工程以及不按规定报告，隐患未及时发现或治理不及时，导致发生涉险、未遂事故的情形，应一并纳入隐患价格标准，知情的员工个人可直接向安全管理部门举报，核实后予以回购奖励。

5. 争议裁定。有争议的隐患，由各矿（厂）安全管理部门组织业务部门、检查人员、隐患所在单位现场负责人共同认证，经安全总监确定最终审定结果。

（三）隐患验收

重大隐患（含Ⅰ类和Ⅱ类）治理完成后，各单位通过OA办公系统向公司安全环保监察部提交重大隐患验收销号申请，公司安全环保监察部及时转办相关业务部门，相关业务部门及时组织评估验收，提出书面验收意见；行业监管部门、属地政府部门排查出的重大隐患经公司验收后，由各单位向有关部门提交验收销号申请。

对不能按规定时限完成治理的重大隐患，各单位必须通过OA办公系统向公司提交延期申请，公司核查同意后提前30天向国家能源集团相关产业管理部门和安全环保监察部提交延期申请。延期申请应包括以下内容：

（1）申请延期的原因。

（2）已完成的治理工作情况。

（3）申请延期期限及采取的安全措施。

宁夏煤业公司及所属单位排查发现的隐患完成治理后，确定部门、人员负责验收，验收合格后予以销号；行业监管部门、属地政府部门发现的隐患治理完成后，应报送公司对应部门。宁夏煤业公司安全隐患整改验收备案表如表4-2-2所示。

表 4-2-2 宁夏煤业公司安全隐患整改验收备案表

填报单位：　　　　　　　　　　　　　　　　　　　　　　　　　　　编号：

项目	内容
隐患名称	
隐患描述	
控制措施	
整改方案	
整改时限	
完成时间	
验收意见	
验收组成员签名	
三级单位意见	
三级单位签字盖章	
公司意见	
公司签字盖章	

（四）隐患台账

宁夏煤业公司各级人员将隐患信息录入台账，汇总形成本单位和公司隐患台账。隐患台账内容主要包括排查日期、排查类型、排查人、隐患地点（风险点）、隐患描述、隐患专业、隐患等级、治理措施、责任单位、责任人、治理期限、资金、督办单位、督办人、验收人、销号日期等。

安委会办公室（安全环保监察部）制定公司安全生产隐患排查治理管理制度，明确工作职责；对公司所属单位隐患排查、治理、防控、验收工作实施监察；对重大隐患进行统计建档、备案、督办和信息上报；牵头开展季度安全考核和重点阶段安全检查工作。公司各业务部门负责建立健全业务范围内隐患排查治理的工作机制和工作流程；编制业务范围内隐患排查治理计划，开展排查、认定、报送、治理和防控工作；负责业务范围内重大事故防范措施和治理方案审定、监督实施、组织验收等工作。

各单位是隐患排查治理的责任主体。主要负责人为本单位隐患排查治理工作的第一责任人，统一组织和协调指挥本单位隐患排查治理工作。主要职责包括：

（1）落实各级人员隐患排查治理和管理职责，明确"排查—评估—报告—治理（控制）—验收—核销"闭环管理流程。主要负责人应协调提供隐患治理资金及人力资源等保障，分管安全领导对分管范围内的隐患排查、上报、控制、治理、统计、分析等工作负责。

（2）建立隐患分级管控机制。根据隐患影响范围、危害程度和治理难度等制定隐患分级标准，明确不同等级隐患控制、治理、督办和验收等工作的责任领导、责任部门（区队、车间）和责任人员。

（3）建立健全预防隐患产生的有效工作机制。在作业前和生产条件、生产系统、生产工艺、设施设备等发生较大变化时，对可能存在的危险因素进行全面辨识评估，制定针对性预防措施，并分解落实到工作岗位和作业人员，预防隐患产生。

（4）存在将生产经营项目、场所、设备等发包、出租的，须与承包、承租单位签订安全生产管理协议,在协议中明确各方在隐患防控、排查和治理等方面的管理职责,对承包、承租单位的隐患排查治理工作负有统一协调和监督管理职责。

(五)隐患分析

隐患分析是指在"安宁"系统中开发的隐患数据综合分析功能,包括隐患类型分析、隐患变化情况、隐患地点分布、隐患对比和个人隐患对比分析,提醒管理技术人员和作业人员加强相关地点安全管理,通过直观、快速获取公司当前新增隐患(重大隐患、一般隐患)、当日闭环隐患、当前未闭环的隐患、累计已闭环的隐患数量,掌握各单位、各专业隐患变化趋势。

各单位主要负责人每月组织召开专题会议(可与安全类会议合并召开),安排部署本单位隐患排查治理工作,分析隐患产生原因,组织制定并监督落实预防和治理措施,编制月度隐患统计分析报告,及时将隐患排查、治理和督办、验收过程中形成的电子信息或纸质信息归档,保存期限为3年。宁夏煤业公司安全隐患排查治理情况报表如表4-2-3所示。

表 4-2-3　宁夏煤业公司安全隐患排查治理情况报表

隐患类别	排查治理单位		重大隐患						一般隐患			累计落实隐患治理资金
	应开展	实际开展	Ⅰ级			Ⅱ级						
			排查数量	整改数量	整改率	排查数量	整改数量	整改率	排查数量	整改数量	整改率	
	(家)	(家)	(项)	(项)	(%)	(项)	(项)	(%)	(项)	(项)	(%)	(万元)
合计												
人身安全												
设备设施												
安全管理												
其他隐患												
上年累计未整改												

注:统计数据为每年1月份以来累计数据,挂牌督办隐患必须报送督办报告单。

审核人:　　　　　　　　申报人:　　　　　　　　联系电话:

"安宁"系统功能

查阅风险排查与隐患治理数据分析信息。

三、高风险作业

高风险作业是指作业过程中存在危险因素较多、危险性较高、易造成人身伤害、需采取特殊措施进行管控的作业任务。生产经营单位对高风险作业管理不得当,极易产生事故隐患,甚至发生事故,造成人员伤亡或财产损失。

宁夏煤业公司全面推行高风险作业的安全管理,按照"谁主管、谁负责,谁组织、谁负责"的原则,根据国家能源集团高风险作业认定标准,结合实际,对高风险作业实行集团公司、子(分)公司、各单位三级管控。通过合理安排高风险作业计划管理,严格作业审批流程,落实防控措施,做到实时管控。

(一)高风险作业认定

依据国家能源集团高风险作业安全管理指导意见,按照各业务板块、各作业项目管理难度与风险大小对高风险作业实行分级管理,形成高风险作业清单。必要时,高风险等级可以根据生产条件、装置设备、安全环境的变化进行灵活调整。

煤矿高风险作业分为Ⅰ级和Ⅱ级。Ⅰ级高风险作业项目由公司相关生产职能部门指导各单位制定管控措施,必要时安排专业人员到现场监督实施。Ⅱ级高风险作业项目实施过程中,需要公司提供技术、资金支持,由各单位提出申请并经公司审核后,升级为Ⅰ级高风险作业项目。宁夏煤业公司煤矿与煤制油化工板块高风险作业清单分别如表4-2-4、表4-2-5所示。

表4-2-4 宁夏煤业公司煤矿板块高风险作业清单

序号		高风险作业
1	Ⅰ级	综采工作面初采、末采、贯通
2		瓦斯积聚处理、排放瓦斯
3		巷道或火区封闭,采煤工作面采终封闭
4		处理工作面冒顶
5		更换立井提升钢丝绳
6		斜井更换带式输送机带面等大型部件
7		采掘工作面搬家倒面作业中出现大型掘进设备行走、搬运;掘进工作面带式输送机机头、移变安装及回撤;采煤工作面设备安装、回撤及调试等情形
8	Ⅱ级	大型机电设备维修作业中出现综采工作面井下更换采煤机、"三机"、支架等设备大型部件;掘进工作面井下更换掘进机、锚杆机、转载机、破碎机等设备大型部件;主运输巷道更换带式输送机相关大型部件;轨道运输轨道处理大型设备(材料)车辆掉道;更换立井(斜井)提升钢丝绳;斜井(坡)提升运输大型设备、材料;斜井(坡)更换带式输送机带面等相关大型部件;立井、斜井防坠器脱钩试验;选煤厂拆装更换带式输送机、筛机、破碎机等设备大型部件;维修车间大型设备整机通电等情形
9		受限空间作业中出现综采工作面端头架内、后部刮板输送机、破碎机内,薄煤层开采受限空间维修作业;污水(沉淀)池、罐(箱)体内、管道井、水泵房、吸水井、主通风机内、电缆沟、高冒区域、煤仓内、下水道(排洪沟)、浓缩池等维修作业;其他空间狭小、通风不良、容易造成有毒有害气体积聚的场所作业等情形
10		起吊(牵引)作业中出现采掘工作面使用起吊工具更换、安装回撤大型设备及部件;井下使用起吊工具检修带式输送机、安装风门、检修车辆;采剥现场及筛分厂使用起吊工具检修大型设备及部件;地面使用起吊工具吊运变压器、采煤机等大型机电设备等情形
11		距坠落高度基准面2 m及以上采取安全措施后仍具有较大坠落风险的高处作业
12		采掘(剥)作业中出现综采工作面初采、末采、贯通;综采工作面顶板水压预裂、爆破预裂、强制放顶;综采工作面处理倒架、压架;倾角大于15°的采煤工作面煤壁侧作业;处理工作面冒顶或破坏的巷道;掘进巷道贯通;巷道开口、巷道交岔点施工;高瓦斯、突出矿井石门揭煤;局部通风机安装、拆除;采掘工作面过特殊地质构造带、小窑、老窑、煤柱、火区、应力集中区、封闭不良钻孔、烧变岩水区;倾角大于或等于25°的巷道及立眼施工、维修,井筒大修,独头巷道维修;顶板破碎、矿压异常情况下的巷道施工及维修作业;在未固结的灌浆区、有淤泥的废弃井巷附近进行采掘作业;从废旧井巷内回收支架和设备;爆破作业(包括处理拒爆、熄爆等情形)原则上应认定为高风险作业项目

表 4-2-4（续）

序号		高风险作业
13	Ⅱ级	机电运输作业中出现主要通风机检修、调试、切换；井下及地面变电所、厂区高压停送电；井下及地面变电所、厂区高压电气设备和线路的检修与试验；斜巷人工上下放电缆、胶带、管路；井下及井口房附近、胶带栈桥、受限空间内等地点电气焊动火作业；特种车辆装卸设备、大型部件作业；拆卸车辆发动机、两台特种车辆配合搬运作业；临时用电作业等情形
14		"一通三防"作业中出现矿井反风演习；矿井或区域通风系统调整；瓦斯积聚处理、排放瓦斯；巷道或火区启封、密闭；采煤工作面采终封闭；工作面采空区直注液氮、液态 CO_2；清理突出的煤炭或充填突出矿洞；瓦斯喷出区域作业；高瓦斯、突出矿井主要通风机停风后恢复通风等情形，原则上应认定为高风险作业项目
15		防治水作业中出现承压含水层、断层水、老空水探水钻机施工；防水闸门注水耐压试验；探水钻机搬运等情形
16		其他类型高风险作业

表 4-2-5　宁夏煤业公司煤制油化工板块高风险作业清单

序号	高风险作业
1	相关企业和本单位曾发生过事故的作业
2	在危险化学品重大风险罐区实施的所有作业
3	首次进入受限空间的作业
4	装置系统开、停车作业
5	特级动火作业
6	三级及以上高处作业
7	一、二级吊装作业
8	投用/解除装置一级联锁作业
9	放射源等级大于三级的作业
10	涉及可燃、有毒、高压、高温的带压堵漏作业
11	有 H_2S、NH_3、CO、N_2 等有毒有害、可燃工艺介质内漏或与运行设备相连的盲板抽/堵作业
12	区域性变电所停送电及检维修作业
13	非常规临时性、偏远区域、冷点、盲点类的作业
14	作业人数超过9人的受限空间作业
15	LEC 法评价值大于160的作业
16	HAZOP 分析为可能发生人身伤亡、着火、爆炸的作业
17	矩阵法评价在高风险区的作业
18	用其他方法评价出的高风险作业

（二）计划管理

宁夏煤业公司对高风险作业实行动态管理，公司业务部门负责指导各单位识别高风险作业项目，审核或参与制定管控措施，做好管控措施落实情况的日常检查。凡出现高风险作业项目增减等情况，各单位必须提前向公司生产指挥中心汇报。各单位每月根据生产作业计划，梳理统计高风险作业计划项目及时间节点，编制高风险作业任务控制计划表，经单位主要负责人审批后报送公司备案。当有临时性Ⅰ级高风险作业，需提前一天向公司补充报备。公司每月将Ⅰ级高风险作业项目报国家能源集团备案。各单位所属区队（车间）每日根据生产作业计划统计梳理次日高风险作业项目及时间节点,经区队(车间)负责人审核后向本单位提报审批。高风险作业与分级管控清单如表 4-2-6 所示。

表 4-2-6　宁夏煤业公司____年__月__日高风险作业与分级管控清单

序号	单位	作业地点	作业内容及风险描述（时间节点）	管控措施	高风险分级	作业班次及现场负责人	公司监管负责人	进展情况	摄像头编号

（三）作业许可

1. 审批要求

（1）高风险作业前,必须办理作业许可审批手续。各单位根据现场实际情况组织编制专项安全技术措施和岗位标准作业流程,明确各单位领导、部门、区队(车间)、安全检查工、瓦斯检查工等现场监管人员,按审批权限,逐级上报审批或组织会审。需公司审批的专项措施,各单位主要负责人组织会审后上报公司审批。

（2）凡是未制定安全技术措施和岗位标准作业流程、作业流程有重大变动且未经批准、未确定现场监管人员的,高风险作业未交清、视频安装使用率未达到100%的,一律禁止作业。

（3）紧急情况(抢救人员、处置险情等)下,可由作业负责人或其他领导在采取安全措施、指派专人监护的前提下,口头批准进行。如需连续作业,必须补充安全技术措施、岗位标准作业流程,补办作业许可审批手续。

2. 审批流程

（1）Ⅰ级高风险作业审批流程:编制人员→区队长→主管领导→主要负责人→公司领导→报送本单位相关领导、部门→公司主管部门备案→国家能源集团备案。

（2）Ⅱ级高风险作业审批流程:编制人员→区队长→主管领导→主要负责人→报送本单位相关领导、部门→公司主管部门备案。

（四）督导考核

各单位、区队(车间)应及时查看每日高风险作业清单,对作业项目进行指导、监督、检查、考核,督导高风险作业始终处于受控状态,将每日高风险作业清单推送至"安宁"系统电脑端、手机端,链接视频监控,做到实时管控。

公司各部门按照职责分工,做好各单位高风险作业实施过程中的日常指导、检查工作,凡未按照业务保安职责开展相关工作的,由安委会办公室在部门安全生产责任制考核中扣罚相应安全风险抵押金。安全环保监察部在日常监督监察、综合性检查中重点对各单位落实高风险项目管控要求情况进行督查,凡未照此执行的,扣罚责任单位领导班子成员相应安全责任期金。

公司对各单位高风险作业进行指导、监督、检查、考核,督导高风险作业始终处于受控状态。鼓励各单位利用信息化系统实现高风险作业的计划编制、审核、许可、操作、监管等全过程管理。

国家能源集团对宁夏煤业公司及所属单位高风险作业管控情况及效果进行抽查,并将抽查结果作为对宁夏煤业公司安全考核评价的重要依据。

> ### "安宁"系统功能
>
> 实时监管高风险作业计划编制、审核、许可、操作等全过程,自动生成区队(车间)、矿(厂)、公司三级每日高风险作业清单和分级管控清单。

四、作业票证

为有效规范作业行为,防范事故发生,宁夏煤业公司根据《粉尘防爆安全规程》《防止静电事故通用导则》《危险化学品企业特殊作业安全规范》等行业标准规范,本着严明化、精细化、流程化的管理思路,按照各级管理人员和作业人员安全责任、岗位责任、专业分工,制定覆盖各项安全管控要素的安全检查清单和各类工作票证,强化现场安全管理。

各单位从事风险作业时,必须办理相关作业票证。如:从事受限空间作业,必须办理受限空间作业票;从事动火作业,必须办理相应的动火作业票。作业票实行"一个作业点、一个作业周期内同一作业内容一张作业票"的管理方式。当工艺条件、作业环境条件等改变时,应重新办理作业票。作业票(模板)如表 4-2-7 所示。

表 4-2-7 _____ 作业票(模板)

作业票编号:						受控记录号:		
申请单位		申请人		作业时间	自 年 月 日 时 分始 至 年 月 日 时 分止			
作业地点				作业内容				
作业要求		作业类别		作业单位				
涉及的其他特殊作业								

		序号	危害辨识	安全措施	确认结果	确认人	作业人	
危害辨识及安全措施	工艺风险	1					作业方负责人	
		2					作业方监护人	
		3					实施安全教育、交底人	
		4					工艺监护人 交接监护人	
		5						
	施工作业风险	1					班组长确认	签字: 年 月 日 时 分
		2					设备技术员	签字: 年 月 日 时 分
		3					生产单位负责人(车间)	签字: 年 月 日 时 分
		4					审核部门意见(机动部门)	签字: 年 月 日 时 分
		5					主管领导审批(特殊)	签字: 年 月 日 时 分
		6					完工验收,清点作业人员、工(器)具,文明生产合格	签字: 年 月 日 时 分
		7						
	补充安全措施: 编制人:								

注:作业票一式三联,第一联由票证办理单位(车间)留存,第二联由施工作业人员持有,第三联由监护人持有。在危害辨识及安全措施栏内,确认画〇,否定画×。

（一）使用流程

（1）进行该项作业的负责人，需持有施工任务单等材料至作业点属地单位（车间）办理所需作业票证。

（2）作业点属地单位（车间）接到任务单后，由作业点属地单位（车间）相关技术员根据作业内容负责工艺（技术）交底，组织设备技术员、班组长共同采用定性或定量的方法开展风险识别和评估，提出风险削减措施，交由属地单位（车间）业务负责人负责审核后落实、签字。

（3）作业专项方案由工艺技术员负责编制，设备技术员协助完成方案中检修内容、检修方法、检修具体实施步骤等，提出风险防控措施，专项方案经属地单位（车间）审核后报生产、设备、安全主管部门领导审核，生产、设备、安全主管领导审批签字后执行。

（4）作业负责人应对现场进行全面检查，确认实施作业风险削减措施后，向作业人员进行作业程序和安全措施交底，作业人员和作业负责人在作业票上签字确认，并指派作业方监护人。

（5）作业方监护人和工艺监护人对作业现场安全措施及票证办理情况检查确认后签字，共同对作业的全过程实施现场监督。

（6）属地单位（车间）安全管理部门查看现场并确认条件后签字。各级审核签字人员均可以在"补充措施"中填写不完善的风险削减措施。

（7）作业票报属地单位（车间）主管领导或主值班领导审批。

（8）作业期间，作业监护人不得随意更换。确因工作需要，当作业监护人发生变更时，作业监护人之间应在当班班长监督下对安全措施及相关要求进行现场全面交接，并在作业票上签字确认。

（9）特殊情况下，审批程序确需改变时，应保证其依法合规性。

（10）作业结束后，所属单位（车间）与施工、检修单位现场安全负责人负责检查验收，在完工验收栏中签名。

（11）作业票一式三联，分别由所在单位监护人、作业实施人和作业属地单位（车间）留存，保存期限为一年。严禁涂改、代签相关票证。

宁夏煤业公司作业票证使用流程如图4-2-7所示。

（二）管理要求

（1）高空、动火、可燃和有害气体区域、受限空间等安全票证由各单位安全管理部门负责管理；吊装作业、动土作业、设备检修作业、电气作业等安全票证由机电部门负责管理，经各单位逐级审查审定后执行。

（2）各类票证的办理按照公司相关标准填写规范，不得涂改。票证在作业完成后要妥善保管，以备检查。安全负责人、安全监护人必须认真落实现场监督管理责任，填写各项内容并签名。其中，票证安全作业的项目负责人是安全第一责任人，其他相关人员应负相关安全责任。

（3）各类票证在办理前，按相关作业级别审批程序进行审批，否则不得进行作业。项目负责人及相关责任人应认真阅读注意事项，对现场作业存在的危险因素进行识别，制定相应的安全防范措施。

第四章 双防建设

```
作业负责人持施工任务单等材料至
作业点属地单位（车间）
      ↓
作业点属地单位（车间）负责工艺
（技术）交底，开展风险识别和评
估，提出风险削减措施，并由业务
负责人签字落实
      ↓
工艺技术员编制作业专项方案，交
由作业点属地（车间）相关领导审
批后执行
      ↓
作业负责人检查确定风险削减措施
后，向作业人员进行作业程序及安
全措施交底，双方在作业票签字确
认后指派作业方监护人
      ↓
作业方监护人及工艺监护人签字确
认作业现场安全措施及票证办理情
况，共同监督作业实施全过程
      ↓
作业点属地单位（车间）安全管理
部门查看现场并签字确认
      ↓
作业点属地单位（车间）领导或组
织方领导审批
      ↓
作业结束后，所属单位（车间）与
施工、检修单位现场安全负责人检
查验收，在完工验收栏签字
      ↓
作业票一式三联，归档保存
```

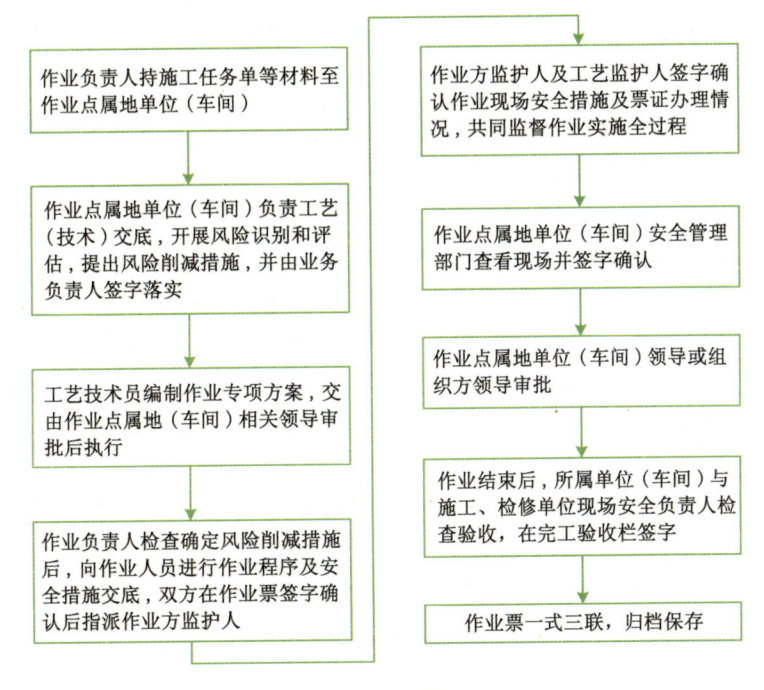

图 4-2-7　宁夏煤业公司作业票证使用流程图

（4）作业前必须严格落实各项安全措施，安排熟悉现场工况及条件人员进行作业；安全监护人严格监督检查安全技术措施落实情况，待安全措施落实到位、确保安全可靠后方可作业。危险性大的特殊类作业，矿（厂）应组织制定安全作业方案，方案中应包含风险分析、安全技术措施和应急救援措施。经矿（厂）负责人审核，公司主管领导审批后，严格按方案执行。

（5）作业人员必须有特种作业资格，必须熟悉岗位工艺，具备应急操作能力，懂消防救护知识，必要时申请专职消防人员进行现场监护。

（6）各类票证必须在有效的时间和票证规定的场所及部位作业，不得超越其作业使用范围。当同一作业点进行多种作业时，应同时办理相关作业票证。

（7）各单位建立票证使用发放台账，并检查考核。

（8）公司安全环保监察部负责对作业票证管理进行综合监督检查，业务部门负责主管领域内的日常监督检查，各单位负责本单位员工监督检查，监督检查结果纳入同级考核、同级责任追究。由于制度执行不到位造成事故，按照事故调查处理规定处理。

◎ 示例　　　　　　　　采掘工作面四人联岗工作规定

"四人联岗"工作制是指采掘工作面（含安装、回撤工作面）的跟班队干、班组长、安全检查工、瓦斯检查工联合对作业前、作业中、作业结束后的安全工作进行检查的工作制度。"四人联岗"安全检查中坚持"三不生产"和"五不开工"，即：不安全不生产、隐患不消除不生产、安全措施不落实不生产；风险评估不清不开工、安全交底不到位不开工、作业能力达不到不开工、文明生产不合格不开工、作业现场视频监控未安装不开工。

1. 职责分工

（1）现场跟班队干负责监督安全风险管控措施落实；负责作业前、作业过程中隐患排查，并监护、指导处理现场存在的安全隐患；负责监督当班员工按章作业，杜绝不安全行为；严格执行交接班制度，将当班存在的主要问题和处理情况及下一班注意事项向接班人员交接清楚。

（2）班组长负责组织落实规程措施现场要求；负责组织落实安全风险管控措施；负责排查作业前、作业过程中的安全隐患，并组织处理；负责带领当班员工执行岗位标准作业流程；严格执行交接班制度，将当班存在的主要问题和处理情况及下一班注意事项向接班人员交接清楚。

（3）安全检查工负责工作面人、机、环、管的安全检查及全过程安全监督，监督落实安全风险管控措施和隐患排查治理；监督"四人联岗"检查流程执行等情况。

（4）瓦斯检查工负责工作面瓦斯等有毒有害气体及氧气的检查；负责监督检查工作面通风及监测监控设施、仪器等完好情况；负责监督落实工作面防灭火及综合防尘措施。

（5）任何联岗人员都有权拒绝违章指挥，发现重大隐患或危及人身安全时，立即责令停工，组织撤离作业地点。

2. 检查内容

检查员工上岗情况及身体、精神状态等情况；检查工作面设备、安全设施完好情况；检查工作面瓦斯等有毒有害气体浓度、通风设施、"一通三防"措施落实情况；检查当班作业区域内存在的安全隐患及处理情况；检查工作面工程质量、文明生产情况；检查工作面风险辨识、风险评估、管控措施落实情况；检查顶板、巷帮完好及支护情况；检查人员监护、安全设施、人员进入煤帮（监护）等情况。

3. 检查流程

（1）作业前，安全检查工（持票人）携带"四人联岗"工作票，在作业前组织跟班队干、班组长、瓦斯检查工共同对工作面或作业地点进行检查，确认现场安全具备开工条件，共同在"四人联岗"工作票上签字确认后方可组织生产。现场存在安全隐患不具备开工条件的，不得开工。待隐患整改完毕，跟班队干、班组长、瓦斯检查工、安全检查工联合检查确认安全后，再组织生产。

（2）作业过程中，由跟班队干、班组长、安全检查工、瓦斯检查工按照工作票所列检查内容，动态对现场进行巡查，及时处理存在的安全隐患，共同在"四人联岗"工作票上签字确认。

（3）作业结束后，跟班队干、班组长、安全检查工、瓦斯检查工共同检查验收工作面或作业地点的安全设施及工作质量，评估验收后在"四人联岗"工作票上签字确认，对存在的问题记录在案，四人对口向下一班人员交接。

例表 _____ 矿采掘工作面"四人联岗"工作票(模板)

采掘区队：   年 月 日 班

	四人联岗	跟班队干_____ 班组长_____ 瓦斯检查工_____ 安全检查工_____
作业前联岗检查制	作业前联岗检查内容	1. 员工上岗前精神状态：_____ 2. 工作面设备、安全设施完好情况：_____ 3. 工作面有害气体是否超标、通风及监测设施是否完好：_____ 4. 顶板巷帮及支护情况：_____ 5. 工作面区域内存在的安全隐患：_____ 6. 工作面文明生产情况：_____
	对存在问题制定标准及管控措施	
	安全评估	是否具备开工条件：
	签字确认	跟班队干_____ 班组长_____ 瓦斯检查工_____ 安全检查工_____
作业过程中隐患处理联岗检查制	风险辨识及风险评估	1. 存在的安全隐患(风险源)： 2. 风险评估(重大风险、较大风险、一般风险、低风险)：
	制定标准及管控措施	
	签字确认	跟班队干_____ 班组长_____ 瓦斯检查工_____ 安全检查工_____
	处理结果	
	进入煤(岩)帮风险评估	
	制定管控措施	
	签字确认	进入煤(岩)帮作业人员 跟班队干___ 班组长___ 瓦斯检查工___ 安全检查工___
作业结束后联岗检查制	存在问题	
	安全质量评估	
	签字确认	跟班队干_____ 班组长_____ 瓦斯检查工_____ 安全检查工_____

> ▲ "安宁"系统功能
>
> 查询作业票证办理流程、样表等。

第三节 技术管理

技术通常指根据生产实践经验和自然科学原理总结发展起来的各种工艺操作方法与技能。现代企业技术管理是依据科学技术工作规律，对企业的科学研究和全部技术活动进行计划、协调、控制和激励等管理工作。加强企业技术管理，能够有效规范和提升安全生产保障能力，预防事故发生。

宁夏煤业公司遵循安全生产科学规律，参照国家和行业有关规定和标准，建立基于安全生产的技术管理责任机制、设计审查机制、重大灾害防治机制等，树立"生产接续失调就是失职，重大设计失误就是渎职，设备选型配套不合理就是制造隐患"理念，严格技术把关，强化各类设计审查、措施审批，完善作业标准、操作规程库，突出生产系统和重大灾害防治，为确保安全生产提供有力技术支撑。

一、职责分工

宁夏煤业公司生产技术实行分级管理。公司负责新建、改建和扩建矿井的技术审查审批,新水平、新采区地质勘查、项目设计审查审批,重大新技术、新工艺、新装备、新材料研发和推广应用的审查审批,公司级重大风险辨识评价管控、重大隐患排查治理、重大灾害预防治理及应急处置技术方案的审查审批,以及对所属单位技术工作的指导、协调、监督、检查、考核和奖惩。各单位负责本单位勘查、设计方案的实施,重大新技术、新工艺、新装备、新材料研发和推广应用的实施,非重大新技术、新工艺、新装备、新材料研发和推广应用审查审批实施,公司级重大风险辨识评价管控、重大隐患排查治理、重大灾害预防治理及应急处置技术方案的落实,非公司级各类风险辨识评价管控、隐患排查治理、灾害预防治理及应急处置技术方案的审查审批和落实,对本单位技术工作进行指导协调、监督检查、考核奖惩。

公司建立总工程师(技术管理负责人)负责的技术管理体系,总工程师(技术管理负责人)具有最终技术决策权,相关业务部门在总工程师(技术管理负责人)领导下开展工作。

(一)总工程师(技术管理负责人)技术管理职责

总工程师(技术管理负责人)全面负责煤矿板块技术管理工作,是煤矿板块技术管理第一责任人,负责采掘生产、"一通三防"、煤炭科技、工程设计、勘查工程、水害防治、顶板防治、安装回撤、隐蔽致灾因素防治等技术工作。

(1)负责组织审查公司煤矿、选煤厂基本建设,技术改造、开拓延深项目可行性研究报告和初步设计,以及矿区供电、供水、供气、供热、信息化等专项设计。

(2)负责公司"一通三防"技术管理工作,组织审查制定"一通三防"及其他重大灾害中长期防治规划。

(3)负责组织审查煤矿板块生产建设领域科技创新项目建议书、项目实施方案及新技术、新工艺、新装备、新材料推广技术方案。

(4)组织审查公司生产技术标准、技术规范。

(5)组织审查公司地质、水文地质勘探及补充勘探设计方案和勘探报告。

(6)负责组织或授权组织审查重要的施工图设计和重大设计变更。

(7)负责组织审查矿井中长期接续及采区布局,组织核定生产矿井、选煤厂生产能力和资源储量及地测防治水技术管理。

(8)负责组织公司煤矿板块科技交流学习和技术攻关,协调解决推广应用过程中的重大技术问题。

(9)负责审核知识产权规划和年度工作计划,沟通和协调对外知识产权事宜。

(二)副总经理(煤制油化工板块技术管理负责人)技术管理职责

(1)负责煤制油化工工艺技术管理。

(2)负责组织审查化工新工艺、新技术应用管理。

(3)负责化工标准的制定及应用过程管理。

(4)负责组织制订煤制油化工板块基建和技改项目年度发展建设计划。

(5)负责组织审查煤制油化工板块基本建设和技术改造项目的可行性研究报告、初步设计。

(6)负责公司煤制油化工科研管理,组织制定研究方向、科研规划和计划,审核煤制油化工科技项目的立项、论证、验收和科研成果申报。

(7)负责组织公司煤制油化工板块科技交流学习和技术攻关,协调解决推广应用过程中的重大技术问题。

(8)负责审核煤制油化工板块生产建设领域新技术、新工艺、新装备及新材料推广使用方案。

(9)负责审核知识产权规划和年度工作计划,沟通和协调对外知识产权事宜。

(三)副总工程师技术管理职责

(1)协助总工程师(技术管理负责人)负责分管范围内技术管理工作并行使相应的职权,对总工程师(技术管理负责人)负责。

(2)组织或参与审定项目的方案设计、初步设计和施工图设计,对设计中存在的技术问题提出修改意见。

(3)积极推广新技术、新工艺、新装备、新材料的运用。

(四)生产技术部技术管理职责

(1)负责煤矿板块采掘生产、基建技改、地测防治水、"一通三防"、煤质管理、冲击地压、顶板管理、安装回撤和隐蔽致灾因素防治等生产技术管理工作。

(2)负责煤矿板块矿井生产接续、重大灾害防治、地测防治水、煤质管理中长期规划。

(3)负责生产矿井生产系统优化,新水平、新煤层、新采区开拓延深设计管理,分管范围内矿井新技术、新工艺、新装备、首采工作面作业规程的审批。

(4)负责审查、审批煤矿板块各类项目初步设计,以及与之相关的各类专篇(专项)设计。

(5)负责组织审查重要的施工图设计和重大设计变更,以及一般的施工图和设计变更审查。

(6)负责矿井瓦斯等级鉴定结果的审定和报批,组织审批矿井反风演习方案,负责矿井通风、瓦斯、火灾、粉尘、热害等技术方案及措施的落实,审查瓦斯抽采达标评价报告。

(7)负责矿井地质类(建井地质、生产地质、水文地质类型划分和隐蔽治灾因素普查)及资源储量核实(矿井三量、回采率)等报告评审。监督落实各矿井采掘工作面的预测预报工作,评审矿井采区首采工作面及部分受地质构造及水害威胁严重的工作面"双评价"报告,监督落实地质、测量及井下防治水各项技术措施。

(五)机电管理部技术管理职责

(1)负责煤矿板块机电、运输、洗选加工、机械制造与维修、信息化、供电、供水、供气、供暖技术管理,以及设备选型设计、招标技术条件审核。

(2)负责煤炭生产机电领域新技术、新工艺、新材料、新装备的推广应用。

(3)负责矿井采区及中央变电所内配变电设备、采区及中央主排水泵房内设备、主要通风机及相关电气控制设备采购技术条件审核,以及主运输系统、提升机的电气控制设备采购技术条件审核。

(4)负责矿井供电及电气控制设备、主排水、主通风及电气控制设备、运输系统、提升机的电气控制设备技术改造、设备更新方案审核。

（5）负责制定煤矿板块机电设备升级改造及更新的中长期规划。

（六）安全环保监察部技术管理职责

（1）负责公司安全环保、职业健康的标准制定、监督检查、统计分析，提交分析报告、预警信息和工作建议。

（2）负责公司应急管理统筹协调和监督监察工作，组织开展公司级应急预案演练，指导监督基层单位进行应急演练；组织编制公司安全生产综合及专项应急预案。

（3）参与公司新建、扩建、改建项目的安全、环保专项验收，参与采煤工作面安装、回撤前和生产前的验收。

（4）参与公司新建、扩建、改建项目可行性研究报告、初步设计及施工图设计审查，并提出意见。

（七）规划发展部技术管理职责

（1）负责制定公司固定资产投资预算、计划及项目实施投资控制和投资结（决）算，组织开展基本建设项目后评价工作。

（2）负责落实重大灾害防治资金。

（八）煤制油化工部技术管理职责

（1）负责煤制油化工板块技术改造、网络安全和信息化等项目的立项及投资决策管理工作。

（2）负责项目建设在技术和经济等方面的必要性和可行性审核，审核煤制油化工板块年度检修计划、技术改造、工艺优化和消缺改造方案，对实施效果进行后评估。

（3）负责煤制油化工板块勘查、设计、施工等工程及与化工有关的维修、保运、危化处置等服务项目。

（4）负责危险化学品生产、使用及储存等过程技术指标的审核和归口管理工作。

（5）组织审核煤制油化工板块重大安全隐患整改方案并监督实施。

（6）负责组织研究解决影响煤制油化工装置安全生产运行的技术瓶颈等问题。

（7）组织对新建项目及重大技术改造项目基础设计进行审查，根据公司权限设置进行批复或报公司审批。

（8）组织对新建项目及重大技术改造项目重大设计变更及工程签证进行审查，根据公司权限设置进行批复或报公司审批。

（9）组织审查新建项目及重大技术改造项目开工条件，并根据管理权限批复开工报告或报公司审批。

（10）参与煤制油化工项目"三查四定"工作，组织对重点装置进行公司层面的"三查四定"。

（11）组织对煤制油化工项目进行竣工预验收或竣工验收。

（九）各单位技术管理职责

（1）建立以总工程师（技术管理负责人）负责的技术管理机制，明确总工程师（技术管理负责人）具有最终技术决策权，相关业务部门在总工程师（技术管理负责人）领导下开展技术管理工作，明确总工程师（技术管理负责人）、相关部门及区队（车间）技术管理职责。

(2) 各单位总工程师(技术管理负责人)是技术工作的总负责人,对技术工作负全面责任,副总工程师在总工程师(技术管理负责人)的领导下负责分管范围内技术管理工作并行使相应的职权,对总工程师(技术管理负责人)负责。

> **"安宁"系统功能**
>
> 查询公司分管领导、业务部门、各单位技术管理职责范围。

二、设计审查

为规范设计审查程序,明确管理职责,提高设计文件的审查质量和审查工作效率,宁夏煤业公司遵循"规范化、程序化、精细化"原则,制定设计审查管理办法,对设计审查组织与职责、业务流程等作出详细规定。设计审查组织与职责流程如图 4-3-1 所示。

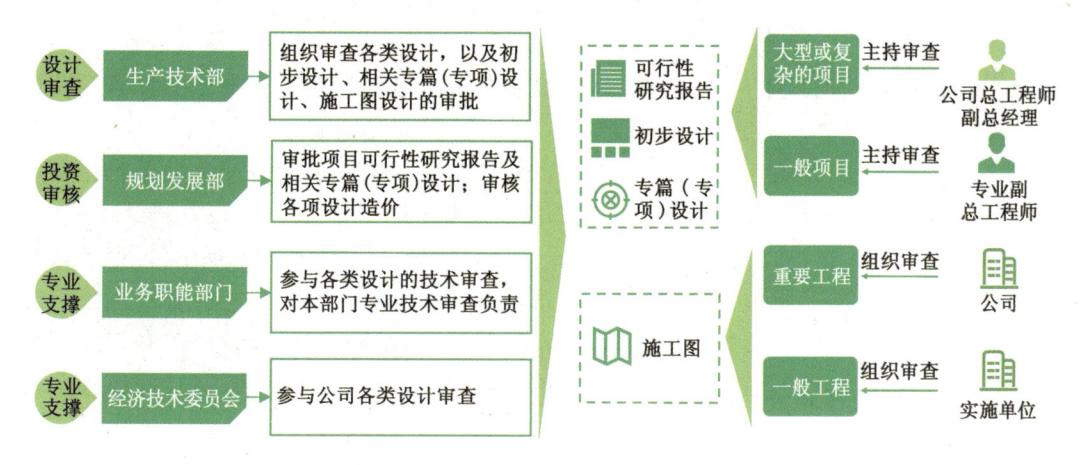

图 4-3-1 设计审查组织与职责流程图

（一）组织与职责

(1) 生产技术部、煤制油化工部分别是公司煤矿板块、煤制油化工板块设计审查管理的主管部门,负责组织各类设计的技术审查,以及初步设计、相关专篇(专项)设计和施工图设计的审批。

(2) 规划发展部是公司项目立项及投资审核的主管部门,负责项目可行性研究报告或代替可行性研究报告的方案设计、可行性研究报告相关专篇(专项)设计的审批,以及各项设计造价的审核。

(3) 业务职能部门是公司项目设计审查的专业支撑部门,负责参加生产技术部或煤制油化工部组织的设计技术审查,并对本部门主管专业负技术审查责任。

(4) 经济技术委员会是公司项目设计审查的技术咨询部门,参与各类设计审查。

（二）可行性研究报告设计审查

可行性研究报告和代替可行性研究报告的方案设计审查均执行此流程。

(1) 可行性研究报告和代替可行性研究报告的方案设计需经项目实施单位初步审查后,附项目实施单位审查意见及报审备案表,报生产技术部或煤制油化工部审查。

(2) 根据项目规模由生产技术部或煤制油化工部组织成立项目审查专家组。项目审查负责人负责项目设计审查的全过程审查、汇总、上报工作。

(3) 各专家组成员对可行性研究报告或代替可行性研究报告的方案设计（包括技术改造项目）进行预审，提出各专业书面评审意见，交项目审查专责。

(4) 项目审查专责负责汇总整理各专家的初审意见。

(5) 由专家组组长主持集中审查会议，与会审查人员应充分发表意见、讨论评审意见，最终形成正式的设计审查意见书，经生产技术部或煤制油化工部负责人、经济技术委员会办公室主任、公司分管规划发展部的副总经理和总工程师（技术管理负责人）审签后，与可研文件及备案资料一并送交生产技术部或煤制油化工部，生产技术部或煤制油化工部将审签后的审查意见提交规划发展部转发设计单位进行设计文件修改。

(6) 设计单位按照审查意见对设计文本及图纸进行修改，将修改后的设计文本、图纸及修改说明报生产技术部或煤制油化工部复审。

(7) 复审合格的设计文本及图纸提交经济技术委员会造价审查中心审查估算，经济技术委员会造价审查中心对审定后的可行性研究报告或代替可行性研究报告的方案设计估算出具签字确认的估算对比表。

(8) 生产技术部或煤制油化工部将复审合格的设计文本、图纸、估算书和估算对比表转交规划发展部，由规划发展部提交公司决策或进行批复。

(9) 可行性研究报告或代替可行性研究报告的方案设计（包括技术改造项目）设计审查应提交以下文本、图纸及相关文件：项目建议书，立项批准书，可行性研究报告或代替可行性研究报告的方案设计（包括技术改造项目）设计报告、图纸和电子文档一份，规划发展部确定的可行性研究报告或代替可行性研究报告的方案设计（包括技术改造项目）设计原则和要求。

（三）初步设计审查

初步设计及初步设计相关专篇（专项）设计均执行此审查业务流程。

(1) 初步设计及初步设计相关专篇（专项）设计需经项目实施单位初步审查后，附项目实施单位行文的审查意见及报审备案表，报生产技术部或煤制油化工部待审；生产技术部或煤制油化工部预审后，对符合审查条件的设计文件统一进行审查。

(2) 对于大、中型项目设计文件，生产技术部或煤制油化工部安排在设计文件审查的前一周送交审查主持人和主要专家预审。

(3) 设计文件审查程序：现场勘查（视需要而定），设计单位汇报、审查人员提问、分组讨论、形成审查意见。

(4) 审查意见由生产技术部或煤制油化工部负责整理，由参与的专家和部门相关人员会签，审查主持人和生产技术部或煤制油化工部总工程师（技术管理负责人）审签，生产技术部或煤制油化工部负责人和公司总工程师（技术管理负责人）签发。

(5) 设计单位按照审查意见对设计文本及图纸进行修改，修改后的设计文本、图纸及修改说明报生产技术部或煤制油化工部复审。

(6) 复审合格的设计文本及图纸提交经济技术委员会造价审查中心审查概算，经济技术委员会造价审查中心对审定后的初步设计概算出具签字确认概算对比表。由项目实施单位报送生产技术部或煤制油化工部对设计文件进行批复。

（7）初步设计文件设计审查应提交以下资料：可行性研究报告批复，设计委托书复印件，工程地质勘查报告（初勘）原件一份，初步设计说明书、图纸、概算、清册等纸质原件各四份并附电子文档，公司相关批复、会议纪要。

（四）施工图设计审查

由公司负责审查的施工图设计，审查流程与初步设计审查流程相同。根据分级管理规定，由项目实施单位主持审查的施工图设计，项目实施单位形成审查专题会议纪要并行文报生产技术部或煤制油化工部备案。

（1）项目实施单位负责审查的施工图实行报备制，审查合格的施工图填写备案表与审查文件一并报公司登记、备案签章，完成施工图备案签章后方可组织施工，否则不予结算。

（2）重要工程施工图设计预审和一般工程施工图设计审查，必须由项目实施单位主管领导或技术负责人主持，项目单位委托的设计单位、监理公司参加，形成正式审查会议纪要，报公司生产技术部或煤制油化工部审查备案。

（3）施工图审查过程中如出现重大设计变更，应报公司审查批准。施工图设计变更超过三项或投资额超过概算10%，则需重新出图另行审查。

（4）设计变更审批应在生产技术部或煤制油化工部总工程师（技术管理负责人）、公司总工程师（技术管理负责人）审批后执行。

（5）任何单位和个人不得擅自修改审查合格的施工图，确需修改时，必须按照公司设计变更和工程变更相关规定执行。

（6）施工图设计审查应提交以下资料：公司批复的初步设计文件，项目实施单位行文的审查意见，施工图设计图纸原件两份并附电子文档，施工图设计依据及其他相关资料。

◎ 示例　　　　　　　　　　矿井设计的审批程序

1. 矿井改扩建项目必须严格履行立项程序，由生产单位总工程师组织有关部门提出方案设计，方案经公司总经理办公会议审查立项后，由设计院做出可行性研究报告，报生产技术部委托发展改革与经济技术委员会审查，生产技术部审批。

2. 可行性研究报告批准后由设计院进行初步设计，报公司生产技术部备案，委托发展改革与经济技术委员会审查、生产技术部审批。由设计院进行施工图设计，工程竣工后由项目实施单位提交验收申请，公司组织验收签证。

3. 施工图设计完成后，设计院须进行施工图预算、工程量与初步设计工程量概算对比，超概算大于10%或资金超过100万元，由总经理办公会议批准。工程开工前必须编制施工组织设计和施工图预算。

4. 矿井技术改造设计必须在生产能力核定和矿井发展规划基础上进行，由生产单位总工程师组织有关部门提出改造方案设计，方案经公司审查批准后，进行初步设计及施工图设计。工程开工前必须编制施工组织设计和施工图预算。

5. 首采工作面及有瓦斯突出、受水害威胁的采掘工作面由生产单位总工程师组织有关部门提出方案设计，报公司生产技术部组织审查，新工作面移交生产前，由公司相关部门组织验收。其他采煤工作面设计由矿总工程师组织编制、审批。

_____煤矿____采区开拓项目筹备工作计划安排表

序号	工作节点		开始时间	完成时间	备注(填写各节点工作完成后审查、批复、备案文件号及其他需要说明的情况)
1	地质勘探阶段	地质补勘及地质报告是否完成			
2	立项阶段(可研)	可行性研究报告编制(项目实施单位委托设计院)提交总工程师办公室或发展改革与经济技术委员会审查设计;经济技术委员会造价审查中心审查估算			
3		生产技术部提交总经理办公会议(项目实施单位上报审查意见和估算)			
4		生产技术部提交公司董事长专题会议(项目实施单位上报审查意见和估算)			
5	初步设计阶段	采区初步设计编制(项目实施单位委托设计院)			
6		采区初步设计审查(项目实施单位提交总工程师办公室审查)			
7		采区初步设计概算审查(提交经济技术委员会造价审查中心审查)			
8	安全设施设计审查批复	公司初审并批复			
9		生产技术部报送应急管理厅审查并批复			
10	项目备案	自治区发改委			
11		国家矿山安全监察局宁夏局			
12		自治区应急管理厅			
13	施工图阶段	施工图设计			
14		施工图审查备案			
15		施工图预算编制			
16	工程服务采购阶段	采购计划初审			
17		采购计划初审方案报企业策划部			
18		采购计划方案报公司采购领导小组会议审核			
19		审查同意的采购计划提交至采购监管系统			
20		招标方案编制、招标公告发布、开标、评标情况			
21		评标结果报公司采购领导小组会议及总经理办公会议			
22		中标通知书			
23	工程合同阶段	合同编制、审查			
24		合同授权、签订			
25	开工准备阶段	施工单位人员设备入场计划、临建、培训情况			
26		开工备案			

"安宁"系统功能

查询公司设计规范与审查流程。

三、接续管理

宁夏煤业公司严格落实国家应急管理部制定的《防范煤矿采掘接续紧张暂行办法》等规定,制定煤炭生产技术管理规定、煤炭生产技术文件审批制度、生产矿井采掘接续计划编制规定,滚动编制年度、中期(三年)、长期(五年)采掘接续计划,保持矿井采掘接续平衡,并围绕采掘接续计划编制设备接续、经营计划等规划类文件,确保公司长期稳定发展。

(一)计划分类

年度采掘接续计划:反映当年矿井原煤产量计划(包括回采煤量计划和掘进煤量计划)、掘进进尺计划、采煤队产量计划、掘进队进尺计划、采掘工作面单产单进计划、采掘工作面接续计划安排、回采煤量情况、采掘工作面煤质计划、矿井煤层配采计划等。包含上一年度产量、销量、质量、块煤率、进尺、动用工作面个数、单产、单进完成情况,对未完成本年度计划或奋斗目标的原因及采取的措施予以说明;下一年度年计划产量、销量、质量、块煤率、进尺、动用工作面个数、单产、单进总体安排和较上一年度对比增减情况说明;采掘队伍说明、采掘工作面地质情况说明、煤岩性说明、采掘装备说明、安装回撤说明等,同时提出完成年度计划目标所需的保障措施和需要公司解决的问题。

矿井中期(三年)采掘接续计划:以年度采掘接续计划为依据,反映三年内每年原煤产量计划、掘进进尺计划、采掘工作面接续安排、采区接续安排、采掘技术、工艺和装备发展规划、矿井开拓和准备煤量等情况。

矿井长期(五年)采掘接续计划:以年度采掘接续计划和中期采掘接续计划为依据,反映五年内每年煤矿原煤产量计划、掘进进尺计划、采掘工作面接续计划安排、采区接续计划安排、煤矿采掘技术、工艺和装备发展规划、煤矿技术改造规划、矿井开拓和准备煤量等情况。

(二)计划文件

采掘接续计划表:应以量化指标反映年度、中期、长期采掘接续计划的内容和采掘工作面在每个年度的接续关系等。

采掘接续平面(示意)图:开拓系统简单的矿井,以采掘工程平面图的方式反映采掘接续计划部署情况;开拓系统复杂的矿井,以单线条示意图方式反映采掘接续计划部署情况。采掘接续平面(示意)图分年度、中期、长期接续计划分别绘制。

采掘接续框图:简明直观反映采掘接续关系,应以矿井所辖采掘队为主线条,以其所生产作业的采掘接续面为框绘制采掘接续框图,框内应有采掘工作面的可采储量、掘进工程量、采掘起止日期、年度产量、进尺指标等。

采掘接续说明书:以文本形式反映矿井采掘接续计划编制说明书,说明采掘接续计划编制过程中所涉及的矿井和采区接续情况、技术指标、技术要求、存在的问题及相应的安全技术措施,以及其他应该说明的问题、事项等。

(三)计划审批

各生产矿井负责组织生产、调度、机电、运输、通风、安管等部门制订采掘接续计划,应依据国家安全生产法律、法规要求,充分考虑集中生产和合理开采、薄厚煤层和煤质优劣等因素，严禁超能力组织生产。采掘接续计划由矿井主要负责人审定后报公司生产技术部。

矿井采掘接续计划审定后，由公司组织相关业务部门到各矿井调研，协调解决相关问题。对需要进行调整的采掘接续计划提出调整意见，有关矿井重新编制审定后，报公司生产技术部备案。

（四）计划变更

年度采掘接续计划在实施过程中，各矿井应分解落实到每月，做到月分析月总结。如遇地质构造、"三量"可采期未达到规定要求或受其他影响不能正常接续时，应及时进行调整修订，修订后的采掘接续计划重新上报公司，公司每季度对生产接续作相应研究或调整，确保均衡生产。公司按照"优化系统、稳定产能、减人提效、综合治理"思路，对各矿井实施"一优三减"（优化矿井生产系统，减水平、减头面、减人员）工程，科学调整中长期生产接续计划，为公司可持续发展奠定基础。

◎ 示例　　　　　　　　　　"一优三减"工程（节录）

羊场湾煤矿通过科学调整采掘接续，优化生产系统，推进自动化、智能化建设。一号井由"一井三面"缩减为"一井两面"，掘进工作面由高峰时期的 23 个缩减至 9 个；二号井由"一井两面"缩减为"一井一面"，实现了减头减面不减产。通过优化生产组织，推行内部市场化管理，回收自营单车租赁、矿建工程等业务，共清退委外施工单位 7 家，减少委外用工 500 余人，向宁夏煤业公司内部矿井调剂员工近 400 人。开展二煤采后上行开采一煤成套技术装备研究，推广易自燃煤层回采巷道快速喷涂封闭工艺，推进综采工作面无反复支撑单元支架超前支护应用，引进掘锚护综掘一体机，实施多部带式输送机可视化集控系统建设，达到减人提效的目的。

四、灾害防治

宁夏煤业公司煤矿分布地域广，地质条件差异大。随着开采条件的变化，重大灾害威胁愈加严重，部分煤矿受多种灾害并存影响，安全生产受到严重制约。面对日益复杂的开采条件，煤矿重大灾害防治工作成为一项长期、复杂而紧迫的任务。

宁夏煤业公司将灾害治理作为公司防大风险、防大事故的头等大事，建立完善煤矿重大灾害综合防治体系，系统治理煤矿重大灾害。公司及各煤矿每五年编制一次重大灾害防治规划，编制内容包括生产接续计划、灾害评估、防治措施、重点工程、治理时限、资金预算及安排等，经公司审批后，以各煤矿为实施单元，严格执行各阶段灾害治理计划。

（一）水灾防治

宁夏煤业公司煤矿防治水工作坚持"预测预报、有疑必探、先探后掘、先治后采"的原则，贯彻落实条件分析、超前预警、预防为主等水害防控方针，积极实施防治水工作超前控制，认真排查、治理、消除水害隐患，构建公司水害综合防治技术体系。水害防治技术路线如图 4-3-2 所示。

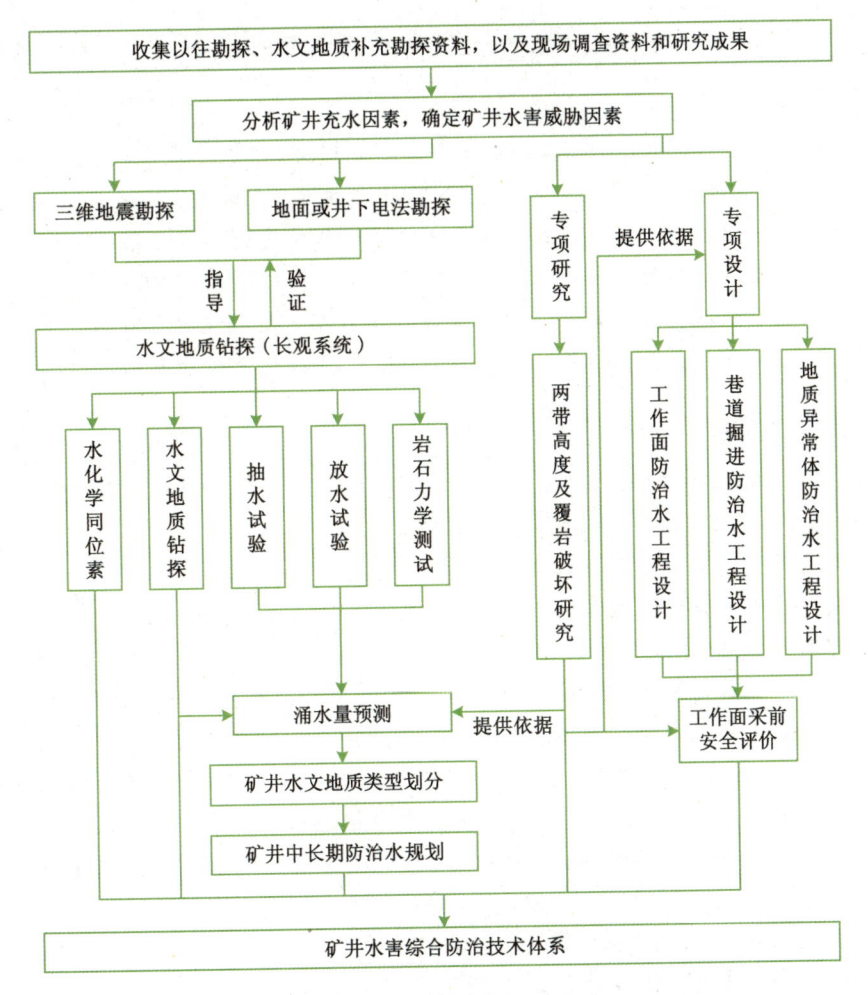

图 4-3-2 水害防治技术路线图

配备与矿井涌水量相匹配防排水系统,在水文地质类型复杂、极复杂或者有突水淹井危险的矿井设置防水闸门或强排系统;按照《煤矿防治水细则》要求,留设防隔水煤(岩)柱,严禁在各类防隔水煤(岩)柱中进行采掘活动,统筹推进底板水害防治、老空水害防治、顶板水害防治、地表水害防治,实现水害防治目标。

(1) 加强底板水害的超前治理。对于受底板水害威胁的矿井,开展疏水降压或底板注浆加固改造,使底板受构造破坏的地段突水系数小于 0.06 MPa/m,隔水层完整无断裂构造破坏的地段突水系数小于 0.1 MPa/m。

(2) 做好老空水害探放工作。在查明老空水情况的基础上,确保老空积水疏放率达 98% 以上,防隔水煤柱满足要求。

(3) 加强顶板水害的防控工作。受顶板水害威胁的采掘工作面查明充水因素,实现含水层静储量有效疏放、截断动态补给量或避免波及顶板含水层。

(4) 封闭不良钻孔水害、地表水害、烧变岩水害等,查明水文地质条件,评价威胁程度,彻底消除水害隐患。

◎ 示例　　　　　　　麦垛山煤矿"十四五"水灾防治规划(节录)

1. 顶板水防治

根据生产接续计划,2021—2025年期间,11采区110205风机巷、110203风机巷、F7断层探巷、110201风机巷、11N采区边界巷、11N0201风机巷、11N0202风机巷、11N0203风机巷及11采区北翼开拓巷道、11N采区准备巷道掘进过程中受到2煤顶板1~2煤间延安组含水层、1煤顶板直罗组砂岩含水层及2~6煤间含水层水害影响,11采区110207、110205、110203、110201工作面及11N采区11N0201工作面在回采过程中受到顶板1~2煤间延安组含水层及直罗组下段砂岩含水层水害影响,按掘进和回采分别分期治理,具体水害防治方案如下。

(1) 2煤掘进期间水害防治方案

在2煤各工作面掘进期间、11采区北翼及11N采区准备巷道掘进期间,实施物探与钻探相结合的防治水方案,做到物探先行,钻探验证。

物探:物探采用瞬变电磁超前探测,每次探测范围为100 m,按照85 m左右步距循环实施,探测掘进前方含水层富水区及富水性,为实施及优化掘进探放水设计提供依据。

钻探:根据物探成果,在2煤110205、110203、110201、11N0202、11N0203工作面风机巷掘进期间,按照每次超前探放280 m距离,预留30 m安全距离以常规钻循环设计实施探放水工程,11N0201工作面掘进期间,按照每次超前探放500 m距离左右,预留30 m安全距离以长距离定向钻循环设计实施探放水工程,钻孔层位位于2煤顶板10~15 m延安组含水层中,通过超前探放进行疏水降压,确保巷道安全掘进;在11采区北翼及11N采区准备巷道掘进工程中,针对物探含水层富水区靶心,以常规钻设计实施探放水工程,确保巷道安全掘进。

(2) 2煤回采期间水害防治方案

为了科学合理、有针对性地对2煤110207、110205、110203、110201、11N0201工作面顶板水进行疏放,工作面开采前在掘进期间探放水的基础上,先行实施顶板富水性探测,后进行顶板含水层补充疏放及离层水探放,确保工作面安全回采。

物探:物探主要覆盖区域为11采区和11N采区2煤各工作面。通过瞬变电磁探测进一步探查清楚顶板含水层的富水区域和富水性,验证掘进探放水效果,为采前疏放水设计及实施提供依据。

钻探:采前疏放水以常规钻按照150~300 m间距布置1个钻场,每个钻场呈扇形布置3~5个钻孔,钻孔终孔位于直罗组下段砂岩含水层中;离层水探放,在工作面回采前根据采前疏放水成效及基本顶初次垮落步距范围,在风机巷距离切眼60 m左右各布置1个钻场,每个钻场呈扇形布置2~4个钻孔,钻孔终孔位于直罗组下段砂岩含水层中,通过疏放水保障工作面安全回采。

2. 断层水害防治

11采区和11N采区按照F7逆断层设计布置分为薄厚两个采区,F7逆断层(∠31°~37°,H=0~27 m)的实际覆存位置对11N采区3条准备巷道布置及安全掘进有重要影响,在F7断层探巷掘进期间,需采用物探和钻探相结合的方法对断层位置及导水性进行探查,以确保巷道的安全布置及掘进。

麦垛山煤矿2021—2025年期间的断层水探查工程主要集中在2煤F7断层(2#)探巷,根据2021—2025年接续计划,矿井的断层含(导)水性探查工程计划见下表:

麦垛山煤矿断层含(导)水性探查工程计划表

序号	断层	受断层影响巷道采煤工作面	施工时间	预计钻探工程量/m	预计物探工程量/次
1	F7断层	F7断层2#探巷	2021年	490	2
……	……	……	……	……	……

3. 钻孔水害防治

根据生产接续计划,2021—2025年期间,130608、110207、110203、110301工作面分别采过8个、5个、5个、4个地质钻孔,11采区北翼集中带式输送机巷掘进将接近6个地质钻孔,以上各钻孔存在封孔不良的可能性,为防止钻孔因封闭不良发生水害事故,计划对以上地质钻孔均按封闭不良钻孔对待,逐一采用物探结合钻探方法进行探查,确保各采掘工作面安全生产。

4. 采区排水系统建设

根据生产接续计划,为确保矿井安全回采,在130608工作面泄水巷安装3台MD155-67×6(1台)离心泵及配套ϕ219 mm排水管路200 m,以解决13采区采空区排水问题;在11N采区回风巷Ⅱ(3^{-1}煤)施工临时排水水仓,安装3台MD155-67×6(1台)离心泵及配套ϕ219 mm排水管路1 000 m,以解决11N采区3条准备巷道掘进期间的排水安全;2022—2023年建设11N采区水泵房、变电所及通路及11N采区边界1#水仓和通路,计划安装5台MD360-95×5型离心泵水泵,铺设ϕ219 mm管路4 150 m,为采区回采提供保障。

(二) 火灾防治

宁夏煤业公司煤矿火灾防治总体原则为"预防为主、早期预警、因地制宜、综合治理",建立矿井自然发火预测预报机制,研究实施综合立体式防火技术,推进防灭火工作由过程治理向源头控制转变,由被动治理向主动预防转变,从源头上控制煤矿火灾事故的发生。煤矿火灾防治技术路线如图4-3-3所示。

宁夏煤业公司火灾治理主要涉及煤田火区防治、煤层自燃防治、外因火灾防治。经过多年探索实践,公司形成了完善有效的防治思路。

1. 煤田火区防治思路

煤田火区治理必须编制防灭火设计,并对设计进行报批。设计中应明确火区探测方式,先采用红外探测法及测氡法初步圈定火区范围,通过钻探验证,确定燃烧深度;确定火区燃烧范围、程度及发展趋势;确定灭火方法(剥离灭火、打钻注浆灭火、打钻注液氮灭火,也可多种灭火方法相结合),对地表裂隙及塌陷坑平整、覆盖、绿化。灭火工程结束后,对火区实施长期监测。

2. 煤层自燃防治思路

开采容易自燃和自燃煤层时必须编制矿井防灭火专项设计,当延深新水平、开采新采区、采煤方法或通风系统等发生重大变化时,需及时修订矿井防灭火专项设计;根据矿井建立的防火系统,采取注浆、注惰性气体、喷洒阻化剂等两种及以上防灭火技术措施,实施主

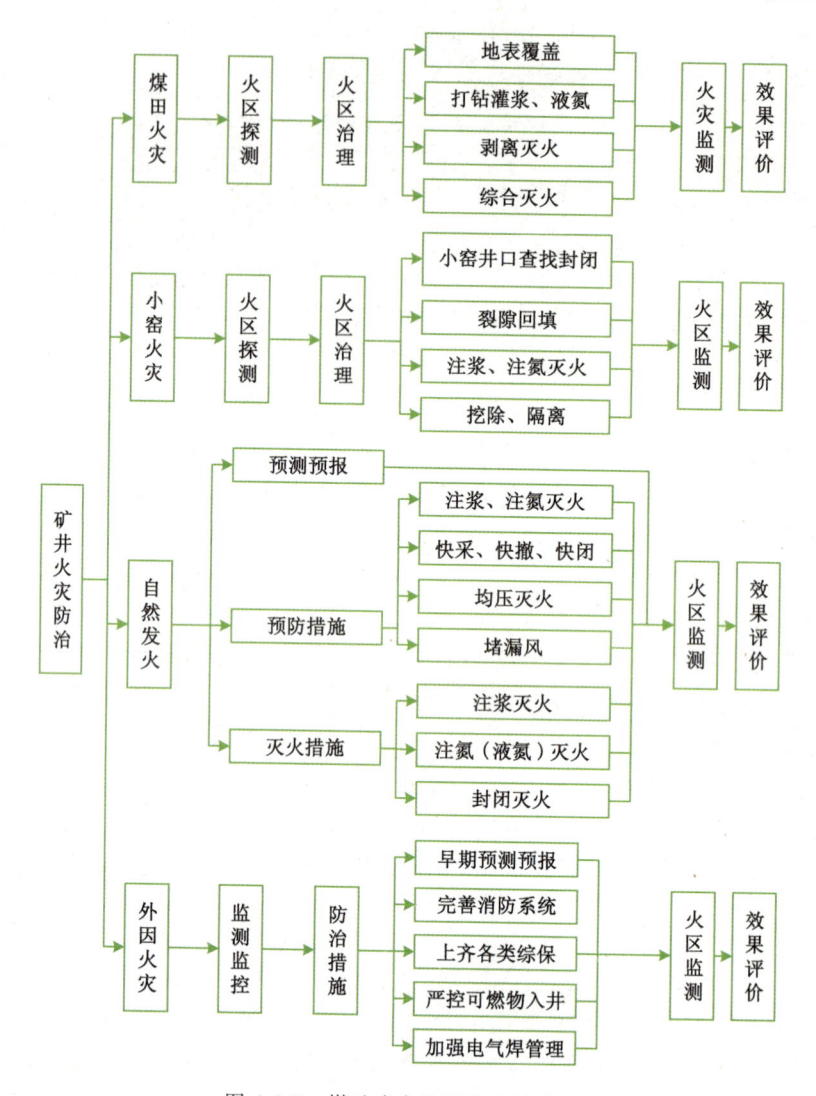

```
矿井火灾防治
├─ 煤田火灾 → 火区探测 → 火区治理 ┬ 地表覆盖
│                                    ├ 打钻灌浆、液氮
│                                    ├ 剥离灭火
│                                    └ 综合灭火       → 火灾监测 → 效果评价
│
├─ 小窑火灾 → 火区探测 → 火区治理 ┬ 小窑井口查找封闭
│                                    ├ 裂隙回填
│                                    ├ 注浆、注氮灭火
│                                    └ 挖除、隔离     → 火区监测 → 效果评价
│
├─ 自然发火 ┬ 预测预报
│           ├ 预防措施 ┬ 注浆、注氮灭火
│           │          ├ 快采、快撤、快闭
│           │          ├ 均压灭火
│           │          └ 堵漏风                      → 火区监测 → 效果评价
│           └ 灭火措施 ┬ 注浆灭火
│                      ├ 注氮（液氮）灭火
│                      └ 封闭灭火
│
└─ 外因火灾 → 监测监控 → 防治措施 ┬ 早期预测预报
                                     ├ 完善消防系统
                                     ├ 上齐各类综保
                                     ├ 严控可燃物入井
                                     └ 加强电气焊管理 → 火区监测 → 效果评价
```

图 4-3-3　煤矿火灾防治技术路线图

动预防，并综合考虑采后采空区管理、相邻工作面和相邻煤层的防灭火需求。煤矿必须确定自然发火标志气体及临界值、温度等反映自然发火进程的指标，并根据自然发火监测系统、安全监控系统和人工检测结果综合分析，实现煤层火灾早期预警，并作为优化综合防灭火措施依据。

3. 外因火灾防治思路

完善井下胶带、电缆、电气设备和辅助运输车辆各种保护，按规定安设 CO、烟雾和温度传感器并加强维护，确保运行可靠、保护有效。推广应用胶带火灾预警、控制联控系统，对运输胶带进行连续在线监测，并与地面（井下）工控机连接通信，将监测数据实时传输至井上、下调度室。严格按照相关规定配置消防器材并加强管理。推广采用新型切割和装配工艺，代替井下电气焊作业，有效控制井下电气焊作业次数。当采用电气焊作业时，严格执行《煤矿安全规程》和《煤矿防灭火细则》规定。加强井下可燃物管理，井下使用的油脂、棉纱、布头、纸等易燃材料集中管理,及时回收,及时清理胶带旋转部位附着物和胶带下浮煤,定期冲洗巷道清扫积尘,防止摩擦起火。入井的电缆和机电设备等必须选用取得"MA"标志的矿用产品,严禁使用非阻燃性胶带、电缆和风筒。采区变电所、充电硐室、空压机硐室、带式输送机机头形成独立通风系统。严格执行爆炸材料贮存、运输及爆破的有关规定。严格高分子材料的检验管理、审批管理、储运管理,使用前必须按照《煤矿安全规程》相关规定进行安全性、环保型评估,使用前必须制定施工方案和专项安全措施,遵守《煤矿井下反应型高分子材料安全管理办法(试行)》的相关规定。

◎ 示例　　　　　　　　羊场湾煤矿一号井火灾防治"十四五"规划(节录)

羊场湾煤矿2021—2025年可能发生的火灾主要集中在采煤工作面收尾回收期间采空区自燃,为有效保障矿井安全生产,防止采煤工作面煤炭自燃,在采取"快掘、快采、快撤、快闭"、注氮、灌浆、注胶、采空区堵漏等常规综合防灭火措施的同时,针对各采煤工作面特点,制定相应措施。

根据工作面初采期间(以开切眼为界推进100 m范围内,以下同)、正常回采及收尾回撤阶段(工作面距停采线100 m至工作面设备回撤结束,封闭为止,以下同)的不同发火原因和防火重点,通过人工检测、安全监测、束管监测及红外线测温等手段实现自然发火的早期预测预报,制定以灌浆(泡沫阻化剂)、注氮、注胶、注水、堵漏相结合的综合防灭火技术。各采煤工作面在初采及收尾回撤期间,需制定专项防灭火技术措施,并严格按照措施要求执行。以收尾回撤期间防灭火技术为例进行分析。

1. 自然发火原因分析

工作面收尾期间留顶煤开采,采空区留有大量遗煤,为采空区自燃提供了条件。

工作面回撤期间,受地质条件、回撤工艺等因素影响,回撤工期约为50天,为采空区遗煤氧化自燃提供了充足时间。

工作面高温热害严重,支架上方顶煤破碎严重,漏风后极易氧化产生高温,导致采空区自然发火周期大幅度缩短。

2. 预测预报

在工作面进风顺槽埋设30 m、60 m、90 m束管,在工作面回风顺槽敷设1路6芯束管。其中采空区3芯,回风隅角、工作面、回风流各1芯,实现对CO、CO_2、CH_4、C_2H_4、C_2H_6、C_2H_2、O_2、N_2等气体进行监测分析。

在工作面回风隅角、工作面、回风流挂设CO、温度等传感器,实现对工作面风流及回风流CO气体及温度的实时监测。

工作面每隔30架施工1个观测孔,要求每班对工作面预埋束管及架间观测孔人工取样分析1次;每班对工作面区域及架间CO、O_2和温度情况进行检测,及时掌握采空区气体变化情况。

通过监测监控、预测预报手段实现每天有报表、每周有分析报告,及时对工作面自然发火状况进行综合分析及评估,发现问题及时采取措施处理。

3. 防灭火技术措施

(1)灌浆、注氮措施

工作面风巷距离停采线 90 m、70 m、60 m、40 m、30 m 时,沿工作面风巷巷帮向采空区分别埋设 5 趟 φ108 mm 钢管,随着工作面推进间歇灌浆、注胶,连续注气氮或气态 CO_2;机巷距离停采线 90 m、60 m、30 m 时,沿工作面机巷巷帮向采空区分别埋设 3 趟 φ108 mm 钢管,随着工作面推进连续注气氮或气态 CO_2。

具备液氮直注的工作面在距离停采线 60 m、30 m 时,在风巷、机巷分别向采空区敷设一趟 DN50 mm 不锈钢钢管,用于采空区直注液氮或液态 CO_2。

具备施工条件的工作面,在工作面防灭火措施巷向采空区架后施工防灭火钻孔,用于注胶、注水、注液氮或液态 CO_2。

(2) 堵漏措施

防灭火材料应用:工作面距停采线 100 m 时,每推进 30 m 分别在工作面隅角采用打眼注胶、喷涂方式封堵漏风;工作面停采后,对上、下端头 10 个支架利用快速喷涂材料进行封堵;对顶板破碎严重区域施工架间注胶钻孔,充填高分子防灭火胶体材料封堵漏风;每天安排专人检查充填地表裂隙。

柔性网护顶膜措施:铺网阶段,在铺设的柔性纤维网上覆盖阻燃、不漏风的覆膜,有效封堵氧气向采空区扩散的通道,减少采空区漏风,降低采空区内的氧气浓度,有效抑制采空区遗煤氧化自燃。

(3) 钻孔(注水、注胶、注氮)综合防灭火技术

防灭火观测钻孔布置:工作面停采后,每隔 10 架向架后 2~3 m 施工 1 个观测钻孔,孔内预埋束管,用于人工检测、采样分析。

注水钻孔布置:工作面支架停止推移后,立即在工作面逐架施工架间注胶钻孔,隔架施工架间注水钻孔,钻孔分为深孔和浅孔,浅孔终孔位置在支架后尾梁处架顶以上 1~2 m,深孔终孔位置在后尾梁处架顶以上 3~5 m,钻孔施工完毕后先注水降温,后注胶堵漏,单孔注胶量不小于 0.5 t,当工作面支架架间区域出现超过日常检测温度 3 ℃以上高温点时,再补打注水、注胶孔。

(4) 预防性封闭措施

因工作面回撤工期长,当预测在回撤期内采空区存在自然发火威胁时,在"三机"回收完毕后,实施预防性封闭注液氮或液态 CO_2 措施,封闭期限为 10~15 天,有效消除采空区自然发火隐患,为工作面回收创造有利条件。

(5) 均压防灭火技术

工作面停采回收期间,在工作面下部架设木垛,预留下行均压回风通道。当采空区出现自然发火预兆或回收通道 CO 浓度超限时,利用风窗、风机和连通管等调压装置或设施改变与漏风有关巷道的压力分布,降低漏风压差,减少漏风及采空区有毒有害气体溢出。同时将作业区域高浓度 CO 经预留回风通道排入回风巷,使人员作业区域 CO 保持安全作业浓度,确保作业人员安全。

(6) 液氮(液态 CO_2)防灭火技术

利用液氮(液态 CO_2)超低温、纯度高、汽化膨胀倍数高等特性,采用地面汽化和地表钻孔直注工艺,使采空区压力增加,减少采空区漏风,迅速降低采空区氧含量,惰化采空区,同时汽化过程吸热,可有效降低采空区温度,达到"高压排氧""制冷降温"的灭火目的。

强化生产、回撤劳动组织,合理安排回收工序,工作面收尾阶段快速铺网、快速施工回

撤通道,到达停采线后,最大限度缩短工作面回撤工期,斜长大于 200 m 的工作面回撤总工期不超过 50 天,斜长小于 200 m 的工作面回撤总工期不超过 45 天,实现"以快防火"。

(三)顶板灾害防治

煤矿结合实际情况建立健全顶板管理岗位责任制,制定敲帮问顶、顶板监测、围岩观测、顶板巡查、井巷维修、支护质量验收和检查考核等管理制度,根据煤层赋存、构造发育、开采技术条件选择科学合理的开拓方式、采掘布置、开采顺序,推广应用无煤柱、小煤柱开采工艺,降低区域应力集中水平。

各煤矿采煤工作面、巷道支护设计坚持"一巷一策、一面一策"原则,在充分收集分析采煤工作面、巷道所处区域应力环境、围岩性状、构造展布及含水层影响的基础上,合理设计煤柱尺寸、巷道层位、断面形状、支护方式及参数,合理确定采煤、掘进与支护工艺。巷道掘进应定期探查测试围岩应力及性状、构造及含水层等影响因素的变化,监测支护受力、巷道变形和顶板离层,分析评估设计的安全可靠程度,不断进行优化改进。

井巷、采煤、掘进工作面顶板管理中的初采末采及安装回撤、大断面、交岔点、硐室、锚网(喷)支护、架棚支护、特殊条件下顶板管理执行宁夏煤业公司顶板管理规定。

建立健全矿压监测制度,装备矿压监测仪器仪表,定期对观测结果进行分析,掌握矿压显现规律,做好矿压预测预报,按照掘进、采煤分类分面建立矿压监测档案,为探索优化适合不同地质条件下的锚杆支护设计、合理规划生产布局提供观测依据。

巷道维修编制施工组织设计和安全技术措施,瓦斯、CO_2 等气体浓度符合《煤矿安全规程》规定才能作业。作业过程必须遵守顶板冒落、支架歪倒、撤退出口、通风风量、临时支护、车辆通行等安全规定。

◎ 示例　　**羊场湾煤矿顶板灾害防治"十四五"规划(节录)**

羊场湾煤矿针对"十四五"期间采掘工作面存在的顶板及矿压显现灾害隐患,提出相应防治方案。

1. 采空区大面积悬顶防治方案

矿井容易形成大面积悬顶的工作面主要集中在 15 采区、16 采区、13 采区北翼以及各采区的首采工作面,需要在开采前实施顶板深孔预裂爆破措施的工作面主要为 150202、160206(Ⅰ区段、Ⅱ区段)、140201、170201 等综放工作面。

具体防治方案为:工作面初采前,切眼内每隔 2 m 在架后打设强制放顶眼,钻孔深度 6~8 m,钻孔直径为 43 mm,钻孔与工作面顶板夹角为 75°,向老塘侧顶部方向打设,每眼装药 6 kg,封泥长度为 1 m。

2. 采煤工作面初采期间漏冒顶防治方案

按照采掘接续计划,"十四五"期间共开采 9 个 2 煤工作面,具体防治方案为:

(1) 严格控制工作面采高,在未开始留设顶煤前,综放工作面采高控制在 3.6 m 以下。

(2) 工作面支架接顶严实,支架初撑力不得小于 24 MPa。

(3) 工作面采高达到 3.6 m 时,即开始留设顶煤,先选择顶板较好区域留设顶煤,再逐渐将留顶煤区域向两侧扩展。

(4) 如工作面顶板破碎、顶煤难以留住时,必须及时采取超前移架的方式,将支架顶梁前端顶住煤帮,防止煤壁片帮造成端面距超宽,架前出现漏冒。

(5) 如顶板出现局部漏顶造成支架超高时,移架时必须采用单体支柱或防倒千斤顶辅助移架,拉架时少降快拉,并始终使伸缩梁伸出顶住煤帮,防止出现咬架或倒架事故。

(6) 仰斜开采的工作面,在掘进时将切眼回采侧煤帮高度调整到3.6 m以上,在割第一刀煤时利用肩窝支护的锚杆直接留顶煤回采,减少沿顶板回采和留顶煤的时间。

(四) 矿压灾害防治

宁夏煤业公司矿压灾害防治坚持"区域先行、局部跟进、分区管理、分类防治"的原则,以智能化防治为引领,形成"采前→采中→采后→采前"闭环,贯穿煤矿设计、准备、生产的每一个阶段,落实"一面一评价、一设计、一措施、一论证"综合防冲措施。矿压灾害矿井优化开拓开采部署和采掘接续,避免应力集中,限制采掘强度,减小开采扰动影响,形成"评价→区域治理→预警→局部治理→评价"冲击地压防治体系。矿压灾害矿井防治技术路线如图4-3-4所示。

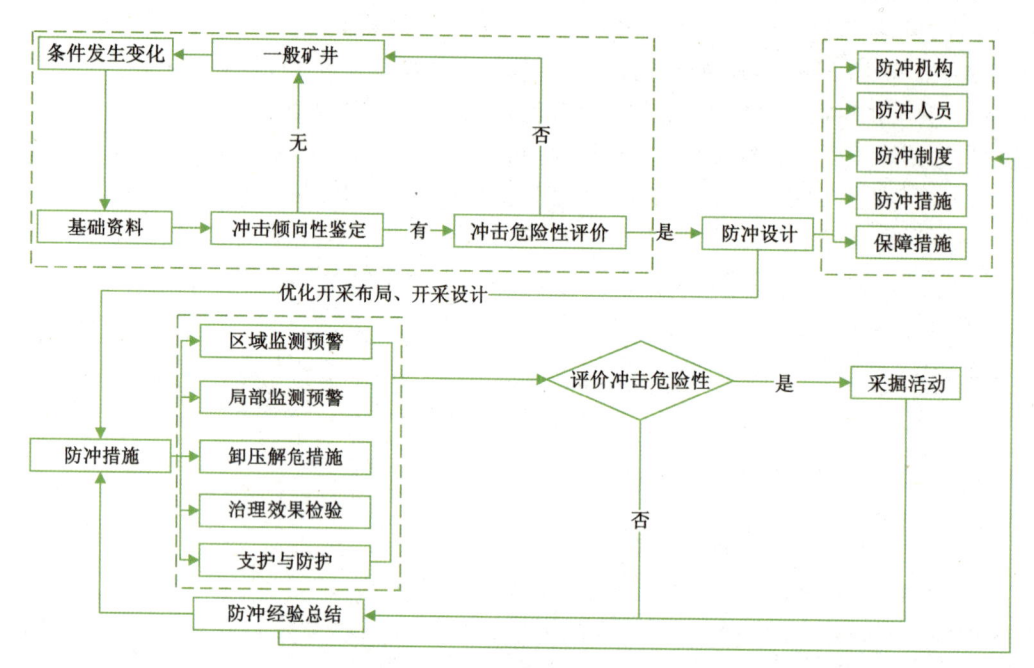

图 4-3-4 矿压灾害矿井防治技术路线图

宁夏煤业公司统筹推进致灾隐患排查、煤岩冲击倾向性鉴定、冲击危险性评价、地应力测试、强矿压专项设计工作,探索形成了强矿压灾害治理思路。

强矿压灾害治理需要定期开展矿压致灾隐患排查,查明矿压产生的机理。公司按照《防治煤矿冲击地压细则》要求,对采深超过400 m、相邻矿井开采的同一煤层发生过冲击地压的,或者采掘范围内有煤炮、震动、煤层突出、岩石弹出或抛射等动力现象的矿井,及时开展煤岩冲击倾向性鉴定。在煤岩冲击倾向性鉴定的基础上,进行冲击危险性评价。对冲击危险性评价结果为"无"的矿井按照强矿压矿井管理。按照强矿压管理的矿井,应开展地应力测试,了解矿区煤层地质赋存及地质力学环境,为矿井工作面布置及矿压灾害治理奠定基础。按照强矿压管理的矿井编制"强矿压灾害防治设计",作为开拓开采重要组成部分,经公司分管领导批复后组织实施。设计内容包括开拓方式、煤层群开采顺序、采区巷道布置、采煤方法、回采巷道布置、同层煤开采顺序、防冲设施布置、常规防冲技术措施与强矿压危险（特殊地段）专项措施、事故处理应急措施、区域强矿压综合措施和局部强矿压综合措施等。

建立综合治理体系，通过"生产布局合理、卸压达标、监测预警精准、管理闭环、过程可追溯"的强矿压灾害综合治理，确保矿井强矿压灾害防治安全长效。通过优化矿井开拓开采设计，实现"掘、备、采"顺序接替，保障"一矿一策、一面一策"防治效果。

◎ 示例　　枣泉煤矿"十四五"矿井矿压治理规划（节录）

枣泉煤矿根据2021—2025年采掘接续规划，综合考虑各采掘工作面地质条件、开采条件、煤层及顶底板条件等因素，结合矿压特征和易发区域，主要针对13、14采区2煤采掘工作面进行防治。

矿井主要采煤工作面有130203、220705、220608、220706、220607、110207工作面，掘进巷道有22采区220707工作面顺槽巷道、13采区130205及130207工作面顺槽巷道、15采区150102及150201工作面顺槽巷道。其中22采区及15采区顺槽巷道埋深均小于400 m，因此2021年冲击地压防治规划均围绕13采区130203工作面、110207工作面、130205掘进工作面及130207掘进工作面顺槽巷道开展。

1. 130203工作面开采期间矿压防治

（1）大直径钻孔预卸压措施

计划在130203回风巷Ⅰ段（0～1 450 m）、130203机巷、110207风巷实施大直径钻孔卸压。

钻孔布置参数：钻孔直径为133 mm，孔间距为3 m，孔深为20 m，位于巷帮中部，钻孔垂直煤壁，顺煤层布置。2021年130203工作面预计推进1 400 m，110207工作面预计推进440 m，预计需要施工钻孔613个，累计进尺约12 260 m。具体参数见下表。

煤体大直径卸压参数

位置	间距/m	长度/m	角度/(°)	孔径/mm	布置方式	距底板距离/m
风机巷	3	20	垂直煤壁，顺煤层布置	133	单排	1.2～1.5

（2）水力致裂预卸压措施

枣泉煤矿计划在130203工作面机巷和110207工作面机巷实施水力致裂切顶卸压。沿顺槽轴向方向布置压裂钻孔S和钻孔S'，开口位置距离下帮1 m左右，与巷道夹角分别为45°和5°，向工作面方向打设，实际角度和开口位置根据现场空间调整。压裂钻孔长度为50 m，仰角为60°。2021年130203工作面预计推进1 400 m，110207工作面预计推进440 m，预计需要施工钻孔184个，累计进尺约9 200 m。具体参数见下表。

水力致裂钻孔参数

位置	间距/m	长度/m	角度/(°)	孔径/mm	钻头/mm
胶带巷	50	50	+60	42	58

(五) 高温热害防治

宁夏煤业公司坚持"管理、装备、素质、系统"并重原则,建立健全"系统可靠、措施有效、管理到位"的矿井热害治理工作机制,采取以安装局部制冷机、优化通风系统、加强监控为主的综合防治措施,全面提升矿井热害治理水平。

针对各煤矿采深逐年增加、地温显现越加明显的现状,健全高温热害治理机制,推动实现高温热害防治目标。

(1) 矿井通风系统合理、设施完好、风流稳定、风量满足要求,确保通风可靠。

(2) 建立健全矿井机械制冷系统,降低采掘工作面温度,改善作业环境。

(3) 加强综采工作面防灭火管理,防止工作面采空区遗煤氧化升温。

(4) 建立健全井下高温作业地点观测制度,做到班班检查、实时监测,发现异常及时处理。

◎ 示例　　羊场湾煤矿一号井"十四五"热害防治规划(节录)

羊场湾煤矿2021—2025年可能发生的热害灾害主要集中在13采区、14采区、16采区及17采区的采煤工作面。为有效治理高温热害,保护员工身心健康,保障矿井安全生产,制定以下措施。

1. 采煤工作面热害防治技术

采煤工作面主要采取安装制冷机、合理配备工作面风量、加强安全监控及人工检测等综合措施。

(1) 采煤工作面制冷设备管理措施

工作面生产期间必须确保制冷设备按照"2用1备"方式运行,制冷设备检修维护必须逐台交替进行,严禁2台以上设备同时停机。

必须按照制冷需要及时将制冷机风筒延接至规定位置,做好风筒吊挂维护工作,确保制冷效果。

(2) 其他热害防治安全技术措施

加强通风管理,提高工作面风量,有效缓解工作面高温热害。采煤工作面核定风量时,预计工作面高温热害情况,计算工作面需风量;工作面实际配风中不得小于设计风量,必要情况下应合理加大工作面配风量。定期安排人员对采煤工作面进行测风,准确掌握工作面风量变化情况,发现风量降低需及时调整系统,确保风量满足生产要求;每班安排瓦斯检查工对工作面区域通风设施进行检查,发现问题及时汇报处理,确保工作面通风系统稳定可靠。及时维护巷道,防止工作面上、下口超前断面受压变形严重,影响工作面通风断面。

加强安全监测监控系统管理,及时掌握工作面温度变化。测点布置:在工作面回风巷距煤壁线10~15 m处安装一台温度传感器。温度传感器吊挂位置及标准:温度传感器采用专用吊架吊挂在距帮不小于200 mm、距顶不大于300 mm顶板上,温度传感器必须悬挂说明牌及调校牌。必须安排专人按规定使用、管理温度传感器,严禁擅自甩开或停用温度传感器。为保证监测系统有效、及时监测井下温度变化情况,必须定期安排监测工检查系统运行情况。温度传感器必须可靠运行,定期进行调校、测试,发现问题及时处理。

加强人工检测,及时掌握工作面温度变化。严格按照《煤矿安全规程》规定在采煤工作面、工作面回风流、回风隅角、电气列车等地点分别设置温度检测点,瓦斯检查工每班检查2次,并及时将真实温度填写到瓦斯检查牌板上,检查期间如发现温度异常情况,必须立即汇报通风调度,安排人员查看原因,采取针对性降温措施。

其他安全技术措施。综采队严格落实交接班制度,每班安排工作量相对减少,不允许加班延点。为每名入井作业人员配发水壶、毛巾等用品,现场保证员工饮水,避免员工中暑。按照规定向综采队员工按时发放高温补贴,保障员工权益。加强员工教育培训,增强员工个体防护意识。现场人员感到身体不适时,应降低劳动强度或暂时撤出休息,对因受高温影响而身体感到严重不适的员工,安排专人护送升井、检查。定期检查和维护应急联动系统,确保工作面出现高温报警时应急联动系统能够及时发出预警信息。增设采煤工作面区域通信基站,确保工作面区域通信信号全覆盖,在人员出现高温中暑情况时,能够及时与值班车或地面取得联系。

2. 掘进工作面热害防治措施

(1) 煤巷掘进工作面掘进过程中及时对巷道进行喷浆或注胶封闭,减少煤体氧化散热对巷道温度的影响。

(2) 加强矿井通风系统管理,禁止不符合规定串联通风、循环风、扩散通风,各高温地点应合理增加风量,降低巷道温度。

(3) 掘进工作面合理选择局部通风机位置,其安设位置必须设置在巷道温度较低地点,缩短通风距离,有效增加工作面风量。

(4) 各掘进单位加强局部通风管理,做好风筒维护、吊挂等工作,减少风筒漏风,确保掘进工作面风量满足要求。

(5) 加强作业时间和岗位管理,保障作业安全和员工健康。

(6) 各单位加强日常培训,员工应熟知高温中暑的条件、征兆及特征,作业人员在作业前保持良好的精神状态,准备充足的防暑饮品,提高抗灾能力。

3. 其他措施

(1) 结合羊场湾煤矿CO防治管理规定相关内容,加大对井下各类运输车辆的维护和检修力度,杜绝车辆带病运行,并在日常生产中合理组织和安排车辆,减少井下各种运输车辆集中作业的情况,以减小井下胶轮车尾气排放对矿井各辅助运输巷温度的影响。

(2) 为减小机巷电气设备散热对采煤工作面进风温度的影响,将电气列车安装在风巷,以消除电气列车运转过程中散热对机巷进风温度的影响。

(3) 根据矿井生产布局变化对矿井废旧巷道进行永久封闭,不断简化、优化通风系统,提高矿井有效风量。

(4) 采取综合防灭火措施。在每个采煤工作面开采前,根据工作面实际情况编制、落实防灭火专项措施,防止工作面煤层氧化自燃,消除因煤炭氧化自燃对工作面温度的影响。

(六) 瓦斯灾害防治

宁夏煤业公司在完善专业管理机构和配足专业技术人员的基础上,实施智能化瓦斯灾害防治技术,落实"先抽后采,监测监控,以风定产"瓦斯治理方针,坚持"区域治理为主、局部治理为辅,一矿一策、一面一策"原则,积极构建"通风可靠、抽采达标、监控有效、管理到位"的瓦斯治理工作体系。矿井瓦斯治理技术路线如图4-3-5所示。

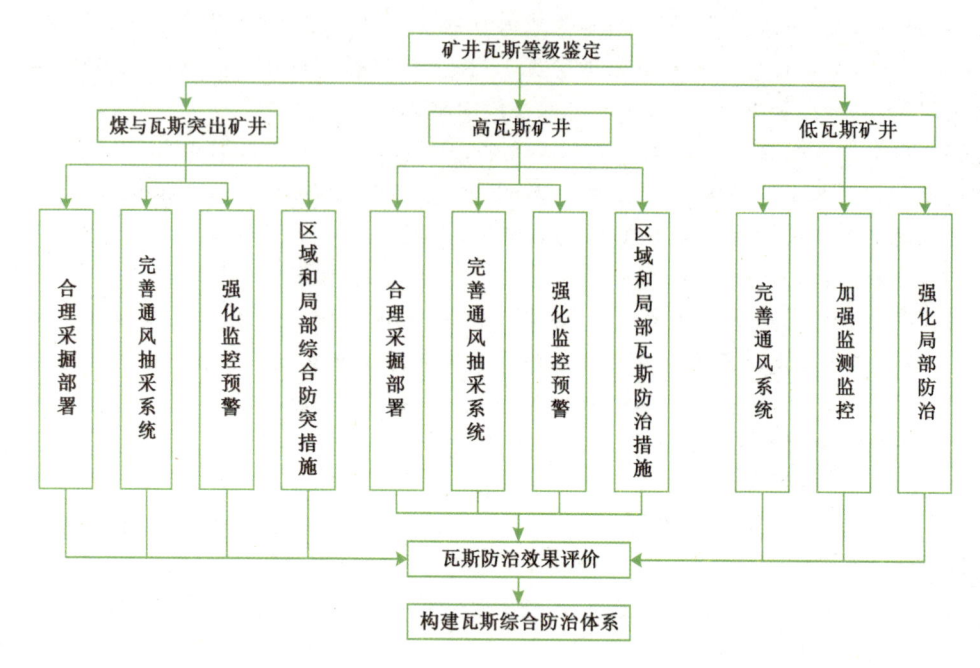

图 4-3-5　矿井瓦斯治理技术路线图

针对高瓦斯矿井，强化瓦斯地质保障能力，对深部延伸区域、新区域新水平及时开展瓦斯基础参数测试及赋存规律研究，现开采区域存在瓦斯动力现象或所有区域瓦斯参数测定可能存在突出危险等情况时，及时开展煤层突出危险性评估并启动突出鉴定；合理进行采掘部署，建立健全瓦斯监控预警系统，进一步提升瓦斯防治效果；坚持"区域性超前预抽为主、局部抽采措施补充为辅"的原则，大力推广地面钻井、定向钻孔、煤层增透强化抽采等先进技术装备。

针对没有瓦斯异常涌出的矿井，主要加强通风管理和瓦斯监测监控，避免出现局部瓦斯积聚引起瓦斯超限，同时强化瓦斯煤尘爆炸管控措施。有瓦斯异常涌出的低瓦斯矿井，必须严格开展煤层瓦斯基本参数测定，及时掌握煤层瓦斯赋存规律，针对瓦斯异常区域的瓦斯来源和涌出情况，采取针对性的瓦斯治理措施并进行措施效果考察优化，防范和消除局部瓦斯积聚；加强矿井瓦斯灾害升级（或过渡期）管理，强化技术、装备、管理保障，建立精细化治理技术管理体系。

针对存在硫化氢等有毒有害气体威胁的矿井，要加强超前探测和监测监控，及时制定行之有效的治理方案，形成"注、抽、喷、洒、护"五位一体的防治措施，应以煤层预注碱性吸收液和抽采主动治理为主，以喷洒吸收液被动治理为辅，强化通风管理和加强个体防护，构建综合防控体系。

针对恢复生产或改扩建的煤与瓦斯突出矿井，严格遵守《防治煤与瓦斯突出细则》，坚持"区域防突措施先行、局部防突措施补充"的原则，合理进行采掘部署，优化完善通风、抽采系统，提高矿井各系统的防灾、抗灾能力。建立健全瓦斯监控预警系统，完善瓦斯防治效果评价体系，推广地面钻井大面积区域预抽为主、井下抽采为辅的做法，有效降低煤层瓦斯含量。

强化瓦斯抽采利用,推动实现以全浓度瓦斯梯级利用(具有完整的地面抽采系统,实现0~100%瓦斯浓度的梯级利用)以及分散抽采瓦斯分布式经济利用(分散不集中瓦斯气源的经济利用)为主导,不断提高瓦斯抽采利用水平,有效降低碳排放量。

宁夏煤业公司通过构建科学有效的瓦斯治理工作体系,推动实现瓦斯防治目标。

(1) 建立"采掘布局合理、通风系统可靠、抽采达标、监控有效、管理到位"的煤矿瓦斯综合治理工作体系,提高"一矿一策、一面一策"瓦斯治理效果。

(2) 简化和优化矿井通风、瓦斯抽采系统,重点解决"抽、掘、采"接续紧张问题,保障矿井正常接续。

(3) 实现瓦斯"零超限""零突出",有效防范和坚决遏制瓦斯事故的发生,消除瓦斯重大隐患。

◎ 示例　　　　　　　　白芨沟煤矿"十四五"瓦斯灾害防治规划(节录)

总体思路:加强通风瓦斯管理,保证各地点风量充足,通风系统稳定可靠,按照瓦斯防治的技术要求调整生产系统,做到瓦斯防治技术手段与生产系统有机结合,提高生产系统防灾能力,实现抽采达标后的安全开采。提前对南翼采区规划的区段进行超前治理,南翼采区根据010203、010204和010206区段生产接续情况,重新布置一条1665边界改造回风下山和010203工作面回风下山,并对矿井通风系统进行优化调整。各区段瓦斯方案如下。

1. 010206区段瓦斯防治方案

010206区段设计走向长400 m,倾向宽160 m。经2020年3月测定,煤层最大平均可解吸瓦斯量为10.62 m^3/t,煤层瓦斯含量较大,瓦斯资源储量丰富。该工作面计划于2023年3月11日开始接续回采,回采前采取以下瓦斯治理方式。

(1) 长距离定向水平钻孔

在1665回风巷布置2个定向钻场,布置17个定向钻孔,钻孔呈两排布置,一排布置在煤层底板12 m以上位置,一排布置在煤层底板6 m以上位置,同排钻孔间距按20 m布置,上下排钻孔平面投影间距为10 m,钻孔平均长度为417~600 m,设计工程总量为10 126.5 m。

(2) 底板穿层钻孔抽采

设计利用南翼边界进风上山和1665边界进风下山布置,钻孔终孔间距按10 m布置,总共设计布置32个钻场,布置328个钻孔,总工程量为21 083 m。对本煤层瓦斯进行加强抽采。

(3) 本煤层顺层钻孔抽采

在工作面回风顺槽掘进时,施工本煤层顺层钻孔加强抽采,钻孔间距按6 m布置,总共设计65个钻孔,总工程量为9 750 m。

(4) 采空区瓦斯治理方式

为了防止工作面回采期间本煤层采空区瓦斯涌出造成工作面回风隅角瓦斯超限,结合010206区段工作面巷道布置情况,设计利用回风顺槽外侧布置的回风顺槽施工通路每隔50 m布置一条联络巷,在回风顺槽施工通路距切眼110 m处施工一条1$^\#$联络巷,加强采空区抽采。

（七）粉尘防治

宁夏煤业公司坚持"粉尘危害可防可治"治理理念，始终把职业健康与安全管理放在同等重要的位置，遵循"谁使用、谁负责，谁造尘、谁治理，专业监管、技术帮扶"的防治原则，建立"系统可靠、设施齐全、源头治理、管理到位"的防治工作机制，改善员工工作环境，保护员工身体健康。

1. 增压降尘

对采煤工作面供水系统进行"换芯、疏流"，喷雾泵流量升级为 516 L/min，主供水管改造为四层 DN63 型高压胶管。工作面供水管路分两趟布设，一趟供采煤机喷雾，一趟供支架喷雾，保证采煤机内喷雾压力达到 2 MPa 以上，外喷雾及架间喷雾压力达到 6 MPa 以上。对采煤机外喷雾进行改造，通过增加喷雾数量和角度、位置调整，实现采煤机滚筒喷雾全覆盖。在综掘工作面装备增压泵，提升综掘机外喷雾效果。

2. 雾化降尘

各煤矿应实施防尘用水"三级"过滤。通过地面的矿井水处理站，实现初级过滤；在各水平车场进入采掘工作面的主供水管路安装自冲式水质过滤器，实现二级过滤；在主要防尘设施安装点加装过滤网，实现三级过滤。通过三级过滤保障水质满足雾化降尘需要。推广风水混合喷雾，提高防尘设施雾化效果。

3. 封闭降尘

利用有机玻璃对煤仓口及带式输送机转载点等运输线产尘源进行封闭，控制运输落煤产尘。

4. 抽排降尘

综掘工作面装备 KCS-500D 型高效湿式除尘器，采用"长压短抽"控风除尘方式保证除尘效果。

5. 阻隔降尘

在综采工作面风巷安装捕尘网，同净化水幕配合使用，在捕尘网上形成防尘水膜，阻隔空气中的粉尘。

◎ 示例　　　　　　　　　**任家庄煤矿粉尘防治规划（节录）**

1. 健全机制，有效监管，严格落实粉尘防治责任

修订完善矿井综合防尘管理制度，细化明确防尘供水系统及设施、采掘工作面和煤炭运输线防尘装备配备标准及使用、巷道冲扫和洒水灭尘、粉尘浓度检测等管理规定，落实矿长负总责、总工程师负主管责任、职能部门负监管责任、区队班组抓执行，全员参与、全员共建的管理机制。坚持每周二、周五召开粉尘防治协调会议，定期组织职业卫生管理培训和职业健康案例学习，搭建"克尘工作室、职工创新工作室、创新小组、班组创新岗"四大平台，加大奖励力度，充分发挥高技能人才示范引领作用，实施防尘装备升级改造和技术创新，矿井喷雾设施自动化程度达 90% 以上，提升防尘设施信息化、小型化、高效化水平。

2. 优化配套，提供保障，持续巩固粉尘防治基础

健全完善综合防尘管理系统，更新防尘设备设施。坚持防尘用水"三级"过滤，有效保

障喷雾水质及效果。优化设置各类防尘设施,持续提升防尘设施自动化控制水平。个体防护用品分级配备,重点接尘人员配备3M-7500型防尘口罩,其他人员配备3M-3200型防尘口罩。

3. 源头治理,过程控制,不断提升粉尘防治水平

(1) 主体防尘措施

主体防尘措施为以水降尘、通风排尘、个体防护,达到抑制粉尘产生和传播的目的;辅助防尘措施为人工清扫及冲洗巷道积尘,避免粉尘二次飞扬增加粉尘浓度。"十四五"期间,在继续推进原有粉尘防治方式的基础上,继续完善自动化防尘技术,不断探索除尘新技术。

(2) 矿井综合防尘措施

不断健全完善综合防尘责任、设施检查维护、除尘风机安装使用、巷道冲洗、粉尘检测等综合防尘管理制度,按规定完善矿井防尘记录、图纸、台账等。

建立完善可靠的防尘供水系统,确保防尘供水水量充足。按《煤矿安全规程》《煤矿安全生产标准化管理体系基本要求及评分方法(试行)》和AQ标准要求敷设供水管路,胶带运输巷、胶带斜井管路每隔50 m设置一组三通及阀门,其他地点管路每隔100 m设置一组三通及阀门,无防尘供水管路的采掘工作面不得生产。

不断完善矿井防尘管路管理及维护。防尘供水系统采用三级过滤,首先矿井处理水必须经过地面过滤后方可入井;其次在主要大巷(重点防尘区域前)、采掘工作面巷口供水管路上安装水质反冲洗过滤装置;最后在防尘设施喷头加装过滤网,确保防尘水质清洁,水中悬浮物含量不超过30 mg/L,粒径不大于0.3 mm,水的pH值应在6~9范围内,水的碳酸盐硬度不超过3 mmol/L。至少每季度化验一次水质,确保防尘水源水质符合要求。

按规定对矿井粉尘进行测定、分析,配齐粉尘测定仪器。严格执行《煤矿安全规程》《煤矿井下粉尘综合防治技术规范》《煤矿作业场所职业病危害防治规定》和公司矿井综合防尘管理规定,所有净化水幕要做到封闭全断面、灵敏可靠、雾化良好,其他防尘设施要做到雾化良好、使用正常。所有运输转载点均应设置转载喷雾,使用单位负责转载点喷雾正常使用及维护,带式输送机运转过程中,必须确保转载点喷雾处于正常开启状态。严格执行任家庄煤矿巷道冲尘管理规定,对井下各通风巷道定期冲尘,避免粉尘二次飞扬。严格按照《煤矿安全规程》为井下员工配发劳动保护用品,员工按规定使用和佩戴。

"安宁"系统功能

查询公司及各单位重大灾害防治规划、专项防治方案、检查通报、进展成果等。

第四节 行为管控

基于事故致因理论分析,引发生产安全事故的四个基本要素包括人的不安全行为、物的不安全状态、环境的不安全因素和管理上的缺陷。其中,人的不安全行为是引发事故最直接的因素。

不安全行为的定义分为狭义和广义两种。狭义的不安全行为主要是指可能直接导致

事故发生的人的行为,如违章指挥、违章作业、违反劳动纪律,简称"三违";广义的不安全行为是指一切可能导致事故发生的人的行为,既包括可能直接导致事故发生的人的行为,也包括可能间接导致事故发生的人的行为,如管理者的不尽职行为等。研究不安全行为发生机理,分析可能存在的不安全行为规律,是实施不安全行为控制与管理的前提。

一、违章类型

宁夏煤业公司根据安全生产法律法规、行业标准及规章制度,制定员工不安全行为管理规则,明确不安全行为认定依据、违章类型、风险等级等。

（一）违章认定

宁夏煤业公司对不安全行为认定遵照以下依据:
(1) 国家安全生产法律法规、地方法规、行业标准规范等。
(2) 国家能源集团和宁夏煤业公司安全生产有关制度。
(3) 国家能源集团和宁夏煤业公司及各单位安全管理规定、要求。
(4) 员工岗位职责、安全生产责任制、岗位标准作业流程、安全技术操作规程、职业病危害防治规定等。
(5) 风险辨识、风险评估中认为可能对安全生产造成影响的操作行为。
(6) 以往在安全生产实践、生产安全事故中总结的经验、教训、预防措施。
(7) 其他认定情形。

（二）违章分类

宁夏煤业公司参照安全风险分级管控标准,将不安全行为风险等级分为重大、较大、一般、低4个等级。根据不安全行为情节、可能产生后果的严重程度,结合不安全行为风险分级,将不安全行为划分为A类、B类、C类。

A类不安全行为:情节或后果特别严重,对应风险等级为"重大"。
B类不安全行为:情节或后果仅次于A类的不安全行为,对应风险等级为"较大"。
C类不安全行为:情节或后果较轻的不安全行为,对应风险等级为"一般"或"低"。

> ▲ "安宁"系统功能
>
> 查询不安全行为认定依据、违章类型、风险等级等。

二、违章查处

（一）基本流程

宁夏煤业公司各部门、各单位将不安全行为查处列入日常安全监督检查工作,结合视频监控等信息化手段,参照以下基本流程进行。

(1) 现场制止。发现不安全行为后必须及时制止,同时告知当事人行为的危险性、后果以及正确的方式方法,并了解不安全行为发生的主要原因。

(2) 确认事实。现场向当事人明确不安全行为事实,并依据员工不安全行为分类及扣分处罚标准填写员工不安全行为查处记录单,由当事人在原始记录上确认签字。若当事人拒绝签字确认,由现场安全检查工、班组长或带(跟)班管理人员至少 1 人签字确认。

(3) 移交监管。发现不安全行为并确认事实后,应及时移交带(跟)班管理人员、班组长、安全检查工进行现场纠正。当事人拒绝纠正或明显存在操作技能不足等情况的,应立即责令其停止作业,退出作业现场,并由作业单位及时补充作业人员。

(4) 登记处罚。各单位详细登记员工不安全行为发生的时间、地点、违章事实、类别、所在单位等信息,及时录入"安宁"系统,对查处的不安全行为原始单据、记录须及时收集、整理、归档,形成不安全行为管理台账。

(5) 积分标准。各单位查处的不安全行为,公司原则上不跨级处罚;公司检查人员查出的不安全行为,由不安全行为人员所在单位处罚后,报公司相关部门及安全环保监察部备案。全员安全积分管理设定扣分情形与指导标准如下:

① A 类不安全行为扣 6 分,B 类不安全行为扣 3~5 分,C 类不安全行为扣 1~2 分。各单位参照公司指导意见自行设定分值标准。

② 被查处的不安全行为人员在行为事实明确的前提下,拒绝在不安全行为查处记录单上签字的,加扣 2 分;存在态度恶劣、威胁行为等,加扣 3~6 分。

宁夏煤业公司不安全行为分类及扣分处罚标准(节录)如表 4-4-1 所示。

表 4-4-1　宁夏煤业公司不安全行为分类及扣分处罚标准(节录)

序号	类别	不安全行为描述	风险等级	违章级别	全员积分	当事人处罚/元
1	通用	强令他人违章冒险作业的	重大	A	-6	1 000
2	通用	特种作业人员无特种作业操作证上岗作业的	重大	A	-6	1 000
……	……	……	……	……	……	……
52	通用	指挥岗位人员超负荷运行机电设备的	较大	B	-3	500
53	通用	安全防护设施不齐全、不完好进行作业的	较大	B	-5	1 000
……	……	……	……	……	……	……
187	通用	不按规定穿戴劳动保护用品的	低	C	-1	100
188	通用	不按规定交接班的	低	C	-1	100
……	……	……	……	……	……	……

(二) 防范重点

宁夏煤业公司对员工不安全行为进行统计分析,梳理不安全行为易发地点、易发时间、易发工序环节、易发人员和群体,强化管理,重点防范,减少、遏制不安全行为。

1. 易发生地点

(1) 单岗作业点:各机房、设备检修作业、临时工作场所;排污沟、地沟等受限空间;锅炉房、换热站及设施、蒸汽管道、热水管道等压力容器及带压力的管道作业地点;粉尘、噪声等职业危害因素超标地点。

(2) 设备材料码放点、设备仪器操作点、危险化学品使用点;平行交叉施工地点;各监测分析实验室、工业废水采样点。

(3) 矿(厂)区主要路口、上下坡点;安全距离不够地点、行走不便地点;照明效果差、施工现场杂乱地点;火车平交道口;煤炭、物资装卸点。

(4) 采煤工作面上、下安全出口;切顶排处以及工作面架前、煤帮处;过旧巷、过地质构造带、顶板压力集中区域、回撤工作面扇形带维护地点;采煤机滚筒截割范围;超前维护段、设备摆放处、设备机头机尾、设备旋转部位、设备运行通道、带式输送机跨越点;高压管路连接部位、支柱打设点、起吊点、运输线路转载点、角联巷道。

(5) 掘进工作面巷道开口点、迎头、贯通点、地质构造带;设备摆放处、设备旋转部位、设备运行通道、带式输送机跨越点;大断面施工地点、喷浆作业地点、粉尘大致使视线不清楚地点、过巷点及巷道交岔点。

(6) 煤仓上下口、通风不良巷道、架空乘人器人员乘坐点、各水平车场、变电所、水泵房、管路吊挂点及风水管改造作业地点。

(7) 胶轮车、电机车行驶巷道交岔点、转弯处、风门处,通过坡度较大、较湿滑的地点,人员上下车地点,装卸物料地点,车辆与行人交会点、调车硐室。

(8) 露天采区大车道与小车道交岔路口、露天爆破作业地点、露天采装作业现场、露天排土场、视线盲区地段、边坡作业点。

(9) 水电分公司等单位巡检位置偏远、运行时间较长的管线路。

(10) 煤制油化工管道、采样器等容易泄漏可燃、有毒物料的地点;酸碱加药间、罐区装车站台、储罐切水点、膜厂房、地坑、窨井、封闭厂房等可燃气易聚集的地点。

2. 易发生时间

(1) 交接班期间、节假日期间及前后,休息及大倒班后的前几个班,工作面停、复工期间。

(2) 生理易于疲倦时(3:00—5:00、11:00—14:00、17:00—19:00)。

(3) 抢进度、盲目简化工序时;任务安排重、工作紧张时;超强度延点作业,人员疲劳时;作业人员情绪不稳定,思想波动时;处理临时突发任务时。

(4) 生产条件差,劳动强度大,但产量、进尺减少而影响收入时。

(5) 恶劣天气户外作业、上下班途中、车辆运行高峰期。

(6) 生产任务紧,赶工期;多项工作平行交叉作业时。

(7) 环保设施运行异常时;试验开始、结束时;工艺交出与设备检修交接时,或检修完毕重新投入使用时。

3. 易发生工序环节

(1) 启动或停止机器;停送电作业、登高作业、电气焊作业、检修、更换大件,拆解、起吊、固定、装卸、回收、安装、运输,试运转。

(2) 人、车协同配合作业,货车及特种车辆配合装卸设备物料,多人配合作业。

(3) 冬季使用电暖气、煤炉取暖。

(4) 采煤工作面割煤、推刮板输送机、移架、清煤、处理漏顶、进入煤帮侧作业、回撤支柱、替棚换柱、增减支架、增减刮板输送机槽、仰采、割三角煤、过旧巷、跨越带式输送机。

(5) 掘进工作面割煤、支护、巷道维修、挑顶扩帮、铲车出渣、敲帮问顶、掘进爆破期间;上、下山巷道掘进;处理喷浆机堵管、接刮板输送机链条、喷浆作业、带式输送机内侧作业。

(6) 检修罐笼、处理转载点大块煤、处理堵仓、更换钢丝绳、斜井更换胶带、斜巷抬运管路、延接管路环节。

(7) 石门揭煤、瓦斯排放、采空区注氮(二氧化碳)。

(8) 制作引药、装药,处理拒爆、残炮、瞎炮。

(9) 人力推车、大坡度胶轮车行驶;大坡度绞车提升、下放;挖掘机削坡作业。

(10) 地面塔吊吊装;基坑、明槽开挖。

(11) 煤制油化工带压堵漏、高温、高压或低温介质引入作业环节;接触强酸强碱,接触挥发性物质、试剂;动火分析,分析化验;化工工艺、设备流程发生变更或者操作参数发生变更之后的作业工序。

4. 易发生人员和群体

(1) 操作运转设备的岗位人员和维修工。

(2) 新成立的队伍;没有经过培训或培训不合格的新员工,无证上岗的人员;自认为经验丰富不按照规程操作的老员工。

(3) 临时调动、招聘的员工;单岗作业人员、着急下班人员,作业时走捷径、随意简化工序的人员和习惯性违章人员。

(4) 超强度、超时间作业人员;特殊环境下作业人员。

(5) 身体存在隐性疾病人员、思想情绪不稳定人员、休息不够人员,从事第二职业人员;风险辨识不清人员,对班组管理有抵触情绪、上花班人员;自我防范意识缺乏人员;长期未上岗或长期休假返岗人员。

(6) 管理弱化的委外施工队伍。

(7) 带(跟)班管理人员、班组长、安全检查工、瓦斯检查工、爆破工、电钳工等关键岗位人员。

(8) 监测分析人员、现场污染物监测及采样人员、试验人员、维修工、顶岗实习生、分析化验人员。

> **"安宁"系统功能**
>
> 查询不安全行为查处流程、防范重点、分类及处罚标准等。

三、违章录入

公司各单位按要求建立不安全行为台账,规范录入各类不安全行为。同时,利用"安宁"系统实现不安全行为录入、统计、分析、提示、预警,信息数据通过"安宁"系统推送至相关人员。矿(厂)员工不安全行为管理台账如表 4-4-2 所示。

表 4-4-2 宁夏煤业公司_____矿(厂)员工不安全行为管理台账

序号	工号	姓名	岗位	单位	班组	日期	班次	地点	违章原因	风险等级	类别	不安全行为人员考核金额/元	不安全行为人员积分	监管人员考核金额/元	查处人员姓名	备注

> ⚠ "安宁"系统功能
> 录入不安全行为人员违章信息,形成不安全行为管理台账。

四、矫正帮教

宁夏煤业公司以惩戒、矫正、帮扶为主要方式纠正员工不安全行为,引导员工从根本上认识不安全行为危害性,强化遵章守纪主动性,提升自保、互保、联保意识,抵制不安全行为。

(一)帮教程序

(1)通报曝光:在不安全行为被查处三日内由本单位通报,并在指定场所对不安全行为事实进行公示曝光。

(2)矫正培训:采用停工培训或集中培训的方式,对不安全行为人员进行培训教育。

(3)安全承诺:在矫正培训后、再上岗前,不安全行为人员须书写安全承诺书,交由区队(车间)存档。

(4)再上岗观察:不安全行为人员再上岗一周内,其所在的部门、区队(车间)须对其至少实施一次行为观察。

(5)回访:不安全行为人员再上岗一个月内,安全管理部门应对其进行回访。

(6)对出现A类、B类不安全行为及一个季度内发生2次及以上C类不安全行为的人员,除上述程序,还可以采用以下方式进行帮教:

① 现身说法。B类不安全行为人员在本区队(车间)班前会、A类不安全行为人员在本单位各区队(车间)班前会现身说法,内容包括不安全行为经过、危害、教训和整改措施等。

② 亲情帮教。告知不安全行为人员家属帮助其本人提高对不安全行为严重性的认识,强化亲情监督。

③ 警示谈话。由不安全行为人员所在单位的区队(车间)级及以上领导对其进行谈话,告知其不安全行为的严重后果,指明其应该遵守的行为规范。

(二)矫正后培训流程及内容

(1)C类不安全行为人员由其所在区队(车间)及时组织矫正培训,培训时间不少于4学时。

(2)B类不安全行为人员由各单位培训管理部门组织开展不少于8学时的集中培训,集中培训在不安全行为发生之日起30日内完成。

(3)A类不安全行为人员由各单位培训管理部门组织开展不少于16学时的集中培训,集中培训在不安全行为发生之日起30日内完成。

(4)不安全行为矫正培训采取停工脱产的方式进行。停工期间不发放各类奖金,只发放基本生活费。

(5)矫正培训的内容包括但不限于以下内容:

① 员工安全思想教育。

② 安全生产责任制、岗位标准作业流程及安全技术操作规程、作业规程。

③ 本单位相关安全生产规章制度。

④ 本岗位风险辨识、应急处置方案、应知应会等相关内容。

⑤ 相关典型事故案例。

（6）矫正培训结束后不安全行为人员须参加考试。A类、B类不安全行为人员还须进行实操加试。

（7）矫正培训后，必须按照"一人一档"要求更新完善个人培训档案。

（8）不安全行为人员矫正培训考试（实操加试）合格以及帮教程序结束后，经单位分管安全领导批准后方可重新上岗。不安全行为人员再上岗后回访评价不合格的须重新进行帮教。

宁夏煤业公司员工不安全行为预防及帮教流程如图4-4-1所示。

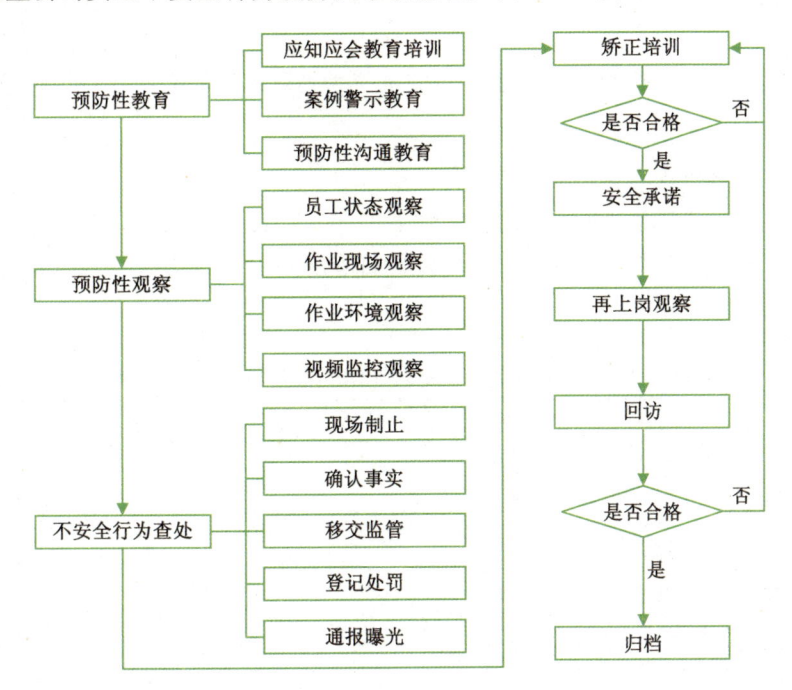

图4-4-1　宁夏煤业公司员工不安全行为预防及帮教流程图

"安宁"系统功能

查询不安全行为矫正帮教流程。

五、违章分析

（一）定期分析

（1）各单位每月将本单位查处的不安全行为台账及分类汇总资料上报公司安全环保监察部备案；每季度上报季度不安全行为分析报告，主要包括本季度不安全行为查处情况、存在问题及原因分析、下阶段管控重点等内容。

（2）各单位每年年初上报上一年度不安全行为分析报告，统计上一年度不安全行为情况，从人员素质、现场环境、管理制度等方面进行分析，制定行为控制措施。

（3）公司安全环保监察部每月对各单位不安全行为台账、分析报告进行统计分析，及时通报典型不安全行为。每季度、年度分析总结公司发生的各类不安全行为，制定管控措施。

（二）习惯性违章管理

为强化员工习惯性、重复性不安全行为管理，各单位根据员工不安全行为统计分析结果，针对一个季度内发生2次及以上同类性质不安全行为的人员进行再帮教，实行重点监管、针对性纠偏。

（1）再帮教。对习惯性、重复性不安全行为人员按照B类以上不安全行为人员帮教程序进行重新帮教。

（2）重点监管。对习惯性、重复性不安全行为人员，通过突击检查、视频查岗、现场监护等方式监督、警示。

（3）针对性纠偏。对习惯性、重复性不安全行为人员的不安全操作行为进行现场纠偏、校正。

（三）查处力度排名管理

宁夏煤业公司每季度对各单位的查处结果进行汇总分析，按照各单位查处不安全行为总次数与员工总数比值计算排名。宁夏煤业公司季度不安全行为查处情况统计如表4-4-3所示。

表4-4-3 宁夏煤业公司季度不安全行为查处情况统计表

序号	单位名称	单位人数			不安全行为查处次数						月均查处比例	查处比例排序
		管理人员	合同制员工	委外员工	总次数	A类		B类		C类		
						公司员工	委外员工	公司员工	委外员工	公司员工	委外员工	
1	羊场湾煤矿	437	3 130	850	162	0	0	9	17	80	56	3.67%	13
2	梅花井煤矿	294	1 935	787	263	0	0	24	12	137	90	8.72%	1
3	枣泉煤矿	248	1 591	642	123	0	0	1	1	62	59	4.96%	5
4	汝箕沟无烟煤分公司	327	1 903	67	93	0	0	0	0	75	18	4.05%	10
5	红柳煤矿	267	1 465	505	85	0	0	3	10	38	34	3.80%	12
6	石槽村煤矿	205	1 093	362	78	0	0	0	2	60	16	4.70%	7
7	金凤煤矿	149	879	271	58	0	0	2	4	23	29	4.54%	8
8	任家庄煤矿	230	1 149	208	105	0	0	1	5	62	37	6.68%	2
9	灵新煤矿	240	1 318	121	59	0	0	2	0	57	0	3.51%	14
10	红石湾煤矿	119	473	144	35	0	0	1	3	19	12	4.76%	6
11	麦垛山煤矿	212	1 012	506	56	0	0	2	10	28	16	3.24%	15
12	双马煤矿	200	794	353	73	0	0	0	1	50	22	5.42%	4
13	金家渠煤矿	155	737	464	56	0	0	2	6	30	18	4.13%	9
14	清水营煤矿	154	561	504	73	0	0	1	0	47	25	5.91%	3
15	生产安装分公司	62	210	154	17	0	0	0	0	12	5	3.99%	11
	合计				1 338	0	0	48	71	780	437		

注：1. 查处比例＝查处次数/员工人数；

  2. 如本单位员工人数出现±50人以上变化时，应及时向公司安全环保监察部进行书面说明。

> **"安宁"系统功能**
>
> 自动统计分析公司及各单位日、周、月、年员工不安全行为数据,形成分析报表。

六、安全伙伴

宁夏煤业公司为增强员工自保、互保、联保意识,持续规范安全行为,强化安全责任落实落地,在研究借鉴国内同行业安全管理先进经验的基础上,制定员工"安全伙伴"星级管理办法。

(一)实施内容

"安全伙伴"是全体在岗员工以区队(车间)、部门为单元,按照"同班组、同班次"和"双向选择、自愿结伴、互保联保、保证安全"的原则结对,任何一方出现事故、违章等,取消结对伙伴当月奖励,星级归零。安全风险抵押金等月度安全奖励统一纳入"安全伙伴"奖励兑现范围。

"安全伙伴"协议每月一签,督促员工自保互保,形成利益共同体,互相监督安全行为、劳动纪律、安全操作、精神状态等。如对方出现情绪不稳定、出勤不正常、不安全行为等现象时,另一方有义务及时提醒、纠正和制止。如一方因较严重不安全行为、涉及事故责任追究等被取消"安全伙伴"奖励,则另一方(如3人结伴时包括第3人)同时被取消。

(二)奖罚设置

"安全伙伴"实行全员星级管理。全年设定12星"安全伙伴",实行逐月增星奖励,1月份(或起始月份)为1星,逐月递增星级奖励。被取消"安全伙伴"奖励的部门、区队(车间)或个人,当月递增奖励归零,次月按基础月度奖励标准执行。"安全伙伴"奖励基本条件如下:

(1)矿(厂)当月发生死亡事故或一般A类非伤亡事故的,取消该矿(厂)所有在册员工当月"安全伙伴"奖励兑现。

(2)区队当月发生重伤事故或一般B类非伤亡事故的,取消该区队所有在册员工当月"安全伙伴"奖励兑现。

(3)对员工个人"安全伙伴"奖励考核实行"四挂钩"。

① 与安全目标考核挂钩。"安全伙伴"相关方均无轻伤及以上事故或事故责任追究的情形。

② 与生产任务考核挂钩。"安全伙伴"相关方所在单位、部门、区队(车间)完成生产或工作任务计划。

③ 与员工出勤考核挂钩。"安全伙伴"相关方的月出勤情况等符合本单位规定。

④ 与行为素养考核挂钩。"安全伙伴"相关方均无违章现象等。

凡违反以上条件之一的,取消"安全伙伴"相关方当月奖励兑现。

(三)递增兑现

年度内未发生重伤及以上事故的单位,未发生轻伤及以上事故的区队(车间),未出现取消"安全伙伴"奖励情形的结对员工,12月份"安全伙伴"奖励按双倍兑现。其中,未发生轻伤及以上事故的区队(车间)、未出现取消"安全伙伴"奖励情形的结对员工,12月份"安全伙伴"奖励由各矿（厂）考核并按双倍兑现，在本单位工资总额中列支；年度内未发生重伤及以上事故的矿（厂），12月份"安全伙伴"奖励双倍兑现的增加额由公司单独核增。

> **"安宁"系统功能**
>
> 查询公司、矿、区队月度"安全伙伴"考核数量、兑现金额、处罚金额等综合信息。

第五节 基本建设

宁夏煤业公司生产单位分布较广，基本建设安全管理难度大、工程数量多、施工周期长。公司高度重视建设安全管理和工程管理，通过制定"无差别、一体化"管理制度，细化全流程安全管控责任，明确承包商采购、准入审查、安全培训、过程控制、考核评价、失信管理等各环节，建立完善承包商安全环保考核机制，对委外队伍和内部专业化单位实施统一管理、统一考核，确保施工项目全过程管控到位。

一、矿井建设

矿井建设活动严格执行《煤矿安全规程》有关规定，建设单位和参与建设的勘查、设计、施工、监理等单位必须具有与工程项目规模相适应的能力。矿井基本建设程序及主要内容叙述如下。

（一）建设程序

1. 资源勘探

资源勘探是煤炭工业基本建设的首要工作。通过各种勘探手段，查清矿区的范围、煤炭储量、煤质、瓦斯等级、煤层赋存情况、结构、地质构造、工程地质及水文地质条件，并对煤田的开采价值进行评价。经批准的普查地质报告可作为煤炭工业基本建设长远规划的编制依据；详查地质报告可作为矿区总体设计的依据；精查地质报告可作为煤矿初步设计的依据。

2. 提出项目建议书

项目建议书是投资前对项目建设的基本设想，主要从项目建设的必要性、可行性分析，同时初步提出项目建设的可研性。项目建议书包括：建设项目提出的必要性和依据；产品方案、拟建规模、建设地点的初步设想；资源情况、建设条件、协作关系；投资估算和资金筹措设想；项目的进度安排；产品的去向及用户；经济效果、社会效益和环境效益的初步估计。建设项目经国家综合审查后，列为煤炭规划设计项目，由煤炭主管部门、地区、煤炭企业或委托咨询单位进行可行性研究。

3. 可行性研究

在建设项目立项之后、投资决策之前，对拟建项目的主要问题，包括项目建设方案、技术方案和生产经营方式等实施的可行性进行全面深入调查研究，充分进行技术经济论证和方案比较，提出项目建设是否可行的研究报告。经建设项目投资部门评价、批准的可行性研究报告，可作为建设项目投资决策的主要依据。

矿区建设项目可行性研究主要内容为：矿区概况及建设条件，用户和产品方案，矿区地面设施及总布置，矿区外部协作配套工程，综合利用和环境保护，技术经济分析及矿区建设综合评价等。

矿井可行性研究主要内容为：井田概况和建设条件，井田开拓和开采，矿井主要设备，地面各类设施，建井工期，技术经济分析与项目经济技术评价等。

4. 编制设计文件

矿区总体设计是确定矿区建设总规模、建设顺序和达到建设总规模所需要建设的机修、供水、供电、交通运输、建筑材料生产基地等附属、辅助生产设施，以及文教、卫生、行政、生活福利设施等，并估算出各种经济技术指标的文件。矿井初步设计的主要目的是确定建设项目的设计能力、场地选择、矿井开拓布置、主要工艺流程等重要的技术经济问题。

初步设计的主要内容包括设计指导思想、设计生产能力、总平面布置、开拓布置、采煤方法、生产工艺、通风、运输、提升方式、原煤加工处理、设备选型、材料用量、劳动定员、机构设置、主要建筑物、构筑物、公用设施、综合利用、"三废"处理、生活区建设、占地面积、建设工期及总概算等文字说明和图纸。经批准的初步设计和总概算是确定建设项目总投资、征用建设用地、设备材料采购、编制施工图的依据。

技术设计是根据初步设计和更详细的调查研究资料编制的，进一步具体地确定初步设计中所采用的工艺流程和相应的工程建筑，对初步设计中的设备选择及其数量、建设规模和技术经济指标进行校正，并修正初步设计总概算。

施工图设计是在初步设计或技术设计的基础上，将设计的工程形象化。施工图设计是按单位工程编制的，是指导施工的依据。施工图设计一般包括矿井总平面图（开拓系统、巷道布置、采区布置等），房屋和构筑物的平面图、剖面图，设备安装图，道路、管道、线路施工图及施工图预算等。

5. 制订基本建设计划

建设项目必须具有经过批准的初步设计和总概算，并经综合平衡后，方可列入基本建设计划。由于煤矿建设项目周期长，往往要跨多个计划年度，因此项目建设要根据批准的总概算、施工组织设计及长远规划要求，合理安排每年度投资计划。

6. 建设准备

建设准备的主要内容为：征地拆迁、材料设备采购、"四通一平"，进一步进行工程、水文地质勘探，落实建筑材料的供应，组织工程的施工招标等。准备工作应按计划和设计文件中的建设进度进行。

7. 组织施工

施工是基本建设程序中的一个重要环节，是落实计划和设计的实践过程。施工前，施工单位必须认真做好施工图纸会审，明确质量要求。要严格按照设计及施工验收规范施工，确保工程质量。对隐蔽工程要做好原始记录，进行隐蔽前的质量检查。不符合质量要求的工程不得交工，要及时采取措施补救。工程施工应遵循合理的施工顺序，处理好矿建、地面建筑、机电设备安装三类工程的衔接，确保工程按期高质量完成。

8. 生产准备

生产准备的主要工作内容为：建立生产组织机构，包括组织机构的设置、各级管理技术人员配备,各项管理制度的制定,生产资料的收集和各种档案的建立;人员配备,即招聘、调配和培训投产所需要的各类人员,并组织员工参加设备的安装、调试、联合试运转、试生产和竣工验收;生产原材料及工器具等的供应,落实原材料、半成品、燃料、水、电、气的来源和供应协作关系;对外协调协作。

9. 竣工验收和交付使用

竣工验收分为单位工程竣工验收和单项工程交接验收两个阶段。竣工验收是评价工程质量优劣、总结建设经验教训、保证建成项目按设计要求的技术经济指标正常生产的重要环节,是办理工程决算和固定资产转账的依据。

建设项目通过施工过程,在环保、消防、安全、工业卫生等方面达到设计标准,经验收合格、试运转正常,且井下、地面生产系统形成,即可投入试生产。按移交标准确定的工程全部建成,经质量认证后,方可办理竣工验收。

10. 后评估

建设项目竣工验收若干年后,为全面总结该项目从决策、实施到生产经营各时期的经验教训,应组织进行建设项目后评估工作。主要内容包括:前期工作评价、建设实施评价、投资效益评价。后评估工作应由具有一定权威的、持有相应资质证书的设计或咨询机构进行。评估报告由建设项目主管部门组织审批。

(二) 基础管理

(1) 煤矿建设项目开工前必须取得国家有关部门或地方政府规定的所有证照与批准文件。

(2) 煤矿施工单位必须取得国家颁发建筑企业资质与安全生产许可证,并严格按资质等级许可范围承建相应规模煤矿建设项目,严禁超资质等级施工。

(3) 煤矿建设项目招标时应合理划分工程标段。高瓦斯及煤(岩)与瓦斯突出矿井、水文地质条件复杂矿井、立井井深大于 600 m、斜井长度大于 1 000 m 或垂深大于 200 m 项目,施工单位必须具有相应煤矿施工业绩,同时具有国家一级及以上施工资质。

(4) 煤矿建设、施工单位必须建立健全安全生产责任制度、安全目标管理制度、安全投入保障制度、安全教育培训制度、安全风险分级管控和隐患排查治理制度、安全监督检查制度、安全技术审批制度、安全会议等制度。

(5) 煤矿建设、施工单位必须设置安全生产管理机构,配备满足安全生产需要的专职安全生产管理人员与装备。

(6) 煤矿施工项目部必须配备满足需要的矿建、机电、通风、地测等工程技术人员与特种作业人员。

(7) 煤矿建设单位必须对建设项目实行全面安全管理,为施工单位提供必要的安全施工条件,不得随意压减工程造价影响施工安全投入,不得强令施工单位改变正常施工工艺,不得强令施工单位抢进度、冒险施工。

(8) 设计单位必须取得国家颁发、与工程项目规模相适应的设计资质。

(9) 煤矿建设项目监理单位必须取得国家颁发、与工程项目规模相适应的监理资质。现场监理人员必须取得监理资格证书,人员配备能够满足工程监理需要。

(10) 煤矿施工单位主要负责人、主管领导、分管领导和安全生产管理人员必须具备相应安全生产知识与管理能力,经具备相应资质的培训机构培训并考核合格,取得安全资格证书。

(11)煤矿建设项目安全设施必须与主体工程同时设计、同时施工、同时投入生产与使用。

(12)单项工程施工组织设计由项目总承包单位负责组织编制,并根据年度施工进展情况进行调整。没有实行总承包的由建设单位负责组织编制。施工组织设计需经设计、监理、施工等相关单位会审后组织实施。

(13)单位工程施工组织设计、作业规程、安全技术措施由施工单位组织编制,报上一级主管单位审批,批准后报送建设单位与监理单位。

(14)施工单位必须严格按批准的设计、施工组织设计组织施工。当施工过程中发现设计存在重大缺陷,或者地质条件变化较大时,应立即停止施工并向建设单位报告。建设单位应及时组织相关各方制定应急安全防范措施,组织修改设计并按规定重新报批。

(15)工程施工前,施工项目技术负责人必须组织作业人员学习贯彻施工组织设计与作业规程。施工中必须严格按照施工组织设计与作业规程作业。

(16)煤矿建设安全工作必须实行群众监督,发挥员工群众安全监督作用。员工有权制止违章作业,拒绝违章指挥;当作业地点出现险情时,员工有权立即停止作业,撤到安全地点;当险情没有得到处理、不能保证人身安全时,员工有权拒绝作业。

(17)煤矿施工单位特种作业人员必须按照国家有关法律法规规定接受专门安全培训,经考核合格并取得特种作业操作资格证书后,方可上岗作业。

(18)煤矿施工单位必须对员工进行安全培训,经考核合格后方可上岗作业。

(19)煤矿施工单位必须建立员工安全培训档案,记录培训及考核情况。

(20)煤矿建设单位在编制工程概算时,应保证工程建设期间的安全投入。施工单位应按国家规定提取使用安全费用。

(21)煤矿井下施工使用的安全生产产品必须取得煤矿矿用产品安全标志。未取得煤矿矿用产品安全标志的,不得使用。

(22)煤矿施工单位必须建立各种设备、设施检查维修制度,定期进行检查维修,并做好记录。严禁使用国家明令淘汰的施工设备。大型施工设备改造,必须在具备资质的机构进行性能检测与鉴定后方可使用。

(23)煤矿施工应积极推广使用新技术、新工艺、新设备、新材料,严禁使用国家明令淘汰的施工工艺。试验涉及安全生产新技术、新工艺、新设备、新材料前,必须经过论证、安全性能检验与鉴定,并制定安全措施。

(24)煤矿施工单位必须建立并严格落实管理人员值班与带(跟)班制度。

(25)煤矿建设项目安全管理工作严格执行国家安全生产法律法规、行业规范和自治区、国家能源集团、宁夏煤业公司安全生产有关规定。

(三)图纸资料

以井工煤矿建设为例,必须及时填绘反映实际情况的下列图纸:

(1)地质与水文地质图;

(2)井上、下对照图;

(3)巷道布置图；

(4)采掘工程平面图；

(5)通风系统图；

(6)安全监控系统布置图及断电控制图；

(7)井下运输系统图；

(8)排水、防尘、压风、抽采瓦斯等管路系统图；

(9)井下通信系统图；

(10)井上、下配电系统图与井下电气设备布置图；

(11)井下避灾路线图；

(12)其他需要及时填绘的图纸。

二、项目管理

宁夏煤业公司基建项目按照国家、自治区、国家能源集团和公司工程招标相关规定，选择有相应资质等级的单位承担，严格规范前期项目建议书、立项审批、设计审查、施工组织设计审查等程序，工程监理、质量监督必须符合国家和行业相关规定，安全设施、职业危害防护设施、环保设施与建设工程同时设计、同时施工、同时投入生产和使用。在工程设计使用年限内，项目建设、设计、施工和监理等单位对工程设计、施工质量承担责任。公司所有基建项目（含地面设施、地面煤仓、栈桥等）投用后，应遵循"谁使用、谁负责，谁管理、谁维护"原则，明确所有权、使用权，落实管护主体责任。公司业务部门按照专业属性履行主管责任。

（一）管理职责

宁夏煤业公司生产技术部、煤制油化工部、基建办公室是基本建设工程的主控部门，负责贯彻落实国家建设项目相关法律法规、标准规范，以及国家能源集团、公司相关规定和会议决议、决定；制定建设项目设计管理办法并监督执行，对建设项目管理工作进行检查和指导；组织审查建设项目各类方案、报告，建设项目初步设计以及与之相关的各类专篇（专项）设计；对建设项目施工图和设计变更进行审查和备案，落实建设领域新技术、新工艺、新装备、新材料的推广应用。

机电管理部是建设项目的机电、运输、洗选加工、信息化、供电、供水、供气、供暖等专业管理部门，主要负责审核建设项目机电设备的选型设计，参与审查建设项目设计（变更）文件，配合落实建设领域新技术、新工艺、新装备、新材料的推广应用。

经济技术委员会造价审查中心是建设项目的造价管理部门，负责贯彻落实国家建设项目工程造价相关法律法规、标准规范，管理和控制建设项目工程造价计价标准及依据，审核和控制建设项目投资概（估）算、施工图预算、变更预算，参与审查建设项目设计（变更）文件。

其他各部门参与审查建设项目技术文件，对本部门主管的专业负技术审查责任。

项目实施单位负责初审建设项目初步设计（含概算）、建设项目方案后报公司审查，负责建设项目管理，施工图设计管理，施工图及设计变更的审查、报审和报备，机电设备选型设计初审，设计文件、图纸及其他技术资料的归档、保管，设计基础资料的收集、提供，建设项目投资统计工作等。

(二) 项目审批流程

(1) 宁夏煤业公司新(扩)建项目立项和投资决策审批流程如图 4-5-1 所示。

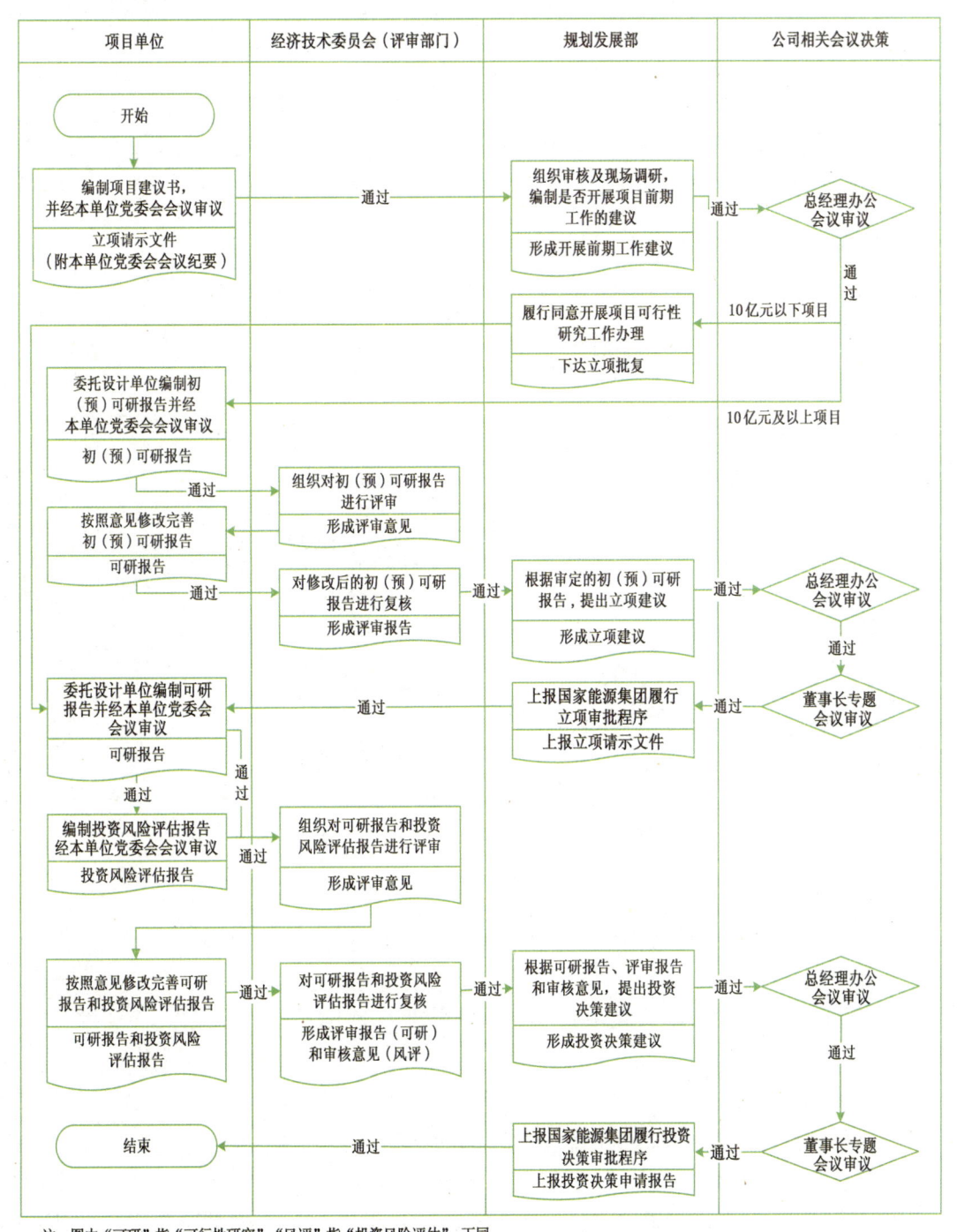

项目单位	经济技术委员会(评审部门)	规划发展部	公司相关会议决策

开始 → 编制项目建议书，并经本单位党委会会议审议 → 立项请示文件(附本单位党委会会议纪要) —通过→ 组织审核及现场调研，编制是否开展项目前期工作的建议 / 形成开展前期工作建议 —通过→ 总经理办公会议审议 —通过(10亿元以下项目)→ 履行同意开展项目可行性研究工作办理 / 下达立项批复；10亿元及以上项目

委托设计单位编制初(预)可研报告并经本单位党委会会议审议 / 初(预)可研报告 —通过→ 组织对初(预)可研报告进行评审 / 形成评审意见

按照意见修改完善初(预)可研报告 / 可研报告 —通过→ 对修改后的初(预)可研报告进行复核 / 形成评审报告 —通过→ 根据审定的初(预)可研报告，提出立项建议 / 形成立项建议 —通过→ 总经理办公会议审议 —通过→ 董事长专题会议审议

委托设计单位编制可研报告并经本单位党委会会议审议 / 可研报告 —通过→ 上报国家能源集团履行立项审批程序 / 上报立项请示文件

编制投资风险评估报告经本单位党委会会议审议 / 投资风险评估报告 —通过→ 组织对可研报告和投资风险评估报告进行评审 / 形成评审意见

按照意见修改完善可研报告和投资风险评估报告 / 可研报告和投资风险评估报告 —通过→ 对可研报告和投资风险评估报告进行复核 / 形成评审报告(可研)和审核意见(风评) —通过→ 根据可研报告、评审报告和审核意见，提出投资决策建议 / 形成投资决策建议 —通过→ 总经理办公会议审议 —通过→ 董事长专题会议审议 —通过→ 上报国家能源集团履行投资决策审批程序 / 上报投资决策申请报告 —通过→ 结束

注：图中"可研"指"可行性研究"，"风评"指"投资风险评估"，下同。

图 4-5-1 宁夏煤业公司新(扩)建项目立项和投资决策审批流程图

（2）宁夏煤业公司技术改造项目立项和投资决策审批流程（500万元以下）如图4-5-2所示。

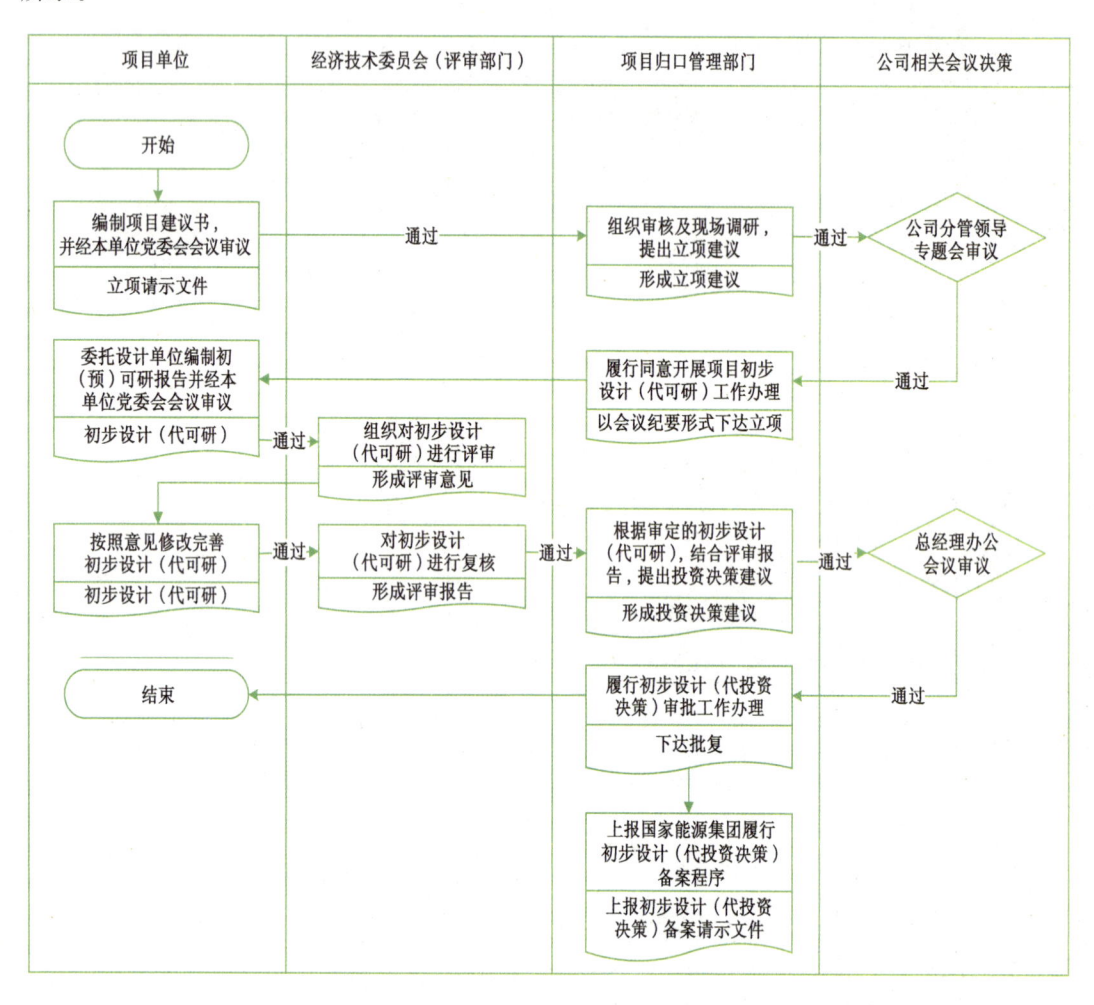

图 4-5-2　宁夏煤业公司技术改造项目立项和投资决策审批流程图
（500万元以下）

（3）宁夏煤业公司技术改造项目立项和投资决策审批流程（500万元及以上、1亿元及以下）如图4-5-3所示。

（4）宁夏煤业公司技术改造项目立项和投资决策审批流程（1亿元以上）如图4-5-4所示。

（三）施工管理

加强基本建设及技术改造项目施工管理，应重点规范施工准备及施工过程控制，完成工程承包合同约定的安全、投资、进度、质量等控制目标。

（1）严把招标审查关、图纸审查关、合同审查关、工程变更审核关，严禁随意违规变更，充分运用组织、技术、经济、合同措施加强投资控制。施工单位编制年、季、月度资金使用计划，通过管控工程进度款支付，督促施工单位认真执行进度计划。

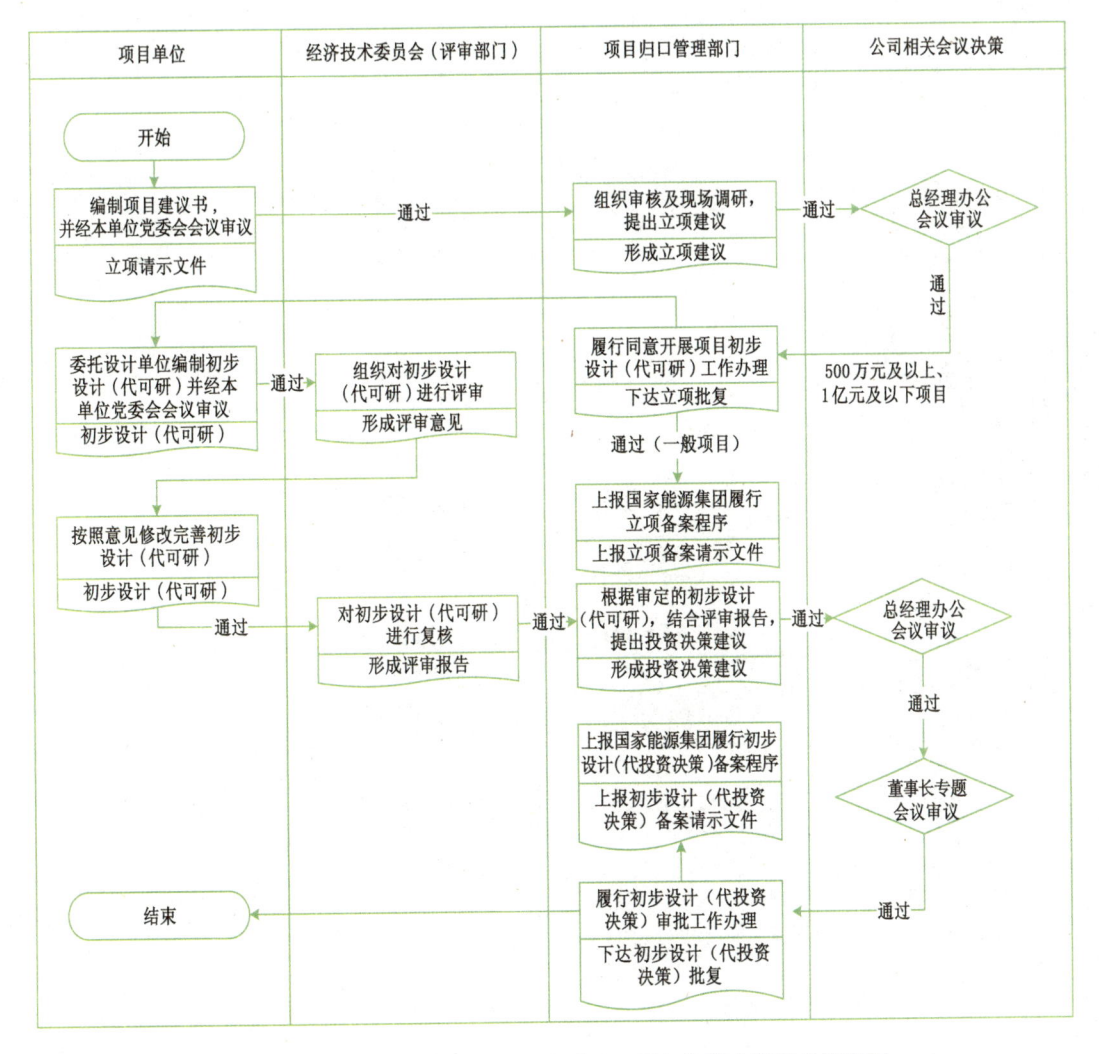

图 4-5-3　宁夏煤业公司技术改造项目立项和投资决策审批流程图
（500 万元及以上、1 亿元及以下）

（2）确定项目工程安全目标，并对安全目标进行细化分解，明确各方安全责任。

（3）编制建设工程项目安全技术措施，包括建立健全安全生产责任制，配齐安全生产设施，开展施工作业人员安全教育培训，通过安全检查、风险管控、隐患排查，确保作业安全并处于受控状态。

（4）项目实施单位建立工程进度跟踪、监督、检查、报告制度，及时纠正计划执行过程中的偏差，并作出调整。

（5）在工程承包合同中明确约定工程质量目标，总承包合同质量承诺分解到各分承包合同中。工程质量控制采取施工单位自主控制与监理、项目实施单位监督控制相结合，事前控制与事中控制相结合，动态跟踪与纠偏控制相结合的方式。对重点部位、施工难度大、经验欠缺的施工内容及新材料、新工艺、新设备等，应列为质量控制点，实施重点控制。

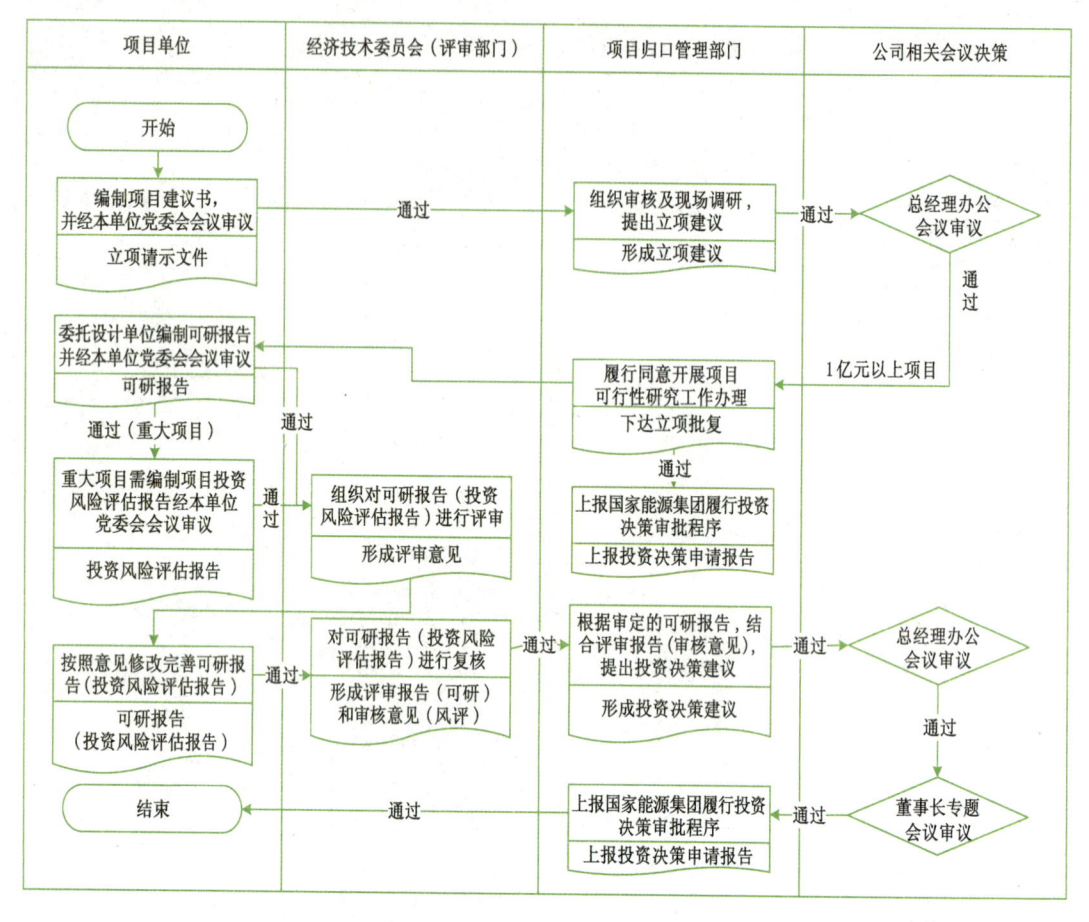

图 4-5-4　宁夏煤业公司技术改造项目立项和投资决策审批流程图（1 亿元以上）

（6）项目实施单位对施工单位的施工投入、施工过程、产出品进行全过程控制，并对施工单位和人员资质、材料设备、施工机械机具、施工方案方法、施工环境全面控制，以确保按标准达到预定的施工质量目标。

（7）建设项目的实施单位、施工单位、监理单位作为工程资料管理责任主体单位，负责工程资料的编制、审批、收集、整理、移交工作。勘查单位和设计单位的工程资料由项目实施单位负责管理。

（四）质量管理

项目实施单位、勘查单位、设计单位、施工单位、工程监理单位依法对建设项目工程质量负责。项目实施单位在与各承包商签订的合同中明确各自质量责任，采用先进技术、先进工艺、先进设备、新型材料和现代管理方法提高建设项目工程质量。

（1）公司主控部门。负责建设项目工程质量管理，制定工程质量管理制度，督促物资公司、各项目实施单位做好物资供应质量管理，组织工程质量检查和考核。

（2）公司质量监督站。负责根据国家有关法律法规、标准规范，依据批准的工程设计文件，对受监督工程建设各方质量责任主体的质量行为和工程实体质量进行监督检查。对已完成单位、单项工程开展工程质量认证，出具工程质量认证书。

(3) 项目实施单位。遵守国家、行业、国家能源集团和宁夏煤业公司工程质量管理的相关规定，严格履行法定义务，组织协调勘查、设计、监理、施工等项目参建方，针对具体项目构建工程质量保障体系，制定工程质量管理细则，明确项目质量管理目标、管理流程、实施计划、质量事故责任等，根据项目规模和专业配备充足的专职工程质量管理人员。不得迫使承包方以低于成本的价格竞标，不得明示、暗示设计单位或者施工单位违反工程建设强制性标准降低建设工程质量，不得任意压缩合理工期。项目实施单位收到建设工程竣工报告后，积极组织设计、施工、工程监理等有关单位进行竣工验收。按照国家有关档案管理规定，及时收集、整理建设项目各环节文件资料，建立健全建设项目档案，并在建设工程竣工验收后，及时移交建设项目档案。

(4) 勘查、设计单位。依法取得相应等级的资质证书，不得转包或者违法分包所承揽的工程，按照工程建设强制性标准进行勘查、设计，对其勘查、设计的质量负责。设计文件中选用的建筑材料、建筑构配件和设备，应当注明规格、型号、性能等技术指标，其质量要求必须符合国家规定的标准。参与建设工程质量事故分析，并对因设计造成的质量事故负责，提出相应的技术处理方案。

(5) 施工单位。依法取得相应等级的资质证书，不得转包或者违法分包所承揽的工程。对建设工程的施工质量负责，应当按照招投标文件要求建立质量责任制，确定工程项目经理、技术负责人和施工管理负责人。必须按照工程设计图纸和施工技术标准施工，不得擅自修改工程设计，不得偷工减料。必须按照工程设计要求、施工技术标准和合同约定，对建筑材料、建筑构配件、设备和商品混凝土进行检验。对施工中出现质量问题的，负责返修。

(6) 监理单位。依法取得相应等级资质证书，依照法律法规以及有关技术标准、设计文件和建设工程承包合同，代表建设单位对施工质量实施监理，对施工质量承担监理责任，不得转让工程监理业务。

(五) 动态考核

宁夏煤业公司基本建设项目检查、考核管理实行统一领导、分级管理。管理和实施单位包括生产技术部、规划发展部、经济技术委员会造价审查中心、机电管理部、企业策划部、安全环保监察部、煤制油化工部、人力资源部、质量监督站、项目实施单位等。负责建设项目的主控部门对建设项目工程质量例行检查每月不少于1次，形成建设工程管理年度报告，报国家能源集团备案。规划发展部、经济技术委员会造价审查中心、机电管理部、企业策划部、安全环保监察部、人力资源部、质量监督站等部门参与检查考核。检查考核管理标准包括7个部分，分别为合规性管理、基础管理、安全管理、质量管理、进度管理、造价管理、文明施工。

质量监督站对质监范围内的项目、单位工程的工程质量例行检查每月不少于1次，项目实施单位、监理单位对所辖项目工程质量例行检查每旬不少于1次，施工单位按照班组工程质量检查考核制度组织承建工程质量检查。项目实施单位是施工安全、施工质量、工程进度、工程造价、工程档案资料等管理工作的责任单位，负责建设工程检查考核管理细则的落实。

基本建设项目检查考核评分满分为100分，采用各考核部分得分乘以权重计算，如表

4-5-1 所示。

表 4-5-1　宁夏煤业公司基本建设项目检查考核评分权重分配表

序号	名称	满分	权重	考核得分
1	合规性管理	100	0.1	
2	基础管理	100	0.2	
3	安全管理	100	0.2	
4	质量管理	100	0.2	
5	进度管理	100	0.1	
6	造价管理	100	0.1	
7	文明施工	100	0.1	

（六）竣工验收

竣工验收包括单位工程竣工验收、联合试运转验收、项目竣工验收（包括项目专项竣工验收和项目整体竣工验收）。宁夏煤业公司基本建设项目竣工验收条件及内容如表 4-5-2 所示。

表 4-5-2　宁夏煤业公司基本建设项目竣工验收条件及内容

程序	验收条件	验收内容
单位工程竣工验收	1. 工程内容按设计要求全部完成； 2. 竣工图绘制完毕，工程技术资料齐全完整，竣工资料按要求整理归档； 3. 单位工程经监理单位、施工单位初验合格，并提交监理评估报告或初验报告； 4. 工程资料经质量监督站审查完毕，达到验收条件并签字确认； 5. 其他应当具备的条件。	1. 工程实体是否与审定的施工图或设计变更（签证）一致； 2. 工程质量是否达到国家和行业强制性标准； 3. 设备出厂合格证及验收记录是否真实齐全； 4. 工程材料合格证及进场检验记录是否真实、齐全； 5. 工程技术档案是否齐全； 6. 其他内容。
联合试运转验收	1. 建设项目主体工程按设计要求建成，生产及辅助生产系统形成，具备安全生产条件； 2. 单位工程竣工验收率达到 85% 及以上，符合设计要求； 3. 单机试运转完成； 4. 联合试运转方案经公司审批完毕，并经过培训贯彻； 5. 已建立健全安全生产管理规章制度； 6. 管理、技术、操作人员培训合格，具备上岗条件； 7. 生产及调度系统形成，具备运行能力； 8. 其他应当具备的条件。	1. 各主要系统运行情况； 2. 主要生产设备故障处理记录与分析； 3. 提升、运输、排水、通风、供电、采掘等主要设施与装备的检测、检验报告； 4. 联合试运转的效果分析； 5. 有关安全生产的建议； 6. 其他应说明的事项。

表 4-5-2（续）

程序	验收条件	验收内容
项目竣工验收	1. 建设项目竣工验收前，项目实施单位应完成下列专项验收：职业病防护设施验收，消防设施验收，单项工程质量认证（备案），安全设施及条件验收，水土保持设施验收，环境保护设施验收，档案验收，建设项目竣工决算审计； 2. 已按批准的建设规模、标准、投资和内容建成，满足设计和生产要求有剩余工程的，剩余工程不得是主体工程，不得影响正常生产，投资额不得超过项目总概算或批准调整概算的5%； 3. 前款规定的专项验收完成； 4. 组织机构设置符合有关要求，建立健全规章制度，员工经过培训合格，特种作业人员取得上岗操作资格证书，矿（厂）长依法培训合格并取得资格证书； 5. 联合试运转达到预期效果，试运转中出现的问题已妥善解决，联合试运转报告已编制完成，煤炭建设项目或单项工程已形成部分生产（运营）能力或实际上已投入生产使用，近期不能按原设计规模续建的，应从实际情况出发，可缩小规模，报上级主管部门批准后，对已完成的工程和设备尽快组织竣工验收，移交固定资产； 6. 其他应当具备的条件。	1. 检查项目的审批文件是否齐全； 2. 检查国家和行业强制性标准的执行情况； 3. 检查项目是否按批准的规模、标准、内容建成：工程建设内容、建设规模是否按批准的设计文件（包括修改及变更设计）与施工技术规范建成，配套设施是否与主体工程同步建成； 4. 检查项目投资及使用情况：建设资金的来源和使用是否符合国家和企业有关规定，检查概算、预算执行情况； 5. 检查项目招投标以及合同履约情况； 6. 检查工程质量情况：检查工程质量是否符合国家和有关部委颁布的工程质量验收评定标准，是否经相关部门认证或备案； 7. 检查专项验收情况：检查安全设施、环境保护设施、水土保持设施、职业病防护设施、消防设施等是否按要求建成并通过相关部门的验收，建筑抗震是否符合规定，建设项目的档案是否达到标准，并经有关部门验收通过； 8. 检查项目竣工决算报告的审计情况：竣工财务决算报表和财务决算说明书内容是否真实、准确，是否经有关部门审计； 9. 检查投产使用或投产运营准备情况：生产运营组织管理机构、岗位人员培训、物资准备、外部协作条件是否已经落实； 10. 检查联合试运转情况：对照联合试运转方案、联合试运转报告及批准的试生产批复文件，检查工程、设备配套及设备安装、调试情况，主要系统联动试运转及考核情况，试生产期间各系统运转记录，特殊设备检测记录等； 11. 检查工程竣工文件编制完成情况：建设项目批准文件、设计文件、竣工文件、监理文件等资料是否齐全、准确，并按规定归档； 12. 对存在的问题和剩余工程提出处理意见。

"安宁"系统功能

查阅基本建设管理流程与有关标准规范。

三、承包商管理

承包商泛指在公司范围内以合同形式承担各类工程建设、生产服务项目的单位。隶属于宁夏煤业公司的内部专业化单位为内部承包商，其他承包商为外部承包商。由于煤矿、煤制油化工建设项目数量多、工程量大、专业性强，公司需引进承包商协助实施建设、施工工程及化工安装、检维修等服务。

公司对承包商采取"统一领导、分类管理、分级负责"的方式，遵循"谁发包、谁监管，谁使用、谁负责"原则，执行公司监督管理、发包单位负责的工作机制，严把"五个关口"（准入关、责任关、稳定关、监督关、验收关），严禁以包代管、以罚代管，严禁违法分包、违规转包。将承包商纳入安全生产管理体系，做到"无差别、一体化"管理。宁夏煤业公司承包商安全管理控制流程如图 4-5-5 所示。

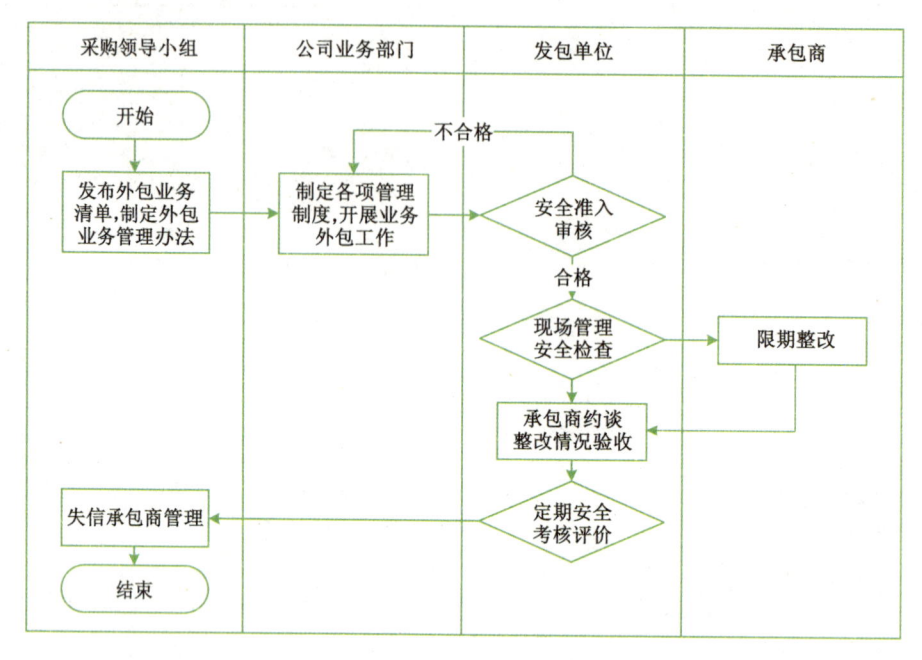

图 4-5-5　宁夏煤业公司承包商安全管理控制流程图

（一）信息管理

宁夏煤业公司建立承包商档案信息数据库。对首次合作的承包商，严格要求其进场前注册并完善相关信息。对前期合作过的承包商，在信息数据库中查询其以往信息及履约评价，清晰掌握承包商以往施工项目、安全业绩、施工经历、队伍状况、资金实力等信息。

公司对承包商实行工程施工日志管理，建立工程项目督办清单，完善各项工程项目投资概算、项目概况、节点进度、完成时限、存在问题等施工信息，及时督办和协调解决问题。同时实行动态管理，每年对注册承包商的信息进行一次复核，及时监控信息系统，关注注册承包商相关信息是否发生变化，并在相关资质到期前 60 日内向其发出更新提示。

（二）准入管理

公司承包商准入与退出遵循"统一标准、分类管理、信息共享、动态调整"工作原则，采用综合评标法择优录用安全管理水平高、履约诚信好、安全业绩佳的承包商。发包单位在承包商入场前对其资质等级、业绩证明、人员信息、组织机构、制度建设、管理体系等相关材料进行审核，确认与招标文件要求一致后，方可为其办理入场手续。

承包商应根据国家法律法规和宁夏煤业公司相关管理规定，配备使用符合国家标准或行业规范的设施、设备、器材、安全检测工器具等，并为全体作业人员配备足够数量的劳动防护用品。严格办公生活区选址，与作业区域保持足够安全距离，按照国家卫生安全标准要求为承包商作业人员提供饮食、休息、健身娱乐等场所。

入场施工前，发包单位应对承包商各级管理、技术、作业人员分类进行上岗前安全管理制度（发包方）和作业场所危险危害因素告知等安全教育培训，包括施工组织设计、作业规程、安全操作规程、安全技术措施、岗位标准作业流程及应急救援预案等培训内容，经发包单位组织考试合格后,取得入场作业许可证。培训和考试记录应报发包单位备案。对临时承包商应实行灵活的岗前或进入施工区域前的安全教育培训活动,经作业人员签字确认后存档管理。

发包单位安排专人在施工现场对承包商管理人员进行安全、技术交底,并组织对施工区域、承包商办公和生活区域的设施设备、安全防护、作业环境、生活条件等全面检查验收。不具备入场施工条件的承包商,禁止入场开工。在其整改完成后组织复验,验收合格并出具开工通知书后,方可正式入场施工。

两个及以上承包商在同一作业区域内施工作业,可能危及对方安全生产的,在施工开始前,发包单位应组织区域内承包商互相签订安全生产管理协议,明确各自安全管理职责和应采取的安全防范措施,并指定专人进行现场安全检查与协调。

(三)安全监管

宁夏煤业公司通过实施承包商"无差别、一体化"管理,将承包商项目人员信息、教育培训、安全措施、施工方案、安全检查、隐患排查治理、安全生产标准化考核、月度综合评价等所有管控要素纳入本单位安全管理信息系统。向承包商队伍派驻安全管理人员,加强业务指导和现场检查考核,严格执行承包商工作许可和现场监护制度,落实"三措两案"(组织措施、安全措施、技术措施、施工方案、事故应急预案)审批,实现承包商队伍从班前会召开到井下作业全过程的安全监管。公司将承包商安全绩效考核与发包单位安全绩效挂钩,实现外包工程依法合规施工、规范有序管理,确保施工作业安全。

(1)建立健全对承包商管理的组织机构并实行网格化安全包保管理,明确对承包商安全包保的责任领导、责任部门和责任人。

(2)各单位完善本单位承包商管理制度、检查细则及考核办法,对承包商各项工作进行严格管理。

(3)各单位将承包商视为本单位区队,每月对承包商安全管理、施工质量、安全生产标准化等工作与自营区队统一安排、统一检查、统一标准、统一考核、统一进行评分评级。

(4)指导承包商建立健全全员安全生产责任制,制定并实施教育培训、隐患排查、现场带(跟)班等安全管理制度,使承包商在安全制度建设上与本单位保持一致。

(5)指导承包商开展班组建设工作,按规定召开班前、班后会,进行班前安全风险辨识评估和班组安全学习活动,完善班组安全管理机制。

(6)将承包商作业人员纳入本单位年(月)度安全教育培训计划,定期组织劳动技能、安全知识、警示教育等培训活动。

(7)指导并监督承包商开展风险辨识、风险分级管控、隐患排查治理、安全生产标准化管理、应急救援演练等安全管理活动。

(8)将承包商人员不安全行为纳入本单位管理台账,建立统一的不安全行为人员管理、矫正档案。

(9)把承包商作为本单位安全管理重点进行严格管控,坚决杜绝"以包代管、只包不管、厚此薄彼、重内轻外"等现象的发生。

(10)本单位安全生产月度例会、生产调度会、事故分析会、绩效考评会等会议必须有承包商主要管理人员参加,保障承包商在安全管理上拥有与自营区队同等的参与权、知情权。

(四) 履约评价

宁夏煤业公司按照公司安全环保考核办法及建设工程相关管理制度、检查考核细则等,定期对各类建设项目开展"四位一体"检查考核活动,将考核结果纳入各单位安全环保评级,依据考评结果进行奖惩问责。

发包单位应建立承包商诚信履约管理机制,将项目动态考评、合同周期考评结果记录入档,在合同周期结束或项目竣工后,出具项目考核评价意见书。发包单位应根据月度和年度考核评价结果,按照相关规定对考评优秀的承包商进行表彰奖励,对考评不合格的承包商进行处罚。对列入黑名单的承包商,按宁夏煤业公司承包商失信行为管理实施细则执行,必要时启动法律诉讼程序。同时建立承包商项目负责人动态与任期相结合的考核评价机制,对项目负责人诚信履职情况进行考核评价,并向承包商单位通报考评结果。对于动态考评结果不合格的项目经理,应建议承包商单位及时予以调整、更换。

发包单位应将承包商诚信履约、项目负责人任期考核、作业人员诚信履职等考核评价结果及时上报公司业务主管部门和采购管理领导小组办公室。将考核评价结果存入承包商及其从业人员诚信档案,作为承包商在公司范围内投标资格审查、人员准入把关的重要参考依据。宁夏煤业公司承包商失信行为黑名单台账如表 4-5-3 所示。

表 4-5-3　宁夏煤业公司_____年承包商失信行为黑名单台账

序号	失信行为描述	公司审核会议	会议时间	会议纪要下达时间	SRM 系统提报时间	国家能源集团审核时间	备注

处理流程简述:项目单位在采购工作执行过程中,依据《国家能源集团供应商失信行为管理实施细则》规定,对于符合失信行为的供应商收集相关资料,提报宁夏煤业公司采购管理领导小组专业组会议审核,经审定后的失信供应商在国家能源集团 SRM 系统中提报,经国家能源集团物资采购与监管部门审核批准后列为失信供应商并公示。

> ▲ "安宁"系统功能
>
> 查阅公司在建工程和承包商信息,对承包商工程与现场作业人员进行全过程视频监控,督办工程项目管理进度。

第六节　应急管理

应急管理是指企业在突发事件的事前预防、事发应对、事中处置和善后恢复过程中,通过建立必要的应对机制,采取一系列必要措施,应用科学、技术、规划与管理等手段,保障员工生命健康和财产安全,促进企业和谐健康发展的有关活动。应急管理体系是企业安全管理体系的重要组成部分,通过建立全面的安全事故应急管理体系,提高监测预警、风险控制、救援队伍和应急保障水平,最大限度地控制事故风险和减少伤亡损失。

宁夏煤业公司应急管理工作坚持"以人为本、安全第一、预防为主、平战结合"原则,树立"应急救援是安全生产的最后一道防线"理念,按照"统一领导、分级负责、整合资源、依靠科技、专业处置"要求,建立"上下贯通、多方联动、协调有序、运转高效"的应急管理机制,开展应急管理常态工作,着力防范化解重大安全风险,及时应对处置各类灾害事故,保障公司安全高质量发展。

一、组织机构

应急救援体系是指保证应急救援预案落实所需的组织、人力、物力等各种要素及其调配关系的总和。宁夏煤业公司持续完善应急救援组织体系,加强应急救援指挥,落实应急救援责任。公司安全生产应急管理组织机构由应急管理领导小组、应急救援指挥部、派出应急救援工作组、现场应急救援指挥部组成。

（1）应急管理领导小组是公司应急管理工作的决策机构,主要负责健全完善公司应急管理组织体系（包括运行机制）、应急救援体系、支持保障体系等,保障应急管理体系和机构正常运行等工作。

（2）应急管理领导小组下设应急管理办公室和应急值守办公室。其中,应急管理办公室设在安全环保监察部,主要负责公司应急管理日常工作,组织编制、修订和报备公司生产安全事故及突发事件应急预案,组织调动和协调救援队伍,组织或参加事故调查,参与生产安全事故应急救援技术方案的论证,对应急救援过程中适用的法律法规、规程措施执行情况及应急救援决策、指挥、行动的安全性、依法合规性进行监察。应急值守办公室设在生产指挥中心,主要负责公司应急值守工作,接收生产安全事故报告,跟踪事故动态,及时向应急救援指挥部汇报,接受并传达命令,按照应急救援指挥部的指令,向上级单位、政府相关部门汇报事故情况,负责应急活动记录（文本、影音资料）和应急处置过程中相关资料的收集和整理工作。

（3）公司各业务部门根据职责分工,组织编制、审核与本部门业务相关的专项应急救援预案,并组织实施;负责应急投入、物资管理、法律事务处理、人力资源调配、应急培训、后勤保障等工作。

（4）应急救援指挥部在公司应急管理领导小组的领导下开展应急救援工作,主要负责启动公司应急指挥、派出应急救援工作组或专家组等工作。

（5）派出应急救援工作组是在公司应急救援指挥部领导下开展应急救援工作的临时机构,主要负责监督监察和指导事故单位开展应急救援工作等。

（6）现场应急救援指挥部为事故单位应急救援指挥部,由事故单位主要负责人担任总指挥,主要负责事故现场应急救援指挥工作,调配应急物资和装备等。

二、应急预案

应急预案是指针对可能发生的事故,为迅速、有序地开展应急行动而预先制定的行动方案。为提高生产安全事故及突发事件的综合救援能力,及时、有序、有效处置各类事故和突发事件,最大限度保障员工群众生命财产安全和降低企业财产损失,宁夏煤业公司根据《中华人民共和国安全生产法》及相关规定,制定生产安全事故及突发事件综合应急预案,包括综合应急预案、专项应急预案和现场处置方案,按照"属地为主、分级负责、分类指导、综合协调、动态管理"原则管理。宁夏煤业公司应急预案结构如图4-6-1所示。

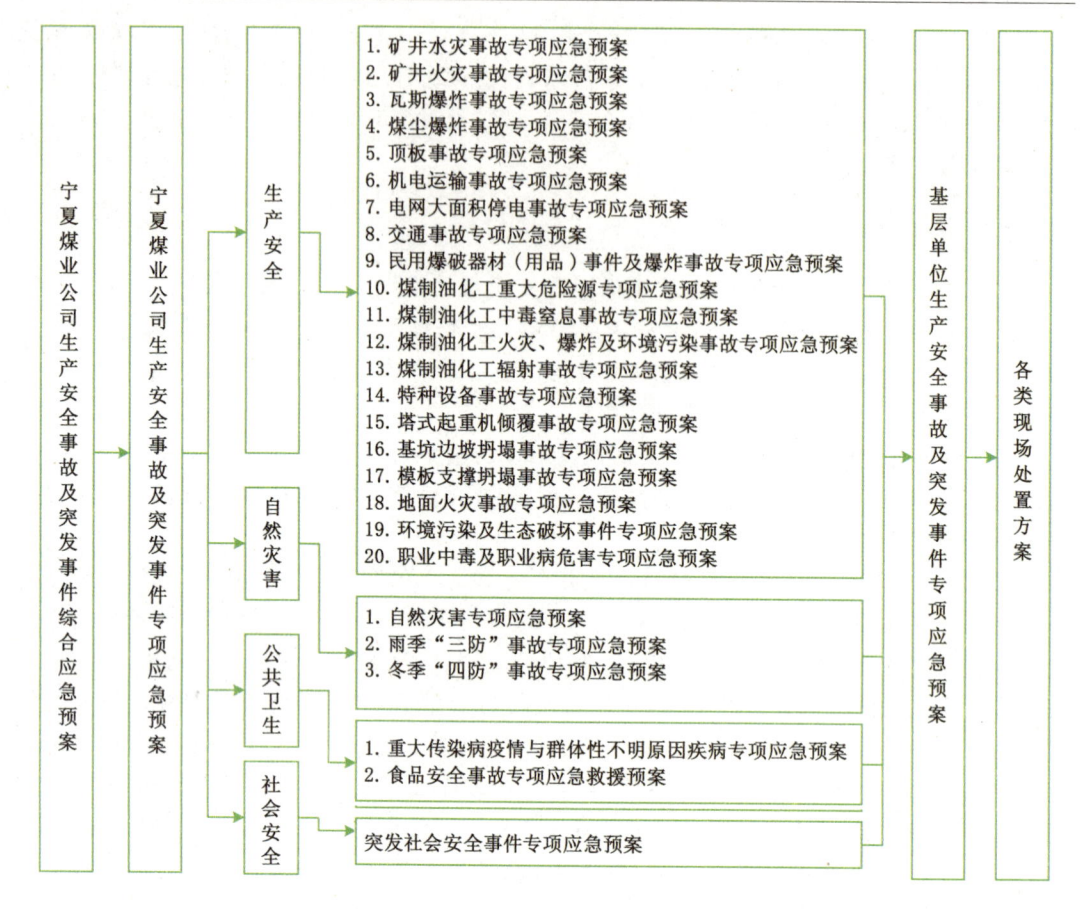

```
                         ┌─ 1. 矿井水灾事故专项应急预案
                         │  2. 矿井火灾事故专项应急预案
                         │  3. 瓦斯爆炸事故专项应急预案
                         │  4. 煤尘爆炸事故专项应急预案
                         │  5. 顶板事故专项应急预案
                         │  6. 机电运输事故专项应急预案
                    生   │  7. 电网大面积停电事故专项应急预案
                    产   │  8. 交通事故专项应急预案
                    安   │  9. 民用爆破器材（用品）事件及爆炸事故专项应急预案
                    全   ┤ 10. 煤制油化工重大危险源专项应急预案
                         │ 11. 煤制油化工中毒窒息事故专项应急预案
                         │ 12. 煤制油化工火灾、爆炸及环境污染事故专项应急预案
                         │ 13. 煤制油化工辐射事故专项应急预案
                         │ 14. 特种设备事故专项应急预案
                         │ 15. 塔式起重机倾覆事故专项应急预案
                         │ 16. 基坑边坡坍塌事故专项应急预案
                         │ 17. 模板支撑坍塌事故专项应急预案
                         │ 18. 地面火灾事故专项应急预案
                         │ 19. 环境污染及生态破坏事件专项应急预案
                         └ 20. 职业中毒及职业病危害专项应急预案

                    自然  ┌ 1. 自然灾害专项应急预案
                    灾   ┤ 2. 雨季"三防"事故专项应急预案
                    害   └ 3. 冬季"四防"事故专项应急预案

                    公共  ┌ 1. 重大传染病疫情与群体性不明原因疾病专项应急预案
                    卫生 └ 2. 食品安全事故专项应急救援预案

                    社会
                    安全 ── 突发社会安全事件专项应急预案
```

图 4-6-1 宁夏煤业公司应急预案结构图

应急预案的编制以应急处置为核心，明确应急职责、规范应急程序、细化保障措施。应急预案制定后，应组织日常、定期评估工作。日常评估是指每次应急预案演练以及生产安全事故应急处置和应急救援结束后，由应急预案演练及生产安全事故应急处置和应急救援评估组实施一次应急预案评估。定期评估是按照国家《生产安全事故应急预案管理办法》规定，自发布之日，每3年由应急管理办公室组织一次全面评估。公司规定当存在以下情形之一时，进行全面修订，并保留记录、归档，按照报备程序重新备案。

（1）依据的法律、法规、规章、标准及上位预案中的有关规定发生重大变化的；
（2）应急指挥机构及其职责发生调整的；
（3）安全生产面临的风险发生重要变化的；
（4）重要应急资源发生重大变化的；
（5）在应急演练和事故应急救援中发现需要修订预案的重大问题的；
（6）因单位兼并、重组、转制等导致隶属关系、经营方式、法定代表人发生变化的；
（7）编制单位认为应当修订的其他情况。

⚠ "安宁"系统功能

查询公司及所属单位应急预案。

三、应急资源

应急资源是指用于防御、抵抗或救助突发事件发生时保护人身安全、减少财产损失的设施设备及人力资源等。为保证各类应急物资与装备准备充足，救援人员快速反应、及时到位，宁夏煤业公司制定应急物资装备管理办法、应急救援队伍管理办法等制度，对应急资源进行统一调度与管理。

（一）物资资源

1. 应急物资与装备

应急物资是应急处置过程中所必需的保障性物品，主要包括防护用品、生命救助用品、消毒用品、灭火器材、动力燃料、电缆、道木、编织袋等材料。应急装备是用于应急管理与应急救援的设备及工器具，主要包括搜索、营救、通信、灭火、排水、通风等设备。应急物资与装备管理工作遵循"防救结合、集中管理、各负其责、采储结合"原则，形成"数量适度、结构合理、管理科学、运行高效"的应急物资装备管理机制。公司应急值守办公室（生产指挥中心）负责应急物资装备的日常统筹管理；当突发事件发生时，统一调配、资源共享。应急物资与装备储备形式分为公司储备、基层各单位储备。

2. 公司储备应急物资与装备的管理

公司按照应急预案要求的种类、数量储备应急物资与装备。在同级预案中的不同专项预案所需同一应急物资与装备的，按照不低于单项预案所需的最大量配备。公司应急值守办公室负责组织机电管理部、生产技术部、煤制油化工部、安全环保监察部、应急救援中心、能源工程公司、物资公司等相关部门和单位进行计划编制、配置调剂、检查验收、鉴定处置工作；规划发展部负责制订投资计划；财务部负责制定储备定额；物资公司负责采购、验收、定点储备、出入库及资产管理工作。公司应急物资与装备储备定点单位包括物资公司、应急救援中心、能源工程公司、信息技术中心，负责所储备应急物资与装备的日常维护保养。物资公司主要储备对旋风机、空压机、水泵、石油沥青油毡、煤矿污水潜水泵、潜水排沙电泵、多级离心泵、井下用聚乙烯管等应急物资与装备。应急救援中心主要储备破拆、堵漏、抢险、救护、灭火、侦检、二氧化碳吸收剂、泡沫灭火剂、快速密闭等应急物资与装备。

3. 基层各单位储备应急物资与装备的管理

各单位负责本单位应急物资与装备的配置、检查、调剂、更新、维护、使用等管理工作；根据灾害类型、生产规模、实际能力和应急预案，制订本单位应急物资与装备储备计划，经公司审定后进行配置储备；主要储备消耗材料、配件、工器具等应急抢险救援物资与装备，储备种类、数量应满足灾变时应急抢险救援需要，并确保定点存放，专人管理。根据应急物资与装备的不同特点，制定调剂替换周期，对失效或过期的应急物资与装备及时进行调剂更换，保证所储备应急物资与装备完好、性能可靠。

宁夏煤业公司应急救援物资储存分布如表 4-6-1 所示。

（二）队伍资源

宁夏煤业公司应急救援队伍包括专职应急救援队伍、兼职应急救援队伍、应急救援技术专家队伍、医疗保障队伍、技术保障队伍、物资保障队伍、后勤保障队伍等，建成集危险化学品救援、矿山救援以及地面消防、地质灾害处置、水灾处置、危险化学品救援和矿山救援

表 4-6-1　宁夏煤业公司应急救援物资储存分布

单位	存储库名称	主要物资
应急救援中心	应急救援中心装备库	矿山救援指挥车(2辆)、矿山医疗救护车(1辆)、气体分析化验车(1辆)、野外生活保障车(1辆)、卫星通信指挥车(1辆)、移动式供电车(1辆)、车载移动指挥部(1辆)、救援宿营车(2辆)、防爆探地雷达(蛇眼探测仪)(1套)、红外热成像仪(7台)、气体灭火装置(1套)、正压氧气呼吸器(98台)
	煤制油化工基地消防大队应急物资库	医用氧气(30瓶)、氢氧化钙药剂(2.5 t)、高泡灭火剂(2.5 t)、快速封闭喷涂材料(10套)、各种气体检定管(200盒)、抗溶性水成膜泡沫(50 t)、防化服(轻型、重型10套)、隔热服(20套)等
	各中队装备库	各中队均储存矿山救援抢险冒顶装置(1套)、多功能切割机(1套)、高倍数灭火机(6套)、便携式自动复苏机(5台)、井下快速成套支护装备(1套)、正压氧气呼吸器(394台)
	煤制油化工基地消防大队应急装备库	高喷车(7辆)、泡沫消防车(10辆)、供气消防车(1辆)、洗消消防车(1辆)、抢险救援车(3辆)、应急通信指挥车(1辆)、涡喷泡沫消防车(1辆)、救援装备车(1辆)、电动自摆炮(10门)、红外热成像仪(1台)、10 kW 移动式发电机(2台)、手抬机动泵(4台)、小型移动平台(1套)、辅助决策系统(1套)、破拆工具(1套)、空气充填泵(2台)
物资公司	宁东中心特储物资设备配件库	移动式螺杆空气压缩机、三相交流同步发电机、煤矿用隔爆型压入式对旋轴流局部通风机、矿用隔爆型潜水排沙电泵、移动式制氮机、氮气电辅热单元等
各煤矿及选煤厂	各单位应急库	阻燃风筒、编织袋、平板锹、尖锹、方锹、救援绳、胶管、手拉葫芦、帐篷、电缆、铅丝、单体支柱、矿工钢、木材、雨衣、雨靴、防爆手电筒、医用担架、安全带、灭火器、消防斧、消防桶、消防钩、消防锹、Ⅱ形钢梁、钢锯弓、钢锯条等
煤制油化工各单位	各分厂应急库	防酸碱手套、防护眼镜、防酸碱工作服、防烫服、耐高温手套、连体服、防辐射铅服、披肩式防酸碱面罩、轻型防护服、过滤式全面罩呼吸器、全防型滤毒罐、防尘口罩带滤棉、自吸式长管呼吸器、正压式空气呼吸器、送风式长管呼吸器、便携式多气体检测仪、扩音喇叭、警戒带、折叠担架、安全带、防火毯、应急手电、移动式排烟风机、安全绳、闪光警示灯
物资公司	宁东仓储中心	对旋风机(8台)、移动式空压机(4套)、柴油发电机(2套)、矿用隔爆型潜水排沙电泵(8台)、多级离心泵(4套)、潜水泵(10台)、全液压钻机(2套)、移动式制氮机(1台)
能源工程公司	生产服务基地库房	钻机(2套)
信息技术中心	银川运营部、银北运营部、宁东运营部	光纤熔接机(3台)、光时域反射仪(3台)、光功率计(3台)、红光源(3台)

教育培训、演习、演练、实操训练、应急指挥、协调为一体的国家危险化学品应急救援队、矿山应急救援队，提升应急响应与协同处置能力。

（1）公司应急救援中心承担公司所属各生产（在建）矿井、煤制油化工单位的应急救援技术指导和现场救援工作，为专职应急救援队伍，实行军事化管理，严格执行人员 24 h 值班和响应制度，按照国家、自治区、国家能源集团及上级单位要求，开展日常应急救援队伍值（备）班、通信、训练、装备管理、业务培训、应急演练、应急救援等工作。应急救援中心下设 3 个矿山救护中队、3 个危险化学品消防中队、1 个特种救援装备队和 1 个驻矿中队。

（2）兼职应急救援队伍由各矿（厂）组建，在办公地点、训练场所、设施装备、车辆调配、人员补充、经费支持等方面优先保障，确保满足应急救援工作需要，报宁夏煤业公司应急管理办公室、应急值守办公室及应急救援中心备案。兼职应急救援队伍由所在单位管理，总工程师（技术管理负责人）和公司专业应急救援队伍负责业务指导。兼职应急救援队员岗位资格培训时间不少于45天(180学时),每年至少复训一次,时间不少于14天(60学时),队员津贴待遇执行国家法律法规及公司相关规定。

(3)应急救援技术专家队伍按照生产事故、自然灾害、公共卫生、社会安全事件等类型成立相对应的专家组,确保应急救援的针对性和有效性。

(4)医疗保障队伍由专业人员组成,配备医疗救治和现场处置设备,承担生产安全事故及突发事件应急处置。根据事态(事故)发展,应急医疗人员、单位不能满足医疗救援需求时,由总指挥负责向国家能源集团、管辖区域政府部门申请增派附近医疗救护单位参与救援。

(5)技术保障队伍成员由公司生产技术部、机电管理部、科技发展部、煤制油化工部等部门相关技术人员及外聘专家组成,负责分析事故信息、研究灾害情况的演变,完善应急救援技术措施和方案等。

(6)物资保障队伍成员由生产指挥中心、机电管理部、物资公司、应急救援中心、财务部和事发单位的相关人员组成,负责应急状态下应急物资相关资源的组织和调配,以及应急救援的资金保障工作等。

(7)后勤保障队伍成员由办公室、工会、社会事务部、信息技术中心和事发单位相关人员组成,负责应急状态下公司应急救援指挥部的会议组织、记录及抢险救灾人员的食宿、车辆调度等后勤服务工作。

◎ 示例　　国家能源集团宁夏煤业公司应急救援中心驰援河南

宁夏煤业公司持续历练队伍、验证预案、考证物资储备、检阅救援装备,坚定履行国企责任和社会责任,多次参加自治区政府、各单位所在地政府、极端天气和突发事件的各种救援行动,把事故损失降到最低限度、最小范围,在最短时间内恢复生产秩序和人民群众生活秩序。

2021年7月,河南省郑州市、新乡市等地连降暴雨,引发洪涝灾害和次生灾害,牵动着国人的心。宁夏煤业公司于7月27日集结2台运兵车、1台消防车、1台抢险车、1台生活保障车、1台应急发电车以及30名专业救援人员向河南灾区进发,行程956 km,历时15 h,抵达河南省抗洪抢险一线新乡卫辉市。9天时间里,救援队共接到排涝救援任务6项,在长途奔袭、环境因素不确定、任务多变、保障受限和现场安全存在隐患等重重困难下,累计排水时长239 h,排水量277 195 m^3。共转移受灾群众85人次,协助地方警力调动运输10人次,运输医疗物资0.5 t,协助受灾群众转移生活物资1.5 t,运送沙袋70袋,向灾区群众捐赠蔬菜、方便面、矿泉水等生活物资0.8 t。指战员还利用排水间隙开展居民用电线路排查、维修,帮助小区居民清理垃圾及杂物,协助卫辉市污水处理厂构筑防水围堰等应急救援工作,圆满完成防汛指挥部下达的战斗任务。

⚠ "安宁"系统功能

查阅各单位、应急救援中心、公司三级应急资源储备和应急队伍值守信息。

四、应急值守

宁夏煤业公司为进一步加强和规范生产安全事故及突发事件应急值守工作,保证事故发生时迅速、有序启动应急响应，根据《中华人民共和国突发事件应对法》等相关规定，制定生产安全事故及突发事件应急值守管理办法，明确规定应急值守主要任务、接报事故和重大险情信息处理程序等。按照"严谨高效、有情必报、快速反应、真实准确"原则，由应急值守办公室负责信息接收与通报、处理、上报、传递、记录、归档等管理工作。

（1）应急值守主要任务是保证通信联络畅通，随时了解掌握公司、各单位生产动态和安全生产信息；负责接收和处理有关单位上报的安全生产情况报告；建立值班信息报告制度，及时向公司领导和相关部门报送生产安全事故信息，协助公司领导和相关部门进行应急处置，并及时反馈处置情况。各单位所有领导班子成员处于全天候非固定值守状态，除特殊原因外，要做到随传随到；要求工作日有固定领导班子成员，节假日和双休日有主要领导在岗。

（2）值班人员严格履行岗位职责，遵守相关规章制度，值班期间保证 24 h 在岗。其主要职责如下：

① 负责值班电话的接转和处置。

② 负责值班信息编辑、记录、上报与传达。

③ 严格执行保密制度，确保信息传递安全。

④ 协助应急管理领导小组处理应急事宜和其他应急工作。

（3）接报事故和重大险情信息处理程序：

① 当班期间接报事故和重大险情信息报告，应迅速向公司当日总值班领导和主管领导、分管领导报告，并按照工作指示向其他领导和有关部门报告。

② 对接报的事故和重大险情信息，值班人员应认真做好记录、登记、核实，再按程序报告。情况特别紧急，需要在争取处置时间的情况下，应先报送初步情况，核实后再随时续报最新情况。

③ 按照本单位应急管理领导小组工作安排，及时向上级单位报告事故和重大险情信息，原则上以书面材料上报，情况紧急通过电话方式汇报的，要及时补充书面材料。

④ 从接报事故和重大险情信息报告开始，值班人员要积极协助有关领导和部门进行应急处置。在处置过程中，要主动与有关领导、现场处置负责人及有关部门保持联系，及时传达应急管理领导小组和上级部门处置意见，督促和落实各项工作任务，跟踪了解有关情况，及时报告处置情况。

⑤ 事故或重大险情处置完毕后，及时向应急管理领导小组和有关部门反馈信息，整理归档各类处置材料。

> **"安宁"系统功能**
>
> 查询公司及各单位应急值守人员、班次等信息，在系统中实现一键呼叫功能。

五、应急响应

应急响应是为了应对突发或重大生产安全事故发生所做的准备，以及在事件发生后所采取的措施，目的是最大限度地减少和控制生产安全事故损失，提供有效的响应和恢复指导，防止安全事件的发生。

(一) 响应分级

宁夏煤业公司应急响应分为Ⅳ级响应、Ⅲ级响应、Ⅱ级响应和Ⅰ级响应,具体内容如表4-6-2所示。

表 4-6-2　宁夏煤业公司应急响应分级表

响应分级	响应等级	基本原则	响应方式
Ⅰ级响应	造成30人以上(含30人)死亡,或者100人以上(含100人)重伤(包括急性工业中毒,下同),或者1亿元以上(含1亿元)直接经济损失的事故	突然发生,事态异常复杂,对国家能源集团、地方政府乃至国家生产安全、自然灾害、公共卫生、社会安全带来严重危害或威胁,已经或可能造成特别重大人员伤亡、特别重大财产损失或重大生态环境破坏,需国家能源集团、地方政府乃至国家统一组织协调,调集所有资源和力量进行应急救援的紧急事件	1. 根据宁夏回族自治区或国家能源集团突发事故(事件)应急指令响应级别同步响应; 2. 公司在应急救援过程中,事故(事件)发展态势、性质、影响范围超出公司应急救援处置能力时,提高应急响应级别; 3. 公司应急管理领导小组根据事故危害程度、影响范围和处置能力决策,决定公司生产安全事故应急响应级别(Ⅳ级响应、Ⅲ级响应、Ⅱ级响应、Ⅰ级响应)
Ⅱ级响应	造成10人以上(含10人)30人以下死亡,或者50人以上(含50人)100人以下重伤,或者5 000万元以上(含5 000万元)1亿元以下直接经济损失的事故	突然发生,事态非常复杂,对国家能源集团、地方政府乃至国家生产安全、自然灾害、公共卫生、社会安全带来严重危害或威胁,已经或可能造成重大人员伤亡、重大财产损失或重大生态环境破坏,需调集国家能源集团和地方政府资源和力量进行应急救援的突发事件	
Ⅲ级响应	造成3人以上(含3人)10人以下死亡,或者10人以上(含10人)50人以下重伤,或者1 000万元以上(含1 000万元)5 000万元以下直接经济损失的事故	突然发生,事态复杂,对国家能源集团、地方政府生产安全、自然灾害、公共卫生、社会安全带来较重危害或威胁,已经或可能造成较大人员伤亡、较大财产损失或较大生态环境破坏,需调集国家能源集团资源和力量进行应急救援的突发事件	
Ⅳ级响应	造成3人以下死亡,或者10人以下重伤,或者1 000万元以下直接经济损失的事故	突然发生,对宁夏煤业公司生产安全、自然灾害、公共卫生、社会安全带来一般危害或威胁,已经或可能造成人员伤亡、财产损失或生态环境破坏,需调集公司资源和力量进行应急救援的突发事件	

(二) 响应程序

1. 应急指挥机构启动

(1) 事故单位发生突发事故(事件)时,应按照制定的事故及突发事件应急预案采取有效措施,控制事故(事件)发展,同时向公司应急值守办公室报告。

(2) 公司应急值守办公室值守人员接到事故单位报告后,立即报告公司应急值守办公室负责人,并按程序报告公司应急救援指挥部、应急管理领导小组,应急管理领导小组按照工作程序对警情作出判断,决定是否启动应急响应及响应级别。

2. 应急救援指挥部响应步骤

(1) 应急管理领导小组决定启动应急响应及响应级别。

(2) 应急救援指挥部总指挥下达启动命令。

(3) 启动命令下达后,应急值守负责人安排应急值守人员通知应急救援指挥部成员。

(4) 各成员迅速到达应急救援指挥部。凡因故不能到达的成员必须指定人员代理其职责参加应急救援。

3. 应急资源调配

应急响应级别确定后,应急值守办公室和各职能工作组根据应急救援指挥部的救援决策,迅速调集相关应急救援人员(包括技术专家和应急救援队伍),成立现场应急救援指挥部,协调应急救援物资及装备等,全面开展应急救援工作。

4. 应急救援

应急救援队伍进入事故现场后,迅速开展事故检测、监测、警戒、疏散、人员救助、工程抢险等有关应急救援工作。派出应急救援工作组为救援决策、救援工作提供建议和技术支持,监督、检查、指导事故单位开展应急救援工作。

5. 提高应急响应级别

当事故(事件)性质、影响范围、严重程度超出响应级别无法得到有效控制,以及应急救援过程中事故(事件)有扩大趋势时,应急救援指挥部报请公司应急管理领导小组提高响应级别,并通知相关部门和单位增加救援力量,保障现场救援人员、设备、物资等满足应急救援需求。

宁夏煤业公司生产安全事故应急响应流程如图 4-6-2 所示。

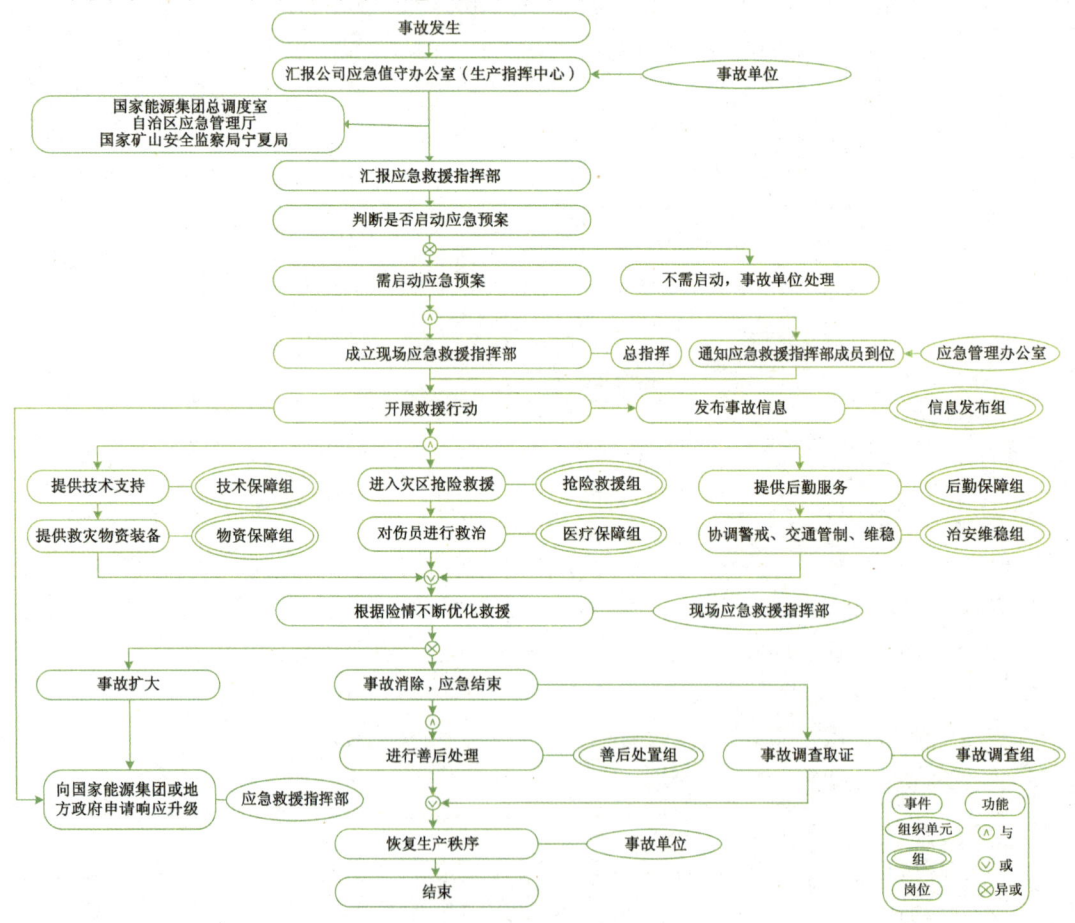

图 4-6-2　宁夏煤业公司生产安全事故应急响应流程图

> **"安宁"系统功能**
> 查询事故(事件)应急响应级别和应急响应程序。

六、应急演练

应急演练是在事先虚拟的事故(事件)条件下,应急指挥体系中各个组成部门、单位或群体的人员针对假设的特定情况,执行实际事故(事件)发生时各自职责和任务的演练活动。通过应急演练,更好地应对生产安全事故及突发事件,锻炼应急队伍,提高应急人员的应急响应、处置和救援能力,并使全体从业人员掌握本单位和本岗位风险、生产安全事故及突发事件应急预案内容和程序,逃生避险、自救互救知识,以及避难硐室、救生舱、应急救援设备器材使用方法,提高全员生产安全事故及突发事件处置能力。

(一)演练分类

宁夏煤业公司将应急演练按照演练内容分为综合演练和单项演练,按照演练形式分为现场演练和桌面演练,按照演练级别分为公司级演练、矿(厂)级演练和区队(车间)级演练。不同类型的演练可相互组合。

(二)演练流程

(1)编制演练计划。建立应急演练审批制度,对各类演练必要性、可行性、内容科学性等充分研究论证,实现组织单元、系统单元和装置单元演练全覆盖。公司及各单位每年制订年度应急演练计划,公司至少每年组织一次综合应急预案演练或专项应急预案演练,矿(厂)至少每半年组织一次综合应急预案演练或专项应急预案演练,区队(车间)至少每半年组织一次现场处置方案演练。各级救援队伍每年针对主要事故类型至少进行一次应急演练。宁夏煤业公司应急演练计划实施安排如表4-6-3所示。

表4-6-3 宁夏煤业公司应急演练计划实施安排表

序号	公司名称	单位名称	演练项目名称	计划演练时间	演练级别	演练类型	演练形式	实施主体	责任人	联系人及联系电话

(2)组织方案研审。根据演练计划和演练类型成立演练组织机构,根据事故风险特点制定应急演练方案,经审批后组织实施。应急演练方案内容包括演练目的及要求、事故情景设计、演练规模及时间、参演单位和人员、主要任务及职责、演练主要步骤、演练技术支持及保障、演练评估与总结等内容。

(3)准备应急演练。各类演练实行演练前报备制度,重要演练由公司派驻人员监督指导,在演练过程中进行检验、评估与总结,做到预案衔接到位、预案内容全面。演练前,由培训部门牵头对井下工作人员进行自救、互救知识培训,对矿井灾害预防与处理计划、生产安全事故应急救援预案、演练实施方案及相关注意事项(避灾路线)进行培训。应急物资管理部门准备应急物资。

(4) 实施应急演练。按照演练实施方案和脚本，由主控部门下达演练指令，各参演单位按流程依次启动预案程序。煤矿单位3年内完成所有综合应急预案和专项应急预案的演练，其他单位按国家相关规定执行。

(5) 开展演练评估。演练评估人员根据演练事故情景设计和具体分工，在演练现场实施过程中开展演练评估工作，收集演练评估需要的各种信息和资料；演练结束后撰写书面演练评估报告。应急演练结束后，演练组织单位应将应急演练方案、演练评估报告、演练总结报告等文字资料和记录演练实施过程的相关文字、图片、视频、音频等资料归档保存。演练组织单位、应急管理办公室应根据演练评估报告、演练总结报告中提出的问题和建议，督促相关部门制订整改计划和措施，并跟踪督查整改情况，改进完善应急管理工作。宁夏煤业公司应急演练程序如图4-6-3所示。

图4-6-3　宁夏煤业公司应急演练程序图

> **"安宁"系统功能**
> 查询公司及各单位应急演练工作计划、方案、总结报告、评估报告等。

第七节　监督检查

安全生产监督检查是通过规范化、标准化、科学化、系统化的规章制度及操作程序，对作业过程中涉及的危险危害因素进行辨识、评价和控制，对生产安全事故进行预测、预警、监测、预防、应急、调查、处理，从而将事故风险最小化，达到保障员工人身安全、设备财产安全、生态环境安全等目标。监督检查工作主要通过专业检查、技术评审、安全评估、体系认证、风险管控、隐患查治等手段来推动。

宁夏煤业公司优化安全监察部门职能，完善各项检查、监察标准，有序组织开展集中检查、专项检查、动态检查、联合检查等工作，并借助视频监控、人员定位、移动摄像头等系统加强现场作业监督监管，确保有形检查与无形监督紧密结合，形成计划下达、检查实施、监管监察、整改督办闭环管理机制。

一、安全生产检查

安全生产检查是安全管理工作的重要内容，是消除隐患、防止事故发生、改善劳动条件的重要手段。宁夏煤业公司坚持常态化安全生产检查工作，对贯彻安全生产法律法规情况、安全生产状况、劳动条件、事故隐患等进行检查，对生产过程及安全管理中可能存在的隐患、缺陷、有害及危险因素等进行查证，以便制定和采取整改措施及时进行消除，确保安全生产。

(一)检查分类

(1)定期安全生产检查。通过有计划、有组织、有目的的形式来实现,检查周期根据各单位实际情况确定。

(2)经常性安全生产检查。采取专业性、日常性巡查方式来实现。在生产过程中进行动态预防检查,发现隐患及时消除,保证生产正常进行。

(3)季节性及节假日前后安全生产检查。由各单位根据季节变化,按事故发生的规律对易发的潜在危险,突出重点进行季节性检查,如冬季进行防冻保温、防火防盗、防煤气中毒检查,夏季进行防暑降温、防汛、防雷电检查等。节假日前后及期间开展全面性、针对性的安全生产检查,如停复工检查、应急值守检查、生产系统安全检查等。

(4)专业(专项)安全生产检查。对某个专业(专项)问题或在生产(施工)过程中存在的普遍性安全问题进行单项定性或定量检查。专业(专项)检查具有较强的针对性和专业性要求,用于检查难度较大的项目。通过检查发现潜在问题,研究整改对策,及时消除隐患。

(5)综合性安全生产检查。由公司职能部门对各单位进行全面综合性检查,组织进行系统的安全性评价。

(6)职工代表安全生产巡查。由工会组织职工代表进行安全生产巡视和检查。重点巡查各单位贯彻执行国家安全生产方针、法律法规情况,各级管理人员落实安全生产责任制情况,员工安全生产权利保障情况,事故原因和隐患整改情况,以及事故责任人处理情况等。

(二)检查内容

安全生产检查内容包括安全意识、责任落实、制度执行、基础管理、风险管控、隐患治理、事故处理、技术管理、生产系统、设备设施、作业环境、应急管理、教育培训、职业病防治等。

煤矿单位重点检查内容还包括:矿井风量、风速及井下温度、湿度、噪声;瓦斯、粉尘;矿山放射性物质及其他有毒有害物质;提升、运输、装载、排水、瓦斯抽采、压缩空气和起重设备;各种防爆设备、系统安全保护装置;电缆、钢丝绳;各类检测仪器、仪表;自救器、救护设备;安全防护用品配备与佩戴等。

煤制油化工和地面单位重点检查内容还包括:锅炉、压力容器、压力管道、起重机、脚手架、施工升降机、防爆电气、厂内机动车辆;作业场所的粉尘、噪声、振动、辐射、高温低温、有毒物质浓度;易燃易爆危险品、剧毒品、反应装置、电气设备、油压机械、消防设施;高处作业及其作业人员等。

(三)检查方法

(1)常规检查。安全生产管理人员在作业现场通过感观或辅助工具、仪表等,对作业人员行为、作业场所环境条件、生产设备设施等进行检查,及时发现存在的隐患(问题),监督采取措施予以消除,纠正作业人员的不安全行为。

(2)安全检查表。为使检查工作更加规范、标准、专业,公司全面推行安全检查表法。事先评估各作业地点安全风险,分别制定隐患防控措施;确定检查项目,将检查项目按系统组成顺序编制成表;全公司各级安全检查人员入井及下现场必须携带安全检查表,逐项检查确认。表单内容主要包括有关标准、规程、规范、规定、作业地点风险、岗位标准作业流程、不安全行为、隐患治理措施等。

（3）视频监控。公司各单位在主要作业场所、现场固定岗位等安装视频监控设备,利用智能化系统对现场安全生产及作业过程进行远程监控及视频检查,发现问题及时反馈,督促整改。

（4）仪器检查。各类专业性检查必须携带专用仪器,对器械、设备内部缺陷及作业环境条件的真实信息或定量数据进行检验与测量,及时发现隐患,监督整改。

（四）结果反馈

宁夏煤业公司加强入井及下现场人员考核管理,落实各级管理人员安全生产责任。制定入井及下现场管理制度,规定公司领导班子成员和各层级管理人员每月入井及下现场次数,并对中夜班检查次数、隐患（问题）查处质量、跟踪复查、连带责任等提出明确要求,对所有入井及下现场人员执行人员定位考勤或登记考勤规定。

公司规定各级管理人员入井及下现场应填写检查情况记录表或安全督导检查情况反馈表。检查完毕后将发现的隐患（问题）第一时间反馈至受检单位（各单位内部检查反馈至区队、车间）,受检单位按照专业属性进行分级分类,以"五定"原则整改落实。验收合格经本单位主要负责人审核签字后报上一级安全监管部门,检查人员进行复查,并持续跟踪隐患（问题）整改情况。对于检查发现的重大事故隐患,严格按照公司生产安全事故隐患排查治理管理办法执行。宁夏煤业公司机关管理人员入井及下现场安全督导检查情况反馈表如表 4-7-1 所示。

表 4-7-1　宁夏煤业公司机关管理人员入井及下现场安全督导检查情况反馈表

姓名		职务	
入井及下现场时间			
入井及下现场地点			
存在的隐患（问题）：			
需采取的整改措施：			
整改责任人		职务	
整改结果			

> **"安宁"系统功能**
>
> 查询公司安全检查要求、分类、方法和信息反馈流程。

二、监察管理

宁夏煤业公司根据国家安全生产法律法规、行业规范,结合国家能源集团安全管理制度要求,实施分级分类监督管理,制订年、月、周安全监察计划,按计划开展安全监察工作。

参与人员由安全环保监察部各专业人员及驻矿(厂)监察人员组成。

(一) 监察组织

(1) 安全环保监察部负责对公司安全生产工作进行日常监督检查及考核,包括重点监察、专项监察和定期监察。重点监察主要内容为安全生产许可证、安全管理机构、安全管理人员安全资格证等;专项监察主要内容为重大灾害治理、专项整治活动、安全监控系统等;定期监察主要内容为节假日应急值守、雨季"三防"、冬季"四防"等。

(2) 安全生产监察方式分为事前、事中和事后监察管理三种。

① 事前监察管理:主要为安全生产许可事项等,包括安全生产许可证、危险化学品使用许可证、安全知识和管理能力考核合格证、特种作业人员操作资格证等取证情况,以及对建设项目安全设施和职业病防护"三同时"检查。

② 事中监察管理:主要为日常监督检查、安全大检查、重点行业和领域安全生产专项整治等。

③ 事后监察管理:包括生产安全事故发生后的应急救援、调查处理、问责考核、警示教育、整改情况等。

(二) 监察内容

(1) 建立和落实全员安全生产责任制、安全生产规章制度、操作规程、作业规程情况。

(2) 按照国家规定提取和使用安全生产费用,以及其他安全生产投入情况。

(3) 依法设置安全生产管理机构和配备安全生产管理人员情况。

(4) 新建、改建、扩建工程项目的安全设施与主体工程同时设计、同时施工、同时投入生产和使用,以及按规定办理设计审查和竣工验收情况。

(5) 重大灾害防治方案制定和落实情况;重大风险登记、建档、检测、评估、监控,以及应急防范措施制定情况。

(6) 教育和督促从业人员严格执行本单位安全生产规章制度、安全操作规程,并向从业人员如实告知作业场所和工作岗位存在的危险因素、职业病危害因素、防范措施以及事故应急措施情况。

(7) 为从业人员提供符合国家标准或者行业标准的劳动防护用品,监督从业人员正确佩戴和使用情况。

(8) 在同一作业区域内进行生产经营活动,可能危及对方生产安全的,与对方签订安全生产管理协议,明确各自安全生产管理职责和应当采取的安全措施,并指定专职安全生产管理人员进行安全检查与协调情况。

(9) 对承包单位、承租单位安全生产工作实行统一协调、管理情况。

(10) 组织安全生产检查,及时排查治理生产安全事故隐患情况。

(11) 制定、实施生产安全事故应急预案,以及有关应急预案备案和组织演练情况。

(12) 危险物品的生产、经营、储存单位以及矿山企业建立应急救援组织或者兼职救援队伍、应急救援器材、设备配备维护保养情况。

(13) 按照规定报告生产安全事故的情况。对事故相关责任人的处理,以及对事故防范措施督促落实和反馈等情况。

(14) 安全生产专项整治、隐患整改及复查情况。

(15) 结合各单位实际确定的其他监察内容。

(三) 监察标准

宁夏煤业公司制定安全监察标准手册,包括理念目标和安全承诺、组织机构、安全生产责任制及安全制度、重要文件落实、事故隐患排查治理、安全风险分级管控、不安全行为管控、事故事件管理、安全生产标准化管理、安全考核、安全培训、承包商管理、应急管理、调度管理及信息化、班组安全建设、职业健康管理16项监察标准,涉及要素管理、基本要求、监察方法、重点项目4个方面监察清单。宁夏煤业公司安全监察标准如表4-7-2所示。

表4-7-2 宁夏煤业公司安全监察标准

要素	基本要求	监察方法	监察依据
体系建立	建立健全安全生产标准化管理组织机构,组织、协调、指导、监督体系运行管理工作	是否设有管理组织机构,职责是否明确	
	建立体系运行管理制度,明确各要素责任分工、管理流程、运行要求、考核标准	是否流程清晰、分工合理	
	明确领导、业务部门、区队体系建设职责	是否职责明确、分工合理,是否掌握部门区队标准化职责	
体系运行	制订年度安全生产标准化管理体系达标计划,完善创建措施,健全运行机制	规划是否合理,措施是否有针对性和可操作性	
	按照体系管理要求,开展安全生产标准化管理体系创建工作	验证安全生产标准化管理体系创建过程管理	
检查监督	开展体系监督检查工作	是否开展日常监督检查	
	加强生产系统、工程质量、设备设施、工程工艺、生产指挥、作业行为等过程管理,动态达标	验证过程管理工作是否落实	
考核	结合检查结果,兑现考核	是否按制度和标准落实考核	
	执行标准化绩效工资考核办法,持续开展评先选优工作	验证是否按制度开展评比考核	
持续改进	建立相关工作制度,涵盖对安全生产管理体系考核评价、持续改进的要求,以及对考核责任分工、整改落实、总结分析、绩效管理、改进完善等内容作出规定并落实	检查是否建立制度,是否明确领导责任,制度内容是否缺项;访谈相关人员,现场验证制度落实情况	《煤矿安全生产标准化管理体系基本要求及评分方法(试行)》
	季度对检查考核结果进行总结,分析问题或隐患产生的根源,制定改进措施并落实,纳入有关部门、人员绩效考核	检查是否定期进行总结、分析,是否明确负责人,措施是否执行	《煤矿安全生产标准化管理体系基本要求及评分方法(试行)》
	每年底由矿长组织对安全生产标准化管理体系运行质量进行客观分析,衡量规章制度、规程措施的有效性,形成体系运行分析报告	是否根据存在的问题和内、外部环境变化对上一年度体系各要素的有效性进行评价,是否与实际一致	《煤矿安全生产标准化管理体系基本要求及评分方法(试行)》
	依据体系运行分析报告,按照实际需要调整理念目标和安全承诺、组织机构、安全生产责任制及安全管理制度、安全风险分级管控、事故隐患排查治理、质量控制等内容,形成调整方案,明确责任人、完成时限,指导下一年度体系运行,明确保持、提升安全生产标准化管理体系规划	检查是否制定调整方案,方案是否符合要求	《煤矿安全生产标准化管理体系基本要求及评分方法(试行)》

（四）结果应用

（1）警示。收集国务院安委会和国家矿山安全监察局、自治区应急管理厅发布的各类监察通报，转发各单位开展警示教育。

（2）反思。收集整理宁夏煤业公司安全生产零打碎敲事故案例，定期组织全员开展再反思、再讨论、再整改活动，并在每一年度特定日期学习典型事故。

（3）停工。检查过程中凡是发现存在严重问题、重大事故隐患或其他威胁安全生产的情况，立即对现场采取停工处理，提出考核意见，待隐患（问题）整改完成或采取可靠的管控措施后，方可复工。

（4）通报。监察工作开展情况及发现的主要问题在次日公司调度晨会上进行通报。

（5）处罚。依照规定对相关责任人进行追责问责、考核处罚。

（6）考核。检查发现的重大问题、突出问题作为月度、季度安全生产标准化验收考核的重要否决项依据。

（7）举报。建立举报制度，对报告重大事故隐患或举报安全生产违法行为人员给予奖励。

> **"安宁"系统功能**
>
> 查询各类监察反馈问题和通报，落实隐患（问题）整改。

第八节 科技保安

科学技术是第一生产力，是安全生产的重要保障，也是驱动安全发展的不竭动力。随着科学技术的进步，进一步强化科技保安意识，建立以持续稳定安全投入为基础，以科技创新与研发为平台，以安全生产科技成果推广应用为手段，形成产学研长期合作机制，已成为众多企业的共识。

宁夏煤业公司大力实施"科技兴企、科技保安"战略，以科技进步推进安全高效矿井建设，提高生产效率，夯实安全根基；以科技进步促进煤炭生产方式转变，应用先进技术、工艺、装备解决了一系列制约矿井安全生产的历史性难题；以科技进步助推智慧化工建设，优化煤制油化工产业产品结构，推动公司高质量、高效率、可持续发展。

一、安全投入

安全生产费用（以下简称安全费用）是企业按照规定标准提取、在成本（费用）中列支、专门用于完善和改进企业或者项目安全生产条件的资金。

宁夏煤业公司对安全费用按照"筹措有章、支出有据、管理有序、监督有效"的原则，足额提取安全费用，保持安全投入的连续性与费用管理的严格性，为安全管理、项目改造、设备更新、设施维修等提供保障。逐年编制安全环保专项规划和资金投入计划，加大规划内重点工作、重点任务、重点工程、重点科研等资金支持，提高资金利用效果，保障安全生产。

（一）提取规范

安全费用的提取、使用实行预算管理，纳入公司全面预算。提取标准严格按照国家规定执行，并按照国家及国家能源集团政策变化作出相应调整。各单位对提取的安全费应当专项核算，不得挤占、截留和挪用。不按规定执行而少提少缴或者不提不缴安全费用的，公司一律不予下拨，同时进行相应考核。

煤炭生产单位安全费用依据当月开采的原煤产量，按月从成本中提取。煤制油化工生产单位安全费用的提取，以上一年度实际产品销售收入为计提依据，采取超额累退方式逐月提取。建设工程施工单位以建筑安装工程造价为计提依据，于月末按工程进度计算提取。交通运输单位以上一年度实际营业收入为依据，确定本年度应计提金额，逐月平均提取。机械制造、民用爆炸物品生产单位均以上一年度实际营业收入为依据，采取超额累退方式确定本年度应计提金额，逐月平均提取。

安全费用提取标准执行国家有关规定和公司安全费用提取和使用管理办法。

（二）使用范围

企业安全费用可由企业用于以下范围的支出：

（1）购置购建、更新改造、检测检验、检定校准、运行维护安全防护和紧急避险设施、设备支出（不含按照"建设项目安全设施必须与主体工程同时设计、同时施工、同时投入生产和使用"规定投入的安全设施、设备）。

（2）购置、开发、推广应用、更新升级、运行维护安全生产信息系统、软件，以及网络安全、技术支出等。

（3）配备、更新、维护、保养安全防护用品和应急救援器材、设备支出。

（4）企业应急救援队伍建设（含建设应急救援队伍所需应急救援物资储备、人员培训等方面）、安全生产宣传教育培训、从业人员发现报告事故隐患的奖励支出。

（5）安全生产责任险、承运人责任险等与安全生产直接相关的法定保险支出。

（6）安全生产检查检测、评估评价（不含新建、改建、扩建项目安全评价）、评审、咨询、标准化建设、应急预案编制与修订、应急演练支出。

（7）与安全生产直接相关的其他支出。

具体使用范围执行财政部、应急管理部印发的《企业安全生产费用提取和使用管理办法》和宁夏煤业公司制定的安全生产费用提取和使用管理实施细则。

（三）使用流程

各单位（分公司）依据制度规定的行业、标准按月计提安全费用，通过内部银行全额上缴公司，使用时公司结合年度下达投资计划、自主使用安全费用预算及结算手续下拨资金；子公司依据制度规定的行业、标准按月计提安全费用，不向公司上缴，使用时按照公司统一下达的投资计划、自主使用安全费用预算办理结算手续，公司不下拨资金。

安全费用实行公司集中管理和各单位自主管理的分级管理模式。

（1）公司集中管理的安全费用，列支项目按照公司固定资产投资项目程序和规定管理，公司根据审定的结算金额下拨各单位使用。

（2）各单位自主管理的安全费用，严格按照国家及公司规定的使用范围自主安排使用，各单位根据年度下达的费用预算自行办理结算手续，使用情况每季度报公司规划发展部和财务部备案。公司根据年度预算和结算金额下拨使用。

二、科技攻关

创新是引领发展的第一动力。坚持以企业为主体的创新理念,以企业实际需求为导向,加强科研投入与科技攻关,是提升企业科技创新能力的有效途径。宁夏煤业公司深入贯彻落实国家能源集团"1+2+3+N"科研体系改革工作部署,制定公司科技发展战略和"十四五"专项规划,建立科研项目管理、科技创新奖励、知识产权管理等20余项科技创新管理制度,细化完善科技管理绩效考评体系和细则,规范科技项目立项、审查、实施、验收、成果申报、推广应用等环节管理。下放概算100万元以内科技项目立项审批权限,建立完善科技创新、成果转让、产业化收益分配相结合的激励机制。

(一)科技团队

宁夏煤业公司建立以科学技术委员会为决策层,以专家咨询委员会为咨询层,以公司科技发展部为管理层,各专业研发机构及生产应用单位为自主研发层和成果转化应用层的科技创新管理运行体系。建立以煤炭化学工业技术研究院、宁夏煤炭科学技术研究所、炭基材料研发中心等科研机构为基础,以煤炭开采及煤化工院士工作站和博士后工作站为支撑,以企业技术中心及国家工程实验室为依托,各单位和科研院所、高等院校相互支持的技术咨询、技术开发、技术服务、技术管理机制。公司技术中心下设煤炭、煤化工、炭基材料三个研发中心(研究所)。

(二)产学研用合作平台

宁夏煤业公司采取"走出去、请进来"方式,联合华东理工大学、中国石油大学、宁夏大学等7家单位组建宁东能源化工基地煤化工产业技术创新联盟。联合清华大学、西南科技大学、中国炭素行业协会等19家单位组建宁夏炭基新材料产业技术创新战略联盟。联合中国科学院化学研究所、浙江大学、四川大学等单位成立自治区级煤基合成树脂高值化产业技术协同创新中心。联合上海纳克润滑技术有限公司成立润滑材料与技术联合创新中心;联合中国航天推进技术研究院成立煤基航天特种油品协同创新中心;联合中国科学院化学研究所成立合成树脂联合实验室。并与宁夏大学、厦门大学合作组建产学研合作基地。自主搭建开放型创新平台,建成宁夏首个国家级国际联合研究中心,建成低阶煤清洁转化与应用技术国家地方联合工程实验室。柔性引进院士2名,进站博士、各类专家140余人,借助院士、专家资源力量,为企业发展提供高层次智力支持。

(三)项目管理

宁夏煤业公司深入开展应用基础研究、关键技术开发、工业性试验、重大装备研制、示范工程建设和软科学研究等。项目包括国家项目(由国家相关部委批准立项的项目,或国家部委指定由公司承担的国家关键核心技术攻关任务)、地方政府项目(由自治区相关部门及相关地市、县批准立项的项目)、国家能源集团项目(由国家能源集团审批立项的经费预算超过1 000万元的项目和国家能源集团共性关键技术研发项目)、公司项目(公司自行审批立项,且经费预算在100万元至1 000万元的项目,公司各部门经费预算小于100万元的项目参照公司项目管理)、基层单位项目(基层单位一般性研究、紧急技术难题,且经费预算在100万元以下的项目)。项目管理包括立项管理、实施管理、验收管理、资金管理、知识产权与保密管理、鉴定与后评估管理等。

（1）项目立项应严把发展方向关、技术市场关、技术创新关、知识产权关和环境保护关，在项目立项阶段应明确知识产权（专利）和成果应用转化目标，并纳入考核指标。

（2）国家项目、地方政府项目、国家能源集团项目、公司项目按照国家和公司有关规定，由项目承担单位组织实施，公司科技发展部负责实施管理。

（3）项目验收重点对项目研究目标、技术指标、专利和技术标准等考核指标完成情况以及经费执行情况进行客观评价。国家项目通过公司科技发展部组织预验收后，由项目牵头承担单位向国家项目管理机构申请验收；地方政府项目由公司向地方政府项目管理机构申请验收，验收结果报国家能源集团科技部备案；国家能源集团项目由国家能源集团科技部组织验收；公司项目由公司组织验收；各单位项目由本单位自行组织验收。

（4）公司纳入或参照固定资产投资管理的科技项目，严格执行公司固定资产投资结算管理办法，由项目承担单位在投资平台发起结算，经公司科技发展部、规划发展部审核后，办理财务挂账和资金支付；由成本列支的研发费用，通过财务部年度经费预算下达，经科技发展部审核后，财务部办理结算入账。与科研有关的技改项目和信息化项目，由项目承担单位发起结算，业务主管部门审核，财务部办理结算和入账手续，科技发展部纳入科技投入统计。各单位项目结算执行本单位结算流程。

（5）知识产权管理应贯穿于项目的立项、实施、验收及应用推广等工作中。项目涉及知识产权权属、使用等，应按照公司知识产权管理有关规定要求，在合同中予以明确，并按合同条款执行。

（6）国家项目、国家能源集团项目通过验收后，由国家能源集团科技部或委托公司组织成果鉴定。地方政府项目、公司项目、各单位项目取得重大突破或显著创新成果，项目承担单位应积极申请成果鉴定，公司科技发展部协助办理。

（四）技术攻关

宁夏煤业公司围绕灾害治理、生产工艺、环境保护、智能化建设、新技术新产品研发等，实施了一批立足当前、影响长远的国家级、自治区级、国家能源集团级重大课题。通过关键技术攻关，取得了安全高效绿色智能矿井关键技术研究和成果转化领域的重大突破，掌握了煤炭间接液化、煤制聚烯烃、煤制聚甲醛、煤制甲醇等现代清洁煤化工工艺技术。

◎ 示例　　　　　　　　　宁夏煤业公司科技攻关项目示例

煤炭领域	煤制油化工领域
灾变通风控制技术的全尺寸巷道试验及示范	以费托蜡为原料生产高档润滑油技术与装备
地面应急救援通道快速构建工程试验	加氢精制催化剂的载体选型及不同Pt负载量的催化剂制备
矿井水害防治关键技术工程示范矿井导水通道	煤基高端润滑油基础油关键技术研究与示范
灵新煤矿高矿化度矿井水地下分质利用与封存技术研究及工程示范	新型聚丙烯Ziegler-Natta催化剂中试关键技术研究
超大伸缩比液压支架及综采配套设备研发及应用	先进煤间接液化及产品加工成套技术开发
宁东特大型整装煤田高效开发利用及深加工关键技术	大型煤电化基地固废规模化利用成套技术及集成示范

煤炭领域	煤制油化工领域
煤矿液态 CO_2 保压直注高效防灭火技术的研究与应用	"神宁炉"单喷嘴干煤粉加压气化技术
基于机器视觉的煤矿智能化关键技术及应用	大型煤间接液化系统集成及清洁运行成套技术
煤矿柔模泵注混凝土沿空留巷无煤柱(小煤柱)沿空掘巷技术	煤基烯烃智能制造关键技术创新与应用
	Novolen 工艺关键技术国产化研究与应用

（五）科技成果

宁夏煤业公司不断实施技术攻关项目，加大项目审批、过程指导、监督考核、阶段验收、效果评估、成果提炼等工作，取得了一批安全生产科技成果。其中："400 万吨/年煤间接液化成套技术创新开发及产业化"项目获得国家科学技术进步一等奖；"倾斜中厚复杂煤层综采自动化技术在梅花井矿的应用与研究""煤基烯烃智能制造关键技术创新与应用""高性能铁基费托合成催化剂开发、规模化制备及工业应用"获得自治区科学技术进步一等奖；"强富水弱胶结复合含水层下掘进巷道水害防治关键技术及应用"获得中国能源研究会能源创新一等奖；"循环换热一体化分离装备的国产化研发及工业应用""基于物联网的智慧矿山安全高效开采关键技术""Novolen 工艺关键技术国产化研究与应用"获得自治区科学技术进步二等奖；"变径脉动气流粉煤干法分选研究""进口破碎设备技术升级与系统优化的关键技术研究"分别获得中国能源研究会能源创新二、三等奖；"带式输送机无基础安装装置在拱形巷道中的应用"等 4 项成果获得自治区科学技术进步三等奖；"大型高温浆态床费托合成技术工业化应用及关键工艺优化"等 4 项成果获得国家能源集团科学技术进步二等奖；等等。

（六）知识产权

宁夏煤业公司对符合申请专利条件的发明创造及时提出专利申请，并在取得专利申请号后，进行发表、评奖、展览、销售等活动。对不适合申请专利的发明创造，或者申请专利不利于保护公司技术秘密的，将其纳入公司或二级单位技术秘密保护范围。同时根据整体发展规划和战略需要，决定有关知识产权的对外许可实施和推广工作。知识产权对外实施和推广坚持有偿原则，对外转让、首次普通许可、独家或排他许可知识产权的，进行知识产权自由运作权分析后报公司批准。

截至 2023 年，公司获权专利 500 余项。其中，发明专利"一种旋流干煤粉气化炉"荣获第十九届中国专利金奖，"雾化喷嘴及固定床"等 5 项发明专利获得优秀奖。

公司参与制定发布国家标准 4 项、行业标准 2 项、产品标准 16 项、技术标准 19 项。其中，《煤基合成气中硫化氢、羰基硫、甲硫醇和甲硫醚含量测定 气相色谱法》(GB/T 33443—2016)填补了我国在检测煤基合成气中低含量硫化物标准的空白。

⚠ "安宁"系统功能

查询公司科技创新项目概况与管理流程等信息。

第九节 综合保障

安全生产综合保障主要包括消防安全、交通安全、雨季"三防"、冬季"四防"、治安保卫、民用爆炸物品管理等,是企业安全工作的重要组成部分,也是推动安全生产有序运行的重要保障。

宁夏煤业公司全面落实各级安全生产综合保障职责,制定管理制度,明确管理要求,规范管理流程,坚持分级负责、区域管理、综合协调、重点推进,夯实安全管理基础,为企业生产经营良性运行创造安全环境。

一、消防安全

贯彻落实《中华人民共和国消防法》《宁夏回族自治区消防安全责任制实施细则》和国家能源集团有关规定,建立消防安全制度,落实消防安全责任,规范消防工作要求,有效预防和减少火灾危害,保护员工人身财产和企业财产安全。

(一)消防安全责任

(1)宁夏煤业公司社会事务部负责公司及各单位办公区、生活区消防管理,机电管理部负责煤矿井下消防管理及地面除煤制油化工板块外的生产区域消防管理,煤制油化工部负责煤制油化工板块生产区域消防管理,安全环保监察部负责消防管理的监督监察。

公司及各单位严格落实消防安全主体责任,履行以下工作职责:

① 明确各级、各岗位消防安全责任人及其职责,制定本单位消防安全制度、消防安全操作规程、灭火和应急疏散预案。定期组织开展灭火和应急疏散演练,进行消防工作检查考核,保证各项规章制度落实。

② 保证防火检查巡查、消防设施器材维护保养、建筑消防设施检测、火灾隐患整改、专职或志愿消防队和微型消防站建设等消防工作所需资金的投入。生产经营单位安全费用应保证适当的比例用于消防工作。

③ 按照相关标准配备消防设施、器材,设置消防安全标志,定期检验维修,对建筑消防设施每年至少进行一次全面检测,确保完好有效。设有消防控制室的,实行24 h值班制度,并持证上岗。

④ 保障疏散通道、安全出口、消防车通道畅通,保证防火防烟分区、防火间距符合消防技术标准。人员密集场所的门窗不得设置影响逃生和灭火救援的障碍物。保证建筑构件、建筑材料和室内装修装饰材料等符合消防技术标准。

⑤ 定期开展防火检查、巡查,及时消除火灾隐患。

⑥ 根据需要建立专职或志愿消防队、微型消防站,定期组织训练演练,加强消防装备配备和灭火药剂储备,建立与国家综合性消防救援队联勤联动机制,提高扑救初起火灾的能力。

⑦ 同一建筑物由2个以上单位管理或使用的,应明确各方消防安全责任,确定责任人对共用疏散通道、安全出口、建筑消防设施和消防车通道进行统一管理。

⑧ 物业服务单位应提供业务范围内消防安全防范服务。定期开展防火检查巡查和消

防宣传教育,对管理区域内的共用消防设施和疏散通道、安全出口、消防车通道进行维护管理,及时劝阻和制止占用、堵塞、封闭疏散通道、安全出口、消防车通道等行为。劝阻和制止无效的,立即向公司、公安机关等主管部门报告。

⑨ 法律法规、规章制度规定的其他消防安全职责。公司及各单位履行单位消防安全职责,落实防火措施,配备必要的消防设备,保证疏散通道畅通,开展经常性的防火安全自查,消除火灾隐患。

(2) 消防安全重点单位除履行以上规定的职责外,还应履行下列消防安全职责:

① 消防安全重点单位根据《宁夏回族自治区消防安全重点单位界定标准》《宁东能源化工基地管委会关于调整确定2022年度消防安全重点单位和火灾高危单位的通知》和国家能源集团、公司有关规定界定。

② 明确承担消防安全管理工作的机构和消防安全管理人员并报知当地消防救援机构,组织实施本单位消防安全管理。消防安全管理人员应经过消防培训。

③ 建立消防档案,确定消防安全重点部位,设置防火标志,实行严格管理。

④ 安装、使用电气产品、燃气用具和敷设电气线路、管线必须符合相关标准和用电、用气安全管理规定,并定期维护、保养、检测。

⑤ 组织员工进行岗前消防安全培训,定期组织消防安全培训和疏散演练。

⑥ 根据需要建立微型消防站,参与消防安全区域联防联控,提高自防自救能力。

⑦ 积极应用消防远程监控、电气火灾监测、物联网技术等技防物防措施。

(3) 火灾高危单位除履行以上规定的职责外,还应履行下列消防安全职责:

① 火灾高危单位根据《宁夏回族自治区火灾高危单位消防安全管理规定》《宁东能源化工基地管委会关于调整确定2022年度消防安全重点单位和火灾高危单位的通知》和国家能源集团、公司有关规定界定。

② 定期召开消防安全工作例会,研究本单位消防工作,处理涉及消防经费投入、设施设备购置、火灾隐患整改等重大问题。

③ 鼓励消防安全管理人员取得注册消防工程师执业资格,消防安全责任人和特殊工种人员须经消防安全培训;自动消防设施操作人员应取得建(构)筑物消防员资格证书。

④ 专职消防队或微型消防站应根据本单位火灾危险特性配备相应的消防装备器材,储备足够的灭火救援药剂和物资,定期组织消防业务学习和灭火技能训练。

⑤ 按照国家标准配备防毒面具、紧急逃生设施、疏散引导器材等疏散逃生设备。

⑥ 建立消防安全评估制度,每年由具有资质的机构开展评估,评估结果向社会公开。

⑦ 按照规定投保"火灾公众责任保险"。

(4) 公司及各单位消防安全责任人履行下列消防安全职责:

① 贯彻执行消防法律法规,掌握本单位的消防安全情况,研究部署消防安全工作。

② 将消防工作与本单位的生产、科研、经营、管理等活动统筹安排,落实消防安全资金投入。

③ 督促检查本单位的消防安全工作,落实火灾隐患整改,及时处理涉及消防安全的重大问题。

④ 及时报告火灾事故,组织火灾扑救,配合火灾事故调查。

⑤ 向职工大会或者职工代表大会报告消防安全工作。

⑥ 法律法规、规章制度规定的其他消防安全职责。

(5) 公司及各单位消防安全管理人员履行下列消防安全职责：

① 拟订本单位年度消防工作计划。定期向消防安全责任人报告消防安全情况，及时报告涉及消防安全的重大问题。

② 拟定本单位消防安全工作的资金投入和消防组织保障方案。

③ 组织实施日常消防安全管理工作，建立完善本单位的消防档案。

④ 组织防火检查和火灾隐患整改工作，提出加强和改进消防安全工作的建议。

⑤ 对本单位消防设施、灭火器材和消防安全标志进行维护保养，确保疏散通道和安全出口畅通。

⑥ 法律法规、规章制度规定的其他消防安全职责。各单位消防安全管理人员应具备与本单位生产、经营、科研、管理等活动相适应的消防安全知识和管理能力。

(6) 建设工程的建设、设计、施工和监理等单位应遵守消防法律法规、规章制度和工程建设消防技术标准，在工程设计使用年限内对工程的消防设计、施工质量承担终身责任。

（二）消防安全规定

公司及各单位制定消防安全管理办法、要害部位及防火重点部位安全管理办法等制度，加强消防安全工作，明确消防安全职责和义务，规范火灾事故预防和应急管理，防范各类火灾事故。

◎ 示例　　宁夏煤业公司要害部位及防火重点部位安全管理办法(节录)

第三条　要害部位的安全管理应贯彻"谁主管、谁负责，预防为主、确保安全"的原则。防火重点部位应贯彻"防消结合、以防为主"和"消防安全自查、火灾隐患自除、事故责任自负"的原则。

第四条　公司机关相关部门依据各自职责对煤矿及非化工单位要害部位、防火重点部位实施监督管理和安全检查。所属单位负责本单位要害部位、防火重点部位的安全管理。

第五条　要害部位、防火重点部位的划分：

（一）要害部位是指对本单位、本部门生产、安全、科研等活动影响极大，起决定性作用的部位。主要包括：

1. 涉密部位

机要室、人事档案室、财务档案室、技术资料保密室等。

2. 生产关键部位

调度控制中心、电气主控制室、主副井（竖井）提升绞车房、主胶带集中控制系统、井下中央水泵房、地面水源井泵房（生活蓄水池）、锅炉控制室、压风机房、主要通风机房、生产消防冷却水泵房、地面变电所、井下中央变电所、民用爆炸物品生产储存等重点区域。

3. 通信枢纽部位

网络通信控制机房、新闻制作机房、总控室、播音室等。

4. 危险物品部位

地面各类危险物品库、井上下爆炸物品库、锅炉化验室；存放、使用易燃易爆、腐蚀、剧毒以及其他放射性元素的部位。

5. 其他要害部位

依照要害部位的制定标准需列入要害管理范畴的部位。

(二)防火重点部位是指容易发生火灾、一旦发生火灾可能严重危及人身和财产安全,以及对消防安全有重大影响的部位。主要包括:

1. 人员集中部位

办公楼、教学教育培训楼、员工公寓、学生(员)宿舍、宾馆(招待所)、会议厅、员工娱乐(班前会)场所、图书及阅览室、电教室等。

2. 易燃物集中部位

各类储油罐、油库(加油站)、化工品库、劳保文具用品库、三酸库(盐酸库、硫酸库、硝酸库)、氧气库、乙炔气库、综合性库房等。

3. 生产、科研等实施部位

工业广场、基建工地、坑木场、木工房(电锯房)、油漆调制房、瓦斯抽采站、高低压配电间、印刷装订车间、胶印制版室、机动车辆库及维修间、电气机械维修间;有毒有害、易燃易爆化学物品化验室、实验室等。

4. 其他防火重点部位

依照防火重点部位的制定标准需列入防火重点管理范畴的部位。

第六条　各单位应根据需要成立相应管理机构,加强对要害部位和防火重点部位的管理。

第七条　各单位应确定本单位要害部位和防火重点部位,逐个填写要害部位和防火重点部位审定表,制定相应的安全生产责任制、管理制度等,并以行政文件形式告知相关部门,该文件应报公司社会事务部备案。

◎ 示例　　　　　　　　烯烃一分公司消防安全管理规定(节录)

第十五条　易燃易爆危险品场所、仓库防火防爆管理

(一)易燃易爆危险品场所、仓库应有明显的禁火标志和足够的消防水源和消防器材,设置火灾信号和报警设备。

(二)易燃易爆危险品场所、仓库应根据物品种类、理化性质设置相应的通风、防爆、防火、防雷、防晒、调温、消除静电等安全设施。

(三)易燃易爆危险品场所、仓库应按照物品的种类、理化性质进行分类存放,在仓库和堆垛附近醒目处,标明物品性能、灭火方法和疏散通道等。防火间距内不得堆放物品,道路保持畅通。

(四)储存易燃易爆物品的场所周围 15 m 内不得有杂草。

(五)严禁无关人员进入储存易燃易爆危险品场所、仓库。

(六)机动车辆进入储存易燃易爆危险品区域时必须采取防火措施;易燃易爆危险品仓库管理人员要负责对物品的收发登记、清点、验收、检查等工作。

(七)岗位人员对当班检查发现的防火隐患(问题)应及时采取措施,并立即报告。

第十六条　用火、用电安全管理严格执行分公司生产装置临时用电管理规定、用火安全管理规定。

第十九条　消防设施管理

（一）非火灾情况下，任何部门和个人不得私自动用消防器材、消防设施和安全标识。

（二）严禁擅自挪用、拆除、停用消防设施和器材，对破坏消防设施、器材和标识的行为予以严肃处理，造成严重后果的交送公安部门处理；严禁随意破坏或拆除消火栓防撞柱，因工程等原因确需破拆时，须经安全环保部门、主管领导批准并限期修复。

（三）各车间要建立健全消防设施台账，对所辖区域内的所有消防设施进行全面登记并定期检查；安全环保部门要对全厂的消防设施做好统计管理台账。

第二十二条　室内消火栓系统管理

室内消火栓箱应保持清洁、干燥，防止锈蚀、碰伤和其他损坏。每半年至少进行一次全面检查维修。检查要求为：

（一）消火栓和消防卷盘供水闸阀不应有渗漏现象。

（二）消防水枪、水带、消防卷盘及全部附件应齐全良好，卷盘转动灵活。

（三）报警按钮、指示灯及控制线路功能正常，无故障。

（四）消火栓箱及箱内配装的消防部件的外观无破损、涂层无脱落，箱门玻璃完好无缺。

（五）消火栓、供水阀门及消防卷盘等所有转动部位应定期加注润滑油。

第二十三条　消防安全疏散设施管理

消防安全疏散设施包括疏散通道、安全出口、疏散楼梯、防火门、防火卷帘门、疏散指示、应急照明灯具等设施。应按照有关规范配备相应数量的消防安全疏散设施，并建档管理。

（一）每日对安全疏散设施进行巡查，发现有以下问题之一的，应立即整改：

1. 占用疏散通道。
2. 堵塞安全出口。
3. 锁闭疏散门。
4. 在疏散楼梯上堆放物品。
5. 破坏、覆盖、挪用疏散指示标识、应急照明灯具。

（二）每月对疏散指示和应急照明灯具的性能进行检测，发现故障及时更换或维修。

（三）每月对防火卷帘门和防火门开启情况进行检查，发现开启不灵活、闭门器损坏等故障及时维修。

（四）每月进行一次电源切换试验，以检测疏散指示和应急照明的完好率，并根据实际情况进行调整。

◎ 示例　　　　　　　　羊场湾煤矿消防安全管理规定（节录）

第六条　根据《建筑灭火器配置设计规范》（GB 50140—2005）配备标准，结合矿实际情况，制定消防器材配备标准。配备部位：矿属各重点要害、防火部位、物资库房、机房、变电所、办公楼、设备库、洗澡堂、液化气房、联建楼、公寓楼、会议室、文化活动中心、档案室、区队工库房、锅炉房、配电室，以及井下带式输送机机头/机尾、油脂处、木材处、硐室、变电所、绞车房、移动变电站、水泵房、综采机、综掘机、掘进巷道、机巷、风巷等部位。

第七条　配备类型

(一) 灭火器类型：4 kg ABC 干粉灭火器、5 kg ABC 干粉灭火器、8 kg ABC 干粉灭火器、35 kg ABC 手推式干粉灭火器、二氧化碳灭火器、七氟丙烷灭火器。

(二) 消防器材：50 型号消火栓（水带枪头）、65 型号消火栓（水带枪头）、消防锹、消防钩、消防桶、消防斧、消防沙箱（不小于 0.3 m³）、沙包（不少于 15 包）、消防箱、消防应急照明灯、安全出口指示灯。

第八条 配备标准

(一) 各类机房、变电所、绞车房、油脂库、物资库房、液化气房、材料库房、维修工房、设备库配备 2～4 具 4 kg ABC 干粉灭火器、5 kg ABC 干粉灭火器、8 kg ABC 干粉灭火器，以及消防锹、消防钩、消防桶、消防斧、消防沙箱（不小于 0.3 m³）、沙包（不少于 15 包）等消防器材。

(二) 办公楼、联建楼、洗澡堂、多功能会议室、公寓楼、文化活动中心、图书室配备 2～4 具 4 kg ABC 干粉灭火器、8 kg ABC 干粉灭火器、二氧化碳灭火器、七氟丙烷灭火器。

(三) 调度室、档案室、信息监测室必须配备 2～10 具 7 kg 二氧化碳灭火器。

(四) 井下胶轮车配备 1～2 具 4 kg ABC 干粉灭火器、5 kg ABC 干粉灭火器、8 kg ABC 干粉灭火器。车库、维修车间配备 2～4 具 4 kg ABC 干粉灭火器、5 kg ABC 干粉灭火器或 8 kg ABC 干粉灭火器或 1 具 35 kg ABC 手推式干粉灭火器，以及消防锹、消防钩、消防桶、消防斧、消防沙箱（不小于 0.3 m³）、沙包（不少于 15 包）等消防器材。

(五) 区队工库房配备 2～4 具 5 kg ABC 干粉灭火器或 8 kg ABC 干粉灭火器，以及消防锹、消防钩、消防桶、消防斧、消防沙箱（不小于 0.3 m³）、沙包（不少于 15 包）等消防器材。

(六) 井下带式输送机机头/机尾、油脂处、木材处、硐室、变电所、绞车房、移动变电所、水泵房、综采机、综掘机、掘进巷道、机巷、风巷、绞车、电气控制台等部位配备 2～4 具 5 kg ABC 干粉灭火器或 8 kg ABC 干粉灭火器，以及消防锹、消防钩、消防桶、消防斧、消防沙箱（不小于 0.3 m³）、沙包（不少于 15 包）等消防器材。

第九条 消防器材及设施主要包括：各种灭火器、消防桶、消防锹、消防斧、消防钩、消火栓、水枪、消防控制室联动控制系统、火灾自动报警系统及自动灭火系统、应急广播及通信系统、自动喷水系统、消火栓系统、气体灭火系统、消防泵、喷淋泵、排烟阀、排烟风机、正压送风阀、正压送风机等消防应急设备、阻燃防火材料及其他消防产品。

第十条 各重点要害部位和防火部位按照国家有关消防技术规范、设置规范配备消防器材。各单位需要配备、更换消防器材应向治安保卫队提出消防器材配备或更换申请，由治安保卫队负责配发、维修、填充、检查、保养。

二、交通安全

宁夏煤业公司按照《中华人民共和国道路交通安全法》等法律法规和道路交通安全管理规定，不断规范和加强公司及各单位区域内的公务车辆、生产车辆、施工车辆及员工私人购置的机动车辆（以下简称车辆）和所有车辆驾驶人员（以下简称驾驶员）的交通安全管理，预防和减少道路交通事故，保障员工生命财产和企业财产安全。

(一) 工作职责

(1) 公司各单位对本单位车辆安全管理和驾驶员道路交通安全教育及学习培训负责，

其主要职责如下：

① 贯彻执行国家道路交通安全法律法规及地方有关规定，规范员工道路交通安全行为。

② 建立主要领导负责的交通安全领导组织，明确具体负责交通安全管理工作的主管领导和部门。

③ 建立健全道路交通安全管理制度、学习教育培训制度和考核制度，落实交通安全责任制。

④ 负责对车辆和驾驶员建档管理，应做到一车辆一档案、一驾驶员一档案。

⑤ 负责本单位区域内道路交通信号灯、交通标志、交通标线的设置、维护、管理。配置道路交通安全检查仪器，如酒精测试仪等。

⑥ 负责员工道路交通法律法规、安全知识、安全驾驶技能等方面的学习培训，开展道路交通安全警示教育，提高员工道路交通安全意识。

⑦ 负责本单位区域内道路交通违法驾驶行为的查处，及时消除道路交通安全隐患，防止各类道路交通事故发生。

(2) 公司安全环保监察部负责对道路交通安全情况进行监督检查，其主要职责如下：

① 负责编制、修订公司道路交通安全管理办法。

② 负责对各单位车辆安全管理情况和驾驶员学习培训情况进行监督。

③ 负责有关道路交通安全专项活动的开展和对员工私人购置的机动车辆交通安全管理进行考核。

④ 配合公安机关、交通管理部门对重大道路交通事故进行调查处理。

(3) 公司机关相关部门主要职责如下：

① 法律事务部负责将交通安全法律法规教育纳入员工普法教育主要内容，提高员工守法意识。

② 社会事务部负责将各单位员工私家车重大交通事故纳入治安综合治理考核。

③ 组宣部负责制定交通安全宣传方案，开展多种形式的交通安全宣传教育活动。

(4) 公司治安保卫总队主要职责如下：

① 负责对公司各单位驾驶员违法驾驶行为(驾乘人员不使用安全带、酒后驾驶、超速行驶、疲劳驾驶、超员超载、不按规定使用手机等)检查情况进行监督。

② 负责协管煤制油化工园区道路交通安全管理。

③ 协调配合交通管理部门加强公司各单位道路交通安全管理。

(二) 车辆驾驶员管理

(1) 车辆驾驶员必须持有合法有效的"中华人民共和国机动车驾驶证"，方可驾驶车辆。

(2) 各单位、机关各部门应建立所有驾驶员档案，实行一人一档。档案内容包括驾驶员年龄、驾驶年限、健康状况、交通安全教育培训、交通事故情况、驾驶证复印件等。

(3) 各单位、机关各部门每年必须与驾驶员签订"交通安全责任书"，明确安全责任。

(4) 各单位、机关各部门应加强对驾驶员法制观念、职业道德教育和驾驶技术培训，强化驾驶员遵纪守法和"安全第一"意识。每季度应对驾驶员至少进行一次交通安全法律法规、交通安全知识、驾驶技能等方面的学习培训。

(5) 各单位、有关部门应对公务车辆和生产车辆驾驶员进行经常性交通安全教育和提示：

① 日常教育。车辆管理人员应随时掌握驾驶员思想动态，及时做好思想教育工作，确保驾驶员在行车时做到精力集中、安全驾驶。

② 出车前的安全提示。车辆管理人员应在出车前对驾驶员进行必要的安全提示，提示内容应结合当天的任务、天气、道路等具体情况。

③ 安全日学习。每月应组织一次安全日学习，学习内容应有针对性，参加学习人员要签到，有学习记录。

(6) 驾驶员必须驾驶与驾驶证载明准驾车型相符合的车辆，保证车况完好，车容整洁，严格执行出车前、行车中、收车后的车辆安全检查，即"三检制"工作，确保行车安全。不得驾驶安全设施不全、存在安全隐患的车辆。

(7) 驾驶员在驾驶车辆时，必须严格遵守《中华人民共和国道路交通安全法》和安全驾驶操作规范，文明驾驶，按规定使用安全带。严禁酒后驾驶、超速行驶、疲劳驾驶、超载超限、违规使用手机等违法驾驶行为。对酒驾、醉驾等交通违法犯罪的员工按照《国家能源集团职工违规违纪处理办法》进行处理。

(8) 受恶劣天气、雨雪封路及路况差等因素影响，不能确保安全行驶的情况下，不得强令公务车辆和生产车辆驾驶员出车。必要时可禁止车辆（含员工私家车）驶出本单位。

(9) 各单位确因工作需要外聘驾驶员时，所聘驾驶员必须具有五年和十万公里以上驾驶经历，且并未发生过重大及以上交通事故。

(10) 公务车辆和生产车辆必须由专职驾驶员驾驶，凡非专职驾驶员驾驶发生交通事故的，造成的一切后果全部由该驾驶员承担。严禁驾驶公务车辆和生产车辆办理私事。

(11) 各单位应积极与当地交通管理部门联络，聘请专业人员，每年对全体驾驶员进行不少于1次的交通安全警示教育。

注：1公里＝1千米，下同。

(三) 安全技术管理

1. 客车载人规定

(1) 驾驶员和所有乘坐人员必须系好安全带。

(2) 乘坐人数不得超出行驶证核定载客人数。

2. 车辆装载货物规定

(1) 严格按照《中华人民共和国道路交通安全法》中车辆装载规定装载。

(2) 特殊情况下，装载货物超出规定时，用车单位必须提前报请公安交管部门办理"三超"货物拉运手续。

(3) 拉运"三超"货物时，必须在超出部分的货物上设安全警示标志，并按指定的时间、路线行驶。

(4) 车辆装载货物长度超出车厢后栏板或装载货物需用篷布包扎时，必须保证后牌照、尾灯和刹车灯等不被遮挡。

3. 装运危险物品规定

(1) 装运危险物品时，必须选派思想好、驾驶技术熟练、熟悉道路情况的驾驶员驾驶。

危险物品应包装牢固严密,不得与其他货物混装,安排专人押运,严禁其他人员搭乘。

(2) 在行驶中应集中精力,严格按照道路规定的速度行驶,避免不必要的紧急制动。拉运炸药、雷管、燃油、石油液化气、氧气、乙炔气瓶的车辆,必须在车前、车后装设醒目的危险品标志。

(3) 车辆在中途需临时停放时,必须选择安全可靠的地点,不得在人员密集处停放,停车后押运人员不得离开车辆。

(4) 装运易燃易爆物品时,严禁烟火,并在车辆醒目位置装设严禁烟火标志。

4. 乘车安全规定

(1) 听从驾驶员指挥,自觉维护乘车秩序,不得在车内打闹喧哗,不准携带易燃易爆等危险品上车。

(2) 车辆未停稳时不准上下车,不准在车辆行驶时爬车或跳车。

(3) 乘坐带客货车时,不得爬坐在车厢栏板或驾驶室上,不得将头或手伸到车厢或门窗外。

5. 其他规定

(1) 各类等级公路和不同气候条件下的车辆行驶速度必须严格遵守限速规定,严禁超速行驶。

(2) 在公司和各单位内部道路行驶,车辆行驶速度不得超过 20 km/h。

(3) 各单位应确保管辖范围内行驶车辆的道路平整、坚实、干净,宽度满足会车要求,道路指示标志、警示标志清晰、醒目、准确、完好、齐全。

(四) 车辆安全管理

(1) 车辆必须按照当地车辆管理部门规定,经检验合格,领取有关牌、证后方可上路行驶,并按规定定期进行安全技术检验。

(2) 各单位应建立健全车辆档案和车辆统计台账,内容包括车辆行驶证复印件、车辆保险复印件、事故情况等。应建立车辆大修、发生故障和部位、驾驶员更换情况记录等。

(3) 车辆必须按国家有关规定和标准配备消防器材和三角警示牌。

(4) 各单位所属车辆使用规定:

① 车辆必须由本单位指定的管理部门统一管理、统一调度。车辆管理部门应掌握车辆和驾驶员状况,并做好调度记录。

② 应根据本地区的具体情况,结合本单位实际需要,制定车辆使用、保养、维修标准和车辆技术状况考核标准,确保车辆保持良好的安全技术状况。

③ 各单位车辆管理部门应根据承担任务情况,督促驾驶员对车辆状况进行严格检查。对所派车辆完好状况和驾驶员的精神状态负责,严禁带病车辆上路行驶。

④ 车辆与其他车辆或设备有交叉作业的区域范围内,必须有专人在作业现场进行安全监督,严禁人员和无关车辆进入作业范围内。

⑤ 车辆必须按本单位指定地点停放,对不按规定停放、车辆被盗被抢等情况,追究当事人和所在单位责任。

⑥ 车辆保险应保高保全。

(5) 通勤管理。

① 各单位应加强监督监管租用的员工通勤车,从源头上杜绝不符合要求的车辆和驾驶员进入本单位服务,对未审验、超期服役、脱保、有严重安全隐患的车辆和资质不合格的驾驶员应坚决清理出本单位。

② 各单位应对员工搭乘社会非法运营车辆的行为进行管控。有通勤车辆的单位,员工应乘坐本单位通勤车辆。无通勤车辆的单位,无车辆员工必须乘坐有运营资质的合法车辆上下班。

(五) 车辆交通事故管理

(1) 车辆发生交通事故后,驾驶员或相关人员必须迅速采取相应的抢救或保护措施,及时向当地公安交通主管部门和本单位报告。出现肇事后逃逸或伪造、虚构交通事故的,移交司法机关处理。

(2) 各单位应编制切实可行的重大交通事故应急救援预案,并宣传贯彻到每位员工。车辆发生重大及以上交通事故,事故发生单位应立即启动重大交通事故应急救援预案,同时在第一时间向公司报告,因特殊原因推迟汇报时,最迟不得超过 6 h。交通事故处理结案后,以书面形式向公司报告。任何单位和个人不得以任何理由隐瞒、迟报事故情况。

(3) 在交通管理部门追查处理的基础上,发生交通事故单位应按照"四不放过"的原则对交通事故进行追查和处理,事故调查处理结案后,必须建立完整的事故档案。

(六) 考核

各单位应建立健全道路交通安全管理办法,所属单位区域内的公务车辆、生产车辆、施工车辆交通安全管理纳入公司安全生产标准化管理体系考核;员工私人购置的机动车辆交通安全管理按照公司治安综合治理考核办法考核。

三、雨季"三防"

雨季"三防"指防洪、防排水、防雷电。防洪是为了防止和减轻洪水灾害,在洪水预报、防洪调度、防洪工程运用等方面进行的有关工作;防排水是雨季来临前,对各排水管道进行清理疏通,对流水隐患地段进行加固等;防雷电是防止由直击雷或雷电的电磁脉冲对建筑物本身或其内部设备造成损害。

宁夏煤业公司及各单位在每年雨季前制定雨季"三防"方案,本着"早动手、早安排、早防治"原则,立足于防大汛、抢大险、救大灾,杜绝重大水灾和雷电事故,保障员工生命财产和企业财产不受损失。

(一) 工作职责

公司及各单位每年成立雨季"三防"工作领导小组,负责指导、协调、监督和检查雨季"三防"工作,组织指挥汛期水灾和雷电事故的抢险救灾工作。公司雨季"三防"工作领导小组主要职责为:

(1) 生产指挥中心(雨季"三防"办公室)负责公司雨季"三防"工作的总体安排部署,组织雨季"三防"专项检查,组织梳理审核雨季"三防"应急物资及整治工程计划,协调、监督公司各部门、各单位按照职责划分抓好雨季"三防"工作,组织指挥汛期水灾和雷电事故的抢险救灾工作,确保公司安全度汛。

(2) 生产技术部负责公司各煤矿井下水害及地面地质灾害的监督、检查工作。在雨季来临前,提前对各煤矿水害防治中长期规划和年度计划的编制及实施情况、水害岗位责任制建立、水害预测预报制度完善、井下防治水措施落实、矿区山体(包含矸石山)滑坡、垮塌和泥石流等地质灾害隐患进行监督和检查,严防淹井、坍塌、滑坡等灾害事故的发生。

(3)煤制油化工部负责煤制油化工园区雨季"三防"工作的协调、监督和检查工作。在雨季来临前,提前对煤制油化工园区的雨季"三防"工作作出具体的安排部署。重点对园区生产、建设项目区域内防洪和排水工程、防雷电设施等进行检查,对存在的问题提出整改意见,并督促落实。同时,对上年度雨季"三防"工作遗留或整改不到位的问题进行督办,明确整改时限和责任,确保煤制油化工园区汛期安全。

(4)机电管理部负责矿(厂)区供电系统、排水系统、电气设备防雷电设施的监督检查工作。在雨季来临前,提前对矿(厂)区主要排水设备性能测试、主要电气设备防雷电测试等工作进行监督检查,确保汛期矿(厂)区供电系统、排水系统可靠运行,根据雨季"三防"办公室审核的应急物资储备计划编制流转采购计划。

(5)安全环保监察部负责组织汛期来临之前水害应急演练工作,并抓好演练过程中暴露问题的整改。督促、监察各单位建立并落实安全风险分级管控和隐患排查治理双重预防工作机制,将预防自然灾害引发事故灾难的内容纳入其中,定期开展风险分析和隐患排查,并制定方案、明确责任,落实风险防范和隐患治理措施。

(6)物资公司负责公司雨季"三防"大型抢险救灾和常规性物资的储备、采购、发放工作。按照"集中管理、统一调拨、平时服务、灾时应急、采储结合、节约高效"的原则,做到种类齐全、数量充足,满足汛期抢险救灾需要。建立应急物资台账,做到账、卡、物相符,专库专用,并将物资储备明细、责任人、联系方式报公司雨季"三防"办公室备案。

(7)社会事务部负责提前做好公司各单位危旧房屋的普查登记,对居住在采空区、塌陷区及危旧房屋的住户进行妥善安置。

(8)能源工程有限公司负责所管理地面各类施工项目雨季"三防"工作的协调、监督、检查。在雨季来临前,提前对各个施工项目区的雨季"三防"工作作出具体的安排部署。重点对各施工项目区内防洪和排水工程、防雷电设施等进行检查,对存在的问题提出整改意见,并督促落实。

(9)各单位分析强降雨、洪水、雷电等自然灾害对生产安全工作带来的不利影响,主要负责人负总责、分管领导负专责,成立雨季"三防"工作领导小组,落实雨季"三防"日常办公机构、人员、值班、应急预案、应急救援队伍等,做好雨季"三防"隐患排查、问题整改、应急处置等工作,加强督促检查,把雨季"三防"工作纳入安全生产标准化检查进行考核,并将雨季"三防"工作制度化、常态化,确保各项措施落实到位。各单位雨季"三防"工作方案应及时报公司雨季"三防"办公室备案。

(二)工作规范

(1)各单位于每年4月中旬组织开展一次雨季"三防"摸底排查工作,重点对易由强降雨、洪水、雷电等引发事故的地段、部位和场所进行全面排查、分析和评估。对检查出的隐患和问题登记建档,列出清单,制定整改措施,确定整改期限,逐项整改落实。

(2)各煤矿(含停产矿井)应重点抓好汛期防洪和排水工作。雨季期间对采空区、井下密闭及地面塌陷区、裂隙区、晾晒池进行全面勘查,查清矿区及附近地面水系的汇水和渗漏情况,查清和本矿相邻的废弃矿井及老窑积水情况,检查晾晒池坝体情况,建立水害预测预报制度,对矿井生产区域的地质结构、水害类型进行预测预报,提出预防处理水害的措施,严防降雨期间地表积水渗漏或洪水倒灌井下,确保矿井不受水患威胁。应提前清理井下水仓、排水沟,全面检查、维修排水设备,测定水泵排水能力。在雨季来临前,应组织一次联合排水试验,保证井下排水设施、设备满足矿井排水要求,提高矿井抗灾能力。

(3) 各单位应对地面生产、生活和施工区域的防洪和排水工程等进行全面排查,疏通排水渠道,保证排水通畅。水务公司(水务管理中心)负责所辖区域排水管路日常巡查维护工作,雨季来临之前制定专项应急预案,汛期定期对大小南湖水位、坝体进行巡查,遇大风、暴雨等恶劣天气应加强巡查力度,出现异常情况及时上报并做好处置工作。

(4) 各单位严格按照公司每年电气预防性检修试验工作要求,对所辖区域供电系统、电气设备、防雷电设施等进行全面的预防性检查试验,对辖区架空线路进行检查巡视,确保矿区电网及电气设备安全可靠运行。

(5) 各单位根据现场实际情况,提前确定本单位雨季"三防"治理工程并报公司雨季"三防"办公室,做到计划、项目、资金、责任、质量、时间六落实,各类工程必须在汛期来临前完成。对未如期完成影响汛期安全的工程责任单位进行通报批评,情节严重的追究相关人员责任。

(6) 雨季来临前,各单位雨季"三防"办公室应与当地气象部门签订"气象服务协议",及时掌握天气预报情况。接到雨情、汛情预报,应提前安排做好防范应对工作。出现险情时,必须立即向公司雨季"三防"办公室汇报,并按规定启动雨季"三防"应急预案。

(7) 各单位建立完善雨季"三防"应急预案,提高应急预案编制质量,加强应急预案的针对性、实用性和操作性。认真落实应急队伍准备和应急物资保障工作,确保险情发生后能够在最短时间内开展救援,最大限度地减少灾害损失。

(8) 各单位加强汛期安全生产值班工作,明确值班领导,实行 24 h 值班,切实做好应急处置及信息汇报。

(9) 洗选中心在雨季来临前对所属选煤分厂、储运车间生产区域的防洪和排水工程、避雷设施等进行全面检查,疏通排水通道,保证排水顺畅。根据所辖选煤分厂、储运车间的不同地域环境和特点,储备足够的应急物资,满足抢险救灾需要,确保雨季期间洗选、储运及装车工作不受影响。

(10) 各单位充分利用电视、报刊、广播、网络等宣传工具,广泛深入开展雨季"三防"安全教育,使员工了解雨季"三防"安全知识,增强抗灾、防灾、减灾意识和防护、自救、互救能力。

(三) 应急响应

执行本章第六节应急管理有关规范与流程。

四、冬季"四防"

冬季"四防"是指冬季防冻、防火、防滑、防中毒。宁夏煤业公司坚持"安全第一、预防为主、综合治理、有备无患"的原则,每年制定冬季"四防"工作方案,实行区域管理、专人负责,执行统一指挥。

（一）工作职责

公司成立冬季"四防"工作领导小组，明确职责和任务，负责指导、协调、监督和检查冬季"四防"工作。公司冬季"四防"工作领导小组主要职责为：

（1）生产指挥中心（冬季"四防"办公室）负责公司冬季"四防"工作的总体安排部署，协调监督公司相关部门、单位按照职责抓好冬季"四防"工作。组织召开冬季"四防"会议，开展冬季"四防"专项检查，指挥冬季火灾、凝冻、煤气中毒等各类事故的抢险救灾工作。实时了解天气预报情况，及时传达上级有关冬季"四防"工作的指示精神，做到信息反馈迅速、准确。

（2）煤制油化工部负责公司煤制油化工园区冬季"四防"工作的检查监督。对化工园区供暖管路、各类管线、设备、电气仪表、卸车线等防冻、防火、防滑设施进行检查，并监督整改落实。

（3）机电管理部负责公司各煤矿、选煤厂、水电分公司等单位冬季"四防"工作的检查监督。组织对各煤矿、选煤厂、水电分公司等单位供暖设施、给排水管路、供电线路，以及地面主要机房、胶带走廊、井口暖风机房等防冻、防火、防滑设施进行检查并监督整改落实。负责总体协调天然气供应供暖等工作。

（4）社会事务部负责组织对各单位地面厂房、仓库、火药库等重点要害部位防火、防煤气中毒工作进行检查，并监督整改落实。

（5）能源工程公司负责所管辖范围内各类施工项目冬季"四防"工作的协调、监督、检查。

（6）安全环保监察部负责对公司各单位冬季"四防"工作的日常监督检查。

（7）信息技术中心负责对通信系统、人员定位系统以及监测监控系统进行检查、测试，确保各系统正常运行。

（8）物资公司负责公司冬季"四防"物资储备管理，保障抢险救灾工作。

（9）矿山救护总队（应急救援中心）负责制定抢险救灾应急预案和演练。

（10）各单位成立"冬季"四防工作领导小组，落实冬季"四防"日常办公机构、人员、值班电话，制定冬季"四防"应急预案，组织本单位冬季"四防"专项检查并落实整改。对本单位冬季"四防"工作进行评估，将检查结果及评估报告上报公司冬季"四防"办公室。

（11）各单位加强冬季期间安全应急值守，当日总值班为冬季"四防"工作值班领导，严格执行 24 h 值班制度，遇紧急情况及时处理并按时汇报。

（二）工作规范

（1）各单位制定供暖抢修应急预案，落实锅炉防堵、系统维护措施。组织人员对生活区、工业区锅炉供热系统进行检查、维修、保养，对不符合安全运行的设备和部件建立台账、落实到人、限期整改。易损部件要有备件，严禁供暖设备带病运行。实行 24 h 值班制，供暖设备设施出现跑、冒、滴、漏现象及时处理。对所有变电所、主要通风机房、绞车房等供电线路及机电设施进行检查、检修、维护，排查整改存在火灾隐患的供电线路，更换不可越冬的供电装置。做好井筒及井上下运输线路防冻、防滑工作。

（2）煤制油化工单位做好作业场所、储油罐防火工作。加强冬季通勤车辆管理，落实冬季行车防滑、防冻措施，确保冬季行车安全。

(3) 公司各储运车间重点做好煤场及装车站的防火洒水检查工作,对存在的火灾隐患及时发现、及时处置。

(4) 治安保卫部门组织开展消防安全和各单位车辆防滑检查。

(5) 冬季防火工作严格执行本节"消防安全"有关规定。

(三) 应急响应

执行本章第六节应急管理有关规范与流程。

五、治安保卫

按照《企业事业单位内部治安保卫条例》规定,企业应当设置治安保卫机构并配备专职、兼职治安保卫人员,制定内部治安保卫制度、措施,建设必要的治安巡逻防范设施,保护重要部位,排查治安隐患。重要部位应设置技防系统并实施重点保护。

宁夏煤业公司坚持"预防为主、单位负责、突出重点、保障安全"的原则,建立健全治安保卫管理制度,完善治安保卫管理机制,落实治安保卫责任,加强重点要害部位管控,强化警企、军企共建,维护公司生产经营秩序和社会治安稳定。

(一) 工作职责

宁夏煤业公司设立治安保卫总队,各矿(厂)设立治安保卫队。公司社会事务部是治安保卫管理工作的职能管理部门,负责对公司各单位治安保卫工作进行管理、督查和指导。治安保卫总队负责物资、煤炭产品检查稽查,公司办公区域、重大活动、会议安全保卫,以及维稳处突等工作。

1. 社会事务部工作职责

(1) 贯彻执行党和国家有关治安保卫工作的法律法规,制定和组织落实各项治安保卫工作制度。

(2) 监督、检查、指导公司各单位做好内部治安防范、防火和易燃易爆等危险物品的治安保卫工作。

(3) 落实要害部位、防火重点部位、爆炸物品、危险化学品的治安防范措施,并进行治安防范措施的监督检查和考核。

(4) 统一调动和指挥公司各单位的治安保卫人员,处置突发事件。

(5) 加强舆情信息收集,协助信访部门做好信访维稳工作。

(6) 组织安排公司内部治安综合治理检查考核工作。

(7) 监督检查公司煤炭稽查任务的执行和重要设施、重要物资的安全保卫工作。

(8) 落实基层单位对各类违法犯罪活动的预防和处置工作,及时获取、掌握发生在公司内部的刑事案件、治安案件、治安灾害事故,协助公安机关查处公司内部刑事、治安案件。

(9) 依法履行国防义务,负责公司预备役民兵及武装工作。

(10) 负责安排对公司办公区域、公共场所、各类会议、来宾接待及大型活动的警卫任务和治安保卫工作。

(11) 负责完成公司临时安排的其他治安保卫任务。

2. 治安保卫总队、各单位治安保卫队主要工作职责

(1) 落实要害部位、防火重点部位、爆炸物品、危险化学品的治安防范措施,开展经常性

安全检查。

(2) 执行煤炭、煤制油化工物资稽查任务,做好重要设施、重要物资库场的治安保卫工作。

(3) 加强办公区、矿区、厂区、园区、工业广场、生产区、生活区等场所的人防、物防、技术及信息化防范措施。

(4) 组织治安综合治理检查考核工作。

(5) 协助信访部门做好信访维稳工作。

(6) 预防和制止各类违法犯罪行为,及时向公司和公安机关报告发生在本单位内部的刑事案件、治安案件、治安灾害事故,协助公安机关查处刑事、治安案件。

(7) 制定处置治安突发事件预案,组建应急分队,处置和执行发生在本单位内部的治安突发事件任务和抢险救灾任务。

(8) 依法履行国防义务,做好预备役民兵及武装工作。

(9) 做好舆情信息收集工作,配合有关部门及时调解处理单位内部民事纠纷。

(二) 工作规范

公司及矿(厂)制定的内部治安保卫制度应当包括以下内容:

(1) 门卫、值班、巡逻巡查等制度。

(2) 工作、生产、经营、教学、科研等场所的治安管理制度。

(3) 现金、票据、印鉴、有价证券等重要物品使用、保管、储存、运输管理制度。

(4) 单位内部的消防、交通安全管理制度。

(5) 治安防范教育培训制度。

(6) 单位内部发生治安案件、涉嫌刑事犯罪案件的报告制度。

(7) 治安保卫工作检查、考核及奖惩制度。

(8) 存放有爆炸性、易燃性、放射性、毒害性、腐蚀性等危险物品的单位,还应当有相应的安全管理制度。

(9) 其他有关的治安保卫制度。

(三) 队伍建设

治安保卫总队、各矿(厂)根据内部治安保卫工作需要,依照公司人力资源管理相关规定,配备专、兼职治安保卫人员。选聘治安保卫人员按照"政治坚定、素质过硬、作风优良"的标准,实行择优录用。从事治安保卫工作的人员做到忠于职守、体能达标、服从命令、听从指挥,坚决完成公司下达的各项任务。各矿(厂)每年应举办治安保卫人员有关法律知识和治安保卫业务、技能以及相关知识培训和考核,开展岗位练兵活动,参加公司举办的治安保卫骨干培训、技能比武大赛,提高治安保卫队伍综合素质。

(四) 奖惩机制

公司对治安保卫工作中成绩显著,符合下列条件之一的单位和个人给予表彰和奖励:

(1) 为保卫企业财产和员工生命安全作出重大贡献的。

(2) 制止违法犯罪行为、防止治安灾害事故的发生,为企业挽回重大经济损失的。

(3) 同犯罪分子作坚决斗争、协助侦破案件有重大立功表现的。

(4) 认真尽职履责,治安保卫工作中成效显著,岗位业绩突出,起到标杆示范作用的。

(5) 其他予以表彰和奖励的。

(6) 治安保卫人员因履行治安保卫职责伤残或者死亡的,依照国家有关工伤保险、评定伤残、批准烈士的规定,给予相应待遇。

(7) 各单位存在重大治安隐患,公司予以警告并责令限期整改。单位逾期不整改,造成人身伤害、财产损失,或者严重威胁人身安全、财产安全、公共安全的,对有关单位进行相应处罚,对单位主要负责人和其他直接责任人予以严肃追责处理;情节严重,有犯罪嫌疑的,移交司法机关依法处理。

六、民用爆炸物品管理

宁夏煤业公司所使用的民用爆炸物品,是指列入民用爆炸物品品名表的各类火药、炸药及其制品和雷管、导火索等点火、起爆器材。

为进一步加强民用爆炸物品安全管理,公司根据《中华人民共和国安全生产法》《民用爆炸物品安全管理条例》《爆破作业单位资质条件和管理要求》《爆破作业项目管理要求》《民用爆炸物品储存库治安防范要求》《小型民用爆炸物品储存库安全规范》《煤矿安全规程》《国家能源集团民用爆炸物品安全管理办法》等有关规定,明确管理责任,规范管理流程,制定民用爆炸物品的管理、运输与装卸、库房与储存、爆破作业、监督检查等规定,保障民用爆炸物品的安全使用。

(一) 工作职责

宁夏煤业公司成立民用爆炸物品安全管理领导小组,主要负责民用爆炸物品的安全管理工作。民用爆炸物品安全管理领导小组主要履行以下职责:

(1) 负责公司民用爆炸物品管理办法及相关制度的制定、修订工作。

(2) 负责公司民用爆炸物品安全管理监督、检查、指导工作。

(3) 负责对公司各涉爆单位发生民用爆炸物品案件及安全事故的调查、处理工作。

(4) 相关部门职责如下:

① 生产技术部是民用爆炸物品使用管理的主管部门,负责各涉爆单位民用爆炸物品井下采掘现场使用环节业务保安工作。

② 安全环保监察部负责公司民用爆炸物品管理的安全监察。

③ 社会事务部负责各涉爆单位押运环节及地面民用爆炸物品储存库治安保卫工作的监督检查。

④ 物资公司负责对涉爆单位民用爆炸物品的规格、数量、外观、合格证等资料进行验收。

⑤ 信息技术中心负责按照相关要求配合各涉爆单位编制民用爆炸物品储存库安防信息化建设技术方案,做好技术支持工作。

(5) 各涉爆单位职责如下:

① 承担民用爆炸物品使用及安全管理的主体责任,成立民用爆炸物品安全管理领导小组,明确领导小组及相关部门责任,组长由单位主要负责人担任。

② 必须建立健全民用爆炸物品安全管理的各项规章制度;制定安全防范措施及防盗窃、防抢劫、防破坏等事故应急预案;应急预案应报上级主管部门和公安机关备案,并每半

年组织人员进行一次演练。配备专职安全管理人员,组织开展常态化安全隐患排查整改,防止民用爆炸物品发生爆炸、丢失、被盗、被抢及其他安全事故。

③ 每月应召开民用爆炸物品安全办公例会(可纳入安全办公会议题),对民用爆炸物品安全管理情况进行总结评估,重点解决民用爆炸物品使用、流转等过程中出现的问题和存在的隐患;传达学习相关法律法规及有关部门的文件精神和安全管理制度,并有会议记录。

④ 必须建立健全涉爆人员任前必训、年度必训、违规必训制度,每季度对本单位的涉爆人员进行法律法规、专业知识、安全技能、岗位风险教育培训,并有培训及考试记录。按规定参加公司及行业主管部门的培训,岗位人员经考核合格后,方可上岗作业。对有资格要求的,应当按规定配备相应资格的人员。

⑤ 治安保卫部门、人力资源部门、涉爆人员所在区队应建立涉爆人员信息档案,对涉爆人员思想活动、家庭状况、业余爱好、社会交往等各方面情况进行了解和掌握。

⑥ 对离开涉爆岗位的人员应建立流向档案,涉爆人员离岗时要及时上报公安机关,注销人员信息及IC卡信息,确保离岗人员不失控。

(二)民用爆炸物品装卸与运输

(1)民用爆炸物品的运输需向所在地公安机关进行审批,取得合法手续后方可组织运输。

(2)运输民用爆炸物品的车辆必须由取证的押运员押运,车辆中途停止运行时,押运人员不准离开装有民用爆炸物品的车辆,对运输过程应进行全程监控,严防民用爆炸物品在运输过程中丢失及被盗。

(3)各涉爆单位必须建立道路运输车辆动态监控平台或者使用社会化卫星定位系统监控平台,对车辆和驾驶员进行实时动态监控管理。

(4)装卸民用爆炸物品时必须按照安全操作规程进行,需要在井口转运民用爆炸物品的应选择安全地带并设置警戒区及警示标识后,方可实施作业。装卸作业结束后,作业场所应清理干净,防止遗留民用爆炸物品,并做好交接。

(5)井下运输民用爆炸物品时严格执行《煤矿安全规程》有关规定。

(三)民用爆炸物品储存

(1)各涉爆单位应按照相关要求,建立符合国家有关安全规定的民用爆炸物品专用库,并经公安机关及国家安全评价机构管理部门批准的安全机构评价合格后,方准使用。井下民用爆炸物品储存库应当符合《煤矿安全规程》等有关规定。

(2)各涉爆单位储存的民用爆炸物品数量不得超过经安全评价的储存量,对性质相抵触的民用爆炸物品必须分库储存,库房内民用爆炸物品的存放应符合国家有关规范要求,严禁代储账外民用爆炸物品。

(3)各涉爆单位民用爆炸物品储存库必须符合国家相关标准。

(4)如实记录民用爆炸物品进出库数量、流向和储量,每班核对民用爆炸物品库存情况,并按规定将上述信息录入民用爆炸物品信息管理系统。

(5)严格执行工作指示单规定和要求,履行审批手续,当班使用后剩余的民用爆炸物品应当班退回民用爆炸物品储存库,保管员对照工作指示单,认真清点、比对后记入台账,做到日清月结。

(6)发现民用爆炸物品丢失、被盗、被抢,应立即报告当地公安机关和主管部门。

(四)民用爆炸物品供应

(1)各涉爆单位使用的民用爆炸物品原则上由宁夏天长民爆器材有限责任公司统一供应。

(2)各涉爆单位使用民用爆炸物品应向所在地公安机关申请办理"民用爆炸物品购买许可证"和"民用爆炸物品运输许可证"。

(3)宁夏天长民爆器材有限责任公司负责将民用爆炸物品按要求送往各涉爆单位指定的民用爆炸物品储存库进行验收入库。

(4)涉爆单位通过物资公司采购的民用爆炸物品,到货验收需通知物资公司各驻矿服务站相关验收人员参与。驻矿服务站主要对民用爆炸物品的规格、数量、外观、合格证等进行验收,并与各涉爆单位验收人员签署联合验收意见。

(五)民用爆炸物品储存库的治安防范

(1)民用爆炸物品储存库治安保卫人员应选派政治素质好、责任心强的人员担任警卫工作,经业务培训考试取得资格证书后方可上岗。

(2)各涉爆单位应按照国家相关标准,配备完善的防盗、防爆、防火、防雷、防静电及监控报警系统,有完善的人防、物防、犬防、技防等措施。

(六)民用爆炸物品领取、使用、发放、清退

(1)各涉爆单位应向所在地公安机关提出申请,经批准取得"爆破作业单位许可证"。

(2)煤矿实施爆破作业,实行作业许可制度,履行审批手续,并严格按《煤矿安全规程》《煤矿井下爆破作业安全规程》等有关规定作业。

(3)营业性爆破作业单位应当按照其资质等级承接爆破作业项目,爆破作业人员应当按照其资格等级从事爆破作业。

(4)民用爆炸物品的领用量必须根据当班生产任务确定,由使用单位申请,合理计算当班炸药、雷管的使用量,领用数量与实际(计划)使用量要相一致,生产技术部门审核后方可领用。生产技术部门每周至少检查一次井下爆破作业安全规程、措施落实情况,签字确认,存档备查。

(5)各涉爆单位应建立严格的发放、使用、领退和检查制度。

(6)各涉爆单位应配备必要的电子检测设施,对升井人员进行严格检查,严防民用爆炸物品被私自挟带出井流失。

(七)民用爆炸物品储存库的信息化管理

(1)信息技术中心负责民用爆炸物品储存库视频监控、门禁及巡更系统的技术管理,并根据各使用单位业务需求协调优化、完善各系统功能,保障各煤矿至信息技术中心传输线路及网络出口的运行稳定。

(2)各涉爆单位负责各民用爆炸物品储存库至本矿线路维护管理,负责民用爆炸物品储存库视频监控、门禁及巡更系统设备的日常使用和维护管理,应定期检测和维护,并准确记录每次的检测维护详情,确保系统运行正常。

(3)各涉爆单位视频监控系统除符合规定技术要求外,应提供实时调用、保存和回放的

二次开发接口,满足系统集成需要。

(4) 各涉爆单位要按照公安机关规定,实行民用爆炸物品信息化、规范化管理。必须利用信息系统采集、台账登记手段,如实记录、核对、保存本单位民用爆炸物品流向、流量和经手人身份信息。

(5) 各涉爆单位应确定系统管理员及操作员,并按照公安机关要求将相关信息及时上报更新,应明确系统管理员、操作员职责。

(八) 民用爆炸物品的报废与销毁

(1) 民用爆炸物品变质和过期失效的应及时清理出库,并予以销毁。销毁前应登记造册,提出申请报属地公安机关批准,由公安机关组织监督销毁。

(2) 各涉爆单位不再使用民用爆炸物品时,必须对剩余的民用爆炸物品严格清点、登记造册,及时报告属地公安机关清查处置,严禁私存私留、转移转卖。

(3) 各涉爆单位应有防止拒爆的雷管混入爆破抛落的煤(岩)中流失造成事故的安全措施。

(4) 各涉爆单位、洗选中心、煤制油化工公用设施管理分公司应建立废旧雷管处置安全管理制度和流程,明确领导及部门职责,制定废旧雷管回收、保管、销毁制度,加强作业过程中废旧雷管的安全管理,按照规定储存、上缴、销毁。

(九) 监督检查及考核

(1) 公司相关部门采取不定期抽查、专项检查等方式对各涉爆单位民用爆炸物品安全管理工作进行检查,民用爆炸物品安全检查纳入公司安全生产标准化考核。各涉爆单位相关部门每月至少开展4次民用爆炸物品安全管理自查工作,主要负责人每月检查1次管理制度落实情况,签字确认并存档备查,覆盖面应达到100%。

(2) 凡违反国家法律法规及有关规定的单位和个人,视其违反程度给予相应的经济处罚。

(3) 单位主要负责人未履行民用爆炸物品安全管理责任,导致发生重大伤亡事故或者造成其他严重后果,尚不构成犯罪的,对主要负责人给予相应的行政处分;构成犯罪的,移送公安机关追究法律责任。

(4) 对违反规定、疏于管理,造成民用爆炸物品丢失、被盗的,将逐级追究相关责任人和负责人的责任,在公司范围内进行通报、行政处罚或解除劳动合同;构成犯罪的,移送公安机关追究法律责任。

(5) 对私藏、倒卖民用爆炸物品的个人,予以解除劳动合同并移送公安机关追究法律责任。

(6) 对违反规定,在储存、运输、使用民用爆炸物品中发生重大事故构成犯罪的,移送公安机关追究法律责任。

"安宁"系统功能

查询消防安全、交通安全、雨季"三防"、冬季"四防"、治安保卫、民用爆炸物品管理等规范与标准。

第五章 智能建设

随着物联网、大数据、人工智能、机器人、5G等新兴技术快速发展,煤炭开采、煤制油化工与智能化技术的深度融合需求越来越迫切,智能化成为企业适应现代工业技术发展趋势、保障国家能源安全、实现高质量发展的核心技术支撑,对于提升企业安全生产水平具有重要意义。

为深入贯彻落实"四个革命、一个合作"能源安全新战略,2020年,国家八部委联合印发《关于加快煤矿智能化发展的指导意见》,明确支持煤炭行业制定智能化发展实施方案,落实建设任务,加快推进煤矿智能化发展。自治区七部门联合印发《宁夏回族自治区煤矿智能化发展实施方案》,确定到2035年全区煤矿基本实现智能化、构建多系统集成的煤矿智能化系统目标。国家能源集团加快推动智能化技术与煤炭产业融合发展,发布《国家能源集团智能矿山建设实施方案》《国家能源集团智慧化工规划》《国家能源集团智能矿山"十四五"规划(纲要)》等,全力推进智能化建设。

宁夏煤业公司积极倡导"少人则安,无人则安"理念,落实国家能源集团智能化建设总体规划,强化顶层设计,稳步推进实施,加快建设具有国际合作视野、行业领先技术、安全高效生产的智慧企业,为企业长治久安提供智能保障。

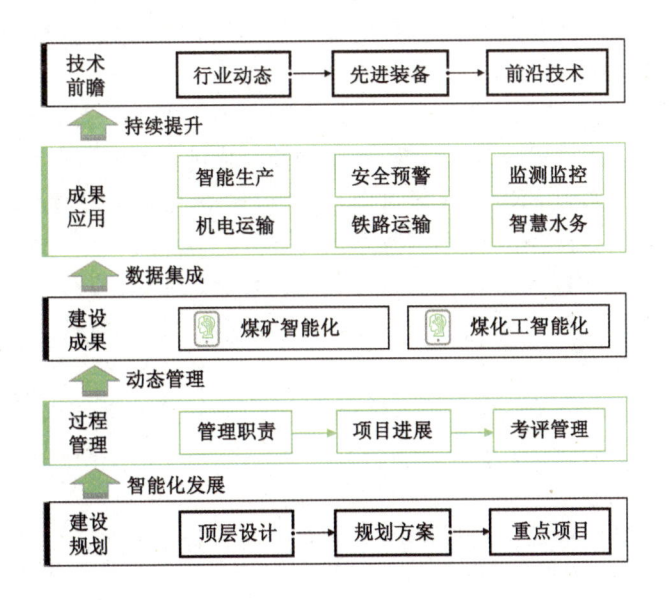

第一节 建设规划

落实国家《关于加快煤矿智能化发展的指导意见》，推动智能化技术与产业融合发展，提升智能化建设水平，是煤炭工业建设发展的总体方向。宁夏煤业公司以国家能源集团"一个目标，三型五化，七个一流"发展战略为引领，以"建设世界一流智能煤矿"为目标，推进智能技术研发和推广应用，提升煤矿安全生产水平，促进煤炭产业高质量发展。在智慧化工建设中，以价值创造为核心，围绕产业运营、设计、工程、生产、服务等活动，运用先进信息技术，推动煤制油化工生产全过程、全要素数字化转型，实现安全、稳定、清洁运行。

一、顶层设计

根据《国家能源集团网络安全和信息化"十四五"总体规划》，宁夏煤业公司坚持"六统一、大集中"，即"统一规划、统一标准、统一投资、统一建设、统一管理、统一运维"和"业务系统、技术平台集中部署"原则，分层制定智能化矿山总体规划与智慧化工发展规划，同步促进智能化选煤厂建设。

（一）总体架构

国家能源集团智能化建设总体应用架构分为决策支持层、经营管理层、智能生产执行层、智能控制层及智能设备层。其中决策支持层、经营管理层业务应用属于国家能源集团总体规划范畴，智能控制层及智能设备层原则上为现场部署。国家能源集团智能化建设总体应用架构如图5-1-1所示。

（二）煤矿智能化应用架构

宁夏煤业公司煤矿智能化建设规划分为五个层次，即决策支持层、经营管理层、智能生产执行层、智能控制层和智能设备层。其中，经营管理层、智能生产执行层由国家能源集团统建并部署在煤矿。煤矿智能化应用架构如图5-1-2所示。

决策支持层：通过煤矿云计算中心和大数据平台对煤矿大数据进行采集、存储、分析、利用，为煤矿的安全生产、风险管控等进行预测预警并提供全方位的决策支持服务。

经营管理层：通过整合ERP、OA等系统，实现财务、人力资源、物资、设备等各业务环节数据交互，构建精细化经营、调度控制管理系统。

智能生产执行层：构建煤矿统一、稳定、高效的智能一体化生产管控平台，实现生产运营、生产接续、生产管理、调度管理、机电管理、"一通三防"、应急管理、安全管理、环保管理及大数据分析等内容。

智能控制层：以提升煤矿各生产子系统智能化为目标，开展智能开采、智能掘进子系统建设；持续完善安全监控、矿压、水文、火灾、定位等监测子系统，不断提升装备智能化水平、环境感知和地质保障能力。

智能设备层：主要设备既负责煤矿现场状态及参数的实时采集、上传，又承担决策信息、控制指令的执行。智能设备层主要由生产控制设备、智能仪表、各类传感器、天线、信号发射卡、通信联络设备、便携式智能设备以及摄像头等组成。

第五章 智能建设

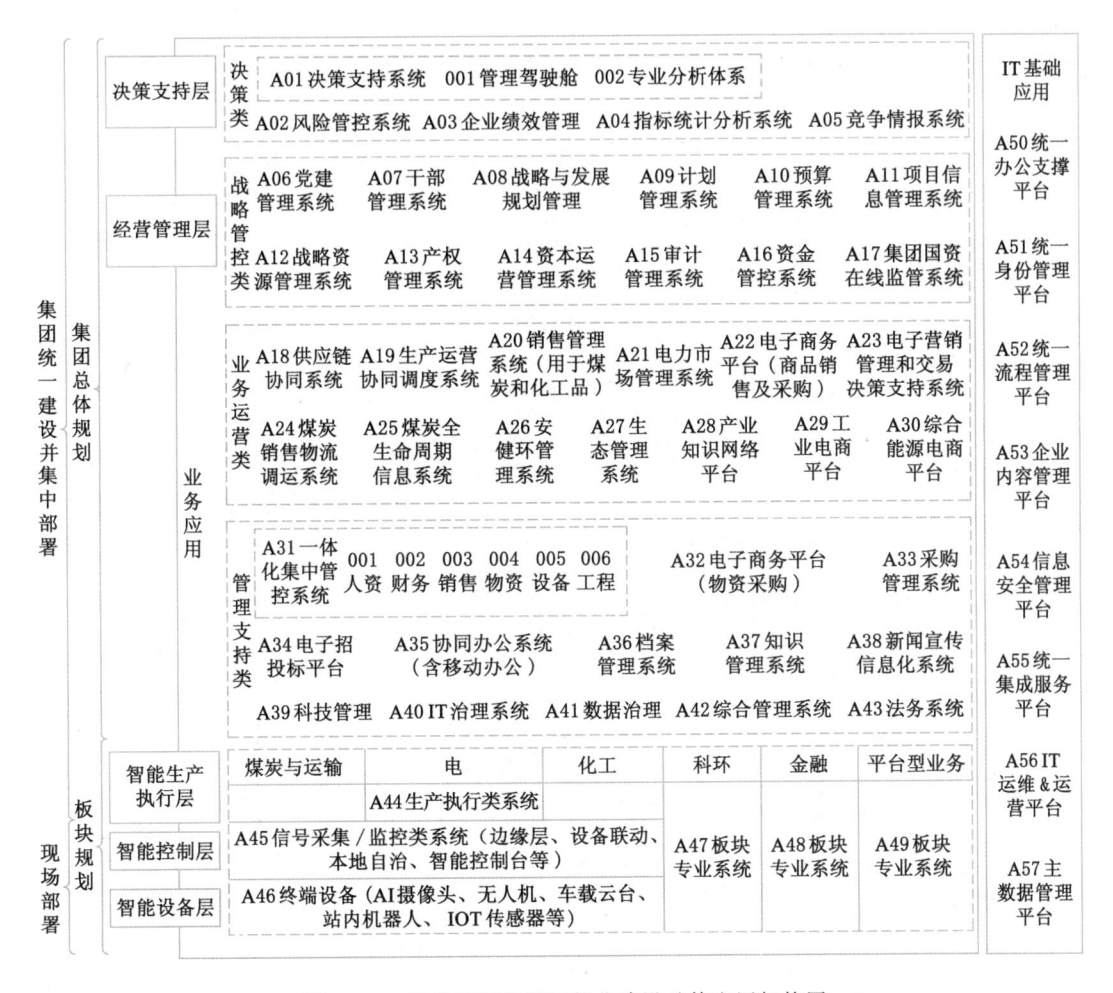

图 5-1-1 国家能源集团智能化建设总体应用架构图

（三）智慧化工应用架构

宁夏煤业公司智慧化工规划分为过程控制类与过程监测类，具体为决策支持层、经营管理层、智能生产执行层、智能控制层及智能设备层，业务应用由集团统一设计、统一建设。公司在此基础上，针对内部化工产业特性，对每层进行细化和扩展，并重点规划智能生产执行层、智能控制层和智能设备层。智慧化工应用架构如图 5-1-3 所示。

二、规划方案

煤矿智能化建设是一个多系统、多层次、多领域相互匹配融合的系统工程。宁夏煤业公司按照"总体规划、分步建设、有序推进、按期达标"思路，制定煤矿智能化建设实施方案、智能化矿山建设总体规划，分阶段、分批次推进煤矿、煤制油化工等智能化建设。

（一）煤矿智能化建设规划

宁夏煤业公司根据各煤矿具体条件，首先进行试点建设与推广，达到中级智能化矿井标准后，再推动高级智能化建设。建设规划总体目标为：2022 年，煤矿全部实现初级智能化;2025年,煤矿全部实现中级智能化,其中红柳、金凤、枣泉三座智能化示范煤矿全面推进高级智能化建设。宁夏煤业公司煤矿智能化建设规划目标如表5-1-1所示。

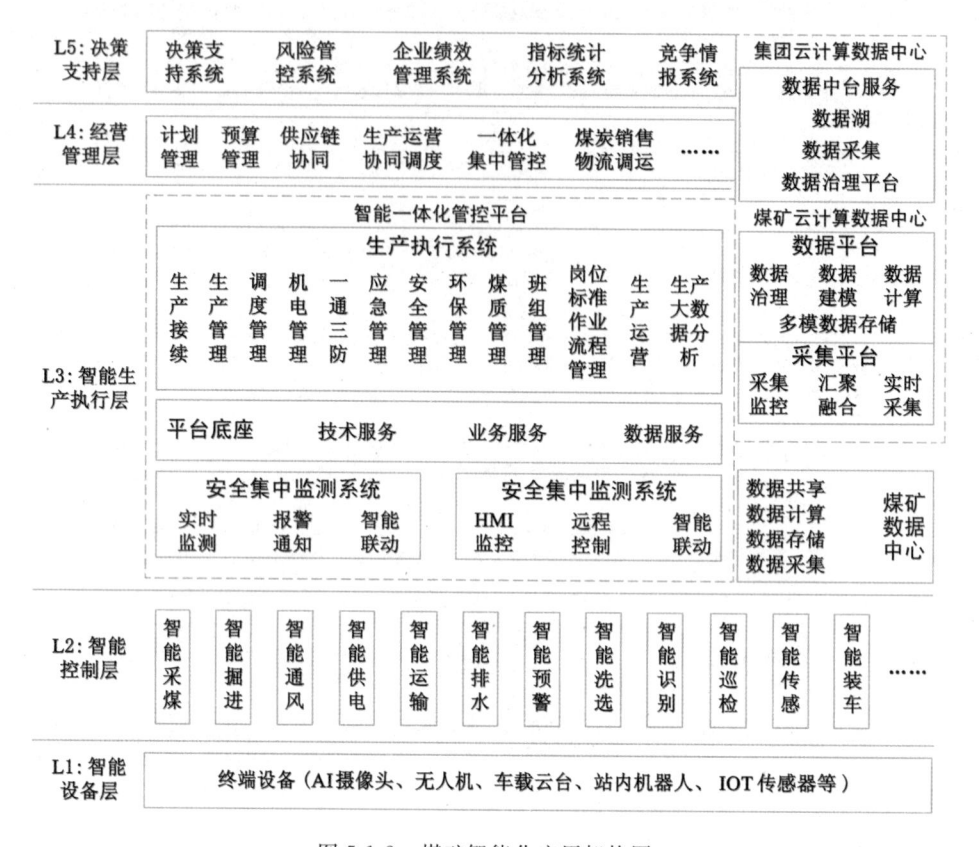

图 5-1-2　煤矿智能化应用架构图

（二）智慧化工建设规划

智慧化工是一个非常复杂的系统工程,需要分期建设、持续迭代和长期投入。宁夏煤业公司智慧化工建设紧紧围绕国家能源集团总体规划,结合行业发展现状和技术发展趋势,坚持统一设计与统筹管理,坚持工程与智慧化同步设计,实行统建与自建相结合,分阶段实施,以智慧化工引领产业发展。

国家能源集团智能化工建设规划分为三个阶段,即2020—2023年、2024—2025年和2026—2030年。宁夏煤业公司智能化工建设规划如图5-1-4所示。

（三）智能化选煤厂建设规划

基于大部分选煤厂已达到初级智能化水平的现状,宁夏煤业公司智能化选煤厂建设以梅花井、枣泉选煤厂为试点,2021—2022年建设成中级选煤厂,形成成熟示范经验,其他选煤厂于2023—2025年分批建设,达到中级智能化水平或更高水平。宁夏煤业公司智能化选煤厂建设规划目标如表5-1-2所示。

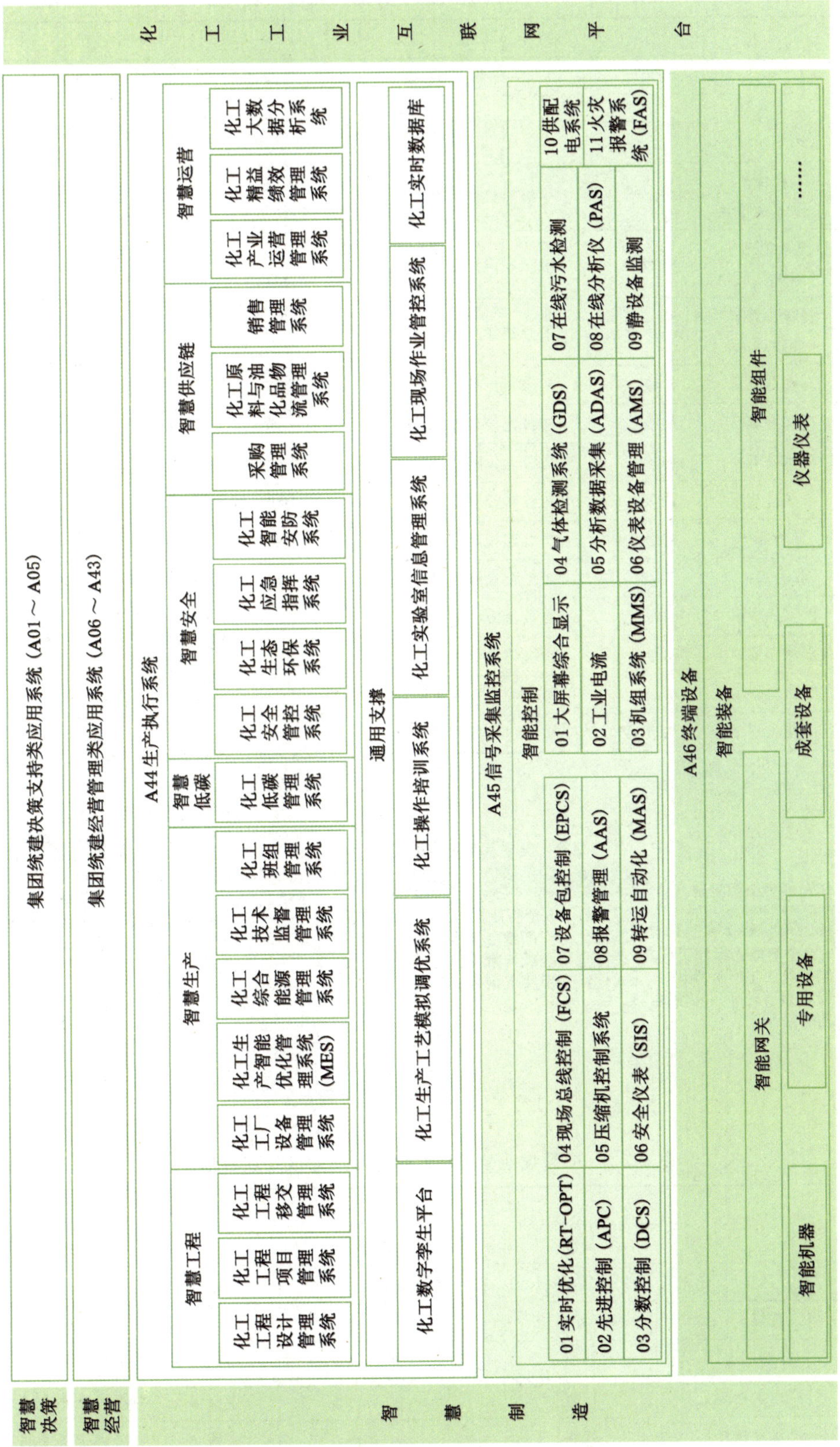

第五章 智能建设

化工工业互联网平台

智慧决策	集团统建决策支持类应用系统（A01~A05）
智慧经营	集团统建经营管理类应用系统（A06~A43）

A44 生产执行系统

智慧生产

智慧工程		智慧生产				智慧低碳	智慧安全			智慧供应链			智慧运营		
化工工程设计管理系统	化工工程项目管理系统	化工工程移交管理系统	化工厂设备管理系统	化工生产优化管理系统（MES）	化工综合能源管理系统	化工技术监督管理系统	化工班组管理系统	化工低碳管理系统	化工安全管控系统	化工生态环保系统	化工应急指挥系统	化工智能安防系统	采购管理系统	化工原料与油化品物流管理系统	销售管理系统	化工产业运营管理系统	化工精益绩效管理系统	化工大数据分析系统

通用支撑

化工数字孪生平台	化工生产工艺模拟调优系统	化工操作培训系统	化工实验室信息管理系统	化工现场作业管控系统	化工实时数据库

A45 信号采集监控系统

智能控制

01 实时优化（RT-OPT）	04 现场总线控制（FCS）	07 设备包控制（EPCS）	01 大屏幕综合显示	04 气体检测系统（GDS）	07 在线污水检测	10 供配电系统
02 先进控制（APC）	05 压缩机控制系统	08 报警管理（AAS）	02 工业电流	05 分析数据采集（ADAS）	08 在线分析仪（PAS）	11 火灾报警系统（FAS）
03 分散控制（DCS）	06 安全仪表（SIS）	09 转运自动化（MAS）	03 机组系统（MMS）	06 仪表设备管理（AMS）	09 静设备监测	……

A46 终端设备

智能装备

智能机器	智能网关	专用设备	成套设备	仪器仪表	智能组件

图 5-1-3 智慧化工应用架构图

表 5-1-1 宁夏煤业公司煤矿智能化建设规划目标

序号	名称	2021—2022 年		2023—2025 年	
		分级	建设要求	分级	建设要求
1	金凤煤矿（国家示范）	中级	中级建设要求的 85%	中级（趋高级）	高级建设要求的 30%
2	红柳煤矿（国家示范）	中级	中级建设要求的 85%	中级（趋高级）	高级建设要求的 30%
3	枣泉煤矿（国家示范）	中级	中级建设要求的 85%	中级（趋高级）	高级建设要求的 30%
4	麦垛山煤矿（集团示范）	初级＋	中级建设要求的 85%	中级	中级建设要求的 85%
5	石槽村煤矿	初级	初级建设要求的 85%	中级	中级建设要求的 85%
6	梅花井煤矿	初级	初级建设要求的 85%	中级	中级建设要求的 85%
7	清水营煤矿	初级	初级建设要求的 85%	中级	中级建设要求的 85%
8	羊场湾煤矿	初级	初级建设要求的 85%	中级	中级建设要求的 85%
9	灵新煤矿	初级	初级建设要求的 85%	中级	中级建设要求的 85%
10	双马煤矿	初级	初级建设要求的 85%	中级	中级建设要求的 85%
11	任家庄煤矿	初级	初级建设要求的 85%	中级	中级建设要求的 85%
12	金家渠煤矿	初级	初级建设要求的 85%	中级	中级建设要求的 85%
13	红石湾煤矿	初级	初级建设要求的 85%		暂不要求
14	白芨沟煤矿	初级	初级建设要求的 85%		暂不要求

智慧化发展体系初步建立
2020—2023 年
建成 1～2 个智能化标杆工厂。集团煤制油化工生产标准化、规范化管理显著提高，实现国内领先的智能生产。

智慧化发展基础更加稳固
2024—2025 年
建成 3～5 个智能标杆工厂。集团煤制油化工生产精益化水平大幅度提高，关键危险区域与繁重作业过程实现无人化，初步实现国际领先的智能生产。

智慧化发展达到较高水平
2026—2030 年
建成智能标杆工厂。集团煤制油化工生产现场高度无人化，产业运营效率、效益、安全与清洁发展和谐统一，全面达到国际领先的智能生产。

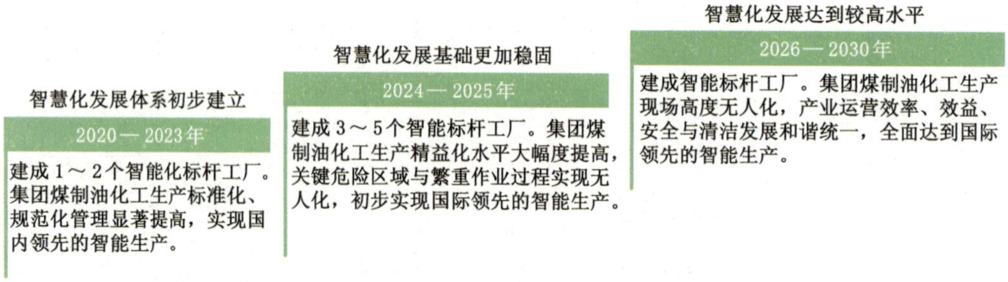

图 5-1-4 宁夏煤业公司智能化工建设规划图

表 5-1-2 宁夏煤业公司智能化选煤厂建设规划目标

序号	名称	2021—2022 年		2023—2025 年	
		分级	建设要求	分级	建设要求
1	梅花井选煤厂（示范）	中级（趋高级）	高级建设要求的约 60%		
2	枣泉选煤厂（示范）	中级（趋高级）	高级建设要求的约 60%		
3	红柳选煤厂	初级		中级	中级建设要求的 85%
4	石槽村选煤厂	初级		中级	中级建设要求的 85%
5	羊场湾选煤厂	初级		中级	中级建设要求的 85%

三、重点项目

2020年12月,国家能源局、国家矿山安全监察局审核确定宁夏煤业公司红柳煤矿、金凤煤矿、枣泉煤矿为国家级智能化建设示范矿井。随后,麦垛山煤矿被列入国家能源集团级智能化建设示范矿井。

公司本着"分步实施,一矿一策,示范先行,逐步推进"的原则,稳步推进相关重点项目建设。2022年前,红柳煤矿率先完成智能综采移动管理系统,试点工作面5G应用;枣泉煤矿围绕中级建设目标推进智能矿山建设,试点应用煤矿机器人;金凤煤矿、红柳煤矿依托地理信息系统(GIS)率先进行透明工作面建模及采煤机与三机自适应调速控制研究;麦垛山煤矿建设灾害预警与智能通风系统。

◎ 示例	宁夏煤业公司智能化建设项目

金凤煤矿:基于TGIS的矿井智能开采与安全管控平台的研究与应用。

该项目是国家能源集团批复的2030重大先导攻关研究项目,主要研究内容为:基于时态地理信息系统(TGIS)三维透明化工作面的智能开采与安全管控平台;智能开采设备综合定位系统;煤矿井下综采工作面智能化开采技术研究;矿井5G无线通信系统的技术研究与应用。通过上述四个方面的研究,形成透明化工作面核心技术和实现主要平台国产化,形成透明化自适应智能开采成套技术,初步实现"基于大地坐标的自适应智能采煤"目标,确保在装备智能化的基础上,实现智能开采的地表或远程"决策在线化,控制协同化"。

红柳煤矿:无人化智能井工煤矿关键技术研发与工程示范项目。

主要研究内容为:多场景安控机器人研制;辅助运输远程操控无人化技术研究;主煤流运输安全保障运行关键技术研究;综采智能化开采控制技术研究;"5G+工业互联网"智能矿井关键技术及装备集成示范;副立井提升系统电梯式智能化控制研究。

枣泉煤矿:智能化研究与示范工程。

主要研究内容为:智能矿山管控平台关键技术研究;主运煤流生产关键技术研究;智能生产系统关键技术研究;枣泉智能矿山示范工程。通过以上研究项目,可以实现:主运输无人化常态安全运行;选矸系统智能识别替代人工,实现选矸无人化;井下固定岗位实现远程监控。

麦垛山煤矿:煤矿灾害精准预警与智能通风关键技术研究及示范矿井建设。

主要研究内容为:地质建模和透明地质系统软件开发、水文监测预警系统、矿压灾害监测预警系统、火灾监测预警系统、重大灾害监测预警软件开发、局部通风机控制系统、电气远程控制无压风门改造、电气远程控制风窗、通风环境参数感知系统、智能通风决策及控制系统、智能通风与灾害精准防控综合信息平台、数据中心建设、工业环网升级改造、调度室改造。

项目名称	分部名称	分项名称	建设内容
麦垛山煤矿灾害精准预警与智能通风关键技术研究及示范矿井	灾害预警系统	地质建模和透明地质系统软件开发	三维地理信息系统、三维建模可视化平台
			精细建模与透明地质
		水文监测预警系统	矿井水文监测系统（补套）
			新建矿井疏放水自动监测系统
			水文监测预警系统软件开发
			矿井突水水源判识系统软件模块
			矿井突水危险预测服务信息系统软件模块
		矿压灾害监测预警系统	区域监测系统（补套）
			支架阻力监测系统（补套）
			围岩应力监测系统（补套）
			矿压灾害监测预警系统软件开发
		火灾监测预警系统	采空区密闭气体参数监测
			注氮系统智能化改造
			粉煤灰灌浆系统联动
			火灾监测预警系统软件开发
		重大灾害监测预警软件开发	主要灾害监测数据标准管理模块
			主要灾害监测信息集成展示模块
			主要灾害融合分级预警模块
			主要灾害预警可视化展示模块
			灾害精准预警管控系统
	智能通风系统	局部通风机控制系统	局部通风机控制系统
		电气远程控制无压风门改造	电气远程控制无压风门改造
		电气远程控制风窗	电气远程控制风窗
		通风环境参数感知系统	通风环境参数感知系统
		智能通风决策及控制系统	智能通风决策及控制系统
		智能通风与灾害精准防控综合信息平台	安全监测预警可视化系统
			安全协同控制系统
			灾害通风管控 App
			数据采集共享系统
			数据支撑
	信息化基础设施升级改造	数据中心建设	数据中心建设
		工业环网升级改造	工业环网升级改造
		调度室改造	调度室改造

"安宁"系统功能

查询国家能源集团、宁夏煤业公司智能化建设规划与重点项目建设情况。

第二节 动态管理

推进智能化建设对企业加强成本管理、控制安全风险、提升核心竞争力具有重要而长远的意义。智能化建设具有基础运维、数据管理、功能拓展、持续改进等性质，需要建立一套符合实际的管理制度，集合人、财、物方面的资源支撑方可持续运行。特别是大型能源企业智能化建设系统集成性强、技术复杂、创新任务重，复杂的作业环境、工艺流程增加了智能化建设的难度。

为加快推进智能化建设进程，保障安全高效生产，宁夏煤业公司健全管理制度，明确部门职责，严格考评办法，对项目建设前期、建设过程、运行验收、使用维护的全过程实施动态管理，对建设项目及时跟踪、指导、检查、协调、纠偏、分析，总结建设经验，推进建设步伐，确保五个100%建设目标、智能化建设总体规划落地见效。

一、管理职责

宁夏煤业公司制定智能化建设管理办法，加强、规范智能化建设管理，成立智能化建设工作领导小组，明确组织领导和责任分工。智能化建设工作领导小组主要职责包括：全面协调推进公司智能化建设工作；审定智能化建设规划、初步设计编制工作；负责智能化建设项目调研、考察论证、技术交流、现场指导、检查验收、考核考评等工作；审定智能化建设考评细则，对智能化建设情况进行考评定级等。宁夏煤业公司智能化建设职责分工如表5-2-1所示。

表 5-2-1　宁夏煤业公司智能化建设职责分工表

序号	部门	职责定位	具体职责
1	机电管理部	归口管理	1. 负责组织公司煤矿智能化建设项目立项、可行性研究报告的审查，履行相关决策程序； 2. 负责组织煤矿智能化建设项目的设计审查、中期检查、竣工验收等； 3. 建立健全煤矿智能化建设管理机制，制定建设管理考评细则与工作标准
2	煤制油化工部	归口管理	1. 负责组织公司煤制油化工智能化建设项目立项、可行性研究报告的审查，履行相关决策程序； 2. 负责组织煤制油化工智能化建设项目的设计审查、中期检查、竣工验收等； 3. 建立健全煤制油化工智能化建设管理机制，制定建设管理考评细则与工作标准； 4. 持续推进智慧化工建设
3	规划发展部	立项审批和投资管理	1. 负责下达投资类智能化项目资金计划； 2. 参与智能化项目的立项审查、设计审查、过程监督、竣工验收等
4	企业策划部	采购管理	1. 负责智能化建设单位项目采购计划审核、采购过程管理； 2. 参与智能化项目采购文件的审核
5	人力资源部	人才保障项目考核落实	1. 负责智能化建设人才招录、设岗定级、专项培训等； 2. 负责落实智能化项目考核奖励
6	生产技术部	设计审查与技术指导	1. 负责煤矿智能化建设过程中采掘、通风、地测防治水专业的技术指导及审核工作； 2. 参与煤矿智能化项目的立项审查、设计审查、过程监督、竣工验收等

表 5-2-1（续）

序号	部门	职责定位	具体职责
7	科技发展部	智能化科技项目的管理	1. 负责智能化科技项目的立项申报、过程管理、成果申报等工作； 2. 组织科研类智能化项目的竣工验收
8	宁夏煤矿设计研究院	项目设计建设	负责智能化建设项目的调研、论证、设计、建设
9	经济技术委员会造价审查中心	造价审查	负责智能化建设项目的造价审查
10	信息技术中心	统建项目主体单位和各单位智能化项目技术支持单位	1. 负责统建项目立项申报，委托项目设计，组织设计初审，以及项目的施工管理等； 2. 对矿（厂）智能化建设提供技术支持； 3. 负责组建公司级智能化项目运维团队，对公司及所属单位数据中心、系统软件、网络设施等进行维护
11	各单位	本单位智能化项目建设维护主体	1. 成立矿（厂）智能化建设专班，负责本单位智能化项目建设； 2. 负责建立健全本单位智能化建设管理考核办法，对建设项目进行全过程管理； 3. 编制本单位智能化项目立项材料，委托项目设计，组织设计审查，负责项目施工管理等； 4. 负责本单位自留资金智能化项目的投资决策、方案编制、组织审查和实施； 5. 负责本单位智能化系统的使用和维护； 6. 上报智能化建设周报、月报等相关资料； 7. 开展智能化提升工程，实现多系统互联共进目标并持续改进

二、管理办法

为保证智能化建设总体规划全面落地，宁夏煤业公司根据国家加快煤矿智能化发展的指导意见、国家能源集团煤矿智能化建设指南及智慧化工总体规划要求，制定公司智能化建设、评价、验收规范等管理办法。

（一）流程管理

1. 前期管理

（1）需公司立项投资建设的智能化项目，按公司固定资产投资项目立项及投资决策管理实施细则要求，履行项目立项及投资决策管理程序。

（2）各单位自留安全资金的智能化建设项目，由项目单位编制立项材料、实施方案，经本单位党委会会议审核通过后，报公司机电管理部或煤制油化工部、信息技术中心备案，需统一技术标准的项目，由信息技术中心组织方案审查，项目单位按公司相关规定组织实施。

2. 过程管理

（1）项目实施的过程管理以项目单位为主体，负责日常的管理和协调。

（2）由项目单位编制项目实施计划书，计划书须明确项目管理团队、节点工期、工程质量、项目考核等内容，经项目单位组织审定后执行。

（3）建立项目管理月度平衡会制度，对各项目的建设进展、工程质量、存在的问题进行协调。

（4）建立项目管理现场检查制度。每月组织对各项目进行检查，检查的内容包括节点工期、工程质量、项目管理等,并进行考核。

3. 运行验收

项目主体工程完工、系统功能测试正常后,试运行3个月完成系统优化并具备上线运行条件后,项目单位组织初验,通过后报公司进行竣工验收。宁夏煤业公司智能化建设管理流程如图5-2-1所示。

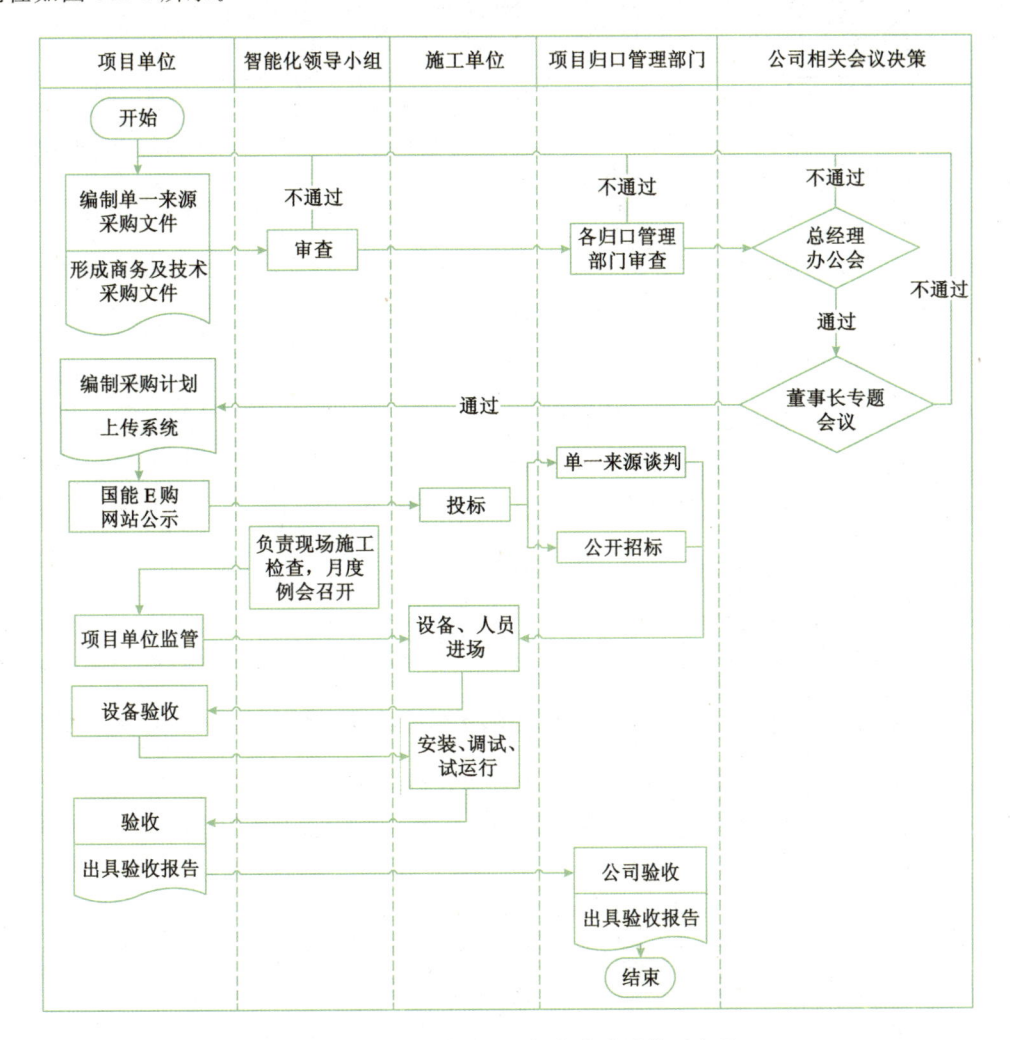

图 5-2-1 宁夏煤业公司智能化建设管理流程

4. 系统维护

(1)各单位必须常态化应用建成的智能化系统,特殊情况暂停运行须及时向公司报备。
(2)必须保证智能化系统功能达到设计标准,系统完好可靠。
(3)定期对各系统的使用和维护情况进行检查考核。

(二)考评管理

公司制定智能化建设验收评级及奖励办法,设置智能化建设专项基金,对各单位智能化建设进行考核奖励。

智能化项目自开始建设至验收运行后 12 个月为考评期。智能化采煤工作面、掘进工作面按照"三同时"(智能化系统与采掘设备同时安装、同时调试、同时投入使用)原则建设,考评期从工作面开始安装至回采、掘进结束。智能化选煤厂自开始建设至调试结束后 12 个月为考评期。无人值守岗位远程集中控制系统自调试期结束后开始考核。

◎ 示例　　　　　　　　　宁夏煤业公司煤矿板块智能化建设考核奖罚标准

序号	类别	奖罚标准
1	奖励	1. 建成初级智能化煤矿奖励 80 万元,中级奖励 100 万元。其中,奖励金额的 10% 用于奖励领导班子,10% 用于奖励智能化建设主要管理部门和人员。 2. 分别对井工智能采煤、智能掘进、灾害预警、智能通风等 4 个系统进行单项奖励,初级奖励 20 万元,中级奖励 40 万元。 3. 每建成 1 个智能化选煤厂,初级奖励 20 万元,中级奖励 40 万元。其中,奖励金额的 10% 用于奖励领导班子,10% 用于奖励智能化建设主要管理部门和人员。 4. 固定岗位无人率以核定岗位的 50% 为基准,高于 50% 的,井下每取消一个岗位奖励 5 万元,地面每取消一个岗位奖励 3 万元。 5. 建成灾害预警与智能通风系统的单位,首家奖励 100 万元,之后每家奖励 50 万元。其中,奖励金额的 10% 用于奖励领导班子,10% 用于奖励智能化建设主要管理部门和人员。
2	处罚	1. 未按规划要求建成智能化煤矿,根据公司经营业绩考核管理办法规定,对建设单位扣除 5 分,其中领导班子承担处罚金额的 10%,智能化建设主要管理部门和人员承担处罚金额的 10%。 2. 未按规划建成智能化选煤厂,根据公司经营业绩考核管理办法规定,对建设单位扣除 5 分,其中领导班子承担处罚金额的 10%,智能化建设主要管理部门和人员承担处罚金额的 10%。 3. 固定岗位无人值守率低于 50% 的,罚款 5 万~10 万元。 4. 未按规划要求建成灾害预警与智能通风系统的单位,根据公司经营业绩考核管理办法规定,对建设单位扣除 5 分,其中领导班子承担处罚金额的 10%,智能化建设主要管理部门和人员承担处罚金额的 10%。 5. 未按项目计划节点工期完成或工程质量不合格的,根据公司经营业绩考核管理办法规定,每项对建设单位扣除 0.2~1 分。 6. 已建成自动化、智能化、无人化系统不能正常运行或擅自不投用的,罚款 2 万~5 万元。 7. 公司各业务部门因履行职责不力,造成公司智能化建设进度缓慢,影响公司智能化建设项目整体推进的,罚款 0.5 万~1 万元。
3	激励政策	公司智能化建设考核执行双向激励政策,均纳入年度绩效。

三、建设成果

智能化开采是煤炭行业发展的必由之路、大势所趋,必须坚定不移推进智能化建设,从根本上实现最优生产方式、最佳运行效率和最大安全生产保障。宁夏煤业公司经过持续多年推进智能化建设,取得了一系列建设成果。

（一）煤矿智能化建设

2013 年,宁夏煤业公司按照"机械化换人、自动化减人"总体部署,在梅花井煤矿首次实施综采工作面自动化开采技术。2017 年,在金凤、金家渠、清水营煤矿进行智慧矿山试点建设,实施了矿端虚拟云平台、万兆工业环网、4G(5G)无线通信、主运输系统智能视频调速、水电计量、智能矿山移动监管平台等系统建设,为全面推广建设智能化矿山积累了宝贵经验。2020年,金凤、红柳、枣泉煤矿被列入首批国家级智能化建设示范矿井,标志着公司智能化建设步入了新阶段。

经过不断探索实践,宁夏煤业公司建成了"一网三中心一平台"的信息化基础传输网络与应用系统平台,从三个层面推进智能化矿山建设:建设以综采、综掘、主运输、生产辅助、洗选等方面无人操作为核心的智能化生产系统;构建以"经营管控+绩效管理"为核心的数字化运营体系;搭建由"生产执行系统+综合安全感知平台"形成的智慧化管理体系,实现业务集中管控、系统应急联动、数据共享互联、部分生产辅助系统自动化控制。

(二)智能化选煤厂建设

宁夏煤业公司按照"自主创新、工控先行、精益运营、共享传承"的思路,从2015年开始实施选煤厂智能化改造。2018年,建成双马、梅花井、石槽村、枣泉4座智能化选煤厂。2019年,梅花井、双马选煤厂率先实现"有人巡视,无人值守",减少岗位工50%以上。目前,正在运行的10座选煤厂全部完成"集中控制,无人操作,有人巡视"的升级改造。

(三)智慧化工建设

宁夏煤业公司依托国家能源集团一体化集中管控平台等统建项目,大力推进智慧化工项目建设,逐步完成统建系统和自建系统融合建设与协同管理,最大限度地实现数字化建设目标,实现信息数据化、决策智慧化。目前,煤制油化工板块已基本实现人力资源、财务、物资、销售等业务数字化管理。依托基石项目建设,可实现煤制油化工板块生产计划协同、应急指挥和环保监测等业务的有效管控。当前及今后一段时期,公司煤制油化工板块智能化水平成熟度模型将向优化级、引领级加快推进。

◎ 示例　　　　　　　　　　　　五个100%目标完成情况

宁夏煤业公司智能化建设紧紧围绕国家能源集团提出的五个100%目标,即"采煤工作面100%实现智能化、掘进工作面100%实现智能化、选煤厂100%实现智能化、固定岗位100%实现无人值守、煤矿智能化技术及建设100%覆盖",稳步提升公司智能化水平。

1. 信息基础建设情况

搭建企业云数据中心,为公司安全监测、内部市场化和效能管理等40多套系统提供高效"云端"服务;实施宁东矿区主干传输环网升级改造,12对矿井实现环网保护;对56套系统进行等保定级、备案、测评,建设网络攻防实验室,常态化开展网络安全攻防演练和培训。实施管理信息一体化、智能矿灯、煤化工智能巡检机器人等科技创新项目共计24项。智能矿灯取得防爆和MA认证,在金凤、麦垛山煤矿试用,已通过宁夏回族自治区科技厅评价鉴定,达到国内先进水平。智能巡检机器人在金凤煤矿投入运行,实现现场数据读取、异常事件分析报警,降低了巡检人员的工作强度,提升了安全生产防范水平。

2. 智能化采煤工作面建设情况

截至2022年上半年,累计23个采煤工作面应用自动化开采装备,开采的工作面自动化配置率达65.5%。重点在两个方面取得了经验:成功试验较大倾角厚煤层单向割煤智能开采技术,掌握了支架自动控制技术、智能识别和跟机控制技术,单向开采基本实现了自动化连续推进;成功试用工作面直线度控制技术,试用以LASC技术为核心的工作面直线度检测与自动矫直控制技术,探索总结了液压支架全工作面跟机12段自动化工艺技术和顺槽设备联合联动控制技术。

3. 智能化掘进工作面建设情况

实施掘锚一体化、掘支平行与智能化三步走的技术路线。重点完善综掘机高可靠重型化遥控配置，提高掘进效率；改造悬臂纵轴遥控掘锚护一体机，提高作业效率和安全系数；进行掘锚护一体化、远程操控、带式输送机自移机尾伸缩机身、掘进迎头所有设备集中控制、自动化喷浆系统的研究与应用。2019 年以来，掘进机全部实现遥控操作，带式输送机实现联动控制。

4. 固定岗位无人值守建设情况

矿井供电、主通风、供排水、压风、制氮等固定岗位基本实现有人巡视、无人值守；矿井主通风机实现一键启停和自动切换；制定主运输系统设计选型、施工安装、改造升级"十项标准"，逐步推行固定带式输送机无人值守。目前，已实现近 400 个固定岗位无人值守。

5. 智能选煤厂建设情况

自主实施选煤厂升级改造，宁东矿区所有选煤厂实现生产系统设备远程集中控制，实现原煤配煤定量入选、分流补水调节、加介加药控制等工艺环节的自动化，应用基于煤质组成的重介分选过程调控专家咨询系统、TDS 智能干选等新型技术，生产班由平均 30 人减少到 10 人，综合工效提高 50%。

◎ 示例	百万吨级烯烃智能制造项目

百万吨级烯烃（煤化工副产品深加工综合利用）智能制造项目获工信部、财政部批复，为智能制造新模式应用项目。项目研发自主可控智能装备、智能检测、智能操作、智能运营等关键技术与系统，探索智能制造应用模式。

项目建立一条数据服务总线、三层智能平台、十大核心应用系统，实现生产过程移动监控、消息报警和动静态数据集中展示，提高生产效率 24%，降低运行成本 33%，提高能源利用率 11%，产品的合格率持续 100%。项目通过自治区科技厅成果鉴定，双烯收率和能耗水平达到国内同行业领先水平，在煤基烯烃智能制造、信息化管理、全面安全管理等方面达到国际先进水平。

▲ "安宁"系统功能

查询智能化建设职责分工、管理规定和项目建设情况。

第三节　系统平台

运用智能化系统平台，可以对生产系统或工程项目进行安全分析和控制。通过系统平台应用，能够主动防控设备运行、物质能量、压力失衡、信息中断等带来的危险因素，并启动系统平台本身预警、控制功能，为安全生产提供智能决策支持。

宁夏煤业公司智能化矿山与智慧化工建设在国家能源集团总体应用架构基础上，分板块进行细化扩展，形成各具特点的系统管理平台。煤矿智能化建设有效融合井上、下各类信息化系统数据，构建生产集中监控、安全集中监测为一体的应用平台。智慧化工基于国家能源集团工业互联网平台,应用大数据技术整合煤制油化工板块数据,对运营绩效、运行效能、设备健康、安全生产、环境保护等数据进行采集分析,挖掘数据价值,提升产业运营管理能力。

一、煤矿智能化平台

宁夏煤业公司在煤矿智能化建设过程中,整合原有生产系统和在建系统,探索和建设以主要生产系统、辅助生产系统、其他安全系统相集成的综合智能化平台。

(一)智能主要生产系统

智能主要生产系统包括智能采煤工作面、智能掘进工作面。

(1)智能采煤工作面:构建"自主割煤+无人跟机+智能决策"采煤模式。采煤机具备机身姿态自感知、截割自适应、自主割煤等功能,构建透明工作面数字模型、AI智能算法模型等;液压支架具备姿态自感知、自监测、自找直功能,按规划需求实现全工作面自动跟机控制功能;集控中心(井下、地面)具备工作面主要设备运行状态智能分析、智能决策、智能调控功能;采煤工作面具备设备与环境感知监测预警、智能视频识别、云巡视、人员接近防护等功能;综放工作面具备记忆放煤、远程放煤等智能化功能。

(2)智能掘进工作面:构建"自主掘进+协同作业+远程监控"掘进模式。超前探测设备具有工况自动识别和停钻、视频监控、测斜及数据处理、煤岩识别等功能;掘进设备具有自主定位、定姿、定向、自主截割功能,实现自动导航、自主纠偏、自主掘进和协同作业;钻锚装置具备自动铺网、自动定位、自动钻孔、自适应进给等功能,实现锚杆(索)作业流程自动化;运输设备具备状态实时监测及多设备的信号交互联控功能,转载机组具有自动纠偏、过载保护和远程控制功能;集控中心(井下、地面)具备环境三维建模、数字孪生等功能,实现成套设备"一键启停"和多机协同控制。

(二)智能辅助生产系统

智能辅助生产系统主要包括以探索实现无人值守为特征的通风系统、主运输系统、辅助运输系统、提升系统、供配电系统、供排水系统、压风制氮系统、胶轮车监控系统、瓦斯流量智能监测系统、束管监测系统与采空区防自然发火综合预警系统等。

(1)通风系统:构建"应急设备远控+控风自主决策"智能通风模式。研究智能通风系统,实现测风站风量、主要路线通风阻力、矿井环境参数的准确感知;建立适合煤矿现场实际的通风系统模型,实现矿井通风系统隐患自动辨识、超前预警;开发局部通风机智能控制软硬件系统,实现局部通风机状态监测、在线预警、变频调节等功能;开发电气远控风门及电气远控风窗自动控制软硬件系统,实现风门及风窗本地自动控制、地面远程控制;开发通风智能决策及控制软件系统,实现通风系统数字三维建模、通风网络在线监测解算、系统故障在线诊断、按需供风优化调节、风窗调节位置及调节量辅助决策、通风动力调节量辅助决策等功能;建立智能通风与灾害预警精准防控综合信息平台,为煤矿灾害精准预警和智能协同控制提供技术支撑。

(2)主运输系统:构建"智能运行+云巡视"智能运输模式。建设智能感知、智能决策、自动执行的全矿井煤流智能运输系统,与工作面开采系统和煤仓存储系统智能联动,实现全矿井煤流系统智能运行;建设AI智能识别系统,具备大块煤、堆煤、异物识别与预警等功能;固定煤流运输沿线具备云巡视功能;具有设备预防性维检功能;带式输送机运输系统宜采用永磁同步直驱及智能除铁装置。

（3）辅助运输系统:构建"路径规划＋无人驾驶"智能辅助运输模式。满足辅助运输工艺条件下物资半自动装卸及自动装卸;在人工干预的前提下实现有轨电机车以及无轨胶轮车的自动启停、自主避让、自动跟车;提升系统及架空乘人装置具备预防性维检功能。

（4）供配电系统:构建"智能运行＋云巡视"智能供配电模式。系统具备云巡视功能;具备自动防灭火、智能告警、供配电设备故障自诊断、定值智能整定及云端大数据分析功能。

（5）供排水系统:构建"智能运行＋云巡视"智能供排水模式。具备设备预防性维检功能;具备与水文监测系统和电力监控系统的联动预警与控制功能;具备云巡视功能;具备通过多传感器和各系统数据融合实现按需供水,并实现用水量的预分析功能;具备淤泥在线监测和自动清淤功能。

（6）压风制氮系统:构建"智能运行＋云巡视"压风制氮模式。具备设备预防性维检功能;具备变频调速控制、管网压力及漏风监测功能;具备云巡视功能。

（7）胶轮车监控系统:应用基于物联网的井下智能交通管理系统,集成井下巷道信号灯管理、车辆精确定位、车辆防撞预警、车辆测速管理、车辆智能调度等功能,采用地理信息平台、宽带无线通信技术对车辆实现集中调度与管理,实现辅助运输系统智能化管理。

（8）瓦斯流量智能监测系统:为评价煤矿瓦斯抽采效果,预防煤矿瓦斯突出、爆炸等恶性事故的发生提供可靠的监测数据和预警手段,实现对煤岩瓦斯动力灾害的连续预测预警。

（9）束管监测系统与采空区防自然发火综合预警系统:实时监控井下煤层、细缝、采空区气体,智能分析区域气体变化状况和趋势,提示及早采取措施,起到超前防火作用。

（三）其他智能安全系统

其他智能安全系统主要包括企业管理网络、调度指挥系统、有线无线通信系统、安全监控系统、人员定位系统、矿井应急广播系统、应急救援系统、智能视频系统、水害监控系统、视频会议系统、洁净生产(防尘)系统等。

（1）企业管理网络:为产品销售、物资采购和库存、人力资源、财务管理、生产调度、安全管理等信息化系统提供传输通道。具备资源共享、网络通信、分布处理、集中管理、均衡负荷等功能。

（2）调度指挥系统:实现调度报表、矿(厂)信息、调度工作记录、值班日志、事务管理、重大安全隐患管理等生产管理、日常管理、应急管理的系统。

（3）有线无线通信系统:具备选呼、组呼、全呼功能;具备移动台与移动台、移动台与固定电话之间互联互通功能;具备短信收发功能;具备通信记录存储和查询功能;具备录音和查询功能。

（4）安全监控系统:具有模拟量、开关量、累计量采集、传输、存储、处理、显示、打印、声光报警、控制等功能。用于监测CH_4浓度、CO浓度、风速、风压、温度、烟雾、馈电状态、风门状态、风窗状态、风筒状态、局部通风机开停、主通风机开停等,并实现CH_4浓度超限声光报警、断电和CH_4风电闭锁控制等。

（5）人员定位系统:具有监测井下人员位置的功能;具有携卡人员出/入井时刻、重点区域出/入时刻、限制区域出/入时刻、工作时间、井下和重点区域人员数量、井下人员活动路线等监测、显示、打印、储存、查询、报警、管理等功能。

（6）矿井应急广播系统：具备多路广播功能、丰富音源种类接入功能、分区功能、远程控制功能；具备与人员定位、安全监测融合联动功能；具备结合应急预案进行自动或人工应急救援功能。

（7）应急救援系统：具有紧急事件报警功能，控制和消除紧急事件，降低事件造成的损失。

（8）智能视频系统：基于 AI 技术，通过智能视频抓拍，对存在的安全隐患及时报警。同时，具备云端存储、服务集群、视频融合等功能。

（9）水害监控系统：利用基于物联网的水文监测系统和基于大数据的水害预警系统，提高矿井水害防治能力。

（10）视频会议系统：通过现有通信传输媒体，将人物的静动态图像、语音、文字、图片等多种资料分送到各个用户的计算机上，使得在地理上分散的用户可以共聚一处，通过图形、声音等多种方式交流信息。具备媒体处理功能、会议录播功能、双视频流功能、数据会议功能。

（11）洁净生产（防尘）系统：通过对矿井水源的集中控制，利用水源对生产过程中产生的煤尘等进行高效防尘降尘处理，达到净化矿井生产环境的目的。

二、煤制油化工智能化平台

宁夏煤业公司在推进煤制油化工板块智慧化发展中，构建了智慧运营、智慧工程、智慧生产、智慧低碳、智慧安全、智慧供应链、通用支撑、智能控制及智能装备等应用系统。智慧化工运营应用系统构成如表 5-3-1 所示。

表 5-3-1　智慧化工运营应用系统构成

序号	应用类型	平台系统
1	智慧运营	化工产业运营大数据智能分析平台
		化工精益绩效管理系统
		化工生产运营管控系统
2	智慧工程	化工工程设计管理系统
		化工工程项目管理系统
		化工工程移交管理系统
3	智慧生产	化工设备管理系统
		化工生产智能优化系统
		化工高效能源管理系统
		化工技术监督管理系统
		化工班组管理系统
4	智慧低碳	智慧低碳管理系统
5	智慧安全	化工安全管控系统
		化工生态环保监测系统
		化工生产应急指挥系统
		化工生产智能安防系统

表 5-3-1（续）

序号	应用类型	平台系统
6	智慧供应链	采购管理系统
		化工原料与油化品物流管理系统
		销售管理系统
7	通用支撑	化工数字孪生系统
		化工生产工艺模拟调优系统
		化工操作培训系统
		化工实验室信息管理系统
		化工现场作业管控系统
8	智能控制	化工生产过程集控系统
		化工生产状态监测系统
9	智能装备	智能装备

◎ 示例　　宁夏煤业公司煤制油化工板块现用智能化控制系统简介

1. DCS（分散控制系统）。煤制油分公司、烯烃一分公司、烯烃二分公司、甲醇分公司等单位均采用 DCS。该系统以 PID（管道和仪表流程）控制技术为基础，运用集散控制技术，采用控制功能分散、显示操作集中、兼顾分而自治和综合协调方法，满足煤制油化工装置自动控制需要。

2. SIS（安全仪表系统）。SIS 属于煤制油化工单位生产过程自动化范畴，安全等级高于 DCS。当自动化生产系统出现异常时，SIS 会进行干预，降低事故发生的可能性。SIS 以分散控制系统为基础，采用先进、适用、有效的专业计算方法，提高关键装置运行可靠性。

3. GDS（气体检测报警系统）。GDS 主要由可燃气体或有毒气体探测器、现场报警器、报警控制单元等构成，用于检测工厂可燃气体、有毒气体浓度，当环境中有泄漏时，可实时监测并报警提醒。

4. PLC 系统（可编辑逻辑控制系统）。PLC 系统采用一类可编程的存储器，用于其内部存储程序，执行逻辑运算、顺序控制、定时、计数与算术操作等面向用户的指令，并通过数字或模拟式输入/输出控制各类机械或生产过程。

⚠ "安宁"系统功能

链接国家能源集团"基石"项目，集成公司各类安全生产信息系统，查询有关数据。

第四节　智 能 预 警

建设完善的煤矿灾害智能监测预警平台与应急管理平台，实现风险变化分析、危险场景智能分析、重大灾害超前预测、事故超前预警等，是煤矿智能化建设的重要内容。通过智能化技术的应用,对生产过程实行超前分析和干预,可以有效提升监管效率,降低安全事故风险。

宁夏煤业公司有效整合已建成的智能化信息系统,集成分析各系统关键数据,充分发挥视频监控作用,实时监督、实时干预,实现多层面、多角度智能预警,预防生产安全事故的发生。

一、实时预警

通过各类监测监控预警系统对安全生产重要信息数据、设备状态、人员行为等进行分析,识别不安全因素,发出告警信息,提示有关单位立即采取措施控制风险、消除隐患,保障安全生产。"安宁"系统主要预警功能及处理流程包括:

(1) 人员超限预警:出现入井人员超员、超时等情况立即告警,告警信息分级关联至相关安全生产管理人员"安宁"系统手机端,提醒有关人员立即响应和控制,防止井下作业人员超员、超时。

(2) 有毒有害气体超限预警:CO、CH_4 等气体浓度超限立即告警,告警信息分级关联至相关安全生产管理人员"安宁"系统手机端,提醒有关人员立即响应并采取措施,防止人员气体中毒、瓦斯超限、煤层自燃等事故发生。

(3) 通风机断电停机预警:通风机电流、电压、温度等超过预设值,以及主、副风机同时停机时立即告警,告警信息分级关联至相关安全生产管理人员"安宁"系统手机端,提醒有关人员立即响应并采取措施,防止无计划停电停风事故。

(4) 主排水超限预警:高低水位达到预设值时立即告警,告警信息分级关联至相关安全生产管理人员"安宁"系统手机端,提醒有关人员立即响应并采取措施,预防积水隐患及水灾事故。

(5) 带式输送机异常预警:智能识别大块煤、锚杆、异物等,根据危害大小发出声光报警信号或联锁停止相关设备,告警信息关联至相关安全生产管理人员"安宁"系统手机端,提醒有关人员立即响应并采取措施,防止胶带撕裂、断带等事故发生。

(6) 工作面"三机一架"停机预警:采煤机滚筒离护帮板距离超过预设值、液压支架护帮板开闭合状态量异常时立即告警,发出联动控制指令,控制采煤机停车。现场人员根据告警信息立即响应并采取措施,防止截割护帮板、损伤截齿、损坏采煤机等事故发生。

(7) 掘进机安全作业预警:智能识别掘进机迎头伸缩梁开合状态,当伸缩梁闭合、未完全打开或支护不到位时,如有人员进入作业区域,系统立即发出声光报警,提醒作业人员立即撤出,防止片帮伤人、机械伤人事故发生。

(8) 提升机异常预警:对提升机摆动异常、尾绳散股、尾绳缠绕、尾绳脱落等异常进行报警、断电停机,防止提升机带病运行、突然断绳引发生产安全事故。

(9) 梭车行车不行人预警:检测入侵梭车轨道的人或异物,当梭车运行时,有人员或异物入侵轨道,立即发出声光语音报警,提醒作业人员注意防范,防止出现梭车伤人事故。

(10) 矿压监测预警:通过顶板压力监测传感器,当顶板离层变化、下沉超过 400 mm 时,系统自动报警,信息分级推送至相关管理人员,便于立即采取预防措施,防止冒顶、垮落等顶板事故。

(11) 地面水位监测预警:在大南湖、蓄水池等重点环境监测点位安设水位传感器,当水位高于预设值时触发报警,防止出现蓄水堤坝冲毁、大面积溃水的环保事故。告警信息发送至水务公司、公司主管部门相关管理人员。

(12) 储煤场车辆异常行为预警:对内部转运车和装载机安装北斗卫星精确定位卡,实现车辆位置实时查阅、行为轨迹分析、区域电子围栏、车辆行驶越界报警等技术应用,对储煤场内部转运车辆异常行为进行"事前预警"和"事后追溯",防止违规用车、煤炭资源流失等风险。告警信息发送至主管部门相关管理人员。

二、视频监控

视频监控系统作为企业智能化建设的重要组成部分,具有可视化、即时化、可追溯等特点,在煤矿、煤制油化工安全管理工作中起到越来越重要的作用。在满足高危行业特殊生产作业环境所要求的稳定性、可靠性、兼容性等要求的同时,视频监控系统也逐步向自动化、网络化、智能化方向快速发展。

宁夏煤业公司在地面、井下重点区域全面建设视频监控系统,采取 24 h 值班制监控各作业过程,及时发现违章、消除隐患。由于公司生产作业点多、面广、环境复杂,工作人员无法全天候观测所有监控点并长时间保持警觉,存在滞后性,难以及时获取违章作业、环境异常和设备异常状态,为此,公司加强 AI 智能视频监控建设,对监控内容进行智能化实时分析,提升科技手段监管安全的能力。

宁夏煤业公司基于工业视频系统,构建图像智能识别控制系统,服务于场所安全作业、文明施工和综合管理等方面,在发现隐患时立即报警、抓拍照片、延时录像,提醒现场人员和监管人员,并发出联动控制指令,控制现场设备停车,避免重大事故发生。宁夏煤业公司工业视频系统如图 5-4-1 所示。

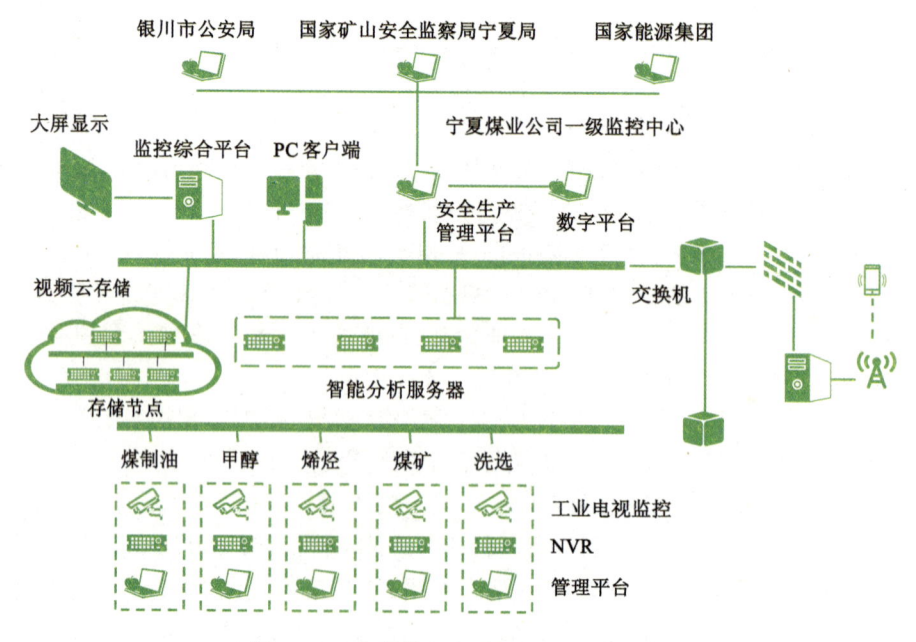

图 5-4-1 宁夏煤业公司工业视频系统图

（一）视频监控管理

宁夏煤业公司制定和执行工业视频监控系统管理办法，规范视频监控系统管理运行，提高视频监控系统使用效能。

1. 管理职责

公司生产技术部、机电管理部、安全环保监察部、生产指挥中心、信息技术中心等单位按照部门职责履行视频监控系统相应管理责任。使用单位负责本单位工业视频监控系统日常管理工作，制定完善本单位工业视频监控系统考核管理制度和岗位责任制；保证工业视频监控系统平稳运行、摄像头安装角度合理、画面清晰；负责系统的现场施工管理、安装、调试、维护及上传服务器等工作；通过视频监控系统查出的违章行为纳入本单位不安全行为管理。

2. 编号管理

为便于管理、易于查询，公司对视频监控实行编号管理。视频监控摄像头分别采用"安装地点简称""编号"或"安装地点简称＋编号"等方式进行命名，同时建立相应管理办法，加强运行管理。

◎ 示例　　宁夏煤业公司工业视频监控系统管理办法（节录）

管理要求：

1. 工业视频监控系统中采煤工作面、掘进工作面、变电所等地点的摄像头名称应写明安装地点。同一地点安装多个摄像头的，可按照方位或数字的形式进行编号。

2. 采煤工作面、掘进工作面等重点生产区域、重点场所的摄像头应做到 24 h 不间断运行，必须随工作面推进及时挪移摄像头，并保证视频传输状态良好、视频画面清晰。摄像头挪移过程中，必须有专人管理，确保其编号、挪移路线、监控范围始终保持一致。

3. 临时高风险作业场所、无视频信号作业场所，各单位需配置移动录像设备，对作业人员、作业场所及作业流程进行录制。录像设备也应进行编号，便于识别和动态管理。

（二）视频监控分类及功能

公司视频监控可分为监测监控类、生产类、辅助类，主要实现对高风险、重要场所、关键岗位的作业过程进行巡查、纠错、远程指导、盯控落实和不安全行为查处等功能。系统应用场景主要包括重点生产区域及高风险作业监控、主要设备运行状态监控等。宁夏煤业公司视频监控系统应用如图 5-4-2 所示。

（三）视频监控布置

公司视频监控设备设置个数和位置根据实际情况实现重点区域全覆盖。

1. 地面区域

地面重点区域监控摄像头安装要求如表 5-4-1 所示。

2. 井下区域

井下重点区域监控摄像头安装要求如表 5-4-2 所示。

```
┌──────────────────────┐              ┌──────────────────────┐
│  重点区域及高风险作业  │              │    作业过程规范       │
├──────────────────────┤              ├──────────────────────┤
│  主要设备运行、检修    │   视        │    设备规范管理       │
├──────────────────────┤   频        ├──────────────────────┤
│  关键岗位现场作业      │   监        │    事故分析、调查     │
├──────────────────────┤   控        ├──────────────────────┤
│  班前会召开情况        │   系        │    治安事件调查       │
├──────────────────────┤   统        ├──────────────────────┤
│  矿（厂）区安防       │              │    应急救援信号源     │
├──────────────────────┤              ├──────────────────────┤
│       ……             │              │        ……            │
└──────────────────────┘              └──────────────────────┘
```

图 5-4-2　宁夏煤业公司视频监控系统应用示意图

表 5-4-1　地面重点区域监控摄像头安装要求

序号	安装地点	安装数量	单位	安装要求	备注
1	工业广场	/	路	可清晰监视整个工业广场全景。根据现场情况，安装数量以实际需求为准	
2	调度室	≥1	路	可清晰查看值班人员情况，能够覆盖整个调度室	具备拾音功能
3	班前会会议室	≥1	路	可清晰查看参会人员情况，能够覆盖整个会议室	具备拾音功能
4	变电所/配电室	≥2	路	可清晰监视每排柜两侧、变压器、控制室及人员值班、作业情况，能够覆盖整个变电所、配电室	
5	主通风机房	≥5	路	可清晰监视配电室、风门间、通风机、控制室、防爆风门及人员值班、作业情况，能够覆盖整个主通风机房	
6	主井驱动机房	≥3	路	可清晰监视带式输送机机头、控制室、配电室及人员值班、作业情况，能够覆盖整个主井驱动机房	
7	绞车机房	≥3	路	可清晰监视出绳口、绞车转动部位、操作台、配电室及人员作业情况，能够覆盖整个绞车机房	
8	压风机房	≥3	路	可清晰监视压风机、配电室、风包间及人员作业情况，能够覆盖整个压风机房	
9	制氮机房	≥2	路	可清晰监视制氮机、配电室及人员作业情况，能够覆盖整个制氮机房	
10	瓦斯抽采泵房	≥6	路	可清晰监视门禁、泵房、冷却塔、配电室、三防间、控制室及人员作业情况，能够覆盖整个瓦斯抽采泵房	
11	消防泵站	≥2	路	可清晰监视泵房、配电室及人员作业情况，能够覆盖整个消防泵房	
12	地面灌浆站	≥1	路	可清晰监视主要设备及人员作业情况，能够覆盖整个地面灌浆站	
13	锅炉房	≥1	路	可清晰监视主要设备及人员作业情况，能够覆盖整个锅炉房	
14	机修车间	≥2	路	可清晰监视主要设备及人员作业情况，能够覆盖整个机修车间	
15	设备库	≥2	路	可清晰监视设备状态及人员作业情况，能够覆盖整个设备库	
16	材料库	≥2	路	可清晰监视材料状态及人员作业情况，能够覆盖整个材料库	
17	室外龙门吊	≥1	路	可清晰监视龙门吊状态及人员作业情况，能够覆盖龙门吊作业场所	

表 5-4-1（续）

序号	安装地点	安装数量	单位	安装要求	备注
18	主井口	≥1	路	可清晰监视主井出入人员情况,能够覆盖整个井口区域	
19	副井口	≥1	路	可清晰监视副井出入人员及车辆情况,能够覆盖整个井口区域,立井井口不少于2路摄像头	
20	风井口	≥1	路	可清晰监视风井人员出入情况,能够覆盖整个井口区域	
21	炸药库	/	路	可清晰监视整个炸药库。摄像头安装数量执行炸药库安防规范	
22	煤场	/	路	可清晰监视落煤点、煤堆全貌、装载作业点、车辆出入口、筛分系统、周界及人员作业情况。摄像头安装数量以实际需求为准	
23	有安全风险的临时作业点	≥1	路	安装便携式移动监控摄像头,可清晰监视作业范围的全景	
24	其他工业厂区的建筑物、构筑物及人员活动的场所比照以上原则进行设置				

表 5-4-2　井下重点区域监控摄像头安装要求

序号	安装地点	安装数量	单位	安装要求	备注
1	副斜井各水平车场	≥5	路	可清晰监视井下各水平车场的道岔、安全门、阻车器、防跑车装置、摘挂钩地点等	
2	副立井各水平车场	≥3	路	可清晰监视各水平罐笼出入口及人员等候硐室	
3	工作面支架及采煤机	/	路	按照采煤自动化要求配置	
4	采煤工作面上下端头	≥2	路	可清晰监视上下出口人员出入、超前支护和人员作业情况	
5	三机和带式输送机	≥3	路	可清晰监视各转载点、除铁器、搭接点的运行情况	
6	集中供液配电点	≥1	路	可清晰监视配电点所有电气设备及操作人员操作设备情况	
7	制冷硐室	≥1	路	可清晰监视制冷机组运转状态及检维修人员操作设备情况	
8	掘进迎头	≥1	路	可清晰监视掘进迎头的作业情况	
9	掘进可伸缩带式输送机	≥1	路	可清晰监视掘进可伸缩带式输送机的运行情况	
10	带式输送机	≥1	路	可清晰监视搭接点的运行情况	
11	带式输送机机头、机尾	≥1	路	安装于带式输送机机头或机尾,正对胶带,能够监视煤流情况	
12	主运输转载点、落料点	≥1	路	安装于转载点、落料点上方,能够监视转载点、落料点情况	
13	煤仓上下口	≥1	路	可清晰监视煤流、放仓及操作人员的作业情况	
14	井下变电所	≥2	路	可清晰监视主要设备、人员作业情况,能够整体覆盖变电所	
15	井下水泵房	≥2	路	可清晰监视主要设备、人员作业情况,能够整体覆盖水泵房	

表 5-4-2（续）

序号	安装地点	安装数量	单位	安装要求	备注
16	井下绞车房	≥2	路	可清晰监视绞车运行及操作室情况	
17	装载硐室	≥1	路	可清晰监视带式输送机装载点、定量斗、操作室情况	
18	永久避难硐室	≥2	路	可清晰监视永久避难硐室整体情况	
19	工作面安装回撤点	≥1	路	可清晰监视工作面安装回撤工序及作业人员情况	
20	巷修点	≥1	路	可清晰监视巷修点作业人员安全行为情况	
21	施工钻孔作业点	≥1	路	可清晰监视设备运转及作业人员情况	
22	有安全风险的临时作业点	≥1	路	安装便携式移动监控摄像头，可清晰监视作业范围的全景	
23	除以上地点外，有新增系统参照以上原则进行设置				

三、智能识别

企业视频监控系统实现了煤矿、煤制油化工重点生产区域在线监测。在此基础上，通过将视频监控系统与人工智能、机器视觉、边缘计算等技术相结合，可以有效扩展视频监控效能，形成 AI 智能服务平台，对人员、设备、环境运行情况，人的不安全行为及生产系统运行异常情况进行智能监管。应用图像智能识别控制技术，可协助安全监管人员精准发现问题，延伸安全视角和防线，有利于增强员工敬畏安全的心理，促进良好安全习惯的养成，减少事故发生。

（一）智能识别算法清单

图像智能识别控制系统采用数字化视频技术、AI 图像智能识别技术及模糊控制技术，利用视频监视和识别人员、设备等运行状况，对人员不戴安全帽、脱岗等违章情况进行识别，抓拍照片、自动录像、弹屏报警，有效提升安全生产智能化管理水平。图像智能识别控制系统算法清单（部分）如表 5-4-3 所示。

表 5-4-3 图像智能识别控制系统算法清单（部分）

序号	事件分析	报警类型	功能
1	巡检分析	巡检轨迹	1. 实时检测人员并显示跟踪轨迹，将巡检轨迹信息发至平台； 2. 应用于水泵房、变电所等需要人工巡检的场合
2	胶带分析	胶带跑偏	检测胶带两侧的托辊是否在画面中显示；当有一侧有显示、另一侧没有显示时，判定为跑偏，立即报警
3	区域分析	人员入侵	1. 最多划定 4 个区域； 2. 人员进入划定区域后立即报警； 3. 人员进入不同区域播放不同语音，可以选择干接点输出； 4. 当人员进入重叠区域时，以靠前的区域为准；当出现多个区域同时有人员入侵时，同时发出报警信息

表 5-4-3（续）

序号	事件分析	报警类型	功能
4	行为监管	安全帽检测	在划定区域内，人员未戴安全帽立即报警
5		人员脱岗检测	1. 在划定区域内检测人员是否在岗，不在岗立即报警； 2. 脱岗时间可自定义
6		吸烟检测	在禁烟区域内检测到人员吸烟立即报警
7		超挂车检测	1. 对挂车进行自动计数，当超出限定数量时立即报警； 2. 超限数据可自定义设置
8		绝缘手套检测	划定区域内检测到人员未戴绝缘手套、未穿电工绝缘靴等个人防护用品时立即报警
9		挂网检测	掘进工作面迎头非掘进作业期间未按规定悬挂柔性网时立即报警
10		设置遮栏检测	检测到现场施工周围未设置遮栏或警戒线时立即报警
11		安全绳检测	在需要挂安全绳场景下，检测到人员未挂安全绳立即报警
12		口罩检测	检测到人员未戴口罩时立即报警
13		工作服检测	检测到划定区域内人员未按规定穿工作服时立即报警
14		车辆计数	对车辆进出数量进行统计，当超出限定数量时立即报警
15		人员睡岗	在划定区域内检测到人员睡岗时立即报警
16	超员检测	限定人数监测	1. 在划定区域内进行人数统计； 2. 超出限定人数时发出报警
17	环境隐患	积水检测	检测到划定区域内有积水时立即报警
18	设备隐患	护帮支护检测	支架护帮板未展开或展开不到位时立即报警

（二）智能识别主要功能

宁夏煤业公司利用 AI 智能识别平台、深度学习技术，实现常见违章和隐患智能识别图像抓拍、延时录像、自动报警等功能。通过对人的不安全行为、物的不安全状态、环境的不安全因素进行智能识别分析、报警，辅助安全监管人员提升监管效率，减少事故发生。图像智能识别控制平台主要功能包括：

（1）变电所、水泵房、瓦斯泵站、带式输送机机头巡检智能识别预警。系统采用视频智能识别分析装置进行人员检测，跟踪人员轨迹，统计人员进出情况。采用行人不行车、危险区域禁止进入、变电所和机房巡检等算法，分析是否有违规现象，出现违规现象触发报警联动，通过语音报警提醒相关人员立即离开危险区域。报警信息实时发送至 AI 分析平台，同时在客户端软件弹窗并发出语音提醒值班人员及时处理。

（2）运行带式输送机、带式输送机机头、刮板输送机等危险区域人员入侵智能识别预警。利用现有网络摄像头，增加视频智能识别分析装置，实现人员入侵识别。有人员进入危险区域时，触发报警联动，通过语音报警提醒相关人员立即离开。识别范围主要包括：综掘机、采煤机、带式输送机、刮板输送机运行时人员擅闯警戒；人员进入盲巷或栅栏内；斜巷提升时，信号工、把钩工未进入躲避硐室；无极绳绞车（卡轨车）钢丝绳牵引运输时，人员在警戒区域内作业或行走；人员不经"过桥"直接跨越运行中的带式输送机、刮板输送机或未封闭段转载机等。

（3）人员不安全行为智能识别预警。识别范围主要包括：特殊岗位班中脱岗或睡岗；地面瓦斯抽采站内吸烟；井下变电所、地面变电所操作人员未戴绝缘手套，未穿电工绝缘靴；井下作业未戴安全帽、未挂安全绳、未戴口罩进入采掘工作面；向运行胶带上铲煤或扔杂物；未按时进行主、副井验绳；变电所内巡检人员未按计划路线巡检；使用机车或矿车顶开风门；在风锤、锚杆机、单体支柱、钻机、综掘机炮头、矿（叉）车等设备上作业；钻机正在钻进时，跨越、低头钻过钻具或从后方通过；采煤机割煤时，滚筒上、下5架范围内，在支架前立柱与电缆槽间行走或逗留；斜巷提升车场内车辆未停稳进行摘挂钩、掩（锁）车等。

（4）设备隐患智能识别预警。对井下设备常见异常进行智能识别，实现自动识别报警、图像抓拍、延时录像等功能。对落煤口或转载点煤炭堆积、斜巷提升超数量挂车等情景进行智能识别并预警。

◎ 示例　　　　　　　　　　**金家渠煤矿 AI 智能视频分析平台建设情况**

金家渠煤矿 AI 智能视频分析平台实现场景主要包括井下采、掘、机、运、通重点区域和地面部分重点场所；共有 300 余路摄像头，90 路符合 AI 智能视频分析要求并加载在平台，37 路摄像头已做算法分析。

平台主要使用人体识别算法、肢体识别算法、物体检测、物体分类、图像增强、强光抑制、超分辨率等图像识别技术，智能识别井下人员作业行为，含掘进工作面、采煤工作面、机房硐室智能巡检算法场景分析。其中，掘进工作面具备危险区域闯入、人员违章行为识别，以及胶带运输大块、异物等危险识别、分析、预警；采煤工作面具备危险区域识别、采煤机滚筒识别、护帮板支撑识别、刮板输送机直线度识别、工作面图像拼接等功能。

金家渠煤矿 AI 智能视频分析平台的建设和投运，完善了现有工业电视监控系统功能，提升了煤矿智能化水平，对保障安全生产、提高劳动生产率、降低生产和管理成本具有重要意义。

四、重要数据

各类重要数据是宁夏煤业公司组织日常生产、掌握运营动态、下达阶段任务、管控安全生产的依据。"安宁"系统集成安全监测监控系统、安全生产可视化系统、生产系统、大数据智能分析系统、应急辅助指挥系统等，实时提取产销量、高风险作业、人员设备信息、隐患排查治理、值班动态等重要数据。公司通过系统平台持续关注重要数据，便于管理人员实时查询、分析生产经营动态。宁夏煤业公司安全生产重要数据如表 5-4-4 所示。

表 5-4-4　宁夏煤业公司安全生产重要数据

序号	数据名称	数据来源
1	当日原煤产量	胶带计量系统
2	当日掘进量	生产调度系统
3	当日化工品产量	智慧化工系统
4	当日煤炭销量	销售管理系统
5	当日化工品销量	销售管理系统

表 5-4-4（续）

序号	数据名称	数据来源
6	当日高风险作业数量（煤矿井下、地面、化工单位）	"安宁"系统
7	当日各矿井人数	人员定位系统
8	CO、CH_4、粉尘浓度及温度、湿度等信息	安全监测系统
9	当日挂牌重大隐患数量（现存）	双重预防系统
10	污染物排放量、矿井水处理量	智慧水务系统

重要数据可直观体现安全生产实际情况，具体如下：

产量数据：真实反映全公司煤炭、煤制油化工等主要产品生产情况，适时掌握产量动态，有利于决策层、管理层根据变化及时调整生产方向，保证按时间节点完成生产任务。

销量数据：反映公司煤炭、煤制油化工产品销售目标完成情况，便于及时发现数据异常，灵活调整销售区域、销售渠道、产品价格等。

掘进进尺数据：是影响矿井采掘接续计划的重要指标，决策层、管理层可根据进尺完成情况研究是否调整生产计划，以保证公司生产任务顺利完成，实现均衡稳定生产。

高风险作业数量：直观反映全公司具有一定安全风险的重点作业情况，掌握数据有利于摸清当日主要安全风险源点，提前制定风险作业防控措施，加强现场监管，防范事故发生。

入井人员数量：适时监控井下作业人员数量，控制井下人员超限等安全风险。

CO、CH_4 粉尘浓度及温度、湿度等数据：反映井下作业环境安全状况，监测监控气体、粉尘浓度及温度、湿度等数据变化，有利于管理人员及时根据气体数值变化采取措施，保护作业人员身体健康和生命安全。

重大隐患数量：显示挂牌管理的重大隐患数量及整改进度，便于公司主管部门和基层单位进行重大隐患整改，有利于决策层、管理层掌握风险点，采取防范措施。

矿井水处理量、污染物排放量：便于决策层、管理层掌握生产对环境保护的影响程度，确保依法合规取水用水，杜绝发生环保事件。

> **"安宁"系统功能**
>
> 链接国家能源集团"基石"项目，查询公司监测监控设备图像、安全生产重要数据等。

第五节 机电运输

随着经济社会发展，企业生产规模不断扩大，生产技术水平不断提升，企业生产活动对机电设备的依赖程度越来越高，特别是煤炭企业机电设备不仅涉及范围广，而且技术性强。加强机电设备管理，可以使设备性能充分发挥，减少设备影响，保障安全生产。宁夏煤业公司推行机电设备"全生命周期管理"，通过智能控制技术研究与应用，提高机电设备的可靠性和稳定性，推动企业安全高效发展。

一、设备管理

宁夏煤业公司对机电设备实行分类管理、逐级负责,明确管理职责、基础管理、运行管理、维修管理、仓储管理、报废管理、检查与考核等内容,全方位加强设备管理。

(一)管理职责

公司机电管理部是煤矿板块机电设备管理的业务主管部门,负责制订设备接续及大(项)修计划和公司中长期设备更新规划、审批设备调拨、设备管理检查考核等工作;规划发展部负责审核下达年度设备购置、大(项)修资金计划;财务部负责设备资产管理;企业策划部负责设备采购招标审核;物资公司负责设备采购供货及实物处置;设备使用单位负责本单位设备的安装、运行、检修、保管以及大修计划编制提报等工作。

煤制油化工部负责组织审核煤制油化工板块各装置设备更新改造计划,审核热动专业设备大修及技改计划、方案,审核年度维修计划、技术改造等项目立项及投资决策,审核工艺优化和消缺改造方案并对实施效果进行后评估。

(二)基础管理

重点做好设备计划、设备选型、设备购置、设备安装、设备调试、设备验收。设备严格按档案管理标准执行,在全生命周期内所有信息齐全完整、数据真实准确,每月进行信息更新。主要设备调剂和调拨时,必须保证设备的完整性,不得拆套;零部件(遗留配件)、专用工器具、技术资料随主机一并调剂、调拨。

(三)运行管理

设备按照安全操作规程和标准作业流程使用,实行设备点检、润滑及包机负责制,定期进行完好检查、维护保养及检修并记录在案,确保大型在用固定设备综合完好率不低于90%,待修率不高于5%,事故率不高于1%。定期对主通风机、主排水泵、压风机、主运输带式输送机、主要提升装置、无轨胶轮车、架空乘人装置、起重机等设备进行性能测试,合理安排预防性检修,执行"每月至少一天停产检修"的管理规定。

(四)维修管理

设备使用单位合理制订设备维修计划,确需升级改造时,应进行技术、经济论证。设备大修应采用先进技术、工艺和部件;需要委外检修时,执行公司有关规定。有偿使用设备大修计划由公司设备管理中心统一安排。设备大修后,应按照设备大修的出厂标准进行外部检查、空运转试验、负荷试验和必要的技术性能试验。

(五)仓储管理

各单位建立专用的设备库(棚),存放备用、待修、闲置的设备。特殊原因暂时不能入库(棚)需露天存放的,要采取防雨、防晒、防潮、防冻、防锈等措施。长期处于备用状态的设备要定期维护保养,保持完好状态。

(六)报废管理

对国家规定淘汰的设备,以及技术性能落后、能耗高、效率低或超过折旧年限、无修复价值的设备,按规定进行报废处置。使用单位负责妥善保管待报废设备,已报废设备在处置前严禁借出、租赁、出售,具有使用价值的零部件应分类建账保管。

（七）检查与考核

设备使用单位每月组织一次机电设备检查考核,公司机电管理部每季度组织一次机电管理风险预控检查、考核,并不定期组织机电设备专项检查。对检查出的隐患（问题）按照"五定"原则进行整改、验收,促进设备运行、维护保养水平和管理质量不断提升。

◎ 示例　　　　宁夏煤业公司有偿使用设备管理办法（节录）

公司有偿使用设备主要是指综采综掘设备、控制系统和主要大部件。设备管理中心是设备维修管理主体,负责设备维修调研、任务下达、过程监管、验收、质保等全流程管理。

设备有偿使用费由折旧费、大修费构成,停用、退用的设备只提取折旧费。设备有偿使用费以天为单位计算,自第一台设备离场起计费至最后一台设备回收升井停止计费,按实际占用时间收取。有偿使用费每月与使用单位结算一次,设备管理中心出具结算单报公司财务部统一收取,设备有偿使用费由使用单位生产成本列支,并纳入年度绩效考核。

各单位、设备管理中心定期清查摸底设备,依据设备更新改造、使用状况、资产折旧、毁损情况,及时组织设备调剂、报废申请。特殊情况急需配件,由使用单位提出拆件申请,设备管理中心办理相关手续后方可拆件。拆件后由使用单位补报配件采购计划,并在三个月内恢复。对待报废仍具有使用价值的零部件可分类拆卸,建账保管,留作备用或转让。对已批准未处置的报废设备,任何单位或个人不得以任何借口拒交或将设备残体转让、销售。

设备基础管理、运行管理、维修管理及调剂管理等考核按相关规定执行,造成设备事故的,按照规定追查。因设备使用单位无计划占用,造成设备闲置的,除正常计费外,加收一倍费用。使用单位擅自出售、转让、出租、借出、改造及拆卸设备的,按相关规定追责。

◎ 示例　　　宁夏煤业公司综采工作面吊装、捆绑、拖运作业连接器件管理规定（节录）

1. 各类连接器件的选取必须符合国家标准或行业标准,原则上选择知名品牌专业厂家,招标采购不可使用最低价法。

2. 对各类连接器件的选型,必须考虑使用环境、使用条件;必须对各类连接器件所承受的载荷逐一验算,安全系数符合规定,各种连接器件的极限载荷和安全系数相匹配。

3. 自行加工插接的钢丝绳绳扣,其插接长度不得小于绳径的30倍,其安全系数按同等规格钢丝绳作提升物料的标准要求,即新制作钢丝绳扣安全系数不小于6.5,在用的钢丝绳扣定期检验时安全系数不小于5,其他各类连接器件的受力载荷不得超过额定载荷。

4. 钢丝绳绳扣断丝数达5%、直径减少10%及以上必须做报废处理;钢丝绳被压扁直径超原直径的20%、扭曲打结、损伤、松股、弯折、严重锈蚀时必须报废;停用一年以上的钢丝绳绳扣重新使用前,应进行检验,合格后方可继续使用;吊装作业使用频繁疲劳的钢丝绳扣,使用期达两年的必须强制报废。

5. 吊链发生塑性变形,伸长超过原长度5%,危险截面及链环直径磨损减少量达原尺寸10%的必须报废;吊索上任何部位不得有裂纹、裂缝、明显扭曲及严重锈蚀等对使用有影响的缺陷。

6. 吊带不准打结使用,承载时不准设备转动使吊带打拧;合成纤维吊带每年进行一次无损检验,检验不合格做报废处理;使用中出现软化、老化、纤维表面严重磨损,异常变形起毛,宽度、厚度磨损超 10%,吊带出现死结等现象时必须及时报废。

7. 卸扣体的扭转变形超过 10%,部件的磨损量超过公称尺寸的 5% 必须报废,在使用过程中应注意卸扣的受力方向,严禁横向受力;安装横销轴,螺纹旋足后应回转半扣螺纹,不准敲击螺纹尾部,不准用其他材料的螺栓取代卸扣配套螺栓。

8. 每年必须对起吊质量大于 5 t 的各类金属连接器件进行一次无损伤性检验,对不合格的连接器件进行强制报废。

9. 现场起吊、搬运设备时必须平稳操作,禁止强拉硬拽,各类连接器件的受力方向必须正确,原则上应同设备的起吊孔(环)有效连接,如遇特殊情况时,必须采取有效措施防止钢丝绳绳扣体及其他连接器件在受力件直角及锐角处发生弯折或斜侧受力,必须保证各类连接器件只受正向力一种正确受力状态。

10. 各单位必须加强现场受力连接器件的安全管理,连接点周围、受力线双侧严禁人员滞留,现场指挥、监护人员必须采取可靠的掩(防)护措施。

11. 严格连接器件日常检查制,发现有损坏或缺陷时严禁继续使用。

◎ 示例　　　　　　　　　　金凤煤矿井上、下起吊作业清单(节录)

序号	起吊物件名称	起吊质量	起吊方式	起吊用具	起吊示意图	作业流程	管控措施
1	采煤机 滚筒	5.5 t	液压支架起吊环	2台5t手拉葫芦起吊,1台3t的手拉葫芦用于侧拉		1. 检查支护; 2. 准备工器具; 3. 起吊设备; 4. 回收手拉葫芦; 5. 清理作业现场	1. 进行起吊及搬运作业时,必须由专人统一指挥并负责观察起吊过程中的异常情况及顶板变化情况,同时把关安全起吊的作业程序和安全监护工作,其他人员必须服从命令、听从指挥。各起吊环节严禁使用40型链环及马蹄环等禁用器材。 2. 所使用起吊用具必须经过现场检查确认完好后方可投入使用。起吊作业时,拉小链人员必须站在物体侧前方,避开重物倾倒、下滑方向及断链后小链回弹方向。 3. 起吊作业必须进行试吊,试吊高度距底板100 mm,试吊时间不小于1 min待确认起吊用具各部位环节安全可靠后,方可进行起吊作业。
2	采煤机 截割电机	5 t	液压支架起吊环	2台5t手拉葫芦起吊,1台3t的手拉葫芦用于侧拉			

◎ 示例　　　　　　　　　　　**手工工具使用管理规定（节录）**

手工工具管理的主要对象包括手工工具、管理制度、使用规程、完好标准、作业人员等。

手工工具管理的潜在风险包括强度不符合标准、绝缘不符合标准、功能不符合标准、动力手工工具操作不当、使用不合格工具等。

手工工具管理要求如下：

1. 煤矿要采购符合国家标准的手工工具，并根据手工工具使用说明书，制定手工工具完好标准和使用规程。

2. 煤矿为作业人员配备符合岗位作业要求的手工工具，作业人员必须熟悉工具使用规程。

3. 自制手工工具、非标制作的手工工具，在制作前应提前制定制作标准和安全使用措施，并经过煤矿技术负责人批准。

4. 手工工具使用前，必须检查是否有损坏，不得使用不完好的工具。保持工具清洁，尤其是工具的手握部分，以免工作时滑手甩出。不使用时，应用防护物将刀锋或尖锐部位包裹以作保护。

5. 作业人员应以正确姿势及手法使用工具，使用时要出力平稳，勿将刀锋或尖锐部分朝向自己或他人。

6. 电动手工工具使用前应检查工具护罩是否完好，电线及连接是否完好，检查工具绝缘和接地；检查电压与电源的电压是否一致。

7. 气动手工工具使用应检查气源是否符合要求，连接气管是否完好，保护是否完好。

8. 使用手工工具作业要按照使用规程佩戴相应的劳动保护用品。

9. 工具的储存应整齐，放于合适位置，避免摆放杂乱无序，在找寻时造成受伤。

10. 定期对工具进行检查及测试，使工具保持正常使用状态，破损工具如无法修复应立刻弃置。待修工具可悬挂"待修"牌以作识别，以免被其他员工误用。

11. 建立手工工具登记及使用管理台账，制定手工工具检查清单，工具在入库和领用时根据完好标准和检查清单进行检查并做好记录。对损坏的工具应及时更换。

12. 在高架平台或高空作业时，手工工具应加装固定手腕带，防止工具坠落伤人或砸坏设备。

二、供用电管理

宁夏煤业公司加强供用电管理，执行电气设备和电力系统的设计、选型、安装、验收、运行、检修、试验、管理等行业标准，做到供用电安全、规范管理。

（一）管理机制

公司机电管理部是供用电业务、技术管理部门，负责贯彻落实供用电行业技术规范和标准；协调、指导、督查供用电单位相关业务。公司生产技术部是供用电基建（技改）项目建设的管理部门，负责供用电基建（技改）项目的建设管理，并组织项目竣工验收。水电分公司是公司内部专业化供电单位，负责所辖供电系统的运行管理和调度，定期检查、试验、维护保养供电设施，及时消除供电缺陷和隐患。各用电单位严格执行国家及公司有关供用电技术规范和标准，负责本单位供用电运行管理，每月向公司上报用电情况统计表并进行分析。

（二）技术要求

禁止使用列入国家明令禁用或淘汰的机电设备和工艺目录的产品或工艺。新装、检修的电气设备，必须经试验合格并取得试验报告方可投入运行。移动变电站引出的馈电线所装设的馈电开关按照分馈设置，每个用电设备 300 m 范围之内必须设置馈电开关。实现远程停送电功能的，应及时修订相关制度及操作规程。无人值守的变配电所（室）按规定进行巡检，特殊情况经许可后方可现场操作。地面线路两侧进行爆破、开挖、装卸等作业的，必须符合相应规范要求；线路、杆、塔防护措施到位，警示标志设置醒目。井下 127 V 以上供电电缆在其中间"T"接其他负荷，或因保护距离不能满足时，必须加装馈电开关。公司内部用电单位新增或增容 1 000 kW 以下的内部用户，由供电单位审批并负责接入；新增或增容超过以上规定的用户，经供电单位审核后报公司机电管理部审批，供电单位负责接入。

（三）停送电管理

停电检修必须履行停电检修作业申请票和安全技术措施制度。高压电气设备和线路的检修必须严格执行工作票、操作票制度。停电检修不得搭车作业，确需同时进行检修作业的，必须分别办理停电工作票。上一级变电所故障停电时，应告知受影响单位停电原因及计划送电时间。用电单位对电缆进行绝缘测试时，馈出开关必须处于冷备状态。进行检修作业时，馈出开关必须处于检修状态。严格执行"谁停电、谁送电、谁挂牌、谁摘牌、谁上锁、谁解锁"六统一原则，并进行能量隔离。

（四）计划与节约用电

用电单位科学预测月度用电量，每月申报次月用电计划，公司按月考核（含光伏发电企业）；利用现有无功补偿装置合理投切，提高电网功率因数；合理调整用电负荷，减少基本电费支出；合理安排生产，避峰填谷；积极推广应用节能设备和节能技术。

（五）计量管理

计量管理原则上采用高供高计。计量装置必须经有资质的单位校验合格后方可使用，任何人不得擅自启封、拆除、移动、更换。

◎ 示例　　　　　　　　　宁夏煤业公司停送电管理风险控制矩阵

编号	风险点	风险控制标准	控制点编号	控制措施	控制频率	主责单位	实施证据	制度索引
R1	停送电联系人、停送电审批人对停送电设备所在变电所（站）、开关编号及名称、影响范围、采取的安保措施不清楚	熟悉停电范围的供电系统，具有相关专业知识和工作经验	C1-1 C1-2 C1-3	1. 停送电联系人必须是已备案有效的专业人员； 2. 停送电审批人必须是已备案有效的专业人员； 3. 严格执行供用电管理规定及停送电管理细则	业务发生时	水电分公司	实时供电系统图	公司供用电管理规定
R2	未严格按照"两票制"及安保措施内容作业	严格执行公司制度	C2-1 C2-2	1. 严格执行"两票制"； 2. 严格执行作业安保措施	业务发生时	水电分公司	"两票制"及作业安保措施	公司供用电管理规定

三、矿井运输

煤矿运输系统是指在掘进和采煤过程中完成煤、矸石、人员、材料、设备等运输任务，由若干机械装备和电气装置所组成的系统。根据运输对象不同，分为主运输系统和辅助运输系统。主运输系统一般采用多条带式输送机（或刮板输送机）和井下缓冲煤仓搭接的方式实现煤炭连续高效运输，主要负责从井下采煤工作面、掘进工作面经工作面巷道、中转煤仓、大巷、井底煤仓、主斜井（或立井）提升系统、地面上仓至原煤仓的煤及矸石运输任务，目前大部分矿井都采用"带式输送机＋斜井或立井提升"的连续运输工艺。辅助运输系统在煤矿生产中主要完成除煤炭运输以外的人员、物料、设备、矸石等运输工作，除了传统的"轨道机车＋斜井绞车或副立井提升"的非连续运输工艺外，斜井开拓的矿井普遍采用无轨胶轮车的"点到点"运输工艺。

宁夏煤业公司矿井运输设备包括带式输送机、刮板输送机、转载机、无轨胶轮车、提升机、架空乘人器、轨道运输、绞车、单轨吊等。运输系统具有战线长、环节多、涉及面广、接触环境复杂多变等特点，其安全性、稳定性、可靠性直接影响矿井安全生产。公司建立健全煤矿运输系统安全管理制度，强化设备选型准入，实施精益化管理，突出系统性风险辨识与管控，推进技术创新和升级改造，不断提升矿井运输系统安全管理水平。

◎ 示例　　　　　　　　宁夏煤业公司带式输送机管理办法（节录）

第十四条　固定式输送机机头、机尾、张紧、制动、逆止装置，应采用混凝土基础固定安装，中间件应固定；无基础安装的带式输送机应符合设备说明书工艺流程要求。

第十五条　安装必须保证"一线、二直、三平"。即一条中心线，滚筒和托辊与中心线垂直、胶带接头与中心线垂直，左右机架水平、滚筒轴向水平、滚筒与滚筒平行，张紧装置拉力方向与输送机中心线一致。

第十六条　应装设以下安全防护装置：

（一）设置智能视频安全防护系统，防止设备运行时人员误入。

（二）在机头、机尾装设防止人员与驱动滚筒、导向滚筒相接触的防护网栏。

（三）各转动部位、储带、装卸载及人员通过处防护齐全可靠，防护罩或网固定牢靠。

（四）煤仓口、溜煤眼及卸料点上口应有防护网栏。

（五）大于16°的倾斜井巷中，应当设置封闭防护网，防止物料下滑、滚落。应选用便于检修的可拆卸型防护网，防护网格大小应以防止人员肢体伸入且利于操作、巡视人员巡视带式输送机运行情况为宜，运转期间严禁拆除防护网。

第十七条　在巷道起伏变坡点的曲率半径应满足运行要求。凸点应加密托辊组，凹点应加装可转动的压带装置或加设立腿，起伏变坡较大时应设置折返装置。

第十八条　高度超过2 m的卸载点、驱动部、转载点、保护试验点应设置检修试验平台，并有可靠的防护设施。

第十九条　机头、机尾、转载点清扫器安装齐全，固定牢靠。

（一）机头卸载滚筒水平中心线偏下安装第一道刀形主清扫器。

（二）卸载滚筒底带下方且在接料斗内安装第二道弹性平行清扫器。

（三）转载点后方和机尾滚筒前方合适处（或自移机尾前方）底带上安装犁式清扫器或重力清扫器。

第二十条　煤仓、接料槽及挡板承受冲击载荷处应设置受料防砸格、缓冲台，导料槽底板、装载部的接料槽及挡板，可衬阻燃高分子聚乙烯或碳化铬复合等耐磨板，必须固定牢靠。

第二十一条　转载点应留有一定的缓冲空间和堆煤能力，装载部位应设置接料槽及挡煤板，并在受料部位合理设置缓冲钢梁、铁链、钢板等；落料点应安设缓冲床、缓冲托辊，空载时缓冲床与胶带应有 20 mm 左右间隙，缓冲床的两侧应安装缓冲托辊。

第二十二条　掘进后配套输送机与输送机搭接点漏煤斗中间必须加装筛篦子，筛篦子孔孔径不超过 400 mm；加装筛篦子处必须安装可靠的清理筛篦子上大块煤矸的平台，平台必须安装防护栏。

第二十三条　保护装置的安装及试验严格执行带式输送机保护装置的安装及试验规定。

第二十四条　操作、使用、维护、检修、故障处理等作业，严格执行安全技术操作规程、岗位标准作业流程等相关要求。

第二十五条　现场操作、巡检和集控人员应严格执行交接班制度，作业前应进行岗位安全风险辨识，严格按照岗位标准作业流程作业，停机后及时切断电源，并将开关闭锁，及时填写设备运行、巡检、故障等记录。

第二十六条　运行时严禁人员进入防护栏内进行检查、清理、维修作业，现场操作、巡检人员不得将身体任何部位或持器件接触设备旋转部位。

第二十七条　发现异常现象需清理、处理、检修时，必须停机、闭锁、加锁、挂牌，并向集控室汇报。

第二十八条　必须严把胶带接头质量关，硫化接头作业必须委托有资质的专业单位承担，同时有已审签的施工方案及安全措施。

（一）机械接头应高于输送带一个强度等级，执行《输送带　机械接头强度的测定　静态试验方法》(GB/T 12736—2021)规定。

（二）硫化接头采用高于输送带一个强度等级的方式搭接，执行《煤矿用钢丝绳芯阻燃输送带》(MT/T 668—2019)规定，芳纶胶带执行相关标准。

第二十九条　钢丝绳芯输送带带面出现鼓包、起皮、露钢丝等损伤时，应停机处理或修补，防止撕带、钢丝绳芯锈蚀、接头抽动；出现以下情况，应重新制作接头或局部换带：

（一）胶带发生鼓包、起皮达到接头面积的 15％时；

（二）输送带断裂超过宽度的 10％时；

（三）输送带钢绳芯抽动或断绳超过总数量的 10％时。

◎ 示例　　　　　　　　宁夏煤业公司无轨胶轮车管理办法（节录）

第二条　公司各生产、建设矿井和委外施工单位所有在井下运输巷道、地面工广道路上使用的胶轮车，坚持"谁使用、谁管理"原则，必须遵守《中华人民共和国道路交通安全法》《煤矿安全规程》及相关的法律法规和本办法。

第三条　矿井井下必须使用防爆胶轮车，防爆胶轮车只允许在煤矿井下运输巷道、煤矿地面道路上行驶,严禁在其他道路上行驶。

胶轮车包括载人胶轮车、载货胶轮车、指挥车、装载机、挖掘机、支架搬运车、铲板车、顺槽车、连采搬运车、混凝土搅拌车、火工品运输车、洒水车、吸污车等。

第九条　胶轮车入井管理。

第十条　胶轮车运料管理。

第十一条　胶轮车运人管理。

第十二条　胶轮车行车路线规定。

第十三条　胶轮车井下行驶管理。

（一）分时段运行原则。

（二）火工品运输胶轮车在运送火工品时与其他车辆必须保持 300 m 以上的距离。

（三）行车遵循"靠右行驶"原则,严禁超速行驶。

（四）避让原则及顺序：

1. 遇有行人时,车辆避让行人；

2. 下行车让上行车；

3. 货车让人车；

4. 小车让大车；

5. 轻型车让特种车；

6. 空车让重车；

7. 支线车辆让干线车辆；

8. 特殊时段、特殊路况下,按照专项措施执行；

9. 特殊情况,听从现场指挥人员指挥。

（五）井下胶轮车和人员必须遵守"行人不行车,行车不行人"原则。

（六）胶轮车严禁进入专用回风巷和微风、无风区域。

（七）正常行驶严禁拖挂车辆或其他物体,处理故障或特殊作业时必须制定专项措施。

（八）大于 10° 的巷道运输必须编制安全技术措施,坡度大于车辆额定爬坡能力时禁止行驶。特殊作业必须编制专项措施。

（九）严禁用矿灯直射干扰驾驶员。

（十）车辆同向行驶时,下行车距不得小于 80 m,上行车距不得小于 50 m；平道车距不得小于 50 m。

（十一）车辆严禁空挡滑行。

（十二）车辆由联巷、躲避硐室、非主干线进入主行车道时,鸣号、变光,确认主车道无车辆通过时再慢速驶入。

（十三）巷道封闭或部分封闭交通时,所有车辆必须按临时设置的交通指示标志行车。

（十四）严禁随意停放车辆。

（十五）路况不满足行车条件时,严禁车辆通行。

（十六）巷道内发生交通事故时,在前后 40 m 以外设置明显的故障警示牌,并立即向调度室汇报,调度室及时通知相关部门,积极组织处理。

（十七）倒车时必须观察周围无人员、无障碍后,缓慢倒车,运送特殊物料或在特殊地点、空间较小地点倒车时,应由跟车人员指挥倒车,指挥人员必须站在设备可能倾倒或滑行范围以外的安全地点指挥。

第十四条 特种车辆(指支架搬运车、ED系列车、多功能车、叉车、液氮罐车和装载机械类)入井必须制定专项安全技术措施,遵守下列规定:

(一)特种车辆前后必须粘贴车辆示宽标识。

(二)特种车辆入井必须结合矿井运输线路实际,编制井下行车会车管理制度,井上下设置临时车辆调度人员,特种车辆集中运输期间,严格按照制度规定执行。

(三)特种车辆行车速度规定:大巷内重载时不超 10 km/h,空载时不超 20 km/h;进入作业地点后,重载时不超 5 km/h,空载时不超 10 km/h。

(四)车辆作业区域严禁非作业人员进入。

(五)特种车辆每次入井前必须进行完好检查,对制动、转向、灯光等性能进行检查试验。

(六)装车必须掌握好设备的重心,尽量使设备的重心靠近车辆的载物中心,同时用专用工具捆绑,使用前对捆绑工具进行完好检查;单车装运超宽、超高物件时,设备与铲板之间应加有垫木,防止侧滑。

(七)装卸车时,禁止非工作人员进入作业地点,指挥人员在设备倾倒半径外的安全地点指挥。

(八)牵引车辆时,必须有三人同时进行,两人操作,一人监护指挥。

(九)车辆载运大型设备行走时,必须明确跟车人员的乘坐位置,特种车辆运行时除驾驶员外只能乘坐跟车人员1人。

(十)车辆运行线路、巷道及硐室高度、宽度和其他要求应满足公司综采(放)工作面安装回撤管理办法。

(十一)综采(放)工作面安装回撤期间,必须设专人看管车辆运行线路上的风门。

(十二)装载机在井下连续长时间作业,每半个月必须升井进行一次维护保养和车辆安全性能检查,并做好记录。

◎ 示例　　　　　　　　宁夏煤业公司矿井提升机管理办法(节录)

第二条 本规定适用于公司煤炭生产建设单位地面副立(斜)井、井下暗副斜井(上、下山)滚筒直径2 m及以上提升机。本规定所称提升机包括提升装置、容器、钢丝绳及连接器、信号及安全设施。

第三条 提升机产品合格证、矿用产品安全标志、防爆合格证齐全有效,投入使用前需组织竣工验收。

第四条 使用单位应建立健全与实际工作相适应的安全技术操作规程及运行、维护、保养、检修、试验等相关制度。

第五条 使用单位应建立健全技术档案和台账,及时录入、更新设备管理系统有关数据。

第六条 立井最大提升载荷、最多提升人数及斜井最大牵引车数(质量)在井口公布,严禁超载、超最大载荷差、超员及超高、超宽运行。

第七条 运行中的提升机每天强制检修一次,时间不少于2 h。提升机管理实行包机制,包机人员每天对提升机进行巡检、试验,填写记录。

第八条 提升机房、井口、各水平、井底水窝安设视频监控,上传至矿井工业电视监控系统。

第九条 立井井底设置自动排水系统、人员作业平台,通风良好,照明充足。

第十条 通信信号覆盖提升井筒全线,保证通信畅通。

第十一条 提升炸药、雷管、乙炔瓶、氧气瓶、柴油等特殊物料时,制定专项安全技术措施。上述特殊物料任何两种均禁止混装混运或同钩提升运输。

第十二条 提升液压支架、铲板车辆等大型设备时,制定专项安全技术措施。

第十三条 立井提升时,乘坐人员的同层罐笼内严禁同时混装物料。升降无轨胶轮车时,仅限司机一人留在车内,并按提升人员的规定运行。斜井(上、下山)提升无轨胶轮车时,严禁任何人员留在车内。

第十四条 斜井提升时,钢丝绳通过提升机房的出绳口必须设置托绳轮,且转动灵活;提升机房出绳口至井口摘挂钩段的悬空钢丝绳必须设置托绳网。

第十五条 提升机的保护装置齐全、灵敏、可靠,有专人负责维护和试验,严格执行《煤矿安全规程》有关规定并做好记录。

第十六条 提升机更换钢丝绳、天轮以及立井更换罐笼必须有矿审查批准的施工方案和安全技术措施,明确现场施工负责人、安全监督检查人,并且安排矿领导现场跟班。

第十七条 提升机实行管理人员定期检查制,区队负责人每周至少检查一次,矿职能部门负责人(副总)每月至少检查两次,矿机电负责人每月至少检查一次,检查和处理结果应有记录。

第十八条 矿机电负责人每季度参加一次对钢丝绳、连接器的日常检查,应有检查记录。

第十九条 提升机未按规定安装保护装置,或保护装置失效,或未按规定进行技术测定和探伤检测的,立即停止使用,并按照重大安全隐患进行追责处理。

◎ 示例　　　　宁夏煤业公司架空乘人器管理办法(节录)

架空乘人器整机及配套的电动机、减速器、变频启动装置、安全保护设施等必须取得"MA"标志,必须符合《煤矿安全规程》及相关规定。

第十四条 当运行速度超过 1.2 m/s 时,不得采用固定抱锁器;运行速度超过 1.4 m/s 时,应设置调速装置,并实现静止状态下上下人员,严禁人员在非乘人站上下。

第十五条 双向同时运送人员时钢丝绳间距不得小于 0.8 m,固定抱锁器的钢丝绳间距不得小于 1.0 m。

第十六条 乘人吊椅距底板的高度不得小于 0.2 m,在上下人处不大于 0.5 m。

第十七条 乘坐间距不应小于牵引钢丝绳 5 s 的运行距离,且不得小于 6 m。采用可摘挂抱锁器时,应当设置乘人间距提示或保护装置。

第十八条 各乘人站设上下人平台,乘人平台处钢丝绳距巷道壁不小于 1 m,路面应进行防滑处理。

第十九条 架空乘人装置必须装设:

（一）超速保护；

（二）打滑欠速保护；

（三）张紧力下降保护；

（四）防脱绳、变坡点防掉绳保护；

（五）全线急停保护；

（六）机头、机尾下车点乘人越位保护；

（七）制动器失效保护；

（八）减速机油温、油位保护；

（九）语音声光提示系统；

（十）各上下人地点信号通信装置；

（十一）乘人装置设置总停开关；

（十二）电气保护设置过流、过压、欠压保护装置；

（十三）设有捕绳器装置；

（十四）设有固定吊椅防过摆装置。

第三十六条　乘坐管理及要求：

（一）乘坐人员必须一人一座，严禁超员。

（二）严禁携带易燃、易爆、有腐蚀性物品的人员乘坐。

（三）乘坐人员携带可能滑落伤人的物件长度不得超过 1 m，必须随身固定，且顺巷道方向携带。

（四）乘坐人员携带物件质量不得超过 15 kg，可能滑落伤人的散件必须装入编织袋内，袋口封牢。

（五）乘坐人员必须听从司机指挥，不得拥挤，应按顺序上下。

（六）乘坐人员乘坐前，必须检查吊椅绳卡是否松脱，避免吊椅沿绳下滑或脱落而造成摔伤或撞伤。

（七）乘坐架空乘人器时，应超前吊椅一步，双手紧抓吊杆，然后跨骑座位，两脚放在脚踏处。自救器悬挂在腰侧，下车时应一脚先落地，后站立下车。

（八）乘坐过程中，乘坐人员要手扶吊杆坐稳，严禁途中睡觉，不得嬉耍打闹，不得用脚蹭蹬，不得前后、左右、上下摆动吊椅，不得将灯带、衣物等挂在吊座上，不得触摸牵引钢丝绳、绳轮及邻近的任何物体。

（九）乘坐过程中，乘坐人员应目视前方、集中精力，发现有钢丝绳脱轮或其他意外事故时应立即拉动急停拉线，停车后将情况及时向架空乘人器操作司机汇报。

（十）乘坐人员应爱护吊椅及其他设施，上下车要稳上稳下，严禁用任何物品敲打、锯割吊椅。

◎ 示例　　宁夏煤业公司煤矿轨道运输管理办法（节录）

第三条　本办法所称的轨道运输是指井上、下通过铺设轨道来承载车辆，由牵引机车在轨道线路上运行车辆而进行的运输；轨道运输系统指由巷道、轨道、线路、车场、硐室、牵引机车、车辆、连接装置、信号装置、"一坡三挡"保护设施等在内所构成的完整运输系统；牵引机车包括蓄电池电机车、齿(卡)轨机车及无极绳牵引车。

第四条　煤矿轨道运输系统的设计及设备设施安装、运行、维检、试验等管理应符合《煤矿安全规程》《煤矿安全生产标准化管理体系基本要求及评分方法(试行)》等国家、行业相关规范、标准，禁止使用明令禁用或淘汰的产品或工艺。

第五条　轨道运输管理遵循"谁使用、谁负责，谁分管、谁负责"原则，煤矿负主体责任。

第六条　煤矿应制定本单位的轨道运输管理实施细则。

第七条　道轨、轨枕、道岔等轨道线路按照标准铺设，使用期间应加强维护，定期检修，执行以下规定：

（一）道岔开闭禁用人工操作，优选气动遥控操作，道岔位置需提供 0.5～0.8 MPa 的空气压缩气源，接入道岔控制装置。

（二）由地面直接入井的轨道，在井口附近对轨道设置不少于 2 处良好的集中接地，同时加装两处绝缘夹板(齿轨机车异形轨特殊订制)，其间距大于一列车的长度。

（三）斜巷口变坡点的轨道禁止采用对接头，应根据变坡点的实际坡度，采用整体拱弯道，将轨道弯成弯道。

（四）运输巷道断面、人行道宽度、设备设施和车辆之间安全间距及轨道运输巷两侧(包括管、线、电缆)与运输设备最突出部分之间的距离应符合《煤矿安全规程》有关规定。

第八条　应建立轨道运输集中信号控制系统，蓄电池电机车应装设可视化的监控系统；无极绳牵引车运输时，车上应装设可视化的监控系统；齿(卡)轨机车运输系统应装设车辆调度通信系统。

第九条　运输线路信号指示、警示标识完好清晰，机车运输主要线路、车场、风门等地段，设置照明及相应的视频监控摄像头，视频监控系统的装设符合公司有关要求。

第十条　运输系统的各环节应做到工完料尽，文明生产；水沟畅通，盖板齐全、完好，道床、道岔处无积水、无淤泥、无杂物。

第十一条　运输设备、安全设施均实行包机制，责任到人，并经常检查、定期检修、填写记录，机车完好，矿车完好率不低于 90%，防爆电气设备及防爆小型电器合格率达 100%。

第十二条　机车执行如下规定：

（一）机车应有容量指示器及漏电监测和语音报警装置。

（二）机车必须设置甲烷断电仪，车载式甲烷断电仪维护、校准、调校周期为 15 d，当甲烷浓度超过 0.5% 时，机车能够自行断电。

（三）机车、卡轨人车、矿车、安全设施、道岔、连接环、连接杆、连接卸扣、插销等统一编号管理，有检测、使用台账；机车、卡轨人车、连接环、插销、连接杆、连接卸扣必须有完整的试验、检测检验报告。

（四）矿车只允许装载煤、矸、喷浆料，如因需要装载其他材料、设备时，选用相应的平板车、花栏车、材料车、混凝土集装箱车、混凝土搅拌罐车，不得随意改装各种运输车辆。

（五）各类车辆必须完好，车体牢固，焊缝无开裂，严禁不完好车辆(车轮防尘盖丢失、松动的，防脱装置损坏的、无防脱装置的、轴销不全的、开焊变形的)、无编号车辆入井使用。

第十三条　车辆安全运行。机车司机、把钩工、信号工及维检人员须持证上岗，执行岗位安全生产责任制、操作规程、岗位标准作业流程，作业前应进行安全风险辨识。

（一）明确机车牵引车辆数量，物料装车标准、捆绑要求；超长、超宽、超高物料装车必须制定专项措施。

（二）检查牵引车数、各车的连接和装载情况，出现牵引车数超过规定、连接不良，或装载物料超重、超高、超宽、偏载严重一项不合格时，严禁发出开车信号。

（三）机车运行前检查仪表显示、信号、警铃、照明、制动、连接装置等完好情况。

（四）机车运行中严禁司机将头或者身体探出车外；司机离开座位时，必须切断动力电源，取下钥匙。

（五）车辆运行时，严禁任何人员蹬车，严禁任何人员随车上下。

（六）机车行近巷道口、硐室口、弯道、道岔、坡度较大或噪声大等地段，以及前面有车辆或视线有障碍时，必须减速慢行，并发出警号。

（七）车辆通过风门时，应减速、鸣笛，先在风门前合适位置停车，等待跟车工打开风门，机车司机在确认列车行驶无阻碍和跟车工安全时，方可慢速通过风门；跟车工须站在安全位置指挥列车通过风门。

（八）柴油齿轨机车不得从满负荷工况下突然停车，而应在卸载后怠速运转 3～5 min，待温度平衡后再停车，停机后及时关闭电源开关，防止电源箱亏电，致使机车无法启动。

（九）运输串车运行时，应等待最后 1 辆矿车通过变坡点进入平车场，整列矿车停稳后，方可进行摘钩，严禁在矿车运行时进行摘钩；不得在能自动滑行的坡道上停放车辆，确需停放时，必须用可靠的阻车器将车辆稳住。

（十）严禁放飞车和在巷道坡度大于 7‰ 时人力推车。

第十四条　斜巷防跑车、跑车防护设施及运输信号的设置、维护、试验、检查及建档管理执行《煤矿安全规程》《煤矿安全生产标准化管理体系基本要求及评分方法（试行）》有关要求。

第十五条　轨道运输斜巷（井）口及各车场应悬挂斜巷运输标志牌，注明斜巷长度、坡度、最大挂车数、最大提升载荷数以及钢丝绳规格和安全设施装备情况等。

第十六条　运输信号系统齐全，信号必须声光兼备、声音清晰、准确可靠，固定在信号硐室内；5 台及以上机车运输的道岔装备应有信闭集位置指示系统。

第十七条　严格执行"行车不行人，行人不行车"规定，斜巷上下车场和各甩道口必须安设与绞车联动的声光报警闭锁装置。

第十八条　设备性能及运输系统检查执行以下规定：

（一）司机或维检人员每班对机车、轨道线路、安全设施、信号装置、矿车及连接装置等进行一次检查并填写记录。

（二）区队每周至少组织一次运输系统全面检查，主管部门每月至少组织一次运输系统全面检查，均有相应的记录。

◎ 示例　　宁夏煤业公司煤矿井下小绞车使用管理办法（节录）

第三条　小绞车是指用于提升运输作业的内齿轮调度绞车及滚筒直径小于 1.2 m（含 1.2 m）的运搬绞车；小绞车现场管理包括安装、运行；小绞车提升运输系统是指由小绞车巷道、轨道线路、车场、硐室、小绞车、信号装置、"一坡三挡"及防护设施等在内所构成的完整系统。

第四条　管理职责。

第五条　小绞车安装规定。

第六条 小绞车运输设施规定。

（一）小绞车提升巷道尺寸应符合设计断面要求。

（二）斜巷掘进兼作小绞车提升运输时，每隔 40 m 必须设一个躲避硐。小绞车提升运输系统的上、下部车场必须有信号硐室、躲避硐和阻车器及挡车栏的操作硐室（规格不小于高×宽×深＝2 m×2 m×1.6 m），硐室内严禁堆放杂物。

（三）小绞车提升运输必须根据一次串车数设计符合运输条件的平车场或甩车场。

（四）钢丝绳、轨道、地滚、信号的规定：

1. 小绞车牵引钢丝绳按使用说明书规定的规格使用；钢丝绳在滚筒上排列整齐，不得出现爬绳、咬绳、跳绳等现象，不超过小绞车滚筒允许的容绳量，钢丝绳松绳至终点，滚筒上应最少留有 7 圈余绳。

2. 小绞车使用的钢丝绳与滚筒固定应使用设备出厂时要求的方法，严禁采用钢丝绳在滚筒上打结、编扣、加楔等方法固定钢丝绳。

3. 小绞车牵引钢丝绳钩头必须加装护绳桃形环。钢丝绳钩头必须使用插接钩头，不允许使用绳卡卡接钩头，其插接长度应不小于钢丝绳直径的 30 倍。桃形环口可加装与钢丝绳绳径相符的绳卡，绳卡"U"形螺栓应卡在副绳上。

4. 小绞车提升运输必须装设保险绳，保险绳的安全系数应不小于 2，并与提升钢丝绳钩头可靠连接（套接连接）。

5. 小绞车必须有钢丝绳伤人防护措施。

6. 小绞车提升运输轨道轨型不低于 22 kg/m（运送液压支架的轨道轨型不低于 30 kg/m），禁止使用非标道岔；变坡点处的弯道必须用弯道机弯制，严禁用道夹板连接成硬弯；应定期清理道床、巷道、水沟内的浮渣；轨道线路和道岔质量必须达到合格品。

7. 小绞车提升运输斜巷长度超过 20 m 时，轨道中应装设地滚轮，间距不超过 15 m，固定牢靠，转动灵活，拐弯处要有固定牢靠的导向辊。

8. 小绞车提升运输信号要求声、光兼备（可用组合声光语言报警装置代替），有醒目的"行车不行人，行人不行车"警示牌和警示灯，警示牌和警示灯悬挂在与该小绞车运输巷道相通的所有巷道口外 5 m 处。语音信号铃必须装设在信号盘上，信号盘设置在信号硐室内，挂牌管理。光信号为红、绿灯，统一规定为：红灯亮、绿灯灭表示巷道内正在提放车辆，严禁行人；红灯灭、绿灯亮表示绞车停用，人员可以通行；声信号为电铃打点信号，统一规定为：一声停，二声提，三声放，四声慢提，五声慢放。

（五）防跑车和跑车防护装置。

小绞车斜巷长度超过 40 m 时：

1. 上部平车场变坡点处，必须装设阻车器（阻车器距变坡点的距离不小于 500 mm），阻车器必须动作灵敏，能自动复位；阻车器距小绞车的距离不小于 1 列车长度，不妨碍摘挂钩。

2. 上部平车场变坡点下方略大于一列车长度的地点，安装能够防止未连挂的车辆继续往下跑车的挡车栏，列车过阻车器时挡车栏方可打开，该挡车栏应能在信号硐室内操作。

3. 下部车场起坡点前安装自动常闭式跑车防护装置。

4. 下山掘进时，下山的上口设置防跑车装置，在掘进工作面的上方设置坚固的跑车防护装置。跑车防护装置与掘进工作面的距离应在施工组织设计或作业规程中明确规定，跑车防护装置与掘进工作面距离超过规定距离时必须及时移设。

5. 上山掘进时严禁使用小绞车"倒拉牛"(小绞车在下部,上部设置滑轮运输物料的方式)。

第七条 小绞车使用规定。

(一)小绞车由使用区队负责日常管理,建立健全煤矿安全生产标准化要求的维护、保养、检查等制度和设备点巡检、钢丝绳检查、故障维修等记录。

(二)小绞车司机、信号把钩工经过专业技术培训,经考试合格方可持证上岗。

(三)小绞车司机必须做到"五不开",即:安全设施不齐全、不可靠不开;信号联系不清不开;设备装载不标准不开;超负荷不开;绳道内有人员不开。

(四)绞车司机操作绞车时,不准离开操作位置,严禁在绞车侧面、前方或站在绞车上操作绞车;严禁不带电放车或挂空挡放车;停用后,盘起钢丝绳,断开电源,将开关手把打回"零位"并闭锁。

(五)小绞车每班提升运行前,要有专人检查钢丝绳、钩头、保险绳、连接装置、信号、安全设施、紧固连接件、制动装置、绞车固定等完好情况,如发现钢丝绳磨损、断丝超限或锈蚀严重,应立即更换。

(六)小绞车提升运输严格执行"行车不行人,行人不行车"的规定。

(七)小绞车运行时,非操作人员不准在绞车附近作业或休息。

(八)斜巷提升、下放车辆时,应在车尾悬挂红色信号灯。

(九)下山掘进提升运输时,当掘进工作面长度小于40 m时,掘进工作面人员必须全部撤到上部车场,方可提升运输;当掘进工作面长度大于40 m时,掘进工作面人员必须全部撤到躲避硐内,方可发出信号提升运输。

(十)运送超长、超宽、超高物料及大型机电设备等,运送单位必须制定具体安全技术措施,报单位分管领导及有关部门审批后方可运送。

(十一)使用单位应定期组织相关部门人员对井下小绞车提升运输系统进行检查,发现安全隐患立即停用并进行处理;安全隐患未整改完毕,严禁动用小绞车。

四、铁路运输

(一)基本情况

宁夏煤业公司发挥煤炭、煤制油化工和铁路运输一体化运营优势,将宁东铁路有限公司(以下简称宁东铁路)纳入统一管理,通过接入国家能源集团铁路网融入国铁大系统,构建大物流大运输发展新格局。宁东铁路主要承担宁东能源化工基地煤炭、化工产品、油品、冶炼原料等产品的运输任务,负责全区60%以上铁路货运,是宁东能源化工基地外运物流"大通道"和基地物流"大动脉"。宁东铁路经过近30年的发展,现有从业人员1 800余人,营业正线300余公里、35条专用线,已基本形成"两纵一横、网状多支"的路网格局,实现了调度集中指挥信息化,配套建设了协同办公系统、信息共享平台、机车运用安全管理系统、货运核算与制票系统等,建成安全管控中心,沿线29个站区和施工作业点全部纳入实时监控系统范围,铁路技术装备水平达到全国同行业先进水平。

(二)安全职责

宁东铁路生产经营严格执行《中华人民共和国安全生产法》《中华人民共和国铁路法》

《中华人民共和国特种设备安全法》《中华人民共和国道路交通安全法》《铁路安全管理条例》《铁路交通事故应急救援和调查处理条例》等法律法规。安全生产责任范围包括劳动安全、职业健康、铁路交通安全、消防安全、道路交通安全、特种设备安全、危险化学品安全、电力安全、建筑安全、环境保护等。按照铁路企业专业化管理要求,设有生产技术部、安全管理部、电气化项目部、车务段、机辆段等安全生产管理机构,安全管理主要职责如下:

生产技术部:负责铁路运输指挥、生产技术管理、新建和技改项目设计审查、营业线施工方案审核、危险品运输安全技术管理、特种设备安全等。

安全管理部:对执行安全法规、安全技术标准及安全管理制度情况进行监察,对严重安全事件、行车设备故障进行调查处理,组织排查治理生产安全事故隐患。

电气化项目部:负责电气化项目建设安全质量。

车务段:负责修订铁路各类作业技术标准、货运和危险货物运输规章制度等。

机辆段:负责机车车辆运用检修安全、自轮运转设备运用检修安全、特种设备安全,负责专用线、专用铁道装卸车设备监管。

工电段:负责铁路线路、站区围网维护及铁路道口设备维护、管理、监管等工作。

后勤段:负责统筹管理宁东铁路人员劳动、职业健康、道路交通、治安保卫、油库仓储、房屋建筑、水暖设备、公寓安全等。

宁东铁路其他部门和单位负责建立健全本单位全员安全生产责任制,将安全责任落实到各级管理、技术、操作岗位。

(三)重点管理

1. 铁路道口管理

道口是指铁路上铺面宽度在 2.5 m 及以上,直接与公路贯通的平面交叉;按看守情况分为"有人看守道口"和"无人看守道口"。人行过道是指铁路上铺面宽度在 2.5 m 以下与道路贯通的平面交叉。平过道是指在车站、货场、专用线内,专为内部作业使用,不直接贯通道路的平面交叉。加强铁路与道路相交的"道口"以及"人行过道""平过道"管理,是防范道口事故,保障铁路、道路安全畅通的重点环节。宁东铁路应做好道口的整顿、改造和日常管理,健全和执行道口管理制度,加强道口看守和道口交通秩序维护,确保安全通行。

◎ 示例　　宁东铁路古窑子站道口安全管理办法(节录)

第三条　遇下列情况需通过道口时,按规定做好安全措施方可通过。

(一)遇应急救援车辆通行道口时由物保中心负责开锁,古窑子站值班站长负责防护。

(二)工电段设备检修作业人员需通过道口时,与驻站联络员进行联控,确认无车时方可通过。

(三)营业线施工单位作业人员需通过道口时,由施工监管人员与驻站联络员进行联控,确认无车时带领通过。

(四)遇应急处置和设备抢修人员需从道口通过时,严格执行"一停、二看、三通过""眼看、手比、口呼"制度。

(五)遇恶劣天气或天桥封闭时,行人应从道口通行,由物保中心安排专人防护。

(六)施工、维修、厂内使用的各种车辆必须从道口通行时,由使用单位、部门向安全管控中心后勤管控台申请打开栏门，并由使用单位、部门派人进行防护。

（七）运输材料、设备、物资的车辆应从站区外绕行，遇超限车辆无法绕行等特殊情况必须从道口通行时，由实施单位、部门制定安全措施，经单位、部门负责人批准；对运输特别巨大的物体，可能干扰铁路运输或损坏铁路设备时，实施单位、部门须制定相应方案及安全措施，按照公司铁路营业线施工管理办法规定进行审核批准。

（八）遇其他特殊情况需要通行道口时，由所在单位、部门向物保中心提出申请，批准后方可通行。

第四条 道口通行的安全要求

（一）车辆、行人必须在停车标线前停车、止步，听从监护（防护）人员指挥，监护（防护）人员与古窑子站联系确认暂无列车、调车通过道口时，方可通行。

（二）机动车通行道口限速20 km/h，禁止机动车在道口会车、超车、超速、停留。

（三）物保中心严格审核道口通行车辆，对不符合本办法允许通行的车辆严禁放行。

第五条 道口设备、栏门、安全设施、警示标志、视频监控由工电段负责设置、维护；道口停车标识线、限速标识、公告牌由后勤段负责设置、维护。

2. 装卸作业安全管理

（1）铁道车辆的装卸作业点照明应符合标准，应设置必要的通信设施、醒目的装卸防护信号等；机械装卸作业点的装卸机械不准侵入铁路限界。

（2）禁止行车等装卸工具随意拉动铁道车辆。

（3）各装卸单位需变更装卸地点或铁道车辆不到位时，应及时与相关部门联系，变更计划或重新对位。

（4）不准私自撤除、破坏铁道车辆制动措施，凡由此引起的事故，依法追究责任。

（5）禁止行车斜拉斜吊、碰撞车辆等。

（6）装卸作业完毕，应确认车体是否恢复原位。

（7）货物装车一般按标记重量装车，不得超重、偏重、集重。货物装载高度和宽度均不得超过机车车辆限界。

（8）卸车时应将货物彻底卸净，车门端侧板关闭妥当。冬季进厂的货物（冻煤等）禁止用明火烘烤解冻或采用对车辆有害的作业方法卸车。

3. 铁路运输设备及铁路行车安全管理

（1）铁路运输设备安全管理。各相关单位应教育员工及家属爱护铁路运输设备（机车、车辆、铁路线路、信号、装卸机械、安全设施、标志等）。对于拆卸、偷盗铁路设备器材、备品备件者，按有关法律规定处理。铁路两侧排水沟应保持畅通。严禁向铁路两侧排泄、倾倒垃圾杂物等。影响行车及由此引发的后果，由责任单位负责。

（2）铁路行车安全管理。严禁非铁路运输作业人员扳动道岔、提车钩、动手闸、取制动铁鞋、推动停放车辆等。严禁非行车人员扒车、跳车、钻车或从车辆下递送工具材料、捡拾煤渣等。严禁在铁路线路两侧15 m内、桥梁上、隧道内、车辆下行走、乘凉、休息、避雨、坐卧等。

4. 侵入铁路线路限界安全管理

（1）建筑物、设备和绿化物、管线严禁侵入铁路限界，不得妨碍视线。

（2）在铁路线路两侧、下部或上空施工、检修时，应事先通知相关部门，协同进行安全评价,签订安全管理协议,制定安全措施后方可施工。所用器具、材料物品应规范堆放,不得妨碍行车安全。

（四）安全检查

铁路安全检查内容应涵盖各级人员安全履责、铁路安全风险预警、尚存安全隐患、不安全行为、危险货物运输、道口管理、安全培训、高危险作业、特种设备、道路交通、消防安全等,检查形式主要为现场检查、夜查、添乘、视频监控及录音监听等。针对检查出的隐患(问题),严格执行排查、分级、上报、整改、督办、验收、考核的闭环管理流程。

◎ 示例　　　　　　　　　宁东铁路重大事故隐患清单(节录)

1. 铁路交通重大事故隐患

凡必须停止铁路运输进行整改或可能导致重大人员伤亡的事故隐患,均为铁路交通重大事故隐患。

2. 运输专业

（1）匿报品名、藏匿发运危险货物。

（2）在非危险货物办理站办理危险货物承运手续,承运未接受安全检查的货物,承运不符合安全规定、可能危害铁路运输安全的货物。

（3）作业人员酒后上岗。

（4）列车进路排向停用线路。

（5）未确认现场情况,向分路不良线路排列列车进路。

（6）违反规定向封闭施工维修作业的线路排列列车进路。

3. 机辆专业

（1）机车车辆运行中轴承出现强热、激热。

（2）列车制动失灵。

（3）作业人员酒后上岗。

（4）运行中乘务员睡岗。

（5）机车柴油机间出现明火。

4. 工务专业

（1）钢轨断裂、钢轨伤损、路基塌陷、桥涵病害、水淹线路等限速后仍不能满足运行;路堑塌方、线路临近设施设备倒塌掩埋线路。

（2）铁路与道路交叉的无人看守道口未按照国家标准设置警示标志。

（3）有人看守道口列车接近(800 m 内)未落杆。

（4）道口看守人员酒后上岗。

（5）限速提报高于实际限速。

5. 电务专业

（1）铁路信号:联锁关系错误,信号显示与实际进路不相符。信号显示升级(信号限速与实际不符)。

（2）道岔不密贴(超过 1.5 mm)但表示正常。

（3）正线道岔表示故障,处理中使用封连线。

(4）通信机房、服务器、变电室出现明火、爆炸。

(5）变电室、箱变、高压电路停电检修作业期间意外送电。

6．其他（外部环境、消防、道路交通、特种设备、食品安全等）

五、智慧水务

宁夏煤业公司贯彻落实"节水优先"和"以水定产"要求，按照"总量控制、计划用水、定额管理"原则，采用智能化技术，科学、精准取用、调剂、平衡水资源，细化用水、排水及水处理过程管控，依法合规开发、使用、保护水资源。

(一）管理机制

水务管理中心（水务公司）是公司水资源利用和保护工作的归口管理部门，主要负责公司水资源综合利用及运营管理、取用水定额管理、审批各单位用水计划、用水情况及合规性检查考核、外排水环保管理、涉水问题整改督办等工作。公司规划发展部负责涉水项目投资计划的审核下达。企业策划部、基建办公室、生产技术部、煤制油化工部、安全环保监察部、生产指挥中心、科技发展部、环境监测中心、煤制油化工质检计量中心、水处理系统运营单位（包括水务公司）等依据部门职能承担各自职责。公司各用水单位负责本单位管辖范围内用水、排水系统运行管理，按要求编制报送本单位用水、排水等各类报表或分析报告。

(二）用排水管理

各用水单位设有专（兼）职机构和人员负责水资源管理。各单位生活取用新鲜水。生产原则上不得使用新鲜水。绿化优先取用生活污水产品水，其次取用满足绿化水质要求的矿井水产品水。各煤矿应根据配套的矿井水预处理系统科学、合理确定矿井主排水泵运行方式，对水泵切换、开启时间及排水量进行管控；井下主要泵房水仓有效容积符合规程要求，水仓清淤工作措施得当，安排合理；制定矿井水水质异常应急处置预案等。宁夏煤业公司××年度水资源平衡图（部分）如图5-5-1所示。

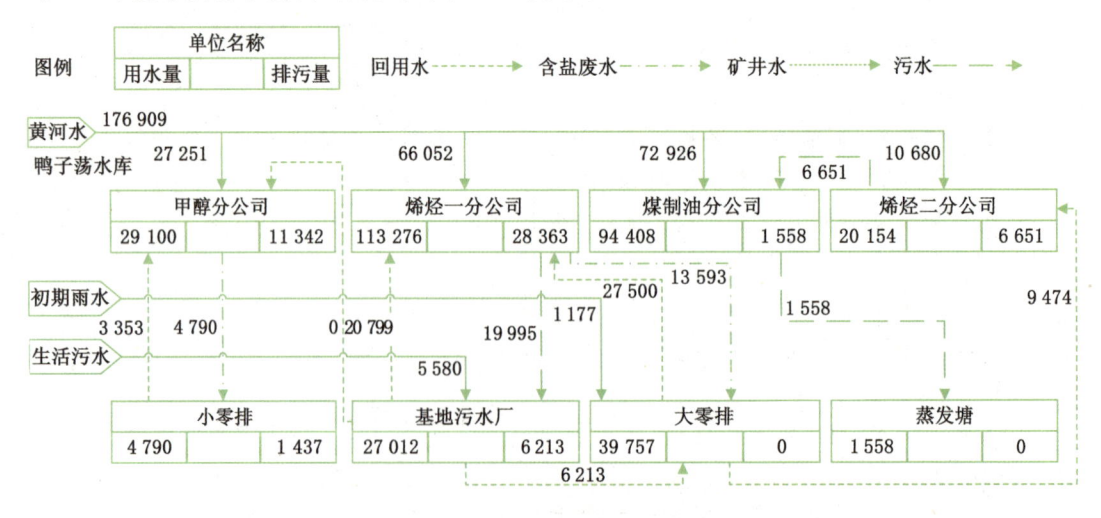

图5-5-1　宁夏煤业公司××年度水资源平衡图（部分）（单位：m^3/d）

（三）水资源保护管理

各单位应加强生产过程中各类酸碱、添加剂、水处理药剂等化工品投加以及高浓度有机物化工污水排放管理,减少水体中盐及有机物的污染。加强南湖、生活污水暂存池、事故应急水池等管理,南湖进水水质必须满足环评报告要求,制定最高、最低液位限值,及时消除隐患,保证坝体、池体的安全。

（四）计量和统计管理

计量器具配备率和水表计量率均为100%,次级用水单位水计量器具配备率和水表计量率均达到95%;国控表计完好率为100%,其他计量表计完好率不低于90%;30天内完成维修或更换计量失准表和流量计,谁安装、谁负责维护和校准;计量仪表异常时,按用户前30天用水平均值进行结算。

（五）水处理运营单位管理

按照"水量达产、水质达标"的原则做好水处理工作,强化生产过程管控,确保生活污水、矿井水100%经过处理,并达到相应技术指标要求,不得擅自减产、停产。制定不同工艺、每道工序出水水质、产品水水量、药剂投加量的控制指标,并严格执行。保障各单位再生水用水需求,稳定废水回收率,严格管控高耗水量的系统,减少水污染。水处理能力未达到设计要求,致使生产、绿化补充新鲜水的,本着"谁影响、谁承担"的原则,补充的新鲜水水费、水资源税及考核由水处理单位承担。

（六）水质监测管理

环境检测中心每月对各矿井水源水、深度处理产品水、矿井水排口及生活污水处理后的水质进行取样检测,提供水质检测数据,并按要求上传。煤制油化工质检计量中心按时完成经水务管理中心批准的各单位需求计划或临时计划,并按要求将检测数据上传。

（七）检查与考核

水务管理中心对各单位水资源利用和保护情况进行检查考核,月度考核、季度兑现,考核结果纳入公司经营绩效考核。用水考核以各单位每季度计划用水量、吨产品单耗为依据,季度计划用水量内节约的水量作为加分依据。水务管理中心每日对各单位产水、用水、排水情况进行统计分析,发现异常情况进行预警,每月对超额用水或超标排水单位予以通报,并督促整改。

（八）智慧水务系统

公司建立智慧水务系统,形成闭合管网,联动所有矿井和煤制油化工单位的排水、用水,矿井水全部分级净化、提级利用,各矿与煤制油化工园区水资源互补、互用,最大限度减少黄河水用量和南湖排水量,实现水平衡。

◎ 示例　　　　　　　　　　**宁夏煤业公司水资源管理考核标准**

考核对象	项目	考核标准	扣/加分标准
用水单位	定量指标	季度黄河水(建议按照综合用水量控制,包括回用水量)实际用水量超出季度计划量时,扣分值(扣分和加分的标准要一致,建议详细制定考核标准,按照百分比核算分数)按公式计算得出:扣分=(实际用水量－计划用水量)÷计划用水量×10	0.1~5分/季
		实际吨产品单耗超出定额限值	0.05分/季
		日排水水质检测均值有1项指标超标,且超出其水处理装置设计处理能力或相关双方约定限值,影响水处理装置产量建议扣分按照月度指标合格率考核	0.2分/天
		水计量器具配备率和水表计量率、完好率低于标准值	0.5分/月
		压滤后泥饼、生活垃圾等固废未及时清运,积存量超过1天	0.1分/天
	定性指标	未按时报季度用水计划、月度用水量等报表	0.05分/次
		未按要求整改存在问题	0.1分/项
		未采取有效措施减少水体污染物	0.2分/项
		未经批准,违规选择其他水源用水	0.1分/次
		用水原始记录和统计台账不全面、不真实	0.2分/次
		违反水资源管理办法的其他条款	0.2~1分/项
水处理运营单位	定量指标	除盐水季度产量未满足用水单位计划需求量	0.05分/月
		经处理后的各类废水水质、水量未满足生产和绿化需要	0.05分/次
	定性指标	供水原始记录和统计台账不全面、不真实	0.2分/次
		采样点设置不规范,维护不到位	0.1分/次
		用水计量设施、仪表不全或不准确,30天内未解决	0.5分/块
		未制定进水水质异常应急处置预案	0.1分/次
		违反水资源利用和保护管理办法的其他条款	0.2~1分/项
委外运营单位		按合同约定条款由公司授权单位进行处罚	
奖励		季度黄河水实际用水量低于季度计划量时,奖励分值按公式计算:加分=(计划用水量－实际用水量)÷计划用水量×10	0.1~1分/次

▲ "安宁"系统功能

集成公司设备管理、生产数据、运输系统、胶轮车监控、智慧水务等平台,查询公司、各单位机电运输设备数量、位置、维修状态、水电资源存量分布等信息。

第六节　技术前瞻

在新技术革命的推动下,5G、大数据、人工智能、区块链、物联网、遥感探测等新技术与能源行业深度融合,煤矿开采方式、煤制油化工建设正在向绿色、安全、智能、高效转变。宁夏煤业公司积极探索、研究、应用先进技术装备,加速推动企业数字化、智能化发展。

一、行业动态

宁夏煤业公司关注国家能源政策、煤炭产能布局、煤制油化工现状、煤电油价格变化、风水气电核新能源等行业动态,准确把握最新政策与行业发展趋势,及时采集相关政策资讯、技术发展等信息,通过"安宁"系统实时发布。宁夏煤业公司"安宁"系统资讯动态发布流程如图5-6-1所示。

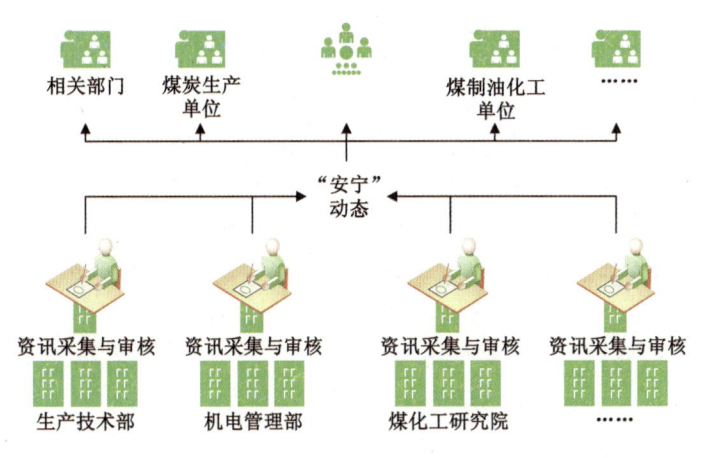

图5-6-1 宁夏煤业公司"安宁"系统资讯动态发布流程

◎ 行业动态	全面开展煤矿"电子封条"推广建设(节录)

国家矿山安全监察局全面开展煤矿"电子封条"推广建设,通过在煤矿关键地点安装摄像头、图像分析终端等设备,利用智能化视频识别等技术,实时监测分析矿井出入井人员、人数变化及煤矿生产作业状态等情况,及时发现煤矿异常动态,自动生成、推送报警信息,实现全天候远程监测。煤矿"电子封条"建设对象为全国所有在册煤矿,既包括生产建设煤矿,也包括停产停建、正在实施关闭等各种类型的煤矿。

◎ 政策文件	关于完善能源绿色低碳转型体制机制和政策措施的意见(节录)

到2030年,基本建立完整的能源绿色低碳发展制度和政策体系。完善煤炭清洁开发利用政策。立足以煤为主的基本国情,按照能源不同发展阶段,发挥好煤炭在能源供应保障中的基础作用。建立煤矿绿色发展长效机制,优化煤炭产能布局,加大煤矿"上大压小、增优汰劣"力度,大力推动煤炭清洁高效利用。制定矿井优化系统支持政策,完善绿色智能煤矿建设标准化体系,健全煤矿智能化技术、装备、人才发展支持政策体系。完善煤矸石、矿井水、煤矿井下抽采瓦斯等资源综合利用及矿区生态治理与修复支持政策,加大力度支持煤矿充填开采技术推广应用,鼓励利用废弃矿区开展新能源及储能项目开发建设。依法依规加快办理绿色智能煤矿等优质产能和保供煤矿的环保、用地、核准、采矿等相关手续。科学评估煤炭企业产量减少和关闭退出的影响,研究完善煤炭企业退出和转型发展以及从业人员安置等扶持政策。

二、先进装备

新技术、新工艺、新设备、新材料、新标准,对企业智能化建设具有重大推动作用,对煤矿开采、煤制油化工发展具有深远影响。宁夏煤业公司关注国内外前沿技术装备,跟踪行业最新科技发展动态,加大学习、引进、研发力度,推动企业技术装备更新换代,促进安全高效生产。

◎ 示例　　　　　　　　神宁炉——宁夏煤业公司科技成果转化明星产品

2022年8月,连云港石化产业基地公用工程岛项目一期工程"神宁炉"(3台套)开工会在宁夏银川召开,标志着自主知识产权"神宁炉"技术在成果推广应用领域又迈出坚实步伐。连云港石化产业基地是国家规划布局的七大石化产业基地之一。该基地公用工程岛一期工程采用国家能源集团宁夏煤业公司"神宁炉"干煤粉气化技术,建设3套2 000 t/d的大型干煤粉气化装置,为产业基地及整体煤气化联合循环(IGCC)发电装置提供氢气、合成气等物料。"神宁炉"气化技术具有产气规模大、碳转化效率高、智能化水平高、烧嘴寿命长、安全可靠等优点,跻身干煤粉气化技术国际一流水平,是宁夏煤业公司科技成果转化的明星产品。

三、前沿技术

宁夏煤业公司秉持面向未来、创新争先的超前思维、国际视野,引导全员学知识、开眼界、站前沿,关注、知晓国内领先、国际先进技术,确保公司发展潜能充沛、动力强劲、技术一流,在智能化建设上走深走实走远。

◎ 示例　　　　　　　　综采工作面智能化技术及未来发展方向

实现综采工作面智能控制,需要一些关键技术的突破。随着科学技术发展,先进适用的技术用于综采工作面成为智能控制的关键。

一、煤矸自动识别及煤岩分界技术

1. 煤矸自动识别:采用放顶煤工艺的综采工作面,煤矿放落自动识别是实现整个工作面智能化的瓶颈,通过研究煤矿放落的数学模型和识别控制算法有望实现自动化放煤。

2. 煤岩分界技术:煤岩界面识别是实现智能截割的关键。目前已有20余种煤岩分界传感机理和系统,诸如记忆程序控制系统、振动频谱传感系统、天然γ射线、测力截齿、同位素、噪声、红外线、紫外线、超声波、无线电波和雷达探测等。由于井下煤层和围岩条件十分复杂,难以准确、可靠地判断煤岩分界面,这些技术还都未成功地应用于实际生产,因此研制出工作可靠、有一定分辨率的煤岩分界识别传感器,是实现采煤机滚筒自动调高的关键。

二、刮板输送机直线度检测与控制

综采工作面是一个狭长的物理空间,受煤层的起伏变化和地质环境限制,工作面所分布的设备相对位置成为非可视测量的技术难题,再加上粉尘的影响,常规的激光定位与测距技术都无法使用,在这种位置不断变化的恶劣环境中,设备间相对角度定位精度要达到0.01°以上,对测量定位技术提出了很高的要求,这就需要使用微机械陀螺仪、高精度角度传感器等新型传感器技术,检测相邻液压支架或相邻刮板输送机间的相对位置。在工作面连续推进过程中使工作面不断趋于平直,以达到实现工作面调直的目标。

三、可交互多视窗的可视化平台

可交互多视窗的可视化平台以综采工作面"三机"设备为研究对象,为获得整个工作面的全景动态画面,工作面设备运行状态的远程动态监测、故障的预测预报以及"三机"远程同步自动控制,对综采工作面场景中所有的采集视频图像进行智能实时拼接,提升综采工作面系统的柔性生产能力和指挥调度系统的应变能力。开展开采工艺流程分析及模型建立、生产过程决策及可视化控制、生产过程动态数据管理及分析、网络管理、视频控制等研究,平台未来的发展方向是:开发综采工作面智能控制软件,建立具有生产过程数据、语音数据、图像数据、3D数据、管理数据等功能的可视化平台。

四、虚拟现实技术

虚拟现实系统是一种实时地对真实世界加以模拟的计算机系统,由硬件和软件两部分构成。硬件部分包括快速通用处理器、专用图像处理器、输入设备和输出设备。软件部分具有产生虚拟世界图像和目标处理的功能。虚拟现实技术为人们探索宏观世界和微观世界中不便于直接观察运动变化规律的事物,提供了极大便利。近年来,随着虚拟现实技术不断发展及其优点愈加明显,该技术也逐渐在煤矿开采中有所应用。

五、采煤机器人技术

随着智能化技术的发展,机器人被广泛应用在各行各业,但是煤矿井下特殊的作业环境,通用机器人无法满足现场生产需求。因此,需要开发适用于煤矿作业的特种矿用机器人,使其在综采工作面生产工艺复杂与地质条件多变的场合,通过多种不同功能的特种机器人协同配合,代替采煤工人,完成采煤作业。同时提升采煤机、支架、刮板输送机等装备的单机智能化水平,单机装备朝着机器人化的方向迈进,集控平台利用其强大的计算资源,协调各个单机装备与机器人群的运行,全面实现综采工作面无人化生产。

"安宁"系统功能

查询国际、国内最新行业资讯、智能化技术、装备信息等。

第六章 素能建设

　　企业安全生产和改革发展,需要一支素质高、能力强的员工队伍。员工队伍应当具备一定的基本素质、专业素质和政治素质,具有一定的敬业精神、协作精神和创新精神。员工素质能力提升的关键在于抓好人员准入、安全培训、网络学习、班组建设等工作,不断增强员工安全意识、专业知识和技能水平。

　　宁夏煤业公司重视和加强员工素质能力建设(以下简称素能建设)。坚持严把各类人员准入关,从源头保障员工思想政治、文化素质和健康状况符合安全生产岗位需要;坚持充分利用内外部资源加强安全培训,确保员工素质能力适应企业发展需要;坚持紧密结合网络学习等现代化手段,保障员工学习新知识、新技术、新工艺的需要;坚持行之有效的班组管理模式,持续锻炼和增强员工素质能力,为企业长治久安提供良好的素质能力保障。

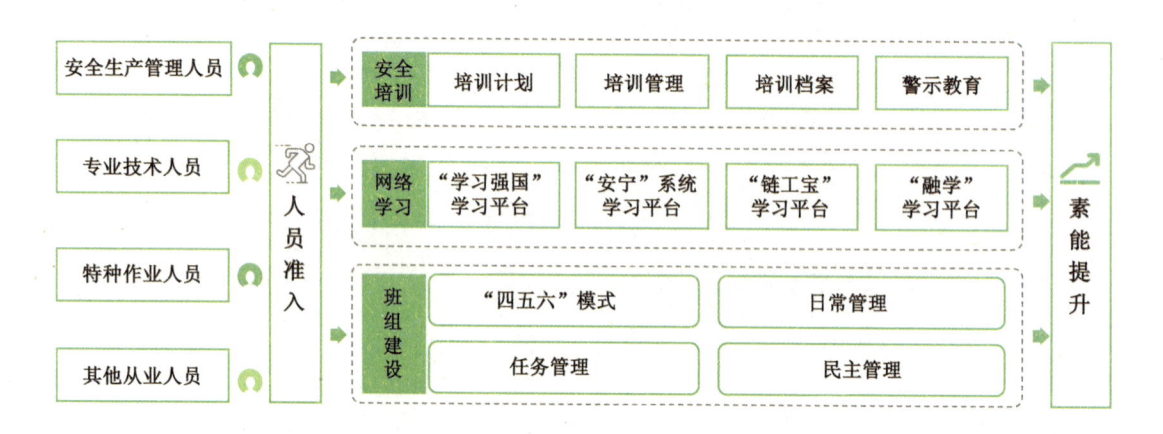

人员类别		模块	内容				结果
安全生产管理人员	人员准入	安全培训	培训计划	培训管理	培训档案	警示教育	素能提升
专业技术人员		网络学习	"学习强国"学习平台	"安宁"系统学习平台	"链工宝"学习平台	"融学"学习平台	
特种作业人员		班组建设	"四五六"模式		日常管理		
其他从业人员			任务管理		民主管理		

第一节　人员准入

实施人员准入是安全生产领域一项基本制度，是做好安全管理工作的重要前提，对提升从业人员安全素质、防范各类事故发生具有重要作用。宁夏煤业公司的煤炭、煤制油化工、基本建设产业均属于高危行业，对安全管理和队伍建设提出了更高的要求。公司按照"公开公平、能岗匹配"的原则，选拔和配备符合能力资质需要的安全生产管理人员、专业技术人员、特种作业人员等，为安全生产提供良好的人才保证。

一、安全生产管理人员

宁夏煤业公司依据安全生产法律法规和安全生产标准化管理体系相关规定，严格做好矿长、厂长、经理等关键岗位及其他安全生产管理人员的选拔、任用工作，确保各级安全生产管理人员符合学历、经历、能力等各方面基本要求。

公司建立源头培养、跟踪培养、全程培养的素质培养体系，以强化忠诚意识、提高战略思维、增强创新精神、提升治企能力、锻造优秀品行为重点，通过脱产培训、集中学习、网络培训、在职自学等方式，加强对各级安全生产管理人员的教育培训和实践锻炼。同时公司建立安全生产管理人员考核评价体系，加强过程监督和考核评价，将考核评价结果作为安全生产管理人员选拔任用、薪酬激励、管理监督和动态退出的重要依据，引导安全生产管理人员树立正确的业绩观，提高站位、强化担当、加强管理，推动企业持续健康发展。

持证上岗基本要求：

（1）煤矿矿长应具有安全生产知识和管理能力考核合格证（煤矿企业主要负责人）、煤矿职业危害防治培训证。

（2）煤矿安全生产管理人员应具有安全生产知识和管理能力考核合格证；按国家能源集团要求安全生产管理人员注册安全工程师证持证率应达到30％及以上。

（3）煤制油化工单位厂长（经理）、安全生产管理人员应具有相应资格证书，包括危化品安全管理资格证、安全生产作业证、特殊作业监护人资格证等。

（4）地面建筑三类人员中，企业主要负责人应具有建筑施工企业主要负责人安全生产考核合格证（A证）；项目负责人应具有建筑施工企业项目负责人安全生产考核合格证（B证）；安全生产管理人员应具有建筑施工企业安全生产管理人员安全生产考核合格证（C证）。

◎ 示例　　煤矿安全生产管理人员选拔基本条件

1. 矿长、副矿长、总工程师、副总工程师具备煤矿相关专业大专及以上学历，具有3年以上煤矿相关工作经历，且不得在其他煤矿兼职。

2. 安全生产管理人员经考核合格；安全生产管理机构负责人具备煤矿相关专业中专及以上学历，具有2年以上煤矿安全生产相关工作经历。

3. 总工程师应具备矿井防突和冲击地压防治专业知识或工作经历。

4. 生产单位按照职数规定和安全生产工作需要配备副总工程师，水文地质类型复杂、极复杂矿井可配备防治水副总工程师，地质类型复杂、极复杂的煤矿可配备地质副总工程师。

二、专业技术人员

宁夏煤业公司实施人才强企战略，严格选拔培养专业技术人员，推行多岗位、多环境培养锻炼机制，健全激励保障制度，畅通晋升通道，最大限度调动专业技术人员的积极性、主动性、创造性，打造一支实干、奉献、创新、争先的专业技术人才队伍。

持证上岗基本要求：专业技术人员最低应具有助理工程师证，并根据职业发展需要依次取得中级工程师证、高级工程师证、正高级工程师证等。

◎ 示例	专业技术人员选拔配备基本条件

1. 专业技术人员具备煤矿相关专业中专及以上学历。

2. 冲击地压矿井配备满足工作需要的防冲专业技术人员；水文地质类型复杂、极复杂矿井配备满足工作需要的防治水专业技术人员；突出矿井的防突机构专业技术人员不少于2人。

3. 取得注册安全工程师资格人员视同具有中级专业技术职称。

三、特种作业人员

根据《中华人民共和国安全生产法》《中华人民共和国行政许可法》等法律法规的规定，特种作业人员必须持证上岗。国家规定的特种作业证涵盖11个种类，宁夏煤业公司业务范畴涉及8个种类，分别为电工作业、焊接与热切割作业、高处作业、制冷与空调作业、煤矿安全作业、冶金（有色）生产安全作业、危险化学品安全作业、烟花爆竹安全作业。公司结合特种作业人员从事特种工作任务、承担较大安全风险、易发生伤亡事故等特点，合理选拔培养特种作业人员，规范安全技术培训和考核工作，提高特种作业人员的安全技术水平，防范伤亡事故的发生。

持证上岗基本要求：生产经营单位特种作业人员必须按照国家有关规定经专门的安全作业培训，取得相应资格，方可上岗作业。

◎ 示例	特种作业人员准入要求

特种作业人员应当符合下列条件：

1. 年满18周岁且不超过国家法定退休年龄；

2. 经社区或者县级以上医疗机构体检健康合格，并无妨碍从事相应特种作业的器质性心脏病、癫痫病、美尼尔氏症、眩晕症、癔症、帕金森病、精神病、痴呆症以及其他疾病和生理缺陷；

3. 具有高中及以上文化程度,或者职业高中、技工学校及中专以上相关专业学历;
4. 具备必要的安全技术知识与技能;
5. 相应特种作业规定的其他条件。

煤矿、危险化学品特种作业人员除符合前款第1项、第2项、第4项和第5项规定的条件外,应当具备高中或者相当于高中及以上文化程度。

离开特种作业岗位6个月以上,但特种作业操作证仍在有效期内的特种作业人员,需要重新从事原特种作业的,应当重新进行实际操作能力考试,经考试合格后方可上岗作业。

四、其他从业人员

其他从业人员应严格执行国家行业规定,取得相应职业资格证,通过教育培训增强其他从业人员的安全生产知识和技能,提高安全意识和自我保护能力。

下列人员必须经培训和考核取得职业资格证书后,方可上岗:
(1) 新参加工作人员;
(2) 转换专业、工种岗位的人员;
(3) 因事故责任受到处分后重新上岗人员;
(4) 矿井建设生产使用的成建制劳务工;
(5) 其他需要取得职业资格证书才能上岗的人员。

持证上岗基本要求:
(1) 煤矿其他作业人员应具有煤矿从业人员资格证;
(2) 煤制油化工其他从业人员应具有安全生产作业证;
(3) 地面其他从业人员按作业类别应具有相应安全生产作业证。

◎ 示例	煤矿其他从业人员上岗基本条件

煤矿其他从业人员,是指除煤矿安全生产管理人员、专业技术人员和特种作业人员以外,从事生产经营活动的其他从业人员,包括煤矿其他负责人、其他管理人员、技术人员和各岗位的工人。煤矿其他从业人员应当具备初中及以上文化程度,经培训取得培训合格证明后上岗;新上岗的井下作业人员安全培训合格后,在有经验的工人师傅带领下,实习满4个月,并取得工人师傅签名的实习合格证明后,方可独立工作。工人师傅一般应当具备中级工以上技能等级、三年以上相应工作经历和没有发生过违章指挥、违章作业、违反劳动纪律等条件。企业井下作业人员调整工作岗位或者离开本岗位一年以上重新上岗前,以及煤矿企业采用新工艺、新技术、新材料或者使用新设备的,应当对其进行相应的安全培训,经培训合格后,方可上岗作业。

⚠ "安宁"系统功能
查询安全生产管理人员、专业技术人员、特种作业人员、其他从业人员准入要求。

第二节 安全培训

安全培训是提高员工安全素养的重要手段和基本方法。通过全面系统的安全培训,能够使员工树立良好的安全理念,掌握必要的安全知识,为企业安全生产奠定良好的基础,保证企业健康发展。安全培训工作应当建立完善的质量保障体系,做到培训机构条件完善、培训教师素质优良、培训管理严格规范、培训内容科学有据、培训监管监控到位。安全培训应实现科学化和规范化管理,从事安全培训管理、教学及相关业务人员应具备安全培训教学经验,掌握教学规律,了解学员素质,准确编制教学方案,合理设置教学内容,及时开展教学评估,保证安全培训质量,提升全员安全素质。

宁夏煤业公司安全培训工作秉承"培训不到位是最大的安全隐患"理念。按照国家法律法规和上级部门要求,设立培训机构,完善培训机制,加强培训计划、师资队伍、课程设计、教学评估、实操应用等方面管理,促进全员安全素养不断适应新时期安全生产工作的新要求。

一、培训计划

宁夏煤业公司坚持"适用、实用、好用、管用"原则制订培训计划,培训计划包括培训目标、培训内容、培训形式、培训对象、培训组织等内容。公司兼顾企业资源条件及员工素质基础,开展培训需求调研,深入了解企业内部不同岗位员工的培训需求,做到培训计划"适用"。综合分析培训需求,完善培训计划,确定培训内容,做到培训内容"实用"。综合时间、内容、地点、形式等因素,严格审批调整培训计划,确保培训计划合理得当,做到培训计划"好用"。按照培训计划组织开展培训,突出现场实操应用,做到培训计划"管用"。

(一) 培训需求

宁夏煤业公司采用电子问卷调查、面对面访谈、员工座谈等形式调研培训需求。调研时针对不同群体分别制定调查问卷。管理人员及专业技术人员、岗位操作人员培训需求调查问卷示例如图6-2-1所示。

(1) 访谈各单位领导班子成员,从管理者角度出发,征求各单位安全生产管理人员、岗位操作人员和整体培训工作等方面意见。

(2) 访谈管理及专业技术人员,从个人培训需求出发,调研影响培训效果的因素,征求年度培训重点、培训改进方向等建议。

(3) 访谈操作人员,从岗位实际出发,兼顾安全培训和技能培训需求,调研员工培训需求、培训改进方向等建议。

机关各部门、各单位应于当年11月底前开展培训需求调研,征集本部门、本单位次年培训需求情况,于当年12月上旬前报公司培训中心,由培训中心汇总、整理、分析后,报公司人力资源部。

管理人员及专业技术人员培训需求调查问卷	岗位操作人员培训需求调查问卷
部门：___ 姓名：___ 学历：___ 职称：___ 工龄：___ 填表日期：_____ 1. 您认为个人下年度的安全培训需求重点在哪些方面： □法律法规　　□应急管理　　□安全生产管理 □案例分析　　□职业危害及预防 □先进的安全管理经验　　□安全资格培训 2. 您个人下年度的培训需求重点是哪些： □岗位知识　　□业务技能　　□素质提升 □继续教育　　□企业文化 3. 您认为以下哪个因素对培训工作的开展效果影响最大： □领导的重视程度　　□受训者的培训参与意识 □培训方式与手段　　□培训时间的安排和时长 □培训内容的实用性　　□培训讲师的授课水平 4. 请选出3种您认为最有效的课堂培训方法： □集中授课　　□工作现场指导　　□师带徒 □线上学习　　□自学　　□同行参观交流 □标杆学习 5. 企业在安排培训时，您倾向于选择哪种类型的讲师： □外聘培训讲师　　□内部培训师 6. 您被推荐担任某一门课程的内部讲师，是否乐意： □非常乐意，既可以锻炼自己，又可以分享知识 □乐意，但是没有经验，希望企业能提供关于讲授技巧方面的培训 □不乐意，没有时间做这个事情 7. 您目前的学习状态是： □经常主动学习，有计划地持续进行 □偶尔会主动学习，不能坚持 □有学习的念头或打算，但没有时间 □有工作需要的时候才会针对需要学习 □很少有学习的念头 8. 您过去一年内参加的培训哪些方面有待改进： □培训内容理论程度应深化 □培训内容实用程度应加强 □讲师水平应提高 □培训时间安排应合理 □培训次数太少，适当增加 □培训应少而精 □培训形式应多样化 □培训效果应提高 9. 结合您的工作实际，还需要哪些方面的培训？ _____ _____ _____	部门：___ 姓名：___ 学历：___ 工龄：___ 填表日期：_____ 1. 对于安全培训，您还需要以下哪些方面的培训： □法律法规　　□安全操作规程 □安全操作技能　　□事故应急措施 □事故案例　　□安全文化 □职业健康 2. 对于岗位技能培训，您还需要以下哪些方面的培训： □岗位知识　　□操作技能 □人际关系与沟通能力　　□执行力 □企业文化　　□职业素养 □心理健康　　□团队精神 3. 您认为以下哪个因素对于企业培训工作的开展效果影响最大： □领导的重视程度　　□员工参与意识 □培训方式方法　　□培训内容实用性 □培训时间安排和时长　　□培训讲师授课水平 □培训效果跟进 4. 请选出3种您认为最有效的教学培训方法： □集中授课　　□案例分析　　□模拟操作 □技能比武　　□线上培训　　□经验交流 □师带徒 5. 您认为过去一年内举办的培训课程哪些方面有待改进： □培训内容理论程度应深化 □培训内容实用程度应加强 □讲师水平应提高 □培训时间安排应合理 □培训次数太少，适当增加 □培训应少而精 □培训形式应多样化 □培训效果应提高 6. 您认为培训效果评估用哪些方式较好？ □问卷调查　　□撰写心得体会　　□闭卷考试 □现场提问　　□模拟实操　　□行为观察 □受训者直属领导或同事评价　　□绩效考核 7. 结合您的工作实际，还需要哪些方面的培训？ _____ _____ _____

图 6-2-1　管理人员及专业技术人员、岗位操作人员培训需求调查问卷示例

（二）计划制订

宁夏煤业公司依据培训需求分析结果，制订培训计划。计划制订应综合考虑本单位实际工作需要、上级培训工作要求等，明确培训项目、培训对象、培训时限、培训地点、培训方式、师资要求、保障措施及费用预算，合理平衡工学关系，科学安排培训时间、地点、项目，做到应培尽培。

◎ 示例　　　　　　　　宁夏煤业公司____年__月培训计划

序号	类别		培训项目名称	培训对象	培训地点	培训时间	学时	天数	计划培训人数	枣泉煤矿	红柳煤矿	金凤煤矿	灵新煤矿	……
1	安全培训	安全管理培训	安全生产知识和管理能力培训	煤矿安全生产管理人员	培训中心	6月29日—7月4日	46	6	37					……
2				非煤矿安全生产管理人员	培训中心	6月21日—6月24日	32	4	8					……
3				危险化学品安全生产管理人员（生产单位）	培训中心	6月25日—6月30日	48	6	20					……
4				危险化学品安全生产管理人员（经营单位）	培训中心	6月11日—6月16日	48	6	23					……
5			安全生产知识和管理能力继续教育（"七新"培训）	煤矿安全生产管理人员	培训中心	6月20日—6月22日	24	3	91					……
6				非煤矿安全生产管理人员	培训中心	6月27日—6月29日	24	3	99					……

（三）培训审批

宁夏煤业公司建立了培训计划线上审批流程。各单位编制本单位（部门）培训计划后，在公司教育培训管理平台年度培训计划模块中上传审批。宁夏煤业公司培训计划审批流程如图6-2-2所示。

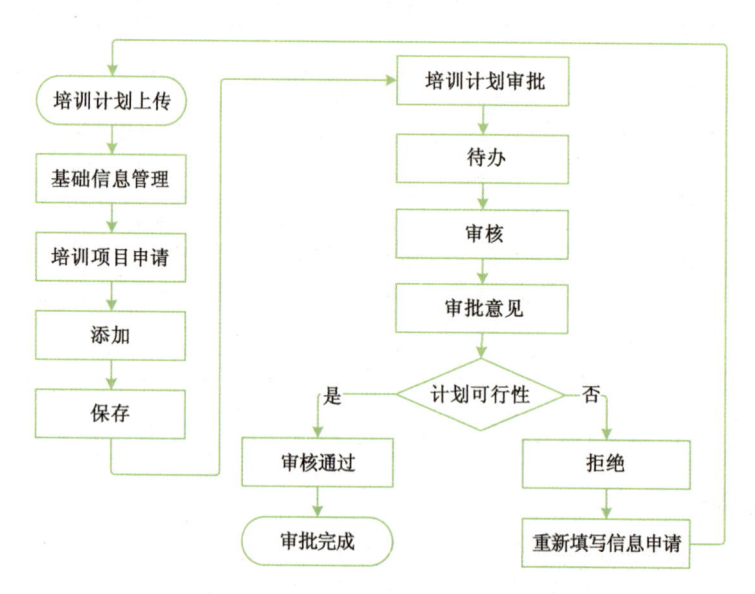

图6-2-2　宁夏煤业公司培训计划审批流程图

公司年度培训计划坚持"以经费定项目"原则，人力资源部负责对机关各部门、各单位上报的培训计划进行整理汇总,组织召开专题会议研究审核,拟订公司年度培训计划,报公司党委会会议研究审定后下发执行。

(四)培训安排

(1)人力资源部根据公司年度培训计划,逐月分解下达月度培训安排。机关各部门、各单位按照公司下达的月度培训安排,选派员工到公司培训中心参加培训。公司培训中心负责组织开展培训教学、学员管理及考勤考核等工作,整理保存各类培训资料。

(2)安全环保监察部等部门根据工作需要开展阶段性培训安排,并监督保障培训质量。

(3)各单位每月制订内部培训计划,经党委会会议审议通过后,组织开展本单位员工培训工作,并按照公司人力资源部下发的要求报名参加相应的外培项目。

(4)区队(车间)根据本单位月度培训工作安排开展相关培训工作。

> **"安宁"系统功能**
>
> 通过培训调查问卷统计培训需求,链接公司教育培训平台进行计划审批,查询公司及各单位培训计划、开班报告。

二、培训实施

宁夏煤业公司有效整合培训资源,充分利用内外部师资力量,精心设计培训方案、教案,科学组织各类培训,加强现场教学监督和培训评估,促进培训质量和实效持续提升。

(一)师资建设

宁夏煤业公司按照"专兼结合、内外互补、兼职为主"原则,分级建立公司、各单位两级培训师资队伍,持续加强师资队伍建设。师资队伍包括宁夏工业职业学院专职教师、机关部门和各单位兼职教师、外聘教师等。公司在"安宁"系统中建立专兼职教师师资信息库,展示优秀教师精品课程,常态化组织送教下基层、支教服务等活动,推动公司范围内优质师资共享。宁夏工业职业学院专职教师库示例如表6-2-1所示。

各单位兼职教师从本单位优秀专业技术人员、技能大师等人员中选聘。兼职培训教师应具备良好的思想品德、业务水平、授课技能,具有较为丰富的专业知识和教学经验,具备大专及以上学历、中级及以上职称或高级工及以上职业资格。安全培训教师应取得注册安全工程师证。

表6-2-1 宁夏工业职业学院专职教师库示例

序号	姓名	所属部门	毕业院校	所学专业	职称	资格证书	所授课程	授课类别	入库时间
1	刘某某	综合管理部	宁夏大学	思想政治教育	讲师	高等学校教师资格证	党史、法律法规	党校业务培训	2004-8-1
2	吴某某	马克思主义教学科研部	宁夏大学	应用心理学	讲师	高等学校教师资格证/中级绘画心理分析师	毛泽东思想和中国特色社会主义理论体系概论、中国共产党党章、成人教育心理学及成人培训特点	党校业务培训	2008-5-18

表 6-2-1（续）

序号	姓名	所属部门	毕业院校	所学专业	职称	资格证书	所授课程	授课类别	入库时间
3	陈某某	马克思主义教学科研部	兰州交通大学	思想政治教育	助教	高等学校教师资格证	毛泽东思想和中国特色社会主义理论体系概论、思想道德与法治	党校业务培训	2020-9-2
4	陈某某	党群工作部	宁夏大学	思想政治教育	讲师	高等学校教师资格证	毛泽东思想和中国特色社会主义理论体系概论、习近平新时代中国特色社会主义思想概论	管理业务培训	2011-5-18
5	陈某某	综合管理部	宁夏大学	生物科学（师范）	讲师	高等学校教师资格证/法律职业资格证/国家二级企业培训师	法律基础、经济法	管理业务培训	2010-7-2
6	宋某某	综合管理部	宁夏大学	法学	无	教师资格证	思想道德与法治	管理业务培训	2021-8-30
7	李某某	机电与采矿系	宁夏大学	现代教育技术	无	教师资格证	大学生心理健康教育	管理业务培训	2022-3-31
8	李某某	化学工程系	西安电子科技大学	马克思主义基本原理	无	高中教师资格证	思想道德与法治	技能提升培训	2022-3-31
9	王某某	培训基地	西安科技大学	工程管理	助理工程师	教师资格证	法律法规	安全管理培训	2022-4-2
10	王某某	培训基地	南京林业大学	化学工程与工艺	助教	教师资格证	危化品专业课	安全管理培训	2022-4-2

◎ 示例　　　　　　　　宁夏工业职业学院师资建设规划

教师队伍建设是教育工作中的基础工程，建设一支高素质教师队伍是实施高校教学的关键，结合学校教师队伍实际，为促进骨干教师迅速成长，构建一支适合教育改革和发展要求的教师队伍，制定此规划。

1. 任务目标

加强对全体教师的师德教育与塑造，促进广大教师的师德水平全面提升；高质量完成教师继续教育任务，不断提高教师队伍的专业化水平；建立更为完善的教师管理、评聘任用、教育培训机制；培养一批以中青年为主的能发挥统领、支撑作用的教学能手、教学新秀；促进全院教师在师德风范、教育理念、知识结构、教学水平、教科研能力、现代教育信息技术等方面有新的跨越；造就一支整体结构优化、符合时代要求、适应社会发展的高素质教师队伍。

具体目标：

（1）提高师德水平

以学生发展为核心，以提高教师思想政治素质、职业理想和职业道德水平为重点，广泛开展教师职业道德培训,使教师在思想素质、道德修养、为人师表、服务水平等方面有明显提高。培养一批师德标兵,把全院师德水准提高到新水平。

(2) 培养骨干人才

加大对中青年骨干教师的培养力度,构建以自治区级骨干为塔顶,市级骨干教师为塔体,教师整体素质优化为根基的塔式结构。

(3) 优化能力结构

使教师具有扎实的教学基本功,娴熟驾驭课堂教学,熟悉掌握教育教学规律,着重提高教师高校教学能力、信息技术能力、教科研能力等。

(4) 提高教科研能力

增强教师教科研意识,普遍提高教师运用先进教育理论、进行教学反思、探索解决教学实际问题的能力,推出一批教学能手。培养具有先进教育思想、掌握一定科研方法、具有较高水平的青年教科研骨干。

(5) 提高信息技术能力

在岗教师具有加工处理、综合运用信息的能力,全面参与网上教研、开发学科信息资源的能力,对新型教学模式及其资源进行评价的能力。

2. 具体措施

(1) 加强领导,完善机制

进一步明确各部门的具体任务,形成院长领导下的各部门分工负责、目标一致的工作格局。完善考评机制,强化督导评估,将教师队伍建设、继续教育工作纳入学校工作计划中,使教师队伍建设任务、目标、措施落到实处。

(2) 加强教师职业道德建设

深入开展教师职业道德教育培训,采取多种形式弘扬崇高的师德风范,谱写职业道德的主旋律,营造良好的群体氛围。建立健全教师职业道德的有效评估机制、管理运行机制和社会监督机制。加大奖惩力度,将师德表现作为教师岗位评聘、评优、晋升的重要内容,对师德行为考评不合格或严重违反师德规范者,实行"一票否决"。

(3) 为骨干教师搭设展示舞台

充分调动学校和骨干教师积极性,加强对骨干教师培养的规范化、科学化管理。制定一年一考核、三年一评定的培养考核制度。健全骨干教师管理,引进竞争机制,实行优秀者晋升,不达标者下调的动态管理。

(4) 严格教师管理

严格掌握教师评聘专业技术职务的标准,在晋升教师职务的评聘工作中,按照教师的工作业绩综合评聘。制定奖励措施,加大对学习提高有成果教师的奖励和资助力度。

(5) 抓好教师继续教育工作

面向全体教师,把树立现代教育新理念作为培训的首要内容,实施以提高教师队伍整体素质为根本目的的继续教育。

(二) 课程设计

宁夏煤业公司培训课程设计采用分级分类设计模式。培训中心以三类人员培训、取证复训、专项培训为主要内容,组织实施公司年度培训计划,并集中师资力量研究制定各阶段课程设计；机关各部门以政策法规解读、专业技术提升、业务管理为主要内容，组织实施普法教育、"干部上讲堂"等培训课程设计；各单位以落实培训计划、开展研学活动、实施现场培训为主要内容进行课程设计；外聘讲师、专家授课由主办部门或培训中心提供授课需求，预先审核授课内容提纲、课程设计，确保授课内容具有针对性、实用性。

◎ 示例　　　　　　　　煤矿开采安全管理、爆破安全管理课程设计

1. 教学目的、要求
(1) 使学员掌握煤矿地质基础知识。
(2) 使学员掌握煤矿安全开采基础知识。
(3) 使学员掌握煤矿地质安全管理制度、措施及安全管理基本要求。
(4) 使学员掌握煤矿开采安全管理制度和措施，以及煤矿开采安全管理基本要求。
(5) 使学员掌握煤矿爆破器材与起爆方法、爆破有害效应与安全距离。
(6) 使学员掌握爆破作业安全管理与事故预防、爆炸物品的安全管理。

2. 教学重点
(1) 煤矿地质基础知识。
(2) 煤矿安全开采基础知识。
(3) 煤矿地质安全管理制度、措施及安全管理基本要求。
(4) 煤矿开采安全管理制度、措施及煤矿开采安全管理基本要求。
(5) 煤矿爆破器材与起爆方法、爆破有害效应与安全距离。
(6) 爆破作业安全管理与事故预防、爆炸物品的安全管理。

3. 教学方法和手段
视频教学、教师讲授、学员讨论、总结提炼。

4. 教学思路
通过视频教学和教师讲解，使学员了解和掌握煤矿地质、煤矿开采、煤矿爆破安全管理基础知识，以及相应的安全管理制度和基本要求。
调动学员学习主动性和积极性，将重点难点简单化、明了化，借助多媒体、动画演示，使学员充分理解掌握。

5. 教学内容及过程
(1) 煤矿地质与矿图。
(2) 煤矿开采的基本安全条件与矿井开拓。
(3) 煤矿开采安全管理。
(4) 矿井冲击地压与顶板事故防治。
(5) 矿井水害发生。
(6) 矿井热害防治。
(7) 煤矿爆破器材与起爆方法。
(8) 爆破有害效应与安全距离。
(9) 爆破作业安全管理与事故预防。
(10) 爆炸物品的安全管理。

（三）教学监督

宁夏煤业公司采用信息化手段加强教学监督，保证培训效果。教学监督手段主要包括：

（1）考勤监督。所有学员进入培训教室开始培训时，进行电子签名，上传当前定位。培训部门线上掌握学员是否到达指定地点按时参加培训，形成教学监督第一道保障。

（2）现场监督。培训教师及工作人员在现场对教学情况进行监督，保证学员出勤率和课堂学习状态。培训部门监督人员随机进入教室督导听课，监督教学状态、学习质量，形成教学监督第二道保障。

（3）视频监督。各单位培训教室均设置摄像头，实时记录课堂情况，监管人员可以远程查看培训现场，形成教学监督第三道保障。宁夏煤业公司培训课堂视频监控系统如图 6-2-3 所示。

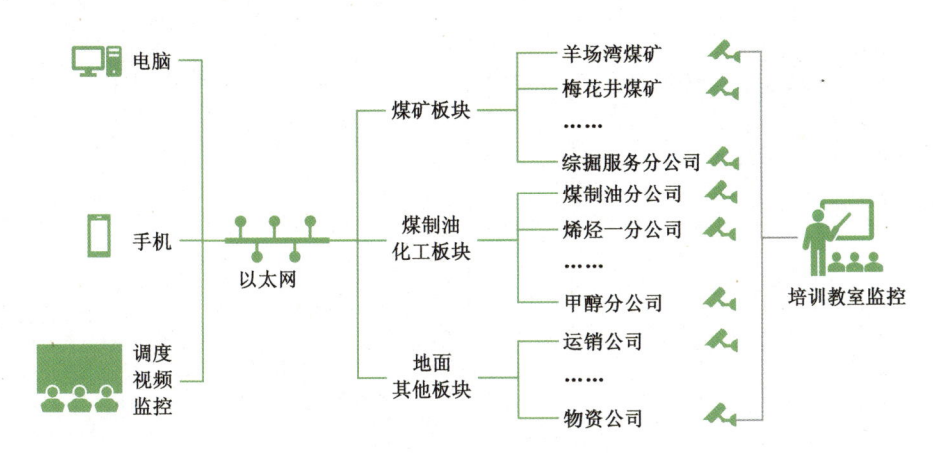

图 6-2-3　宁夏煤业公司培训课堂视频监控系统图

（四）培训评估

宁夏煤业公司培训评估从学员、教师两个维度出发，综合课堂情况和评估表出具评估报告。培训效果评价如图 6-2-4 所示。

1. 学员评估

学员通过培训效果评估表，对任课教师进行评估。在教学内容方面，对相关度、难易度、实用性、创新性进行评分；在教学态度方面，对上课状态和课前准备、课后答疑两方面进行评分；在教学水平方面，对教学方法、传授知识能力、结合实际能力进行评分；在培训组织管理方面，对时间安排合理性、场地适宜程度、设备设施保障、后勤服务进行评价，了解学员培训收获，征求学员改进建议。

2. 教师评估

教师通过培训效果评估表，对学员进行评估。在学员课堂表现方面，对学员课堂纪律、参与互动程度、求知程度三方面进行评分；在培训组织管理方面，对班主任管理服务、培训时间安排合理性、培训场地适宜程度、设备设施保障、后勤服务保障五个方面进行评分；同时，对自我表现和培训班的整体满意度进行评价，并征求教师建议与要求。

培训班名称:《煤矿通信、安全监控、人员定位系统》培训班
培训时间:＿＿＿＿＿＿＿＿＿＿＿＿＿＿＿＿
为了强化培训班级管理,提高培训质量,请您认真填写此表,谢谢配合!

序号	评价项目	具体评价内容	评分等级		
			好	较好	一般	差
1	学员课堂表现	课堂纪律:无迟到、无早退、无旷课、无接听玩耍手机、无随意走动、无睡觉现象				
		参与互动程度:学员回答问题、参与活动的主动性及配合程度				
		求知程度:学员主动提出问题、发现问题的积极主动程度				
2	培训组织管理	班主任管理服务满意度				
		培训时间安排的合理性				
		培训场地的适宜程度				
		设备设施的保障				
		后勤服务(食宿、交通)等保障				
3	自我评价	您对本次培训班自我表现的评价				
4	整体评价	您对本次培训班整体满意度评价				
建议及要求						

培训班名称:《煤矿通信、安全监控、人员定位系统》培训班
培训时间:＿＿＿＿＿＿＿＿＿＿＿＿＿＿＿＿
为了提高培训质量,真正学以致用,请您如实反馈听课感受,谢谢您的配合!

任课教师	A	B	C	D		
授课题目	《煤矿通信、安全监控、人员定位系统》培训班					
评价项目	评价内容	标准分	每位教师实际得分			
			A	B	C	D
教学内容	相关度:与实际工作和个人发展需要的相关度	10				
	难易度:内容清晰,易于理解、学习、掌握的程度	5				
	实用性:对工作的帮助、指导实用的程度	10				
	课程目标明确,契合主题	5				
教学态度	热情饱满,态度认真	5				
	教学准备充分,精心组织教学	5				
教学水平	语言表达清晰、通俗易懂	5				
	熟练运用现代化教学设备,图文并茂,采用多样化方法形式进行教学	5				
	知识的专业程度	10				
	讲课的系统性及重点、难点的把握程度	5				
	授课思路明确	5				
	能与学员教学互动,课堂气氛活跃	5				
	结合实际,案例生动	10				
	答疑解惑有效指导	5				
教学效果	对知识、技能掌握、收获的程度	10				
各位教师合计评价总分		100				
培训组织	培训时间安排的合理性 □很满意 □满意 □一般 □不满意					
	场地适宜程度、设备设施的保障 □很满意 □满意 □一般 □不满意					
满意程度	对本次培训的整体满意程度 □很满意 □满意 □一般 □不满意					
您的哪些方面收获最大: □获得了新观念,拓宽了工作思路 □获得了适用的新知识、新技术 □获得了可以在工作上实用、有效的技能 □理顺了过去工作中的一些模糊概念						
其他改进建议:						

图 6-2-4 培训效果评价

3. 评估报告

培训班评估统计分析后出具评估报告。统计分析培训人数、参培率、培训学时、计划完成率，重点分析考试情况，判断培训班效果，阐述培训班预定目标的完成情况、组织实施管理情况、教学质量情况，总结培训班中好的经验与做法，分析存在的问题，提出改进措施。

> **"安宁"系统功能**
>
> 查询公司及各单位师资库表、课程设计模板、培训评估报告、培训监控视频等。

三、培训档案

宁夏煤业公司按照"一人一档、一期一档"原则建立培训档案，规范企业培训档案管理，强化安全教育管理追踪，便于各单位掌握员工的安全教育情况，对员工实施更为有效的安全教育分级管理和跟踪监督。公司采用纸质档案、电子档案相结合的方式进行档案管理，纸质档案确保有档可查，电子档案可使查询更方便快捷，以此增强档案管理的凭证性和安全性。

（一）"一人一档"

宁夏煤业公司建立"一人一档"电子档案，档案涵盖培训情况、违章记录、持证记录、考试记录、工作简历、岗位工种等内容，动态记录每名员工的培训情况（包括培训时间、培训项目、培训地点、考核情况等）。"一人一档"电子版示意如图6-2-5所示。

图6-2-5 "一人一档"电子版示意图

(二)"一期一档"

宁夏煤业公司建立"一期一档"培训档案,档案装订成册,分类编号。"一期一档"主要内容如表 6-2-2 所示。

表 6-2-2 "一期一档"主要内容

序号	内容	简介
1	培训计划安排表	培训具体安排
2	开班报告	培训班整体情况
3	课程表、教学日志	课程和教学具体安排
4	课程讲义	课程具体授课内容
5	监考记录	监考情况
6	理论成绩	学员成绩
7	班级名册	学员花名册
8	班级考勤册	学员考勤情况
9	申请表	培训考核申请表
10	身份证复印件	学员身份证复印件
11	学历证复印件	学员学历证复印件
12	体检表	学员体检情况
13	任职证明	学员任职证明
14	综合考评报告、评估表	培训班评估情况
……	……	……

(三)培训积分

依据宁夏煤业公司全员积分管理指导意见,将培训情况纳入公司全员安全积分制中。相关积分管理执行如下标准:

(1)操作人员未取得相应的安全资格证上岗的,每次扣 3 分;在取证、复训考试中不及格的扣 1 分,补考仍不及格的扣 2 分;在日常安全检查抽考中,对规程、措施及其他安全知识掌握不全的,每次扣 0.1~1 分。

(2)安全生产管理人员在上级各类检查抽考中考试不及格的,每次扣分不应低于 1 分;安全生产管理人员安全生产知识和管理能力培训考试不及格的,扣分不应低于 1 分,补考仍不及格的,扣分不应低于 2 分;自任职之日起 6 个月内未取得安全生产知识和管理能力考核合格证的,调离安全生产岗位;培训工作组织落实不到位,培训弄虚作假、走过场的,每次对相关责任人扣分不低于 2 分。

(3)矿长(厂长、经理)未组织制订并实施安全生产教育培训计划的,一次扣 6 分;未对作业人员进行安全生产教育培训或者特种作业人员无证上岗的,一次扣 3 分。

"安宁"系统功能

查询全员"一人一档"培训档案、公司"一期一档"培训档案。

四、警示教育

宁夏煤业公司加强事故警示教育,引导员工分析事故原因,吸取事故教训,制定防范措施,纠正不安全行为,防止和减少事故发生。警示教育包括事故案例学习、班前会现身说法、典型违章曝光等方式,其中"一案五问一改变"事故案例学习法是公司广泛应用的做法。

（一）事故案例

宁夏煤业公司每年年初制订年度重点案例学习计划。各单位结合具体实际,细化制订月度重点案例学习计划,所选取的案例结合员工岗位、工种类别,做到每月有主题、有重点、有针对性。公司培训中心设置专人负责日常事故案例库的录入和完善工作,将案例学习内容导入网络学习平台,供各单位学习使用。

公司防范员工各类伤害事故(事件)指导意见、杜绝零打碎敲事故指导意见中列举了大量的事故案例,作为各单位员工长期学习使用的资料,通过身边的事故,吸取身边的教训,做到了"一人出事故,万人受教育"。

公司经过多年探索实践,形成了案例警示教育的有效经验和典型做法,推动事故案例警示教育持续走深走实。

事故"警示日"反思。公司选取近年来发生过死亡事故、一般 A 类非伤亡事故的单位,在事故发生周年日之际,组织开展再反思、再警示、再教育活动。事故单位从回顾事故原因、吸取事故教训、落实防范措施、堵塞管理漏洞等方面进行警示教育和反思,其他单位举一反三开展针对性反思和排查,预防同类事故发生。

违章人员"现身说法"。各单位每月从查处的违章中选择典型性违章进行"现身说法",组织违章人员深入基层班前会、安全活动日、培训课堂等,讲述本人违章事实、违章后果、反思教训等,起到"一人违章、全矿（厂）警示"的作用。

典型工伤重点查处、重点通报。公司及各单位每月选取典型工伤事故进行内部重点通报。组织开展典型工伤、低级失误或未遂事件的专题警示教育活动,切实起到"用身边事,警示身边人"的作用。

"主题日"警示教育。在全国《中华人民共和国职业病防治法》宣传周(4月最后一周)、全国防灾减灾日(5月12日)、全区煤矿安全生产警示教育周(9月27日—10月3日)、全国消防安全日(11月9日)等涉及安全生产的"主题日"活动之际,针对性开展相应主题教育、相关案例学习及专题宣传等,确保每个"主题日"活动有安排、有实例、有落实。

◎ 示例　　宁夏煤业公司月度重点案例学习安排表（煤制油化工板块）

序号	月份	典型案例名称	备注
1	3月份	××公司气化厂2020年"3·14"人身伤亡事故	
2		××公司2019年"3·21"特别重大爆炸事故	
3	4月份	××公司动力车间锅炉引风机液力耦合器着火事故	
4		××公司2020年"7·12"重大爆炸着火事故	

续表

序号	月份	典型案例名称	备注
5	5月份	××公司"7·20"电弧伤人事故	
6		××公司2017年"2·12"中毒事故	
7	6月份	××公司煤制油气化车间"3·16"事故访谈	
8		××公司2017年"6·27"爆炸事故	
9	7月份	××公司2018年"2·28"乙烯H罐出料管线闪爆着火事故	
10		××公司气化厂2019年"7·19"重大爆炸事故	
11	8月份	××公司净化合成厂2017年"8·27"泄漏着火事故	
12		××公司煤化工"3·11"事故	
13	9月份	××公司"4·15"中毒事故	
14		××公司2021年"9·14"中毒事故	
15	10月份	××公司"7·16"着火爆炸事故	
16		××公司"6·5"爆炸事故	
17	11月份	××公司2020年"3·21"化工特别重大事故	
18		××公司"8·27"硫化氢泄漏中毒事故	
19	12月份	××公司"2·28"重大爆炸事故	
20		××公司火灾事故	

(二)"一案五问一改变"

宁夏煤业公司推行"一案五问一改变"学习模式,这是一种为加深员工对事故案例反思而采取的学习巩固方法。宁夏煤业公司"一案五问一改变"结构如图6-2-6所示。

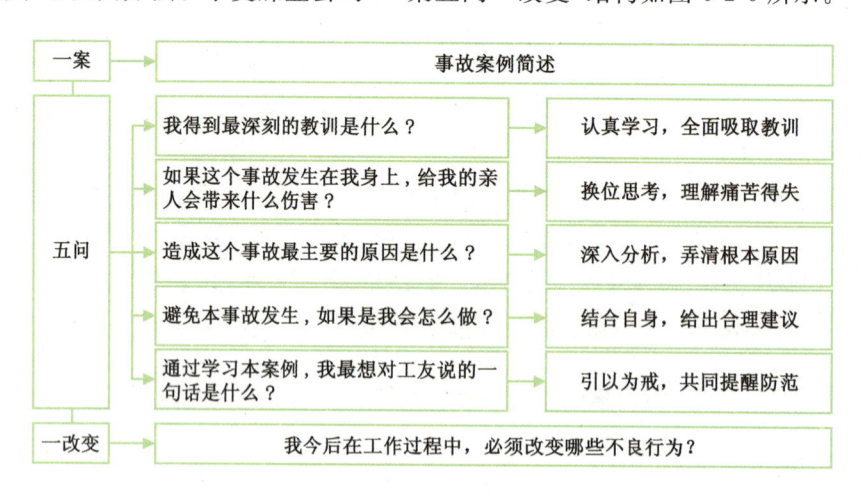

一案 → 事故案例简述

五问:
- 我得到最深刻的教训是什么? → 认真学习,全面吸取教训
- 如果这个事故发生在我身上,给我的亲人会带来什么伤害? → 换位思考,理解痛苦得失
- 造成这个事故最主要的原因是什么? → 深入分析,弄清根本原因
- 避免本事故发生,如果是我会怎么做? → 结合自身,给出合理建议
- 通过学习本案例,我最想对工友说的一句话是什么? → 引以为戒,共同提醒防范

一改变 → 我今后在工作过程中,必须改变哪些不良行为?

图6-2-6 宁夏煤业公司"一案五问一改变"结构图

"一案"具有典型、形象、直观的特点,全面描述事故的总体情况,给人以身临其境的感觉,易于学习、理解,通过"一案"能加强员工对事故的感知印象,让员工基于事故资料全面学习理解,有利于将安全理论知识转化为安全能力。

"五问"的设置由表及里,由己及人,真正起到事故案例的警示教育作用。通过学习事故案例,让学员重视事故后果,全面吸取事故教训;通过换位思考,把自己摆进去,让员工对事故人员产生共情,切身算一算事故的健康账、经济账、亲情账、幸福账,实现员工在工作中做到由"要我安全"到"我要安全"的转变;通过分析事故致因,让员工主动理清事故的前因后果,理解事故发生的主要原因、间接原因,加深员工对事故的学习;通过询问自己的做法,将事故结合自己的工作岗位进行延伸思考,代入事故场景,预演自己的做法,防范事故再次发生,给公司提出合理化建议;通过与工友学习讨论,促进员工在工作现场互相提醒、互相监督,增强安全伙伴的责任,落实网格化管理,实现"三不伤害",做到"身边无事故"。

"一改变"是对自身工作的思考,结合事故发生的过程和当前自己工作岗位的风险隐患情况,改正工作过程中的不安全行为,有效预控风险隐患,做到"我能安全"。

> **"安宁"系统功能**
> 查询教育培训系统事故案例,员工填写"一案五问一改变"考核表并归档。

五、安全抽考

宁夏煤业公司在集中培训、集中考试等做法的基础上,将现场安全抽考作为课堂培训的延伸和现场教学的补充,检验员工掌握安全生产知识和操作技能情况。科学设置抽考内容,合理开展抽考工作,有助于改变传统应试培训和应试思维,提高培训质量。

公司安全抽考内容主要包括安全生产管理知识、规章制度、安全操作规程、标准作业流程、岗位风险、事故防范、应急处置、紧急避险等知识。根据各岗位、工种合理设置抽考题量、时间、难度,检查人员使用便携式防爆手机现场录入被抽考员工工号、姓名等信息,从"安宁"系统题库中随机抽取、提问本岗位题目。被抽考员工不能准确回答问题,当场讲解纠正,并反馈至区队加强培训,兑现奖惩,促进员工再学习。

◎ 示例　　　　　　　　**煤矿安全抽考试题**

1. 矿井安全出口的间距不小于(　　)m。
   A. 20　　　　　　　B. 30　　　　　　　C. 40
2. 采煤机割煤后,先移刮板输送机后移支架的方式叫(　　)。
   A. 及时支护　　　　B. 超前支护　　　　C. 滞后支护
3. 采煤工作面过老巷时,如工作面与老巷平行,应事先调整工作面推进方向,使其与老巷(　　)。
   A. 垂直　　　　　　B. 平行　　　　　　C. 斜交
4. 采煤工作面瓦斯管理的重点是(　　)瓦斯。
   A. 回风巷　　　　　B. 采空区　　　　　C. 回风隅角
5. 悬顶面积超过(　　)m^2时,必须采取强制放顶措施。
   A. 50　　　　　　　B. 60　　　　　　　C. 100

◎ 示例　　　　　　　　　　煤制油化工安全抽考试题

1. 触电对人的危害主要是（　　）。
   A. 电流伤害　　　　　B. 电压伤害　　　　　C. 高温伤害
2. 需检修的管道、设备与生产系统隔绝可采用加盲板法和（　　）法。
   A. 断开管线　　　　　B. 堵塞　　　　　　　C. 氮气保护
3. 安全标志是由安全色、（　　）构成，用以表达特定的安全信息
   A. 文字　　　　　　　B. 字母　　　　　　　C. 几何图形符号
4. 安全教育的内容概括为三个方面：安全思想教育、安全（　　）教育、安全技能教育。
   A. 行为　　　　　　　B. 知识　　　　　　　C. 素质
5. 机器运动部分防护罩的作用是（　　）
   A. 使机器表面美观　　B. 防止发生操作事故　C. 防止机器受到损伤
6. 用火作业票的有效时间：特殊用火、一级用火不超过（　　）h；二级用火不超过24 h，但不得跨越双休日（装置停检或改造除外）；固定用火不超过3个月；一张用火作业票只限一处用火。
   A. 4　　　　　　　　 B. 8　　　　　　　　 C. 12

⚠ "安宁"系统功能

查阅安全抽考题库，抽取岗位工种试题，开展安全抽考，反馈抽考成绩。

第三节　网络学习

网络学习时间灵活、资源丰富、便捷高效，可满足个性化学习需求，较传统学习模式而言具有明显优势。宁夏煤业公司在常规教学培训基础上，大力提倡网络学习，搭建"安宁"系统，统筹多个学习资源平台，引导员工加强自主学习，提升综合素质。

一、"平安宁煤"网络学习平台

为提高员工安全生产意识、自我保护能力和安全操作水平，激发员工学习安全知识、掌握安全技能、提高安全操作的积极性、主动性，宁夏煤业公司2020年开发"平安宁煤"网络学习平台，开展"平安宁煤"全员安全知识学习。

"平安宁煤"网络学习平台的教育目标是实现公司及员工的政治、生产、经济安全。在政治方面，加强员工对中国特色社会主义理论体系的学习，坚守政治忠诚，坚定政治信仰，提升员工政治思想水平，以政治思想为驱动，凝聚员工向心力，共建团结宁煤。在生产方面，加强员工对生产相关知识的学习，有助于提高专业能力，提升工作效率。在经济方面，通过掌握公司主要经营指标，提高员工专业素质能力，促使全员算经济账，推动降低生产成本，实现员工与公司共同发展。

"平安宁煤"网络学习平台设计"每日答题"模块，以此检验员工日常学习情况。"每日答题"设置煤矿板块、煤制油化工板块、公司机关及其他单位三个板块。员工所属板块为必

学内容,剩余板块为选学内容,必学内容必须在规定天数内完成学习,未及时学习和未完成学习任务的均视为"不学习"纳入考核。员工答题过程中,如遇知识点未掌握的题目,可以点击提示按钮进行学习,对知识查漏补缺。

公司按月对各单位在"平安宁煤"网络学习平台上的学习情况进行考核,并将答题参与率及得分情况按单位排名通报,员工一次不学习对本人进行考核,党员、技术员(科员)及以上管理人员一次不学习除对本人进行考核外,连带考核所在单位党支部书记。"平安宁煤"学习情况纳入月度标准化党支部建设及单位文明创建验收考核。依据月度学习排名,对排名靠前的员工及其所在单位党支部书记进行奖励。宁夏煤业公司"平安宁煤"框架结构如图 6-3-1 所示。

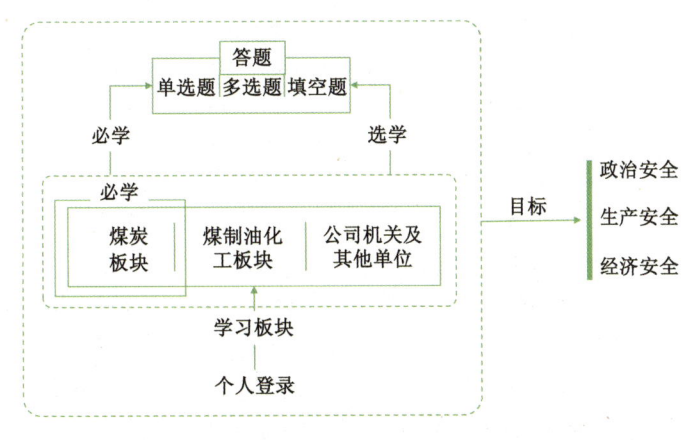

图 6-3-1　宁夏煤业公司"平安宁煤"框架结构图

> **"安宁"系统功能**
>
> 链接"平安宁煤"网络学习平台开展每日答题。

二、"安宁"系统

宁夏煤业公司立足员工职业发展和素能提升,开发"安宁"系统学习平台,集成内部学习资料,链接"学习强国""链工宝""融学"等学习平台,拓宽学习渠道,丰富学习资源,满足员工多元化、个性化、快捷化学习需求,促进全员多方位学习、全方位提升,不断适应现代化企业新要求。宁夏煤业公司"安宁"系统学习资源如图 6-3-2 所示。

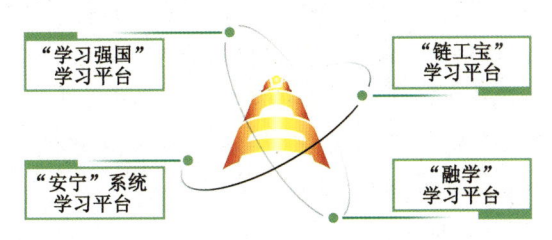

图 6-3-2　宁夏煤业公司"安宁"系统学习资源

(一)"安宁"系统学习平台

"安宁"系统学习平台集成公司 20 余类学习资源,内容涵盖习近平总书记关于安全生产重要论述、国家法律法规、各类标准规范、安全生产责任清单、事故报告调查处理流程等,整合重要文件、管理制度、安全理念、安全目标、安全誓词、安全标语等学习资料,知识面覆盖安全生产环保等所有业务范围。

(二)"学习强国"学习平台

"学习强国"学习平台是由中共中央宣传部主管,以习近平新时代中国特色社会主义思想和党的二十大精神等为主要内容,立足全体党员、面向全社会的优质平台。平台 PC 端有"学习新思想""学习文化""环球视野"等 17 个板块 180 多个一级栏目,手机客户端有"学习""视频学习"两大板块 38 个频道,聚合了大量可免费阅读的期刊、古籍、公开课、影视、图书等资料。"学习强国"学习平台不仅为员工提升思想政治意识提供丰富的学习资源,也为员工学习文学、历史、经济等方面知识提供助力。

(三)"链工宝"学习平台

"链工宝"是基于安全生产领域打造的线上学习平台,是一款集线上学习和模拟考试为一体的 App 操作系统,为安全生产领域搭建全面、专业的资源共享与知识交流平台。用专业的资源和先进的教育理念,结合移动互联技术,提供"线上+线下"相结合的整体培训解决方案,帮助员工随时随地掌握安全知识,并进行全真模拟考试。"链工宝"课程采用模块化设计理念和数字化制作方法,涵盖煤矿、危险化学品、建筑施工、道路交通、机械等行业,同时拥有人力资源和社会保障部门工伤预防培训和技能提升培训。

(四)"融学"学习平台

"融学"继续教育 App 是一款移动职场在线学习平台,基于互联网大数据、云计算等信息技术,为员工提供专业知识培训、信息查询等服务,满足各行业人员在专业资格、职称认证、考前培训和继续教育等方面的不同学习需求。员工可以根据自身需要找到大量实用的专业资料和视频进行自主学习,也可以找到与职业相关的信息。

> ⚑ "安宁"系统功能
>
> 链接各类网络学习资源,员工可自主学习。

第四节 班组建设

班组是企业安全生产中最基本的单元。班组规范化管理和标准化建设,是夯实企业安全基础、推动企业安全生产和可持续发展的关键环节。宁夏煤业公司不断加强和创新班组建设,通过制定工作规范、完善工作标准、加强基础管理、强化现场执行,促进班组管理水平持续提升,逐步形成了具有宁煤特色的"四五六"班组管理模式。宁夏煤业公司班组建设工作遵循以下原则:

分级管理原则:实行公司、矿(厂)、区队(车间)和班组四级管理。公司抓体系制度建设、业务指导;矿(厂)抓细则制定、组织实施;区队(车间)抓制度落实、日常考核;班组抓内部管理、执行落地。

"三长联动"原则：落实矿长（厂长、经理）、区队长（车间主任、科长）、班组长的班组建设第一责任，层层分解任务，层层传递压力。

全员参与原则：形成横向生产安全、经营管理等业务人员参与，纵向"三长联动"和员工参与的班组建设管理网络，各司其职，各负其责。

分类指导原则：根据不同的业务、不同的班组性质和工作内容，明确班组建设目标，分类制定实施细则，打造特色班组。

持续创新原则：围绕安全生产、降本增效和现场管理，学习借鉴先进管理思想和方法，推进技术创新、服务创新、制度创新、组织创新和管理创新，增强企业发展动力。

标杆引领原则：发现、培育和选树班组建设标杆，对标学习，推广经验，发挥标杆班组的示范、带动和影响作用。

一、"四五六"模式

"四五六"模式是宁夏煤业公司独具特色的班组建设模式，通过持续强化"五型班组"建设，建立具有现代企业特征的班组管理体系。在此模式下，培育"有道德、有文化、有知识、有技能、会管理、能创新"的优秀班组长队伍，同时促进员工全面发展，打造具有"一流职业素养、一流业务技能、一流工作作风、一流岗位业绩"的员工队伍。

（一）四个定位

"四五六"模式中的"四"是指坚持安全、稳定、清洁、标准"四位一体"的战略定位。

安全：牢固树立"生命至上，安全第一"思想，坚决贯彻"安全第一、预防为主、综合治理"安全生产方针，通过自保、互保、联保，确保班组安全生产。

稳定：保持生产的稳定和均衡，保持各系统的总体协调、平衡；维护员工队伍稳定、团结和谐、积极向上。

清洁：贯彻落实新发展理念，生产清洁产品，生产过程达标排放，大力降低各类消耗和成本。同时，积极改善工作环境和条件，保护员工身心健康。

标准：严格遵守制度、标准和流程。干部要到位，讲规则守规矩，依法依规管理；员工要干对，上标准岗干标准活，按标准作业流程作业。

（二）五型班组

"四五六"模式中的"五"即强化安全型、学习型、节约型、创新型、和谐型"五型班组"建设。

"安全型"班组：制定安全生产目标，严格落实岗位安全生产责任制，加强现场标准化管理，加强风险分级管控及现场隐患排查治理，严格交接班管理，抓好岗位标准作业流程落实执行，狠抓不安全行为治理。

"学习型"班组：加强班组基础管理，认真开好班前、班后会，积极开展学习培训工作，加强班组人才培养，积极开展业务技能比赛。

"节约型"班组：加强生产指标分解落实，强化成本管控，开展节支降耗，鼓励修旧利废。

"创新型"班组：积极征集合理化建议，加强班组创新建设，创新班组管理方法，积极推广新技术、新工艺、新材料、新设备，加强班组信息化建设。

"和谐型"班组：坚持党建引领，加强民主管理，畅通员工沟通渠道，加强班组文化建设，积极开展班组活动，发挥新闻媒体宣传作用。

(三)六大支撑体系

推进班组建设，着力健全完善"六大支撑体系"。

(1)健全完善组织保障体系。以"科学设置机构、合理配备人员、明确责任分工"为基本要求，建立起党政负责人主抓，工会"牵头抓、抓通用"，专业部门"对口抓、抓专业"的"双轮驱动"管理机制。健全"三长联动"责任体系，形成班组建设目标明确、信息共享、管理通畅、措施到位、监督有力、齐抓共管的工作格局。

(2)健全完善制度运行体系。修订完善矿(厂)级、区队(车间)级、班组级的管理制度和实施细则，明确各层级的管理责任，明确班组建设的内容与标准，规范流程，建成长效、良性的工作机制。建立班组长选拔使用、培养、晋升、奖惩、淘汰的工作机制，打通优秀班组长成长成才通道，对于特别优秀的班组长要突破学历、工龄、年龄等限制，给予破格提拔使用。

(3)健全完善安全生产标准化管理体系。加强风险分级管控和隐患排查治理，提高安全生产标准化管理体系建设水平；全面推进"安全定置化""作业标准化"，修订完善现场风险管理、隐患排查、安全达标的各类规章制度，修订完善文明生产标准、技术资料标准、安全标识张贴悬挂标准、必知必会考核标准等，编制和完善岗位标准化作业流程和操作规范，规范岗位操作行为。强化风险与隐患的"一体化排查辨识"，坚决做到风险辨识不清不作业、隐患排查不彻底不作业、管控措施不完善不作业、作业流程不熟悉不作业。

(4)健全完善教育培训体系。压紧压实各层级的培训管理责任，加大内外学习交流力度，推进安全培训创新和改革。将脱产培训与岗位培训结合起来，开展有针对性的培训。重点抓好班组日常培训，突出抓好班组长、安全检查工、特种作业人员等重要岗位的学习培训与实践锻炼，坚持推行"八步法"班前会、民主安全会、手指口述等有效做法，严格落实安全学习日制度，开展好安全警示教育、传帮带等活动，把班组打造成员工学习成才的园地。

(5)健全完善文化引领体系。积极践行"社会主义是干出来的"伟大号召，培育劳模精神、劳动精神、工匠精神。弘扬社会主义核心价值观，积极宣传贯彻公司企业文化。鼓励区队(车间)、班组创建以班组冠名、班组愿景、班组精神、班组LOGO、班歌口号为主要内容，以班组绩效展示、劳动竞赛、创新成果展示、学习交流、员工风采等活动为平台，建设班组文化，把班组打造成全员参与、自主管理的"班"，员工学习、成长成才的"校"，敬业乐业、团结和谐的"家"。

(6)健全完善考核评价体系。建立自上而下的综合绩效考评体系，将工作指标与区队(车间)绩效、班组绩效、员工收入挂钩，考核兑现，奖优罚劣，促进班组建设比学赶帮超。开展班组建设评先选优，加强标杆选树和对标学习，推广先进经验做法，促进班组建设工作良性发展。

二、日常管理

日常管理是贯彻实施"四五六"班组管理模式的常态化保障。日常管理的关键是严格执行劳动纪律和各项规定，加强对班组员工的日常考勤管理，形成按计划科学自动排班、按标准进行日常管理、全员参与的班组日常管理机制。依照生产实际和排班要求，对班组的各种工作进行科学自动排班,并加强内业台账、工器具使用等基础管理,有效支撑班组日常业务链紧密衔接、协调运行。

(一) 基础管理

基础管理包含员工科学排班管理、日常考勤管理、工器具规范化管理、内业管理等。

科学排班是实现有序作业、正规循环的前提条件。紧密结合安全生产实际,通过编制和设定不同的排班规则,精心精准编制各阶段班组作业计划和班次安排,增强班组作业计划性、衔接性、合理性,有效减少加班延点、任务完成不均衡等现象。

加强班组员工日常考勤管理,确保生产出勤人数满足作业量需要,同时为员工绩效考核提供基础数据。通过考勤程序同时关注员工的精神状态、行为举止,确保每位出勤人员初始状态符合安全作业需要。

班组作业需要使用大量的工器具,通过加强工器具的制度化管理,同时对材料领用实行精细化管理,规范材料和工器具登记、领用、归还、修复、报废等全生命周期管理,充分提高材料、工器具利用率,促进班组作业顺利开展。

班组内业管理涉及班前会记录、班务公开、班组建设台账、班组月度考核表等内容,对加强班组系统管理十分重要。通过加强内业管理工作,促进内业管理规范化、制度化、科学化,不断提高工作效率和内业质量,促使班组建设水平上台阶。

(二) 班前会管理

班前会管理是班组建设的关键环节,从班组具体任务安排、班组人员组织、风险交底到安全注意事项提醒、警示教育整个过程,关乎班组全员安全、任务落实。公司各单位应全面规范班前会模式,煤矿以"八步法"班前会模式为主,煤制油分公司以"5+1"班前会模式为主。通过各具特色、富有实效的班前会组织,凝聚班组士气,鼓足班组干劲,提高班前会召开质量,促使班组在保障安全的前提下完成工作任务。

◎ 示例　　　　　　　　　宁夏煤业公司煤矿"八步法"班前会

1. 点名及班前状态检查

本阶段包括"点名、确认员工状态、唱队歌"三项内容。

第一步:点名。班长按照花名册对当班员工点名,点到人员起立答"到"。通过点名掌握员工出勤情况。

第二步:确认员工状态。员工确认并回答"本人身体状况良好,可以上岗",班长观察员工精神状态和身体状况是否可以入井作业,确认员工状态正常后请其就座。

第三步:唱队歌。全体人员立正齐唱队歌,要求声音洪亮、精神饱满。通过唱队歌引导员工集中精力、提振士气,以饱满的精神状态投入工作。

2. 上班工作总结及当班任务安排

本阶段包括"上班工作总结、当班任务安排、当班风险辨识"三项内容。

第四步:上班工作总结。由班长总结上一班现场存在问题、整改措施和工作要求。

第五步:当班任务安排。由班长根据区队当班任务及员工出勤情况,对员工当班作业内容进行明确分工;让员工在进行风险辨识前清楚自己当班任务。

第六步:当班风险辨识。班长根据当班工作任务,随机抽取不同工种或岗位的3名员工对本人岗位标准作业流程进行描述，辨识作业过程中的风险，提出防控措施。

3. 安全教育培训及安全宣誓

本阶段包括"安全教育培训、安全宣誓"两项内容。

第七步：安全教育培训。跟班队干强调当班重点工作任务及安全注意事项。培训人员围绕当班安全生产任务，以岗位标准作业流程、风险辨识、"一单两卡"、安全技术措施、操作规程、安全生产标准化等知识为主要内容开展安全培训，突出安全培训的针对性及实效性；适时开展事故案例警示教育。

第八步：安全宣誓。会议结束前，全体人员起立，集体宣誓。宣誓内容执行公司统一的安全誓词及使用规范。

◎ 示例　　　　　　　宁夏煤业公司煤制油分公司"5+1"班前会

煤制油分公司"5+1"班前会中，"5"为五项固定议程，"1"为每月结合实际选择的一项专项议程。

（一）五项固定议程

1. 排查

工况排查：员工到岗后对设备设施、检修作业、工艺参数、工器具、消气防器材、票证、报表、日志等进行排查。班长对装置主要参数、检修任务、高风险作业、工艺调整等关键内容进行把关。电气、仪表管理中心由值班人员及主值完成检查确认。

人员排查：员工进入交接班室后更新本人"个人状态看板"，班组长对有特殊情况的员工采取调岗、双人值岗等针对性措施。

2. 交接

接班班长向全体员工问好，组织整理工装。

考勤员通报员工到岗和状态排查、人员临时调整等情况。

交班班长汇报当班期间的安全生产、装置运行、设备检修、工艺指令等总体情况。

接班班组汇报班前巡检发现的问题，提出整改要求。

两班班长起立握手，完成交接。

电气、仪表管理中心由值班人员通报上一班安全生产总体情况及存在问题。

3. 安全教育

传达涉及班组的安全文件精神，精心准备并分享班组操作中可以借鉴的事故案例，提出防范措施。

4. 分工

班长对上一班次工作情况进行点评，对当班工作进行安排，对当班主要操作及作业提出具体要求。

车间值班管理人员传达上级工作要求，强调现场风险管控和隐患排查治理工作。

5. 宣誓

全体员工起立进行宣誓。宣誓内容执行公司统一的安全誓词及使用规范。

（二）一项专项议程

为确保"六大员"发挥作用，每班每月安排1~2次交接班会，利用安全教育时间，围绕民主管理、成本控制、思想教育、员工培训、安全环保等，每次选择1～2个主题，组织开展3～5 min的情况通报、互动交流。

三、任务管理

任务管理是贯彻执行"四五六"班组管理模式的重要措施。宁夏煤业公司注重规范和加强班组任务管理，促使班组工作任务安排科学合理、准确细致，实现从工作任务安排到班组考核的一站式管理和现场问题处置闭环管理，夯实现场作业安全生产"最后一关"，确保班组任务圆满完成。

在工作任务安排方面，根据各单位和区队（车间）的工作计划要求，对班组成员每日的工作任务进行合理安排。通过科学分配计划性任务、临时性任务，做到任务安排清晰明确，实现工作任务的合理安排和集中统一管理。

强化现场问题处理是将隐患（问题）消灭在萌芽状态的有效措施。通过加强现场交接班，规范各类隐患（问题）记录和处理，将问题处理责任落实到人，并加强跟踪监督，促进现场作业安全。

班组任务完成质量的最后一道保障是工作检查，通过检查班组工作任务实际完成情况、工作质量、亮点和问题等内容，提出针对性整改要求，确保工作任务质量合格。

实施班组考核可以正确把握班组员工的能力适应性、工作态度及工作绩效，也是促进班组工作落实的重要手段。根据工作任务落实情况据实考核和兑现奖惩，能激发班组工作积极性，提升班组执行力。

◎ 示例	羊场湾煤矿班组现场交接班标准流程

班组现场交接班执行"一交二接三评四实"工作流程：

"一交"指安全交底。交接双方认真交流还存在什么问题，有什么安全建议。

"二接"指接安全、接任务。后续班组接现场安全状况，接当班工作任务。

"三评"指评估现场、评估风险、评估精神。要评估现场是否符合开工条件，评估现场作业过程中存在的安全风险，以及当班员工认知水平、精神状态、思想情绪及身体状况。

"四实"指落实责任、落实标准、落实流程、落实监督。落实跟班队长、班组长、安全检查工、瓦斯检查工及岗位员工安全生产责任制情况，落实安全生产标准化现场执行情况，落实作业过程中各岗位标准作业流程执行情况，落实监督检查考核执行情况。

四、民主管理

民主管理坚持"民主、公平、公开"原则，通过民主投票、采取合理化建议、班务公开等方式，充分调动员工工作积极性和创造性，让全体员工主动参与班组事务和各项管理活动。班组民主管理主要体现为员工在安全生产管理、规章制度制定、安全奖惩、民主评议等方面具有知情权、参与权、表达权、监督权、紧急避险权等。

班组民主管理的主要内容为：

① 贯彻落实本单位、区队（车间）职工（代表）大会决议中涉及本班组的有关事宜。

② 讨论班组生产计划、责任制方案，提出落实的具体措施。

③ 讨论制定落实班组各项规章制度和工作方案。
④ 对班内工作的重大问题进行讨论,充分听取员工意见作出决定。
⑤ 讨论本班奖金分配、评先选优等事宜。
⑥ 民主讲评班组工作。
⑦ 民主选举班组长、职工代表。

（一）民主投票

民主投票直接表达员工意愿,是员工参与民主管理、民主决策的具体行为。民主投票在激活用人机制、公开基层管理、发挥基层工作积极性方面起到了重要作用。通过召开民管会、组织民主投票等方式进行民主评比、民主推荐、民主打分,是统一班组全员目标、思想和行动,建设和谐班组的有效手段。

宁夏煤业公司基层班组广泛采用民主投票、公开打分、公推直选等方式,让员工能积极参与班组的各项建设。其中民主投票主要应用于班组长推选、先进评选、劳务工转正、员工晋升等工作中,有助于提高员工参与民主管理的积极性。

（二）合理化建议

合理化建议是员工民主管理权利的重要内容,是改进企业安全生产、经营管理的重要举措。员工身处企业生产建设一线,对安全生产和经营建设的实际情况非常熟悉,发挥员工的观察力、分析力和发现问题、解决问题的潜力,鼓励员工积极为企业发展建言献策,是务实开展安全生产各项工作的有效手段。

宁夏煤业公司及各单位重点围绕安全、生产、技术、管理等方面开展合理化建议征集工作。制定合理化建议征集办法,明确奖励标准,鼓励员工围绕安全生产、现场管理、节支降耗、提质增效等方面提出合理化建议。对提出有效合理化建议的员工进行表彰与奖励,公司评定与审核后,可授予"经济技术创新标兵"称号,进行经济技术创新成果认定,将合理化建议真正转化为管理创新和管理良策。

◎ 示例　　　　关于召开"班组民主安全会"的实施意见

为全面加强现场安全管理,遵循"批评与自我批评"主导思想,借鉴党组织民主生活会召开方式,开展批评与自我批评,提高班组安全管理水平,切实把班组安全作为安全生产的第一道防线,促进安全生产持续稳定,制定班组民主安全会制度。

各区队（车间）负责本单位班组民主安全会的管理、检查和考核,安全管理部门负责区队（车间）民主安全会的监督管理,班组长负责会议组织和会议精神落实。

民主安全会内容：

1. "三违"人员反思,谈认识,定整改措施；其他人员针对其违章行为谈认识,开展帮教工作。班组每位员工要在工作过程中主动查找、纠正他人存在的"不安全行为"或"习惯性违章"等方面的问题并做好会议记录。

2. 查找班组安全管理工作中存在的问题和不足,讨论制定专项整改措施。

3. 分享安全经验。

4. 学习各类安全事故案例,结合本班实际进行讨论、剖析,制定防范措施,举一反三。

5. 学习贯彻上级安全生产有关文件精神。

会议流程：

1. 集体观看共享照片或微视频及案例视频。
2. 通报本月班组员工的"不安全行为"或"习惯性违章"等方面的问题。
3. 班组员工每人依次发言，对他人在工作过程中存在的"不安全行为"或"习惯性违章"等方面的突出问题进行批评，并对照自身反思不足。
4. 被批评的员工要诚恳接受大家的批评和建议，进行自我批评并承诺改正。通过批评与自我批评，督促违章人员自我反省，达到消除不安全行为等目的。
5. 班组长总结发言、区队(车间)管理人员点评。

◎ 示例	麦垛山煤矿生产技术科巷道矸石回填合理化建议

成果摘要：130608 工作面机巷一部带式输送机机头断面及坡度影响胶带安装，需对巷道进行挑顶和起底施工，巷道挑顶平均高度为 1.3 m，宽度为 5 m，长度为 50 m，矸石量为 325 m³；起底长度为 46 m，深度为 1.8 m，宽度为 5 m，矸石量为 414 m³，矸石量共计 739 m³。巷道起底、挑顶产生大量矸石，若直接进入主煤流，对煤质影响较大。利用废弃或暂时不用的巷道对产生的矸石进行回填，有利于提高煤质。建议将矸石回填至 130610 工作面 1# 措施巷和 130608 工作面 4# 措施巷，减少矸石混入主煤流影响煤质。

经济效益：2021 年 2 月 20 日至 3 月 3 日，矿井原煤发热量从 3 700 kcal/kg(1 kcal＝4.186 kJ)提升至 3 900 kcal/kg，提升了 200 kcal/kg。其间完成产量 11.3 万 t，增效近 200 万元。

(三) 班务公开

班务公开是增强班组建设透明度、提高班组民主管理水平的关键途径。宁夏煤业公司推动班务公开规范化、制度化，致力于打造团结、民主、技术过硬的班组团队。

班务公开内容包括生产任务公开、考勤管理公开、薪酬分配公开、评先选优等涉及班组事务的工作公开。公开内容必须张贴在公示栏或显示在计算机及手机的公共信息群中，接受员工监督。同时，还可充分利用班前会、班务公开展板、班务文件夹、专题沟通会等形式进行班务公开和交流。

班务公开应设置公开地点及公开媒介，公开内容需记录班组民主管理活动，保障班务公开工作的常态化，以此促进员工对规章制度、班组考核、工作计划完成情况的了解和认同。

◎ 示例	班务公开

1. 班务公开原则

坚持依法合规、实事求是、把握重点原则，公开内容要符合党的方针、政策和国家的法律法规；公开的内容不能弄虚作假、不搞形式主义；抓住员工牵挂、反映强烈的问题，涉及员工切身利益、需要员工清楚的问题，关系企业发展和体现员工民主权利的问题。

2. 班务公开内容

(1) 工作任务公开

班组长要根据员工的专长、技能,将每天的工作任务合理安排到每个岗位,并使每位员工明确自己今天干什么,工作任务是什么,做到心中有数。

(2) 出勤公开

每天要将当班员工的出勤、日考核得分情况张贴在公开栏上,接受员工监督。

(3) 岗位分数公开

每月按照收入分配制度细化员工岗位分数并公开,员工可核对当月薪酬。

(4) 先进评比公开

各类先进评选工作由班组长组织员工进行初评推选,党支部研究后报上级审定。

▲ "安宁"系统功能

链接国家能源集团统建开发系统,具备民主管理、合理化建议管理、班务公开等功能。

第七章 人文建设

人文建设是企业开展人文关怀、构建企业文化、落实社会责任的重要途径。坚持"以人民为中心"的发展思想,发挥企业人文关怀作用,可形成统一的企业价值观念和行为规范。通过加强对员工的人文关怀,关注员工身心健康和个人发展,可以充分发挥员工主观能动性,提高创新能力,增强企业核心竞争力。

宁夏煤业公司坚持把涉及员工切身利益的事情办好办实,在生活上照顾、精神上引导、情感上关怀、心理上疏导、发展上帮助。开展科学高效的人力资源管理,关注员工成长发展;聚焦员工"急难愁盼"问题,围绕为民、富民、安民实施民生工程;关注员工身心健康,围绕衣、食、住、行、医实施安康工程;肩负社会责任,践行"绿水青山就是金山银山"发展理念,投身黄河流域生态保护和高质量发展先行区建设,打造国家级绿色矿山,推进清洁运行现代化企业建设;全面提高员工幸福指数,营造人人爱岗敬业、人人守护安全的浓厚氛围,为企业长治久安提供人文保障。

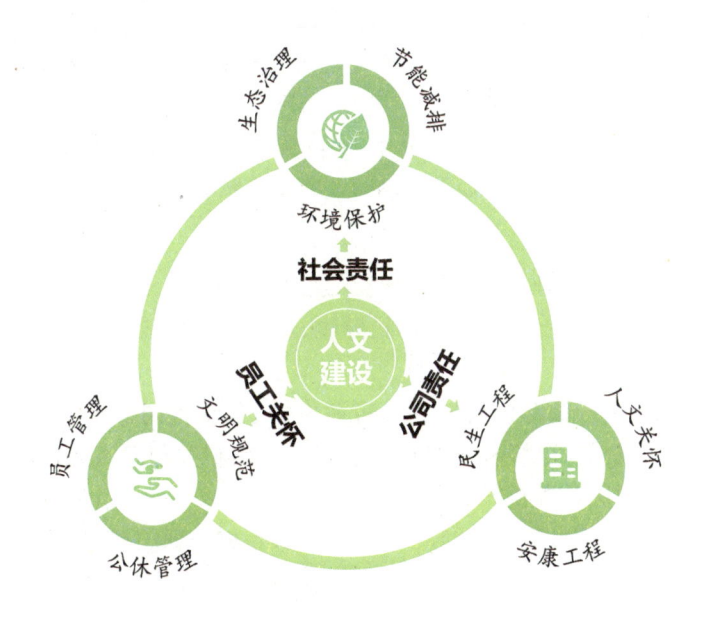

第一节 人力资源

人力资源管理是指根据企业发展战略要求,有计划地对人力资源进行合理配置,通过人力资源战略制定、员工招聘与选拔、培训与开发、绩效管理、薪酬管理、员工流动管理、员工关系管理、员工安全与健康管理等一系列活动,调动员工积极性,发挥员工潜能,最终实现企业发展目标。宁夏煤业公司关注员工管理、职业发展、身心健康、文明行为、劳动纪律等,通过科学高效的人力资源管理助推企业发展。

一、员工管理

加强员工管理是企业高质量发展的重要前提,是发挥企业人力资源效应的重要基础。每位员工都是企业不可缺少的宝贵资源,也是支撑企业发展的基石。宁夏煤业公司为提高人力资源配置和利用效率,深化三项制度改革,建立内部人力资源市场管理制度,通过多种配置方式实现员工有序流动。

(一) 管理机制

公司人力资源部为内部人力市场的归口管理部门,制定、执行公司内部人力市场制度,制定科学合理的人力资源配置方案,规范有序开展内部人力市场运行管理;组织公司内部招聘、组织调配、人员划转等工作,制定和实施各类人才职业发展规划,拓展人才职业发展通道;组织开展各类人才培训培养工作,建立各层级人才库。

各单位为内部人力市场落实主体,依据本单位生产经营计划开展人力资源供需分析,提出供需计划;配合公司开展内部人力市场人员流动工作,组织实施内部招聘,服从公司人员划转、组织调配等工作安排;引导、支持员工参加两级内部人力市场活动;做好本单位员工技能培训工作等。

全体员工作为企业命运共同体的一分子,要增强主人翁意识,时刻维护企业利益,坚决服从组织安排,自觉遵章守纪,加强自我约束,立足岗位履职尽责。

(二) 员工信息

员工信息是人力资源管理的基础。宁夏煤业公司推进员工信息管理数字化、集成化,在涵盖员工基本信息的基础上,将员工培训、健康、违章、奖惩、安全抽考等信息纳入员工信息库统一管理。

员工信息收集:人力资源部门通过员工培训信息、劳动合同、SAP系统等渠道,收集员工历史形成和动态形成的人事资料及涉及安全生产工作相关信息,形成员工履历、培训、健康、积分、奖惩等方面的综合资料库。

员工信息保管:员工信息集中保存在人力资源部等相关部门或具备安保功能和保密性质的专用网络中。人力资源部建立相应的管理制度,包括信息归集、检查、核对、传递、保密、统计等内容,实行分类管理和密级管理。

员工信息应用:规范开展员工信息录入、储存、查找、编辑、分析等,为企业管理员工提供依据和凭证。通过对员工个人信息的管理分析,对员工进行全方位考察,实施针对性管理、帮教、调岗、流动等。

> **"安宁"系统功能**
>
> 查询员工基本信息,内容涵盖姓名、年龄、民族、工号、学历、职称、技能等级、工作经历、岗位工种、培训持证、奖惩情况、违章信息、安全抽考、健康状况等。

二、公休管理

休息权是《中华人民共和国宪法》直接赋予公民的最基本权利之一,也是《中华人民共和国劳动法》《中华人民共和国劳动合同法》所规定的受保护劳动者的基本权利之一。宁夏煤业公司根据国家、自治区及国家能源集团劳动纪律管理规定,全面保障员工享有的法定休假日、事假、病假、工伤假、探亲假、婚丧假、产假、护理假、年休假等,维护员工合法权益。

（一）请假规定

宁夏煤业公司请假规定严格按照国家规定执行,假别和假期因国家、自治区有关政策变化而适时调整。主要请假规定如表7-1-1所示。

表7-1-1　主要请假规定

序号	假别	规定
1	事假	原则上不超过3天,年累计不得超过30天。
2	病假	1. 企业员工因患病或非因工负伤,需要停止工作医疗时,根据本人实际参加工作年限和在本单位工作年限,给予3个月到24个月的医疗期:实际工作年限为10年以下,在本单位工作年限为5年以下的,医疗期为3个月;5年及以上的,医疗期为6个月。实际工作年限为10年及以上,在本单位工作年限为5年以下的,医疗期为6个月;5年及以上10年以下的,医疗期为9个月;10年及以上15年以下的,医疗期12个月;15年及以上20年以下的,医疗期为18个月;20年及以上的,医疗期为24个月。 2. 医疗期为3个月的按6个月内累计病休时间计算,6个月的按12个月内累计病休时间计算,9个月的按15个月内累计病休时间计算,12个月的按18个月内累计病休时间计算,18个月的按24个月内累计病休时间计算,24个月的按36个月内累计病休时间计算。 3. 医疗期满不能从事原工作及另行安排的工作,依法解除劳动合同。
3	工伤假	员工因工作遭受事故伤害或者患职业病需要暂停工作接受工伤医疗的,停工留薪期一般不超过12个月。伤情严重或者情况特殊,经设区的市级劳动能力鉴定委员会确认,可以适当延长,但延长时间不得超过12个月。
4	婚假	员工结婚依法享受3天婚假。
5	丧假	员工直系亲属(配偶、父母、子女)死亡,经单位同意,可享受3天丧假。若死亡的直系亲属在外地,需要员工本人去外地料理丧事的,应该根据路程远近,另外给予本人路程假。
6	探亲假	1. 员工探望配偶,每年给假一次,假期为30天。 2. 未婚员工探望父母,每年给假一次,假期为20天;如因工作需要或员工自愿两年探亲一次的,可以两年给假一次,假期为45天。已婚员工探望父母,每4年给假一次,假期为20天。 3. 探亲假均包括公休假日和法定节假日在内,根据路程需要给予路程假。
7	产假	符合生育政策的女员工生育享受158天的产假,难产的增加产假15天,并给予其配偶25天护理假;多胞胎生育的,每多生育一个婴儿增加产假15天。怀孕女员工不满4个月流产的,根据医疗机构意见,给予15~30天产假;满4个月流产的给予42天产假。

表 7-1-1（续）

序号	假别	规定
8	哺乳假	1. 女员工产假期满后,用人单位应当在工作日内安排不少于1 h的哺乳时间(哺乳假含人工喂养)。 2. 哺乳时间:对哺乳未满1周岁婴儿的女员工,在每班工时内应给予两次哺乳时间(包括人工喂养),每次哺乳时间单胎为30 min。也可将两次哺乳时间合并使用。双生以上者的哺乳时间,按单胎哺乳时间相应成倍增加。 3. 生育第一个子女,哺乳假为6个月。生育二孩,哺乳假为3个月。 4. 婴儿满周岁后,确诊为体弱儿,可适当延长哺乳期,但最多不超过6个月。

（二）审批制度

宁夏煤业公司实行请销假审批制度,严格执行请销假程序。员工休假前,应由本人如实填写员工请销假审批表,相关工作必须与接替人完成交接,注明请假类别及期限,经批准后方可生效。如遇特殊情况,本人事前无法办理请假手续,须以电话等方式向本单位报知并征得同意后,方可休假,并于事后两个工作日内补办手续。机关部门及直属中心根据机关党委考勤管理相关要求,履行请销假审批程序;各单位根据实际,制定具体的请销假审批流程。请假须按要求提供必要的证明资料办理审批。

（三）年休假管理

宁夏煤业公司认真落实员工年休假相关制度规定,合理安排员工年休假。各单位结合员工休假意愿,统筹制订年休假计划,合理安排符合条件的员工有序休假、分批休假、"错峰"休假,推动年休假应休必休、应休尽休。合理调控各时期休假人数,平衡休假与工作关系,以保证工作正常高效运转、重点工作有序平稳推进。

各单位应按统一格式建立休假台账,记录和调控员工各时期休假。因工作或个人原因当年年休假未休或未休完的员工,可延期到次年,与下年度假期一并安排休假。公司通过"安宁"系统全面统计每一位员工,特别是一线员工月度休假情况,精确统计各单位每月应休假人数、应休假天数、已休假人员、已休假天数等信息,实时分析相关数据,及时为各单位提供休假政策调控依据。同时,通过"安宁"系统及时提醒各单位管理人员关注员工休假情况,督促重点岗位及一线员工按计划休假,保障员工休假权利。

◎ 示例　　　　　　宁夏煤业公司_____煤矿员工年休假管理台账

员工工号	姓名	所属单位	参加工作时间	工龄	应享休假天数	1月	2月	……	12月	已休天数	剩余天数
15000＊＊＊	买某某	安全管理科	1997-07-01	25	15					0	15
15015＊＊＊	樊某某	通风科	1991-07-01	31	15					0	15
15020＊＊＊	李某某	地测科	1996-08-01	26	15					0	15
15020＊＊＊	刘某某	安全管理科	1990-07-01	32	15					0	15

"安宁"系统功能

查询员工休假政策和休假信息,统计形成员工休假台账。

三、文明规范

文明规范是企业文化建设的构成部分。文明行为、文明礼仪在塑造企业形象的同时，也是推进文明单位创建的重要内容。宁夏煤业公司通过文明规范建设，引导员工养成文明行为，学习文明礼仪，以文明习惯规范劳动习惯、安全习惯，减少各类违章、违规、违纪行为。

（一）文明礼仪

公司每位员工的仪表、仪容、谈吐、举止、行为，不仅是个人文化素养的直观反映，而且是公司形象的组成部分。宁夏煤业公司为更好地规范员工行为，弘扬文明礼仪风尚，促进精神文明建设，传承公司优良传统，塑造企业良好形象和国企文明典范，修订公司文明规范。文明规范包含仪表、着装、举止谈吐、事务礼节、员工行为规范等内容，对员工进行全方位、立体化、环绕式的文明行为约束管控。

◎ 示例　　　　　　宁夏煤业公司员工文明礼仪手册目录（节录）

宁夏煤业公司员工文明礼仪手册包括4章61项内容，涵盖员工文明礼仪常识、员工文明日常规范、员工礼仪日常规范，以及节日、民俗礼仪文化知识等。

第二章　员工文明日常规范	第三章　员工礼仪日常规范	
一、用语文明	一、办公礼仪	十三、介绍礼仪
二、交通文明	二、会议礼仪	十四、致意礼仪
三、乘车文明	三、电话礼仪	十五、名片礼仪
四、购物文明	四、信访礼仪	十六、交谈礼仪
五、观众文明	五、参观礼仪	十七、涉外礼仪
六、会场文明	六、迎送礼仪	十八、行进礼仪
七、居家文明	七、就餐礼仪	十九、乘电梯礼仪
八、仪表文明	八、西餐礼仪	二十、乘交通工具礼仪
九、待客文明	九、仪容礼仪	二十一、宾馆饭店礼仪
十、就医文明	十、着装礼仪	二十二、影剧院礼仪
十一、旅游文明	十一、举止礼仪	二十三、就诊礼仪
十二、卫生环保文明	十二、握手礼仪	二十四、游园礼仪
十三、爱护公物文明		
十四、公共安全文明		
十五、公共生活文明		
十六、婚丧嫁娶文明		

（二）违规违纪处理

员工违规违纪处理工作是落实全面依法治国战略，推进依法治企的具体体现。宁夏煤业公司持续推进依法治企，巩固法治建设成果，落实《国家能源集团职工违规违纪处理办法》。公司对违反政治纪律、组织、人事管理、经营管理、投资管理、安全生产、环境保护、工程建设、资产管理等规定的行为制定了详细的处罚规定，处理类型包括警告、记过（记大过）、降职（降级）、撤职、解除劳动合同等。

宁夏煤业公司员工违规违纪处理工作坚持以下原则：

（1）抓早抓小，防微杜渐。把纪律和规矩挺在前面，加强对全体员工的教育、管理和监督,对问题做到早发现、早提醒、早纠正、早查处。

(2)执纪必严,违纪必究。坚持对违规违纪员工严肃、公正执行纪律,不允许有任何不受纪律约束的员工。

(3)实事求是,依规处理。对违规违纪员工的处理,应当事实清楚、证据确凿、定性准确、处理恰当、手续完备、程序合规。

(4)惩前毖后,治病救人。处理违规违纪员工实行惩戒与教育相结合,宽严相济。

通过不断完善员工违规违纪处理机制,规范全员文明行为、工作行为、生活行为,保障员工健康成长和企业健康发展。

◎ 示例　　　　　　国家能源集团职工违规违纪处理办法(节录)

第八章　对违反经营管理规定行为的处理
第二节　对违反安全生产、环境保护规定行为的处理
第六十五条　在安全生产、环境保护管理工作中,违反国家和企业安全生产、环保工作规定,有下列行为之一,情节较轻的,责令整改并采取组织处理措施;情节较重的,给予警告、记过、记大过处分;情节严重的,给予降职(降级)、撤职处分;情节特别严重的,解除劳动合同:

(一)不执行国家安全生产和环境保护法律法规、企业规章制度以及上级机关、主管部门有关决定、命令、指示的。

(二)未取得安全环保行政许可及相关证照,或者不具备安全环保条件从事生产经营活动的。

(三)弄虚作假、骗取、冒用安全环保管理相关证照或者资格、资质证书,或者出借、出租、转让安全环保管理相关证照或者资格、资质证书的。

(四)同意或者批准不符合法定安全环保条件的生产经营单位或者不具备安全环保上岗条件的人员,向主管部门申报有关证照或者资格、资质证书的。

(五)超能力、超强度组织生产经营,拒不执行政府有关部门和企业整改指令,或者被依法责令停产停业整顿、吊销证照、关闭的生产经营单位,继续从事生产经营活动的。

(六)违规操作、违章作业、违章指挥、强令违章冒险作业,或者不按照作业技术标准、安全、质量、健康及环保要求进行生产经营的。

(七)在组织生产经营活动时,缺乏周密策划和布置,对可能发生的问题未采取有效措施加以防范,造成重大安全环保事故隐患的。

(八)不履行安全生产和环保工作职责,造成重大事故隐患的。

(九)不履行安全生产工作监督职责,或者不按规定设置、配备安全监督机构和专兼职安全监督人员的。

(十)对本单位重大安全生产和环保风险,没有制定应急预案并按规定进行演练,或者应急准备、保障投入不足的。

(十一)对重大事故预防措施落实不力,安全技术劳动保护措施计划执行不到位,或者资金投入不足,造成重大事故隐患和风险的。

(十二)生产、经营、运输、储存、使用、处置危险物品或者废弃危险物品,造成环境污染、

或者较大社会影响,或者给企业造成损失的。

(十三)制造、销售、使用或者转移国家明令淘汰、禁止或者不符合国家标准的设施、设备、器材,以及使用严重污染环境的工艺、设备和产品的。

(十四)新建、改建、扩建工程项目的安全环保设施,不与主体工程同时设计、同时施工、同时投入生产和使用,或者未按规定审批、验收,擅自组织施工和生产,或者防止污染的环保设施不符合要求,或者擅自拆除和闲置的。

(十五)特种作业人员未按照国家有关规定经专门的安全作业培训并取得相应资格,允许上岗作业的。

(十六)将生产经营项目、场所、设备发包或者出租给不具备生产安全和环保条件或者相应资质的单位、个人的。

(十七)在生产经营活动中,违反国家有关交通法规,发生负主要责任(含同等责任)较大以上交通事故的。

(十八)未按规定进行安全环保教育培训并考核合格,允许从业人员上岗的。

(十九)不按规定标准组织安全技能培训,或者提供虚假培训证明,或者给不具备条件的人员颁发资格证书的。

(二十)有其他违反安全生产、环境保护管理规定行为的。

第六十六条 在生产安全事故调查中,有下列行为之一,情节较轻的,责令整改并采取组织处理措施;情节较重的,给予警告、记过、记大过处分;情节严重的,给予降职(降级)、撤职处分:

(一)在被检查时隐瞒事故隐患,不如实反映情况的。

(二)对发生的事故瞒报、谎报或者拖延不报的。

(三)组织或者参与破坏事故现场,出具伪证或者隐匿、转移、篡改、毁灭有关证据,阻挠事故调查处理的。

(四)生产安全事故或者突发事件发生后,不及时组织抢救、处理或者擅离职守的;生产安全事故发生后逃匿的,解除劳动合同。

> **"安宁"系统功能**
>
> 查询公司文明单位创建要求及文明礼仪手册等内容。

第二节 民生工程

民生工程是加强人文建设的重要抓手,是企业发展成果与员工共享的重要举措,是员工关注的焦点,更是提高全员获得感、幸福感、安全感的落脚点。宁夏煤业公司历经多年实践,持续推动民生实事、提案落实、人文关怀全面落地,特别是将与安全生产密切相关的民生工程作为头等大事抓紧抓实,形成了具有宁煤特色的民生工程建设机制。

一、民生实事

民生实事与员工生活密切相关,涉及员工最关心、最直接、最现实的利益问题。关心关爱员工,为员工办实事,是构建和谐劳动关系的重要途径。宁夏煤业公司始终关注涉及员工核心利益的焦点难点问题,定期征集、梳理、汇总员工普遍关切的民生项目,制订下达民生工程计划,做到民生务实、民生为民,促进企业健康稳定可持续发展。

民生工程实施按以下流程运行:

(1)准备和启动。公司及各单位应成立民生工程领导小组;公司社会事务部制定民生工程实施方面的制度、规范、指导意见等;各单位指定相关部门负责民生实事的具体办理推进工作。

(2)项目征集。每年10月份开始,公司民生工程领导小组深入基层单位调研,通过座谈会、问卷调查、个别访谈、走访等形式,广泛征求员工意见和建议,结合各单位实际情况,形成年度民生工程清单。征集的项目必须是民生实事项目,建设年限一般为1年(特殊项目根据建设情况可跨年实施),项目应有普惠性、可行性、代表性。

(3)项目审定。形成年度民生工程清单后,民生工程领导小组应进行分类、筛选、整合,形成一定数量的初步候选项目,提交公司党委会会议研究审定,确定年度民生工程实施项目。

(4)项目监督。民生工程领导小组对已确定的民生工程进行分解,明确责任部门、责任人和完成时限,形成项目建设清单、落实计划书等。主责单位根据分工分别制订民生工程落实计划,按照时间节点推进民生工程项目建设。民生工程领导小组完善监督管理机制,定期组织检查。

(5)项目评估。民生工程领导小组建立项目实施评估机制,适时组织评估,并在每年职工代表大会上报告年度民生工程实施情况,同时组织职工代表进行满意度测评。对未按期完成的项目,主责单位应作出解释说明,提出下一步实施计划。对已经完成的项目,民生工程领导小组应进行"回头看",确保民生实事落到实处、发挥实效。

◎ 示例　　　　　　　　宁夏煤业公司年度民生工程清单(部分)

序号	单位名称	项目内容	备注
1	羊场湾煤矿	公寓楼、餐厅设施设备更新;两堂一舍维修改造;公寓楼室内采暖管路及散热器维修;员工浴室维修改造;员工餐厅改造	
2	梅花井煤矿	公寓楼设施设备更新;两堂一舍维修改造;洗浴区更衣区维修改造	
3	枣泉煤矿	公寓楼设施设备配置;餐厅餐厨设备更新	
4	灵新煤矿	公寓楼设施设备更新;员工宿舍维修改造	
5	金凤煤矿	餐厅设施设备更新;员工浴室增添晾衣间,配备烘干箱	
6	红柳煤矿	公寓楼设施设备配置;餐厅设施设备更新;员工浴室维修	
7	金家渠煤矿	公寓楼设施设备更新;餐厅设施设备配置;两堂一舍维修改造;联建楼、办公楼维修改造	
8	任家庄煤矿	餐厅设施设备配置和改造;员工浴室主管路改造;员工公寓电路、卫生间改造,设施设备配置	
9	石槽村煤矿	公寓楼设施设备更新;两堂一舍维修改造	
10	水电分公司	公寓楼设施设备更新;餐厅设施设备更新、天然气改造	

续表

序号	单位名称	项目内容	备注
11	煤制油分公司	员工餐厅改建；员工餐厅设备配置；建设停车棚、简易停车场	
12	煤制油化工公用设施管理分公司	员工餐厅设施设备更新	
13	亘元房地产公司	直饮水改造；员工宿舍、浴室维修改造	
……	……	……	

> "安宁"系统功能
>
> 查询公司及各单位民生工程清单。

二、提案落实

职工代表大会制度是我国基层民主制度的重要组成部分，代表提案是职工代表履行职责、行使职权、参与企业民主管理的具体体现。宁夏煤业公司充分保障职工参与企业管理的权利，高度关注职工代表提出的议案。对涉及安全生产的议案，做到立核、立项、立办、立改，鼓励职工在安全管理上积极建言献策，多提合理化建议。

为提高提案质量，规范提案管理，宁夏煤业公司对提案落实流程进行标准化规范，如图7-2-1所示。

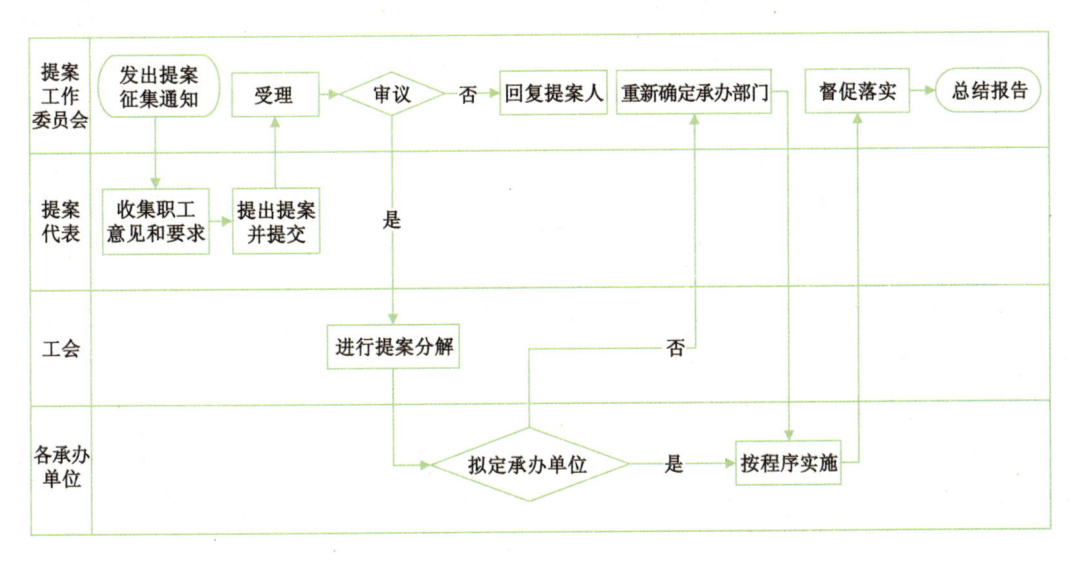

图 7-2-1 提案落实流程图

（一）提案征集

（1）职工代表大会提案分会前提案征集和会中提案征集两部分。日常主要采取会前提案征集方式，在职工代表大会议题确定后，由提案工作委员会在职工代表大会召开前一个月，向职工代表发出提案征集通知。

（2）职工代表在职工群众中广泛宣传，收集职工的具体意见和要求。根据职工的意见和要求进行调查研究，按照提案的依据、产生问题的基本原因及提出的具体要求和建议提出议案。

（二）提案受理

对照一事一案、联名附议、符合实际等要求，由提案工作委员会对职工代表提案进行初审；对符合上述要求的提案，进行受理并编号登记。

（三）提案审查和立案

（1）在职工代表大会闭会一周内，提案工作委员会召开会议开展提案审查和立案工作。由提案工作委员会以全体成员会议形式对受理提案逐案进行审议，形成审议意见。

（2）提案内容相同的，提案工作委员会可进行合并。

（3）对不符合立案条件的建议或意见，由提案工作委员会分类送交业务主管部门，书面答复不符合立案的理由，并将部门处理意见回复提案人。

（4）对确定立案的提案，由提案工作委员会进行整理分类、填写提案处理表。

（四）提案办理

（1）对提案工作委员会确定立案的提案进行任务分解，提交承办部门按程序办理。

（2）提案涉及两个以上部门，由提案工作委员会指定有关部门分别办理，或指定一个部门主办，其他部门协办。

（3）办理提案要讲求质量，求真务实，提高效率，认真解决实际问题，对提案中提出的问题，凡有条件解决的要及时解决；应该解决但因条件限制一时不能解决的，要纳入规划，创造条件逐步解决；涉及上级职权范围的事项，应积极向上级反映情况。

（4）在办理过程中，承办部门应加强与提案者沟通联系，听取代表意见，共同讨论解决办法。

（五）提案督促检查

（1）在提案办理期间，提案工作委员会应做好督促检查工作，可听取承办部门办理进度和结果汇报，必要时采取提案跟踪单形式予以督促。

（2）对重点提案，工会组织开展职工代表专题巡视、质询等活动，督促检查提案落实的进展情况。

（六）提案答复、回复和报告

（1）有关部门收到提案工作委员会交办的提案后，应按要求及时研究处理，并逐件书面答复提案工作委员会。由提案工作委员会回复提案人。

（2）提案人对回复有异议的，可向提案工作委员会请求复议。

（3）提案工作委员会将提案办理情况向下一次职工代表大会报告。

◎ 示例　　　　　宁夏煤业公司二届六次职工代表大会提案

1. 提案：关于合规合法处置煤制油化工园区污泥、杂盐等固废的建议
2. 提案类别：安全与生产管理
3. 提案人：朱某某（煤制油分公司）

4. 附议人：杨某某（煤制油分公司）

5. 提案具体理由（或问题、依据）：煤制油化工园区污泥、杂盐等固废，由于新标准颁布，无法继续送宁东渣场和柔性填埋场填埋。

6. 解决办法（或整改建议）：建议宁夏煤业公司尽快考虑处置方式，合规合法处置。

7. 业务主管部门意见：为解决污泥排放问题，煤制油分公司决定将污泥进行干化处置。

◎ 示例　　　　　　　　灵新煤矿六届二次职工代表大会提案

1. 提案：关于智慧矿山建设的提案
2. 提案类别：安全生产
3. 提案人：纪某某
4. 提案单位：综掘一队
5. 提案内容：在智慧化矿山建设方面，采掘设备更新较慢，设备老旧、开机率低，不符合智慧矿山建设需求，建议加强新型设备的投入，引进防爆手机，覆盖4G网络。
6. 提案落实责任人：殷某某
7. 提案承办部门意见：积极与机电管理部沟通，加强新型设备的投入；综合自动化已经涉及，2022年年底实现。

⚠ "安宁"系统功能

查询公司及各单位审议通过的代表提案。

三、人文关怀

宁夏煤业公司坚持"人民至上、生命至上"理念，围绕"关心员工、理解员工、尊重员工"主题，始终关心员工生活状况与身心健康，把员工福利、扶贫帮困、金秋助学、节日慰问、津贴补贴、疗休养等作为抓好民生工程的重点和着力点，全心全意为员工谋实事、办好事，尽显人文关怀，凝聚员工力量，促进安全发展。

公司设立送温暖和帮扶工作领导小组，按照全面、细致、贴心的要求健全人文关怀机制，制定人文关怀工作发展规划、实施细则、管理办法；组织各类募捐、筹资活动；指导、检查、督促各单位工作落实情况；审批扶贫帮困基金拨款，监督各单位基金使用情况。公司及各单位建立离退休、特殊贡献人员信息库和困难员工档案，组织、协调和实施送温暖与帮扶工作。

公司及各单位应动态掌握困难员工基本情况，对因病、因灾等原因造成生活困难的员工家庭给予及时必要的帮扶，实现依档帮扶；对特别困难的员工家庭进行针对性、常态性帮扶；对员工本人、配偶（无收入来源）、未满十八周岁子女（含在校大中专学生）、员工直接供养的父母、离退休人员、工病亡遗属患重大疾病致困的进行救助；开展"金秋助学"，每年对困难家庭子女上学进行资助和跟踪帮扶；每年依档对特殊贡献人员、公司级及以上劳动模范、工病亡遗属、因工致残人员、病保户及其他困难户、大病住院员工进行节日慰问和临时性帮扶；组织员工进行"一助一""多助一"结对帮扶工作。按照规定落实各项保险、津贴、补贴、疗休养、福利政策等。宁夏煤业公司人文关怀机制如图7-2-2所示。

图 7-2-2　宁夏煤业公司人文关怀机制

| ◎ 示例 | 离退休及特殊贡献人员服务工作指南 |

为进一步加强离退休干部员工、特殊贡献人员服务工作,根据国家法律法规及有关政策,结合宁夏煤业公司离退休工作管理办法,现就进一步加强离退休干部员工及特殊贡献人员服务工作规范如下:

1. 离退休干部员工、特殊贡献人员服务工作实行分级负责、归口管理。

2. 特殊贡献人员是指在公司党的建设、安全管理、生产经营、改革发展、科技创新等方面作出突出贡献的人员,或获得省部级及以上劳动模范、国务院特殊津贴、高层次人才、国家能源集团首席师等荣誉的人员,或获得政府部门评选的省部级科技进步一等奖及以上奖项的项目主要负责人。

3. 社会事务部是离退休、特殊贡献人员服务工作的管理部门,制定相关规章制度,负责管理、指导、协调、检查公司所属单位(以下简称主体单位)、公司机关及政策性破产撤并单位(以下简称无隶属单位)离退休及特殊贡献人员服务工作。

4. 公司主体单位离退休、特殊贡献人员服务工作实行领导负责制,党委书记是第一责任人。各单位应逐级落实工作责任,人力资源科、工会、组宣科、离退休管理办公室等部门相互配合。

5. 无隶属单位离退休、特殊贡献人员服务工作遵循"就近管理"原则,公司在石嘴山市惠农区、大武口区、宁东中心区、银川地区分别设置四个离退休管理中心,具体负责离退休、特殊贡献人员服务工作。

6. 建立离退休和特殊贡献人员、工病亡遗属、公司级及以上劳动模范、退伍军人及军转干等各类人员电子数据库,按月更新信息,各主体单位每季度末的20日前将离退休、特殊贡献人员、工病亡遗属增减信息动态表和明细表报送至所属离退休管理中心审核,当月25日前报送公司社会事务部审核、确认、汇总。

7. 协助自治区人力资源和社会保障厅进行离退休人员年度养老待遇领取资格认证宣传引导,做好未认证人员的催办及异地居住退休人员认证表的收取和上报工作。按照自治区人力资源和社会保障厅和公司要求的方式、流程、时间节点,对本单位所属遗属(包括经自治区人力资源和社会保障厅审批领取供养直系亲属生活困难补助费、抚恤金的遗属)进行年度两次待遇领取资格认证。

8. 协助自治区人力资源和社会保障厅办理离退休人员丧抚费的申报及工病亡遗属生活困难补助费的审核上报及发放工作。

9. 协助社保部门做好离退休人员伤残等级鉴定、护理费申报、老工伤认定申请、各类基本信息变更的申报工作。指导、协调各主体单位做好离退休相关业务的上报工作。

10. 负责公司离退休人员统筹外企业补充养老调节金、风沙费、遗属生活困难补助费的审核发放工作。

11. 做好离退休及特殊贡献人员、工病亡遗属政策解答和来信来访工作,妥善处理、解答离退休及特殊贡献人员、工病亡遗属的来信来访和政策咨询。

12. 负责离退休及特殊贡献人员和工病亡遗属扶贫帮困、重大节日走访慰问及子女"金秋助学"工作。按照公司工会、组宣部、机关党委相关要求执行。

13. 及时了解和掌握离退休及特殊贡献人员生活、健康状况。离退休、特殊贡献人员离世,应按照有关政策做好吊唁和家属慰问。做好未移交死亡离退休人员档案管理,按照有关档案管理规定做好档案的查阅、出具相关证明材料。

14. 离退休人员待遇:

(1) 严格落实国家有关离退休人员的生活待遇和政治待遇。根据本单位实际,对离退休人员阅读文件、参加重大活动、听取情况汇报等方面进行规范管理,确保离退休人员及时了解党的路线、方针、政策和公司安全生产经营等重要情况。

(2) 离休干部及中华人民共和国成立前老工人按照规定及时、足额报销医药费,适时组织健康体检、节日慰问,生病、住院及时探望,对患急、危病的患者就近联络绿色就医通道,离休干部享受报纸杂志费待遇。

(3) 退休人员享受已有的风沙费、企业补充养老调节金政策,适时组织健康体检、特困帮扶慰问。适时进行家访,了解、关心退休人员的生活、身体状况,帮助解决实际困难。

15. 离退休管理中心应加强与属地政府社保等相关部门协调、沟通,做好离退休人员社保待遇、工伤医疗保险待遇及相关信息更正、档案核查、登记、证明、上报工作,确保各项待遇按期落实。

16. 离退休经费管理:

(1) 离退休人员各类经费及统筹外企业列支费用的管理,根据每年年末离退休人员人数和上年实际支出水平,及时调整离退休人员增减变动,认真编制月、季、年度丧葬费、抚恤金及工病亡遗属生活费、统筹外企业列支费用等各项经费预算,确保离退休人员相关待遇及时上报、审批、落实。

(2) 公司及主体单位按照有关规定将离退休经费、特殊贡献人员慰问经费等列入年度财务预算经费,主要用于购买学习资料、组织参观学习、节日走访慰问、扶贫帮困、住院探望、丧事办理(花圈费、交通费)。

(3) 各项费用支出应严格遵守国家财经纪律、公司财务规定,严格审批、使用和发放流程,及时编报费用使用计划,抓好资金落实和费用管控。

◎ 示例　　　　　　　　宁夏煤业公司"金秋助学"助学对象及标准

1. 助学对象

困难员工家庭(低保户、低保边缘户、意外致困户)子女当年考入大学(本科)、大专、中专的学生给予一次性救助,特殊困难家庭子女实行跟踪帮扶。

困难员工家庭子女就读高中、初中和小学的跟踪救助。

2. 助学标准

当年考入大学本科的困难员工子女给予一次性3000~5000元资助,大学毕业后继续读研的不予资助。

当年考入大学专科的困难员工子女给予一次性2000~3000元资助,专科毕业后继续读本科的不予资助。

当年考入中专的困难员工子女给予一次性1000~2000元资助,中专毕业后继续读大专的不予资助。

就读高中的困难员工子女给予一次性700~1000元资助。

就读小学、初中的困难员工子女给予一次性200~500元资助。

▲ "安宁"系统功能

查询公司各类保险、津贴、补贴、疗休养、福利政策等。

第三节　安康工程

企业是员工的归属,员工是企业的财富。企业按照相关法律法规,对接触职业病危害的劳动者进行职业健康检查,建立职业健康监护档案,做好职业病防治与健康监护工作,为员工的身心健康保驾护航。

宁夏煤业公司把保障员工生命安全与健康作为重中之重,建立健全涵盖职业病防治、健康监护、职业健康监护档案等方面的员工健康管理机制,通过定期组织员工体检,建立职业健康监护档案,落实职业病防护举措,开展心理健康专题讲座,多维度关注关怀员工身体健康、心理健康,促进员工个体健康发展。

一、职业病危害防治

职业病危害因素是职业病产生的根源。职业病危害因素包括职业活动中存在的各种有害的化学、物理、生物因素以及在作业过程中产生的其他职业有害因素,具体按照国家卫生健康委员会(原国家卫生和计划生育委员会)发布的《职业病危害因素分类目录》《工作场所有害因素职业接触限值 第1部分:化学有害因素》《工作场所有害因素职业接触限值 第2部分:物理因素》等确定。在煤矿生产中,主要的职业病危害因素有粉尘、噪声、振动、有害气体、生产性化学毒物、高温高湿、不良体位劳动等。在煤制油化工生产中,主要的职业病危害因素有粉尘、噪声、有毒有害气体、芳香烃、高温及热辐射等。

宁夏煤业公司坚持"预防为主、防治结合"的职业病危害防治工作方针,以保护员工身心健康和相关权益、最大限度降低职业病发病率为目标;以持续改善作业场所环境,预防、控制和消除职业病危害为重点;以"源头治理、科学防治、严格管理、强化监督"为要求,落实企业职业病危害防治主体责任,加强职业病危害防治基础工作,不断建立健全职业病防治的长效机制。

(一)管理机制

宁夏煤业公司建立职业病危害防治工作领导小组、领导小组办公室、公司各部门、各单位四级职业病防治组织机构。领导小组审定公司职业病防治规划、制度及工作计划等;领导小组办公室根据领导小组要求,落实具体责任,推进职业病防治工作落实落地;公司各部门、各单位依照具体工作职责制定职业病防治工作方案,落实工作任务。宁夏煤业公司职业病防治组织职责如图 7-3-1 所示;宁夏煤业公司机关部门及各单位职业病防治职责分工表如表 7-3-1 所示。

组织机构	职责
职业病危害防治工作领导小组	党委书记、董事长是公司职业病防治工作的第一责任人,对职业病防治工作全面负责;认真贯彻执行国家有关职业病防治工作的法律法规和标准,安排部署公司职业病防治重点工作;负责设置管理机构、明确职责分工、落实防治经费;负责审定职业病防治相关制度、中长期规划;组织专题会议,听取职业病防治有关情况的汇报,及时采取措施解决存在的重大问题,确保职业病危害防治工作扎实有效开展
职业病危害防治工作领导小组办公室(安全环保监察部)	负责制定公司职业健康中长期规划和年度工作计划与实施方案,并指导、协调、监督落实;负责制定公司职业病危害防治的相关规章制度,并监督实施;负责牵头组织对各单位、机关各部门职业病危害防治工作开展监督检查与考核,对问题严重的单位提出处理意见;负责建立健全公司职业卫生管理档案,监督、指导各单位建立健全职业卫生管理档案、员工职业健康监护档案,负责指导、协调、监督各单位、机关各部门做好职业健康检查与职业病诊断与鉴定;负责职业病危害防治统计、职业健康检查、职业病诊断等有关职业卫生信息的统计分析和上报工作;负责牵头组织职业病危害事故应急救援预案编制工作,组织或参与职业病危害事故的调查处理;负责对个体防护用品的安全防护性能、发放、使用情况进行监督;负责职业病防治法律法规和防治知识的宣传、教育培训和健康促进工作进行监督、检查;负责职业病危害防治管理先进经验的总结推广等工作
公司各部门	依据制度规定,落实职业病防治工作。如工会监督职业病危害防治工作,以及宣传职业病防治工作的方针政策、法律法规、标准等
各单位	单位主要负责人是本单位职业病危害防治工作的第一责任人;建立健全职业病危害防治组织机构;设专职的职业病危害防治管理人员;制定职业病危害防治规划、方案及制度;认真落实职业病防治各项工作;制定各岗位职业卫生操作规程;履行《中华人民共和国职业病防治法》规定职责

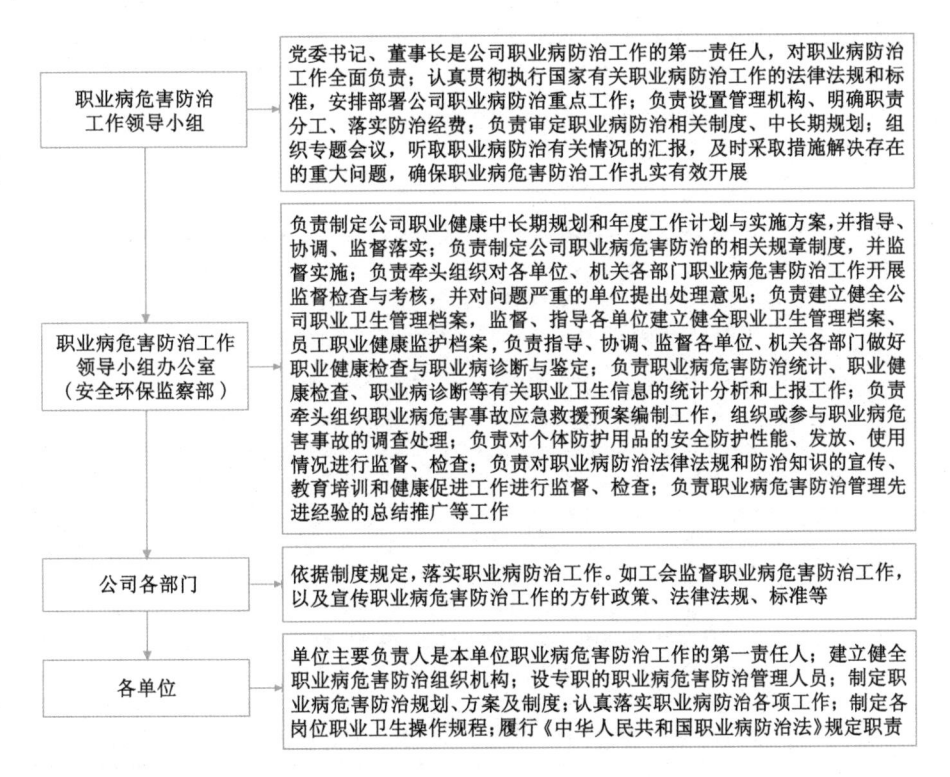

图 7-3-1 宁夏煤业公司职业病防治组织职责图

表 7-3-1 宁夏煤业公司机关部门及各单位职业病防治职责分工表

序号	部门	职责内容
1	党委组织部(人力资源部)	1. 与员工订立或变更劳动合同时,负责将作业过程中可能产生的职业病危害及其后果、防护措施和相关待遇等如实告知,并在劳动合同中明确; 2. 负责监督管理各单位参加工伤保险工作检查、纠正各单位侵犯员工工伤职业病保险权益行为,确保员工依法享受工伤职业病保险待遇; 3. 负责督促、协调、指导各单位对职业病患者、职业禁忌人员及时调整工作岗位等; 4. 负责落实职业病个体防护用品管理制度和配备标准,确保符合国家或行业要求。

表 7-3-1（续）

序号	部门	职责内容
2	生产技术部	1. 负责督促、协调、指导煤炭生产建设单位做好职业病危害（粉尘、高温、有毒有害气体）的技术管理工作； 2. 负责煤炭生产建设单位职业病危害防治新技术、新工艺、新材料、新产品的推广应用工作； 3. 建立健全综合防尘等管理制度，组织制定生产岗位粉尘、高温、有毒有害气体等职业病危害因素的治理方案。
3	煤制油化工部	1. 负责督促、协调、指导煤制油化工单位做好职业病危害（粉尘、噪声、高温、有毒有害气体等）的技术管理工作； 2. 负责煤制油化工板块职业病危害防治新技术、新工艺、新材料、新产品的推广应用工作； 3. 负责牵头组织煤制油化工板块基本建设项目的职业病危害防治预评价、职业防护设施设计预审查及职业防护设施预验收等工作，确保满足职业病危害防治相关法律法规等要求。
4	机电管理部	1. 负责督促、协调、指导煤炭生产建设单位、地面生产单位做好产生职业病危害（噪声）的设备管理工作，保证机电运输设备和各种职业病危害防治设备、设施的安全、可靠； 2. 积极组织推广应用先进技术和先进的噪声防治设备、设施。
5	社会事务部	1. 负责统筹协调公司与医疗机构建立伤病医疗救治绿色通道，负责对各矿（厂）医疗急救站的管理进行检查、考核； 2. 负责组织实施员工职业健康体检及职业病患者疗养工作。
6	工会	1. 负责监督职业病危害防治工作，反映劳动者职业健康诉求，维护劳动者合法权益； 2. 负责纠正基层各单位违反职业病危害防治法律法规和侵犯劳动者健康合法权益的行为； 3. 负责监督个体防护用品配备及使用情况，定期开展劳保用品满意度调查，提出改进建议； 4. 协助基层各单位开展职业病危害防治知识宣传和教育。
7	各单位	1. 各单位是职业病危害防治和职业健康管理工作的责任主体，各单位主要负责人是职业病危害防治工作的第一责任人，对本单位职业病危害防治工作全面负责； 2. 各单位应建立健全职业病危害防治组织机构，健全完善职业病危害防治领导及管理机构，在现有安全管理部门配备专职或者兼职的职业卫生管理人员（职业病危害严重的单位或存在职业病危害且劳动者超过100人的单位，应当配备专职职业卫生管理人员），人力资源、工会等部门应指定管理人员负责业务范围内的具体工作，没有安全管理部门的单位应明确专（兼）职职业卫生管理人员，负责本单位的职业病危害防治管理日常工作； 3. 制定职业病危害防治规划、实施方案及管理制度，认真落实机构设置、职责分工、防治经费保障、个体防护用品发放，加强对职业病危害防治工作的领导； 4. 负责组织制定各工种岗位职业卫生操作规程，监督检查员工个体防护用品的使用及作业现场职业病危害因素治理情况； 5. 履行《中华人民共和国职业病防治法》等法律法规、行业标准规定的其他职责。

（二）防治管理

开展职业病防治，应规范并严格落实以下具体工作：

（1）严格落实职业病防治工作规定和要求，建立健全职业病危害防治管理制度。

（2）制定职业病防治年度实施方案。

（3）配备职业卫生专兼职管理人员。

（4）定期组织单位进行职业病危害因素检测和职业病危害现状评价。

（5）对接触职业病危害因素的员工，组织进行岗前、在岗期间、离岗时健康检查。

（6）建立健全从业人员职业健康监护档案并妥善保存，建立健全职业卫生管理档案。

（7）发现职业禁忌或者与所从事职业相关的健康损害的人员，及时调离原工作岗位并妥善安置。

（8）对职业病患者进行工伤赔偿、治疗、康复和定期复查。

（9）组织职业健康管理人员进行职业病危害防治知识培训，加强对职业卫生知识的宣传。

（10）定期对职业病危害防护设备、应急救援设施进行维护、检修、检测。

（11）针对职业病危害事故及时报告并采取有效措施。

（12）建立职业病应急救援制度。

（13）及时、如实申报职业病危害。

（14）为全员购买安全生产责任保险等。

（15）安排尘肺病患者洗肺疗养。

宁夏煤业公司职业健康检查管理流程如图 7-3-2 所示。

图 7-3-2　宁夏煤业公司职业健康检查管理流程图

◎ 示例　　　　　　　　宁夏煤业公司职业病危害申报材料清单

序号	清单内容
1	单位基本情况
2	单位职业病危害防治领导机构、管理机构情况
3	单位建立职业病危害防治制度情况
4	职业病危害因素名称、监测人员及仪器设备配备情况
5	职业病防护设施及个体防护用品配备情况
6	单位主要负责人、职业卫生管理人员及劳动者职业卫生培训情况证明材料

续表

序号	清单内容
7	劳动者职业健康检查结果汇总资料,存在职业禁忌证、职业健康损害或者职业病的劳动者处理和安置情况记录
8	职业病危害警示标识设置与告知情况
9	职业卫生档案管理情况
10	法律、法规和规章规定的其他资料

（三）监测检测

宁夏煤业公司按照各板块生产工艺流程开展职业病危害因素监测与检测评价,委托具有相应资质的职业卫生技术服务机构每3年至少做1次职业病危害现状评价,每年对作业场所职业病危害因素进行1次检测,并向作业人员公布。指定专职或兼职职业病危害因素监测人员,配备足够的监测仪器设备,按照有关规定对作业场所职业病危害因素进行日常监测。监测人员按特种作业人员进行管理,持特种作业操作资格证上岗。职业病危害因素监测和职业病危害现状评价后,要求服务机构和监测人员出具职业病危害因素监测与检测评价档案。宁夏煤业公司职业病危害因素监测与检测评价档案如表7-3-2所示。

表7-3-2 宁夏煤业公司职业病危害因素监测与检测评价档案

序号	目录
1	生产工艺流程
2	职业病危害因素检测点分布示意图
3	可能产生职业病危害设备、材料和化学品一览表(附说明书、标签标识、检验报告等)
4	接触职业病危害因素汇总表
5	职业病危害因素日常监测季报汇总表
6	职业卫生技术服务机构资质证书
7	职业病危害因素检测评价合同书
8	职业病危害检测与评价报告书
9	职业病危害因素检测与评价结果报告

（四）个体防护

规范配备和使用个体防护用品,可有效避免或减轻事故伤害及职业危害。员工随身穿(佩)戴的个人防护装备和必须使用的防护用品主要包括头部护具类、呼吸护具类、眼(面)护具类、上(下)肢防护类、听力防护类及防护服装类、擦拭及洗涤护肤用品类等。

为降低职业危害,宁夏煤业公司按照《煤矿职业安全卫生个体防护用品配备标准》《化工企业劳动防护用品选用及配备》《劳动防护用品监督管理规定》等标准规范,为接触职业病危害因素的从业人员提供符合要求的个体防护用品,并制定有关管理制度,指导和监督员工正确使用。

对于接触粉尘、噪声、毒物、高温、射线、电磁辐射等职业病危害因素,或者可能发生触电、起重伤害、高空坠落、刺割伤、酸碱灼伤等危险的作业场所,重点加强员工个体防护用品的使用监督和管理及物资使用的监督和检查。

(五)监督考核

将职业病防治工作监督与考核纳入安全生产日常管理,公司及所属单位职业病防治管理机构至少每月组织一次检查,对存在的问题应按照"五定"原则进行整改落实;各单位分管领导每季度组织一次全面检查;各单位主要负责人每半年组织进行一次职业病防治年度实施计划专项自查,组织召开专题会议,研究解决计划实施过程中存在的问题;公司将职业病危害防治纳入季度安全生产标准化达标考核,各单位将职业病危害防治纳入本单位月度安全生产标准化检查考核,依据《煤矿安全生产标准化管理体系基本要求及评分方法(试行)》实施考核。

> **"安宁"系统功能**
>
> 查询职业病防治责任、管理规范等。

二、健康监护

宁夏煤业公司定期组织员工进行健康检查,掌握员工身体健康状况,根据员工健康状况适时调整工作岗位、安排疗休养等。

(一)管理机制

公司安全环保监察部是员工职业健康监护工作的主管部门,负责制定职业健康监护管理制度,组织公司职业健康监护管理监督检查。各单位为本单位职业健康监护管理的责任主体,负责建立本单位职业健康监护管理制度,保障职业健康监护管理资金投入,将职业健康监护管理纳入本单位职业病防治计划、年度工作计划和安全生产责任体系,制定实施方案,落实管理责任。

为推动职业健康监护工作落实,各单位开展日常自查,明确检查周期、内容、标准、方式等,检查结果及时通报并存档备案。公司安全环保监察部对各单位工作开展及自查情况进行月度、季度、年度考核。

(二)检查类型

按照《中华人民共和国职业病防治法》《用人单位职业健康监护监督管理办法》《放射工作人员职业健康管理办法》《职业健康监护技术规范》《放射工作人员职业健康监护技术规范》等规定,进一步规范职业健康监护工作,明确职业健康检查主要类型,即上岗前、在岗期间、离岗时、应急职业健康检查等,检查结果应以书面形式如实告知员工。

(1)上岗前职业健康检查。对新录用、变更工作岗位的劳动者上岗前进行职业健康检查,重点为该岗位接触职业病危害因素作业可能影响人体健康的相关项目。

(2)在岗期间职业健康检查。根据劳动者所在工作岗位职业病危害因素及其对劳动者健康的影响,选定检查项目,定期进行职业健康检查。

(3)离岗时职业健康检查。对接触职业病危害因素员工,在离开该工作岗位前(含离退休、调离或解除劳动合同等),应根据其所在工作岗位或工种存在的职业病危害因素及对劳动者健康的影响规律,选定检查项目进行检查,根据检查结果,评价劳动者的健康状况是否与职业病危害因素有关,是否患有职业病。公司内部调动的员工,应由调出单位为离岗员工开展离岗时职业健康检查,体检有效期限为 90 天,接收单位不再开展上岗前职业健康检查,本年度内不再为调入员工开展在岗期间职业健康检查。

（4）应急职业健康检查。当发生职业病危害事故时,对遭受或者可能遭受职业病危害的劳动者,及时组织进行健康检查和医学观察。

（三）检查内容

按照员工接触的职业病危害因素,将职业健康检查分为接触粉尘类、接触化学因素类、接触物理因素类、接触生物因素类、接触放射因素类、其他类（特殊作业等）等六类,每类中包含不同检查项目。公司每年及时为员工健康检查划拨专项资金,选择省级以上人民政府卫生行政部门批准的有资质的医疗卫生机构承担职业健康检查工作,并与其签订职业健康检查委托合同或委托协议书。员工既可以由公司统一组织进行职业健康检查,又可以由单位开具介绍信进行职业健康检查。

（1）职业健康检查由取得"医疗机构执业许可证"的医疗卫生机构承担,根据员工所接触的职业危害因素类别,确定检查项目为：

① 职业史、既往疾病史、吸烟史等。

② 一般检查科目：内科、外科、耳鼻喉科、眼科等检查。

③ 特殊检查项目：依据接触职业病危害因素种类确定,如 X 射线胸片、纯音电测听、尿铅等。

④ 实验室检查项目：包括血、尿常规和生化检查项目等。

⑤ 其他检查项目：心电图、腹部 B 超检查等。

（2）根据《职业健康监护技术规范》（GBZ 188—2014）要求,确定职业健康检查周期为：

① 接触硅尘作业工人体检周期。

接触生产性粉尘超标的作业人员每 2 年检查 1 次,接触生产性粉尘严重超标的作业人员每 1 年检查 1 次。

X 射线胸片表现为观察对象者每年检查 1 次,连续观察 5 年,若 5 年内不能确诊为硅肺病患者,应按一般接触人群进行检查。

硅肺患者原则每年检查 1 次,或根据病情随时检查。

② 接触煤尘作业工人体检周期。

接触生产性粉尘超标的作业人员每 3 年检查 1 次,接触生产性粉尘严重超标的作业人员每 2 年检查 1 次。

X 射线胸片表现为观察对象者每年检查 1 次,连续观察 5 年,若 5 年内不能确诊为煤工尘肺患者,应按一般接触人群进行检查。

煤工尘肺患者每 1～2 年检查 1 次,或根据病情随时检查。

③ 接触高温、噪声、振动及毒物等因素作业的员工每年检查 1 次。

◎ 示例	职业健康检查报告内容

1. 检查对象及人数

包括受检单位、应检人数和实检人数，以及职业健康检查时间、地点等。

2. 职业病危害因素名称

3. 职业健康检查类别（上岗、在岗、离岗、应急）

4. 职业健康检查项目（按职业病危害因素分列）

5. 职业健康检查及评价依据

法律、法规、规范、诊断标准、收费标准、委托合同书等。

6. 本次职业健康检查目的

根据职业健康检查类别的不同，明确本次职业健康检查的主要目的，并根据劳动者的作业岗位确定检查对应的目标疾病。

7. 受检单位职业卫生概况

包括用工情况、生产情况、主要生产工艺及职业病危害因素分布、工作场所职业病危害因素检测结果（应与岗位和职业病危害因素对应）。

8. 职业病危害因素对人体健康的影响

针对本次健康检查中涉及的职业病危害因素，分别以简要文字或图表阐述其对人体健康所能造成的危害，包括急慢性影响、近远期影响、职业禁忌证、能够采取的预防措施等。

9. 职业健康检查结果及分析

（1）概述。以区队（车间）为单位，将检查中发现的阳性体征人数列表汇总，包括应检人数、实检人数、受检率、检出率、职业禁忌证人数、疑似职业病人数、检查出的其他疾病和异常结果等。

（2）职业健康检查结果分析。结合工作场所环境、职业病危害因素，按照卫生统计学要求，结合现场检测、评价结果，对本次健康检查结果进行统计和分析。以期能够从中发现剂量-效应关系，为进一步制定有针对性的防控措施提供依据。应详细从不同层面（如性别、各类职业病危害因素）进行分析。如有条件，以动态连续的检查资料分析评价工作场所与防护措施的状况，提出改进措施。

（3）按照有关法律法规要求，对本次检查中发现结果异常的员工，提出有针对性的明确的处置意见。

10. 职业健康检查报告书附件

（1）本次职业健康检查结果异常人员一览表；

（2）本次职业健康检查未见异常人员一览表；

（3）委托合同（协议）书。

"安宁"系统功能

链接国家能源集团统建安全管理系统，查询员工健康检查情况。

（四）心理健康

强化员工心理健康教育，注重员工心理与精神状态的预知预警，畅通交流渠道，加强日常沟通，防止不良心理与精神状态积累恶变，对于企业安全生产管理至关重要。《中华人民共和国安全生产法》第四十四条规定：生产经营单位应当关注从业人员的身体、心理状况和行为习惯，加强对从业人员的心理疏导、精神慰藉，严格落实岗位安全生产责任，防范从业人员行为异常导致事故发生。《中华人民共和国安全生产法》更加关注企事业等单位的劳动者在职业活动中的心理健康,从法律角度要求生产经营单位重视从业人员的心理状态、行为习惯,真正从心理角度做好生产安全事故的预防工作。

宁夏煤业公司系统性开展员工心理健康工作,并根据各个时期员工心理特点和个体表现,针对性采取具体管控帮教措施。各单位应定期对"不放心、不稳定"人员进行排查,建立信息档案,梳理因年龄、伤病等原因不适宜继续从事一线岗位和单岗作业的员工,及时调整工作岗位,优化人力资源结构;系统排查因家庭环境、工作压力、外欠债务等原因致使心理和精神状态发生变化的员工,通过教育引导、心理疏导和必要的防控措施,杜绝意外事件。针对网络赌博、网信贷款、电信诈骗等问题,定期开展全员普法专题教育;开展员工心理健康讲座、家庭走访、素质拓展等活动,对心理、行为和精神状态表现异常的员工立即采取疏导、调休等措施,通过激励、劝导、释疑、倾听等方式缓解心理压力,克服心理障碍,引导员工树立积极乐观的心理健康意识。

◎ 示例　　　　　　　　　　**石槽村煤矿心理咨询室**

石槽村煤矿高度重视职业卫生心理健康教育,建成心理咨询室。室内设有音乐放松椅、情绪宣泄设备、沙盘游戏设备(箱庭疗法),建立个体和团体咨询区域,配备心理测评档案系统和心理自助仪等设施设备。通过开展心理健康教育宣传和科普,对行为异常人员进行心理危机干预,对伤残、患病、失独、失亲、单亲和"三违"群体的心理健康进行疏导,排查心理极端人群,舒缓心理负担,预防心理疲劳,防范员工因行为、思想麻痹等异常导致安全事故发生。

1. 休息休闲区:主要是供员工休息或等待的地方。可以受理咨询预约、填写相关材料等,员工也可以自主进行心理测评等,能够改善情绪,克服焦虑、抑郁,进行自我疗愈,同时开展自主自助心理学习、自我调适和参与心理趣味游戏等。

2. 测量问卷区:心理咨询师通过运用专业的心理测评软件中心理测评表对员工的心理素质、心理压力以及心理异常或障碍进行评测,生成心理健康测评档案,自动筛查需要及时干预辅导和治疗的心理异常或障碍人员,及时进行心理辅导、危机干预和转介工作,从而及时消除安全隐患。还可以对集体进行心理健康普查,生成集体心理健康电子档案,使心理咨询师能全面及时地定位、查询、统计全部人员的心理健康历程、心理发展规律、性格特征及现状,为个别化辅导和干预提供科学、专业的心理数据依据。

3. 团体辅导区:团队辅导室以团辅活动、注意力、观察力、互动游戏、心理沙龙、心理剧、分组竞赛、艺术辅导等来开展心理活动和小型团体辅导,帮助员工释放心理压力。训练成员的环境适应、沟通交往、竞争合作、自我意识、创新实践、意志责任、学习管理、心灵成长等8个方面的心理素质。

4. 情绪宣泄区:为员工提供一个安全可控密闭环境,用消耗体力、运动击打、发泄负面张力、注意力转移的方法让来访人员有机会将积压已久的内心设想、压抑、焦虑、委屈、烦恼、紧张、愤怒等不良情绪释放出来,恢复健康心理。

5. 沙盘游戏区:沙盘游戏是非言语表达性的行为辅导技术,借助沙盘,以游戏的方式呈现参与者内心的人际互动,进而了解其内心情感与情绪的真实状况,并使之在游戏过程产生创伤疗愈的效果。

6. 音乐放松区：通过可穿戴式生理传感设备，实时进行音视频监控，动态反馈员工的身心状态，根据生理指标分析员工的心理状态，对该心理状态进行实时提示，比如阻抗、情绪波动等，将来访人员潜在的心理状态外显出来，帮助心理咨询师更加客观地把握来访人员的心理需求。让员工主动疏导不良认知、情绪和行为，提高自控力，提高抗压抗挫意志力品质和心理素质；训练员工学会积极面对应激事件，及时调整恐惧、焦虑、呼吸加快等应激反应，提升心理弹性和忍受性。

7. 个体咨询区：是心理咨询的一个重要区域，心理咨询师主要通过谈话、角色扮演、绘画、游戏等方式，采用认知、行为方面的心理咨询与辅导技巧，解决个体出现的心理困惑或问题，给予员工心理支持，化解心理危机。

三、职业卫生档案

职业卫生档案是职业卫生防治、管理活动中形成的，具有保存价值的文字、材料、图纸、照片、报表、录音带、录像、影视、计算机数据等文件材料。它主要包括职业卫生相关法规标准、计划总结等基本资料，工作场所测定、评价资料，作业人员职业健康监护档案，以及职业病防治统计、调查、报表等资料。宁夏煤业公司建立和执行规范科学的职业卫生档案管理制度，将职业卫生档案作为职业病危害预防、控制、治理、研究的重要依据，作为职业卫生检查的重要依据。

（一）管理机制

公司安全环保监察部负责制定职业卫生档案管理制度，组织公司职业卫生档案管理监督检查，对各单位制度执行情况进行考核。各单位是职业卫生档案管理的责任主体，建立本单位职业卫生档案管理制度，保障职业卫生档案管理资金投入；设立档案室或指定专门的区域存放职业卫生档案，指定专门机构和专（兼）职人员管理；将职业卫生档案管理纳入本单位职业病防治计划、年度工作计划和目标责任体系，明确工作重点，落实管理责任。

（二）档案内容

公司明确职业卫生档案主要内容，即：
（1）建设项目职业卫生"三同时"档案；
（2）职业卫生管理档案；
（3）职业卫生宣传培训档案；
（4）职业病危害因素监测与检测评价档案；
（5）用人单位职业健康监护档案；
（6）员工个人职业健康监护档案；
（7）法律、行政法规、规章要求的其他资料文件。

（三）管理规定

公司及各单位职业卫生档案管理应遵循"真实性、连续性、完整性"原则，档案资料需保证字迹清楚、图表清晰、信息准确。各单位应根据人员变动情况及时调整和补充档案资料，职业卫生档案各类资料需每隔三年复核一次,日常职业卫生工作随时记录测定结果、健康检查结果、职业病管理情况。员工在申请职业病诊断、鉴定时,各单位需如实提供职业病诊断、鉴定所需的职业病危害因素接触史、工作场所职业病危害因素检测结果等资料。员工离开所在单位时,各单位应如实、无偿提供本人职业健康监护档案复印件,并在所提供的复印件上签章。

◎ 示例　　　　　　　　　宁夏煤业公司职业卫生档案(目录)

序号	目录
1	职业病防治责任制文件
2	职业卫生管理规章制度、操作规程
3	工作场所职业病危害因素种类清单、岗位分布以及作业人员接触情况等资料
4	职业病防护设施、应急救援设施基本信息,以及其配置、使用、维护、检修与更换等记录
5	工作场所职业病危害因素检测、评价报告与记录
6	职业病防护用品配备、发放、维护与更换等记录
7	主要负责人、职业卫生管理人员和职业病危害严重工作岗位的劳动者等相关人员职业卫生培训资料
8	职业病危害事故报告与应急处置记录
9	劳动者职业健康检查结果汇总资料,存在职业禁忌证、职业健康损害或者职业病的劳动者处理和安置情况记录
10	建设项目职业卫生"三同时"有关技术资料,以及其备案、审核、审查或者验收等有关回执或者批复文件
11	职业卫生安全许可证申领、职业病危害项目申报等有关回执或者批复文件
12	其他有关职业卫生管理的资料或者文件

⚠ "安宁"系统功能

链接国家能源集团统建安全管理系统,查询个人职业健康监护档案。

四、公共安全

公共安全是指社会和公民个人从事和进行正常的生活、工作、学习、娱乐和交往所需要的稳定外部环境和秩序,包含信息安全、食品安全、公共卫生安全、人员疏散场地安全、建筑安全、城市生命线安全、恶意和非恶意的人身安全和人员疏散等。

(一)信息安全

互联网、智能化、信息化快速发展促进了安全生产管理高效便捷,也存在网络安全隐患。宁夏煤业公司高度重视网络、数据与信息安全,严格执行《中华人民共和国网络安全法》《中华人民共和国数据安全法》等法律法规,成立信息技术中心,负责制定实施公司网络资源配置、网络连接、互联网出入口管理和网络安全防护策略,采取多种措施加强网络信息资源安全、网络硬件和软件安全及互联网出入口安全管理,坚决防范网络安全重大风险。

1. 网络安全

公司不定期开展攻防演练、护网行动,常态化开展自检自查,从应急管理、安全替代、安全运维、等保测评、安防监测、涉网人员管理、机房管理、系统及设备防护、数据安全、应用安全、边界保护、漏洞管理、代码保护、灾备保护、预警监测措施等方面加强检查防护,强化安全监测、通报预警、应急处置、供应链安全和数据安全保护,对核心资产、核心数据进行特殊加固,保障应用系统、工业控制系统安全,杜绝重要系统和重要网络瘫痪、公司网站被篡改、重要系统数据泄露等事件发生。

(1) 公司各单位必须加强网络安全防护,不定期对办公电脑、服务器、交换机、路由器、摄像头、打印机和防火墙等网络终端进行风险隐患排查,重点做好网站、重要信息系统、大屏幕显示系统、工业控制系统和其他网络系统安全。

(2) 公司机电管理部、煤制油化工部适时联合专业化保障工作组对各单位网络安全主体责任落实情况、网络安全管理制度执行情况、重要信息系统定级备案及网络安全风险整改情况等进行督导、抽查,对落实管理责任不到位、保障工作不力的,给予通报批评;对工作中存在失职等行为,造成严重后果的,依照规定严肃问责。

(3) 公司互联网访问管理权限由国家能源集团统一管理,严禁各单位违规外联互联网,严禁私自租用互联网出口,严禁办公网和公寓楼网络连接,严禁在阿里云、华为云等第三方应用发布。禁止系统管理员、服务商使用花生壳、FRP、TeamViewer、向日葵等内网穿透、远程控制工具操控主机或应用系统。

(4) 公司各单位应加强全员网络安全意识培训,提高员工自觉使用复杂密码、安装防病毒软件和文明上网的意识,具备防范钓鱼等软件攻击能力,合力构筑公司整体网络安全屏障。

2. 数据安全

公司各单位应按照《中华人民共和国数据安全法》规定,在落实网络等级保护制度基础上,建立数据安全保护制度,强化重要数据保护。

(1) 按照国家有关规定,落实数据分类分级制度和全流程安全保护措施。

(2) 数据收集:明确数据收集目的、用途、方式、范围、来源、渠道等,并对数据来源进行鉴别和记录,仅收集通过授权的数据,收集全过程需要符合相关法律法规和监管要求。

(3) 数据存储:重要数据存储在境内,等保三级以上网络系统应对重要数据、个人信息及业务敏感数据等进行加密存储,建立数据存储备份机制,并定期开展备份恢复演练,等保三级以上网络应落实异地实时数据备份措施。

(4) 数据使用和加工:明确数据使用规范,仅允许访问使用业务所需最小范围内的业务数据,在处理过程中应进行去标识化或脱敏处理。

(5) 数据传输:等保三级以上网络系统对敏感数据进行加密传输,对数据导入导出进行严格审批和监测。

(6) 对外提供和公开数据:严格依照数据共享规范,对过程进行严格审批并存档,开展风险评估并对数据共享进行监测和审计,建立数据交换和共享审核流程及监管平台,对数据共享的所有操作和行为进行日志记录,对高危行为进行风险识别和管控。

(7) 数据销毁:建立数据销毁机制,明确数据清理方法,确保被销毁的数据不能被还原。

3. 设备安全

(1) 各单位应强化物理环境基础设施安全保障。落实物理机房环境保障措施,保护机房物理设施安全。

（2）采用技术措施保证重要数据在非可靠网络中传输的安全性，科学规划网络区域。合理划分安全网络区域，保证通信传输安全，防范信息数据在传输过程中遭篡改、窃取。

（3）各单位应加强区域边界安全保护。在网络边界采取授权准入、入侵防范等措施，实现对网络内部的保护。在网络边界处部署访问控制设备，对进出流量数据进行过滤与监测，制定访问控制策略，优化访问控制规则，落实边界隔离、跨界访问控制。全面收集安全审计日志，构建网络安全分析平台，溯源网络攻击路径，预警和处置网络安全风险。

（4）各单位应加强计算环境安全保护。围绕身份鉴别、权限划分、安全审计、入侵防护、数据安全防护等安全要求，构建安全可信的计算环境。建立完善账户保护机制，最小化安装系统组件和应用程序，关闭多余端口和服务，建立开源代码清单库，记录开源软件来源、版本、安全情况、运维方法等信息。重要数据传输和存储需建立完整性和保密性保护措施，对重要数据实施本地和异地备份以及恢复措施，并定期开展恢复测试演练。

4. 工业控制系统安全

各生产单位在满足网络安全等级保护通用要求的基础上，按照《信息安全技术 网络安全等级保护基本要求》(GB/T 22239—2019)中的工业控制系统安全扩展要求、《信息安全技术 网络安全等级保护安全设计技术要求》(GB/T 25070—2019)中的工业控制系统安全设计技术要求，对工业控制系统进行特殊保护。

（1）采用物理隔离、单向网闸等安全措施，实现过程级、操作级以及各级内部网络的安全隔离和互联。

（2）采用加密认证、访问控制和数据加密等技术措施，加强命令、状态量、控制量等通信数据的完整性保护。

（3）采用边界访问控制、无线使用控制等多重防护限制措施，保障边界防护和信息过滤。

（4）落实设备身份认证、访问控制等防护措施，提升抵御非法恶意接入、非法干扰控制等安全风险的技术防御能力。

（5）采取控制设备技术防护措施，严格管理设备输出端口，保障其安全稳定运行。

（6）落实数据完整性保护和敏感数据的保密措施，落实通信网络的组态环境、工程文件的防护措施，对于难以加密的现场总线和现场设备进行物理保护，上层数据进行信息加密处理。针对系统安全设计建设、产品开发采购，落实上线前安全检测管理，排查消除安全隐患。

◎ 示例　　宁夏煤业公司网络安全和信息化管理办法（节录）

第三十八条　公司网络安全防护系统必须符合国家网络安全等级保护和国家能源集团网络安全防护要求。信息技术中心每年配合国家公安系统对公司网络安全进行评价，根据评价情况制定公司网络安全防护方案，报公司机电管理部审批。

第三十九条　所有网络防护设备必须采用国家信息安全评测机构认可的信息安全产品，严禁使用未经国家密码管理部门批准和未通过国家信息安全质量认证的密码设备。

第四十条　接入公司网络系统的客户端计算机的网络配置由信息技术中心统一分配管理,包括用户计算机IP地址、网关、DNS和WINS服务器,任何人不得擅自更改。

第四十一条　服务器、终端须安装国家能源集团指定的杀毒软件和安全卫士,定期对网络系统进行漏洞扫描,对发现的网络安全系统漏洞进行及时修补。

第四十二条　公司所有互联网出入口由信息技术中心统一管理,严禁基层单位私自接入互联网。

第四十三条　公司所有互联网信息由信息技术中心统一管理,严禁任何单位和个人擅自删除、改动网络信息。

第四十四条　所有部门、单位应安装国家能源集团指定的正版软件,严禁在个人终端安装盗版软件。

第四十五条　各单位应按照《国家能源集团煤炭企业生产系统网络安全防护规范》制定本单位工控系统网络安全防护建设方案,持续对工控系统安全防护等级进行提升。

(二)食品安全

食品安全指提供的食品在营养、卫生方面能够满足和保障人群的健康需要。食品安全涉及食物是否污染、有毒,添加剂是否违规,标签是否规范等问题。宁夏煤业公司贯彻落实食品安全法,加强员工餐厅管理,做好食品采购验收、原料保管贮存、厨房烹饪流程、环境清洁卫生、餐饮用具消毒保洁及从业人员健康卫生等方面的安全管理和控制,保障员工身体健康和生命安全。

1. 安全职责

结合国家法律法规规定,加强公司所辖员工餐厅管理,食品安全管理主要职责如下:

(1)物业服务分公司各服务部负责人是食品安全的第一责任人,对食品安全负全面责任。

(2)物业服务分公司各服务部对食品安全日常工作负管理、检查和考核责任。

(3)公司相关部门、物业服务分公司负责对各服务部的食品安全进行监督、检查。

2. 基本要求

物业服务分公司各服务部作为食品安全管理的主体单位,对其食品安全管理工作基本要求如下:

(1)各服务部应具有与服务实际需求相适应的食品原料贮存、加工、包装等场所,保持场所环境整洁,并与有毒、有害场所及其他污染源保持规定的距离,做到使用面积满足要求、功能分区合理、设施配套完善。

(2)各服务部所管辖员工餐厅、超市等,必须在取得所属地区食品安全管理行政部门审批的餐饮服务许可证后,方可开展服务运营。

(3)餐饮服务相关人员必须符合餐饮从业人员的健康要求,同时要掌握有关食品安全的基本知识。

(4)各服务部严格按照ISO 22000食品安全体系规定进行食品安全管理。

(5)各服务部应接受所属地区食品安全行政管理部门的检查与监督。

(6)各服务部设立专职或兼职食品安全管理员,检查食品安全管理制度及岗位责任制度的执行情况。

(7) 各服务部对食品及原辅料中生物性、化学性和物理性危害进行风险评估,根据评估结果采取相应措施,及时消除食品安全事故隐患。

(8) 发生食品安全事故应立即启动应急预案,做好应急处置。

3. 考核管理

物业服务分公司每年对食品安全工作进行考核、评比和表彰。发生食品安全事故,按照相关规定从严追责。食品安全管理不符合以下要求的,对服务部及责任人进行考核处理。

(1) 无食品经营许可证(卫生许可证)或不能出示食品经营许可证(卫生许可证),从业人员无健康合格证。

(2) 餐饮服务人员有不适合餐饮服务工作的疾患。

(3) 餐饮服务人员衣着和个人行为不符合餐饮服务卫生要求。

(4) 食品原辅材料采购和存放不符合安全要求。

(5) 食品加工的操作过程不符合食品加工安全要求。

(6) 餐具、用具消毒不符合安全要求。

(7) 班中餐配送不符合安全要求。

(8) 食品加工场所安保不符合安全要求。

(9) 剩余食物处理不符合安全要求。

(10) 食品安全管理记录不符合要求。

◎ 示例　　　　　　　　　　餐饮服务人员健康管理要求

1. 餐饮服务从业人员应按照《中华人民共和国食品安全法》规定,每年进行健康检查,取得健康证明后方可从事餐饮服务工作,必要时接受临时检查。

2. 凡患有痢疾、伤寒、病毒性肝炎等消化道传染病(包括病原携带者),活动性肺结核,化脓性或者渗出性皮肤病以及其他有碍食品安全疾病的,不得从事餐饮服务工作。有发热、腹泻、皮肤伤口或感染、咽部炎症等有碍食品安全病症的,应立即脱离工作岗位,待查明原因、排除有碍食品安全的病症或治愈后,方可重新上岗。

3. 食品安全管理员负责每天对工作人员的健康情况进行检查,发现有上述有碍食品安全病症者,通知其暂停工作。

4. 餐饮服务从业人员个人卫生要求:

(1) 工作前、处理食品原料后或接触直接入口食品之前都应用流动清水洗手。

(2) 不得留长指甲、涂指甲油、戴饰品。

(3) 不得有面对食品打喷嚏、咳嗽及其他有碍食品卫生行为。

(4) 不得在食品加工和销售场所内吸烟。

(5) 应穿戴整洁的工作衣帽,头发应梳理整齐并置于帽内。

5. 操作人员进入专用操作间时要更换专用工作衣帽并佩戴口罩、一次性工作手套。操作前双手严格进行清洗消毒,操作中应适时消毒双手。不得穿戴专用工作衣帽从事与专用操作无关的工作。

6. 个人衣物及私人物品不得带入食品加工区。

7. 食品加工处理区内不得有抽烟、玩手机、饮食及其他可能污染食品的行为。

8. 进入食品处理区的非加工操作人员，应符合现场操作人员卫生要求。

◎ 示例　　　　　　　　　　　　班中餐配送安全要求

1. 有班中餐配送的服务部，应设分餐专区或专间进行分餐。分餐人员要穿洁净的工作服、戴口罩、发帽、一次性手套，应使用专用用具分餐。

2. 分餐人员应认真检查待分食品情况，发现有感官性状异常的，不得分餐和配送。

3. 班中餐餐具应符合食品级安全标准并消毒合格。

4. 分餐前应检查餐盒是否破损或被污染。如发现有破损或污染的，不得使用。

5. 盛装食品的容器每使用一次后均进行清洗并热力消毒。

6. 分餐工作人员不得对着食品打喷嚏、咳嗽。工作期间尽可能不讲话，严禁嬉闹。

7. 每日分餐前对空气、台面、地面进行一次消毒；分餐结束后应彻底清洁台面、地面，保持环境整洁。

8. 班中餐加工时必须烧熟煮透，中心温度必须达到 75 ℃ 以上，烹饪后应立即分餐、配送，分餐、配送的时间不得超过 2 h。班中餐不得提前加工制备，不得超时配送，不得配入凉菜。

9. 班中餐在运送过程中尽可能使用专用保温箱或保温桶。保温箱或保温桶使用前要清洗消毒。班中餐运送车辆不得混装其他物品，运送前应对车辆清洗消毒。

（三）疫情防控

鼠疫、霍乱、猴痘、新冠等病毒引发的疫情，传播速度快、感染范围广、防控难度大，易导致重大突发公共卫生事件，对人民群众生命健康和企业安全生产带来较大风险。公司及各单位应坚持"预防为主、防治结合、依法科学、分级分类"原则，按照"及时发现、快速处置、精准管控、有效救治"的工作要求，落实总体防控措施，及时发现散发病例和聚集性疫情，有力、有序、有效处置，切实维护人民群众生命安全和身体健康。

1. 宣传教育

充分利用互联网、微信、客户端等新媒体和广播、电视、报纸、宣传品等传统媒体，全方位开展各类疫情防控知识宣传教育活动，强调每个人是自己健康的第一责任人，倡导员工坚持勤洗手、戴口罩、常通风、公筷制、"一米线"、咳嗽礼仪等良好卫生习惯和健康生活方式，提高全员自我防护意识和健康素养，落实防护措施，养成自觉的防疫行为。

2. 疫情监测

（1）疫情发现报告

坚持病例发现及时报告，各单位第一时间上报公司社会事务部，并加强对密切接触者、外来人员、高风险区域人员等重点人群的健康监测，一旦出现相关症状应及时送医。

（2）多渠道监测预警

按照"点面结合"原则，开展人、物、环境等多渠道监测。对交通运输等特定服务场所人员、隔离场所管理和服务人员等风险区域人群重点监测；对来自风险地区人员、解除医学观察人员等做好健康监测；对食品及其加工、运输、存储、销售等场所环境进行监测；隔离场所启用期间,定期进行监测;对本土疫情中的首发或早期病例,配合政府部门开展流行病学调查;加强与政府部门间的信息共享,开展疫情监测综合分析和风险研判,提出风险评估结果和预警响应建议。

3. 疫情处置

(1) 坚持"早发现、早报告、早处置"原则。各单位严格落实公共场所疫情管控措施,发现疫情相关不适症状员工要及时上报。加强与属地政府疫情防控及医疗机构联系,做好病因追查等防控措施,按要求及时报告。

(2) 控制源头,快速处置疫情。各单位发现疫情第一时间报告公司社会事务部、属地疫情防控部门和卫生医疗机构,及时启动响应机制,尽快查明可能的感染源,第一时间、第一地点控制传染源,对可能的污染场所全面消毒。

(3) 科学防范,精准管控疫情。科学划定防控区域范围至最小单元,果断采取限制人员聚集性活动、封锁等措施,切断传播途径,尽最大可能降低感染风险,确保不发生续发病例。宁夏煤业公司疫情防控应急处置流程如图 7-3-3 所示。

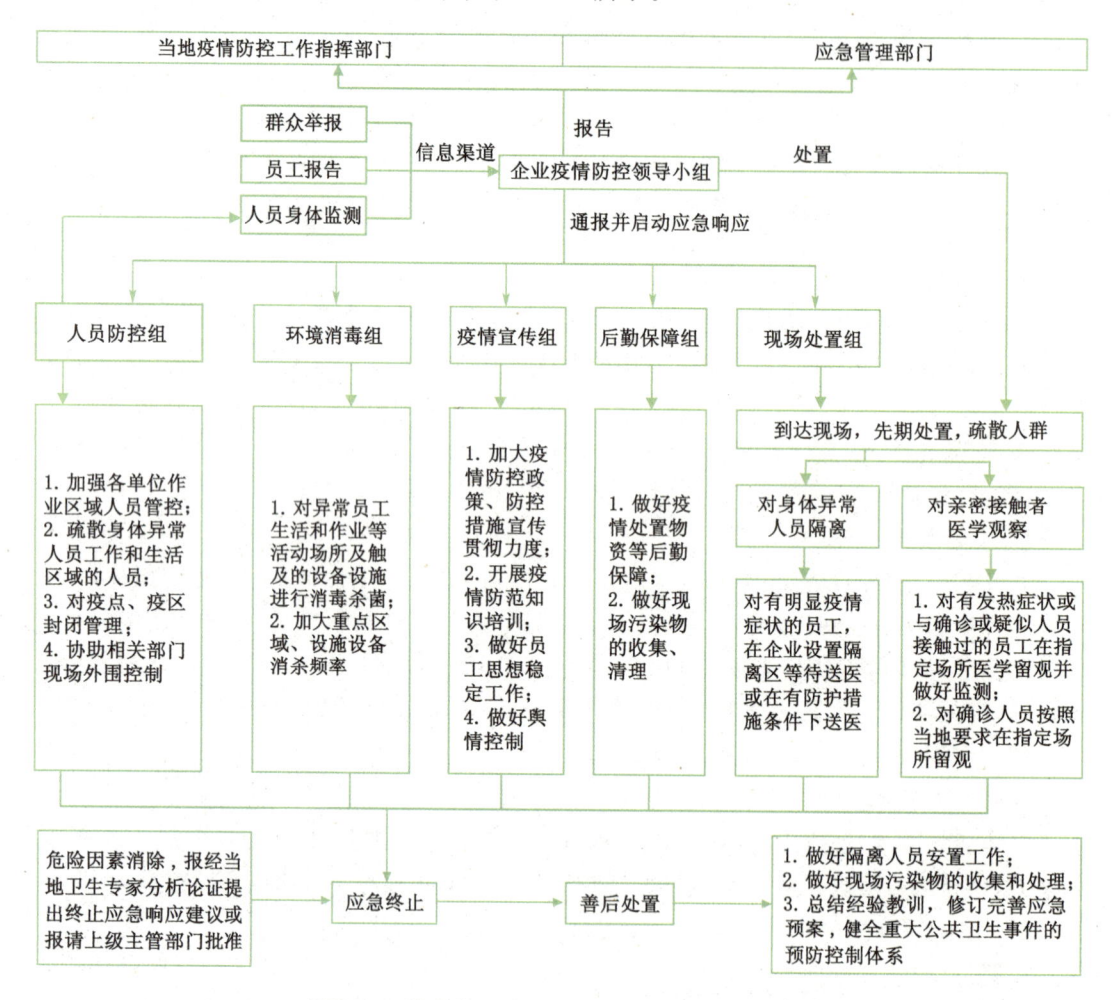

图 7-3-3　宁夏煤业公司疫情防控应急处置流程图

(四) 人身财产安全

人身安全是指个人的生命、健康、行动等与人的身体直接相关方面平安健康,不受威胁,不出事故,没有危险。财产安全指拥有的金钱、物资、房屋、土地等物质财富受到法律保护的权利的总称,财产按所有权可分为公有财产(国家财产是公有财产的一种)、私人财产。私人财产有三种,即动产、不动产和知识财产(即知识产权)。企业应在强化生产过程中人身安全管理的基础上,加强员工在其他时段、区域或社会生活中人身财产安全教育工作,通过加强员工对人身财产安全保护有关法律法规的学习,提高其人身安全和财产安全防范意识,达到有效保护人身财产安全的目的。

公司及各单位应倡导员工减少、避开遭受侵害的因素和环境,提高自身涵养、素质和防范意识,抵抗外界不良风气对思想的腐蚀,树立优秀人格品质,不做违法、违规、违反道德的事情;教育和引导员工正确对待各类侵害,依法合规采用正确方式处理将要发生和正在进行的伤害;保持思想上的警惕性,防止拐骗、诱骗、诈骗,保护个人财产安全。各单位应建立防范暴力侵害事件应急措施或预案,加强员工法制教育和防范暴力侵害事件教育,提升员工的防范意识和基本技能,保障员工生命安全;严格落实《中华人民共和国反电信网络诈骗法》等法律法规,加强法制宣传,立足各环节、全链条防范电信网络诈骗等,保障员工财产安全。

◎ 示例　　　　　　　　　**暴力侵害事件预警预防措施**

1. 开展经常性社会矛盾排查分析,及早发现可能引发暴力侵害的各种矛盾和因素。
2. 采取针对性的预防措施。
(1) 加强员工法制和安全教育,增强员工法制意识和自我保护意识。
(2) 严格落实治安保卫管理制度,严格进入企业人员登记,严格进出企业车辆检查,严禁闲杂人员进入企业。
(3) 加强对有心理疾病及精神病症状人员的疏导和监控。
(4) 经常性摸排员工之间存在的矛盾隐患,对可能引起矛盾激化事件的当事人要逐一摸排登记,做好矛盾化解。
(5) 经常性与驻地公安部门联系,及时掌握各单位周边地区存在的不稳定因素(人或事),掌握有关信息和动态,及时采取防范措施。
(6) 治安保卫总队、各矿(厂)治安保卫队应加强日常训练和演练,做好应急事件防范。
(7) 加强防范暴力侵害事件的人防、物防、技防建设,储备必要安保器械,安装符合技术要求的技防设施,有效防范和抵御外来暴力侵害。
(8) 加强治安保卫值班巡查,提高警觉,及时发现、报告、处置苗头性、倾向性问题。
(9) 加强警企共建。
3. 处置流程。
一旦发生暴力侵害事件,以保护员工的生命安全为主要目的,应按下列程序处理:
(1) 第一目击者报警。迅速拨打"110"报警或内部治安保卫应急电话,以最有效的方式

(广播、报警声等)预警。

（2）立即启动应急预案,落实应急措施,疏散人员。

（3）治安保卫等有关部门按照职责落实防控措施,在公安部门人员到达之前,利用警械全力控制、制止犯罪行为,规劝其终止犯罪行为或采取有效措施阻止犯罪行为。

（4）如有人员伤亡,要提供及时有效的救护,第一时间拨打"120"急救电话或把伤员就近送往医院抢救,及时通知家属。

（5）协助警方阻止暴力行为的最后实施。

4. 及时做好有关信息报送,依规做好舆情管理。

◎ 示例	电信诈骗的防范措施

1. 电信诈骗概念

电信诈骗就是违法犯罪分子利用手机短信、电话、传真和互联网等通信工具,假冒国家机关、公司、医院、朋友等名义,谎称被骗人中奖、退税、家人意外受伤、朋友急事、有人加害或出售致富信息和投资分红等情况,骗取受害人信任后,要求其将钱汇入指定银行卡账户的一种诈骗活动。

2. 电信诈骗主要类别

退税诈骗;中奖诈骗;培训诈骗;家人遭遇意外诈骗;亲友急事诈骗;虚假购物诈骗;冒充黑社会杀手诈骗;自动柜员机(ATM、CRS)等贴假提示诈骗;冒充银行工作人员诈骗;虚假招工、婚介诈骗;虚假办理高息贷款或信用卡套现诈骗;虚假致富信息转让诈骗;虚构信息威胁诈骗;虚构反洗钱、涉嫌刑事案件等诈骗;冒充性工作者诈骗;冒充电信、公安、银行工作人员诈骗;冒充党政领导及相关工作人员诈骗;新型网络 QQ 等即时通信软件诈骗。

3. 电信诈骗防范措施

诈骗犯罪分子都是利用受害人趋利避害和轻信麻痹的心理,诱使受害人上当而实施诈骗犯罪活动,为此全体员工在日常生活和工作中,应提高警惕,加强防范意识,以免上当受骗。

（1）克服"贪利"思想,不要轻信麻痹,谨防上当。世上没有免费的午餐,天上不会掉馅饼。对犯罪分子实施的中奖诈骗、虚假办理高息贷款或信用卡套现诈骗及虚假致富信息转让诈骗,不要轻信中奖、他人能办理高息贷款或信用卡套现及有致富信息转让,一定要多了解和分析识别真伪,以免上当受骗。

（2）不要轻易将自己或家人的身份、通信信息等家庭、个人资料泄露给他人。对于家人意外受伤害需抢救治疗费用、朋友急事求助类的诈骗短信、电话,要仔细核对,不要着急恐慌、轻信上当,更不要上当将"急用款"汇入犯罪分子指定的银行账户。

（3）多作调查印证,对接到培训通知,冒充银行、公检法机构等声称银行卡升级,以及虚假招工、婚介类的诈骗,要及时向本地的相关单位和行业或亲临其办公地点进行咨询、核对,不要轻信陌生电话和信息,培训类费用一般都是现款交纳或者对公转账,不应汇入个人账户,不要轻信上当。对于来电声称是公安、检察院、法院、银行等电话号码,务必多方印证,尝试回拨电话核实,防止犯罪分子利用改号软件等手法冒充电话号码。

(4) 如收到以加害、举报等威胁和谎称反洗钱类的陌生短信或电话,不要惊慌无措和轻信上当,最好不予理睬,更不要为"消灾"将钱款汇入犯罪分子指定的账户。必要时,可以向当地公安机关等机构报告和核实。

(5) 购买违禁物品属于违法行为。对于广告"推销"特殊器材、违禁品的短信、电话,应不予理睬并及时清除,更不应汇款购买。对于要求先汇款后交货或要求预交定金、保证金、风险抵押金、公证费、手续费购物的陌生短信、电话,一定要小心谨慎,仔细甄别,千万不要轻信麻痹和上当受骗。

(6) 到银行自动柜员机(ATM、CRS等)存取遇到银行卡被堵、被吞等情况,认真识别自动柜员机的"提示"真伪,千万不要轻信和上当,最好拨打自动柜员机所属银行电话的客服中心了解查问,与真正的银行工作人员联系处理和解决。

(7) 日常应多提示家中老人、未成年人注意防范电信诈骗,提高老人、未成年人的安全防范意识。犯罪分子通常喜欢选择相对容易上当受骗的老年人、未成年人作为诈骗目标,作为子女或者父母,除了自己注意防范电信诈骗外,应积极主动向家中老人、未成年人传递防诈骗的知识。

> ▲ "安宁"系统功能
>
> 查阅信息安全、食品安全、公共卫生安全、人身财产安全等管理规定与规范。

第四节 生态文明

习近平总书记指出:"经济发展不能以破坏生态为代价,生态本身就是一种经济,保护生态,生态也会回馈你。"这一重要论述深刻揭示了生态环境保护与经济发展的辩证关系。宁夏煤业公司深入学习贯彻习近平生态文明思想,积极践行"绿水青山就是金山银山"发展理念,始终保持生态文明建设战略定力,建立健全环保工作机制,加快推进低碳高效生产,推动黄河流域生态保护和高质量发展,实现生态效益、经济效益、社会效益高度统一。

一、习近平生态文明思想

党的十八大以来,以习近平同志为核心的党中央把生态文明建设摆在全局工作的突出位置,推动我国生态环境保护发生历史性、转折性、全局性变化。习近平总书记传承中华优秀传统文化、顺应时代潮流和人民意愿,围绕生态文明建设发表了一系列重要论述,形成了习近平生态文明思想。

习近平生态文明思想作为习近平新时代中国特色社会主义思想的重要组成部分,指明了生态文明建设的方向、目标、途径和原则,对于深刻认识生态文明建设的重大意义,坚持和贯彻新发展理念,正确处理好经济发展同生态环境保护的关系,坚定不移走生态优先、绿色发展道路,加快建设资源节约型、环境友好型企业,推进"安全、稳定、清洁运行",具有重要指导意义。宁夏煤业公司制定习近平生态文明思想学习宣传方案,全面学习贯彻习近平生态文明思想,引导全体员工充分认识生态环境保护工作的重大意义和极端重要性,提高生态环保意识,践行绿色发展理念,强化底线思维,推进综合治理,实现企业发展和环境保护双赢。

◎ 示例　　　　　　　习近平生态文明思想内部学习资料(节录)

第一篇　发展历程
1. 生态环境变化对古代世界文明产生了哪些影响
2. 古代中华文明孕育的生态文化思想有哪些
3. 十七大之前的生态文明建设实践
4. 习近平生态文明思想的早期探索过程
5. 习近平在福建工作期间的生态文明建设实践
6. 习近平在浙江工作期间的生态文明建设实践
7. 十八大以来生态文明建设发生历史性、转折性、全局性变化的社会历史背景是什么
8. 习近平生态文明思想的系统形成过程

第二篇　理论要义
1. 马克思主义生态文明理论体系
2. 习近平生态文明思想的内涵可以概括为哪些理念
3. 推进生态文明建设必须坚持的"六项原则"
4. 如何理解"人与自然和谐共生"
5. 如何理解"绿水青山就是金山银山"
6. 如何理解"良好生态环境是最普惠的民生福祉"
7. 如何理解"山水林田湖草是生命共同体"
8. 如何理解"用最严格制度最严密法治保护生态环境"
9. 如何理解"共谋全球生态文明建设"
10. 为什么说建立健全"五个体系"是贯彻"六项原则"的具体部署
11. 生态文化体系的基本内容是什么
12. 生态经济体系的基本内容是什么
13. 生态文明制度体系的基本内容是什么
14. 目标责任体系的基本内容是什么
15. 生态安全体系的基本内容是什么
16. 为什么要建设生态文明
17. 要建设什么样的生态文明
18. 怎样建设生态文明
19. 把生态文明建设纳入中国特色社会主义总体布局的重大意义是什么
20. 为什么生态文明建设是中华民族永续发展的根本大计

第三篇 考察批示

1. 考察广东
2. 考察海南
3. 对秦岭违建别墅问题的批示
4. 对祁连山生态环境问题的批示
5. 考察江苏
6. 考察云南
7. 考察贺兰山

贺兰山是我国地理、气候的重要分界线,是西北地区重要生态安全屏障,被宁夏人称为"父亲山"。贺兰山有700多种珍贵动植物物种和众多矿产资源,其中"太西煤""贺兰石"在宁夏"五宝"中占据两席。然而,多年过量开采和露天作业,导致贺兰山废渣堆积,矿坑遍布,生态功能遭到巨大破坏。

2016年7月,习近平在宁夏考察时指出:"宁夏生态环境有其脆弱的一面,生态环境保护建设要持之以恒。"此后,宁夏打响了贺兰山生态保卫战。

2020年6月9日,习近平考察了贺兰山区的乡村生态观光园、葡萄种植园等生态产业。在听取贺兰山生态保护和环境综合整治情况汇报后,习近平指出,贺兰山是我国重要自然地理分界线和西北重要生态安全屏障,维系着西北至黄淮地区气候分布和生态格局,守护着西北、华北生态安全。要加强顶层设计,狠抓责任落实,强化监督检查,坚决保护好贺兰山生态。

第四篇 会议综述
第五篇 实践部署
第六篇 热点词汇
第七篇 书籍摘要

二、环保法律法规

《中华人民共和国环境保护法》明确规定:企业事业单位和其他生产经营者应当防止、减少环境污染和生态破坏,对所造成的损害依法承担责任;企业应当优先使用清洁能源,采用资源利用率高、污染物排放量少的工艺、设备以及废弃物综合利用技术和污染物无害化处理技术,减少污染物的产生。《宁夏回族自治区环境保护条例》明确要求,将环境保护规划纳入国民经济和社会发展规划,实行环境保护目标责任制,组织开展全民环境保护教育,统一监督管理环境保护工作,对违反环境保护法律法规的行为依法依规进行处罚。

宁夏煤业公司严格遵守环境保护法律法规,将生态环保纳入发展规划,依法落实企业主体责任,运用法治思维统筹污染治理、生态保护等工作,为推进生态环境治理体系建设、促进生态环境持续改善提供全面有力的法治保障。

◎ 示例　　　　宁夏煤业公司环保法律法规学习清单(节录)

一、环境保护法律	四、环境保护标准
1. 中华人民共和国环境保护法 2. 中华人民共和国大气污染防治法 3. 中华人民共和国水污染防治法 4. 中华人民共和国固体废物污染环境防治法 5. 中华人民共和国环境噪声污染防治法 6. 中华人民共和国放射性污染防治法 7. 中华人民共和国环境影响评价法 8. 中华人民共和国环境保护税法 9. 中华人民共和国清洁生产促进法 10. 中华人民共和国循环经济促进法 11. 中华人民共和国节约能源法 12. 中华人民共和国水土保持法 13. 中华人民共和国草原法 14. 中华人民共和国煤炭法	(一)质量标准 1. 地表水环境质量标准(GB 3838—2002) 2. 地下水质量标准(GB/T 14848—2017) 3. 声环境质量标准(GB 3096—2008) 4. 环境空气质量标准(GB 3095—2012) 5. 土壤环境质量 农用地土壤污染风险管控标准(试行)(GB 15618—2018) 6. 土壤环境质量 建设用地土壤污染风险管控标准(试行)(GB 36600—2018) 7. 农田灌溉水质标准(GB 5084—2021) 8. 生活饮用水卫生标准(GB 5749—2022) (二)排放标准 1. 大气污染物综合排放标准(GB 16297—1996) 2. 锅炉大气污染物排放标准(GB 13271—2014) 3. 污水综合排放标准(GB 8978—1996) 4. 工业企业厂界环境噪声排放标准(GB 12348—2008) 5. 建筑施工场界环境噪声排放标准(GB 12523—2011) 6. 煤炭工业污染物排放标准(GB 20426—2006) 7. 恶臭污染物排放标准(GB 14554—1993) 8. 危险废物贮存污染控制标准(GB 18597—2001) 9. 生活垃圾填埋场污染控制标准(GB 16889—2008) 10. 一般工业固体废物贮存和填埋污染控制标准(GB 18599—2020) 11. 火电厂大气污染物排放标准(GB 13223—2011) 12. 城市污水再生利用 城市杂用水水质(GB/T 18920—2020) 13. 城市污水再生利用 景观环境用水水质(GB/T 18921—2019) 14. 城市污水再生利用 绿地灌溉水质(GB/T 25499—2010) 15. 城市污水再生利用 工业用水水质(GB/T 19923—2005) 16. 城镇污水处理厂污染物排放标准(GB 18918—2002) 17. 石油化学工业污染物排放标准(GB 31571—2015)
二、环境保护行政法规	
1. 中华人民共和国自然保护区管理条例 2. 中华人民共和国环境保护税法实施条例 3. 规划环境影响评价条例 4. 建设项目环境保护管理条例 5. 土地复垦条例 6. 危险化学品安全管理条例 7. 农药管理条例 8. 放射性同位素与射线装置安全和防护条例 9. 国家危险废物名录(2021年版)	
三、环境保护部门规章	五、环境保护地方性法规和规章
1. 建设项目竣工环境保护验收暂行办法 2. 煤矿建设项目竣工验收管理办法 3. 工矿用地土壤环境管理办法(试行) 4. 排污许可管理办法(试行) 5. 排污许可证管理暂行规定 6. 放射源分类办法 7. 环境行政处罚办法 8. 突发环境事件应急管理办法 9. 突发环境事件信息报告办法 10. 环境保护主管部门实施按日连续处罚办法 11. 环境保护主管部门实施查封、扣押办法 12. 环境保护主管部门实施限制生产、停产整治办法 13. 企业事业单位环境信息公开办法 14. 环境统计管理办法 15. 环境监测管理办法 16. 污染源自动监控管理办法	1. 宁夏回族自治区环境保护条例 2. 宁夏回族自治区自然保护区管理办法 3. 宁夏回族自治区建设项目环境保护管理办法 4. 宁夏回族自治区污染物排放管理条例 5. 宁夏回族自治区危险废物管理办法 6. 宁夏回族自治区大气污染防治条例

三、管理机制

宁夏煤业公司认真贯彻执行国家及地方政府有关规定,落实国家能源集团工作部署,建立健全生态环境保护管理机制,明确工作目标,完善考核制度,保障生态环保工作依法合规开展。

(一)组织机构

宁夏煤业公司成立生态环境保护委员会,贯彻执行国家和地方有关生态建设和环境保护方针政策、法律法规,落实国家能源集团相关规定,研究解决公司生态环境保护存在的问题;制定环境保护有关管理制度;审定环境保护规划、实施计划和重大环境保护工程及环境治理技术方案;根据各单位实际,规划确定生态建设和环境保护项目;研究决定环境保护奖惩方案;对发生的环境保护事件进行调查与处置,依规追责处理。

各单位严格遵守生态环境保护法律法规,依照公司规定健全组织机构,制订工作计划,建立考核机制,恪守法定职权必须为、法无授权不可为。

(二)管理制度

为确保依法合规推进生态环境保护工作,宁夏煤业公司依据国家能源集团工作要求,本着环境安全风险隐患管理"早排查、早发现、早整治"原则,制定环境保护管理办法、环境保护督查管理办法、环境保护处罚规定、环保设施管理办法、污废水监测管理办法、污染源在线监测系统运行管理办法、安全环保考核办法等制度,为推动企业绿色发展、提升生态环境保护水平提供制度保障。制订节能降耗、低碳发展等年度工作计划,做到分类指导、科学施策、精准治理。坚持以案为鉴,系统梳理排查各类关联性、衍生性生态环境问题和其他生态环境风险隐患,做到标本兼治,协同推进企业高质量发展。

(三)责任考核

公司依照环保目标责任管理制度,对各部门、各单位生态环境保护管理工作进行考评考核,各单位按照本单位制定的实施细则及操作规程,全面落实各岗位、各环节的生态环境保护工作责任,层层签订安全环保目标责任书,细化环保指标及考核奖惩机制,确保生态环境保护工作有计划、有落实、有检查、有反馈。各单位将生态环境保护工作责任与计划落实情况纳入各区队(车间)、部门月度考核范围。

◎ 示例　　　　　宁夏煤业公司年度环保工作目标(节录)

完善生态环保运行管理机制,严格执行环保法律法规,按规定开展环保后评价,推动建设项目环评审批。健全完善生态环境一体化监测系统,实时做好各类污染物在线监测。深入整治历次环保检查查出的问题,统筹解决好历史遗留问题。加强大气污染治理,确保实现废气全部达标排放。推进废水排放整治,重点实施煤矿矿井水深度处理、生活污水冬季蓄水池建设,煤制油化工园区废水"零排放"治理等项目。加强固废合规处置,实施煤制油化工气化炉气化渣脱水技改、废旧油桶集中处置、梅花井等5对矿井矸石回填土地复垦、红柳等2对矿井排矸场建设等工程。加强噪声源治理,补强防噪措施,保证工业场地昼、夜间厂界噪声点全面达标。

全面推进节能低碳发展。推动落实黄河流域生态保护和高质量发展规划,分解下达"双碳""双控"各项目标任务,加强存量减碳和碳资产管理,推动实施结构节能、工程节能和管理节能。全面落实"四水四定"原则,持续推进宁东矿区水资源综合利用项目建设,加快实施煤制油化工装置循环水冷却塔技术改造、煤制油高盐废水结晶分盐技术改造,提高水资源利用率。做好生产装置错峰有序用电。建立完善能源在线监测评估系统,定期分析管控能耗指标执行情况。完成绿色矿山创建工作,公司煤矿全部达到绿色矿山标准。

"安宁"系统功能

查询学习习近平生态文明思想、环保法律法规、国家能源集团及公司环保工作制度。

四、环保监测

宁夏煤业公司加快建设环保监测与检查相结合的快速响应机制,实现对生态环境保护全方位、立体化实时监测,通过各级各类监测数据系统互联共享,提升预报预警等信息化能力和保障水平,以信息化手段推进监测与监管联动,建立科学、实用、高效的环保监测监管机制。

(一)在线监测

公司建立环境在线监测系统,应用自控仪器技术、通信网络技术、计算机技术对烟气、废水等污染源进行实时采集分析、监控预警,并将监测数据自动传输到环境监控中心进行数据存储、整理、分析和发布,为企业生态环境保护管理提供有效的数据基础和决策依据。系统内包括取样单元、预处理单元、数据采集与控制单元、在线监测分析仪表、数据处理与传输单元、监测站房单元等。各单位是在线监测装置运行的主责单位,应严格按照规定加强系统管理,做到污染源自动监控,数据传输有效率大于95%,数据上报率大于99%,1~6级报警处理完成率为100%。公司环境监测中心对各单位在线监测装置运行、数据传输进行监督管理。

通过烟气在线监测系统和烟气分析仪等环保仪器仪表获取在线监测系统数据,有效监控烟气中各类污染物排放浓度,清晰了解各单位烟气排放情况,实现对固定污染源、污染物排放浓度、排放总量以及排放达标情况的在线连续监测,根据监测数据考核问责,并据此制定切实可行的防治措施,有效遏制环境污染。

◎ 示例　　　　宁夏煤业公司在线监测系统管理办法(节录)

1. 废水
(1)设置设备参数为每48 h自动进行监测仪器的零点和量程校正。
(2)每月至少进行一次实际水样、流量比对试验(管道式流量计应做计量检定)和质控样试验,进行一次现场校验。
(3)每月应进行重铬酸盐指数(CODcr)转换系数的验证。
(4)应当采用人工方法进行监测的,数据报送每天不少于4次,间隔不得超过6 h。

2. 废气
(1)具有自动校准功能的烟气自动监控系统(CEMS)每24 h至少自动校准一次仪器的零点和跨度;同时记录零点漂移及量程漂移。
(2)无自动校准功能的气态污染物CEMS每15天至少用标准装置通入零气、标准气体校准一次零点和量程,同时记录零点漂移及量程漂移。

(3) 无自动校准功能的颗粒物CEMS每15天至少用校准装置校准一次仪器的零点和量程,同时记录零点漂移及量程漂移。

(4) 无自动校准功能的气态污染物CEMS每15天至少用零气、标准气体或校准装置校准一次仪器的零点和量程,同时记录零点漂移及量程漂移。无自动校准功能的CEMS若为抽取式,至少7天校准一次,同时记录零点漂移及量程漂移。

(5) 具有自动校准功能的流速CEMS每24 h至少进行一次零点校准,无自动校准功能的流速CEMS每30天至少校准一次仪器的零点漂移及量程漂移。

(6) 抽取式气态污染物CEMS每3个月至少进行一次全系统的校准,要求零气、标准气体与样品气体通过的路径一致,进行零点和量程漂移、示值误差和系统响应时间的检测。

(7) 每月至少做一次校验,以人工监测的数据和CEMS同时段的数据进行比对。

3. 在线监测系统运行产生的废液由运维单位统一收集,按危险废物管理规定处理,并在运行台账中做好记录。

4. 运维单位每半年向主责单位上报运维管理工作总结,主要内容包括设备运行情况分析、数据完整性和准确性分析、数据缺失和异常情况说明、配件更换情况及排污情况等。

5. 在线监测系统因故无法正常运行或无法正常传输数据的,运维单位接到主责单位通知后,必须在4 h内赶到现场进行处理。若6 h内无法排除故障,应当采用人工方法进行监测,数据报送频次每天不少于4次,间隔不得超过6 h。若72 h内仍无法排除仪器故障,应向政府环保主管部门申请安装备用仪器,备用仪器(除流量计)必须通过国家环保部门和计量部门的认证,在运行前按国家有关技术规范对仪器进行校准,并有详细记录。

6. 在线监测设备经过维修或更新,在正常使用和运行之前应按照国家有关技术规范对仪器进行校准和比对试验,并有详细记录。

(二) 人工监测

为了保证监测全面性,宁夏煤业公司对污染物、水土保持等进行周期性人工监测。通过采集废气、水样进行分析、汇总,形成监测报告并上传至国家能源集团水土保持监测系统。监测报告应多角度反映地区环境质量现状及发展趋势,为环境治理、污染源控制、环境规划等提供科学依据。

人工监测分为常规监测和非常规监测。常规监测由公司环境监测中心按照环境保护管理内容,对矿井水、工业废水、生活污水、工业废气、煤粉尘、噪声等固定污染源进行比对监测。非常规监测包括监督性监测与验收监测,根据公司管理部门或基层单位提出的监测需求,由环境监测中心完成特定监测。环境监测中心通过人工采集数据形成监测报告。

◎ 示例　　　　宁夏煤业公司煤矿矿井水人工监测报告(节录)

1. 任务来源

为进一步加强污染源监测,为环境管理提供及时、准确、有效的监测数据,按照宁夏煤业公司煤矿板块水处理及矿井水复用管理办法和自行监测方案要求,环境监测中心对枣泉煤矿矿井水前、矿井水后等4个采样点的pH值、溶解性总固体、氨氮、化学需氧量等污染因子进行监测,依据监测结果编制本报告。

2. 监测依据

(1)《排污单位自行监测技术指南》(HJ 819—2017);
(2)《建设项目环境影响评价报告及批复》;
(3)《排污许可管理办法(试行)》;
(4)《煤矿板块水处理及矿井水复用管理办法》。

3. 监测内容

监测点位基本情况详见下表。

监测点位基本情况表

序号	监测点位	监测项目	监测点数	监测频次
1	矿井水预沉池	pH值、悬浮物、化学需氧量、氨氮	1	1次/月
2	矿井水外排水池	pH值、化学需氧量、悬浮物、氨氮、石油类	1	1次/月
		氟化物、矿化度、汞、砷、铁、锰、锌、铅、镉、铬、六价铬	1	1次/季
3	深度处理产水池	pH值、浊度、总硬度、溶解性总固体、氯离子、硫酸盐	1	1次/月
4	浓盐水池	pH值、化学需氧量、氯化物、矿化度	1	1次/月

4. 执行标准

根据监测需求单位排污许可及有关批复,污染物排放标准及限值见下表。

污染物排放标准及限值一览表　　　　　　　　　单位:mg/L

序号	监测点位	监测项目	限值	执行标准
1	矿井水预沉池	pH值(无量纲)	—	—
		化学需氧量	—	
		悬浮物	—	
		氨氮	—	
2	矿井水外排水池	pH值(无量纲)	6~9	《煤炭工业污染物排放标准》(GB 20426—2006)
		悬浮物	50	
		石油类	5	
		化学需氧量	50	
		氨氮	—	
		矿化度	—	
		汞	0.05	
		砷	0.5	
		铁	6	
		锰	4	
		锌	2	
		铅	0.5	
		镉	0.1	
		铬	1.5	
		氟化物	10	
		六价铬	0.5	

续表

3	深度处理产水池	pH 值（无量纲）	6.5～8.5	《生活饮用水卫生标准》（GB 5749—2022）
		浊度（NTU）	3	
		总硬度	450	
		溶解性总固体	1 000	
		氯离子	250	
		硫酸盐	250	
4	浓盐水	pH 值（无量纲）	—	—
		化学需氧量	—	
		矿化度	—	
		氯化物	—	

（三）行业监测

宁夏回族自治区生态环境厅、银川市生态环境局等部门采用生态环境在线监测系统，持续对企业进行行业监测，通过官网实时公布监测结果，做到超限及时反馈、督办整改。公司及各单位应通过政府环保部门官网全面掌握国家、自治区生态环境制度，及时了解自治区重大生态环境问题监督管理和生态环境保护督察政策，明晰最新污染物排放标准与规范，了解最新环保工作成果和最新环保技术，实时掌握地区生态环境变化情况，包括固体污染物、水环境、大气污染等信息，拓宽环境监测维度，增强环境监测可靠性。

> **"安宁"系统功能**
>
> 链接国家能源集团烟气在线监测平台、能耗管理系统、水土保持监测系统，查询各监测系统数据、人工监测报告、政府环保部门官网等内容。

五、环境治理

宁夏煤业公司积极推进生态环境治理，推动绿色矿山建设，加强污染物防治，强化环境问题整改，切实保证"三废"达标排放，落实生态文明建设社会责任。

（一）绿色矿山建设

推进绿色矿山建设的重点是科学、有序、合理开发利用矿山资源，最大限度恢复治理或转化处理其产生的污染，如矿山地质灾害、生态破坏失衡等。宁夏煤业公司围绕生态文明建设总体要求，创新机制，强化监督，落实责任，将绿色发展理念贯穿于矿产资源规划、勘查、开发利用与保护全过程，大力推进煤炭全生命周期绿色开发利用。

1. 建设目标

制定绿色矿山建设规划，建立健全相关考核评价指标，规定新建矿山全部达到绿色矿山建设标准，生产矿山限期达到绿色矿山建设标准，实现绿色矿山达标率100%。到2023年，羊场湾、枣泉、梅花井、红柳、麦垛山、石槽村、金凤、双马一矿、金家渠、任家庄、清水营、红石湾等12家煤矿达到国家级绿色矿山建设标准。灵新煤矿和白芨沟煤矿达到自治区级绿色矿山建设标准。

2. 建设要求

(1) 资源节约与综合利用

根据《煤炭工业矿井设计规范》(GB 50215—2015)规定：薄煤层采区回采率不应小于85%，工作面回采率不应小于97%；中厚煤层采区回采率不应小于80%，工作面回采率不应小于95%；厚煤层采区回采率不应小于75%，工作面回采率不应小于93%。

各煤矿应根据工作面煤厚与所采用的采煤方法，优化矿井设计，扩大采区走向长和倾斜宽，减少煤柱损失，杜绝煤炭资源浪费现象；根据各煤层赋存条件和厚度变化情况，合理选择综采设备，对中厚及厚煤层实行一次性采全高，杜绝丢顶、底煤的现象，提高工作面回采率；合理布置采煤工作面，选用优良的回采工艺，在安全生产的前提下，合理减少区段煤柱、采区隔离煤柱及大巷煤柱，力争多回收煤炭资源，与科研院校合作，开展无煤柱开采技术研究；在资源节约的基础上，不断加强资源管理，切实提高生产技术装备水平，抓好用煤、用电、用水等节能工程建设，降低能源消耗；加强技术管理，提高技术水平，促进资源综合利用率提高。

(2) 矿山环境恢复与综合治理

地质灾害监测：建立健全矿山地质环境管理体系、地质环境监测工作体系，使评估区内地面塌陷、地裂缝、崩塌等地质环境问题和资金落实情况等全部处于动态控制中，有效防止矿山地质环境问题的发生。对场外道路、输电线路有可能出现地面塌陷或裂缝区的，进行动态监测。开展地表移动变形监测，即在采动过程中，定期测定观测线上各测点在不同时期内空间位置的变化。

含水层监测与水污染防治监测：开展水位监测，开采区内的含水层水位监测点位布置结合现有水井以及水文孔进行，监测因子包括水位及水质，水质监测因子为pH值、总硬度、溶解性总固体、高锰酸盐指数、硝酸盐、亚硝酸盐、硫酸盐、氟化物、氯化物、氨氮、挥发酚、总氰化物、铁、锰、铅、砷、汞、镉、六价铬共19项。在每年的枯水期、丰水期及平水期各监测一次，同时开展水质监测。

土壤环境污染破坏监测：开展土壤监测，监测因子采用《土壤环境质量 农用地土壤污染风险管控标准(试行)》(GB 15618—2018)中的基本因子，即pH值、铜、镉、铅、镍、铬、砷、锌、汞。土壤环境质量变化相对缓慢，每年监测1次。

矿山环境灾害应急预警机制建设：实行矿长负责制。煤矿安排专业人员开展地质监测，包括记录、汇总分析、上报等。如有异常情况及时上报矿主管领导及矿区主管部门，及时采取有效措施，避免和减轻灾害损失。长期进行地质环境监测，在施工中应注意可能出现的地质环境改变对环境、采矿的影响，避免人为灾害的发生。及时对矿井水取样化验，以便为水处理及综合利用提供可靠数据。密切巡查煤矿及回采影响区地表变化情况，出现不安全因素时及时处理。对废水处理前后的pH值应经常取样化验，以确保达标排放。编制环境保护应急预案，发生重大环境事故时立即启动相应的应急预案，做到防患于未然。

土地植被与生态恢复：各煤矿在不破坏地表植被的前提下，采用人工充填的方法对地面塌陷区的裂缝进行充填，减少地面裂缝导致的采空区漏风。每年安排绿化资金绿化矿区，维护绿化管道，改善生态环境。实施矸石山治理，完成排矸场地平整、修坡、黄土覆盖、绿化管道的敷设、植被的种植，挡土墙及排水沟的施工，实现矸石山复垦。

（二）污染防治

环境保护与污染防治是一项系统工程，是政府部门、行业企业等社会各方共同的责任。宁夏煤业公司牢固树立责任意识和担当意识，完善防治管理制度，明确防治重点环节，推动先进技术创新，保障生态环境安全。

1. 大气污染防治

各单位应对产生大气污染物的锅炉、窑炉、生产工艺装置等按规定安装脱硫、脱硝、除尘及其他污染物治理回收设施，污染物排放均达到所在功能区排放标准。具备条件的单位接入市政管网、并入电厂供热管网，实施集中供热或积极采用新技术、其他能源代替燃煤锅炉。

2. 水污染防治

矿井水、生活污水、工业废水等污废水经过处理后进行综合利用、达标排放或实现废水"零排放"。采取综合防治措施，逐步调整和改造产生污废水的工艺和设备，提高水资源的利用率，控制或减少污废水的产生量及排放量。严禁各单位以任何方式通过排水管网排放废油、废渣、废酸、废碱或有毒液体，雨水管道严禁直接排放超标污水和事故污水。

3. 固体废弃物与扬尘污染防治

采取有效措施控制或减少生产过程中固体废弃物的产生量，对固体废弃物按规定进行分类、收集、贮存、处置及利用，各单位不得擅自倾倒、堆放、丢弃、遗撒。固体废弃物处置场所按规定做到防扬撒、防流失、防渗漏，对排矸（渣）场有计划地实施覆土治理，恢复植被，防止自燃。危险废弃物贮存、回收和处置符合国家相关规定，制定相关制度、流程并建立台账。对煤炭、工业产品加工及储装运等环节产生的粉尘，应采取防尘、抑尘措施，控制或减少粉尘的产生量及排放量。

4. 放射性污染防治

使用放射性同位素或射线装置的单位需按规定取得安全使用许可证，建立健全管理制度，涉源人员必须持证上岗。使用地点设置警示标志，安装防护设施，防止放射性物品丢失、泄漏。应定期巡检，防止放射性污染。建立动态管理信息档案，对涉源人员配备必要防护用品和监测仪器并进行专业知识和防护知识培训。放射源废弃需按照规定办理相关手续。

5. 危险化学品管理与污染防治

采购、储存、使用危险化学品的单位需建立管理制度和台账，相关记录齐全，储存、使用危险化学品现场账、卡、物相符。剧毒化学品、危险化学品和易制毒化学品实行双人双锁管理，剧毒化学品单独存放。

6. 噪声污染防治

各单位应采用消声、隔声、减震等措施对噪声超标的作业场所进行治理，实现作业场所、厂界噪声达标。

◎ 示例　　　　　　　　　**污染物处置典型做法**

为持续实施"三废"达标提标技改工程，推进污染物治理向资源化利用转变，强化在线监测和日常监管,确保废水、废气各项污染物稳定达标排放,宁夏煤业公司大力开展技术攻关交流和创新服务,针对煤制油化工基地气化原料煤煤源点拓展、聚烯烃聚甲醛产品提质、煤制油产品中α-烯烃含量降低和杂盐掺烧、灰渣和尾气综合利用等问题开展专项研究分析,推动污染防治与问题处置从源头解决。

废水处理方面,宁夏煤业公司不断研制新型煤气化灰水分散剂,并在煤制油气化装置开展工业试用;开展煤化工杂盐母液资源化处置技术试验,提高废水资源化使用;持续分析生产装置膜系统实际污染类型并开展反渗透膜清洗恢复研究,进一步提升废水处理水平。

固废资源化利用方面,组织开展气化灰渣制备烧结砖试验研究,提高气化灰渣利用率,进行废MTP(甲醇制丙烯)分子筛部分替代白土的工业试验,持续推进固废处理技术攻关,实现固废资源有效利用。

尾气资源化利用方面,进行煤制油费托合成尾气制取LNG(液化天然气)的工艺流程设计;持续开展含氨酸性尾气耦合制备碳铵工艺的研究;加快推进煤矿加固岩体用高分子材料研究试验,全方位提高尾气资源化利用率。

公司各煤矿产生的煤矸石均合法处置,矿井水复用率逐年提高。

◎ 示例　　　　　　　　　宁夏煤业公司煤矿主要污染物排放统计

单位(加盖公章):_____煤矿　　　　　　　　　　　　　　填报时间:

废水类别		产生量/m³	复用量/m³		贮存量/m³		排放总量/m³
			未处理	处理后	未处理	处理后	
矿井水							
工业废水							
矿(厂)区生活污水							
居民区生活污水							
本期合计							
本年累计	矿井水						
	工业废水						
	矿(厂)区生活污水						
	居民区生活污水						
	合计						

环保责任人:　　　　　　部门负责人:　　　　　　填表人:

⚠ "安宁"系统功能

查询绿色矿山建设规划、环保问题整改情况、污染物排放及处置情况。

(三)排查整改

公司及各单位建立健全生态环境保护问题排查整改工作机制,强化环境日常排查治理工作,各类检查问题必须逐项整改销号;针对突出问题,需制定专项整改措施,明确职责分工,确保整改到位;紧盯政府环保督查及国家能源集团检查出的环保问题,严格按计划节点闭环整改,杜绝环境事件发生。

◎ 示例　　宁夏煤业公司生态环境保护月度隐患汇总表

隐患名称	产业	隐患类型	隐患描述	隐患来源	督查时间	等级	整改要求	整改情况
未按计划开展浓盐水蒸发结晶工艺研究及实施	化工	行政许可类	项目建设期间高浓盐水蒸发结晶分盐技术尚不成熟,因此本项目暂时选用蒸发塘(晒盐场),后期需进一步完善示范	集团检查	6月9日	重大Ⅱ级	按计划完成审核、初设等	已整改
硫回收尾气在线监测设施未联网且颗粒物超标	化工	污染防治类	硫回收氨法脱硫运行不稳定,尾气颗粒物存在超标现象,地方环保部门已要求整改	省级督察	3月27日	重大Ⅰ级	开展脱硫尾气技术改造	已整改
……	……	……	……	……	……	……	……	……

六、节能减排

宁夏煤业公司贯彻落实"碳达峰、碳中和"要求,制订年度工作计划与中长期规划,强化碳资产管理,加强能耗过程管控,推进先进技术应用,落实耗能问题整改,有序推进节能减排工作。

（一）管理机制

公司成立节能减排工作领导小组,贯彻执行相关法律法规和标准规范,完善节能减排工作机制,加强用能管理与碳排放管理,采取技术上可行、经济上合理的措施,高效合理利用能源,减少生产、建设、运营、管理各环节能源消耗、水资源消耗和碳排放,完成节能考核指标和任务。全过程节能管理流程如图7-4-1所示。

各单位应建立节能管理机制,执行相关标准体系,健全煤、电、油、气等重点能源使用管理规定和统计分析制度,建立能源购入、消耗、库存统计台账,加强能源数据采集管理。公司及各单位将节能管理纳入综合绩效考核,对各单位节能目标责任进行考评。

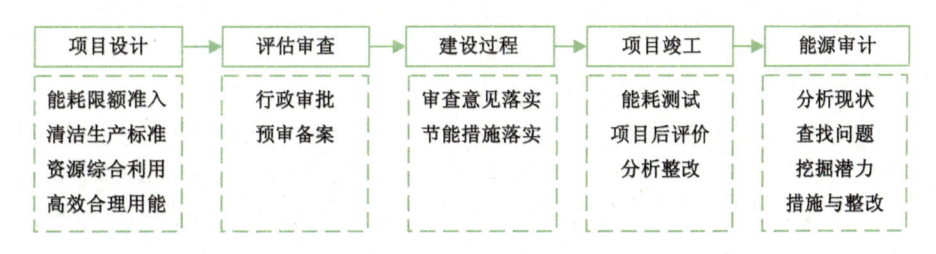

项目设计	评估审查	建设过程	项目竣工	能源审计
能耗限额准入 清洁生产标准 资源综合利用 高效合理用能	行政审批 预审备案	审查意见落实 节能措施落实	能耗测试 项目后评价 分析整改	分析现状 查找问题 挖掘潜力 措施与整改

图7-4-1　全过程节能管理流程图

（二）计划管理

全面贯彻国家"碳达峰、碳中和"和"1+N"政策体系要求,落实国家能源集团低碳发展工作部署，强化低碳发展基础能力建设。公司及各单位应结合管理实际，系统确定发展目标与实施路径。

1. 工作目标

提高生态环保组织保障能力，推进能源管理能力建设；优化煤矿产能结构，加强节能技改与管理、生态环境治理，推动绿色低碳发展转型；关注新技术发展，开展科技攻关项目、重大示范工程建设，加大低碳科技研发力度；遏制"两高"项目盲目发展，推动传统产业转型升级，不断提升节能水平；推进化石能源清洁高效利用和非化石能源发展，构建清洁、低碳、安全、高效能源体系。

2. 工作计划

制订年度节能降碳工作计划，依据生产经营计划层层分解节能降碳指标。结合产量计划和上年度能耗指标完成情况，统筹考虑本年度实际，核定单位年度能耗指标并下达执行。

各耗能单位应根据实际，将指标分解到月度和重点耗能区队（车间），作为月度跟踪检查考核的基础。通过设备改造升级，实施提质增效改造，淘汰落后高耗能设备，挖掘节能改造潜力，协同降低碳排放。

加强能源统计和分析，公司依据各单位月度能源消耗报表实施监控。

完成能源管理体系内外部审核工作，组织测算年度生产能耗总量指标和能耗强度，协调完成各级政府下达的能耗总量控制目标，推动能源管理体系持续有效运行。

◎ 示例　　煤制油分公司年度低碳发展工作计划（节录）

1. 组织准备阶段（1月10日至1月31日）

煤制油分公司牵头组织各厂、中心编制完成煤制油分公司年度低碳发展工作计划及碳达峰工作方案，并上报公司煤制油化工部审核。

2. 工作推进阶段（2月1日至11月30日）

每月以月度生产例会的形式召开协调会，各厂、中心汇报装置重点措施实施进展及存在问题；将重点工作列入调度督办，督促实施进度。

3. 评估总结阶段（12月1日至12月31日）

各厂、中心对装置节能减碳措施实施情况进行总结，编制装置低碳发展工作总结，并针对未完成项目进行分析，制定详细的控制措施。

（三）碳资产管理

宁夏煤业公司深入贯彻国家低碳发展战略，落实自治区和国家能源集团低碳发展工作部署，推动"节能低碳"发展，以改革创新为动力，以提高能源利用效率、推动绿色循环发展为目标，推进产业向高端化、绿色化、智能化、融合化、低碳化发展，提高碳资产管理水平。

1. 管理机制

（1）明确碳资产管理归口管理部门，配备碳资产管理工作人员，统筹负责"碳达峰、碳中和"行动计划、国家核证自愿减排量（CCER）及碳捕集利用与封存（CCUS）项目开发、碳资源综合利用、碳排放监测、碳盘查、碳复核、碳交易、碳资产运营、碳配额清缴等低碳发展及碳资产管理工作。

(2) 煤制油化工单位自备电厂纳入全国碳排放权交易范围,涉及碳排放管理员、碳排放监测员、碳排放核算员、碳排放核查员等岗位,碳资产管理负责人由相关部门负责人兼任,配备碳资产管理技术人员。

(3) 煤炭生产建设单位碳资产管理负责人由相关部门负责人兼任,配备碳资产管理技术人员。

2. 一般流程

碳资产管理包括综合管理、技术管理、实物管理以及价值管理。其主要流程包括:

(1) 设立碳资产管理机构。碳资产管理机构主要针对企业碳资产开发、碳市场分析、碳配额管理、排放报告编制、质量控制、审核风险控制、碳交易运作等活动进行实时跟踪,反馈企业管理过程信息,提出相应解决方案。

(2) 建立温室气体报送系统。温室气体报送系统主要记录企业专业部门上报的全部生产活动数据以及相关信息,包括生产活动及管理沟通中所产生的关键问题。

(3) 开发自愿减排项目。充分利用减排经验与项目开发经验,结合自身资源特点开发不同类型的自愿减排项目,同时建立自愿减排量内部调剂系统,通过区域范围内优化资源配置,完成温室气体控排目标,降低减排成本。

(4) 开展碳交易和企业履约。通过碳监测和碳盘查,根据持有配额和产生的排放量进行碳交易,进而完成履约任务,同时提高碳资产价值并获得收益。

3. 主要措施

(1) 建立健全"碳达峰、碳中和"组织保障体系和工作监督考核机制。建立碳排放管理相关制度、"碳达峰、碳中和"工作机制、"四级"能耗管理体系,融合单耗、能耗考评细则,提高能耗管理水平。制定碳资产管理办法,明确组织机构、管理责任、管理内容和考核,制定实施细则,有序推进碳排放管理工作。

(2) 加强培训工作,提高碳资产管理意识。加快培养节能低碳技术开发、能源管理、碳资产管理、能源消费和碳资产统计核算等专业人才,组织开展碳资产管理人员专业培训,扩大外部交流合作,提高能源管理及碳资产管理能力。邀请有关专家开展专题讲座,全面深入解读"碳达峰、碳中和"、能耗"双控"政策,提高各级人员思想认识。

(3) 强化"碳达峰"战略规划引领,编制"碳达峰"方案和专项计划。将控制温室气体排放、应对气候变化目标任务纳入生产经营总体规划,制订年度碳资产经营计划,落实控排指标和重点工作任务,加强碳资产管理信息数据运行维护,及时掌握排放配额情况和碳市场形势。

(4) 遏制"两高"项目盲目发展,推动传统产业转型升级。强化碳排放监测手段,科学、经济、合理排碳;强化能源统计工作,组织能源消费审计;完善能源消费统计、分析、管控,实现碳资产管理规范化运作;组织节能诊断,开展能效对标,用生产过程能效评价促进能源管理水平提升;综合研究能源消费对"碳达峰"的影响,提高节能减碳效果,推动清洁低碳能源替代发展。

(5) 严格执行产品能耗限额标准,控制单位产品能耗限额完成。严格制定考核标准,加强能源计量管理,及时配备、检定能耗计量设施,完善能耗计量器具检测体系,对能源消费量进行指标管理,确保计量结果准确可靠;加强对重点用能设备的工序能耗定额管理,降低综合能耗、产品单耗;及时更新国家公布的落后淘汰设备和国家明令禁止的设备和工艺。

(6) 组织开展年度碳盘查及碳复核工作。加强碳排放基础管理,管控排放源,精准监测核算能耗和排放情况;严格落实生态环境部和地方政府要求,完善碳排放计量与分析化验管理制度,确保碳排放数据真实有效。

◎ 示例　　　　　　　　　宁夏煤业公司碳资产经营初见成效

2021年7月,全国碳交易市场启动,根据国家能源集团及自治区政府要求,公司组织开展了2020年度企业碳盘查、第三方碳核查以及第四方碳复核工作,核算出公司自备电厂2020年度碳排放量为1 901.83万t二氧化碳当量。对公司自备电厂二氧化碳排放进行了碳配额量计算,2019—2020年公司碳排放量盈余504.79万t二氧化碳当量,碳资产金额为2.77亿元,盈余比率为10.33%。公司碳排放盈余量在国家能源集团排放企业和自治区排放企业中盈余量排第一。同时根据2020年碳核查情况,修订了公司2021年碳排放监测计划,明确了分析化验及留样标准,并监督执行,确保摸清公司"碳家底",为管理公司"碳资产"、迎接"碳交易"夯实了基础。

(四) 新能源开发

新能源开发和利用,能在一定程度上增加能源产量,改善环境,推动社会经济发展和科学技术进步。我国以风电、光伏发电为代表的新能源发展成效显著,装机规模稳居全球首位,发电量占比稳步提升,成本快速下降,已基本进入平价无补贴发展的新阶段。国家"十四五"规划和2035远景目标建议中提出要加快壮大清洁能源等产业,推进能源革命,建设智慧能源系统,优化电力生产和输送通道布局,提升新能源消纳和存储能力,推动清洁能源低碳安全高效利用。自治区围绕建设新能源示范区,加快实施"绿能开发、绿氢生产、绿色发展"能源转型。

宁夏煤业公司立足"四个革命、一个合作"能源安全新战略,统筹发展和安全,坚持先立后破、通盘谋划,以新能源开发建设助力能源保供增供,以新能源绿色利用推进"碳达峰、碳中和"。

1. 新能源发展目标

"十四五"期间,依托国家能源集团在自治区火电整合优势,结合宁夏煤业公司煤矿及煤制油化工产业布局和大量井田压覆区土地资源,围绕宁夏第三条外送通道和宁东区域"光、氢能一体化"发展战略,推进公司光伏产业规模化、多样化发展。规划宁东光伏发电+制氢、煤化工分布式光伏等项目,总装机规模达到500万kW,项目估算总投资227亿元(其中宁夏煤业公司投资约130亿元)。

2. 新能源产业规划

(1) 光伏产业

宁夏煤业公司先后建成梅花井、红柳、双马、麦垛山、枣泉、洗选中心等11个分布式光伏项目,总装机10.46万kW,公司权益规模6.12万kW,实现节能5.3万t标准煤/a,CO_2减排6万t/a。煤制油化工4×5.98 MW分布式光伏项目、宁东可再生氢碳减排示范项目一期工程建成后,节约25.3万t标准煤/a,CO_2减排52万t/a。

目前光伏储备项目有灵武采煤沉陷区 2 400 MW 光储＋生态治理项目,以及红柳、麦垛山煤矿拆迁区光伏项目。

灵武采煤沉陷区 2 400 MW 光储＋生态治理项目拟建设为农光互补煤炭开采塌陷区治理＋全区域自动追光光伏发电综合示范项目,配套引入高分子光伏转轴及自动追光控制系统生产企业。项目拟利用灵武市红柳煤矿采煤沉陷区(煤炭资源压覆区)约 72 350 亩(1 亩≈666.67 m²),规划建设 2 400 MW 光伏发电系统,交流侧装机容量为 1 800 MW,配套升压站及 180/360 MW·h 储能系统。

红柳、麦垛山煤矿拆迁区光伏项目拟围绕灵武市养殖园区,将光伏开发与农业、牧业结合,打造清洁能源种植、养殖一体化园区示范项目,项目建设规模为 1.2 GW。

为推动光伏产业做优做强,宁夏煤业公司下一阶段重点开发分布式光伏,利用采煤沉陷区、复垦区、排矸场开发光伏项目,实现沉陷区治理工程和光伏的分区耦合,促进沉陷区集中连片规模化开发,在助力绿色矿山建设的同时,有效降低光伏开发和煤矿用电成本,实现项目良性循环发展。同时充分利用公司建构筑物及所帮扶乡村的屋顶,积极探索开发屋顶分布式光伏项目,结合农牧生产,积极研究利用农用地、畜牧养殖棚顶等既有农牧设施,推进"农光互补""牧光互补"等复合式光伏项目。

(2) 氢能产业

依据氢能产业规划,宁夏煤业公司按照"先期试点、分期实施、逐步扩大"发展思路,加快降碳、减污、扩绿、增长协同推进。结合煤制油化工装置需氢实际,加快新能源制氢与煤制油化工产业耦合发展,扩大"绿氢"替代"灰氢"规模,实现深度减碳目标。"绿氢"耦合煤化工一期项目和分布式光伏项目建成后,可节约 24 万 t 标准煤/a,CO_2 减排 50.7 万 t/a。

"十四五"期间,宁夏煤业公司将立足优势,扩大"绿氢"耦合煤化工项目,在此基础上继续扩大"绿氢"规模,全部矿区布局光伏制氢产业。开展发电侧新能源发电与制氢(储氢)的耦合与协同研究,加大电解水制氢和相应储氢、加氢等关键技术引进和研发力度,推动示范装置建设。通过技术和成本验证,有序实施"绿氢"替代"灰氢"行动计划,开展水煤气变换反应替代技术升级,重点在煤制油、煤制合成氨、煤制甲醇等装置实施"绿氢"替代,减少煤气化负荷和 CO_2 排放,有效提升装置产能和经济效益。

"安宁"系统功能

查询节能减排政策、规划、年度目标完成情况,以及碳资产管理相关政策等。

参 考 文 献

[1] 本书编委会.煤矿安全规程实施指南[M].北京:应急管理出版社,2022.
[2] 法律出版社法规中心.中华人民共和国安全生产法律法规全书:2022年版[M].8版.北京:法律出版社,2022.
[3] 国家煤矿安全监察局.煤矿安全生产标准化管理体系基本要求及评分方法:试行[M].北京:应急管理出版社,2020.
[4] 国家煤矿安全监察局.煤矿安全生产标准化基本要求及评分方法:试行[M].北京:煤炭工业出版社,2017.
[5] 李海.煤矿安全生产标准化管理体系法律法规手册[M].北京:应急管理出版社,2020.
[6] 李爽.煤矿安全双重预防机制建设实施指南[M].北京:煤炭工业出版社,2019.
[7] 李贤功,李新春,孟现飞.煤矿重大瓦斯事故复杂性机理及管控研究[M].徐州:中国矿业大学出版社,2015.
[8] 李贤功.煤矿安全岗位管理[M].徐州:中国矿业大学出版社,2014.
[9] 隆泗,罗芬.安全培训概论[M].徐州:中国矿业大学出版社,2021.
[10] 罗云.安全生产理论100则[M].北京:煤炭工业出版社,2018.
[11] 宋睿,刘照辉.煤矿采煤班组长安全培训教材[M].徐州:中国矿业大学出版社,2021.
[12] 吴超,王秉.安全教育学教程[M].北京:化学工业出版社,2022.
[13] 吴甲春.安全文化建设理论与实务[M].乌鲁木齐:新疆科学技术出版社,2006.
[14] 谢添.煤矿安全培训管理实务[M].北京:煤炭工业出版社,2017.
[15] 赵文才,付国军.煤矿智能化技术[M].北京:应急管理出版社,2020.

后 记

国家能源集团宁夏煤业公司建设与运行"安宁"安全管控体系,是在能源企业安全管理改革提升道路上的重要探索,是为推进能源行业安全发展作出的积极创新,是推动建立大安全大应急框架、实现公共安全治理模式向事前预防转型的具体实践。本书出版发行,是宁夏煤业公司安全管理顶层设计的完善与升华,是推进"安宁"安全管控体系高效稳定运行的指导性文献。

体系建设永远在路上。"安宁"安全管控体系建设与运行,需要一以贯之、持之以恒。在安全发展道路上,我们依然需要潜心研究,持续完善,优化细化,统筹推进;需要在不断巩固体系运行成果的基础上,倡导新实践、实施新举措、取得新突破、打造新特色,以更自觉的责任担当、更积极的创造精神、更有力的探索实践,实现"安宁"安全管控体系这一企业管理品牌历久常新、弥久长青,为我国能源行业安全高质量发展作出新贡献。